U0488737

折射集
prisma

照亮存在之遮蔽

Logiques des mondes :
L'être et l'événement, 2

Alain Badiou

当代激进思想家译丛
● 丛书主编 张一兵

存在与事件2:
世界的逻辑

[法] 阿兰·巴迪欧 著 蓝江 译

南京大学出版社

Alain Badiou
Logiques des mondes: L'être et l'événement 2
Copyright © Editions du Seuil 2006
Simplified Chinese Edition Copyright © 2024 by NJUP
All rights reserved

江苏省版权局著作权合同登记　图字:10 - 2008 - 394 号

图书在版编目(CIP)数据

存在与事件. 2,世界的逻辑 /(法)阿兰·巴迪欧著;蓝江译. 一南京:南京大学出版社,2024.1
(当代激进思想家译丛 / 张一兵主编)
ISBN 978 - 7 - 305 - 20012 - 0

Ⅰ.①存… Ⅱ.①阿… ②蓝… Ⅲ.①马克思主义哲学—发展—研究—法国　Ⅳ.①B565.5

中国版本图书馆 CIP 数据核字(2018)第 056986 号

出版发行	南京大学出版社		
社　　址	南京市汉口路 22 号	邮　编	210093

丛　书　名　当代激进思想家译丛
书　　名　**存在与事件 2:世界的逻辑**
　　　　　　CUNZAI YU SHIJIAN 2: SHIJIE DE LUOJI
著　　者　[法]阿兰·巴迪欧
译　　者　蓝　江
责任编辑　张　静
照　　排　南京紫藤制版印务中心
印　　刷　南京爱德印刷有限公司
开　　本　635 mm×965 mm　1/16　印张 46.75　字数 600 千
版　　次　2024 年 1 月第 1 版　2024 年 1 月第 1 次印刷
ISBN 978 - 7 - 305 - 20012 - 0
定　　价　198.00 元

网　　址　http://www.njupco.com
官方微博　http://weibo.com/njupco
官方微信　njupress
销售咨询　(025)83594756

＊ 版权所有,侵权必究
＊ 凡购买南大版图书,如有印装质量问题,请与所购
　图书销售部门联系调换

激进思想天空中不屈的天堂鸟
——写在"当代激进思想家译丛"出版之际

张一兵

传说中的天堂鸟有很多版本。辞书上能查到的天堂鸟是鸟也是一种花。据统计,全世界共有40余种天堂鸟花,在巴布亚新几内亚就有30多种。天堂鸟花是一种生有尖尖的利剑的美丽的花。但我更喜欢的传说,还是作为极乐鸟的天堂鸟,天堂鸟在阿拉伯古代传说中是不死之鸟,相传每隔五六百年就会自焚成灰,由灰中获得重生。在自己的内心里,我们在南京大学出版社新近推出的"当代激进思想家译丛"所引介的一批西方激进思想家,正是这种在布尔乔亚世界大获全胜的复杂情势下,仍然坚守在反抗话语生生灭灭不断重生中的学术天堂鸟。

2007年,在我的邀请下,齐泽克第一次成功访问中国。应该说,这也是当代后马克思思潮中的重量级学者第一次在这块东方土地上登场。在南京大学访问的那些天里,除去他的四场学术报告,更多的时间就成了我们相互了解和沟通的过程。一天他突然很正经地对我说:"张教授,在欧洲的最重要的左翼学者中,你还应该关注阿甘本、巴迪欧和朗西埃,他们都是我很好的朋友。"说实话,那也是我第一次听到这些陌生的名字。虽然在2000年,我已经提出

"后马克思思潮"这一概念,但还是局限于对国内来说已经比较热的鲍德里亚、德勒兹和后期德里达,当时,齐泽克也就是我最新指认的拉康式的后马克思批判理论的代表。正是由于齐泽克的推荐,促成了2007年南京大学出版社开始购买阿甘本、朗西埃和巴迪欧等人学术论著的版权,这也开辟了我们这一全新的"当代激进思想家译丛"。之所以没有使用"后马克思思潮"这一概念,而是转启"激进思想家"的学术指称,因之我后来开始关注的一些重要批判理论家并非与马克思的学说有过直接或间接的关联,甚至干脆就是否定马克思的,前者如法国的维利里奥、斯蒂格勒,后者如德国的斯洛特戴克等人。激进话语,可涵盖的内容和外延都更有弹性一些。这一新的研究领域已经开始成为国内西方左翼学术思潮研究新的构式前沿。为此,还真应该谢谢齐泽克。

那么,什么是今天的激进思潮呢?用阿甘本自己的指认,激进话语的本质是要做一个"同时代的人"。有趣的是,这个"同时代的人"与我们国内一些人刻意标举的"马克思是我们的同时代的人"的构境意向却正好相反。"同时代就是不合时宜"(巴特语)。不合时宜,即绝不与当下的现实存在同流合污,这种同时代也就是与时代决裂。这表达了一切**激进话语**的本质。为此,阿甘本还专门援引尼采[1]在1874年出版的《不合时宜的沉思》一书。在这部作品中,尼采自指"这沉思本身就是不合时宜的",他在此书"第二沉思"的开头解释说,"因为它试图将这个时代引以为傲的东西,即这个时代的历史文化,理解为一种疾病、

---

[1] 尼采(Friedrich Wilhelm Nietzsche, 1844—1900):德国著名哲学家。代表作为《悲剧的诞生》(1872)、《查拉图斯特拉如是说》(1883—1885)、《论道德的谱系》(1887)、《偶像的黄昏》(1889)等。

一种无能和一种缺陷,因为我相信,我们都被历史的热病消耗殆尽,我们至少应该意识到这一点"①。将一个时代当下引以为傲的东西视为一种病和缺陷,这需要何等有力的非凡透视感啊！依我之见,这可能也是当代所有激进思想的构序基因。顺着尼采的构境意向,阿甘本主张,一个真正激进的思想家必然会将自己置入一种与当下时代的"断裂和脱节之中"。正是通过这种与常识意识形态的断裂和时代错位,他们才会比其他人更能够感知**乡愁**和把握他们自己时代的本质。② 我基本上同意阿甘本的观点。

  阿甘本是我所指认的欧洲后马克思思潮中重要的一员大将。在我看来,阿甘本应该算得上近年来欧洲左翼知识群体中哲学功底比较深厚、观念独特的原创性思想家之一。与巴迪欧基于数学、齐泽克受到拉康哲学的影响不同,阿甘本曾直接受业于海德格尔,因此铸就了良好的哲学存在论构境功底,加之他后来对本雅明、尼采和福柯等思想大家的深入研读,所以他的激进思想往往是以极为深刻的原创性哲学方法论构序思考为基础的。并且,与朗西埃等人1968年之后简单粗暴的"去马克思化"(杰姆逊语)不同,阿甘本并没有简单地否定马克思,反倒力图将马克思的批判精神与当下的时代精神结合起来,以生成对当代资本主义社会存在更为深刻的批判性透视。他关于"9·11"事件之后的美国"紧急状态"(国土安全法)和收容所现象的一些有分量的政治断言,是令西方资本主义国家政要为之恐慌的天机泄露。这也是我最喜欢他的地方。

---

 ① Friedrich Nietzsche, "On the Uses and Abuses of History to Life", in *Untimely Meditations*, trans. R. J. Hollingdale, Cambridge: Cambridge University Press, 1997, p. 60.

 ② [意]阿甘本:《裸体》,黄晓武译,河南大学出版社2015年版,第7页。

朗西埃曾经是阿尔都塞的得意门生。1965年，当身为法国巴黎高师哲学教授的阿尔都塞领着整个西方马克思主义科学思潮向着法国科学认识论和语言结构主义迈进的时候，那个著名的《资本论》研究小组中，朗西埃就是重要成员之一。这一点，也与巴迪欧入世时的学徒身份相近。他们和巴里巴尔、马舍雷等人一样，都是阿尔都塞的名著《读〈资本论〉》（*Lire le Capital*, 1965）一书的共同撰写者。应该说，朗西埃和巴迪欧二人是阿尔都塞后来最有"出息"的学生。然而，他们的显赫成功倒并非因为他们承袭了老师的道统衣钵，反倒是由于他们在1968年"五月风暴"中的反戈一击式的叛逆。其中，朗西埃是在现实革命运动中通过接触劳动者，以完全相反的感性现实回归远离了阿尔都塞。

法国的斯蒂格勒、维利里奥和德国的斯洛特戴克三人都算不上是后马克思思潮的人物，他们天生与马克思主义不亲，甚至在一定的意义上还抱有敌意（比如斯洛特戴克作为当今德国思想界的右翼知识分子，就是反对马克思主义的）。可是，在他们留下的学术论著中，我们不难看到阿甘本所说的那种绝不与自己的时代同流合污的姿态，对于布尔乔亚世界来说，都是"不合时宜的"激进话语。斯蒂格勒继承了自己老师德里达的血统，在技术哲学的实证维度上增加了极强的批判性透视；维利里奥对光速远程在场性的思考几乎就是对现代科学意识形态的宣战；而斯洛特戴克最近的球体学和对资本内爆的论述，也直接成为当代资产阶级全球化的批判者。

应当说，在当下这个物欲横流、尊严倒地，良知与责任在冷酷的功利谋算中碾落成泥的历史时际，我们向国内学界推介的这些激进思想家是一群真正值得我们尊敬的、严肃而有公共良知的知识分子。在当前这个物质已经极度富足丰裕的资本主义现实里，身处资本主义体制之中的他们依然坚执地秉持知识分子的高尚使命，努力透视眼前繁华世界中理直气壮的形式平等背后所深藏的无处控诉的不公和血泪，依然理想化地高举着抗拒全球化资本统治逻辑的大旗，发自肺腑地激情呐喊，振奋人心。无法否认，相对于对手的庞大势力而言，他们显得实在弱小，然而正如传说中美丽的天堂鸟一般，时时处处，他们总是那么不屈不挠。人类社会发展的历史已经明证，内心的理想是这个世界上最无法征服也是力量最大的东西，这种不屈不挠的思考和抗争，常常就是燎原之前照亮人心的点点星火。因此，有他们和我们共在，就有人类更美好的解放希望在！

目 录

序　言 ·· 001
  1. 民主唯物主义和唯物辩证法 ················ 001
  2. 永恒真理的教诲 ································ 011
  3. 数学上的例子：数 ····························· 013
  4. 艺术的例子：马 ································ 020
  5. 政治的例子：国家革命 ······················ 025
  6. 爱的例子：从维吉尔到柏辽兹 ············· 030
  7. 真理的明确性，自由的劝诱性 ············· 038
  8. 身体、表象、大逻辑 ·························· 042
  专业注释 ·· 048

Ⅰ. 主体的形式理论（形-上学）

  1. 导　论 ·· 053
  2. 忠实主体的参数和运算 ······················ 061
  3. 反动主体的演绎：反动性的新 ············· 066
  4. 蒙昧主体：完全的身体和对当下的遮蔽 ··· 073
  5. 四种主观意图 ··································· 077
  6. 最后的问题 ······································ 084
  7. 真理程序和主体形象 ·························· 086

8. 拓扑类型学 …………………………………… 090
附注：主体形而上学的音乐形态 …………… 101

第Ⅱ、Ⅲ、Ⅳ卷前言：大逻辑

前　言 ……………………………………………… 119

Ⅱ. 大逻辑 1：超验之物

导　论 ……………………………………………… 125
　1. 存在之情势的超验组织的必然性 …………… 128
　2. 超验的展开 …………………………………… 130
　3. 否定的起源 …………………………………… 132
第 1 部分　超验的概念 ……………………………… 137
　1. 大全(Tout)的非实存(inexistence) ………… 137
　2. 在对另一个多思考的基础上推衍出对某个多的思考
　　 ……………………………………………… 140
　3. 唯有当一个多属于某个世界之时，它才可以被思考
　　 ……………………………………………… 142
　4. 表象与超验 …………………………………… 150
　5. 在一个世界中，必有可能去思考什么东西不会
　　 在那个世界中表象 ………………………… 155
　6. 一个世界中两个表象物的合取(conjonction) … 160
　7. 世界的区域稳定性(stabilité régionale)：包络 … 164
　8. 此在存在物和世界区域的合取 ……………… 167
　9. 依赖(dépendance)：世界之中两种存在物之间的
　　 关联尺度 …………………………………… 170

10. 世界中一个表象物的逆值(envers) 172
11. 存在着世界中表象的最大值 176
12. 表象最大值的逆值是什么？ 177

第2部分　黑格尔 180
1. 黑格尔与大全问题 180
2. 此在和世界的逻辑 184
3. 黑格尔不可能同意一个最小规定 187
4. 否定的表象 190

第3部分　超验代数学 195
1. 大全的非实存：肯定所有集合的集合的实存在本质上是一个悖论 195
2. 表象函数与超验的形式上的界定 197
3. 等值结构和秩序结构 200
4. 第一超验运算：最小值或零 203
5. 第二超验运算：合取 204
6. 第三超验运算：包络 207
7. 在那里存在和包络的合取：$\sum$ 下的 $\cap$ 分配(distributivité) 210
8. 超验代数学 211
9. 超验值的逆值的定义和属性 212
10. 在所有的超验中，最小值 μ 的逆值是由这个超验支配着其逻辑的世界中表象(M)的最大值 215
11. 一个超验对另一个超验的依赖(dépendance)的定义和属性 216

第4部分　大逻辑和普通逻辑 219
1. 语义学：真值 221
2. 句法：合取["和"]、蕴含["如果……那么……"]、否定、选择["或"] 222

3. 存在量词 ·················· 226
　　4. 全称量词 ·················· 227
第 5 部分　古典世界 ·················· 231
　　1. 什么是古典世界？ ·················· 231
　　2. 本体论世界的超验属性 ·················· 233
　　3. 古典世界的形式属性 ·················· 235
附录：证明古典世界的三种特殊属性之间的等价关系
·················· 238

Ⅲ. 大逻辑 2：对象

导　论 ·················· 243
第 1 部分　对象的新思考 ·················· 250
　　1. 超验指数：现象 ·················· 250
　　2. 现象：第二研究 ·················· 256
　　3. 实　存 ·················· 259
　　4. 现象分析：表象的成分和原子 ·················· 264
　　5. 真原子 ·················· 271
　　6. 对象的定义 ·················· 275
　　7. 原子逻辑 1：一的具现化 ·················· 277
　　8. 原子逻辑 2：并存性和秩序 ·················· 282
　　9. 原子逻辑 3：真综合 ·················· 287
第 2 部分　康　德 ·················· 289
　　1. 超验值 ·················· 293
　　2. 实　存 ·················· 297
　　3. 思　想 ·················· 298
第 3 部分　原子逻辑 ·················· 302
　　1. 表象函数 ·················· 302

2. 现　　象 ································ 304
　　3. 实　　存 ································ 305
　　4. 现象成分和表象原子 ···················· 307
　　5. 真原子和唯物主义假设 ·················· 310
　　6. 对象的定义 ······························ 312
　　7. 原子逻辑1：具现化 ······················ 314
　　8. 原子逻辑2：并存性 ······················ 317
　　9. 原子逻辑3：秩序 ························ 320
　　10. 原子逻辑4：关系之间的关系 ············ 323
　　11. 原子逻辑5：真综合 ····················· 325

第4部分　实存与死亡 ························ 332
　　1. 现象学和生命论的实存与死亡 ············ 332
　　2. 实存公理和死亡逻辑 ···················· 334

附录：三个证明 ······························ 337
　　1. 论并存性：代数定义和拓扑学定义 ········ 337
　　2. 本体论秩序＜的拓扑学定义 ·············· 340
　　3. 命题 P.6 的证明 ························ 341

一个重要且详细的附录：超验函子 ············ 343
　　1. 对象和超验函子架构的实存分析的客观现象学
　　······································ 343
　　2. 函子的例子：对战役的具体评价 ·········· 346
　　3. 形式证明：超验函子的证明 ·············· 356

Ⅳ. 大逻辑3：关系

导　　论 ···································· 367
第1部分　世界与关系 ························ 372
　　1. 世界的双重决定：本体论与逻辑 ·········· 372

2. 所有世界都是无限的，其无限类型是不可达的 376
　　3. 对象之间的关系是什么？ 381
　　4. 世界在逻辑上的完备 384
　　5. 唯物主义的第二基本主题：逻辑完备性从属于本体论上的闭包(clôture) 389
　　6. 非实存(l'inexistant) 394
第2部分　莱布尼茨 398
第3部分　图　示 406
　　1. 世界的本体论：不可达闭包 406
　　2. 世界中诸对象之间关系的形式定义 411
　　3. 唯物主义的第二基本主题：所有的关系都是普遍展现的 416
　　4. 非实存 418
附录：对唯物主义第二基本主题的证明：本体论闭包就是逻辑完备的世界 421
大逻辑的附录：11个命题 430

Ⅴ. 变化的四种形式

导　论 435
　　1. 变化问题 435
　　2. 存在对表象的逆转：位 439
　　3. 位的逻辑：走向奇点 439
　　4. 第5卷的计划 441
第1部分　纯粹生成和真变化 442
　　1. 存在对表象的颠覆：位 442
　　2. 位的本体论 447

  3. 位的逻辑1：结果和实存 ·················· 450
  4. 位的逻辑2：事实与奇点 ·················· 453
  5. 位的逻辑3：弱奇点和强奇点 ·················· 456
  6. 位的逻辑4：非实存的实存 ·················· 459
  7. 位的逻辑5：摧毁 ·················· 462
第2部分　德勒兹的事件 ·················· 465
第3部分　对突变的形式化？ ·················· 474
  1. 形式表达规则的各种变化 ·················· 474
  2. 变化的本体论 ·················· 475
  3. 变化的逻辑和拓扑学 ·················· 477
  4. 变化的各种形式的图表 ·················· 480
  5. 对超验的摧毁和抛弃 ·················· 481

Ⅵ. 点的理论

导　论 ·················· 485
第1部分　作为选择和作为位置的点 ·················· 489
  1. 点的场景：三个例子 ·················· 489
  2. 具现化的点与幂 ·················· 493
  3. 内部和拓扑学空间 ·················· 496
  4. 点的空间1：超验值的肯定 ·················· 501
  5. 点的空间2：点群的内部 ·················· 504
  6. 迟钝的世界 ·················· 507
  7. 张力世界 ·················· 510
第2部分　克尔凯郭尔 ·················· 513
  1. 基督教悖论 ·················· 517
  2. 点的学说 ·················· 520
  3. 主体的模糊性 ·················· 524

第3部分　世界诸点的拓扑学结构 ·············· 527
1. 定　义 ································· 527
2. 内部及其属性:拓扑学空间 ·············· 531
3. 超验上的点形成了拓扑学空间 ············ 532
4. 迟钝世界的形式可能性 ·················· 535
5. 张力世界的例子 ························ 538

Ⅶ. 什么是身体?

导　论 ······································· 543
第1部分　可主体化的身体的诞生、形式和命运 ······ 548
1. 身体的诞生:第一次描述 ················· 548
2. 身体的诞生:第二个描述 ················· 554
3. 诗的身体 ······························ 564
4. 器官:第一次描述 ······················· 566
5. 数元的身体与器官 ······················ 570
第2部分　拉　康 ····························· 576
第3部分　身体的形式理论,或我们知道为什么身体实存,它可以做什么,不可以做什么 ········ 583
1. 第一个形式轮廓:身体的定义和实存 ······· 583
2. 第二个形式轮廓:点的肉体安排 ··········· 588

结论　什么是活着? ··························· 595

注释、评注和附释 ···························· 607

陈述、辞典、文献、索引和插图

《世界的逻辑》的 66 个陈述 ················ 675
概念辞典 ································ 686
符号辞典 ································ 707
参考文献 ································ 709
索　引 ·································· 713
插　图 ·································· 721

序　言

> 法国的烦恼并不是缘于其所令人信赖的理由的式微：数据、人口统计、工业等，而是没有能力去相信任何东西。
>
> ——安德烈·马尔罗

1. 民主唯物主义和唯物辩证法

今天，我们所有人会思考些什么？一旦离开我们视线，我会思考些什么？或者说，我们的自然信念是什么？当然，"自然"所依据的是一种被反复说教的自然的规则。如果自然的律令或教导完全是由我们自由地寻求的，并服务于我们的直接目的，那么这种信念就太自然不过了。今天，自然的信念可以归结为一句话：

只有身体和语言。

这句话就是当代信念的公理。我称之为**民主唯物主义**(matérialisme démocratique)的信念。为什么？

民主唯物主义。当代世界上所塑造的个体只认识身体的客观实存。今天除了套用某种修辞之外,还有谁会说我们有一个分离的不朽的灵魂?在欲望的实用主义和商业的露骨直白之下,事实上,还有谁不听从于我们的有限性、我们面向快感而敞露的肉身,以及苦难和死亡的教义呢?以众多症候之一为例:最富创造力的艺术家、舞蹈家、画家、视频艺术家,展现各种身体,展现他们的欲望和机器般的生命,展现他们的私密和裸体,他们的拥抱和酷刑。他们让被缧绁的、被分割的、被玷污的身体来适应幻想和梦想。他们都试图让被宇宙中的喧嚣所炸裂的身体的残片变得清晰可见。随之而来是一种身体的美学理论。随便举个例子:在1999年12月15日奈格里写给劳尔·桑切斯(Raoul Sanchez)的一封信中,我们可以读到如下这段话:

> 今天,身体不仅仅是一个生产的主体,同时由于它生产着艺术,身体也为我们展现出生产一般的范式,即生命的生产:现在,身体就是一台机器,在身体中,生产和艺术刻画出自己的形象。那就是我们后现代所知道的东西。

"后现代"就是当代民主唯物主义的一个可能的名称。奈格里十分清楚后现代"知道"什么:身体是那些渴望快感的生产性个体唯一具体的样态。在"生命力"的体制(régime)下,人就是一种动物,他们相信身体的法则锚定着他们希望的秘密。

为了检验一下这个等式,即"生存=个体=身体",当代俗见(doxa)十分大胆地将人性还原为动物性的过度延伸。"人权"就是生命体权利的同义词。人道主义要保护的就是所有生命的身体:这就是当代唯物主义的标准。今天,这个标准有了一个科学的名字:"生命伦理学",其进步的反面借用了福柯的一个名称:"生命政治学"。所以,我们的唯物主义是生命的唯物主义,即一种生物-唯物主义。

此外,它在根本上是**民主**的唯物主义。这就是因为当代的共识,承认语言的多元性,认为这些语言在法律上是平等的。于是,将人性类同于动物性,进一步升华为将人类动物等同于其亚种的多样性,民主权利的多样性根植于亚种的多样性之中。这一次,进步的反面借用了德勒兹的一个词:"少数主义"。各类共同体、各种文化、各种肤色、各种宗教、各种教派、各种风俗、各种习惯、各种不同的性取向、各种公开的私密和私密的公共性:所有一切,所有人都被承认,都被法律所保护。

我们已经说过,民主唯物主义对这种多元形式的宽容并没有一个整体上的立足点(point d'arrêt)。语言并没有承认各种语言在普遍司法和规范上的平等,它也并不一定从这种平等中获益。一种旨在规制其他语言,统治所有身体的语言,我们称之为专制和集权主义。那么它需要的不是宽容,而是一种"干预的义务":合法干预、国际干预,如果有必要,还有军事干预。身体必须为它们相对于语言的过剩而付出代价。

正如我们所看到的那样,本书旨在详细考察民主唯物主义,而民主唯物主义正在成为包罗万象的意识形态,本书所采用的大量科学就是服务于这个目的的。在这种研究的支撑下,我们可以给这种理论理想一个什么名字呢?可以认为,贵族式的唯心主义会是一个不错的说法。在共产主义词汇表的栏目中,这就是超现实主义所持有的姿态,后来被居伊·德波和虚无主义者们所继承;建立一个幸存的创造者的秘密社团。这也是海德格尔遗产中最好的思辨性的誓愿:

在一系列讨论这个问题的作品中,在实践上捍卫永恒回归的可能性。他们坚持着过去时代的知识上的和生存上的光辉的希望,不让这种希望被抛弃,然而他们没有机会将之实现,它不可能在未来的时代中成为概念创造的一分子。为乡愁而斗争,经常引发针对堕落的战争,不仅会让它——就像在尼采那里一样——具有黩武和"批判性"的色彩,也会伴有让人欣喜的苦涩。所有这些业已化作一缕轻烟,烟消云散。尽管存在着失败的诗学,但是没有失败的哲学。哲学,就其本质而言,就是要对那些之前还不被认识的思想说"是!",而这些思想在踽踽独行中逐渐成为它们所是的真理。

但是,如果我们拒绝用形式上的对立面,即"贵族式的唯心主义"来反对"民主唯物主义",那么我们的东西[不充分]的名称是什么？在些许迟疑之后,我决定用**唯物辩证法**(dialectique matérialiste)这个名称,在意识形态的氛围中,我的哲学任务表达出唯物辩证法最极度的张力。

这是要从一个业已死亡的国度中召唤一个词汇的亡灵吧！难道我的老师路易·阿尔都塞不是在三十多年之前,义无反顾地作为最后一个用高尚的方式使用了"辩证唯物主义"一词的人吗？

可以认为,通过"民主",我们理解了我们可以同时维持和消解符号上或司法上的多元性,将其化作一种二元性。可以认为,通过"辩证",依循着黑格尔的脚步,我们理解了所有差异的本质就是标明前两者差异的第三项。如果我们通过"唯物辩证法"理解了如下陈述,那么我们可以正当地用唯物辩证法来反对民主唯物主义——它维系着大写的二的霸权,即身体与语言的霸权——在如下表述中,第三项补充了大写的二的实在:

除了有真理之外，只有身体和语言。

我们在这里会承认我的老师马拉美的风格：除了这个地方，一无所有，高空之上，或许还有星丛。然而，我直接省去了"高空之上"和"或许"。"还有真理"，成为对民主唯物主义二元论公理的反对意见［法律保护所有的身体，并分布在彼此和谐共存的语言中］，对我来说，这就是最原初的经验证据。毫无疑问，无论谁关心真理的实存，都知道它不是身体，不是语言，也不是二者的结合。这个证据是唯物主义的，因为并不需要对世界进行任何分割，不需要任何可理解的位置，不需要任何"高度"。在我们的世界中，和他们的世界一样，真理在前进。这些真理都是肉身化的身体，没有意义的语言，类性的无限，无条件的补充。就像诗人的内心一样，它们悬挂在"空与纯粹事件之间"。

值得注意的是这个句法，它决定了唯物辩证法不同于辩证唯物主义，即"除了"（sinon que），这就是我所概括的马拉美的特性。这个句法意味着我们并不是面对一个附加项［真理纯粹是身体和语言的补充］，也不是面对一个综合［真理是由语言所把握的身体的自我启示］。真实是作为在那里有的东西的例外（exception）而存在的。所以，我们认为"那里有"（il y a）——这构成了世界的结构——正是身体和语言的混合。但那里不仅仅是在那里有什么。"真理"［在哲学上］就是让自己介入"那里有"的连续性统一体之中的东西的名称。

在某种意义上，唯物辩证法等同于民主唯物主义，如果它们真的都是唯物主义，即便二者存在着不可忽视的差异，后者中的唯物主义是实质化的，而前者中的唯物是一个形容词。是的，只有身体和语言。可分的"灵魂""生命""精神原则"等都不存在。但在另一个意义上,唯物辩证法完全不同于民主唯物主义,唯物辩证法关注的是例外,通过将"那里所没有的东西"强行介入其中,来让"那里有"必须接受真理的例外。

笛卡尔的真理本体论地位也有类似的直觉,我们知道,笛卡尔将实存着的存在的一般形式称为"实体"(substance)。"那里有"就是实体。所有"东西"都是实体:在广延实体中,它是外形与运动,在思想实体中,它是观念。这就是笛卡尔学说一般会被视为二元论的原因:实体性的"那里有"被分成了思想和广延,而在人的意义上,就是灵魂与身体。

然而,在《哲学原理》(*Principes de la philisophie*)的第48节中,我们看到了这种实体的二元论从属于一个更为基本的区分。这个区分就是事物["那里有",也就是实体,思想实体或广延实体]和真理的区分:

> 在我们的认识中,我将所有东西区分为两种类型:第一种类型包含所有实存的事物,第二种类型包含所有真理,在我们的思想之外,真理什么也不是。

多么非凡的文字呀!它承认了真理在本体论上和逻辑上的特殊地位。真理是并不实存的东西。这岂不是说真理完全不存在?绝不是这样。真理并不是实体性的实存。这就是我们必须理解的其中的声明,即在我们的思想之外,真理什么也不是。在第49节中,笛卡尔说明了决定真理形式普遍性,而不是逻辑上的存在的标准,它不过是一种强度类型:

> 例如,当我们认为,某种东西不可能无中生有,我们

并不相信这个命题是一个实存的事物或某种东西的属性。相反,我将之当作寓居在我思考中的永恒真理,它们可以被称作共同观念或准则。同样,当我们得知,某个东西不可能同时存在又不存在,已经被做出的东西不可能被摧毁,当他思考的时候,不可能停止存在或实存,大量其他类似的陈述,我们承认这些陈述仅仅是真理,而不是事物。

我们注意到,认识的关键[通过思想行为来引出实存]是这个意义上的真理。这意味着一旦事物的形态被[怀疑]悬置起来,真理就是思想要去展现出来的东西。于是,真理就是"那里有"的形式的例外。

笛卡尔并不是一个二元论者,在所赋予这个词的意义上,即在"思想"事物[即"思想"实体,或者属于这类实体的属性]与"身体"事物[即身体,或者属于身体的属性]之间的对立的意义上。笛卡尔在一个更为根本的层次上才是一个二元论者,而这个层次维系着他的哲学中十分明确的机制:在这个层次上,事物[理智事物或身体事物]和真理[其存在模式是非实存]截然不同。必须特别注意的是,与"事物",即便是精神事物不同,真理都是普遍的,正是在这个意义上,真理是不容置疑的。看一下下面的段落,它将真理关联于[非]实存的无限:

> 有一定数量的真理,我们不能在此一一列举,也无必要一一列举,因为认识它们的场合一旦出现,我们就会发现它们。

的确,如果我们看一下,当我们遇到了某种"场合",我们马上就可以认识真理,那么真理真的就是一个例外。我们可以看到,在何种意义上,笛卡尔思考了三[而不是二]。他自己的公理,事实上,可以表述如下:"除了有[永恒]真理之外,只有[偶然的]身体和思想。"像所有天才的哲学家一样,笛卡尔在本体论和逻辑学彼此针锋相对的点上,指出了我们选择所谓的"唯物辩证法"的必然性。

15　　真理的存在类型只有在超越实存的经验层面才能被认识,这一观念就是我在1988年的著作《存在与事件》中的主要原则。在本书中,主要进行的是对存在形式的拓展分析,而真理就是类性的多元:若没有语言学上的谓词可以辨识它们,就没有命题可以清楚地界定它们。此外,我解释了为什么将这些类性多元展开的过程称为"主体"是正当的[公式是:"主体是真理的点"]。

在这里,问题并不在于回到这些结果,这些结果已经摧毁了当代学院派哲学的语言学、相对主义和新怀疑论的外衣,这种学院派哲学,说到底就是民主唯物主义的精致的婢女。这些结果奠定了囊括今天一切行为的未来形而上学的广泛可能性的基石,明天,将会从这些行为中产生出力量。这种形而上学就是新唯物辩证法的成分。

我想强调的是,通过完全不同,甚至是截然对立的路径,德勒兹[他的路径是未分化的身体的生机论分析]也试图去创造当代形而上学的前提。在这个意义上,他体现了唯物辩证法的一个方向,即他十分顽强地抵抗着民主唯物主义的灾难性的侵袭。我们不要忘记他的宣言,这位哲学家一旦听到"民主讨论"一词,就立刻转身离去。这是因为德勒兹对概念的直观上的概括,预设了其组成部分会以无限的速度发展。实际上,思想的无限速度是与民主讨论水火不相容的。在一般意义上,唯物辩证法将真正的无限真理同可以从民主的金科玉律中演绎出来的有限原则对立起来。例如,我们可以说:

真理肯定了其所有结果都无限正确,无论其结果有什么与之相反的东西。

德勒兹是肯定思想的无限正确的狂热的主张者——这种肯定也为他自己反对现象学传统[尤其是海德格尔]和分析传统[尤其是维特根斯坦]的合谋开辟出一条道路。它们合谋的长期主旨就是有限,或"卑微"。当我们自己置身于存在的超越性之中的时候,或者我们发现我们的语言游戏无法超越生命意义所决定的神秘界限的时候,我们无法继续谦卑下去。

唯物辩证法只有在裂缝中才能生存,在裂缝右边,是本真性的绝对律令;在裂缝的左边,是批判的谦逊卑微。如果两种法国传统的组合效果——布隆舍维奇①(Brunschvicg)[数学化的唯心主义]和柏格森[生机论的神秘主义],前者经历了卡瓦耶斯(Cavaillès)、劳特曼(Lautman)、阿尔都塞、德桑蒂(Desanti)、拉康和我自己,而后者经历了康吉莱姆(Canguilhem)、福柯、西蒙东(Simondon)和德勒兹——不会让新世纪被这种谦卑所摧毁,那么哲学就不会没有用处。

为了在这样一个世界生产出新的形式,来捍卫非人(inhumain)——这正是判别我们的名字——新的荣耀,因此重要的是,通过"唯物辩证法",我们要理解对所有批判的批

---

① 莱昂·布隆舍维奇(1869—1944):法国唯心主义哲学家,与哈维·莱昂(Xavier Leon)和艾利·阿列维(Élie Halévy)一起合办了《形而上学与道德评论》(Revue de métaphysique et de morale)杂志。1909年他就成为巴黎一大的哲学教授。"二战"期间,由于纳粹的入侵,他不得不离开巴黎一大并逃到了法国南部,在那里他因病去世。他有大量关于蒙田、笛卡尔和帕斯卡等人的研究著作,他对笛卡尔哲学的重新解释成为20世纪法国新唯心主义的奠基之作。布隆舍维奇认为哲学就是"自我反思的心灵方法",并认为判断力在其中扮演着最主要的角色。(本书脚注皆为中译注,下略。)

判的应用。如有可能，我们要终结康德的那些枯燥无味的界限、正确和不可知的东西。我们要用毛泽东的话[为什么不呢?]来肯定地说:"我们要了解之前我们不了解的所有东西。"简言之,肯定,就是唯物辩证法的另一个公理:

所有世界都可以生产出它自己的真理。

但是本体论的断裂,无论是数学化的断裂还是生机论的断裂,都是不充分的。我们还必须确定,真理的表象模式是独特的,而且它谋划出主观运算,对于其复杂性的考察,我并未在《存在与事件》一书对纯粹本体论的考察中展开。1988年的这本书是在纯多的层面上谈问题——这本书确定了真理的本体论上的类型,并得出了激活这些真理的主体的抽象形式——而本书试图在"在那里存在"(être-là),或表象,或世界的层面上来谈问题。在这个方面,《世界的逻辑》同《存在与事件》之间的关系,好比黑格尔的《精神现象学》同《逻辑学》的关系,即便我跟黑格尔的年代顺序是反的:这本书是在把握在"那里存在"的尺度,具体研究真理和主体的形象,而不是对存在形式进行演绎性分析。

在这条道路上,我受到了当代状态的引导,就如同黑格尔受到了法国大革命和拿破仑战争的引导一样。今天,我们相信拥有了一个稳定的、有保障的根基[民主唯物主义],他们为了反对真理的证据而不停地进行宣传攻势。我们非常熟悉他们发动攻势的能指:"卑微""团队工作""碎片""有限""尊重他人""伦理""自我表达""平衡""实用主义""文化"……所有这些都被囊括在一个人类学之中,结果变成严格的民主唯物主义公理的变型,这种变型我们可以归纳如下:

> 只有个体和群体。

思考由存在、表象、真理和主体促成的四重奏——本书就是要实现这种思考的架构——对立于如下陈述,这是唯物主义辩证法的箴言:

> 真理的普遍性依赖某种主体形式,这种主体形式既不是个体的,也不是群体的。

或者说:

> 如果这是真理的主体,那么主体就让自己摆脱所有的群体,并摧毁所有的个体化。

2. 永恒真理的教诲

我已经说过,对我来说,相对于身体和语言的单纯"那里有"的例外[真理]的实存,有一种非常原初的证明。这个将《世界的逻辑》组织起来的理论轨迹考察的就是在一个独特的世界中的各种真理表象的建构,因而也研究了什么是真理存在的证据。我证明了真理的表象就是整体独特的身体[事件之后的身体],它由多的物质性所组成,在身体中,设定了某种特别的形式主义[主体形式主义]。

然而,从一开始[尚未得到良好的奠基]就分配好这种真理实存的证据,并不是一个太坏的主意,这就解释了为什么通过考察贯穿所有彼此离散的诸多世界的不变量,我们会反对民主唯物主义所包含的相对主义和对所有观念等级的否定。在这里，问题在于通过对某些例子的思考，来描绘出真理的真实效果，在某种程度上，一旦真理被表象出来，它们就会组成一个非时间性的元历史（méta-histoire intemporelle）。这个纯粹的教诲旨在说明存在着例外的立场，即便我们不可能从必然性和经验来演绎出它们，它们不同于大众的俗见。就我所知，这些教诲，就是柏拉图第一篇对话的关键，后来也成为整个非批判哲学的线索。从任意情势开始，在大写观念的进步性的清晰的名义下，我们指出，除了身体和语言之外，还有别的东西存在。因为大写观念不是一个直接给予的身体[这就是我们从可感物与可知物之间的对立中听到的]，也不是语言或名称[正如他在《克拉底鲁篇》（*Cratyle*）中宣称："我们哲学家，我们从事物开始，而不是从言辞开始。"]。

当然，我命名的"真理"是一个真实的过程，这个过程尽可能抽离于身体和语言的语用学对立，它就在这个世界上。我坚持认为，这就是本书所关心的问题：真理不仅**存在**，而且**表象出来**。此时此刻，需要第三项[主体-真理]来补充前两项[多元和语言]。唯物辩证法就是内在性的意识形态。然而，我在1989年的《哲学宣言》（*Manifeste pour la philosophie*）中关于需要我们采用"柏拉图式的姿态"的说法是正确的：通过例外的真理过程中所预期的大写主体来战胜民主的智术。下面，我们给出四个例子，就是这种姿态的大致表现。所有四个例子都旨在说明，在其形态的变化中，永恒真理是什么：在不同的世界中[重新]创造出它的多元。每一个例子都说明了世界的多元的主题[在第2卷中，会谈到在那里存在的超验逻辑，或对象理论]以及真理的身体，这样，它在一个世界上被构造出来，并承担着真理的标签，它让自身被视为一种普遍性，在世界之外，从而[与所有其他世界]保持着距离。

这是在它所设定的每一种秩序中的展现问题,是真理的"例外"以及真理所引出的主体的问题。

3. 数学上的例子:数

我们从基础演绎代数学中给出第一个例子。

那么,通过"数",我们理解的是自然整数(1, 2, 3,…n,…)。我们会认为,读者非常熟悉的加法运算[n+m]和乘法运算[n·m]在数之上是可界定的。我们可以说,如果存在第三个数n,那么数p可以除以q,我们有p=n·q[p等于n倍的q]。我们也可以写为p/q=n或p∶q=n。

[大于1]的数,如果只能被自己和1除尽,那么这个数就是素数。因此,2,3,5都是素数,还有17和19,等等;4[可以被2除],6[可以被2和3除]或18[可以被2,3,6,9除]就不是素数。

有一些比较神奇,也比较基础的算术定理,我们可以用当代语言叙述如下:"存在着无限的素数。"只要你按照数的顺序数下去,你就会发现,有无限多的新的数,这些数只能被自己和1整除。如1238926361552897就是素数,但在其之后还有无限多的素数。

这个定理有一个非常悖谬的当代形式,可以表述如下:"有多少数,就有多少素数。"我们实际上知道,在康托尔之后,如何去比较无限集合的大小。为了做到这一点,我们必须发现,如果存在着两个集合是一一对应[双射]的:你可以让第一个集合的一个元素映射第二个集合的一个元素,两个不同的元素可以映射两个不同的元素,这个程序可以无休止地进行下去[所有第一个集合的元素都映射了第二个集合的元素]。

我们假定,存在着无限序列的素数。我将第一个数,即1对应于2,即最小的素数,随后第二个数2对应于第二小的素数3,随后3对应于第三小的素数,即5,4对应于素数7,那么我们可以得出如下表格:

数字	素数
1	2
2	3
3	5
4	7
5	11
6	13
7	17
8	19
…	…
…	…

很明显,我们拥有了数字与素数之间的双射。所以有和所有数一样多的素数。

这个陈述似乎预示着相对主义的胜利,预示着实用主义者们强调的各种文化之间存在着无法妥协的多元性。为什么?因为"有无限多的素数",等于是说"有着和所有数一样多的素数",对于一个古希腊人来说,即便是对一个古希腊的数学家来说,这个说法也完全是一个无法理解的黑话。首先,对于古希腊人来说,没有无限的集合存在,因为所有真正能思考的东西都是有限的。只有一个序列可以延续下去。其次,在一些事物中,总存在小于那个事物的东西。这可以作为公理来陈述[这就是欧几里得的《几何原本》(*Éléments*)中最为清晰的形式原理之一]:"整体要比部分大。"现在,素数就是所有数的一个部分。因此,素数一定要比数的数量少。

你们可以看到，人类学相对主义可以相信，借此观念来延伸到所谓数学的绝对真理上。我们知道，仅仅只存在着语言，对"素数"的最后分析，对古希腊人和对我们来说意义并不一样，因为古希腊人不可能理解现代语言中所说的素数。实际上，当贝拉尔（Peyrard）在1819年翻译欧几里得的《几何原本》的时候，关于素数序列的关键性陈述，是用一种完全不同于无限的词汇来表述的。在第8卷的命题20中："素数的数量要大于已经被列举出的素数的数量。"

说实话，即便是我们用来证明这些定理的基本定义，古希腊人与我们也有着天壤之别。这样，一般意义上的可除尽的观念是从部分、大小和尺度角度来说的。看一下《几何原本》第7卷的定义5："若较小的数能整除较大的数，那么一个较小的数为一个较大的数的一部分。"在现代定义中，真的没有使用这些用语。文化人类学是民主唯物主义的重要分支，在这里认为科学的连续统一体，可以贯穿整个同音异义的领域。

是否所有东西，包括数学在内，都是文化的？普遍性不过是一个虚构？或许是一个帝国主义式的，或极权主义的虚构？相反，我们要使用同样的例子来断言。

——永恒真理包罗在不同的概念和语言情境之中［我们从第2卷开始，称之为不同的"世界"］。

——同一类型的主体发现自己卷入证明程序之中，无论是古希腊的证明，还是当代的证明［无论是属于"古希腊数学"的世界，还是属于"后康托尔的数学"的世界］。

关键在于，概括出素数无限性的真理，并不是无限性本身，它让我们可以揭示出数的结构：我们知道，它们都是由素数组成的。就像不可分解的"原子"一样，是数的构成成分。实际上，所有的数或许都可以写成素数的幂的产物［即它们可以"分解为素数因子"］。例如，数 11664 等于 $2^4 \cdot 3^6$。我们可以将这个评价用到幂本身。这样 $4=2^2$ 和 $6=2 \cdot 3$。这样，最后，我们得出 $11664=2^{2^2} \cdot 3^{2\times 3}$，这个公式只有素数。

这个结构性推理非常重要，它主宰着整个现代抽象代数学的发展［我们将在第 7 卷中从另一个角度来考察这个发展］。已知由"对象"构成的任意运算范围，我们有可能在"对象"之上来界定加法和乘法这样的运算，我们是否可以在其中找到素数的等价物？我们是否有可能用"原始［素数］"对象的帮助来分解对象？在这里［从高斯开始］我们拥有了主理想环（idéaux premier sur un anneau）的关键理论。对于这个过程——从数的运算得出结构性的形式——很明显，这就是进步，就是胜利，就是新观念，但同样明显的是，古希腊的算术也内在于这个运动之中。

由于在根本上缺少真正的运算性的数字和字符的标记，并受到本体论上的有限性的阻碍，古希腊人当然只能通过部分问题来思考。他们不能清晰地认识到将一个数分解成素数的一般形式。然而，他们理解了更为根本的东西：素数通常包含在非素数的乘法的组成之中。这就是著名的第 7 卷的命题 31："所有合数都可以用某些素数来整除。"按照我们符号标记的方法，这意味着已知任意数 n，通常存在着一个素数可以除 n。

可以毫不夸张地说，我们在这里"触摸"到了数的本质，以及可计算的性质。当代算术和几何学陈述都在全新的概念和语言框架下［新世界］来展开这个问题，而并未"克服"它或摒弃它。这就是我们毫不犹豫地称为永恒真理的东西——例如古希腊的阿基米德十分荣耀地宣布他发现的例子,即"内在于[数学对象]的本质属性,并永远存在于它们之中,并不会被先于我的那些前辈们所忽视"。

阿基米德陈述的第二部分和第一部分一样重要。尽管数学真理可能是永恒的,但数学真理必须实际地**表象出**它的永恒性。现在,表象过程就是证明,也就需要一个主体[正如阿基米德所说,这个主体不是我,也是我的前辈]。

但是,让我们将所有的心理学问题放在一边,什么是进行创造性证明,从证明中揭示出永恒数学真理的主体?它就是将一种形式主义同一个物质体关联起来的东西[在数学背景下的书写体]。这种形式主义展现并创造了一种不太明显的可以主体化的关系那个书写体的限制。

如果你们认可了数的定义和与之有关的定义,你们就必须承认"所有的合数都可以用某些素数来整除"。如果你认可"所有的合数都可以用某些素数来整除",那么你就必须承认"素数的数量要大于已经被列举出的素数的数量"[或者有无限多的素数]。

重要的是,约束数学主体类型就是不变量。换句话说,你可以采用古希腊数学文本约束你的地方,而无须修改受约束位置(places-de-contrainte)的一般主观体系。同样,你可以喜欢埃斯库罗斯的悲剧,因为你自己合体于克洛岱尔的悲剧,为了评价古代中国在公元前81年的政治著作《盐铁论》的价值,也不能妨碍成为20世纪70年代的一位革命者,或者,如同当代的恋人一样,埃涅阿斯(Énée)舍弃了狄多(Didon)。

欧几里得是如何从原初的定义[一个数的倍数、素数等]走向主要的结构性命题[所有数都是可以被素数除的]的呢?通过一个"有限递减"(descent finie)的程序,来概括出数的结构。如果 n 是合数,除了1之外,可以除以一个数 p_1[如果只能被 1 除,这个数就是素数]。那么我们有了 $n = p_1 \cdot q_1$ ["除"的定义]。我们来重复一下 p_1 的问题。如果 p_1 是素数,那最好了,因为它除尽了 n。如果没有,我们有 $p_1 = p_2 \cdot q_2$,但 $n = p_2 \cdot q_2 \cdot q_1$,那么 p_2 除尽了 n。如果 p_2 是素数,还是不错。如果不是,我们有 $p_2 = p_3 \cdot q_3$,那么 p_3 除尽了 n。如果 p_3 是素数,如此类推下去。

那么我们有:$\cdots p_4 < p_3 < p_2 < p_1$。这个下降必须停止,因为 p_1 是一个有限的数。它会停在一个素数上。因此,存在着一个素数 p_r,有 $n = p_r \cdot q_r \cdot p_{r-1} \cdot q_{r-1} \cdots \cdot q_1$。素数 p_r 除尽了 n,证毕。

这些作品中的主体,在这里受到其推理类型的局限,它本身与一种递减代数学有关,它遭遇了一个停顿点,在这个停顿点上,展现出它自己的结果。这种主体类型与其明确的结果一样永恒,或许有可能在非数学真理的类型中遇到这个主体类型:情势变成了一个递增式的还原,直到其遭遇一个建构项,不可能再将这种还原继续下去。

现在,欧几里得是如何从之前提到的结果,走向关于素数的开创性的陈述的呢?通过一个完全不同的程序,即反证推理或荒谬推理,这种情况适宜于否定形式的结果[如果存在着无限的素数,那么就不会有素数的有限的量,这在本质上就是欧几里得自己的概括]。

设存在着 N 个素数。所有素数的积,即 $p_1 \cdot p_2 \cdots p_r \cdots p_N$。我们称之为 P,让我们思考一下 $P+1$。$P+1$ 不可能是素数。这是因为它大于所有的素数,根据我们的假设,包含在积 $p_1, p_2 \cdots p_N = P$ 之中,它若是素数,就会小于 P,也就小于 $P+1$。因此,$P+1$ 是一个合数。于是,它可以被素数整除[根据"递减"证明的基本属性]。因此,必然存在着一个素数 p,有 $(P+1) = p \cdot q_1$。但所有的素数都能除尽

P，根据我们的假设，它是所有素数的积。我们于是得出了$P = p \cdot q_2$。最后我们得出：

$$(P+1) - P = p \cdot q_1 - p \cdot q_1 = p \cdot (q_1 - q_2)$$

即

$$1 = p \cdot (q_1 - q_2)$$

这意味着p整除了1，这是不可能的。因此，最初的假设被否定了：素数不可能是一个有限集合。

这一次，主体给出了证据，并将之关联于一个非建构性的主体。对一个假设进行推理，让其遭遇一个不可能的结果[在这里，即素数可以整除1]，迫使他必须否定那个假说。这个程序并不能从肯定方面来得出素数的无限性[或者素数要大于既定的量]。它说明的是，对立的假设是不可能的[即有限的素数，或最大素数是不可能的]。这个主体形象是永恒的：他考察了对于一个明确概念的情势，我们感觉到在这种情势下的真实的点，需要我们在继续坚持这个概念，还是维持这个情势之间做出选择。

的确，我们认为主体并不希望情势被消灭。他会为之而牺牲概念。的确，这就是真理主体的构成：唯有当概念支撑着情势的真理的时候，主体才坚持某个概念。在这个意义上，主体与唯物辩证法是一致的。而与民主唯物主义一致的主体只能是虚无主义者：他们自己喜欢自身所在的情势。我们会在[第1卷]中看到，这样的主体会放弃所有生产性或忠实于情势的逻辑，他们要么认可反动主体的形式主义，要么认可蒙昧主体的形式主义。

最后，拒绝归谬推理是一种带有大量后果的意识形态的选择。这承认了数学绝不是一种抽象的无人问津的练习，它是一种最高水准的主观分析。逐渐增长的对数学的敌意——他们说，数学远离"实践"，远离"具体生活"——这些敌意不过是众多虚无主义方向中的一声叹息,这种虚无主义一点一点地腐蚀着所有向民主唯物主义卑躬屈膝的主体。柏拉图,需要他的以后的捍卫者花十年时间来坚持不懈地学习几何学,他是最早感受到这种东西的人。对他来说,同时也必须概括出这种要求,并无情地批判陷入与斯巴达永无终结的战争之中的雅典的国家民主形式。

4. 艺术的例子:马

我们来看四幅画,在画中,马是最显著的角色,这些画大约出现于30000年前。一边是肖维岩洞①(Grotte Chauvet)中用白色线条画的马和黑色的"马的底板";另一边是毕加索的两幅画[1929年和1939年],第一幅是灰色的,两匹马拖拽着第三匹死掉的马,在第二幅画中,一个人掌控着两匹马,其中一匹马佩着辔头。在这里,所有东西会区分出两种不同的表达要素。毕加索不可能受到肖维岩洞中大师的启发,在他的时代,还不知道肖维岩洞,当然,毕加索给出了他自己在岩画艺术认识方面的最充分的证据——尤其是他画的公牛的形象,像1945年画的黑色的模糊的克里特人的轮廓。但他的这个认识与肖维岩洞中的大师保持了相当大的距离,因为毕加索所用之技艺也影响了很长一段历史,如果不算肖维-

---

① 肖维岩洞:位于法国南部阿尔岱什省的一个洞穴,因洞壁上拥有丰富的史前绘画而闻名。部分历史学家认为洞内岩画可以追溯至32000年前。该洞穴不提供参观游览。联合国教科文组织将肖维岩洞列为世界遗产。肖维岩洞面积约8000平方米,洞长约500米,在洞穴的岩壁上有超过450幅动物壁画,根据研究发现肖维岩洞在旧石器时代晚期曾被人类使用,大部分的岩画可以追溯至30000至32000年前。这些画经由红赭石和黑色颜料作雕刻及绘画,被分为13种不同的主题,如马、犀牛、狮子、水牛、猛犸象或是打猎归来的人类,多姿多彩,栩栩如生,一些在冰河时代罕见的或者是从来没有发现过的动物亦在此出现。

阿特里耶岩洞，还包括比它晚10000年到15000年的阿尔塔米拉（Altamira）岩洞和拉斯科（Lascaux）岩洞。若看到了这些差别，相对主义者会再一次宣布胜利。我们知道，他们会说，毕加索所画的马头的风格以及对腿部的几何学上的处理，只能理解为用现代手法画出的带有"写实"倾向的马。古代的画家描绘的是体量、肌肉组织和动感。毕加索反而试图描绘出原始的"淳朴"——包含了一种前历史的模态——将马变成一种装饰力的符号，以后腿直立，并试图摆脱其生理机能。在那里有一个矛盾的结合体，一个是野兽那高高昂起的头颅，似乎仰天长啸，呼唤着上天的拯救，另一个是经常会施加在马背和马蹄上的重负。它们就如同天使般的佩尔什马（Percheron）。在它们的"仰立"（cabrure）中——这个"仰立"是如此的缓慢，也如此猛烈——对应着那绝望的呼喊。

相反，肖维岩洞中的马是一个顺从的标志。毫无疑问，里面有猎人的形象：所有的马都低着头，尽可能保持温顺，立即投入我们眼帘的是它们那巨大的前颅，正好在它们的鬃毛之下。更令人震惊的是在"马的底板"上的四个马头的布局［正好是另一个视角的效果！］，似乎要说的是，它们是按照一种神秘的等级秩序来安排的，不仅仅是马的高度——头的大小从左到右逐渐减小——还有色泽［从明亮到黯淡］，尤其是看的角度：我们从一个睡眼惺忪的马走向一个有着很明确表象强度的最小的马。事实上，这些被展现出来的、顺从的、明显可见的马的举止，在本质上完全不同于毕加索讲述的带有矛盾冲突和呼唤救赎的故事。除此之外，我们可以把握用白色勾勒出来的马的整个轮廓，它的腿过于细长，腿部也比较瘦弱。与毕加索在这些动物中所了解到的乡村的天真无邪不同，肖维岩洞中的艺术家，即艺术家-猎人，在这些动物的不确定的定型中，看到了一种征服的野蛮，一种同时被展现出来的和隐秘的支配性的美。

于是"马"在两个例子中的意义不同。随着情境的彻底改变,动物的客观性在30000年的跨度中几乎没有什么变化。事实上,我们如何将这些猎人们的无法解释的模仿能力[从我们的角度来看,这些画完全是枯燥无味的,我们要想象一下,在光影摇曳的火光或火把中,百折不挠地将这些巨幅的绘画镌刻在洞穴的岩壁上]与继承了源远流长的历史、所有艺术家中最为著名的艺术家[这个艺术家创造新的形式,或者为绘画思想的快感而再创作,而在他的画室中,所有的化学和技术都可以用来服务于他的画作]相提并论?此外,对于前者而言,动物,如马,就在他们生活的中间:马是他们的伙伴、他们的对手、他们的食物。猎人们自己所身处的危机四伏的丛林与他们日日夜夜观看、捕猎、观察的动物之间的距离并不遥远——从这些动物之中,他们提炼并绘制出华丽的符号,这些符号历经漫长的岁月流逝,在数千年的时光里从未被人触及,径直来到我们的面前。相反,对于毕加索而言,动物是一种日益没落的农民和前技术时代世界的象征[在那个时代里,有他们的淳朴,有他们的欲求]。后者说,他们就是已经在景观中被捕捉到的人物形象,这样他们就像让这位画家如痴如醉的公牛和马一样,在绘画之前就被预先构想(pré-formée)出来。

这样我们可以说,这些"马"之间有着天壤之别。肖维岩洞中大师的马是对他们参与其中的纯粹生活形式的升华,毫无疑问,这是为了将这些有着天壤之别的差距合为一体。毕加索从自己的立场出发,只能引述这些形式,因为他已经退出了所有直接接近生活底层的直接路径。对于这些引述,如果毕加索表现得要像远古的猎人那样以纪念式的风格来生活下去,那么就会成就与他对立的意义:乡愁,徒劳的祈求,而在这里值得分享与赞美。

然而,我在这里坚持认为,事实上,其中有一个永恒不变的主题,一个永恒不变的真理,同时贯穿于肖维岩洞和毕加索的画作。当然这个主题并没有包络它自己的变量,那么我们关于马的意义所说的一切仍然是正确的:它们在本质上属于不同的世界。事实上,由于这个主题是从各个变量中抽取出来的,所以马的主题让其变得清晰可辨。这自然就解释了为什么我们直接就被它的美所感动,在没有欲求的意义上,这种美就是肖维岩洞中的作品的美。同样,我们强行将这些画作与毕加索的进行比较,超越了纯粹反思的层面,也超越了毕加索自己对史前绘画风格的认识。我们同时承认世界的多元性和真理的永恒性,而真理在多元的世界中不同的点上表象出来。

这种永恒不变的真理是由什么组成的?假设你涉及与动物的思想关系,而这种关系让动物成为那个世界中的稳定成分:那里有马,有犀牛,有狮子……现在设个别生物在经验上和生理上的差异从属于这种稳定性。那么东西就是一种可识别的范式,对动物的再现就是大写观念可能的最清晰的标记。这是因为作为一种类型[或名称]的动物,从感觉经验的连续体中被切分出来。用这种特别形式的可认识的特征来将它们十分明显的有机体统一起来。

这意味着——正如在柏拉图的神话中,但是相反的——画出洞穴岩壁上的动物,就是要逃出洞穴,并上升到大写观念的光芒之中。这就是柏拉图假装没有看到的东西:在这里,图像就是阴影的对立面。这证明了在绘画符号中的变化的不变量的大写观念。与从存在的大写观念下降到可感物的过程不同,这就是大写观念可感的创造。"这是一匹马"——这就是肖维岩洞的大师所说的话。由于他所说的远离了活生生的马的可见性，他**证实**了马是外在于思想而存在的东西。

然而，这在技术上的效果，与人们的期望大相径庭——这二者同样深刻，同样富有创造力——后者是为了将一匹马的肌肉线条和毛色的细节光彩展现在人们面前。其主要的结果是，就其对马的再现而言，一切东西都与线条有关。绘画必须刻画出可以识别的分隔，即由所有画出的马展现出来的对马的单独的凝思。但是，这种凝思——证明了与观念统一体相一致的马的观念——就是最原初的直观。它只有通过没有润色过的线条的确定性来加以固定。在一次行为中，在一次涂抹中，艺术家在分离出马的观念时，也画出了一匹马。正如——这样肯定了这种真理的普遍性——中国画的画家一样，经过严格的训练，一笔下去，就能把握住在一头牛与牛的观念、一只猫和猫的笑容之间难以分辨的东西。

我们只能赞同马尔罗的说法。例如，当他[在他的《反回忆录》(*Antimémoires*)中]写道：

> 艺术并不会让人们依赖于那些生命短暂的东西、依赖于他们的房屋和他们的家具，而是让人们依赖于他们一步步创造出来的大写真理。艺术并不依赖于坟墓，而是依赖于永恒。

毕加索用他的非凡技艺所指向的永恒真理，可以概述如下：在绘画中，动物只需要借助各个彼此分离且十分明确的线条，这意味着在大写观念和实存之间，在类型和例子之间，我们可以进行创造，因此也可以思考那些仍然无法辨识的点。这就是为什么说，尽管在没有共同尺度的情形下，两个绘画世界中表现出来的意义完全相反，肖维岩洞和毕加索画的马却是一样的。从轮廓的角度来思考一下，三角形的头颅，圆柱形的脖子，画家不辞辛劳的努力夹杂着甜蜜，这种辛劳消失在画家对动物的凝视之中：整个形式工具，在所给定物基础上，汇集成对不可化约的马的凝思，它拒绝将其消弭为无形式的东西，从而保持了它的可以识别的独特性。于是，我们有信心说，30000年前，肖维岩洞的大师[当然，他或许是另一位我们对他一无所知的师傅的学生：我们也没有来源知道这一点]所开创的东西，也就是他所遵循的东西，也是我们在其中所遵循的东西，以及毕加索提醒我们说：这不仅仅在事物之中，在身体之中，也在我们生活和言说的东西当中。这就是大写真实带来的惊喜，而我们有时也需要参与到这种惊喜之中。

一种非常著名的犬儒思想家会在柏拉图背后嘲笑说："我只看到了马，我根本没看到马的观念。"从火炬光芒下的猎人到现代的百万富翁，在绘画创作的源远流长的历史过程中，我们所看到的，真的只有马的观念，除此之外，别无其他。

5. 政治的例子：国家革命

在这里，我想起了一个非常古老的争论：这场争论发生在公元前81年的中国，在汉武帝逝世之后，法家和儒家保守派进行了争论，这场争论被记录在中国的一篇古典名著[很明显，这部著作是由儒家知识分子写的]中，名曰《盐铁论》（*Dispute sur le sel et le fer*）。

《盐铁论》是一个非常神奇的文本，在汉昭帝之前，在国家政治的所有关键问题上，从法律的功能到对外交政策的苛责，因为盐铁专卖问题，[法家]御史大夫桑弘羊遭到了[儒家]儒生们的质疑。

国家政治的框架是恒定不变的,一个贯穿始终的公共真理或许可以概述如下:对真正的国家治理而言,必须让所有的经济规律从属于民众意愿的代表,为平等而斗争,以及对于人民来说,要将信心和恐怖结合起来。

意愿、平等、信心、恐怖的内在结合可以在法家的建议中来理解。他们拒绝了儒家的建议,他们将不平等注入生成性的法律之中。于是,这个问题关联到关于国家问题的永恒不变的观念。这个观念让国家从属于政治[广义上的"革命"视野]。它反对的是行政原则,即这种原则让政治从属于实在的国家法律,换句话说,反对消极的或保守的国家决策。但是,在更为根本的意义上来说,我们可以看到,一旦思想面对着国家决策的逻辑,它就必须在结果的基础上说话,这样,它描绘出主体的形象,让其远离保守的形象。从结果来争论,从国家的革命视野的永恒结构的四个要点[意愿、平等、信心、恐怖]来说是绝对正确的。我现在要说明的是,是什么东西关系到政治意愿和信心原则。

儒生们十分明确地宣布:"言法教也。故没而存之,举而贯之,贯而行之,何更为哉?"为了反对这种主观上的复辟、反动,[法家]丞相史承认了意识形态断裂的肯定性的物质性结果:

> 而必随古不革,袭故不改,是文质不变,而椎车尚在也。

我们需要从更深远的结果来理解这种政治化的倾向:只有在结果之中,才能从政治上克服国家在客观上的惰性。汉武帝时期法家的御史大夫所提出的原则,尽管他们不断诉诸严刑峻法，但非常明显的是他们的信心原则是非常不同的，甚至是完全相反的。儒士们捍卫农业生产的无法逆转的循环周期，反对匠人和贸易上的所有的新意。他们认为"使治家养生必于农"，才能做到天下太平。御史大夫桑弘羊则极力赞颂商业流通的活力，并完全相信多层次的交换的发展。在这里，他有一段名言：

> 自京师东西南北，历山川，经郡国，诸殷富大都，无非街衢五通，商贾之所凑，万物之所殖者。故圣人因天时，智者因地财，上士取诸人，中士劳其形。长沮、桀溺，无百金之积，跖蹻之徒，无猗顿之富，宛、周、齐、鲁，商遍天下。故乃商贾之富，或累万金，追利乘羡之所致也。富国何必用本农，足民何必井田也？

在这段话中，我们可以看到意愿和信心、决裂与赞同的独特关联。这成为超时代真理的核心。我们可以从中识别出一种主观类型，即国家革命。我们可以从四项类性关联来读解这个类型［意愿、平等、信心和恐怖］。现在我要用经典的平等/恐怖的对偶关系来说明这一点，我们在罗伯斯庇尔和托马斯·闵采尔（Thomas Münzer）那里也可以发现这些不连续的例子。

汉武帝的法家的御史大夫为实施严刑峻法的镇压策略进行了辩护：

> 令者所以教民也，法者所以督奸也。令严而民慎，法设而奸禁。是以古者作五刑，刻肌肤而民不逾矩。

而儒士用古代的动机道德来反驳这种镇压式的形式

33

主义：

> 故春秋之治狱，论心定罪。志善而违于法者免。

我们在这里看到，在镇压的解释中，出现了国家的形式主义与革命视角之间的关联以及运动的道德与保守视角之间的关联。儒生们让政治从属于来自古代的礼仪，认为君王首先"重礼仪"。法家渴望国家的能动性，即便要付出强制力的代价。

我们知道，自从罗伯斯庇尔和圣-茹斯特之后，国家革命形式的核心范畴就是恐怖，无论这个词是否被公开宣布出来。根本在于，要理解恐怖就要注入主观性准则，即平等主义准则下的国家之中。正如黑格尔所看到的那样["克服"，在他的眼中，就是纯粹否定性的维度]，恐怖就是所有革命需要的抽象思考的结果。因为情势是绝对对立的革命情势，也就必须维持。

我们可以理解法家的御史大夫何以将平等主义的原则与绝对权威主义结合起来。的确，一方面[很难忘掉这个说法]，面对法律如同"下临不测之渊"。但其真实目的就是禁绝不平等，镇压投机分子、囤积居奇之辈，以及反对的派系。没有恐怖，事物的自然发展，就会受到富人权力的掌控。国家革命的主体性就建立在政治化意识的真实运动和意志的升华的信心之上，将恐怖主义的对立斗争与平等的结果结合起来。正如御史大夫所说：

> 家强而不制，枝大而折干，以专巨海之富而擅鱼盐之利也。

那么，"奸猾交通山海之际，恐生大奸"。

我们记得罗伯斯庇尔在热月9日(1794年7月27日)在国民公会(Convention)上大声疾呼道:"共和国失败了!奸佞得胜了!"这是因为在他的政治恐怖的背后,隐含着对平等的欲望。法家完全知道这一点,"均有余,补不足"。国家革命的主体性,就是与达官显贵构成的派别进行毫不妥协的斗争。

平等意味着每个人都回到自己的选择,而不是回到自己的位置上。这就是将政治真理同决定的态度联系起来的东西,它是在具体情况中一点一点地确立起来的。

读到这里,读者们或许会面对着一个矛盾。难道我不再坚持席尔万·拉撒路(Sylvain Lazarus)提出并发展的两个主题了吗?这两个主题是我们俩作为"政治组织"(Organisation Politique)的战士所关心的根本性的政治主题。这两个主题分别是:首先,区分国家和政治;其次,政治非常稀少,并有着接续性的特征。难道"国家革命"的形象不是直接对立于这些主题,难道这个形象,在更一般的意义上来说,是政治真理的永恒性或不变性,并不对立于这些主题吗?我给出了一个很长的注释,你们可以在书后的"注释、评注和附释"部分找到我对这个问题的解答。我不仅肯定拉撒路和我之间没有矛盾,而且两个基本主题设定并升华了我在哲学背景下对它们的探讨。

现在我信心十足地得出政治真理的一般性质的几个结论,这些结论也是历史序列的结论[也是世界的结论,表象逻辑的结论],在这个历史序列中,我们肯定了解放全人类的激进意愿。

1) 所有真理都关系四个规定:意愿[反社会-经济必然性]、平等[反业已确立的权力和财富的等级制]、信心[反对对人民群众的怀疑或恐惧]、权威或恐怖[反对"自然的"自由竞争]。这就是这种类型的政治真理的类性内核。

2）所有的规定都反对实际世界中业已成形的结果。结果原则将一种政治态度纳入时间之中,将四个规定结合起来。

3）存在着一种主观形式,它足以适应不同真理的类性内核的不同样态。例如,国家革命的形象[罗伯斯庇尔]不同于人民起义的形象[斯巴达克斯、闵采尔、图帕克·阿马鲁①(Túpac Amaru)]。

4）这些样态的奇点(singularité)[诸真理的多]考察了在历史上某个确定世界中的表象。如果在这个世界的现象中,某个有组织的物质上的多元"承载"了某种主体形式,那么它就有可能做到这一点。

结论、类性关联、可识别的主体形象、可见的身体……的形成,这些都是真理的谓词,而真理的永恒性,在历史上的诸多瞬间,在不同的彼此离散的世界中以片段的方式表象出来。

6. 爱的例子:从维吉尔到柏辽兹

我们再一次跟随柏拉图的步伐——看看他《理想国》之后的《会饮篇》(*Banquet*)——我们会说明爱的强度能创造出超越时间、超越世界的真理,整个真理承担着大写的二(Deux)的力量。

不断依赖历史相对主义的民主唯物主义,已经争辩过爱

---

① 图帕克·阿马鲁(1545—1572):新印加王国最后一位萨帕·印卡(印加王国君主的称衔)。在哥哥蒂图·库西于1571年去世之后,他率领残余的印加人民与西班牙人对抗,最后兵败被杀。

的普遍性,将性关系的形式还原为不同的文化框架。以著名的丹尼斯·德·鲁日蒙①(Denis de Rougemont)为例,他就将激情之爱描述为中世纪的创造。最近,一些人试图否定,在古希腊世界中存在着与男女关系相关联的性快感,这样可以让男男关系成为古希腊世界中的唯一的性范式。对于第二点,如在阿里斯托芬的《吕西斯特拉忒或女人的集会》(*Lysistrata ou l'Assemblée des femmes*)中所感受到的,即便是漫不经心的阅读,也会有一种强烈的主观印象,即男人不愿和他们的配偶做爱,这让我们直接得出结论——如果这结论是必然的!——同性之间的欲望和快感非常普遍。对于第一点,女诗人萨福②(Sapho)的诗歌,还有诸如安德罗马库(Andromaque)和美狄亚(Médée)的形象,以及《埃涅阿斯记》③(*Énéide*)中的狄多和埃涅阿斯的片段——所有这些给出了充分的证明,在其所宣布的形式[实际上这些形式会发生相当大的变化]之上,爱是一种真理的经验,这样,无论在什么样的历史情境下,爱都是可以认识的。当然,在这一点上,我们可以举出大量跨越较大时间和空间的证据。我们可以简单看看日本女作家紫式部(Dame Murasaki)的《源氏物

---

① 丹尼·德·鲁日蒙(1906—1985):瑞士作家,文化理论家,欧洲联邦主义者,他用法语写作。"二战"以后,他在日内瓦成立了著名的"欧洲文化中心",也成立了日内瓦大学下属的"欧洲研究院"(IUEE),他最有影响的著作是《西方世界中的爱》。

② 萨福(约公元前 630 或者公元前 612—约公元前 592 或者公元前 560):古希腊著名的女抒情诗人,一生写过不少情诗、婚歌、颂神诗、铭辞等。一般认为她出生于莱斯博斯岛(Lesbos)的一个贵族家庭。据说她的父亲喜好诗歌,在父亲的熏陶下,萨福也迷上了吟诗写作。她是第一位描述个人的爱情和失恋的诗人。

③ 《埃涅阿斯纪》取材于古罗马神话传说,叙述了特洛伊英雄埃涅阿斯在特洛伊城被希腊联军攻破后,率众来到意大利拉丁姆地区,成为罗马开国之君的这段经历,是一部罗马帝国的"史记"。史诗开始时,特洛伊国王的女婿、维纳斯之子埃涅阿斯已经在海上漂泊七年,正当他和同伴们离开西西里,向最后的目的地意大利进发时,天后朱诺出于嫉妒,唆使风神掀起了狂风巨浪,船队被打散,他流落到北非迦太基,受到女王狄多的热情接待。

语》(*Dit du Genji*)，或者戏剧《近松物语》。即便有反对意见，按照这些反对意见的说法，激情不过是古希腊和古罗马时期女性自己不能控制的属性，而看一下不断增加的文学上的证据，就足以证明与其对立的观点。而我们只需要阅读维吉尔(Virgile)对埃涅阿斯的描写就足够了："他痛苦地呻吟着，他的灵魂经受着伟大爱情的折磨。"

我们停下来看看维吉尔，看看超越时间价值的爱的真理的独特特征。在《埃涅阿斯纪》的第四卷中，诗人谈到了狄多与埃涅阿斯相爱的第一夜。在开篇处，我们再次邂逅了从我们之前的例子[数学、艺术、政治]中提取出来的所有真理的特征。

——物质性痕迹：

明亮火炬的火焰和上苍见证了这场婚礼。

——主体决裂：

整个冬天，他们都在温暖和荒淫中度过，两人把国事忘到九霄云外，做了无耻情欲的俘虏。

——超越了所有的特殊语言：

爱火一直在侵蚀着她温柔的心，她心里的创伤还在暗中活动。不幸的狄多心如火焚，她如痴如狂满城徘徊。

——潜在的永恒：

狄多：当冰冷的死亡让我的身体无法呼吸，我的灵魂将满世界地追着你。

埃涅阿斯：陛下，我绝不否认你的许多恩典，你可以一件件地说出来，件件都值得我感谢，而且，狄多，只要我还有记忆，只要生命还主宰着我的躯体，只要我想起你的时候，都绝对不会感到后悔的。

但是我们也发现了，在诗歌的厚重之中——还有两千多年之后，著名的音乐天才柏辽兹（Berlioz）在他的《特洛伊人》（*Les Troyens*）中对这一幕进行了音律和音乐上的改编——有两个独有的特征，借助这两个特征，不连贯的独特的真理展现出自身：无限性和将情势最粗野、最籍籍无名的方面变成大写观念。这就是我在《存在与事件》一书中谈到的大写真理的类性（généricité）。

借此，维吉尔用诗歌表达了真正的爱，一种无法衡量的爱，而这就是无限的标志［在古代背景下，这就是神灵行为的标志］，它既是神话的，也是戏剧的。

如果狄多对埃涅阿斯的爱就是维纳斯所算计的，维纳斯希望他的儿子埃涅阿斯尽快到迦太基，让他摆脱朱诺的阴谋，那么爱就是神话的。我们由此得知，作为真理的爱的场景，通常要比爱本身更为庞大。在诗歌之中，它将两位恋人的大写的二锁定在女神之间冲突产生的历史命运之上。这种悲惨的爱情，是神灵的行为所导致的，但丝毫没有失去其独立性［在维纳斯的使者丘比特到来之前，狄多就爱上了埃涅阿斯］。相反，这也得到一点传奇色彩，一种命运的氛围。此外，这种氛围在凡人的爱情中清晰可辨。狄多和埃涅阿斯实际上并举了两种内在于爱的例外之美，即埃涅阿斯的美：

他披散的头发用柔枝嫩叶扎住，使它整齐，外面加上一道金箍。他背上的弓箭叮当作响，埃涅阿斯的容貌举止同样庄重，他的高贵的容颜焕发出俊美的神一样的风采。

狄多的美：

腓尼基的显贵们早在门外恭候，她的马匹披着金紫，不耐烦地跺着马蹄，流着白沫的嘴狠狠地嚼着马嚼子。最后，女王走了出来，一大群侍从前呼后拥，她身穿西顿式斗篷，绣着花边，她拿着的一支箭是黄金的，她的发结是黄金的，扣住她深红色衣服领子的别针也是黄金的。

这些表象将爱的大写的二升华到决定了他们命运的不朽女神的高度。他们开创了这一戏剧，其目标就是要表明，让作为真理的爱无限地超越自身。这种戏剧化所处的时代本身就带有经过精心雕琢的装饰，在那个时代里，爱的场景本身就是对世界的创造。在神的无限性之后，宇宙或无限性变得清晰可辨。这种可感的强度甚至影响了她为远道而来的英雄设宴的布置，而女主人已经深深爱上了这位英雄：

宫殿里面辉煌夺目，一派帝王气象，在大殿中央摆下了丰盛的筵席，坐榻上铺满了精工织成的榻罩，都是豪华的深红颜色，餐桌上陈列着大批白银餐具，在金盘上镂刻着她祖先的英雄事迹，描绘从远古以来这一族的英雄人物所完成的种种功业。

但是对爱的大写的二的展现,很自然,也有他们二人在峡谷中狩猎的场景["猎人们来到山脚下一个人迹罕至的洞穴"],在那场著名的风暴来临前,已经囊括了这一对恋人的欲望的干柴烈火:

  天空开始隆隆作响,接着雨雹交加……狄多和特洛伊的英雄来到了同一个洞穴避雨。

对于这场暴风雨,值得注意的是,柏辽兹的浪漫主义非常精准地达到了维吉尔的感觉,我们再一次看到了真理的普遍性可以在表象逻辑之中以彻底不连贯的方式降临。在《特洛伊人》的第四幕,事实上,在爱的二重奏之前,有一长段交响乐的篇章,并在这个篇章的带动下进入二重奏,这是一个非常华丽的序曲,在管弦乐风格中囊括了狩猎和暴风雨的情境,这个序曲是如此的创新,其中的切分(syncope)和打击乐的节奏让我们想起了格什温①(Gershwin)的爵士乐用法。为了重新实现古罗马诗人的简练,19世纪的音乐,在爱的直觉的启迪下,不得不预示20世纪的到来。不过还有更多证据可以证明,真理超越了历史,它将预期和反溯巧妙地混合起来,组成了不连贯的真理。事实上,柏辽兹认为自己等同于维吉尔,他在空间的布景中,将爱的光芒包裹起来,而这标志着爱之真理的力量。

  对于爱的力量的无限潜能,柏辽兹在剧本中,用一种强有力的直观描述,将所有的爱——尤其是狄多与埃涅阿斯的

---

① 乔治·格什温(1898—1937):美国著名作曲家,写过大量的流行歌曲和数十部歌舞表演、音乐剧,是百老汇舞台和好莱坞的名作曲家。1924年为保尔·怀特曼的爵士音乐会写的《蓝色狂想曲》获得巨大成功。格什温的卓越贡献是把德彪西和拉赫马尼诺夫的风格与美国的爵士乐风格结合起来,虽缺乏熟练的写作技巧,却是个了不起的旋律天才。

爱——变成了所有其他爱情的转喻。于是,音乐中夹杂着对夜的温柔的赞美——我们知道,瓦格纳在他的《特里斯坦与伊索尔德》(Tristan et Isolde)中也使用了这种方法——对这一夜和所有其他的爱之夜晚进行了一长串的比较。

一边是那一晚狂乱而无法自拔的夜:

> 那无限令人沉醉,令人痴狂的夜呀,
> 金色的月神,巨大的星辰与之相随,
> 用你神圣皎洁的光芒照耀着我们,
> 天国的鲜花,在我们凡俗之爱中绽放。

另一边:

> 在那样一个夜里,爱与快乐如痴如狂
> 特洛伊罗斯守候在特洛伊的城墙之下
> 守候着那美丽的克瑞西达。

> 在那一夜,纯真的狄安娜
> 在恩底弥翁面前
> 最后掀开了她朦胧的面纱。

长时间的半音音阶旋律和充满生机的回想的交织,展现出在过度真理中的爱,其中,是所谓的超越了每个个体自我快感的大写的二的力量。

这种真理类型的悖论毫无疑问就是,爱既是一个例外的无限性的实存——它通过偶然相遇的事件性的能量,让大写的一停顿——也是一种日常感情的生成,是对这种实存的匿名理解。有谁没有过这样的体验,即在爱的顶峰,超越了自己,并完全将自己还原为最纯粹的也最匿名的对爱的揭示?大写的二直接在观念的天空中刻画出一个实存,一个身体,一个粗俗的个体性。维吉尔和柏辽兹都十分清楚这种对业已实存于你们身上的东西,在你们的尺度之下,以及通过日常生活的荣光得到无限戏剧化的东西,直接施加的理想化。这个女人"再次眼眶中充满泪花,再次祈求,再次卑躬屈膝,在爱之下,她疯狂地祈求着",但这绝不意味着这不符合高贵女王,以及身着满身金甲骑在她华丽的坐骑之上的形象。爱就是德勒兹所说的在无限扩张和无名的沉沦之间的选言综合(synthèse disjonctive)。在本体论上,所有的真理都是无限的,而且它会成为世界上的一个类性的片段。在追寻着自己的方式之后,从恋人的绝望中发出了柏辽兹的声音,再一次使用了夜的主题:

> 别了,我的人民,别了!别了,可敬的国土,
> 曾经拥戴我的人民,在苦苦哀求,
> 别了,美丽的亚非里加的天空,我所凝望的星辰,
> 我将永远不会再见到你,我的旅程已经到站。

但是,最深刻地表达出这一点的毫无疑问是托马斯·曼①(Thomas Mann)的《魂断威尼斯》(*La Mort à Venise*)——后

---

① 托马斯·曼(1875—1955):德国小说家和散文家,出生于德国北部吕贝克城一家望族。1924年发表长篇小说《魔山》。1929年度获得诺贝尔文学奖。第一次世界大战时曾一度为帝国主义参战辩护,但20世纪30年代即大力反对法西斯主义威胁,发表了中篇佳作《马里奥与魔术师》,对法西斯在意大利制造的恐怖气氛做了生动的描述。托马斯·曼是德国20世纪最著名的现实主义作家和人道主义者,受叔本华、尼采哲学思想影响。代表作是被誉为德国资产阶级的"一部灵魂史"的长篇小说《布登勃洛克一家》,被看作德国19世纪后半期社会发展的艺术缩影。

来的维斯康蒂①(Visconti)将其拍摄成了同名电影。在水边，奥森巴赫(Aschenbach)难以预料地爱上了年轻的塔齐奥(Tadzio)，让他获得了最直接的也最容易感受到的观念的直觉：

> 一水相隔，他那反复无常的傲慢将他与伴侣分隔开来，他缓缓而行，他的视线毫无阻拦，他完全看不到其他地方，他的头发在风中飘荡，落到这里，在海里，在风里，在迷雾般的无限中矗立着。

通过大写的二的分隔的力量，爱阐明了由"毫无阻拦的线"所锚定的无名的实存，在这里，这就是奥森巴赫的看。这就是维斯康蒂试图在电影中刻画的东西——在对角线的方向上，这次是借助艺术，而不是借助时间或文化——通过阳光的距离，或平静中的眼晕，仿佛塔齐奥一般，他的手指向空中，在大海上，在唯一的爱的恩泽之下，显示出一个濒临死亡的柏拉图主义者，走向他所能理解的世界。

7. 真理的明确性，自由的劝诱性

让我们总结一下这些属性，正是这些属性让我们可以谈

---

① 维斯康蒂(1906—1976)：意大利电影导演。全名卢奇诺·维斯康蒂·迪·莫德洛涅，1936年在法国给导演J. 雷诺阿做助手，自此开始从事电影工作。他导演的第一部故事片《沉沦》(改编自小说《邮差总是按两次铃》)为意大利新现实主义的诞生做了准备。影片原原本本地展示了意大利贫民生活状况及其忧郁愁苦、强烈愤慨的情绪，这种新风格电影使观众耳目一新。维斯康蒂作为反法西斯斗争的积极参加者曾被纳粹特务分子逮捕，只是由于偶然的情况才幸免于难。1945年他参加了摄制纪录片《光荣的日子里》的工作。

论某种生产,在原本彼此不同的世界上,如果它们是这个世界的例外,那么它的离散性就标示出这种生产。尽管它们的物质性,即我们所说的"身体",完全是由这个世界的元素所组成的,这些真理——这就是哲学为其所保留的名字——从世界的特殊性中展现出这些元素的普遍性,而真理自己不能维持在世界上的实存。

1) 在一个可衡量或可计数的经验时间中生产,如果从另一个时间或另一个特殊世界来看,它成为所有可理解的东西的例外,那么真理就是永恒的。

2) 通过某种特殊语言中的一般性描述,或依赖于这种语言来分离出它所使用或[再]生产出来的对象,一个真理是跨语言的,因为作为思想的一般形式,思想是可以分离于这种特殊语言的。

3) 一个真理以一组物质痕迹的有机性的闭包集为前提,对于该集合的连贯性,这些痕迹并不会诉诸世界的经验用法,而是会诉诸正面的变化,这个变化[至少]会影响该世界中的一个对象。于是我们可以说,由所有真理所设定的痕迹,就是事件的痕迹。

4) 这些痕迹关联于一个运算的形象,我们称之为主体。我们可以说,一个主体就是对事件的痕迹,以及在世界上对它们的应用在运算上的布局(dispositif)。

5) 真理在结果,而不是在给定物的基础上解释和评价它的各个要素。

6) 从结果的解释出发,真理澄清了一种主体-形式,这个主体-形式如同一种永恒不变的关系母体中的样态。

7) 真理既是无限的,也是类性的。它是一个彻底的例外,也是对观念的无名实存的评价。

这些属性让"例外"得以合法化,与主流的智术[民主唯物主义]针锋相对，它奠基了当代形而上学的意识形态空间[唯物辩证法]。

唯物辩证法主张真理和主体的关联，而民主唯物主义则进一步推进了生命和个体的关联。这个对立也是两种自由概念的对立。对于民主唯物主义而言，说白了，自由可以被界定为那里有的[否定性的]规则。如果没有语言禁止个体的身体，即身体可以使用自己的能力，则那里有自由。或者再说一遍，语言让身体实现了其生命潜能。顺便说一下，这就是为什么在民主唯物主义那里，性自由是所有自由的典范。实际上，这种自由可以精确无误地处于欲望[身体]和语言的禁止性的或刺激性的立法的结合点上。个体需要理解他所理解的"活出自己的性征（sexualité）"的权利。另一种自由必然是盲从。的确，如果我们都是从性的模式来思考自由，那么他们的确在盲从：并不禁止这种用法，在私下，个体更可以随意使用他在这个世界上的身体。

然而，这等于是说，在唯物辩证法中——自由是以完全不同的方式来定义的——这种范式已不再适用。实际上，这并不是语言关涉身体的潜在性[禁止、宽容和确证]的关系的问题。问题在于要知道身体是否以及如何通过语言分有着例外的真理。我们可以这样来说：自由并不属于某种关系[身体与语言的关系]，而是直接合体[于真理]。这意味着自由设定了一个在世界上表象出来的新身体。这种史无前例的身体或许有可能创造出合体的主体形式——它本身就与决裂相关，或产生另一个决裂——它界定了自由的诞生。所以，性征摆脱了其实用性地位——正如在某种宗教中，它不会成为一种反-范式。将其还原为一种很普通的行为，而为四个伟大"例外"的形象留下空间：爱[一旦存在着爱，性征就会从属于爱本身],政治[解放政治],艺术和科学。

对于民主唯物主义来说,生命范畴至关重要。在我看来,德勒兹过于承认生命范畴了,他从反对现代智术,坚持形而上学的可能性的计划开始,就容忍了这一事实,即他的许多概念完全吸纳了身体、欲望、感触、网络、诸众、游牧、快感等俗见,而整个当代"政治"都沉溺在这些俗见之中,仿佛一个穷人的斯宾诺莎主义一样。

为什么"生命"——以及它的衍生物["生命形式""构成性生命""艺术生命"等]——是当代民主唯物主义的能指呢?主要是因为,在纯粹意见层面上的"赢得生命",毫无疑问成为今天所有人都理解的唯一律令。这是因为"生命"决定了语言和身体在经验上有所关联。很自然,生命的标准就是适应于身体能力的语言谱系。于是,民主唯物主义所谓的"知识",甚至"哲学",通常都是一种象征形式的谱系与潜在的[或欲望的]身体理论的混合物。按照福柯总结的说法,这种混合可以被称为语言人类学,它就是民主唯物主义之下的实践性知识体系。

这是否意味着唯物辩证法必须放弃"生命"一词的用法?我的观念是不如让这个词回到哲学思考的中心来,而这样做的确牺牲了绚丽的辞藻,在方法上我要回答"什么是活着?"的问题。但是,为了回答这个问题,我们就必须研究一下真理的"例外"施加在"身体"一词定义上的巨大的反向压力。**《世界的逻辑》最重要的一个问题无疑就是提出一种新的身体定义,将其理解为真理之身体,或可主体化的身体。这个定义不准从民主唯物主义的话语霸权来理解。**

唯有在那一刻,我们才有可能从结论上阐明生命的定义,其或多或少可以概述如下:活着就是去一点一点地分有新身体的组织,忠实主体的形式主义成为这个新身体的根源。

8. 身体、表象、大逻辑

要解决身体问题[这个问题在本质上就是真理的表象问题]，需要进行一个大迂回，看看柏拉图赋予这个词的意义：这个迂回就是思考事物本身的模式。为什么呢？因为正是这个模式让我们可以思考表象问题。说真的，身体就是承载着主体的形式，传达着某个真理，让其成为世界上的客观性的现象的东西。

在面对《存在与事件》中的真理的时候，我们仅仅处理了它们的存在问题：像所是的任何东西一样，真理是纯多[无一之多]，但是它们是一种明确类性的多，按照数学家保罗·科恩的说法，我称它们为类性多元。简单地说，已知一个世界[我称之为"情势"(situation)]，一个类性的多元就是世界上的一个"匿名"的部分，这个部分没有明确的谓词规定。类性部分在如下意义上等于整个情势：这个部分的元素——一个真理的成分——具有可分配的属性，即这个部分的元素存在着，它们属于这个情势。这就是"类性"一词的由来：一个真理在世界上证明了它在这个世界中的存在的属性。真理的存在，就是其存在的存在样态。

我不会重谈所有这些问题。但现在我的问题是用非常不同的公理来得出真理的问题，这就是真理所表象出来的世界的奇点。在《存在与事件》中，我并没有质疑这样一个事实，即所有存在的给定都采用了情势的形式。我们可以说，将存在之所为存在实现为在世界中存在是直接被认定的，仿佛这就是存在本身的属性一样。但是如果我们将表象的目的归结为存在，那么我们就必须捍卫这个[黑格尔式的]问题。基本上当我们同意，只有当存在的本质就是产生让真理展现自身的诸多世界时，黑格尔的这一理论才能站得住脚。

如果我们放弃了最终明确真理的所有希望，或者放弃了将真理作为"生成"而合体于存在的希望，如果存在不过就是未分化的多元，那么对"事实上"——在某个世界上让真理以肉身[或客观]的方式出现——表象出来的东西，就需要专门的研究。在这个研究的中心，我们发现，世界的连贯性问题[或者在那里存在的显现]，既不是多的本体论问题，也不是对真理的类性形式的考察。只有考察在某个世界上描绘出多的一般前提，最终展示出可以思考的"世界"范畴，我们才有希望最终会知道：表象实际上是什么东西，在表象的出现和展开中，如何把握住这些例外现象的奇点，或生命潜能所依赖的真理。

这个问题主宰着《世界的逻辑》的整个组织架构。它也规定了其平衡关系。实际上，我们可以说，奠定了唯物辩证法相对于民主唯物主义之间决裂的根基的例外就是客观性的问题。一个真理，即在一个确定世界上的有生命的身体的主体形式，并不会让自己消逝在其类性存在之中。这就是表象之中不可化约的持存，这样意味着它降生于世界的对象之中。但什么是对象？可以说，这就是本书中最复杂也是最富有革新性的观点，即我要找到一个新的对象的定义，因而也就是真理实存的对象的状态。事实上，相对于经验主义[休谟]和批判哲学[康德和胡塞尔]的遗产，我重塑了对象的概念，而在今天，经验主义和批判哲学的对象用法仍然很有市场。那么，显而易见，这个计划将在本书中占有相当大的篇幅。与此同时，我的计划会非常激进，即便其整个逻辑是通过非常细小的细节来运作的，而这并不是我的真实目的。事实上，我将表象、对象和世界的逻辑从属于忠实主体对一个真理的超越世界的肯定。

唯物辩证法的道路将唯物主义的复杂性[表象逻辑或对象理论]与辩证的力度[合体于真理-程序的生命]的对比组织起来。

为了开辟这条道路,我一开始就认为最棘手的问题,就是"生命"的形而下学,或许可以用身体的事件性的降生理论来加以解决。有了这个假设,我描述了一种拥有此类身体的主体类型。第1卷的内容就是严格意义上的形而上学:它是在假定形下学业已存在的基础上来前进的。这样做的好处在于我们可以马上看到唯物辩证法所诉求的"生命"[主体]的形式,即真理-身体的形式[或者否定真理,遮掩真理的形式]。很明显,只要身体问题,即真理-主体在世界上的物质性问题没有得到解决,这个研究就只能是形式研究。我们知道,可主体化的身体是一个新身体,这个问题需要我们了解一个身体的"表象",所以,在更一般的意义上,这意味着我们可以说明表象以及客观性可能是什么。

我们在这一点可以插入一个基本主题,这个主题的主张和详细展开在《世界的逻辑》中占据十分重要的位置:正如存在之所为存在是通过数学来思考的[在整个《存在与事件》中我都在强调这个立场],所以表象,或者在世界中存在,是通过逻辑来思考的。或者更准确地说,"逻辑"和"表象的连贯性"是同一回事。或者再说一遍,对象理论就是逻辑理论,它完全不同于再现学说。书的第2、3、4卷就是在"大逻辑"的标题下开展的研究。这些卷完全说明了世界是什么,这个世界上的对象是什么,以及世界上的关系是什么。这些东西都关联于纯粹逻辑架构,它与范畴论是一样的,并将逻辑"吸收"为一种共同理解[谓词逻辑或语言逻辑]。

我认为我可以说，如同在《存在与事件》中一样，我以康托尔-事件为前提，通过多的数学理论来彻底地变革了真理的本体论，在《世界的逻辑》中，我以格罗滕迪克①（Grothendieck）事件［包括了爱伦伯格（Eilenberg）、马克·莱恩（Mac Lane）、罗耶尔（Lawyere）］为前提，通过层（faisceaux）的逻辑理论来彻底改变超验②（transcendantal）和经验的结合。本书标题保留了"存在与事件2"，这是因为真理所贯穿的世界，从一开始就是从存在来理解的，这一次，它是在表象中被对象化，因为它合体于某个世界，并在其逻辑连贯性中展开了真实。

但是两本书的方法并不一样。《存在与事件》是系统性的沉思，在这里会夹杂一些例子和计算。而作为无限分化的此在的形象，世界实际上将无限的质性强度的差异变成了超验框架上的差异，而超验上的运算是恒定不变的。我们仅仅可以从不同世界得出的例子的思考中，从超验运算的不变性中来考察表象的差异，即通过比较不同例子的一致性，以及不同形式的穿透性来考察。

---

① 格罗滕迪克(1928—2014)：出生于德国柏林。他的父亲在"二战"时被纳粹杀害。战争结束后，格罗滕迪克去法国学习数学，先后师从布尔巴基学派的分析大师迪厄多内（Dieudonné）和著名的泛函分析大师洛朗·施瓦茨（Laurent Schwartz），二十几岁时就成为当时研究很热门的拓扑向量空间理论的权威了。但是从1957年开始，格罗滕迪克的研究主要转向了代数几何同调代数，1959年他成为刚成立的巴黎高等科学研究所的主席。他的工作把勒雷、塞尔等人的代数几何的同调方法和层论发展到了一个崭新的高度。他创立了一整套现代代数几何学抽象理论体系。

② 在这里，并没有像经典的译法那样将transcendantal翻译为先验，在康德哲学中，先验是一种独立于经验之外的绝对领域，是德国唯心主义（观念论）的基础。而巴迪欧对transcendantal的用法完全不同，在巴迪欧那里，transcendantal并不是一个外在于经验世界的绝对观念的架构，相反，巴迪欧将其与纯多理论的本体论区别开来，认为任何一个transcendantal都附属于一个世界，不同的世界有不同的transcendantal，这样，transcendantal就不是绝对的，而是依赖于transcendantal所处的世界而形成的架构。同时，transcendantal与经验又有一定的区别，transcendantal是某一个世界的整体性的架构，而经验是片段性的和临时性的，基于这一点，在本书中，为了与康德哲学和观念论相区别，将这个词翻译为"超验"。

我们在这里所尝试的是一种**计算现象学**(phénoménologie calculée)。在这些例子中所使用的方法实际上与现象学有关,但只是与客观现象学有关。这意味着,我们所说的连贯性[戏剧、绘画、风景、小说、科学架构、政治篇章……]都可以中立化的形式出现,在胡塞尔那里,它们并不是真实的实存,相反,它们是意向或生活的维度。所以,我们通过一个纯粹描述来经验到表象和逻辑是等价的,这是一个没有主体的描述。"泰然任之"(laisser-venir)试图在此时此地检验在那里存在的逻辑-抵抗力,并将这种抵抗力在概念中普遍化,通过形式化之筛,来过滤所有这些东西。

《世界的逻辑》众多数学形式论的用法与《存在与事件》中的用法有很大不同。一个不同在于,一个是存在之所为存在,它的真实原则就是纯多的不连贯性[无一之多],另一个是表象,或在世存在的此在,它的原则是连贯性。我们也可以说,这是**本体**-逻辑和本体-**逻辑**的差异。存在的数学在于力迫①(forçage)出一个连贯性来,这样,我们可以来思考不连贯性。表象的数学在于,在世界的质性无序之下,如何寻找到一种可以将各种实存和强度的差异结合在一起的逻辑。这一次,连贯性需要被展现出来。那么形式化的风格既有几何,也有计算,它处在具现化的拓扑学和秩序形式的代数学的边界上。比较而言,本体论的形式化更为概念化,更为形式化:它考察并揭示了一般性的思想决定。我们可以说,本体论需要更深入地理解形式论,而大逻辑更注重明确的条理。但是我们必须接受形式的约束。这就是真理的前提,在某种程度上,接受真理就是远离那些平常庸俗的意义。正如

---

① 力迫是数学家保罗·科恩提出的数学概念,巴迪欧在《存在与事件》中比较深入地探讨了力迫与真理-主体的关系,具体参见《存在与事件》的沉思36。

拉康所说，"最优先的数学"意味着超越意义的传递。我们并不关心，两本书在所有问题上是否都是连贯一致的。贯穿两本书的一些本体论上的回溯，以及多的纯粹理论的同质性，对我来说就足够了。其中"类性程序"与"世界之中的一个非实存之物的实存的结果"之间的关联和连续性的问题仍然未能解决。我会在其他时间，或者用另一本书来解决这个问题。

无论如何，一旦我们拥有了大逻辑，拥有了完全正的世界和对象的理论，我们就有可能用其术语来考察变化问题，尤其是彻底变化或事件的问题。我们会看到，相对于我在《存在与事件》中对事件问题的探讨，我在本书中会有非常重大的改变，尽管这些差异在篇幅上并不么显著。我将在第5卷中考察这个新的变化理论及其不同形式。

我们可以在直观上理解将一个主体同既定的经验形象关联起来的创造性实践，可以解决一个迄今为止尚未被察觉的难题。我用来解释真理-过程的这个方面的说法，就是一个世界上的**点**（point）：通过对新身体的形式化，真理-主体处置了世界上的一个点，而真理是一个点一个点地前进的。但我们必须在我们从第2卷到第4卷中所展示的严格的表象、世界和对象的标准上来清晰地理解什么是点。这就是第6卷的目的。

于是，我们所具备的一切都是为了回答最初的那个问题："什么是身体？"因此，我们需要绘制出一条明确的区分线，将我们同民主唯物主义区分开来。第7卷就是干这个的。这一卷的一个十分精妙的部分就是，将身体和事件结合起来，通过身体的**器官化**，一点一点地开启了真理的问题：所有东西都得到了总结，得到了澄清。在世界实存的整个跨度上——不仅仅是政治行动——合体于大写真实的就是器官化的问题。结论部分,从哲学将人类作为一个整体的角度出发,处理的是本书整个历程的结果[从主体形而上学,经由大逻辑和对变化的思考,到身体的形下学],在这个前提下,哲学发现自己要回答什么是活着。活着,就是"成为不朽"。

专业注释

1. 从第 2 卷开始,所有的论断我都会以两种不同的方式展开:概念的方式(不带任何形式主义的东西,每一次都给出几个例子)和形式的方式(用代数公式展现,如果必要的话,用图示和计算来展现)。这是客观现象学和书写的明晰性。

2. 从第 2 卷开始,我将通过一些从黑格尔、康德、莱布尼茨、德勒兹、克尔凯郭尔和拉康文本中摘选出来的段落来展现(再现)那些概念。

3. 在第 4 卷之后,其标题为"大逻辑的附录",我们可以发现一个命题清单(从命题 0 到命题 10),这里使用了从第 2 卷到第 4 卷的形式命题,并重新使用了从第 5 卷到第 7 卷中的某些证明。

4. 对本书的内容的参考是以如下方式来编码的:卷用罗马数字,目和子目用阿拉伯数字,例如:Ⅱ.1.7(代表第 2 卷,第 1 目,第 7 子目)。

5. 本书没有脚注和尾注。然而,有以同样的方式用作内部参考的标记和编码,这些标记和编码会出现在题为"注释、评注和附释"的结论部分。任何有疑问的读者都可以找到这部分来阅读。不过,我们不能完全肯定,他们是否可以找到所想要寻找的答案。

6. 在这些注释之后,我们会发现一个摘要,题为"《世界的逻辑》的66个陈述",之后还有一个"概念辞典"和"符号辞典"。

7. 索引提供了本书所有的人物的专名,在某种程度上,有足够理由可以思考我们面对的是真实的人,而不是虚构的人。

8. 插图是必不可少的补充,包括序言(图1至图4)、第3卷(图5)和第6卷(图6)。

Ⅰ. 主体的形式理论（形-上学）

1. 导 论

第1卷的主要思想方略乃是：从一开始说明，最终什么东西是完全可理解的。实际上，什么是一个独特主体（un sujet singulier）？它是对朴素唯物主义的辩证克服的行动的[或肉体的，或有机的]承载者。唯物主义辩证法会说："除了存在着真理之外，只存在着身体和语言。"这个"除了"（sinon que）就是作为主体而**存在**的。换句话说，如果身体可以肯定自己可以产生这样的效果，即超越身体-语言的体系[以及这些被称为真理的效果]，那么就可以说这个身体是主体化的。我们要坚持那种可以被称为主体的句法归纳（induction syntaxique）的东西。当然，其标记不能在代词——如第一人称的"我""我们"——中找到。相反，它在"除外""除了""除此之外"中找到，通过这些词，在世界颠扑不破的连续发展过程中，那些根本没有存在场所（lieu d'être）的灵光闪现的东西制造出一个断裂。

"在存在中没有位置"的东西应该具有两种可能的含义：首先按照世界的先验法则，或按照诸存在物既有的显现,它应当不存在;但是它也可以作为从世俗世界的诸多元性(multiplicité)的具体化中所抽离出来的东西——出位(horslieu)——从存在的场所中抽离出来的东西,换句话说,从此在(l'être-là)抽离出来的东西。它是由一个内在于世俗世界的活动的身体所产生的东西,一个主体规定了这个身体的效果,并通过一个断裂为其引入了一个结论,并让诸场所的组织关系产生了紧张的裂变。

因此,相比于20年前,相对于我的《主体理论》(*Théorie du sujet*)而言,我并没有错,即我提出了归位①(esplace)[或者更严谨地说,是世界的归位]和出位(horlieu)[或者说主体的出位,一个将真理引为身体外形的主体]之间的辩证法。只可惜当时我径直走向了这个辩证法,没有——在大逻辑(la Grande Logique)上——得出必要的唯物主义的结论,我在当时宣布了这种唯物主义,并模糊地意识到其收敛性②(compacité),那就如同在一群观念羊群中的黑羊。真理需要在身体层面上显现,且一遍又一遍地显现,当时我没有意识到这个问题的广博程度。现在对我来说十分明显,一个独特主体的辩证思考假定了某种知识,即我们知道,这是一种有效身体所是的知识,这种知识无论在逻辑上还是在物质上都超越了现有的身体-语言体系的可能所是。简言之,它假定

---

① 出位(horlieu)与归位(esplace)的辩证法是巴迪欧在1982年的《主体理论》中提出的一个主要的理论模型,严格来说,在此后的巴迪欧著作中,出位和归位的辩证法几乎再没有出场过,但这并不表示巴迪欧摒弃了这个辩证法,而在本书中,巴迪欧再次谈到这个辩证法说明巴迪欧仍然坚持了他早期的一些理论思考。在这里,我们可以简要地介绍一下出位和归位的辩证法。出位代表着力的运动,即力试图摆脱现有的结构,去超越约定在其上的位,一旦其脱离了限定它的位置和场所,我们便可以将这个运动称为"出位",相反,归位是一种结构化的运动,它是强行将某种力或元素放置在某个位置上。对这个问题的详细探讨可以参看阿兰·巴迪欧的《主体理论》的第一讲。也可以参看我的《忠实于事件本身:巴迪欧哲学思想导论》一书的第二章的第四节"主体理论1.0版"。

② 收敛性是函数和集合论上的一个用语,说一个函数是收敛的,表示函数的变量 x 趋向于无穷大时,函数值趋向于某一常数。

了我们不仅可以掌握各种真理的本体论，而且可以让真理在这个世界上显现出来：它所展开的风格，在具体的萦绕在它周围的各种法则基础上，对其提出各种要求所带来的艰辛，一切事物的生存，都是由"主体"项来概括总结的，其句法就是那种例外的句法。

由于一段时间以来，我们忽略了表象逻辑的首要原则，我们甚至不知道这个世界是什么样，对象是什么样，甚至身体是什么样的，我们又何以去讨论这样一种辩证法的展开呢？是的，我们还是有可能立即去谈论主体的，因为主体理论在本质上是一种形式理论。

我来解释一下。

主体总是将自己展现为这样一种东西，即它是按照某种逻辑对身体的效果进行形式化概括，无论其是生产性的逻辑，还是反生产性的逻辑。我们可以看看一系列音乐作品的例子，也就是在勋伯格①(Schönberg)的《月光下的皮埃罗》(*Pierrot lunaire*, 1913)与韦伯恩②(Webern)的《最后的大合唱》(*l'ultime cantata*, 1944)之间的伟大的维也纳的作曲家们构造了一个主体化的艺术身体，当时人们普遍认为

---

① 阿诺尔德·勋伯格(1874—1951)：美籍奥地利作曲家、音乐教育家和音乐理论家，西方现代主义音乐的代表人物。1874年9月13日生于维也纳，1951年7月13日卒于美国洛杉矶。自幼学习小提琴和大提琴，12岁开始作曲。作为作曲家，勋伯格主要靠自学成名。勋伯格的音乐创作一般分为两个时期：第一个时期大约从1897年至1908年。他这个时期的作品带有晚期浪漫主义的特点，深受瓦格纳的影响，这时的作品还没有完全抛开调性。第二个时期大约从1908年至1912年，这个时期的作品已是具有"勋伯格风格"特点的作品了。这个时期的音乐具有表现主义的特征，"十二音体系"已完全成熟，他的许多重要作品都是在这一时期写出的。

② 安东·弗雷德里克·威廉·冯·韦伯恩(1883—1945)：奥地利作曲家，第二维也纳乐派代表人物之一。韦伯恩1883年12月3日出生于维也纳，1902年入维也纳大学学习音乐学，1904年起师从于勋伯格，与勋伯格、贝尔格组成新维也纳乐派(或称第二维也纳乐派)。纳粹占领奥地利期间，因受纳粹迫害(希特勒明令禁止演出第二维也纳乐派的音乐)，不得不过隐居生活。1945年前往萨尔茨堡看望女儿、女婿，在宵禁、灯火管制时于户外吸烟，被一美国士兵误杀。

Ⅰ．主体的形式理论(形-上学)

调性音乐不值一提,这种艺术的身体产生了一个断裂的系统效果,并带来了新感性的积淀[简明短促、沉默的重要性、各种参数的统一、与音乐"史"的断裂等等]。很明显,正是主体,为各种身体的多元之上附加了一种可识别的统一方向。这个身体就是世界的构成元素,而主体就是在身体中,将由其所产生的效果的秘密铭刻下来的人。

这就是为什么我们可以立即展现主体的形象,而无须拥有这样的手段,即无须去思考某种历史上的某个关键性主体的实际的或具体的成长,为了思考这样的主体,就需要一种对其身体的描述,将之作为其形象的支撑。我们将这种对主体形象的呈现——这个形象与主体的肉身特殊性没有什么关系——称作主体的形式理论。主体理论是**形式的**,这意味着"主体"决定了一个形式和运算的体系。对这个体系的物质上的支撑就是身体,这个集合的生产——这个身体所承担的形式主义——要么是一个真理[忠实主体],要么是对真理的否定[反动主体],要么是对真理的遮蔽[蒙昧主体]。

第1卷的目的旨在概括出这种形式主义的表达,尤其是界定和用代数式表达其运算,并思考其拓扑学(typologie)[忠实主体、反动主体、蒙昧主体]。我们先把关于身体的难题搁置下来,因为这个问题涉及大逻辑[第2卷到第4卷]的完整性,真实变化的伦理[第5卷],以及形式决定或超越性的"点"(points)的理论[第6卷]。对于身体问题,之前我们过于简单地假设了身体的存在和自然本质,在第7卷中,我们将阐明这些问题,尽管这将付出极其辛苦的努力。同样,尽管主体最终不过是真理的具体实施者,我们也只能去概括各种真理的原理,而对这些真理的详尽解释,我将放在其他著作中进行,在这些著作中,首先就是《存在与事件》。

于是，在这里真正的问题，就是主体-形式(forme-sujet)。思考了这种形式，可以足以认为身体所制成的主观形式主义，就是在这个世界上展现出真理的东西。既然如此，我们可以十分简明扼要地展现某些主观模态(modalité)。我们将用四个真理-程序［爱、科学、艺术、政治］来贯穿这三种主体形象。

宣布存在着主体的［形式］理论，需要从强意义上来理解：对于主体而言，有且仅有一种主体理论。"主体"就是一个概念的命名上的指示，这个概念必须在一个独特的思想领域中构成，这个独特的思想领域在这里就是哲学。最后，为了肯定存在着主体的形式理论，就要反对三种［主流的］主体概念的方向：

1）"主体"代表着一种经验上的表达，它是一种对反思和非反思的意识的分配图示，这个问题将主体和意识结合在一起，今天在现象学中被广为使用。

2）"主体"是一种道德范畴。这个范畴［循环论证的套套逻辑］为所有的"主体"指定了道德律令，并将其他主体都视为一个主体。只不过回头来看，也是以一种非常不确定的方式，让这种规范性的范畴变为理论范畴。今天，这就是各种各样的新康德主义所得出的结论。

3）"主体"是一个意识形态的虚构，是一种想象，通过这种想象，意识形态国家机器决定了——用阿尔都塞的话来说，"询唤"[①](interpellent)——个体。

在这三种情况下，都不可能具有主体形式理论。

---

① "询唤"一词是晚期阿尔都塞在其一篇长文《意识形态和意识形态国家机器》中提出的概念，这个概念明显有借自拉康精神分析的嫌疑，在这里，阿尔都塞认为主体是被意识形态国家机器所询唤为主体的，也就是说，在意识形态之下，主体自以为是一个独立自主的主体，但实质上是意识形态所操纵的工具。

Ⅰ. 主体的形式理论(形-上学)

如果主体真的就是一个反思性的图示,它就是一个直接的不可辩驳的既定物,那么我们的任务就是用各种适宜于我们经验的术语来描述出其明晰性。但是,在经验中,被动因素——它的形成,先于所有的架构——不可能包含在一个形式概念之中。相反,它就是假定了一个被动给定性的形式概念,因为这些概念都从属于那个既定物的综合组织。

假如主体是一个道德范畴,很明显,它就归属于标准的表达。在这个方面,它可能就是形式这种关键性东西,例如绝对律令["在每一个人那里,都必须尊重他所是的人的主体"];但是它不可能是形式本身。除此之外,正如我在序言中所说,在今天十分清楚的是,对主体概念的概括,退化为活生生的身体的经验性展现。那么,需要尊重的就是那个动物般的身体。其形式就仅仅是尊重的形式。

最后,如果主体是一个意识形态的架构,其形式就是无身体的,一种适宜于国家需要的纯粹修辞上的向度。在这里,可以谈一下唯物主义的形式主义。实际上,对阿尔都塞及其继承者来说,"主体"就是唯心主义的核心向度。总结一下:在现象学那里,主体太过直接;在伦理学那里,主体太过肉身[或者太过"生命政治"];在意识形态那里,主体又太形式。

我们必须认识到,我们受惠于拉康,他追随着弗洛伊德和笛卡尔,为主体的形式理论铺平了道路,而这个形式理论的基石是唯物主义的,事实上,他对立于现象学,对立于康德,也对立于某种结构主义,他坚定不移地走在这条道路上。

其绝对的起点是,主体理论不可能是一个对象理论。事实上,这就是为什么它只能是理论性的[其经验只能是隐喻性的经验],且只能走向形式化。主体不是对象,这不仅不排除存在物，而且十分需要拥有一个存在物，而且它还得有一个表象。然而，在第1卷中，我们只能面对这种表象的**最典型形式**。主体的表象［主体就是其逻辑］就是《世界的逻辑》一书的最基本的问题。我们需要牢牢记住，在没有完备的身体理论的情况下，对于主体，我们唯一可以假定的是其纯粹的行动：赋予一个实际的身体以一种恰当的形式主义。于是我们便可以说，在"主体"之名下，我们在这里只能谈论形式主义的各种形式。

我十分乐意将这个悖谬的工作［这个工作旨在阐述其所是的形式，而这仅仅是形式的作用］置于品达①（Pindare）的两个陈述之间。首先，是《奥林匹亚颂歌之一》（$I^{re}\ Olympique$）："凡夫俗子们的聒噪胜过了真实的言辞"，这意味着，在效力于真理之时，主体-形式［"凡夫俗子们的聒噪"］是一种超越，在某种类似于大写真实（Vrai）的力量展开的东西的层面上，它是悬在每一个真理之上的拱顶。其次，是《涅墨亚②之六》（$VI^{e}\ Néméenne$）："在某一个点上，我们近似于那些不朽神灵，无论是宏大的精神，抑或自然。"这意味着，存在物仅仅是一个形式，并作为一个形式——在柏拉图的理念的意义上——主体是不朽的。总之，我们在一个严格的［有条件限制的］建构与扩张的［无条件限制的］展开之间摇摆不定。当然，主体是一个结构，但是，作为对结构的肯定，这个主观

---

① 品达（约公元前518年—约公元前438年）：古希腊抒情诗人。他被后世的学者认为是九大抒情诗人之首。他的作品藏于亚历山大图书馆，被汇编成册。品达在诗中歌颂奥林匹克运动会及其他泛希腊运动会上的竞技胜利者和他们的城邦。他写过17卷诗，只传下4卷。他的诗里有泛希腊爱国热情和道德教诲；他歌颂希腊人在萨拉米之役（公元前480年）中获得胜利；他认为人死后的归宿取决于他们在世时的行为。他的诗风格庄重，辞藻华丽，形式完美。品达的合唱歌对后世欧洲文学有很大影响，在17世纪古典主义时期被认为是"崇高的颂歌"的典范。

② 涅墨亚（希腊语：Νεμειο）：希腊神话中的巨狮。据说它的皮坚逾金铁，刀枪不能入。"涅墨亚"三字源于它常年盘踞的涅墨亚地方。该地一马平川，位于阿卡迪亚山脉东面。它死后化为天空中的狮子座。

I. 主体的形式理论（形-上学）

的结构不仅仅是一个结构。它是一个形象[或者一种形象的体系]，它总是"说出"支撑着它的复合体之外的东西。我们将这种用以确定主体结构的图式（schème）称为**运算**（opération）。有四种运算：分数线（barre），推论（conséquence）[或蕴含（implication）]，删除线（rature）[或斜杠（barre oblique）]，否定（négation）。第五个表象，否定，更多是其结果问题，而不是其作用问题。我们将与主体形象紧密相关的图式称为**意图**（destination）。也有四种意图：生产、否决、掩饰（occultation）和复苏（résurrection）。整体来说，我们假定在"世界"中，主体展开的形式有：

——事件，事件会留下痕迹。我们将这个痕迹写作 ε。在第 5 卷中可以找到对事件理论和痕迹的讨论，不过，我们只有假定了逻辑的整体[先验、对象、关系]，才能整个理解第 2 卷和第 4 卷。

——来自事件的身体，我们可以写作 C。身体理论占据了整个第 7 卷[最后一卷]的篇幅，反过来，它提供对第 2 卷和第 6 卷的彻底理解。

正如你们所看到的那样，"难点"并不在于主体，而在于身体。形而下学总是比形而上学更为艰涩。这个[即将出现]的难题在此时此刻还不构成任何障碍。主体理论是形式的，这实际上意味着我们不需要从一开始就要了解身体是什么，也不需要了解其存在，甚至我们都不需要知道——严格意义上的——事件的本质是什么。对我们来说，这足以让我们理解，在世界上发生了断裂，我们将这个断裂称为事件，这个事件带有一个断裂的痕迹 ε，最终还有一个身体 C，与 ε 相对应[即仅仅在事件痕迹的前提下才会作为身体存在的东西]。那么,主体的形式理论在 ε 和 C[痕迹和身体]的前提下,就是运算[形象]和意图[作用]的理论。

2. 忠实主体的参数和运算

我们已经承认,主体理论不是描述性的[现象学],也不是实践上的尝试[道德理论],更不是一种唯物主义批判的姿态[想象,意识形态]。所以,我们不得不说,主体理论是公理性的理论。它不可能被演绎出来,因为它就是对自己形式的肯定。但我们也不可能去尝试它。其思想是我们在序言中说明过的从不可辩驳的经验层面上决定下来的:存在着真理,那么必然存在着生产真理的行为上和可辨识的形式[而且包括阻碍或架空这种生产的那些形式]。这个形式的名称就是**主体**。说"主体"或"对于真理而言的主体"是多余的。因为主体只能作为真理的主体而存在,它只能服务于真理,或者服务于对真理的否定或掩盖。因此"主体"就是一个唯物辩证法的范畴。民主唯物主义只知道个体和社群,也就是说,他们只知道那些被动的身体,但完全不知道主体是什么。

这就是海德格尔之后的解构的最直接的意识形态的意义所在,他们在"形而上学"的名义下,解构了主体范畴:他们准备了一个完全没有[政治]主体的民主,他们将个体交付于那些同一性身份的系列组织,或者让个体去面对他们的快乐陷入绝望的境地。在 20 世纪 60 年代的法国,只有萨特[以一种反动的模式]和拉康[以一种有创造力的模式]拒绝在这样一出戏剧中继续扮演其角色。结果,他们二人都发现自己面对主体[作为结构]和主体化[作为作用]的辩证法。这种

Ⅰ. 主体的形式理论(形-上学)

主体主体化为什么？正如我们已经说过的，主体只有在"例外"的位置上才能成形。但这个语句上的规定，并没有说明主体与支撑它的身体之间的形式关系。

让我们更深入地分析一下这个问题。

我们有事件的痕迹，我们也有一个身体。难道主体就是身体物理学与事件的名称[或痕迹]之间的关系的"主体化"吗？例如，我们可以假定，在公元前73年，跟随斯巴达克斯起义的角斗士们，这些奴隶——或者说**某些**奴隶，尽管其数量十分庞大——形成了一个身体，而不是消散为各个团体（troupeaux）。我们同意，起义-事件的痕迹是这样一个陈述："我们奴隶，我们要回家。"这个主体-形式，这个奴隶所组成的新"身体"[他们的军队和仆从]的运筹与这个痕迹有关吗？

在某种意义上，是的，有关系。事实上，这个关系主宰着斯巴达克斯的战略，而且是生死攸关的战略：首先，向北方行进，抵达罗马共和国的边境，然后向南方前进，征召船只离开意大利。这些战略就是由其身体所承载的主观形式，而这个身体正是由"我们奴隶，我们要回家"这个陈述所支配的。但在另一种意义上，回答是否定的。这是因为在一些军事行动中所树立起来的主观身份与之并不一致，它贯穿着另一种不同类型的运筹，这种运筹成为其主观上的协商、分裂和生产。首先，奴隶"作为一个身体"[作为一支军队]在一个新的此时此刻运行着，因而他们不再是奴隶。于是，他们[向其他奴隶]展现了，对于一个奴隶而言，我们可以不再为奴，而就**在此时此刻**不再为奴。随后，这个身体逐渐发展壮大，逐渐成为威胁。此时此刻让其成为可能的体制，就是一种典型的主观生产。其物质性就是起义事件发生之后的日复一日的结果所积聚而成的，而这个事件恰恰来自这样一个原则，这个原则是**让其成为可能的标签**："我们奴隶，我们想且**有可能**

回家。"

通过在情势之中,不断地处置各个点(points),这些结果影响并重组了身体。通过"点",我们在这里理解了是什么用一个独一无二的选择,即关系"是"与"否"的选择,来面对整体的情势。真的有必要向南方进军吗?真的有必要打罗马人吗?是与罗马军团针锋相对,还是加以回避?去创造一个新的军规,还是去模仿常规军队的做法?这些对立的选项,他们如何处理?如何评价奴隶凝聚为一个战斗集体的事实?最终,他们展现了这个主观形式主义,即这个身体有能力承担这一切。在这个意义上,主体存在着,作为真理的具体化而存在,**在某种程度上,它承认了他拥有一定数量的点**。这就是为什么对这些点的处置就是让主体得以生成真理的东西,与此同时,它也萃取了身体的禀赋(aptitude)。

我们将一系列事件痕迹的结果称为**当下**,并写作 π,这是由对一定数量的点的处置而形成的结果。

除了身体与痕迹的关联之外,主体与当下也有关系,实际上在某种程度上,身体也拥有这种关系的主观禀赋,即它可以处置或施加某些**当下的工具**(organes du présent)。例如,斯巴达克斯所领导的奴隶组成一支特殊的军事先遣队 détachement)去面对罗马骑兵。这就是为什么我们说身体的要素就是合体(incorporé)到事件性的当下之中的东西。如果我们认为,例如,某个奴隶逃走,就是为了加入斯巴达克斯的军队,这一点就会十分明显。因此,从经验角度来说,他所加入的就是军队。但是从主观角度而言,这是一个闻所未闻的可能性在当下的实现。在这个意义上,事实上他加入了当下,加入一个新的当下,这个逃奴让自己与这个新的当下合体了。很明显,这里的身体是主体化的身体,在某种程度上,它从属于可能性上的新[即陈述"我们奴隶,我们要回

I. 主体的形式理论(形-上学)

家"]。这等于是让身体服从于事件的痕迹,但仅仅是在与当下的合体的角度上服从,这可以理解为各种结果的生产:逃奴在数量上越多,斯巴达克斯-主体扩张得越大,而类型上的改变也就越快,他们也就越有能力处置更多的点。

现在我们需要用一个符号来代表身体、痕迹、推论[作为运算]和当下[作为结果]。我们也必须表示出这种依赖关系,这种引导关系,最终这些关系至关重要。我们已经将痕迹写作 ε,身体写作 C,当下写作 π。我们还以用符号"$\Rightarrow$"表示推论,用"—"[分数线]表示依赖于。不过这还没有完。由于身体是主体化的,在这种程度上决定做出抉择,它处置了某些点,我们必须指出,一个身体从来不会完全在当下出现。身体被分为两个部分:一方面,一个实际的区域,是对应于那些已经被处置过的点的工具;另一方面,还有大量的元素,相对于这个点来说,它们仍然是惰性的,甚至是否定性的。例如,如果奴隶面对罗马骑兵,先遣队已经准备接受这个任务,他们与当下合体了,但还有一大堆剩下的人杂乱无序,他们说着各种不同的语言[高卢人、希腊人、犹太人……],还有一些妇女,还有各个临时领导人之间的内讧,这些东西拖了整体的后腿,让新的可能性戛然而止或无法实现。然而,这种无组织无纪律的多元,这种闻所未闻的世界大同主义,在不同的环境下——例如,在军营里组织一种新的公民生活形式——会变成一种无法估量的力量,抵制了经过良好训练的角斗士先遣队的傲慢。换句话说,尽管它服从于来自事件痕迹的一般原则,但那些曾经处理过的点区分着不同的身体。我们要记住这个主要的特征,拉康用抹除符号,即一个斜杠"/"来表示这个特征,这就是一种画斜杠的写法:在其主体化的形式下,这个身体我们可以写作"$\cancel{C}$"。

现在我们用形式化方式来表达我们所说的那些加入的

奴隶了。作为纯粹的主体形式，我们拥有一个带有斜杠的身体［正在形成过程中的军队，但尚未形成整体］，他们依赖于事件的痕迹［"我们奴隶，我们要回家"］，但从与当下合体的角度来看，总是会有一个推论［与新的罗马军团有风险的对阵，我们必须决定对阵或拒绝冒险］。这些推论，在古罗马的历史上的世界中处置了一些主要的点，构成了当下的真理：大地上不幸的人们的命运并非自然的法则，如果进行连续的战斗，有可能摆脱这些不幸。

之前的内容可以在忠实主体的数元（methème）中概括如下：

$$\frac{\varepsilon}{\cancel{C}} \Rightarrow \pi$$

重要的是，要理解这样的忠实主体并不是包含在这个数元中任何一个字母之中，这个公式整体就是忠实主体。在这个公式中，在分数线"—"下，分式的［新的］身体变成了某种类似于事件痕迹的行动上的无意识的东西——这是一种行动，通过对所发生一切的推论的研究，让当下得以扩张，并一点一点地揭示出真理。这样一种主体就在推论的生产中实现了自身，这就是将之称为忠实主体的原因所在——忠实于 ε，这样，也就忠实于 ε 作为其痕迹的那个业已消逝的事件。忠实运算的产物就是这个新的当下，它一点一点迎接着新的真理的到来。我们也可以说，这就是这个当下的主体。

主体忠实于痕迹，也就是忠实于事件，因为其身体的区分处在分数线之下，因而当下或许最终会得以实现，在其中，当下会在自己的光辉中逐渐浮现。

Ⅰ. 主体的形式理论（形-上学）

3. 反动主体的演绎：反动性的新

让我们来考察一下那些没有加入斯巴达克斯及其队伍的奴隶。对于他们的主观倾向的通常解释是，他们自己仍然停留在旧世界的法则之内：你是一个奴隶，放弃自己，或寻求合法的救赎［让你的主人欣赏你，这样他就会给你自由］。长期以来，我都享有这样一个信念，抵抗新世界的就是旧世界。作为最基础的人民的原型构成，奴隶让自己与事件性的当下［新事物］合体，那些不相信新事物的人，则抵制其号召［旧事物］。

但是这种观点低估了我们必须将之称为**反动性的新**（nouveauté réactionnaire）的东西。为了抵抗所谓的新事物，他们必然会创造一个与新事物本身相对应的抵抗的主张。从这个观点来看，所有的反动的安排，都是当下的同时代的事物，它抵抗着当下。当然，它绝对地拒绝与当下合体。他们看到了这个身体——就像一个保守的奴隶看待斯巴达克斯的军队一样——拒绝成为其中的一分子。但这也陷入一种主观形式主义之中，即它是也不可能是旧事物的纯粹持存（permanence）。

在我的经验中，我看到，在20世纪70年代末，那些**新哲学家**（nouveaux philosophes），在安德雷·格鲁克斯曼（André Glucksman）的率领下，发明了一种知识装置（dispositif intellectuel），这种装置将那种野蛮而反动的反转加以合法化，这种反动的反转沿着诞生于20世纪60年代中期的岁月前进，在美国这个时期，是反越战运动，在法国则是1968年"五月风暴"。

当然，新哲学家们所提出的反动架构的一般形式没有什么新鲜内容。这等于是说，纯粹政治矛盾并不是革命与帝国主义秩序的对立，而是民主和专制［极权主义］的对立。这就是美国的意识形态在近30年来大声而清楚地所宣扬的东西。但是知识界的氛围、争论的风格、人文主义者们的情操，都将民主的道德主义包含在哲学谱系之中，所有这些东西，与这个时代的左翼是同时代的产物，所有这些也都是新事物。像格鲁克斯曼和新哲学家们一样的人，披上了早已褴褛的海盗旗，在今天为之粉饰上花哨的颜色。但他们这种创新的微弱的光芒，在民主和人权的名义下，用以服务于反革命的复辟，服务于一种无所羁绊的资本主义，最终服务于美国的野蛮霸权。这就是说，那里不仅仅存在着一种反动性的新，而且存在着与这种新事物的生产相对应的主体形式。后来，这并非无关紧要的事情，即与新哲学家们决裂30年后，格鲁克斯曼以非常桀骜的语调，冲锋陷阵，为小布什军队入侵伊拉克辩护。他以自己的方式，献身于当下：为了否认其创造性的美德，他必须每天向新闻界提供大量新的诡辩。

因此，除了忠实主体之外，还存在着反动主体。很明显，反动主体涉及一个否定运算符，我们马上就要使用这个运算符：保守的奴隶否认，这个实际的身体可以成为造反格言的无意识的材料，而新哲学家们则否认，解放可以通过共产主义革命的化身来实现。因此，这真的是"不忠诚于事件"，正如对事件的痕迹的否定一样，这样是反动的主体-形式的主流样态［在分数线之上］。如果我们将否定写作"¬"，那么我们就可以得出：

$$\frac{\neg \varepsilon}{(\quad)}$$

Ⅰ. 主体的形式理论（形-上学）

但这个反动的形象并不完全是否定。这并不是对事件痕迹的纯粹否定,因为反动的主体形式也声称生产出某种东西——甚至反复在现代性的外衣之下,生产出某种当下。毋庸讳言,这个当下并不是忠实主体的那种肯定性的荣耀的当下。如果这个当下抵御住了反动主体声称的蕴含在事件之中的灾难性的诱惑的话,那么这个当下就是一个被评估过的当下,一个否定性的当下,一个比过去"不会更糟糕"的当下。我们称之为黯淡的当下(présent éteint)。为了能表示出这个当下,我们使用了一个双横杠的符号,即双删除线符号"="。

例如,一个保守的奴隶会在一些轻微的改良措施中,为他的态度找到理由,而这是因为,奴隶主在斯巴达克斯第一次获得胜利之后感到惊恐万分,并作为对那些不参与起义的奴隶的奖励,实施了一些改良措施。这些改良措施,有一点点小新意,将会让奴隶感觉到,他面临着一个新时代的来临,从而避免让他与新的当下合为一体。他属于当下的那种黯淡无光的形式。很明显,后来起义发展的可怕结果——成千上万的起义者在路边被钉上十字架,这条道路一直引领着胜利者克拉苏[①](Crassus)通往罗马城——会肯定并增强他们的信念,即真正普遍可以接受的道路,是一条"现实主义"的道路,通过对事件痕迹的否定来实现,压制了任何与名称为

---

① 马库斯·克拉苏(约公元前115—公元前53):古罗马军事家、政治家,罗马共和国末期声名显赫的罗马首富。他曾帮助苏拉在内战中夺权建立独裁统治,大半生都在政坛上度过,并继承父业进行商业投机。他通过奴隶贸易、经营矿产、投机地产买卖及非法夺取其他人的财产等手段积攒万贯家财。公元前72年至公元前71年期间,斯巴达克斯率奴隶爆发起义,克拉苏带领罗马军队残酷镇压。苏拉隐退后,他和庞培、恺撒合作,组成三头政治同盟。相对于两巨头,克拉苏控制的军队最多,拥有的财富也最多,但是在战功方面有所不足。此后,他因嫉妒庞培、恺撒立下了较多战功,于公元前53年仓促发动了对安息帝国的战争,在卡莱战役中全军覆没,本人也死于征战中。

斯巴达克斯的主体形式相类似的东西。我们可以说，反动主体所宣称的当下是一个混淆的当下，在事件之后的主观生产的灾难性后果，与其合理的反效果之间分裂了。也是在业已做过的事情，与我们仅仅可以接受的事情[拒绝与正在做的事情合为一体]之间的分裂。当所有这一切等于是合理的生存时，这难道不是比总体失败和酷刑折磨更可取吗？与之对应，我们将之写作带双删除线的"$\not\pi$"，代表反动主体所宣称的生产出来的当下。

因此，反动主体的数元在于，要描述出如下事实：当其给自己添加了一个否定任何事件的痕迹的规则时，这样忠实主体的形式就转到了分数线以下的分母位置，当下的生产展现了一个删节版的当下。

$$\frac{\overline{\neg\varepsilon}}{\frac{\varepsilon}{\mathbb{C}} \Rightarrow \pi} \Rightarrow \not\pi$$

需要注意两点。第一点是，身体与奠基了反动主体的[否定性]宣言保持了最远的距离。事实上，在分数线以下，仿佛是这样的陈述："不，不要这样！"甚至不要去触碰既已宣告的身体。毕竟，这就是我们所想象到的，罗马治安官要求那些受到惊吓的保守的奴隶的东西：他们保证他们与斯巴达克斯的军队之间没有任何关联，甚至精神上的关联都没有；他们会竭尽所能去证明这一点，他们甚至去充当告密者，并参加对起义军的劫掠和折磨。需要注意的第二点是忠实主体的形式仍然保留在反动主体的无意识当中。这就是处在分数线之下的形式，它让一个黯淡无光的当下，一个孱弱的当下的生产合法化，这种形式也是积极地承受了事件的痕迹 ε，并没有对之进行否定，而反动主体也没有能力去表现出这

Ⅰ. 主体的形式理论（形-上学）

种否定。事实上，没有任何宣告，也没有告诉他自己这样的东西，那些受到惊吓的保守的奴隶会十分在意他们周遭所发生的一切，包括他们紧紧抓住不放的那种"改良了的"被弱化了的当下，而他会被斯巴达克斯朋友们的起义弄得躁动不安。在这个意义上，他们无意识地让 π 依赖于 π。通过他所拒绝和奋斗的东西，他获得了他自己的同时代性。正如在1940年到1944年间，维希政府的军队具有毋庸置疑的同时代性，这种同时代性并不是来自纳粹或贝当[①](Pétain)，而是由于抵抗运动战士的存在。

有一个反动主体的理论家——他并非自愿的，但十分具有教育意义——他就是弗朗索瓦·弗雷[②](François Furet)，他是研究法国大革命的历史学家。弗雷的整个事业旨在说明，法国大革命的结果导致法国的发展等同于甚至低于[不用说，这是按照他自己的经济论和民主的标准]其他欧洲国家，其他欧洲国家避免了这种创伤，这样，革命在根本上是偶然的和无用的。换句话说，弗雷否定了革命事件及其痕迹与

---

① 亨利·菲利浦·贝当(1856—1951)：法国陆军将领、政治家，法国元帅，维希法国国家元首、总理。一生颇为坎坷，集民族英雄和叛徒于一身。贝当出生在法国加来海峡省的农民家庭，1876年加入法国陆军。1878年毕业于圣西尔军校。第一次世界大战期间因领导1916年凡尔登战役而出名，成为当时的英雄。在法军索姆河惨败后，他在最黑暗的时候重振了法军的士气。第二次世界大战法国战败后，出任维希政府总理，1940年6月22日与德国签订《贡比涅森林停战协定》。1940年7月—1944年8月任维希政府元首，成为纳粹德国的傀儡。1945年4月被捕，同年8月叛国罪被最高法院判处死刑，后改判终身监禁。1951年7月22日，贝当死于囚禁地耶勒迪厄岛。

② 弗朗索瓦·弗雷(1927—1997)：20世纪法国历史学家，以对法国大革命时期的历史研究著称。1997年成为法兰西学术院院士，占据一号座椅。同年7月去世。弗雷致力于法国大革命以及相关的政治思想史研究，开创了有别于马克思主义史学的，对法国大革命作为政治革命和历史进程(procès historique)加以研究的治史思路。

"无裤党人"①（sans-culotte）身体之间的关系，与当下的生产有任何关联。他提出，完全可以在没有 ε 的情况下，获得当下 π。若我们相信他的说法，我们会得到这样的东西：

$$\neg \varepsilon \Rightarrow \pi$$

但很明显，弗雷的"证明"依赖于两个手法。首先，结果的逻辑需要一个弱化的当下，即黯淡的当下，这个当下取代了革命事件及其后续发展所产生的强劲的当下。在美德（Vertu）的名义下，罗伯斯庇尔②（Robespierre）就能逼到对商业合同的敬意吗？情况是不是这样，即当他谈论制度的时候，圣-茹斯特③（Saint-Just）已经记住了我们老旧的议会制，或者如其英格兰式原型一样，作为卢梭的好学生，他十分鄙视这种议会制度？当然不是，弗雷所概括的图示可以清楚明了地说明如下：

$$\neg \varepsilon \Rightarrow \pi_{\varepsilon}$$

---

① 无裤党人：亦译无套裤汉。此词原指法国大革命初期衣着褴褛、装备低劣的革命军志愿兵，后来泛指大革命的极端民主派。无裤党人大部分是贫苦阶级或平民百姓的领袖，但在恐怖统治时期，公务人员和有教养的人都自称"无裤党人"。典型的无裤党人的识别服装是长裤（代替上层阶级的套裤）以及卡马尼奥拉服（carmagnole）、红自由帽和木鞋。随着罗伯斯庇尔倒台，无裤党失势，这名词本身亦遭禁止。

② 罗伯斯庇尔(1758—1794)：法国革命家，法国大革命时期重要的领袖人物，是雅各宾派政府的实际首脑之一。罗伯斯庇尔是法国大革命中最有争议的人物之一，由于他的手稿和笔记未能全部保下来，给研究工作带来了很大困难，而对他的评估也往往反映出评论者本人的意识形态。罗伯斯庇尔在恐怖统治时期扮演的角色是争议最大的问题。批评者认为他是恐怖统治的理论家，极端残忍，双手沾满鲜血，应对恐怖时期大量无辜者遇害负责。罗伯斯庇尔在法国和世界历史上影响深远，19 世纪的很多欧洲革命家都对他怀有敬意，如布朗基。一些批评者则认为雅各宾专政是法西斯等独裁专制政权的前身。

③ 圣-茹斯特(1767—1794)：法国大革命的雅各宾专政时期领袖，公安委员会最年轻的成员。圣-茹斯特由于其美貌与冷酷，而被称为"恐怖的大天使"或"革命的大天使"(l'archange de la Terreur, l'archange de la Révolution)。圣-茹斯特的父亲为军人。圣-茹斯特于 1788 年大学毕业；1789 年参与法国大革命，1790 年出任国民卫队队长；1791 年出版《革命与法国宪法》一书，成为革命阵营中的青年理论家。圣-茹斯特的几篇演说都很有名，最有名的是 1792 年 8 月 10 日要求将路易十六处死的演说。但是在热月政变之后，圣-茹斯特还来不及发表最后的演说，便与罗伯斯庇尔一起被送上断头台。

Ⅰ. 主体的形式理论(形-上学)

除此之外，作为一名历史学家，在某种意义上，弗雷很好地注意到了事件的痕迹 ε 是非常活跃的，在某种程度上，他依赖于人民群众革命性的身体和那些令人惊异的实际的身体，这些身体就是国民公会、雅各宾俱乐部和革命军。相应地，他打算服从于批判性的修正［他拉到分数线的下面，处在从属的位置上］正是当下真正的生产力，在那些格言［“美德或恐怖”，“政府保持革命性，直至和平”］的介入下，这个身体展现了当下是什么。

最终，我们重新遇到完整的反动主体的数元。在整个问题上，积极的当下(π)和黯淡的当下($\pi_\ast$)之间的差异所扮演的角色是十分明确的。十分明显的是，我们直接面对这种差异，即格鲁克斯曼从他承担起反动的任务一开始——离奇地称呼"新哲学"［但正如我们已经说过的，在某些方面，它的确是新哲学］——就打造了他自己进行介入的工具。事实上，格鲁克斯曼最核心的问题就是，所有大善(Bien)的意愿都走向了灾难，而正确的道路往往是对大恶(Mal)的抵抗。让我们跳过这个循环：大写恶首先是极权主义，大真的意愿的后果就是陷入迷惘。因此，［真正的］大善在于抵抗大善的意愿。可以十分简单地理解这个循环：所谓之恶就是革命，身体处在事件的肯定性的裁决之下，即 $\mathscr{C}$ 在 ε 之下。对于格鲁克斯曼而言，由 $\varepsilon / \mathscr{C}$ 的关系所产生的当下必然是怪异的。真正的大善在于一种不同的生产，这种生产在明显否定了奠基了那种关系的事件的名义下，压制了第一种关系。毫无疑问，这种生产相当孱弱，相当黯淡，通常会被等于是革命之前的事物状态的复辟。它是 $\pi_\ast$，而不是 π。无论我们拥有什么样的大善，来抵抗大恶，这都处在反动主体的纯粹形式之下。

4. 蒙昧主体：完全的身体和对当下的遮蔽

若古罗马贵族听到了奴隶起义的令人骇闻的消息，奴隶起义与他有什么关系？或者旺代大主教听到国王退位并遭到囚禁的消息后会怎样？他们不可能像那些受到惊吓的奴隶或弗朗索瓦·弗雷一样，简单地成为一个反动主体，不会用一个删减版的当下来否定事件的创造性的力量。很明显，我们需要想象一下，对新的当下的摒弃，在其中整体性上视为恶意的，在法理上，这个新的当下不存在。分数线之下的分母部分，就是主权行动的后果，主体在祈祷、哀悼、咒骂中提到了这被限制的当下。

我们明显获得了下列公式：

$$\frac{(\quad)}{\pi}$$

其产物既不是当下，也不是删减版的当下，相反是当下陷入晦暗不明的黑夜之中。这是不是说我们在这里退回到过去？再说一遍，我们需要提供两方面的答案。一方面，这个答案明显是肯定的。贵族和主教毫无疑问就是之前秩序的纯粹的保守派。在这个意义上，对于他们来说，相对于当下的黑暗，过去无疑是光明的。但另一方面，这个黑夜必须在全新的条件下产生出来，而这个全新的条件就是在造反的身体及其群体的世界中展现出来的前提条件。这种蒙昧性必须掩盖新产生的当下，而这种蒙昧是由新款的蒙昧主义生产出来的。

这就是为什么除了忠实主体和反动主体的形式之外，我们还必须树立**蒙昧**主体(sujet obscur)的位置。

在斯巴达克斯及其队伍的令贵族们心惊胆战的行军中，贵族们——旺代的主教，以及 20 世纪 30 年代的法西斯分子——十分系统地求助于一种完美而纯粹的超越性大写身体（Corps transcendant）的显灵，这是一种非历史的或反-事件的身体［上天、上帝、血统……］，这个身体必然会否定事件的痕迹［在这里，反动主体的劳动对蒙昧主体是有用的］，作为结果，真正的身体、被阉割的身体，都必须压制。在牧师［领袖……］的召唤下，那个根本上的大身体拥有将它们全部沉默的权力，那些身体都承认了事件，于是，大身体禁绝了真正的身体的存在。

超越性的力量试图产生一个双重效果，我们可以在罗马显贵那里给出一个虚构的表述。首先，他们会说，奴隶要回家，且能够回家，这完全是错误的。此外，也没有一个合法正当的身体来承载这个错误的陈述。所以，必须消灭斯巴达克斯的军队，上天会见证这一切。这是双重的消灭，从精神上和从物质上的消灭——这就解释了为何有这么多的牧师会去为刽子手的军队献上祝福——这种双重消灭会在表象中展现出来，有些东西被遮蔽起来，我们知道，这些东西就是当下。

如果我们将 C［不带斜杠的 C］看成健全的身体，这个大身体的超验性，覆盖在对当下的遮蔽之上，于是，我们获得了蒙昧主体的数元：

$$\frac{C \Rightarrow (\neg \varepsilon \Rightarrow \neg \cancel{C})}{\pi}$$

我们可以看到，这个数元如何解释了遮蔽当下的悖谬，这种对当下的遮蔽本身就处在当下之中。在物质上，我们拥有最彻底的新事物，即 ε 和 C。但这二者都被创造性的主体形式［$\varepsilon/\cancel{C}$，忠实主体］清除掉了，因此，在表象中，它们处在整体否定之下,即对事件 ε 来说,它就是宣传式的否定,对于 $\mathcal{C}$ 来说,就是军事式或警察式的否定[例如,我们已经讲过的例子]。它最为重要的可以预测的结果就是,它就是对作为真理的 ε 的遮蔽。

无疑,蒙昧主体主要是召唤出一种永恒的神灵:不朽的和不可分的超-身体(sur-corps),这就是它的上天、上帝、血统。同样,相对于爱来说的宿命,相对于艺术来说的没有可接受的形象的大真理(Vrai),对于科学而言的救赎,这些东西都对应为蒙昧主体的三种不同类型,即占有性的结合(la fusion possessive)、破坏圣像运动①(iconoclastie)、蒙昧主义(obscurantisme)。但是蒙昧主体的目标是让这种迷信成为当下的同时代的东西,而当下需要被遮蔽。在这个意义上,C 登上舞台,这样,$\mathcal{C}$ 的强烈的否定可以充当让被遮蔽的东西,即解放性的当下 π,得以显现的工具。那个虚构的超验的身体,让下述事实变得合法化,即对事件性身体的[可见的]解构,将忠实主体所建构起来的纯粹的当下,交付给那些看不到和不起作用的东西手上。

读者们会在第 8 目发现另外一些关于蒙昧主体的运算的思考。在这里,关键在于要评估一下反动形式主义和蒙昧形式主义之间的差距有多大。尽管有些暴虐,但反动形式仍然将忠实主体的形式作为与之有关的无意识的东西。它并不打算摒弃当下,只是想展现忠实的断裂[被称为"暴力"或

---

① 拒绝圣像崇拜是早期基督教确立的基本原则之一,同时谴责把"偶像"神圣化,但随着时间的推移,情况发生了变化——拥护、保卫圣像的人数激增。但是,圣像的制造者是教会的隐修院,而拜占庭皇帝利奥三世不喜欢让教会拥有这种名利双收的权力。于是利奥从 726 年起宣布反对圣像崇拜,掀起一个全社会破坏圣像运动。730 年 1 月,利奥召集御前会议,要求僧俗高级贵族在他制定的反对圣像崇拜的法令上签字,拒绝签字者立即免职。圣像破坏运动轰轰烈烈地开展起来。运动开始后,教会和修院的圣像、圣迹、圣物被捣毁,土地和财产被没收,修士被迫还俗,参加生产,承担国家赋税和徭役。

I. 主体的形式理论(形-上学)

"恐怖主义"]对于产生一个温和的,也就是说一个黯淡的当下[被反动主体称为"现代"的当下]是没有用处的。此外,这种主体的实例本身就是由各种身体的残肢所支撑的:惊恐万分和当逃兵的奴隶,革命队伍中的变节者,回流到学院派中的先锋艺术家,对现当代的科学运动一无所知的老科学家,被日常生活的婚姻窒息得无生气的情侣。

蒙昧主体的情形完全不同。这是因为这个当下直接就是其无意识,就是它生死攸关的困扰,而它在表象中关联了忠实性的形式数据。给出了一个虚构的怪物般的健全的大身体,就是对被摒弃的当下的非时间性的填充。这样,承受这具躯体,等于就是直接与过去相连,即便蒙昧主体的生成,在牺牲了当下的名义下,也压碎了过去:输掉战争的旺代人,失败的艺术家,因苦涩而沉沦的知识分子,干瘦的老妇人,目不识丁且肌肉过劳的年轻人,遭到了大资本的蹂躏的小店主,绝望的失业工人,变味的情侣,单身的告密者,嫉妒诗人成功的学者,抑郁的教授,各种各样的仇外者,为获得荣耀的黑手党,邪恶的牧师,以及被背叛的丈夫。对于这一堆日常生活生存中的大杂烩,蒙昧主体在一个无法理解,但又带有救赎性的标记的绝对身体之下,给出了一个新命运的机会,这个身体唯一的要求就是为它效力,随时随地培养出对所有的鲜活的思想,对所有明晰的语言,对所有不确定的生成之物的憎恶。

这样,主体理论包括三种不同的形式表述。当然,一般的主体领域必然是由忠实主体开创的,他们一点一点工作的结果或许作为纯粹当下可以被看到。但一般来说,在我们从当下获得收获的第一刻起,反动主体和蒙昧主体已经在起作用了,要么其作为一个对手,来弱化当下的实体,要么彻底掩盖当下的存在。

5. 四种主观意图

总结一下,存在着三种主体形象:忠实主体、反动主体、蒙昧主体。字母 ε, C 和 π [即事件的痕迹、身体、当下]以及运算符 —、/、¬、=、⇒[分数线、斜杠、否定、双删除线、推论]之间有着如此之多的形式布局。这些不同的布局对主体形象进行了形式上的概括,因而,并没有指定其合成用途,因为这些所需的运算,例如否定运算或蕴含运算,都包含在形式化体系之中。

已经说过,我们看到,对于某种主体形象的实际关注,就是此时此刻的当下。忠实主体组织了其**生产**,反动主体组织了其**否定**[在其删减基础上],而蒙昧主体组织了其**遮蔽**[在分数线下掩盖了当下]。我们将这种合成的运算称为主体形象的**意图**(destination),在这些运算中,主体将自身展现为与事件性的当下同时代的产物,但并不一定要与当下合体。

因此,我们是否必须得出结论,通过"主体",在存在着事件的痕迹和身体的前提下,我们就能理解那些必然会生产、否定或遮蔽新的当下的东西了吗?是的,毫无疑问,倘若这涉及一个总的目的,倘若我们不是研究单个的主体形象,而是研究主体领域的复杂性、研究主体领域的扩展,那么,我们就会指向[真理的]复苏(résurrection),我们现在就要谈谈这个问题。

一开始,我们就要注意到,反动主体或蒙昧主体的形象的同时代性依赖于忠实主体的对当下最低限度的生产。从主观角度来看,并不是因为有反动主体,才会有革命,而是因为有革命,才会有反动主体。因此,我们必须从鲜活的主体领域中清除整个"左翼"传统,这种传统相信,进步的政治必须"反抗压迫"。例如,我们必须清除某种现代主义传统,他们相信艺术的标准就是"颠覆"既有的形式,更不用说那些希望将爱欲的真理同性解放的幻想结合起来的人了[反对"性禁忌",反对父权制,等等]。我们可以说,在某种秩序中前进的意图[生产→否定→遮蔽],其理由在于形式主义让它们一起都变得十分清楚:否定当下意味着当下的生产,而对其遮蔽则意味着一种否定的表达。

在形式上,为了拥有一个 $\neg \varepsilon$,我们就需要一个 ε,为了拥有一个 π,那么我们就首先要有一个 π,为了得出 $C \Rightarrow [\neg \varepsilon \Rightarrow \neg \mathcal{C}]$,我们就需要一个 $\mathcal{C}$,以此类推。于是,我们可以相信,下图主体形象的意图的图示可以表示为:

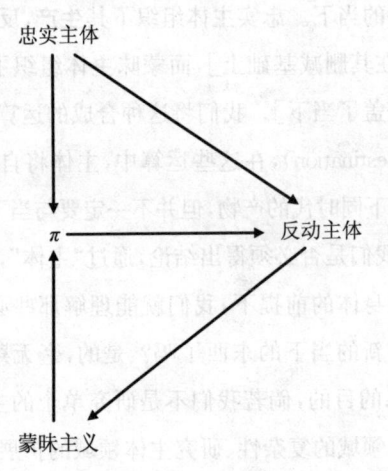

```
          忠实主体
           │
           │
           ↓
    π ─────────→ 反动主体
           ↑
           │
           │
         蒙昧主义
```

如果说这个图还不完整,这是因为它仅是一个过渡形式,让我们忘记了当下是什么东西的当下:真理的当下,真理在表象中展开,就是由主体来运作的,或者说,主体是其行动上的逻辑形式。但是真理本身寓居在多种形式的物质性之中,在这些物质性之中,真理被建构为世界的类性部分 (partie générique)。如今,真理的残片被蒙昧的机制塞入分数线之下,它可以在任何时间段被萃取出来。

没有人会怀疑斯巴达克斯的起义是一个事件,对于古代世界来说,它在当下的张力中,开创了一个解放的准则[奴隶希望,并有能力决定自由地回家]。同样,没有人怀疑——遭到了太多惊恐不已的奴隶[反动主体]的否定的削弱和最终在上天的超越性规则[奴隶制就是自然状态]的名义下加以消除——对于奴隶大众来说,这个当下被持续了多个世纪的实际上的遗忘所扼杀。这是否意味着它总是会消失,一个处于中心的真理,一个业已在历史上被塑造起来的真理,也会消弭在虚空之中?并非如此。想象一下第一次胜利的奴隶起义,在杜桑-卢维杜尔①(Toussaint-Louverture)的带领下,在圣多明各岛(Saint-Domingue)西半部分胜利地起义[这个部分今天被称为海地(Haïti)],这次起义创造了真正地摒弃了奴隶制的原则,真正赋予了黑人以公民地位,在法国大革命这个令人欣喜的背景下,第一次在前黑奴的领导下创立了一个独立的国家。总而言之,完全释放圣多明各的黑奴的革命构建了由斯巴达克斯的同志们一起开创的解放准则的新的当下:"奴隶想回家,并通过自己的运动,能够自由地决定。"在此时此刻,白人奴隶主无法再重建自己的权力了。

现在,在1796年的4月1日发生了什么?那时,总督拉

---

① 杜桑-卢维杜尔(1743—1803):拉丁美洲独立运动早期领袖,拉丁美洲独立运动伟大的革命家,海地共和国缔造者之一。生于海地北部海地角附近的黑人奴隶家庭,受过一定教育,读过法国启蒙主义哲学著作和古代欧洲军事家著作。1790年10月,海地北部发生由自由黑人和混血人发动的反对法国殖民统治的武装起义。1790年10月,杜桑率领1000名奴隶加入起义队伍。1793年,英国和西班牙结成反法联盟,相继入侵海地。杜桑首先联合西班牙击败法军,杜桑要求在西班牙占领区废除奴隶制,遭到拒绝。1794年,法国废除海地奴隶制度。杜桑又联合法军打败西班牙军,1798年,又打败了英国军队,1799年,镇压内部叛乱,1801年统一海地岛,建立革命政权,并成为总统。1802年,领导海地军民抗击拿破仑·波拿巴派来的远征军,后因军事失利被迫议和。1802年6月7日,与法军会谈时,被法军逮捕,后被押送法国,1803年4月7日病死于狱中。

Ⅰ.主体的形式理论(形-上学)

沃(Laveaux)——解放奴隶的支持者,将海地角的人民聚集起来,与起义的黑人军联合起来,从而抵制了某些或多或少得到英国人支持和资助的混血人的反革命谋划。拉沃将杜桑-卢维杜尔叫到他这边,命他为"代理总督",最后,称之为"黑色斯巴达克斯"。法国革命领导人都受过良好的古希腊和古罗马的历史的教养。拉沃也不例外,杜桑-卢维杜尔的另一个朋友松多纳斯(Sonthonax)也是如此。当然,在1794年1月,国民公会在一次永世难忘的会议上,颁布法令,废除法国管辖的所有领土上的奴隶制,最终,赐予所有殖民地上所有人自由,无论肤色,同时颁布法令,所有公民都享有宪法所赋予的所有权利。但拉沃和松多纳斯,面对的是一个极其残暴、极其复杂的场面,几个月之前,拉沃与松多纳斯面对外国势力的武装干预,他们只对自己负责,当场宣布废除奴隶制。在这种情况下,他们向"黑色斯巴达克斯"致敬,向将会得到释放的奴隶的革命领袖致敬,向未来的一个自由国家的奠基者致敬。

一个多世纪之后,1919年,卡尔·李卜克内西(Karl Liebknecht)和罗莎·卢森堡(Rosa Luxemburg)领导柏林共产党人起义,他们挥舞着"斯巴达克斯团"的旗号,自称为"斯巴达克斯主义者"。他们之所以如此,是为了让对奴隶起义[的失败]的忘却本身被忘却,从而恢复其法则。古斯塔夫·诺斯克[1](Gustav Noske)的突击队对两位领导人进行卑劣的

---

[1] 古斯塔夫·诺斯克(1868—1946):德国社会民主党政治家,曾在1919年至1920年担任魏玛共和国的首任国防部长。1914年与保守的社会民主党人一起支持德国参加第一次世界大战。1918年基尔水兵起义之后,他受帝国政府之命前去恢复秩序,12月被选入六人执政会议。诺斯克是一个颇受争议的人物,他曾经残酷镇压德国的共产党与其他左翼分子在1919年1月的起义。诺斯克从1920年起是汉诺威州的总理,直到1933年被纳粹党免职。1944年,他因被怀疑与刺杀希特勒行动有关,而被盖世太保逮捕。后来,盟军让他重获自由。此后,他在汉诺威定居,并在该地逝世。

暗杀[罗莎·卢森堡被来复步枪所射杀,她的尸首被抛入下水道,李卜克内西被射杀后被扔到一个停尸房里],他们正好照应了数以千计的被钉死在罗马大道边的十字架上的奴隶的命运。

阿瑟·库斯勒(Arthur Koestler)在《斯巴达克斯》(Spartacus)一书中以微妙的反动手法描绘了斯巴达克斯的形象,否定了奴隶起义的积极意义,这就是此后几十年中这种重新利用的证明。库斯勒在西班牙内战期间曾是一名特工,同时也是一位天才,他在小说中表现了个人的反叛。其小说《角斗士》(1939)于1945年被译成法文,名为《斯巴达克斯》,向我们展示了一个奴隶领袖。为了在自己的营地(一种乌托邦式的城市,他是其中饱受折磨的领袖)建立一种可接受的秩序,他被迫使用罗马人的方法,并最终将持不同政见的奴隶当众钉死在十字架上。20世纪50年代,斯坦利·库布里克(Stanley Kubrick)拍摄了电影《斯巴达克斯》(Spartacus),由柯克·道格拉斯(Kirk Douglas)饰演的主人公以感人至深的人道主义情怀重新唤起了人们对霍华德·法斯特(Howard Fast)引人入胜和富有积极意义的著作《斯巴达克斯》的兴趣。

很明显,斯巴达克斯零零散散地生产出政治真理,然后又不断地被克拉斯和庞培①(Pompée)的血腥镇压所掩盖,在

---

① 庞培(公元前106—公元前48):出生在罗马城一个贵族家庭。其父斯特拉波·庞培不仅是罗马共和国的一名杰出的统帅,而且是贵族派的代表人物之一。庞培在青少年时期受过良好的教育,具有很高的文化修养,对当时先进的希腊文化有浓厚的兴趣。由于受到家庭的熏陶,他酷爱军事,17岁时就随同父亲一起镇压意大利人的起义。在政治上他完全继承父亲的衣钵。公元前60年,他同恺撒和骑士派领袖克拉苏秘密结盟,即历史上的"前三头同盟"。经三头同盟活动,庞培在东方的措施得到批准。公元前53年克拉苏死于帕提亚战争,这宣告了"三头同盟"的结束。庞培和恺撒的关系因尤利娅的死亡也宣告断绝。公元前48年8月9日,著名的法萨卢战役是庞培和恺撒进行的最大的也是最后一次决战。庞培军全军覆灭。庞培在失败之后,企图在埃及寻求藏身之所。公元前48年9月28日,就在他乘坐的小船靠岸之时,埃及国王托勒密十三世的侍从挥剑向他的脊背刺去,结束了他的性命,终年58岁。

这里,将其放在分数线之下,仅仅是为了将之重新展现出来,正如在圣多明各,在法国大革命期间,平等原则激发了全球性斗志昂扬。这意味着,在那些与之相关的真理["奴隶制并非自然的制度"]之下,主体"斯巴达克斯"跨越了诸个世纪,从这个国度过渡到那个国度。古代的斯巴达克斯,黑人斯巴达克斯,红色斯巴达克斯。

我们将这种意图称为**复苏**,它在其真理中的表象的另一种逻辑中重新激活了主体。当然,复苏也预设了一个新世界,它生产出诞生新事件、新痕迹、新身体的情境,简言之,诞生了一个新的真理程序,在这个真理程序的规则之下,那些被遮蔽的部分,从对它的遮蔽中摆脱出来之后,摆正了自身的位置。

我们可以从阿基米德的伟大的数学发现中找到另一个明显的例子,阿基米德摆脱了几何学规则的束缚,以一种毫无瑕疵的形式预测了微积分的运算。非常值得肯定的是,在西方[这个问题在阿拉伯世界的历史非常复杂],尤其是因为,在整个经院时代,他们都依从于亚里士多德对柏拉图的"数学论"那种蒙昧的敌意——对这些表达[从公元前3世纪开始,我们不要忘记这一点]难以给出十分精准的解读。这些书写方式与所有的主观形式主义不一致,因此,不可能将这些书写与当下联系起来。但在16—17世纪时,对阿基米德的解读让数学重新焕发出生命力,后来也让物理学富有生机。可以毫不夸张地说,其中的融合重构了最精华的柏拉图主义,例如伽利略["世界是用数学语言写成的"],阿基米德的书写以自己独有的方式,启迪了许多代科学家。近20个世纪的跨度正是与我在序言里所谈到的思想和韵律相一致的原因所在:所有的真理都是永恒的,我们可能会这样来说,没有真理会因为这样的借口,即真理所在的历史世界解体了,它就丧失了其永恒性。对真理结构的悬置,不可能简单地等同于在表象规则下的变化。对真理否定或遮蔽的行为是必要的。这些行为总是易于生成一个主体形象。但该行为在这个世界上的所作所为,其主体形象如何生成,都可以通过另一个行为,与另一个主体形象相关联的行为,在另一个世界里消除。伽利略在物理学上的贡献,或者帕斯卡和费马在数学上的贡献,都名垂青史,这些都显现了数字的重新复苏,彻底在当下复活了原先被否定和被遮蔽的阿基米德,与其他不可改变的对象一样,它仍然保留着某些晦暗不明的残余。因此,我们会说,所有的忠实主体都可以重新与事件性的当下合体,与真理合体,这些真理业已逝去的当下,已经被沉浸在遮蔽的分数线之下了。我们正是将这种重新合体称为复苏。我们所面对的正是一个补充性的主体形式的意图。

对于所有真正的当下而言,我们可以正确地期望,新的当下,一旦祛除了遮蔽,将会在身体的救赎性的表面上显现出那业已失去的光晕。

相应地,完整的主体形象和意图的图示为:

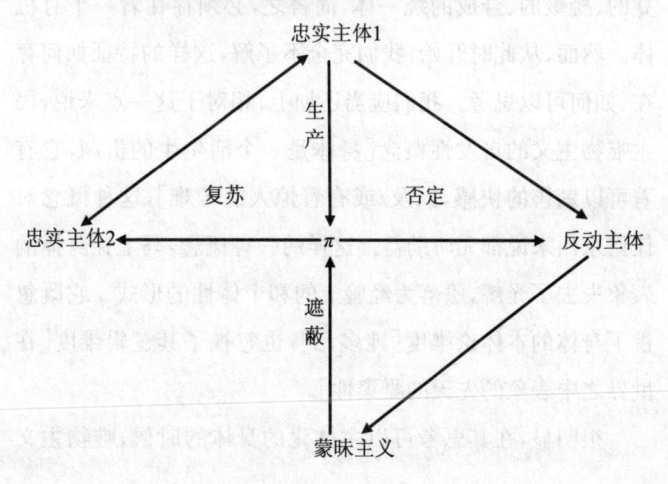

```
                忠实主体1
               ↗    │  ↘
              /     │生   \
             /      │产    \
          复苏              否定
           /                  \
          /                    \
     忠实主体2 ←———— π ————→ 反动主体
                    │          ↗
                   遮           /
                   蔽          /
                    │         /
                    ↓        /
                   蒙昧主义
```

I. 主体的形式理论(形-上学)
083

这样，在其完整版中，主体形象和意图的图示，就是当下的循环，也就是说，对真理整体性的在经验上的历史化。

6. 最后的问题

在所有这些形象和意图中，还有一点需要进行全面的解释：身体。我们曾谈过两次身体，即成熟的身体［忠实形式］和完整的身体［蒙昧形式］，然而身体仍然玄妙莫测。我们完全理解，在表象中，正是身体承受并展现着主体的形式。身体如何承载并非问题所在。事件痕迹的自然的积极行动的无意识［忠实主体］，在最远触及对其反动地否定时［反动主体］或在其残暴地否定的结果之下［蒙昧主体］，才能做到这一点。但对于身体是什么的问题，答案仍然悬而未决。当然，像所有存在着的事物一样，身体也是一个多。但我们不可能满足于这样一个弱的规定性。真理-身体的属性，必须可以作为一点一点地在世界的显现中，思考大写真理的可见性的基础。此外，为了产生这种可见性，就必须存在某种独立的、凝聚的、合成的统一体，简言之，必须存在着一个有机体。然而，从此时开始，我们完全不了解，这样的特征如何存在、如何可以思考。我们应当还加上，相对于这一点来说，民主唯物主义的自发性概念［身体是一个活生生的机制，它有着可以销售的快感，以及/或有着惊人的苦难］，这种概念对任何东西来说都无所助益。这样的一种概念，马上让身体的表象失去了光辉，堕落为经验上的和个体性的形式。它既忽视了身体的本体论维度［纯多元］，也忽视了其逻辑维度［在世界之中表象的先天的凝聚性］。

很明显，在其思考可以主体化的身体的时候，唯物主义辩证法在例外的意义上，仅仅指的是动物性的身体，即一个仅仅具有生物学身份的有机体。可以主体化的身体同样可以成为斯巴达克斯的军队，成为诗的语义学，成为一个代数问题的历史状态……我们关于主体的观念不仅仅是一种"生物-主体"（bio-subjective）的东西。但无论如何，我们都可以去思考：

——身体之多的各个要素之间的并存性（compatibilité），在于其自身的存在之中；

——身体之多的合成统一体，在表象中［或者说作为一种"世俗"现象］被统一起来，这个统一体也是在其存在中统一的；

——身体对各个部分的占用，就是为了处置这样的点［我们在哪里，点就在哪里］；

——身体器官的具体实在性。

我们可以用符合规则的例子来说明这些标准：

——在"公元前1世纪的罗马"，起义的奴隶如何将他们自己组成一支军队？

——当这支军队可以表述为"斯巴达克斯的军队"［或其他的表述］时，其需要什么样的原则？

——这支军队的特别先遣队是如何直接组织起来的？

——这支一点一点组织起来的奴隶军队身体的力量和弱点是什么？

很明显，为了找到这些问题的形式上［而非经验上］的答案，我们就必须建立一种身体的**逻辑**（Logique）：在诸多要素之间共通性上的规则,在表象中展现出来的真正的合体,支配项,实际的各个部分或器官……

但在多元本体论中,这个逻辑是什么?这个逻辑如何可以包含事件所激发的真正的变革?我们不难理解,为什么需要一个漫长的运算步骤来回答这个问题。我们所需要的仅仅是创立在当代可能的大逻辑。

在我们进入这个任务之前,在迈向更为错综复杂的崭新的哲学道路之前,我们有必要概括一下主体何以触及了真理程序的各种典型模式。在这样做的过程中,我们会回到一些我们已经论述过的,尤其是在《存在与事件》中论述过的问题。

7. 真理程序和主体形象

主体理论的形式特征要求,它并不对其诸项定性,除非通过示例的迂回方式。对诸项的定性依赖于世界的奇点,依赖于打断了这个世界的先验规律的事件,依赖于在对象的表象中可以看到的无拘无束的天性,依赖于业已消失的事件留下的痕迹的本质,最后,依赖于在这一痕迹之下,合体于当下的东西。我们知道,所有这些都构成了真理程序,真理程序就是由一个主体在其生成过程中激活的,而主体则是由一个代表它的身体来支撑其形式。主体的形式总是要投身于一个世界。在这个意义上,在一个真实身体的承载之下,它按照真理所开创的方向前进。所以,主体形式主义的完全澄清,如果可能的话,需要对真理的类型进行澄清,而且仅仅是对我们已经谈过的三种主体形象的澄清。例如,一旦我们知道,ε是一个平等主义的格言["像其他所有人一样都有权利去做,我们奴隶希望并可以回家"],C就是斗争的身体[斯巴达克斯的军队],我们理解这个观念,即这个时代的忠实主体就是一个政治性的主体。为了完整地确定这一点,我们需要看看,从什么样的角度,真理程序可以将自己浸入古罗马共和国的世界里。很快就可以十分清楚地看到,问题的关键在于两者之间的最大张力,一方面,是对人们生活的展示[在这种情况下,奴隶和他们试图用形式概括出来的确定性的思想];另一方面,是国家,其权力没有特别地涉及这种确定性。国家权力和人民可能拥有的确定性的思想之间的距离,拥有的漂浮不定的特征,完全无法衡量。

如果我们所指的是当代资本主义经济所代表的国家维度,那么问题会变得更容易理解。所有人都知道,我们必须遵从法律及其不屈的权力[我们必须是"现实主义者"和"现代人",并"寻求变革",这意味着要打破资本循环之中的公共服务和所有安排],但同样明显的是,这种臭名昭著的权力没有任何固定的尺度来对之进行衡量。它仿佛是一个没有概念的超级权力。我们可以说,在这个世界中,似乎有这样一种[国家]权力——一种无法衡量的权力,它无限地远离人民群众的所有的确定性的能力——就是这个世界,政治的点可以存在于其中。如果这就是一种政治类型,一种事件-位(site événementiel)[我们会在第5卷里讨论事件-位的完整的作用]就是此时此地对人民群众和国家之间关系的打破。保留着事件位的就是事件的痕迹,它是衡量国家权力的固定尺度,相对于这种权力漂浮不定不受约束的性质来说,它就是一个[思想的]停顿(arrêt)。如果我们所站立的世界,真的就是单纯的展现或呈现(présentation)[我们称之为多A]和一个情势状态的再现(représentation)[我们称之为$Et(A)$],其相对于A所溢出的权力是无法衡量的,如果时间将其痕迹作为衡量这个溢出权力的固定尺度的话,我们就可以说：

$$(Puiss(Et(A))=\alpha)$$

那么所有指向ε的身体都是政治上的主体形式主义的承载者。很明显，这就是斯巴达克斯案例的情况。最初的世界，是角斗士们的厩舍，以城邦的名义，故意且随意［毕竟，我们说的是角斗士的竞技］地牺牲奴隶的生命。对于角斗士们所能思考的［在他们"职业"之外的思考］，公共权力容许这样的牺牲，正是在一种无法衡量的距离之上。斯巴达克斯及其朋友的起义留下了事件的痕迹，事实上，这时的公共权力是可以衡量的，且已经被衡量：我们义无反顾地面对罗马军团，并战胜他们。因此，公元前73年到71年，意大利形成了具有不同政治特征的主体形象：斯巴达克斯军队代表的忠实主体；大量保守奴隶代表的反动主体；蒙昧主体则打着城邦与诸神的名义，将数以千计的囚徒钉上十字架，将这个持续了两年之久的由奴隶起义所开创的当下的记忆彻底抹去。

由罗莎·卢森堡、霍华德·法斯特以及众多其他共产主义运动的积极分子所激发的这种当下的复苏，本身也是政治的。当然，它重新联合被旧蒙昧主体所遮蔽的东西。但它只能在新的平等主义的格言下实现这一点，即在19世纪的资产阶级的世界中创造一种永恒。其格言是："全世界无产阶级联合起来！"

我在这里的目的并不是进一步详细考察属于真理-程序的通常来说十分复杂的类型拓扑学（topologie），以及这种类型拓扑学与主体形象的交集。我所做的，毫无疑问，带有不同程度的成功［我们尚未触及大逻辑］：对于艺术真理的考察，在我的《非美学手册》（*Petit manuel d'inesthétique*，1997）一书中；对于政治真理的考察，在我的《元政治学概述》(*Abrégé de metapolitique*, 1997)一书中；对于爱的真理的考察，在我的《前提》(*Conditions*, 1992)一书中；对于数学真理的考察，在我的《过渡本体论的短篇专论》(*Court traité d'ontologie transitoire*, 1997)和《数与数字》(*Le Nombre et les nombres*, 1990)两本书之中。

最初一个评论警告说，真理类型是偶然性的。真理-程序对于人类的极限，我们的"意识"，我们的"有限性"，我们的"有限能力"，以及民主唯物主义的其他规定性毫无办法可言。如果我们仅仅从形式规定性角度来思考真理程序——我们以同样的方式，通过数学形式主义来思考物质世界的规律——我们发现符号$[A, \varepsilon, C, \pi]$和不同的关系$[-, /, \Rightarrow, \neg, =]$，以生产或反生产的方式来安排，而无须借助人类的"鲜活经验"。事实上，真理就是这样，我们，作为人类，通过真理来投身于跨越物种的程序，这个程序向我们敞开了不朽的可能性。于是，毫无疑问，真理就是非人的经验。然而，从"我们"的角度来看，[在哲学上]真理和主体形象的理论就是在这样的代价上提出的：我们不可能知道，我们所经验的爱的真理的类型是否就是唯一可能的真理类型。要么我们所不知道的其他物种，要么我们自己所是的物种，在历史上的另一个阶段[例如，通过基因工程发生改变的阶段]，或许更有可能接触到我们一无所知，甚至没有一点意象的真理类型。

事实上，在今天——在这一点上，自从柏拉图以来，事情尚未发生一丝改变——我们仅仅知道四种真理类型：科学[数学和物理学]、爱、政治和艺术。我们可以将这种情势同斯宾诺莎关于实体属性[关于"上帝"的表达]的陈述做一个对比：毫无疑问，斯宾诺莎说，有无限多的属性，但我们仅仅只能知道两种属性，即思维和广延。站在我们的立场上，我们会说,那里或许有无限多真理类型,但我们人类知道的只有四个。

但我们真的知道这些。即便某些关于真的典型表达侵扰着我们,但我们同真理的关系确是绝对的。如果正如真理是适切的,并且如同其经常所做的事一样,那么我们就可以将人类种族"我们"——那些绝对地获得了某些真理的人——称为"不朽者"。其权力绝对不会被如下事实所摧毁,即或许存在着我们闻所未闻的成为不朽者的其他方式。

8. 拓扑类型学

现在,我们可以非常概括性地考察一下,在同主体形象的关系中,来澄清四种不同的真理类型。在任何情况下,忠实主体只不过在沉思之下,激活了真理的当下。因此,它就是真理程序本身的名字。其他两种主体形象也有一个特别的名字,但这个名字依赖于真理程序。

a) 政治主体。

我们已经谈过这个问题的关键:世界展现了国家和人民群众的确定性的能力之间的裂缝,即在 A[呈现]和情势状态 $Et(A)$[再现]之间的鸿沟。且情势状态的 $Et(A)$ 的溢出权力是漂浮不定的。事件则确定了它:$\varepsilon \Rightarrow \{Et(A)=\alpha\}$。身体是在 ε 的介入下被建构起来的,这种身体通常具有一种组织形式。一点一点确立关联,主体化的身体生产了当下,我们可以借用席尔万·拉撒路(Sylvain Lazarus)的一个概念,将之命名为"政治的历史模式"(mode historique de la politique)。从经验上说,这就是一个政治序列[公元前 73—公元前 71 年的斯巴达克斯,1792—1794 年的雅各宾派……]。

反动主体反动性地创造了这个序列[用一种新形式来抵抗新的当下],让这种新序列深入人民(le peuple)和一般人(les gens)心中。长期以来,其获得了**反动**之名。有时,反动之名就是一种典型的序列,例如,法国大革命中的"热月党人"①(thermidoriens)。

蒙昧主体试图摧毁这个身体:最恰当的词汇是**法西斯主义**,在更宽泛的意义上,指的是 20 世纪 30 年代的法西斯主义。我们在谈到一般法西斯主义时,都会描述到它对有组织身体的破坏,通过破坏,从而建立起业已逝去的之前身体在当下[序列]中的建构。

对其他的真理程序的分析也会按照同样的方式进行:世界、事件、痕迹、身体、生产、反动主体、蒙昧主体各自的奇点。

b) 艺术主体

在艺术真理的情形下,世界展现出在可感物的强度与形式透明性之间的独特的张力形式。事件是对既有的张力关系的打破。这种打破的痕迹 ε,可以在如下事实中找到,原先似乎是带有无形式的东西被理解为一种形式,无论是整体的[例如 1912—1913 年的立体主义],还是具体的溢出[从丁托列托②

---

① 热月党人原是反罗伯斯庇尔的各派人物的暂时结合,并无统一纲领。他们代表在革命中形成的资产阶级暴发户的利益,执政后实行的主要是原丹东派的主张。热月党的主要代表人物有 J. L. 塔利安、L. 弗雷隆、P. 巴拉斯等。他们废除雅各宾派限制和打击资产阶级的政策,封闭雅各宾俱乐部,使资产阶级解脱恐怖时期的束缚,并于 1794 年处死雅各宾派领导罗伯斯庇尔,开始了热月党统治时期。

② 丁托列托(1518—1594):16 世纪意大利威尼斯画派著名画家。生于威尼斯,1594 年 5 月 31 日卒于同地。原名雅各布·罗布斯蒂,师从于提香门下。在 40 余年的创作生涯中,丁托列托主要活动在威尼斯。作品继承提香传统又有创新,在叙事传情方面突出强烈的运动,且色彩富丽奇幻,在威尼斯画派中独树一帜。丁托列托是威尼斯画派的代表人物。他曾立志"要像提香一样绘画,像米开朗琪罗一样设计"。他的意思是要把提香的色彩与米开朗琪罗的素描结合起来,创造别开生面的新艺术。他将这两方面结合得很成功,因为他的素描丝毫没有米开朗琪罗的印记,而他的色彩也根本不像提香的风格。丁托列托善于通过多视点强化透视效果,营造戏剧化构图。其画面色彩充满幻想,光线闪动不定,人物动作夸张,往往呈现超乎寻常的短缩形体。

I. 主体的形式理论(形-上学)

(Tintoret)，经由埃尔·格列柯①（El Greco），直到卡拉瓦乔（Caravage）对巴洛克风格的变革］。因此，其公式可以概括为 $\neg f \Rightarrow f$。在符号 ε 之下，可以建构出一个身体，这个身体就是一系列作品，将之在实际中加以实现，这些作品一点一点地处置着赋予可感物形式的新能力的结果，在某种类似于学派的可见物之中将之构建出来。对当下的生产就是一种艺术的构型［如韦伯恩之后的音乐上的序列音乐（sérialisme），在海顿（Haydn）和贝多芬之间的古典风格，或电影中从格里菲斯②（Griffith）经由茂瑙③（Murnau）、

---

① 埃尔·格列柯(1541—1614)：出生于希腊的克里特岛，原名多米尼克斯·希奥托科普罗斯。他学习时代的大部分时间是在意大利度过，但他在36岁的时候移居西班牙。现今，他作为中世纪西班牙的伟大画家而广为人知。埃尔·格列柯是一位肖像画家，他特别擅长宗教画，并为托莱多以及其他地方的教堂创作了众多的祭坛画。尽管他取得了如此大的成功，但在画家的晚年，金钱上的问题却接连不断。原因之一是他的生活方式过于奢侈，另一个原因是他自尊心极强，动辄就同委托者们发生诉讼。格列柯去世后，他的名声随之衰落，作品也被认为是"荒唐无聊不值一提"而遭到冷落。进入19世纪后，他独特而充满魅力的绘画风格，在美术史上终于得到了广泛认可。他的作品构图奇特，布局多呈幻想结构，用色大胆、新奇，呈现出梦幻般的奇特效果。主要作品有《圣母子与圣马丁》《托莱多风景》《脱掉基督的外衣》以及《拉奥孔》等。

② 大卫·格里菲斯(1875—1948)：美国导演，被认为是对早期电影发展做出极大贡献的开创性人物。他最著名的作品包括《一个国家的诞生》(The Birth of a Nation)和《党同伐异》(Intolerance)。1908年6月，格里菲斯导演了他的第一部影片《陶丽历险记》(The Adventures of Dollie)，由阿维德森主演。自此至1913年9月离开比沃格拉夫公司为止，他共执导了450部影片。他在这些影片中创造性地运用了许多电影技巧，如交叉剪辑、平行移动、摄影机运动、特写镜头、改变拍摄角度等，为电影成为一门艺术做出了贡献。他还最先把摄制组搬到西海岸，促成了好莱坞的形成。1915年，他摄制的《一个国家的诞生》，成为电影历史中的经典影片。这部影片的观点完全站在南方奴隶主的立场上，上映后遭到强烈抵制。但影片的导演手法和摄影技巧吸引了一大批观众，并引起电影艺术家和评论家的重视，成为美国电影史上最卖座的影片之一。

③ 茂瑙(1888—1931)：德国电影先驱，著名默片导演，20世纪20年代德国表现主义电影代表人物。年轻时，已喜爱诗与戏剧，亦学过美术，曾受戏剧表演训练。他风格化及形式化的画面构图，为往后不少导演的创作奠定根基；他的拍摄技巧，至今依然在德国电影史中占有主导地位。茂瑙一生说得上短寿，但留下了重要的电影遗产，差不多90年后的今天，其作品的魅力依然教人没法抵挡。可是，新一代对茂瑙肯定陌生；记得他的人，可能依稀记得他最著名的作品《吸血僵尸》《浮士德》和拿过奥斯卡奖的《日出》；但没有多少人听过他早期的作品《夜中行》(1920)或《古堡惊魂》(1921)，也不会知道他拍过喜剧《公爵的钱财》(1924)，或其后改编自莫里哀剧作的《塔度夫》(1926)。

爱森斯坦①(Eisenstein)和斯特罗海姆②(Stroheim),直到威尔斯③(Welles)的抒情式蒙太奇]。

在其结构之内,反动主体是对构型在形式上的创新的否定,并将之视为一种对既有形式的畸变(déformation),而不是在更大程度上的成型(mise en forme)的生成。它是保守和部分模仿的混合物,正如20世纪所有的印象主义或30年代的立体主义一样,这种混合被视为**学院派**(académisme),我们注意到,每一种新的构型的产生,都会有一种新的学院派与之相伴。

蒙昧主体则旨在毁灭那些成为忠实艺术主体的身体的作品,它将这些作品视为无形式的耻辱,并假借崇高的大写身体[即那种神圣而纯洁的大写身体]的名义将它们除之而后快。

c) 爱的主体

爱的真理的世界让绝对的大写的二(Deux),那种彻底的不兼容性,那种强烈的分离得以出现。其公式表达为:$m \perp$

---

① 爱森斯坦(1898—1948):苏联电影导演,电影艺术理论家,教育家。俄罗斯联邦共和国功勋艺术家,艺术学博士、教授。1898年1月22日生于里加,1948年2月11日卒于莫斯科。一部《战舰波将金号》引领多少人走上电影之路。他对纪录电影的热衷似乎是自然而然的事。然而,上帝不会总垂青于一个人。他于1934年拍摄的纪录电影《墨西哥万岁!》就一直迟迟无法完成,直到他去世后四十多年才由他的助手完成。

② 斯特罗海姆(1885—1957):美国电影导演、演员。出生于奥地利。曾当过军官、新闻记者、杂技演员等。一生执导了许多影片,如《贪婪》《女王凯莉》《婚礼进行曲》等。《贪婪》一片是现实主义电影的里程碑。擅长饰演反派角色和德国军官。离开好莱坞回到欧洲后,因在《日落大道》中的出色表演被提名为奥斯卡金像奖候选人。

③ 奥逊·威尔斯(1915—1985):生于美国威斯康星,是集演员、导演、编剧、制片人等多种角色于一身的电影天才。作为演员,他参与了一百多部电影(包括配音);作为编剧,他写了42个剧本;作为导演,他执导了近40部影片。1975年,AFI授予威尔斯终身成就奖,不过,奥逊·威尔斯对于电影的贡献令无数后人仰望,这远远胜过任何荣誉。奥逊·威尔斯是美国历史上一位罕见的具有重要文化意义的电影家。

f：两性之间没有关系。通常来说，不同的性别类似于两个不同的物种[这是拉康的说法]。事件[爱的邂逅]开启了大二场景的出现，在一个陈述中，涵括了这两个物种有着某种共同的东西，一种他们都参与其中的"普通的对象"。我们可以说，在这种情况下，陈述 ε 是："存在着 u，这样，m 和 f 都加入 u 之中。"或者用公式来表达：

$$(\exists u)[u \leqslant f 且 u \leqslant m]$$

然而，没有人知道 u 是什么，我们只肯定了 u 的存在——这就是著名的和众所周知的爱的邂逅的偶然性。他们得以构成的身体是一个拥有两种性之身体，通过神秘的 u，二人紧密地结合在一起。这种身体我们可以称为**爱侣**（couple），我们将这个观念从所有的法律内涵中解放出来。生产就是一种**令人迷狂的存在**，在其中，大二的真理以一种反-社会（a-sociale）的方式得以实现。

反动主体则自身根植于令人迷狂的存在之中，而让爱走向了抽象的合法化，即将他们之间的爱还原为日常惯例，让他们的爱臣服于保障和契约。这种趋势就是将纯粹的爱的当下，还原为遭到阉割的家庭的当下。这种主体最通常的名称就是**婚姻**，它将大二那种无限的力量变成了家庭主义者。

蒙昧主体则让爱依从于一个单一融合起来的身体的严峻的考验，这是所有事物中的一种抽象知识。他拒绝了这种观念，即是对象 u，一个邂逅，破坏了 $m \perp f$ 的析取。它要求有一个整体的平庸的命运，最终，我们可以只能看到这样一种爱的未来，即在过于琐细地要求忠贞，在永恒的忏悔中慢慢地将爱挥霍殆尽。它对爱的看法，就是**命定之爱**。超越让爱得以结晶的婚姻生活[就像蒙昧主体经常要参考反动主体来做这一点]之后，它设定了极端的彼此占有的相互性。在

《特里斯坦与伊索尔德》(Tristan et Isolde)中,在瓦格纳谈到的关于爱的蒙昧主体的一首主要诗歌中,以一个虚构出来的身体,将令人迷狂的当下变成黑夜,我们将这种主体称为熔合(fusion)。

d) 科学主体

科学世界是对表象的纯粹展示(exposition),它并非在既定物中,而是在其图示[在那里的规则或公式]中被给出。唯一可以证明可以获得这种展示的就是,在其概念中,设定了科学是可以用数学来表达的。"可以用数学表达"意味着要遵循字母推理的力量,因此,它与语言的自然属性以及多元性完全无关。其标准是自明的,如果我们记得数学是对存在之所为存在①(l'être-en-tant-qu'être)的展示,因此,也就是对**那里**即将出现的东西的展示。相应地,所有真正的对表象的思考,在表象的纯粹存在中来理解它,等于是拓展了对存在思考的[数学]模态的表象。

我们可以说,对于科学而言,一个相关世界是通过某个边界来给定的,这个边界位于那些业已遵从字母推理[以及人工设定的实验,这些实验是机械式的文字性]与那些坚决

---

① 这个法语概念是巴迪欧思想中的一个核心概念,并在巴迪欧的代表作《存在与事件》中反复出现。这个词的起源是亚里士多德在《形而上学》中对哲学的界定:"有一门科学,任务是探讨存在之所为存在(法文为 l'être-en-tant-qu'être,英译为 being qua being)以及存在之所为存在所具有的各种属性。"在吴寿彭先生的译本中,这句话被翻译为:"有一门学术,它研究'实是之所以为实是',以及'实是'由于本性所应有的禀赋。"参见亚里士多德,《形而上学》,商务印书馆1959年版,第69页。而在苗力田先生的《亚里士多德全集》第七卷收录的《形而上学》中,这句话的翻译是:"存在着一种研究作为存在的存在,以及就自身而言依存于它们的东西的科学。"参见苗力田,《亚里士多德全集》(第七卷),中国人民大学出版社1991年版,第84页。从对希腊语的 η (法语中的 en-tant,英译为 qua,而英文的 qua 的翻译则是当时拉丁文对希腊文中 η 的翻译)的用法来看,意为"让某物成为某物",因而吴寿彭先生的译本更为精到一些,但对于 ον (即法语中的 être,或英语中的 being),在习惯上,我们已经接受了"存在"这种译法,"实是"的译法固然有其精到之处,但这样的翻译会显得生疏,因此在这里特取吴、苗二位先生之长,翻译为"存在之所为存在"。

抵制字母推理的东西之间。事件恰恰发生在对这个边界的替代上,而其留下的痕迹以下述形式延续着这种替代:世界的抽象布局,我们称之为 m,它就如同用文字来表述的没有任何主体化的根基,变成了符号上的绝对明晰性。我们不可能掩盖它与艺术中事件痕迹展现的显著关系:科学实践的痕迹形式为 $\neg l(m) \Rightarrow l(m)$。一般来说,不要忘记这个事实,即在艺术中,关键在于可感物及其形式变化无穷;而在科学中,则是世界的可知性和其等式的不变性。所以,科学就是对艺术的颠覆,这解释了它们事件痕迹之间的令人叹为观止的同构性。

身体的构建,是为了在 ε 涌现之后,支持一个数学实验的修改的后果,我们将之命名为**结果**(résultat)[原理、规律、定理……],它的连贯的交织,在表象中展现了围绕着 ε 的所有事物。完整的当下,就是由忠实主体一点一点地[也一个困难接着一个困难地]生产出来的,而忠实主体的形式表达,是由原初结果的连贯性所产生的,而这个完整的当下我们一般可以称为一个[新]理论。

从理论运动的内部来看,反动主体在之前的原则上,以大胆地补充的名义,提出了关于这种运动的说教式的准则。反动主体按照承袭于事件之前时代的信息播放的认识论框架,过滤掉了成为当下的合体。这就是为什么主体被称为卖弄学识(pédagogisme):他们相信可以将新事物看成旧世界的延续。这种卖弄学识的特殊形式,与民主唯物主义的精神相一致,就是将结果的增殖放在与旧结果的经验主义概念相一致的平台上来处置,这样,由于没有区分,当下变得无法识别。所以,它所提供的是一个无关痛痒的对科学的展现,最终,其真正的标准只能是可以从其中获得的某种利益[一种有成效的"应用"]。

蒙昧主体旨在摧毁科学的身体,通过诉诸人文主义崇拜[或一种宗教崇拜:这是一回事]的普通诉求,其最迫切的事情就是要消灭科学的抽象。对忠实主体的诸多要素的消解,在这里,是由没有任何科学意义的各种问题共同实现的,诸如我们要思考这样的"道德"及其后果,或者我们需要重新注入理论、法律之中"人性的意义",以及对它们后果的控制之类的各种各样没有什么关联的问题。由于科学是一种特殊的非人的真理程序,这种诉求——带有令人敬畏的由国家指派的伦理委员会——其目的是消解真理的陈述,并摧毁带有真理的文字的或实验的身体。每天牧师对科学的监控已经有了一个非常恰当的名字——**蒙昧主义**。

最后的两个思考:

首先,四种真理类型的忠实主体或者它们当下的名称[序列、构型、魅力和理论]的整体生产,必然不会让我们看不到当下的具体符号,以一种根本性的方式,在真理的生成中,在创造性的主体-身体中,参与其中的直接的和内在的经验。在这些内容之下,这些符号就是世界之内的新关系,在人类学形式中,这些符号就是感触(affect)。因此,一个政治序列是通过对新的平等规则的**热忱**,艺术则由新的感知张力的**快感**,爱则是由新的生存张力的**幸福感**,科学则是由新启蒙的**愉悦**来一点一点地代表着其存在。

第四个意图,复苏,本身也是由其真理-内容所独特化的。在政治上,复苏让光明降临在所有序列的平等主义的常量(invariant)之上,在《论意识形态》(*De l' idéologie*,1976)中我们将之称为**共产主义的常量**(les invariants communistes)。在艺术中,它赋予熠熠生辉的——也是极富创造力的——**新古典主义**(néo-classicisme):在法国悲剧中模仿古代;大卫在绘画中的"罗马性"(romanité),柏辽兹(Berlioz)回到了格鲁克①(Gluck),拉威尔②(Ravel)从18世纪的大键琴演奏者那里获得了启迪,居约塔③(Guyotat)则复苏了卢克莱修④(Lucrèce)的宇宙论;等等。在爱方面,复苏发生在第二次邂逅,两人着魔一般再次坠入已经开始变得模糊的情网,而日常生活和占

---

① 格鲁克(1714—1787):德国作曲家、歌剧改革家,1750年定居维也纳,任宫廷歌剧院指挥,亦曾赴布拉格、那不勒斯、罗马演出其歌剧。他在维也纳时还受到法国喜歌剧影响,作有歌唱剧与舞剧,后者以1761年所作《唐璜》为其代表作。在这部作品中,他一反过去华而不实的舞剧风格,追求真情实感的表现。同年遇歌剧剧本作家卡尔扎比吉,共同进行歌剧革新的尝试。此后陆续上演《奥尔甫斯与欧里狄克》(1774)、《阿尔米达》(1777)、《伊菲姬尼在陶里德》(1779)等,引起巨大轰动;其间保守派推崇意大利作曲家皮钦尼,以其歌剧与格鲁克改革的歌剧相对抗,而革新派则拥护格鲁克,从而引起歌剧发展史上有名的"格鲁克派与皮钦尼派之争"。结果格鲁克派获胜。他一生共写有40余部歌剧和5部舞剧,他的最大的艺术功绩是歌剧改革。格鲁克的歌剧改革是在启蒙运动的精神感召下进行的。晚期巴洛克的歌剧早已远离歌剧产生时力图复兴古希腊悲剧的初衷,变得思想内容空洞,忽视戏剧表现,而成为炫耀歌唱技艺和豪华场面的"化装音乐会"。音乐形式亦流于僵化。格鲁克强调自然与真实,追求戏剧性的表现,强调人物性格、情感和环境的刻画。他一反重乐轻词的不良倾向,使词曲紧密结合,充分重视和发挥歌词的表现内涵。

② 莫里斯·拉威尔(1875—1937):著名的法国作曲家,印象派作曲家的最杰出代表之一。7岁开始学钢琴,14岁入巴黎音乐院。早期印象派音乐热衷于明暗对比、光明与阴影中神秘的游戏,给人以冗长的印象;而拉威尔作为印象派音乐家则大大发展了印象派音乐的表现力,他喜爱喷射出五彩缤纷、光彩夺目的人造烟火,喜爱富有诗意的洪亮的声响。他既是乐曲形式的大师,又赋予音乐丰富的色彩,另外他严守维也纳古典乐派的戒律,以独创的手法运用这些传统戒律来形成自己独特的音乐语言和作品形式。

③ 居约塔(1940—2020):法国作家,生于卢瓦尔省,1960年出版了他的第一部小说《一匹马》,后来应征参加阿尔及利亚战争,1967年他以这场战争为背景写作了《50万士兵的坟墓》(*Tombeau pour cinq cent mille soldats*)。

④ 卢克莱修(约公元前99—约公元前55):罗马共和国末期的诗人和哲学家,以哲理长诗《物性论》(*De Rerum Natura*)著称于世。他继承古代原子学说,特别是阐述并发展了伊壁鸠鲁的哲学观点。他认为物质的存在是永恒的,提出了"无物能由无中生,无物能归于无"的唯物主义观点。反对神创论,认为宇宙是无限的,有其自然发展的过程,人们只要懂得了自然现象发生的真正原因,宗教偏见便可消失。承认世界的可知性,认为感觉是事物流射出来的影像作用于人的感官的结果,是一切认识的基础和来源,驳斥了怀疑论。认为幸福在于摆脱对神和死亡的恐惧,得到精神的安宁和心情的恬静。

有差点毁掉了这个情网。这就是斯坦利·加维尔①(Stanley Cavell)在20世纪40年代的美国电影中的"重婚喜剧"情节中的完整主体。最后,在科学中,它总是处在复兴之中,学术研究的精细的理论研究已经让某些东西变得无法操作了,复苏则让其再次合体于当下。

我们可以用两张图表来总结一下简略的整体轨迹,而它们本身也是十分草略的。

表1 真理程序机器独特的实现

真理	本体论基础(A)	事件痕迹(ε)	身体($\mathbb{C}$)	[具体]当下	感触	[整体]当下(π)
政治	国家和人民[再现于呈现]$A<Et(A)$	确定国家的溢出的权力:$\varepsilon \Rightarrow \{Et(A)=\alpha\}$	组织	新平等规则	热忱	序列
艺术	可感张力和形式透明性:$S\leftrightarrow f$	无形式的东西变得有形:$\neg f \rightarrow f$	作品	新感觉张力	快感	构型
爱	性的析取$m \perp f$	[邂逅]不确定的对象:$(\exists u)[u\leq f$ 且 $u\leq m]$	[两性]伴侣	新的生存张力	幸福	魅力
科学	世俗理解或不用字母来理解的边界:$l(\mathbf{m})\mid\neg l(\mathbf{m})$	$\neg l(\mathbf{m}) \rightarrow l(\mathbf{m})$	结果[规律、理论、原理……]	新的启蒙	愉悦	理论

忠实主体形象产生了表1中的关系,其意图就是对当下的生产。我们在表2里列举了其他三种意图:否定[反动主体],遮蔽[蒙昧主体],复苏[忠实主体2]。

---

① 斯坦利·加维尔(1926—):美国哲学家,现在哈佛大学任教,主要教授美学和一般价值理论。他出生于一个亚特兰大的犹太人家庭,他的母亲是一名著名的钢琴演奏家。尽管美国在20世纪40年代主流哲学是分析哲学传统,但斯坦利·加维尔感兴趣的是大陆哲学。尽管他的博士论文写作的是维特根斯坦和奥斯汀,但他真正感兴趣的是马丁·海德格尔、梭罗和爱默森。

Ⅰ.主体的形式理论(形-上学)

表2 全部真理类型下的主体形象和意图

	政治	艺术	爱	科学
否定	反动	学院派	婚姻	卖弄学识
遮蔽	法西斯主义	圣像破坏运动	占有性结合	蒙昧主义
复苏	共产主义的常量	新-古典主义	第二次邂逅	文艺复兴

附注：主体形而上学的音乐形态

一旦讲完了之前谈的东西之后，我们可以给出一个有点偏门的小例子。

我们可以直接从根本的本体论要素开始：世界和事件，后者打破了前者的呈现逻辑。那么，尚不明朗的存在之中的具体化便具有了一种主体形式。一方面，主体仅仅是一个世界诸元素的集合，因此，在场景中的对象的基础上，世界展现出了多元；另一方面，从其能产生的效果而言，主体从事件出发，引领着对象的方向。因此，可以说，主体是在现象层面上的持存的世界及其事件性的重组之间唯一可以想象的"妥协"。

我们将主体的世俗维度称为"身体"，而将在事件基础上决定论身体活动法相的东西叫作"痕迹"。所以，主体就是身体的静力学和动力学之间，其构成和实施之间的形式综合体（synthèse formelle）。

下面的13条概括了这些问题。

1. 主体就是事件和世界之间的间接的和创造性的关系。

我们选择以19世纪末20世纪初的德国音乐作为"世界"的例子：瓦格纳的最终结果，停留在天才般的滑稽剧和极度夸张的庄严崇高的慢板（adagios）之间，在古斯塔夫·马勒①(Mahler)的交响乐和民谣中,以及安东·布鲁克纳②(Bruckner)的交响乐的部分章节中,在新古典主义转向之前的理查德·施特劳斯(Richard Strauss)那里,以及早期的勋伯格（Schönberg）那里［包括他的《古雷之歌》(Gurrelieder)、《佩利亚斯与梅莉桑德》(Pelléas et Mélisande)、《升华之夜》(La Nuit transfigurée)］,以及最早的科恩戈尔德③(Korngold)……事件是勋伯格事件,我们知道,通过肯定一种不由音调所支配的声音世界是可能的,勋伯格将音乐的历史一分为二。事件的发生极其艰辛,也十分激进,用将近20年时间来确定这个事件,然后消失于无形。实际上,整个历程从他的1908年的复调音乐《第二弦乐四重奏》,经由1923年的十二音技法所演奏的《钢琴曲五首》,再到1926年的组织成系列的《乐队变奏曲》。整个这段时期都需要他极其艰难地去开创一个新的音乐世界,勋伯格为此而十分肯定地写道:"德国音乐会领先下一个百年。"

2. 在成为主体的情境中,事件［事件的存在就在于其消失］是通过其痕迹再现出来的,世界［像这样的世界并不容许

---

① 古斯塔夫·马勒(1860—1911):杰出的奥地利作曲家及指挥家。出生于波希米亚的卡里什特。马勒的交响曲在形式上具有构思宏伟、规模庞大的特点,只有巨型的交响乐队才能演奏;在风格上,他力求发展维也纳古典交响乐的传统,作品现象鲜明,题材渊源于维也纳民间风格型音乐,而且,他的第二、第三、第四及第八交响曲都加入了人声,大大丰富了交响曲的表现力,对20世纪音乐的发展起到了重要的作用。他的许多作品体现了对弗洛伊德精神分析学的理解。代表作有交响曲《巨人》《复活》和《大地之歌》等。

② 安东·布鲁克纳(1824—1896):奥地利著名作曲家,管风琴家;1824年9月4日生于林茨附近的安斯费尔登。他是虔诚的天主教徒,作品多具有深邃的哲理性和沉思气氛;他的宗教音乐作品被誉为奥地利教会音乐的典范,三部弥撒曲继承了贝多芬《庄严弥撒曲》的传统,《感恩赞》以十分简洁的手法取得极佳的效果。

③ 埃里希·科恩戈尔德(1897—1957):犹太血统的美籍奥地利作曲家。科恩戈尔德1897年生于奥匈帝国的布尔诺(现在属于捷克),其父是音乐评论家,4岁时随父搬到维也纳,在那里跟随有成就的音乐家学习音乐。1906年经马勒介绍跟随策姆林斯基学习,17岁时就写出两部歌剧。1920年他因谱写歌剧《死城》一举成名。1934年流亡美国,为好莱坞写作大量电影配乐。

任何主体]是通过身体再现出来的。

在表面上,事件的根据就是勋伯格从事件本身提取出来的十二音技法的抽象公式表达。在音调的音阶(gammes)和基本和弦体系中,可以自由选择不同音符的接续,从而固定了让音符出现和结合的秩序,这个接续我们称为音列(série)。十二种音的序列组织,也被命名为"十二音体系"(dodécaphonisme),其表明 12 个老的半音音阶的音调(C, C#, D, D#, E, F, F#, G, G#, A, A#, B),不再是按照音调结构以及古典和声学规律,按照等级关系组织起来的。音列组织让音符回到了它们自己的内在组织,回到了既定声音空间中的音符间的相互关系。正如勋伯格所说,音乐家仅用彼此间关联的十二音符进行创作。

但事件的痕迹并不等于是十二音体系或音列技术。像通常的情况一样,陈述是由一个规定组成的,而这种技术只不过是其一个结果[众多结果之一]。在这个例子中,其陈述是:"一种彻底脱离于古典音调体系,并在此基础上可以用来界定一个音乐空间的音之组织是存在的。"身体是被写就和被演出的音乐作品、篇章的实际存在,这些作品试图建立起一个空间,与事件痕迹所锚定的律令和谐一致。

3. 主体是身体后果的总体方向,因此,它就是身体结果的痕迹形式(forme-en-trace)。

我们的主体生成为十二音体系或序列音乐,这种音乐建立在与正确的音调和弦或学院派的调制接续无关的规则之上——首先是正确的音符序列。这就是合体于作品之中的新形式的历史,在这里,它就是主体之名下的关键。

4. 主体的真实性在于构成这一主体的痕迹与身体之间的关系的结果[世界之中的结果]。

Ⅰ. 主体的形式理论(形-上学)

在勋伯格1926年的《乐队变奏曲》和皮耶尔·布列兹①(Pierre Boulez)1981年创作的《应答圣歌》(Répons)里的第一个版本之间的序列音乐的历史,并不是一个无序的历史。它面对了一系列的问题,去清楚一些障碍["附点"(points),见下文内容],拓展了其领域,与其敌人作斗争。其历史与主体的存在一起绵延共在[经常被奇怪地称为"现代音乐"]。它实现了最初给定的一系列结果的体系:痕迹[音乐上声音组织的新律令]在形式上印刻在一个身体之上[即一系列实际的作品]。如果它在近半个世纪里变得过于饱和,这并不是因为它失败了,而是因为每一个主体构成序列,尽管这些序列本身是无限的,但在那个事实之后,其实践上的界限已经被固定。这就是新音乐主体的真实。在根本上,其可能性是无限的。不过,在70年代末期,其"身体"能力,即将它们自己印刻在作品层面上的能力,逐渐受到了限制。我们已经不能再在其中真的发现其"有意思的"格局,有价值的变革,具体的完善。于是,无限主体触及其极限。

5. 对于一组既定的与事件痕迹相一致的结果来说,在实践上,其通常是这样发生的:它的一部分身体是可行或有用的,而其他部分是消极的,甚至是有害的。结果,所有主体化的身体都是分裂的[画杠的]。

在"现代音乐"的发展中,即20世纪唯一还可以配得上"音乐"之名的东西——如果我们认可音乐是一门艺术,而不

---

① 皮埃尔·布列兹(1925—2016):法国作曲家、指挥家。布列兹首先是优秀的现代作曲家,其次才是指挥家。布列兹在巴黎音乐学院学习期间,拜梅西安为师,随他学和声,随莱博维茨学十二音技法,随奥涅格的妻子沃拉布尔学对位。布列兹在指挥中强调节奏的魅力,强调现代作品在节奏中呈现的色彩感,也强调音响效果。他演绎的自己的作品,梅西安、巴托克、贝尔格的作品,都堪称权威。而他最辉煌的成就,应该说是1976年在拜罗伊特指挥《尼伯龙根的指环》百年纪念演出,给予了这部宏大史诗全新的现代性解释。

是某种用来应付令人精疲力竭的节日庆典的需要的东西——对音高(hauteur)的音列组织[半音音阶中的音符接续的规则]就是一种很容易被裁定为总体形式的规则。但音高仅仅是一个既定音乐空间中音符的三个具体特征之一。另外两个特征是时值(durée)和音色(timbre)。但是序列对时值和音色的处理引发了相当棘手的问题。十分明显的是,现代对时值,也就是旋律的处理,是经由斯特拉文斯基[1](Stravinsky)[《春之祭》(*Le Sacre du printemps*)]到巴托克[2](Bartók)[《弦乐、打击乐和钢片琴的乐曲》(*Musique pour cordes, percussions, célestra*)]的过程来完成的,它们都不属于十二音体系或序列音乐。在整个历史上,梅西安[3](Messiaen)的地位不容忽视[他创造了"有限移调调式"(nonrétrogradables)的理论]。现在,即便他在1950年的《旋律四论》(*Quatre études de rythme*)中指出,他可以将序列论拓展到所有音乐因素上,但由于梅西安对这个问题的迷恋,

---

[1] 伊戈尔·菲德洛维奇·斯特拉文斯基(1882—1971):生于俄罗斯圣彼得堡附近的奥拉宁堡(今罗蒙诺索夫),美籍俄国作曲家、指挥家和钢琴家,西方现代派音乐的重要人物。斯特拉文斯基由于政治上的原因长期脱离祖国,生活在国外。这使得他生活经历复杂,创作作品众多,风格多变。主要代表作为早期三部舞剧音乐《火鸟》《彼得鲁什卡》《春之祭》。其他重要作品还有舞剧《婚礼》《普尔钦奈拉》《阿波罗》《竞赛》,歌剧《俄狄浦斯王》《浪子的历程》《普西芬尼》《诗篇交响曲》《三乐章交响曲》,钢琴曲《俄罗斯圣歌》《我儿童时期的回忆》等。

[2] 巴托克(1881—1945):生于匈牙利的纳吉圣米克洛斯(今罗马尼亚境内),是20世纪最伟大的作曲家之一,是匈牙利现代音乐的领袖人物。巴托克早期的音乐风格属于浪漫主义晚期,风格上受到布拉姆斯、李斯特和理查德·施特劳斯的影响,以交响诗《科述特》(1903)为代表。1906年巴托克和科达伊把他们采集民间音乐的工作成果第一次公之于世,之后他写了大量的以民歌曲调为基础的钢琴曲,其中包括钢琴曲集《献给孩子们》(1909)、《匈牙利地区的罗马尼亚舞曲》(1915)、《十五首匈牙利农民歌曲》(1918)。在这些作品中,可以看到他在民间音乐的启示下,在和声上做了许多极有意义的创新。巴托克中期的音乐风格兼具原始主义和新民族主义风格。原始主义的作品突出不和谐与野蛮、粗暴。

[3] 奥利维耶·梅西安(1908—1992):法国作曲家、风琴家及鸟类学家,公认的20世纪最具代表性的作曲家之一。他的音乐常融入复杂的节奏语言(他私下钟爱古希腊和印度音乐),并以"有限移调调式"(梅西安在他早期作品中提出的概念)铺陈出和声与旋律。梅西安身为一位天主教徒,曲作中常流露出对信仰的虔诚。

Ⅰ.主体的形式理论(形-上学)

以及他使用的古典和弦，他不可能完全被视为"序列音乐"主体名下的音乐家之一。这样对旋律的处理问题依循了一条不同于音列论的轨迹而发展。同样，音色问题，尽管勋伯格本人曾严格地处理过［即他的"音色旋律"的理论］，但首先是韦伯恩的处理，然而，他们还是有一个前音列的起源，尤其是在德彪西（Debussy）那里，与勋伯格一样，德彪西在某些方面也被誉为"奠基之父"。在两次世界大战之间，通过埃德加·瓦雷兹①（Edgard Varèse），再经过梅西安，音色问题经历了一个相当复杂的进程。后来，它也提供了与布列兹的"结构"方向决裂的基础，并由法国音乐组织"航线"（L'Itinéraire）小组［主要成员包括杰拉尔·格里塞（Gérard Grisey）、米夏埃尔·列维纳斯（Michaël Levinas）、特里斯坦·缪拉伊（Tristan Murail）……］继承了音列论的遗产进行抗争。于是，我们这样说，至少从其发展的某些方面来说，"音列论"的音乐身体本身出现了纯粹创作形式和听觉感觉上的分裂。借用拉康的说法，今天的音色实际上命名了"永不停歇地创作的东西"。

6. 有两种不同类型的结果，也有两种不同的主体样态。第一种样态采取了在旧世界中连续不断地调节，让新主体具体地适用于那个世界的对象和关系。第二种面对旧世界所强加的闭锁，在这个情势中，同一性与差异的复杂构造也无情地崩溃了。对于主体而言，需要在这两种可能性，也只有在这两种可能性之间做出一个选择。第一种样态是开放：它不断地在最接近于旧世界的可能性的范围内开放新的可能。

---

① 埃德加·瓦雷兹(1883—1965)：法裔美国作曲家。早年在巴黎师从丹第、维多尔和鲁塞尔学习，1907 年移居柏林，1915 年到美国，之后长期在美国从事创作。瓦雷兹是 20 世纪著名的先锋派作曲家，在序列音乐、噪声音乐、电子音乐和微分音的运用上都有很大贡献，大大开发了音乐的表现力，被尊为"电子音乐之父"。

第二种样态——我们会在本书第4卷汇总详细研究——是关键所在。在第一种样态中,主体将自身展现为与旧世界的无限的媾和,不断延伸和开放其世界的结构。在第二种样态中,主体将自身既展现为一个抉择,其具体体现是在不可能开放的前提下展开的,也展现为可能之物的强制性的力迫① (forçage)。

如果,像贝尔格②(Berg)所能做的那样,例如,1935年他的小提琴协奏曲《纪念一位天使》(À la memoire d'un ange),你们可以看出这个序列音乐,里面明显有一个带有旋律的部分,在这部作品的整个架构中,这个部分可以起到双重作用:一方面,它替代了音调的调制,保障了作品整体的同质性;另一方面,它的循环听起来像是一个主题,因此又默默地与音调作品的重要原则媾和在一起。在这种情况下,我们就可以说,[音列]的主体与旧的[音调]的世界媾和在一起。如果恰恰相反,如韦伯恩在1940年的《乐队变奏曲》(Variations pour orchestre),将音列延伸到时值,延伸到音色上,这样没有一个元素是既成的或回归的,其前奏浓缩在几秒里,其中任何一部分完全不可能与经典的音调模式和谐一致。那么,新的音乐空间必须通过一个选择来强制性地施加

---

① 这里的 forçage 是巴迪欧借用数学家科恩集合论中的力迫法中的说法,巴迪欧说:"如果主体语言的一个陈述,对于一个真理得以发生的情势来说,是如实的,那么情势中存在着属于真理的某一项,且在陈述中的名称之下,维持着一种可以被在百科全书中记住的知识所检验的关系。这就是力迫。"详见巴迪欧《存在与事件》附录后的辞典部分的解释。

② 阿尔班·贝尔格(1885—1935):勋伯格高徒,与勋伯格、韦伯恩开创"新维也纳派",表现主义音乐的代表人物。他在作曲技法上的探索为整个20世纪音乐带来了一场革命。1904年开始,贝尔格跟随勋伯格学习,此前他几乎没有受过正规音乐培训。学习四年后,他写了作品第一号,单乐章的《钢琴奏鸣曲》。虽然作品的黯淡色调和浪漫主义晚期的忧郁风格在一定程度上受勋伯格、马勒的影响,但作品的丰富素材和无比自信无疑是大师手笔。1910年的《弦乐四重奏》是贝尔格在勋伯格门下创作的最后一部作品,随后贝尔格就彻底背弃了一部作品必须具有一个主调的调性原则。

于自身：要么一个史无前例的音乐上的效果，让你信服这是一个创造性的事件，这个事件就是让主体走向那沉默边缘的东西；要么我们不可能把握其结构的连贯性，认为一切都是散落的——仿佛只有没有文本，仅有标点符号存在的东西一样。贝尔格是与开放的旧世界的颇有灵气的媾和者，这就是为什么他在三个维也纳人中"最受欢迎"，他也是能在特别不纯粹的歌剧领域来演奏这种新音乐的人。而韦伯恩的兴趣在于附点，在平缓中力迫了那种将自己展现为绝对封闭的东西，一种不可逆的抉择。前者在一种令人眩晕游戏的伪装下，将自己合体于"序列音乐"，是一种富有想象力的处理方式，而后者反而体现在一个玄妙莫测的抉择之中。

7. 主体就是一个序列，它涉及连贯与练习、序曲与附点。这里的"与"将自身具现化为一个主体。或者再说一遍，它是具-体化（en-corps）：一个主体就是身体的衔接形式。

我们完全可以说，"贝尔格"和"韦伯恩"是"序列音乐"的主体的系列构成元素的仅有的两个名字。相应地，序曲［戏剧的连贯性］与附点［玄妙莫测的断裂］的天才都合体于同一个主体。倘若不是这样，我们就不知道勋伯格事件真的成为"20世纪初调性音乐"世界中的休止符，因为那会让其结果变得太过狭隘，或者无法成功地处理那些极其艰难的战略要点。"贝尔格"和"韦伯恩"在具体上的内在于同一主体的二律背反，构成了"勋伯格"事件的关键性证据，正如在查尔斯·罗森（Charles Rosen）所命名的"古典音乐"的主体案例中，"莫扎特"和"贝多芬"有着类似于数学上的严格性，在"哈代"事件的名义下开创性地展现了自身。

8. 主体的序列架构在序曲中更容易，但那时的主体是一个弱主体。当其必然要穿越某些附点的时候，主体架构会变得异常艰难，但主体也变得更为强大。

请允许我做一个常识性的评述。如果像贝尔格一样,你与旧世界中的瓦格纳之后继承下来的戏剧性[或抒情诗]相媾和,那么建构一个"与调性相争"的序列主体就会相对容易一些,公众也没有那么焦躁不安,与之很快就能达成一致。贝尔格的歌剧在今天都蕴含着古典因素。因此,在一个旧世界敞开的序曲章展开的主体仍然非常脆弱,我们从贝尔格要不断地做出妥协中就可以明白这一点[在《璐璐》(Lulu)和小提琴协奏曲中的纯粹调性的解决]。首先,从他并没有事实上开辟解决主体连续性的道路来看,新发生的音乐身体无法预测的多重效果仍然寓居于旧世界之中。贝尔格是一个杰出的音乐家,但他总会指向内在于这个序列中的反动趋向。相反,如果我们像韦伯恩一样,关注附点,因而关注的是生成-主体的断裂性的巅峰,我们就会面对相当大的困难。长期以来,你们只需要做一个高不可攀的或玄妙抽象的音乐家,但正是你们需要去开启未来,正是在你的名义下,新声音世界的建构性维度才能被一般化和巩固。

9. 新世界是一点一点地在主观上创造出来的。

这一点是由第8点所引入的一个变奏。[序曲]连续性的处理方式,一点点地在主体化身体的效果与世界的"正常"对象之间,开创了一个相当难以辨识的区域。最终出现了这个位于事件痕迹[其开创了身体]和身体的客观的或俗世的组成之间的不可辨识的区域。最终,在那个区域中,事件和世界被叠加在一个混合生成之中。想想那些在20世纪40年代被视为成功的例子吧[例如,雷纳·利波维茨[①](Réne Leibowitz)],他们可以让十二音技法"学术化"。只有通过毫

---

① 雷纳·利波维茨(1913—1972):波兰人,后来入籍法国,作曲家、演奏家、音乐理论家。他出生于华沙的一个教师家庭,在历史上,他曾经因在"二战"后的巴黎推进序列音乐和新音乐而声名鹊起。

不妥协的抉择,那些战略附点的精彩飞跃,才能被证明是新东西。要达到这个目的,就要与被学院派错误地解释为既定结果的东西决裂。达姆斯塔特学派①(Darmstadt)一代人[包括布列兹、诺诺②(Nono)、斯托克豪森③(Stockhausen)……]在50年代的时候呼吁要注意这一点,来反对勋伯格的教义本身。

10. 主体构建的类性④(générique)名称是"真理"。

事实上,只有勋伯格-事件所开创的音列序列宣布了19世纪末到20世纪初瓦格纳之后音乐世界的真理。这个真理是一点一点地展开的,它不会包容在任何一个单一的公式表达中。我们可以说在所有的维度[和弦、主题、旋律、整体形式、音色……]上,它都指明了旧世界的主流现象都促成了古典风格的广泛影响,最终实现的是可以被称为结构总体化的东西,它类似于情感上的饱和,在寻求结果上的焦虑和无助。

---

① 达姆斯塔特学派:20世纪五六十年代在德国达姆斯塔特新音乐夏季研讨班上由一组作曲家组成的学派。这个研究班是由伍尔夫冈·斯泰因内克(Wolfgang Steinecke)在1946年创办的,每两年举办一次,在研讨班上讲授新音乐作品的作曲和解释。在斯泰因内克在1961年去世之后,这个研讨班继续由恩斯特·托马斯、弗里德里希·霍梅尔、索尔孚·沙飞主持。

② 路易吉·诺诺(1924—1990):意大利作曲家。生于意大利威尼斯,1941年起在威尼斯音乐学院师从马利皮耶罗,之后转入帕多瓦大学学习法律。在获得法学学士学位后,诺诺得到了作曲家、指挥家马代尔纳的鼓励,并结识了马代尔纳的指挥老师赫尔曼·舍尔兴。1950年舍尔兴在德国达姆斯塔特新音乐暑期研讨班上指挥演出诺诺根据勋伯格的一个音列写成的《卡农变奏曲》,使诺诺名声大噪。1956年首演的《中断的歌》则显示出他受韦伯恩晚期作品的影响。1961年首演的歌剧《偏狭的1960年》采用序列音乐、电子音效、电影镜头与现场表演的形式。诺诺之后的作品日益倾向于表达其左翼政治观点。

③ 卡尔海因兹·斯托克豪森(1928—2007):20世纪德国伟大的前卫作曲家、钢琴家、指挥家、音乐学家。斯托克豪森是一位广受争议的20世纪作曲家,而且对整个战后严肃音乐创作领域有着巨大的影响。

④ 类性:巴迪欧哲学中的一个核心概念,用巴迪欧自己的说法,这个词借用于马克思在《1844年经济学哲学手稿》中的人的类本质的用法,同时这个词也是集合论数学中的脱殊扩张(l'extension générique)的用词。类的概念,并不是表示类属的特殊性,而是更广义上的普遍性,在一定意义上,类性概念对立于日常状态下即世界中的一般性概念。由于"脱殊"的译法太过生僻,在此使用了我惯用的译法:类性。

存在与事件2:世界的逻辑

于是，序列音乐，已经达到结果上饱和的古典风格的真理，就是在声音空间中对可以算作反效果之物的系统化探索。正是由于这种失望，经常有人认为这种音乐是无法聆听的。毫无疑问，即便让人们再听一遍，也毫无用处，因为旧世界已经宣布人的耳朵更适应于什么样的音乐。世界的真理并不是单纯是这个世界的对象，因为它为这个世界提供了一个主体，身体之力和事件痕迹的命运在主体那里交织在一起。我们如何不经历那些无法聆听的声音，而直接从可以聆听的声音中创造真理？这就像当只有其非人性才能确保真理的存在时，我们希望真理是"人性的"。

那就是说，我们低估了音列空间的难度。这绝不是说，它禁绝了所有的旋律、和弦，以及管弦乐的丰功伟绩。要么是像布列兹一样生硬地将强音部（forte）和弱音部（pianissimo）接续在一起，在戏剧性操作中反串序列音乐结果的技术，要么是像韦伯恩一样，通过一个玄妙的静音，将音乐错合（contamination）地组织在一起。

关键是要理解，并不存在对古典风格及其浪漫式生成的当代理解，因此，并不存在由哈代事件所激发的永恒的或当下的音乐主体的真理，哈代式音乐并没有经历与序列音乐的结合，因此它不可能合体于我们一般情况下称为"现代音乐"的主体。有不少人宣称他们只喜欢古典音乐［或者浪漫乐，其主体是一样的］，我们很容易用序列音乐当然拥有他们所喜欢的东西的知识来驳斥这个说法，但他们自己对这个真理一无所知。这个真理是枯燥的吗？这是一个习惯和延续的问题。这种新音乐的身体，必然会耐心地迎来其专有的听众。在整个聆听过程中，产生了愉悦感。喜欢［"我是真的不喜欢……"］，是完全不同的真理程序（procédure de vérité），它并不在我们考察范围内。因为正如拉康凭其日常的敏锐

Ⅰ. 主体的形式理论（形-上学）

提醒我们的,要将"真理之爱"的问题留给宗教蒙昧主义,留给那些在其中迷失方向的哲学。为了实现与任意真理的主体合体的渴望,他们会说,真理是永恒不变的。相应地,尽管参与真理有着严格的规则要求,但人类动物会与绝对不朽(Immortel)的生成偶然事件相一致,它是否枯燥在这里无关紧要。

11. 有四种情感标志着人类动物与主体真理过程的合体。第一种情感验证了对绝对伟大之点(**Grand Point**)的渴望,这是决定性的决裂,它将新世界置于偶然一掷①(**coup**)之中,并完善了主体。我们称之为恐惧(**terreur**)。第二种情感验证了恐惧点(**la peur des points**),在断裂的蒙昧性面前退缩了,在那种带来偶然机遇,但没有在两种假设之间做出任何保障的一切事物面前退缩了。换句话说,这种情感代表着对连贯性的渴望,它们渴求一个单调的庇护。我们称之为焦虑(**angoisse**)。第三种情感承认,它可以接受点的多元性,承认断裂是不可避免的,也是多层面的。我们称之为勇气(**courage**)。第四种情感肯定了主体渴望成为连续不断的触发点和开启点。相对于预先出现的生成主体,它一方面肯定了连续性和妥协性,另一方面肯定了不连续性和粗暴性,并认可了二者之间的等价。这些仅仅都是主观上的模态,它们均依赖于在世界中的主体架构,依赖于其中生产效果的身体能力。它们并不是按照等级结构排列的。战争与和平等值,妥协与斗争等值,暴力与温柔等值。在这种情感中,行动的范畴依赖于世界的偶然性,我们称之为正义(**justice**)。

50年代初期,皮耶尔·布列兹恐怖主义给人们留下了

---

① 偶然一掷:巴迪欧,马拉美诗歌的崇拜者,在多个文本中,他表现出对马拉美诗歌《骰子一掷》(*Un coup de dés*)的欣赏,骰子一掷代表一种绝对的偶然性,而巴迪欧认为新事件以及事件之后的世界都诞生于这种类似于骰子一掷的事件之中。

深刻的烙印。的确,他一点都不关心两次世界大战之间的"法国音乐",他认为他自己的角色就是一个批评者,将他自己的敌人斥责得体无完肤。是的,我们可以说,他不屈不挠地让法国音乐合体于奥地利和德国音乐的意志,实际上半个世纪前就有了,但布列兹毫不犹豫地向他的公共对手引入了一种恐怖的药剂。甚至他的写作也不例外,正如在他1952年的《结构》(Structure)[为两部钢琴曲而作]中:综合音列论,暴力型的话语,将反效果推向极致。

那些焦虑的人,他们承认了主观区分的必然性,并迎接音列论的来临,但他们并不想与之前世界决裂,他们想当然地认为存在着一个单一的音乐世界,可以在他们后期主张的一些很有意思的大话中看出这一点[斯特拉文斯基从1957年开始,在芭蕾舞剧《阿贡》(Agon)中皈依了十二音体系……],还有在亨利·杜蒂耶[①](Henri Dutilleux)的妥协架构中,那些最富有创造力的人追随着贝尔格的步伐前进[例如,可以听听他1965年的《蜕变》(Métaboles)]。我们可以看到,"焦虑"在这里可以理解为一种创造性情感,在某种程度上,这种创造力是由序曲,而不是由突兀的附点来支配的。

韦伯恩的勇气在于对附点的探索,其结果是新音乐世界必须证明自己可以在所有的世界的方向上做出抉择。为了达到这个目的,特将自己的一个作品的核心献给了某一点,很容易看到,每一个作品各自在旋律、音色、整体架构等问题上做出纯粹的抉择。韦伯恩的椭圆边[有点像马拉美的诗

[①] 亨利·杜蒂耶(1916—2013):法国著名作曲家。曾担任巴黎高等音乐师范学院和巴黎音乐学院的教授。曾获得1938年的"罗马奖"、1967年的"法国国家音乐大奖"、1994年的"皇家奖章"等。在艺术上,杜蒂耶是个完美主义者,他只允许自己的少数作品出版,出版前还要进行大量修订工作。杜蒂耶的音乐受到德彪西和拉威尔等法国传统作曲家影响,又扩展了他们的作品,同时,他也受到巴托克和斯特拉文斯基的影响,但他拒绝被归入任何流派。

Ⅰ. 主体的形式理论(形-上学)

歌]源于这样一个事实,即一部作品不需要超越其所触及的附点上做出抉择之后的呈示部(exposition)。

我们可以说,布列兹在1950年到1980年间掌握了正义,因为当他需要去发展出自己的序曲,而不是粗暴地通过一个异质性的附点来否定它们时,他认为有能力去缓和这种架构的突兀性。当机会需要"一个字一个字地征服"时,他凭借集中做出的决定,来再次推进他的创作。

12. 将勇气和正义的善的价值与焦虑和恐怖的"邪恶"对立起来,仅仅只是一种意见。为了让人类动物合体于主体过程的展开,所有情感都是必要的,这样,在主体的规则和真理的架构中,绝对不朽的恩泽会惠及人类动物。

当布列兹将"法国音乐"从土壤中连根拔起,他不过是避免了恐怖的毒药,在取得正义之外,他可以拥有一个创造性的未来。杜蒂耶的独特创造源于在主体边际处[在主体身体的边缘处]的革新,我们称之为衰减的焦虑[那时他的作品带有明显的空中辐射力]。韦伯恩则只有勇气。

他们会说:"太恐怖了!"这并不是政治,在政治中,反国家的罪行我们只能求助于人权,这也不是纯粹的抽象,例如数学。

相反,我们知道政治上的恐怖。在数学上也有一种恐怖。当一些人要冲击活生生的身体,而另一些人则只关心既定的思想,如果我们坚持认为生命、苦难和有限就是生存仅有的绝对标记,那么我们只能得出前者的危害更大一些。这将意味着,没有永恒真理可以纳入鲜活存在者自身所合体的架构之中——真的,有时候需要以牺牲生命为代价。这是民主唯物主义的连贯的结论。

没有特别的快乐,唯物主义辩证法仅仅在这一假设下运行,即没有任何政治主体已经获得了永恒真理,而真理不会不以恐怖的方式展开。因为正如圣-茹斯特所说:"那些既不要美德,也不要恐怖的人究竟想要什么?"他的回答非常有名:他们要腐败——主体失败的另一个名称。

唯物主义辩证法也提出了从科学史中得出的意见。从30年代起,我们承认,在血腥的"一战"之后,法国数学发展滞后了,像韦伊(Weil)、嘉当(Cartan)、迪奥多内(Dieudonné)①这样的年轻数学天才承担了从总体上重建数学大厦的任务,他们综合了那个时代所有的主要的数学创造:集合论、结构代数、拓扑学、微分几何、李群等等。至少在20年里,利用以"布尔巴基"(Bourbaki)为名的宏大的集体计划,他们合情合理地对"旧"数学实施了一个恐怖效果。为了让两三代数学家都能够合体于在19世纪末所开辟的广阔空间的主体过程,这种恐怖是必需的。

所有这些并没有在人类动物这里克服有限性,这仅仅是通过合体于一个生成的主体,让其臣服于大写真理的永恒,没有焦虑、勇气和恐怖,某些东西就不会发生。但是,作为一个一般规则,离开恐怖,所有这些都不能发生。

13. 当人类动物的合体成为关键,主体伦理,亦可被称为"真理伦理",在此出现了:一点一点地找到一种情感秩序,使这一过程得以继续。

---

① 这里列举的韦伊、嘉当、迪奥多内等人是法国一个名为"尼古拉·布尔巴基"(Nicolas Bourbaki)小组的主要成员,布尔巴基的目的是在集合论的基础上,用最具严格性、最一般的方式来重写整个现代高等数学。他们的工作始于1935年,在大量的写作过程中,创造了一些新的术语和概念。布尔巴基是个虚构的人物,布尔巴基团体的正式称呼是"尼古拉·布尔巴基合作者协会",在巴黎的高等师范学校设有办公室。布尔巴基的早期成员时多时少。创始者五人全是巴黎高等师范学校出身:安德烈·韦伊、亨利·嘉当、克劳德·谢伐利、让·迪奥多内和让·戴尔萨特。布尔巴基在集合论的基础上用公理方法重新构造整个现代数学。布尔巴基认为:数学,至少纯粹数学,是研究抽象结构的理论。结构,就是以初始概念和公理出发的演绎系统。有三种基本的抽象结构:代数结构,序结构,拓扑结构。他们把全部数学看作按不同结构进行演绎的体系。

Ⅰ.主体的形式理论(形-上学)
115

在这里，我们不得不引述贝克特《无法命名的人》(*L'Innommable*)的结尾。在这个文本中，"角色"在渎职和正义之间做出预言［贝克特后来在《是如何》(*Comment c'est*)中写道："无论怎样，我们都在正义中，我从未听说相反的情况。"］，焦虑的眼泪从他的脸上流下来。他对自己造成了无法言说的恐怖［真理与恐怖之间的纽带就是贝克特持续关注的东西］。无限言说的勇气让这篇文章战栗。于是这个"角色"会说："我必须继续下去，我不能继续，我将会继续。"

今天，音乐世界是被否定性地界定的。古典主体及其浪漫主义的替身都已经达到了完全饱和，这并不是"音乐"的多元性——民谣、古典音乐、流行音乐、异国曲调、爵士乐、巴洛克风音乐都装在同一个"音乐"包里——"音乐"可以让这些东西复兴。但至少持续了20年的音列主体同样前途堪忧。今天的音乐家们，转向了孤寂的音程（intervalle）——在那里，古老的调性音乐的连贯性世界，连同生产了其真理的如履薄冰的十二音体系的世界，散落到无器官的身体和空虚的仪式之中——他们只能在其作品中，像孤单的英雄一样重复着："为了思考和推进他们悖谬式的荣耀，为了让我不继续下去，我得继续下去。"

第Ⅱ、Ⅲ、Ⅳ卷前言:大逻辑

前　言

第Ⅱ、Ⅲ、Ⅳ卷不仅是对如此这般的存在本身，而且是对在一个世界中思考多之存在的前提的一般考察。简言之，这是一个决定概念的问题，通过这些概念我们来理解任意多元性的表象（apparaître）、此在（être-là）。思考多之为多（le multiple comme multiple）是纯粹本体论的任务。这个任务在对其效果的关注上是数学的，而在其一般规定上是哲学的。实际上，不同的数学流派并不需要将自己认同为本体论，然而，数学曾在历史上实现了本体论。在《存在与事件》中我承担了研究其纯粹本体论的哲学部分的任务。按照其表象，按照其具体化来思考"世俗性"的多是逻辑学，对象与关系的普通理论的任务。在这里，可以视其为大逻辑，它完全包括更细微点的语言逻辑和语法逻辑。

让逻辑摆脱语言、命题和谓词［这些东西仅仅是衍生性的外壳］的限制，毫无疑问，这就是《世界的逻辑》的主题之一。第2卷的第4部分十分谨慎地证明了普通形式逻辑，它的句法和语义学，仅仅是在这里展开的［超验］大逻辑的一个特殊情形。当然，其论辩的优势在于，其摧毁了所谓的"分析"哲学的整体上的实证性诉求。正如我已经在序言中指出的，我的主要目的是通过世界的逻辑的理性理论，或者说在那里的理论，让我们可以理解变革，尤其是真正的变革。在

第5卷中,我们接受事件之名,并将之与三种其他的经验上变革的模式作比较:修正、事实和[弱]奇点。所有这些都是一种新的真理-身体的理论铺平道路,通过这个新理论,唯物主义辩证法确保了相对于民主唯物主义的决定性优势。

正如亚里士多德和黑格尔已经告诉我们的,这个优势也警告我们其中的艰辛,它需要有人在其内在合理性中展开大逻辑。

我自己提出的逻辑路线图如下,可以理解为一种在那里的哲学:

1. 第2卷说明了超验世界的基本属性。在一个一般性导论之后,我首先提出了一个概念方法[第1部分],并给出了几个例子,随后通过讨论黑格尔的《逻辑学》中的在那里的呈现[第2部分],最后提出更形式的方法[第3部分],并给出一些数学化的参照点。最后部分,有两个重要性上不太相等的部分:一个讨论在日常意义中的逻辑的地位[第4部分],另一个讨论"古典"世界的定义,这个范畴既有着本体论上的意义,也有着逻辑上的意义[第5部分]。

2. 第3卷在超验的对象理论的名义下,提出了完整的"此在"的学说。很明显,这就是大逻辑的核心部分。在某种程度上,它包含了某种像存在表象的回溯性后果之类的东西:多在世界上的表象,确保了诸如此类的多的内在性架构。在这一卷中,读者也会看到一个导论,一个示例性的概念展示[第1部分],对康德对象理论的讨论[第2部分],形式展示[第3部分]。第4部分说明了死亡是表象的维度,而不是存在的维度。最后,有一个专业性的附录,完善了在第3部分没有展开的三个证明。

3. 第4卷澄清了关系是什么[在一个确定的世界中,它就是确定的超验之物]。再说一遍,那里有一个导论、一个概念展示,对一个作者的讨论[莱布尼茨]和形式展示。附录部分提供的是对唯物主义"第二原则"的完全证明。

大逻辑首先是一种唯物主义对世界的思考的透彻的理论,或者说,由于"表象"和"逻辑"是一回事,它就是所表象出来的东西的连贯一致性的唯物主义理论。那就是为什么在大逻辑之中,我们会发现,第 3 卷的第 1 部分和第 3 部分是"唯物主义的假定"[其指出"所有表象的原子都是真实的"],随后,第 4 卷的第 1 部分和第 3 部分是"唯物主义原则",其说明了"所有的世界,在本体论上都是封闭的,在逻辑上也是完备的"。

理解当代唯物主义的要求,而不被民主唯物主义的塞壬歌声所魅惑,这就是我自己的有价值的事业。我将全力以赴地确保我这本书作为教导工具来完成这个使命。提出和展开形式论,而不预先设定任何专业知识。对于每一个关键概念,我至少给出两个例子,这组成了来自不同世界的怪异的组合,或许只能在它们各自的合理性下来品味:如秋日的乡村风光、保罗·杜卡①(Paul Dukas)的歌剧《阿里阿德涅与蓝胡子》(Ariane et Barbebleue)、在共和国广场上的群众示威游行、休伯特·罗伯特②(Hubert Robert)的画作《浴场》(La

---

① 保罗·杜卡(1865—1935):法国作曲家和音乐评论家。1865 年 10 月 1 日生于巴黎;1935 年 5 月 17 日卒于巴黎。1882 年,杜卡进入巴黎音乐学院学习,1888 年毕业时以一部大合唱获得罗马大奖二等奖。后来在该院任教,还在音乐师范学校教授作曲,同时为多家报纸撰写音乐评论。由于他自我要求严格,著述不多,也很少流传下来。其早期音乐创作受瓦格纳的影响。

② 休伯特·罗伯特(1733—1808):比韦尔内年轻一代的风景画家。休伯特·罗伯特曾师从雕刻家米西拉乔·斯罗兹。1754 年,休伯特·罗伯特去意大利留学,在那里整整度过了 11 年时间。在这期间,他和弗拉戈纳尔一起游历了意大利南部地区。休伯特·罗伯特对意大利的古代遗迹产生了极大的兴趣,创作了著名的风景画《废墟的吕贝尔》,他在这些古代的废墟中发现了美的存在,并为之陶醉。1765 年,休伯特·罗伯特回到祖国,创作了一系列的巴黎的风景画,其中最有名的是《瀑布》。

Baignade)、魁北克的历史，以及银河的构造……为了思考变革，我们可以在第 5 卷中还加上，我举了卢梭的《新爱洛依丝》(*La Nouvelle Héloïse*)和巴黎公社的例子。在第 6 卷中，为了思考点的观念，我们会回到萨特的戏剧，朱利安·格拉克(Julien Gracq)的小说《流沙海岸》(*Le Rivage de Syrtes*)和巴西利亚的建筑。在第 7 卷中，为了说明可以主体化的身体的复杂观念，我考察了瓦莱里的诗，以及从柯西(Cauchy)到伽罗瓦(Gelois)之间的代数史。

于是，我们需要勇气穿越那片贫瘠的形式论的荒原，像所有穿越荒漠的行为一样，我们必定会获得相应的回报。

Ⅱ.大逻辑1:超验之物

导 论

第2卷完全用来讨论一个概念，即超验（transcendantal）的概念。在这里之所以强调"超验"一词，是因为我对《存在与事件》中的"情势"（situation）的原初观念进行了修正，在本书中，我用"世界"（monde）一词取而代之。在更早期的一些著作中，我依循了一条本体论的线索，而我现在的任务，就是在超验之物的标志下，展开逻辑的线索。之前，我将情势[世界]等同于它们严格的多之中立性（neutralité-multiple）。现在，我也将它们作为存在物在那里的位（site）。在《存在与事件》中，我假定了彼此无差分的多的分散性是所有其所是的东西的根基，结果，我肯定了本体论上的关系的不存在（non-être）。在不回到这个判断的基础上，现在，我要说明的是，作为在世表象（apparaître-en-monde）的在那里，拥有着关系上的连贯性。

我已经确定，一旦我们像所有哲学所必须做的那样，让我们自己回归到巴门尼德的公理时，"数学"和"存在"是同一回事：思考与存在是同一回事。现在，问题在于说明"逻辑"和"表象"也是同一回事。而"超验"命名的就是这第二个等同关系。后来，我们会看到，这个思辨的等式，在很大程度上改变了我哲学中的第三个基本的相等关系，即在事件的机遇下,让"主体"成为"真理"的单纯的具体规定。实际上,这迫使我们借助彻底的主体-身体的原创性理论来接入这个规定之中。

第2卷的前三个部分是按照三种规则来展开的:概念[举例]、历史[作者]、形式。将其实质展现三遍,这也可以用三种不同主旨来解释:世界超验组织的必然性、超验的展开、表象之中的否定的问题。

由于我宣布"逻辑"表示纯粹而单纯的表象架构,无法避免的是,我的这个断言在"逻辑"一词的通常意义[陈述的形式规则]上会让人们难以理解,那些哲学家认为,他们可以将对语言的考察变成所有思想的中心,因而哲学需要进行苛责的语法练习。那么他们最终的分析将哲学带入一个普遍的话语空间,在这个空间中,所有时代的保守派都总是认为,它没有遗漏掉任何东西。今天,同样十分明显的是,如果我们自己对之畏缩不前,哲学就只能是自由派与法学家和虔诚的现象学论者之间的学术争论。但是,一旦谈到逻辑,我自己并不满足于政治之争。毕竟,我很仰慕那些伟大的逻辑学家,那些人,如哥德尔①

---

① 库尔特·哥德尔(1906—1978):数学家、逻辑学家和哲学家。其最杰出的贡献是哥德尔不完全性定理。在20世纪初,他证明了形式数论(即算术逻辑)系统的"不完全性定理"——即使把初等数论形式化之后,在这个形式的演绎系统中也总可以找出一个合理的命题来,在该系统中既无法证明它为真,也无法证明它为假。这一著名结果发表在他1931年的论文中。他还致力于连续统假设的研究,在1930年采用一种不同的方法得到了选择公理的相容性证明。3年后又证明了(广义)连续统假设的相容性定理,并于1940年发表。他的工作对公理集合论有重要影响,而且直接导致了集合和序数上的递归论的产生。此外,哥德尔还从事哲学问题的研究。他热衷于用数理逻辑的方法来分析哲学问题,认为健全的哲学思想和成功的科学研究密切相关。

(Gödel)、塔斯基①(Tarski)和科恩②(Cohen)，实现了一种演绎推理忠实性(fidélité déductive)的固有形式的数学上的精妙绝伦的具体化。我也会十分谨慎地确定，在其通常语言学的意义上，逻辑完全可以还原为超验运算。这就是这一卷第4部分的内容。

那么，我们会看到——第5部分的内容——对超验结构的纯粹考察，它让我们可以界定古典世界是什么，这个世界遵循着亚里士多德所认定的主要逻辑原则：排中律。这个原则宣称：一个完备的陈述A，当我们在一个世界中解释这个陈述的时候，我们必然要么得到A为真值，要么非A为真值，绝没有第三种情况。对于这样的世界来说，这就是古典世界的经典案例，这完全是"世界案例"的特例。我并没有对此有过多冗述，我要说明的是，本体论的世界，即纯多的数学的世界，就是古典世界。在迄今为止的思想史上，这个观点真的带来无数的结果。

本卷的"历史"指针是黑格尔，他是最优秀的思考了存在和在那里、本质与生存关系的思想家。我将会用他的《逻辑学》来评价我们自己。

现在让我们迅速地说明一下构成前三个部分的重要内

---

① 阿尔弗雷德·塔斯基(1901—1983)：波兰裔犹太逻辑学家、数学家、语言哲学家，后居美国，执教于加利福尼亚大学伯克利分校。阿尔弗雷德·塔斯基是20世纪最伟大的逻辑学家之一，最著名的理论成就是巴拿赫-塔斯基难题。塔斯基早期另一成就是用实数算术语言写下句子的决定程序。这些句子可用整数范围的变量、运算符号加和乘、等于和序号及非、和、或、蕴含和存在符号写出。塔斯基生成了一种能决定这种句子是否为真的算法。

② P. J. 科恩(1934—2007)：生于美国，是波兰犹太移民的后裔，获1964年度波谢奖。据说在研究连续统假设的过程中，科恩曾经感到其他数学家认为没有希望解决这个问题，因为当时没有构造集合论模型的新方法。1985年科恩接受采访时提到，人们甚至认为考虑这个问题的人多少有点疯狂。科恩的独立性证明引入了力迫法，如今力迫法成为一项强有力的技术，不计其数的数学家们运用这一方法构造模型，检验给定的假设可否与不同的公理系统协调。

容的三个主题中的关键。

1. 存在之情势的超验组织的必然性

第一个部分由一长段论证组成。其关键在于，迫使思想可以接受这样的观点，即所有存在的情势——所有的"世界"——完全不同于被还原为纯多的存在[纯多就是它自身的存在]，世界包含了一个超验性组织（organisation transcendentale）。

这个表达的意义是经过证明得来的。如同康德一样，我们试图解决的是可能性的问题。既不是"科学如何可能"，也不是"先天综合判断如何可能"，而是中性的、不连贯的、无差分的弥散性的存在之所为存在（l'être en tant qu'être）组成为此在是如何可能的。或者是在本质上无所羁绊的多之存在（l'être-multiple）何以给予自身一个具体的束缚，最终成为世界的稳定结构的？为什么以及我们那里如何有世界，而不是混沌无序？

我们知道，对于康德来说，先验是一种主观化的建构。出于某种原因，我谈的是先验主体，在某种意义上先验主体赋予了经验主体认识能力。自笛卡尔之后，这就是**观念论**哲学的本质特征：它要求不要把主体看成一个问题，而是对大写的一（Un）的难题的解决[世界就是无形之多元，但在这个世界上存在着统一的此在（Dasein）]，唯物主义彻底贯穿我的思想[正如列宁在其《哲学笔记》中所说，十分悖谬的是，还有黑格尔式的唯物主义]源于这样一个事实，即在其中，主体是一个后出现的和有问题的建构，它绝对不是对可能性或统一性问题的解决[对于笛卡尔来说，是直观确定性的可能性，对于康德来说，则是先天综合判断的确定性］。

本书中的关键的超验之物，完全迟于主体构建，因为它是任意情势中的内在给定物。我们将会明白，它为所有情势中的多元强加了逻辑限制，即表象的法则的东西，或者说，根据这些规则，在那里的"那里"可以让多作为一个关系束缚而生成。所有的世界都拥有一个独特的超验组织，这意味着由于对存在的思考不可能在它自身中考察世界的表现，所以只有从内在的操作运算出发，对其表现的理智认识才是可能的。"超验"就是这些操作运算的名称。我们可以将最终的准则表述如下：相对于存在的不连贯来说，"逻辑"和"表象"是同一回事。

然而，我们并不能像康德一样得出结论说，存在本身是无法认识的。相反，它绝对是可认知的，或者甚至我们已经认识了［在历史上存在的数学］。但是对存在的认识［**本体-论**］并不能确保对表象的认识［**本体-论**］。这个析取关系，就是该部分中需要力迫的论断。这个发展了其参数的舞台，已经成为我们不可能去决定大写整体的存在的出发点，最后，我们也不可能确定这样一个命题，即按照这个命题，那里根本不存在大写整体。与海德格尔的命题相反，提出"整体中的存在物"(étant-en-totalité)是非理性的。于是，所有独特的存在物(étant)只能在其存在(être)中具体地展示：存在者之存在的表象就是此在。正是"此"(là)的必然性，对于多之存在的存在者思想来说，实现了［无主体的］超验建构。这种建构容许我们将存在看作具体化的存在物，囊括存在思想中的"此"，这就是数学上［本体论上］的纯多理论，尽管它告诉我们存在物的**整体**存在是不容许的。在随后的部分中，我们会将大写整体的存在概念［空集］称为**宇宙**［univers］。我们将一个"完备"的存在情势称为**世界**(monde)［我们会逐渐阐明这一点]。很明显，因为我们说明**不存在**宇宙，它属于包含诸多世界的世界的本质，因为只有一个世界的话，这个世界就是宇宙。

2. 超验的展开

"超验的展开"意味着对逻辑运算符的描述，可以赋予在让多可以生成的诸世界中一个世界中表象的连贯一致性。

我写在世界"中"[使用引号]是为了指出，我们面对的是诸多具体化的隐喻，如同存在的情势一样，世界并不是一个空场（lieu vide）——类似于牛顿的空间——多之存在会寓居于其中。由于世界仅仅是在那里的逻辑，这个世界可以等同于其逻辑的奇点。一个世界是围绕着其结构化的运算符[超验运算符]而将各种不同的多凝聚（cohésion）起来的。

超验问题的核心问题在于对多及其自身之间，或者说此在与其他存在者之间的同一性和差异进行评价。因此，超验必须让"多"与"少"成为可能。必然存在着同一性的值，这个值表明，在一个既定世界中，多之存在等同于自身，或者等同于该世界中的其他存在物。这显然需要超验的进程和秩序-结构。

另一项操作运算必然是在一个世界中将诸多凝聚起来，构成抽象表象的最低限度的现象学。我们的意思是，在概念上需要用什么东西将表象结合起来。我们在这里谈到的是在任意世界中的任意表象。换句话说，我们运算性现象学所识别的是某个世界让其世界性成为可能的前提，或者说任意存在的在那里具体化逻辑的前提。

很明显，现象学需要用统一在单一公理之下的三个运算来完善：

a) 给定表象的最小值；
b) 两个多的表象值[也是两个多的有穷数值]结合的可能性；
c) 对所有多的任意数的表象值在整体上综合的可能性，即便某些多是无限之多。

当我们说对这些运算的描述构成一个完整的现象学时，我们的意思是，对最小值的超验决定、结合以及囊括[综合]为构成一个世界的存在在那里提供了其所需要的一切。

在反思上，这种方法论的布局是自然而然的。如果我能首先，在非表象[最小值]的基础上设定表象的值（degré）的话，那么毫无疑问表象就是给定（lié）[而不是混沌]；其次，当两个多共同表象[结合]的时候，我们要知道这两个多是否有共性；最后，如果我们可以以这样一种方式将表象总体化，也就是说，在一个既定世界中，让我们可以言说表象的域（région）[包络]。相应地，表象的形式是同质性的，这样逻辑与表象之间、连贯性与此在之间的相互关系得到奠定。

这样，超验的展开是通过三个连续阶段来推进的。第一个阶段，在超验基础上，迫使我们思考其最小值的存在。第二个阶段[有穷运算层面]固定了两个此在存在物的结合的相关法则。第三个阶段[无穷运算层面]提出了一种囊括了世界所有的域的综合。有一个附属步骤，它关注的不是让表象连贯起来的运算，而是这些运算本身的连贯表象。

要记住，在超验传统中，因果关系观念、必然性观念特别重要，我们可以通过三种基本运算得出在既定世界中的多之表象和其他的多之间的关联度而做出结论。我们将这种关联称为依赖(dépendance)。用表象逻辑的话来说，依赖解释了在一个世界中，蕴涵(implication)的逻辑关系。

3. 否定的起源

在所有此在的超验理论中，否定理论都是非常复杂的。尤其是康德在《纯粹理性批判》中在"先验分析"的结尾对"无"进行概念概括的情形足以说明这一点。康德宣称，这个文本本身"并不是特别重要"。事实上，他用三页篇幅来处理这个问题，为了不陷入辩证法，在阐述了一个绝对难以理解的表述"否定以及纯直观的形式，没有什么真正东西，不是对象"之后开始了他的论述。这意味着表象或现象性，即一切都在客体形式下向直观展现出来的东西，完全没有否定。但问题事实上要复杂得多。康德在概念基础上来认识否定并没有遇到太大困难：那是"没有对象的空概念"，也就是说，尽管在思想上可以思考，但它与任何可直观的对象没有关系，例如，康德的物自体概念。这是一个自相矛盾的概念，就像圆的方一样，这个概念之下不可能有任何对象。在这两个例子中，概念都缺乏任何对象：无物显现，那里空无一物。或者说，在"物自体"一词之下，那里空无一物，而是一个并不在那里的存在，外在于世界的存在。不过，康德也想要将否定问题延伸到直观之上。在那里，我们遭遇了相当大的困境。他在空的展开中将"纯粹直观形式"孤立出来，或者说，将其设定为空集，一个"没有任何对象"的东西。我们必须适应于这些超现象真实的形式吗？康德想说的是不是客观性的形式就是积极活跃的"虚无"？这是一个非常难懂的观念，其退回到性能论(la théorie des facultés)，退回到特殊的超验想象。此外,这种虚无的形式被命名为"虚构的实在"(ens imaginarium)。与之相对应,就我们所主要关注的问题而言,康德提出了"无概念的对象"(objets vides d'un concept),以及该对象仅仅是由一个纯粹空缺的概念所决定的。在这里,我们似乎触及了真实的否定,即在表象上,它展现为否定。此外,为了确定这种情况,康德写道:"实在即有,否定即无,我们知道,这是一个没有任何对象的概念。"这似乎达成了其目标:存在着不是任何东西的虚无,否定表象为一个派生出来的直观。

不幸的是,康德的具体指向非常令人失望:阴影,寒冷……接着,他的说法实在令人无法信服:"如果没有将光赋予感官,我们就不可能向我们自己再现出黑暗。"最终这个小的说明只能导致传统意义上的感觉的谬论。冷为什么比热更否定?黑夜为什么比白昼更否定?似乎康德没有成功地在"缺乏性的无"(nihil privativum)或"无概念的对象"的范畴下设定虚无的表象。因为真正的否定不可能用寒冷和阴影来说明,因为它们本身也是应用在中性对象上的超验的值,而不是虚无:温度与明亮程度。导致这种困难的根本原因在于表象本身就是一种肯定,对此在的肯定。那么,我们该如何完全从内部的表象中来界定对某物的否定呢?当然,我们可以思考在一个世界中不那么明显的东西。最根本性的肯定是对多的肯定,我们唯一可说的东西就是在一个世界上的表象的值,它有一个空洞的超验值。换句话说,我们可以在多之存在的基础上来否定表象。一旦其可以在本体论上被辨识,那么,由于超验的值的秩序,我们可以在这样的一个世界中思考这种多的非-表象(non-apparition)。

但是非-表象并不是对表象的否定的表象。在这里,从康德的角度来看,很难看到否定的表象。说句实话,这个问

Ⅱ. 大逻辑1:超验之物

题从一开始就萦绕在哲学周围。巴门尼德得出结论说，不可能得出否定的表象，否定是一种虚构，而思想必须摆脱这样的虚构。柏拉图从全然对立的事实承袭了这一线索：存在着否定的表象，否定的表象就是智者、谎言，抑或高尔吉亚本人关于"非-存在"的论著。因此，必须提出一个范畴，可以帮助我们理解否定的在那里，正如巴门尼德的禁令一样，不仅仅是非-存在的不在那里。这是思想史上第一次超验研究，尤其在《智者篇》(le Sophiste)中引入了大他者(Autre)观念。但是柏拉图仍然悬搁了这种大他者的特有的表象模式。我的意思是说，尽管他建立了大他者的观念，让我们可以认为，非-存在可以表象，但他并没有说明这样的方式会如何在实际中出现。作为一个范畴，大他者如何进入表象之中，它不仅仅是一个异在[例如，两种不同的真理]，也是一个否定[错误与正确]？我可以很清楚地看到，大他者如何判定一种完全不会像那样表象的思想。在《蒂迈欧篇》(Timée)——这篇文献所关注的是由世界精神的造物主所创造的构造——的一个凝练的段落中，就有这样的观点：

> 从不可分和不可改变的实体中，以及从可以分割为诸多身体的存在中，他组成了第三种即中间实体，它是由同一性和他者的本质所组成的。这样，在不可分割的实在元素和可分割的身体实体之间，他创造了这种实体。那么，对于这三种实体，他将它们融合为一种形式，强制性地将不情愿和与世隔绝的大他者的本质，纳入大同一性之中。当他用中间类型的存在融合它们，将三合而为一，他再一次将这个整全分割成与之对应的诸多部分，每一个部分都是由同一性、大他者和无法预料的第三实体组成的。

这个文本，以叙述的形式[从《蒂迈欧篇》一开篇，柏拉图就将之称为"言之凿凿的寓言"]公开地处理了否定在那里的起源问题。更准确地说，在根源上，像这样的否定内在于世界的精神。造物主实际上用一个由大同一性和大他者所组成的实体来创造了这种精神，它自身位于不可分割的大观念[大同一性的观念和大他者的观念]和可分割的身体之间。现在，我们就处在对在那里研究的中心。同一性和大他者的混合[肯定与否定]事实上就是超验结构，它让不可分的观念和可分的身体结合成为可能，让灵魂归属于"此在"的世界治理。

于是问题变成这样：大同一性和大他者如何在世界精神的实体之中结合起来？这一次，柏拉图的回答非常令人失望：造物主，和我们一样认识到大他者"不情愿地"与同一性熔合，是以"强制力"来行动的。结果，在那里的起源仍然是一个非理性的叙事因素。在通常情况下，柏拉图的工作只会产生一个寓言，在寓言中，他告诉我们"本体论"问题是可以解决的[我们如何思考非存在是什么？]，而"现象学"问题是不能解决的[如何让非-存在显现出来？]。

在指出了这个问题的复杂性之后，我们再一次引出萨特，因为否定的实际性的问题真的就是他的《存在与虚无》(*L'Être et néant*)中所要求的建构，他确定纯粹自在的存在(être-en-soi)[巨大而荒谬]会被自为(pour-soi)[在本体论上，这是一种等同于自身自由的意识]虚无化的穿透力所摧毁。萨特的方案，或许像其结论一样光芒四射[一种绝对论的自由理论]，但从某种意义上来说，就是一种套套逻辑：否定降临于世界，是因为这样的"世界"假定了一个由虚无所设定的架构。然而，那里只有荒谬的无定型的自在存在。因此，否定出现了，因为只有虚无才能奠定这样一个事实，即存在着表象。

我们所依循的线索在于,在不提出这样的否定出现了的前提下,在逻辑上提出让否定出现的可能性。实际上,在一个既定的世界中,可以表象的概念并不是对其否定,我们可以称之为**翻转**(envers)。

翻转有如下三种根本属性:

1. 此在的翻转[或者更准确地说,是在一个世界中多种表象尺度的翻转],在一般意义上,就是同一个世界中的此在[在这个世界中的另一个表示表象强度的尺度]。

2. 翻转与否定是一样的,我们可以说,此在及其翻转并不会在这个实际上拥有任何共同的东西[它们各自强度的值的结合是空无]。

3. 然而,一般来说,翻转并不具有古典否定的全部属性。尤其是对表象的值的翻转的翻转并不一定等于原来的值。此外,表象及其翻转的统一体并不一定等于整个世界表象的度。

最后,我们可以说,翻转的概念在表象中拓展了对否定的思考,我们在特殊的超验之物上只能遇到古典否定。

第1部分　超验的概念

1. 大全（Tout）的非实存（inexistence）

如果我们提出整体存在的实存（existence），那么，从任何从自身存在来思考的存在物都是纯粹多元的原理可以推出，大全是一个多。什么样的多？一个所有东西都在那里的多。也就是说，由于"那里有什么"成为一个多，即所有多之多（multiple de tous les multiples）。

如果所有多之多并没有在自己的构成中对自己进行计数，那么它就不是大全。因为，我们必须为这个多之组成（composition-multiple）加上某种可以辨识的额外的多，即囊括了所有其他多的多，我们才能这样获得"真正"的大全。

我们将拥有可以在自身的多之组成中展现自身的属性的多称为**自反**（réflexif）的多。如果完全按照经典推理，我们会说，如果认为存在大全，那么它必须是自反的多。或者说对于其存在而言，宇宙的概念产生了对自发性的规定。

如果有大全存在，或者［是一样的］宇宙概念是连贯的，我们就必须承认它连贯地给某种多分配了自发性的属性，因为至少有一个多拥有这个属性，这个多就是大全［如其所是］。此外，我们知道不能将这种属性分配给某些多。相应地，我面前的水果盘里五个梨子的集合，其本身并不是梨子，它不可能将自身计数在其组成之中[实际上，这个组成只包含梨子]。这样，存在着非自反性的多。

如果我们现在回到大全[所有多之多]，可以看到，一旦我们认为是这样[宇宙概念的组成]，在逻辑上就可以将其一分为二：一方面，所有自发性的多[至少有一个自发性的多，大全本身，我们会看到，它进入大全的组成之中]；另一方面，所有非自反性的多[毫无疑问这种多的数量极为庞大]。因此，多是由"所有非自发性的多"或所有不在自身组成之中的多来界定的多，这是确凿无疑的。这种多的实存并无疑问，因为它是大全的部分，其存在已经被设定。因此它被大全所展现出来，而大全就是所有多之多。

这样，我们知道在大全内部，存在着所有非自发性之多的多。我们将这个多命名为喀迈拉①（Chimère）。那么这个喀迈拉是自发性的还是非自发性的？这个问题非常重要，因为我们已经说过，在"自反性"和"非自反性"之间做出选择，构成了将大全一分为二的两个部分。除了这两个部分之外没有剩余。已知一个多，要么它展现自身[在自己的组成中显现]，要么不展现自身。

现在，如果喀迈拉是自反性的，这意味着它展现了自身。它在自己的多之组成中。但什么是喀迈拉？它是所有非自反性之多的多。如果喀迈拉在那些多之中，它就会如此，因为它并不是自反性的。但我们已经设定它是自反性的。

---

① 喀迈拉实际上是古希腊神话中的一个四不像的怪物。"喀迈拉"在希腊语里的意思是"山羊"，它拥有羊身、狮头（赫西奥德的《神谱》中记载说它有三个头）和蛇尾，会喷火，最终被骑着飞马的贝勒洛芬所杀。也有人说它是九头蛇许德拉的后代，或说是厄喀德那和她的儿子双头犬所生。在中世纪的叙事诗、绘画、雕刻和建筑中常会出现。巴迪欧将所有非自反性之多的多称为喀迈拉，实际上是说明这个多的怪异性。

矛盾。

因此,喀迈拉是非自反性的。然而,按照定义,它是所有非自反性之多的多。如果它不是自反性的,它就在它的"整全"之中,即这个整体,因此它展现了自身。它就是自反性的。又有矛盾。

由于喀迈拉既不是自反性的,也不是非自反性的,由于这个部分存在着剩余,所以我们就必须得出结论,喀迈拉并不存在。而它的存在必然来自归属于大全的存在。因此,大全并不存在。

通过证明,我们已经得出了结论。必然是这样吗?将大全的非实存视为自明的难道不是更简单些吗?假设大全的实存会让我们想起一些过时的对宇宙的概括,这些概括认为它就是这个世界的美丽而有限的总体。事实上,当柯瓦雷①(Koyré)将其对伽利略的"认识论断裂"的研究命名为"从封闭世界到无穷宇宙"(*Du monde clos à l'univers infini*)时,这就是他的真实意思。相应地,对大全的解-封(dé-clôture)根植于欧几里得的空间无限性,以及人们寓居于其中的各向同性(isotrope)的中性之中。

然而对这样的去整体化的纯粹公理性的处置方法有一个十分严肃的反对意见。

首先,我们在这里宣布的诸如此类的存在不可能构成一

---

① 亚历山大·柯瓦雷(1892—1964):出生于俄罗斯的塔甘罗格,曾师从胡塞尔学习现象学,师从希尔伯特学习数学,后又师从柏格森和布伦希维奇学习哲学。在转入科学史研究之前,柯瓦雷主要研究宗教思想史。1932 年,他开始着手翻译哥白尼的《天球运行论》并做出评注,从而进入了科学史方面的研究。在科学史方面,柯瓦雷却享有不亚于乔治·萨顿的地位。柯瓦雷的著作和他在普林斯顿研究院的科学史讲座,揭示了一种新的科学史研究方法,它不同于萨顿百科全书式的大综合,而是以科学思想为线索从整体上展现科学史,从而使科学史研究具备了极强的思想魅力,吸引了一大群富有才华的学子转向科学史并将之引为毕生的事业。柯瓦雷及其科学思想史学派所描绘的关于"科学革命"的雄伟画卷,深深地影响了并且至今仍强烈地影响着一般社会受众。

个整体，不可能构成世界，不可能构成自然或物理学宇宙。事实上这是一个建基的问题，即认定所有对作为整体的存在物的思考必然是有矛盾的和不连贯的。可见宇宙的局限问题，仅仅是关于大全的本体论问题的次要方面。

此外，即便我们只考察世界，也很快就会明显地看出，当代宇宙论选择的是其有穷性[或其封闭性]，而不是其彻底的去整体化。如大爆炸理论，这个宇宙论甚至重构了众所周知的形而上学路径，即从原初太一的[在这个例子中，太一就是无穷浓缩的物质的"点"及其爆炸]走向整体之多[在这里，就是星系团及其组成]。

那是因为柯瓦雷所谈论的无限，对于大全问题来说，由于其无分化，而无法取得不可逆转的断裂值。今天我们知道，尤其是在康托尔之后，无限当然可以是具体的，它可以概括为一个独特的存在物，而不仅仅是所有事物整体域的属性——如同牛顿的空间一样。

最后，大全的问题，在本质上，既是逻辑的，也是非逻辑的，完全没有物理学和现象学上的证据。这需要一个论证，这个论证正是本世纪（20世纪）初数学家们发现的论证，我们来再说一下这个论证。

2. 在对另一个多思考的基础上推衍出对某个多的思考

我们只能在这样的层次上来思考独特的多，即我们决定了其组成[即哪些元素属于它]。于是，很快可以确定没有元素的多：空集。所有其他的多仅仅是通过一个中介的方式来确定的，即思考其元素的来源。因此，多的可思考性意味着，至少有一个多是"在它们之前"就在思想中预先决定的。

作为一般规则，多之存在是在指明其元素是如何从其他存在中得出的运算的基础上来思考的，对其确定是非常实际有效的。多之理论［或理性本体论］的公理在很大程度上就在于规定这些运算。让我们列举两种经典运算。我们可以说，已知一个多，我们可以思考另一个多，另一个多的元素是前一个多的元素的元素［内在分散（dissémination immanente）运算］。我们还可以说，已知一个多，可以思考另一个多，其元素是第一个多所确定的各个部分［这个运算是"部分抽取"（prise des parties）运算，或再现（re-présentation）运算］。

最后，所有可思的存在很明显都最先是从仅仅应用于空集的运算开始的。运算链越长，所得到的多也就越复杂，在空集的基础上，运算链引出了对其的规定。在技术上，其复杂程度是可以测度的：这就是本体论队列（rang ontologique）。

如果有大全的存在，毫无疑问，我们可以通过赋予其奇点的属性将其与所有其他多分离开来。此外，存在着多之存在物的普遍性的位置，在此基础上，所有是其所是的实存，以及诸存在物之间的关系都得到了设定。尤其是，规定性分离关系用统一在大全之内的辨识和区分来决定不同的多元。但正如我们已经看到的，不存在大全。因此，也没有对是其所是的统一的辨识和区分程序。对任意的多的思考都是具体的，因为它们都是源自独特的多，而它们都并不是收入在一个参照值为绝对一般的多之中。

我们从一个稍稍不同的角度来思考。从不存在大全开始，我们得出所有的多之存在都在其他的多之组成中，没有这个多元性的多［所有其他的多］，存在可以折回到一个奇点的多［大他者］那里。因为如果所有的多都是一个大他者的元素，那么就存在着大全。因为大宇宙的概念有矛盾,如果收入一个独特多的多够大的话,那么就存在着其他的多,不被前者所包含,在前一个多那里,这个多也被收入其中。

最后,在所有可思考的多的推衍之中,不存在统一的可能,也不存在一个让所有的多得到定位的大他者的位置。对多的辨识和关系往往是具体的。

我们可以说,如果一个多,与它和其他多的辨识及关系的具体化相关,这个多就是一个存在物(étant)[不同于纯粹的多之存在,它是其存在的存在]。

至于对存在物进行辨识的具体的场域,我们仍然可以在一个相当粗陋的意义上,称之为一个世界(monde)。

换句话说,在思想操作[这个操作在多与其他多的关系的基础上让该多得到辨识]的背景下,我们所谓的"存在物"就是对多的辨识,而"世界",与这个关键运算有关,它就是让这些运算得以运动的多之场域。我们也可以将这种被辨识过的多称为"世界的存在物"。

3. 唯有当一个多属于某个世界之时,它才可以被思考

一个多的可思性,如果这个多不是空集,那么会有两种情况:[至少]存在另一个存在已经得到确定的多,也[至少]存在着一种运算来判别从另一个存在物向该存在物[需要确立其辨识身份]的过渡过程。但这个运算预设了一个让其得以实施的空间,也就是说,这个运算过程发生在一个不清晰的多之中,而这个运算本身是可以展现的。换句话说,我们通常可以在具体意义上,在另一个存在物的基础上,来确定

某个存在物的辨识身份。最后，这是因为不存在大全。但若不存在大全，具体的场域又是什么？毫无疑问，这个场域就是运算得以运作的地方。我们在这个场域中确保了一个点：另一个存在物［或其他复数的存在物］，在此基础上，运算［或复数的运算］可以让我们得到新存在物的辨识身份。于是，这个存在物是在其存在中得到了确定，而它在其场域中命名了另一个点。在两个点之间，就是运算过程，以及其场域和背景。

最后，指明这个场域的就是运算。但是什么让运算具体化的？在定义上，这是一个世界［该运算的世界］。运算不会退出其发生的场域，那个场域也就是一个存在物获得其辨识身份的场域——也获得了其关系的连贯性。这样，存在物仅仅向可思考的东西敞开，在某种程度上，我们看不到让其具体化的运算，在某个世界中，它命名了一个新的点。借此，它得以在世界中显现出来。

现在，我们可以来思考一个存在物的情势是什么。

我们所谓的"存在的情势"是一种特殊的情势，在那个世界中，其描绘出一种在其他存在物的基础上来获得其辨识身份的具体程序。

很明显，只要它依然存在，它就会被一个世界所定位，被世界所表象。

对于一个存在物来说，我们所说的存在的情势，当其过快地谈论该存在物的世界的时候，总是含糊不清，最终发生错误。实际上，某个存在物，在其存在中被抽象地确定为一个纯粹的多元，它可以出现在不同的世界中。认为既定的多与既定的世界之间存在某种本质性的关联是荒谬的。一个［形式上的］多的"世界化"，或者其在那里的表象，最终都是一种逻辑上的运算：为了获得对其辨识身份的具体保障。这种运算可以用多种不同的方式产生，这或许意味着所有明确的世界都是其进一步所需运算的根基。不仅存在着世界的多元性，而且同一个多——在本体论上"同一"——在一般情况下会属于不同的世界。

尤其是，人类这种动物会在相当多的世界中表象出来。在经验上，我们甚至可以说：在众多我们业已认可的存在物中，存在物会多次表象。人这种动物就是成千上万种逻辑的存在物。因为人可以进入真理主体的组成之中，人类这种动物甚至可以为这样一个世界创造出其[类性]存在物的表象。亦即人类可以让自己包含于从表象[世界的多元性，逻辑架构]回溯到存在[纯多，普遍性]的运动之中，对于潜在的无数的世界，人类完全可以做到这一点。

尽管如此，人类动物不可能像空集（le vide）一样在世界上无限地繁殖。因为空集是唯一的直接存在物，于是，它在任意世界中都是这样成形的。如果没有空集，就不可能存在任何运算。也就是说，没有运算可以运作。如果我们所理解的"世界"就是运算所运行的封闭场域的话，那么没有空集就没有世界。相反，若无运算，即若不存在着某个世界的话，空集存在也得到了证明。

最后，人是这样的动物，他渴望让空集在世界上无处不在（ubiquité）。人——作为一种逻辑力——就是空集化（vidé）的动物。这就是其无限表象的玄妙的太一（Un évasif）。

这个问题的难点[存在统一体的世俗性的多元]来自：当一个存在物在其存在的纯粹形式，即在其根本的本体论[数学]的未定位的存在之中思考时，我们并没有想到它也有属于其他情势[不同的世界]的可能性。对多的辨识身份的考察，严格地来自从其多之组成的观看的角度。在其多的连贯性之中，我们是在其他已经得到确定的多之存在的基础上推衍地验证其组成。而这个推衍过程反过来是由公理来规定的。但将一个存在物定位于一个完全不同的世界之中的可能性，不可能还原为所有关于其存在的断言的中介性和衍生性特征。

例如，我们想一下，某些独特的人类动物——如阿里阿德涅(Ariane)和蓝胡子①(Barbe-Bleue)。我们所熟悉的这个童话，来自夏尔·佩罗②(Charles Perrault)的童话故事：一个领主绑架并杀害了许多妻子。最后一个妻子，毫无疑问，她的处境极为不同，她发现了真相，[存在不同的版本]或者逃离了蓝胡子的魔掌，或者杀死了蓝胡子。简言之，她打破了那一系列妻子的宿命。在佩罗的童话中，这个妻子，就是那个序列的大他者式的妻子，是没有姓名的[只给出了她的姐姐一个对应着优雅的名字，"安娜，我的姐姐安娜……"]。在巴托克的歌剧《蓝胡子的城堡》(*La Chêteau de Barbe-Bleue*)

---

① 蓝胡子是由法国诗人夏尔·佩罗所创作的童话，同时也是故事主角的名字。曾经收录在《格林童话》的初回版本里，但是第二版之后被删除。故事讲述的是有个很有钱的男子，因为他有着蓝色的胡子，所以大家都叫他蓝胡子，并畏惧着他。他娶了很多妻子，可是大家最后都不知道他的妻子到底怎么了。有一天，他向村子里的一位女孩求婚，那个女孩是村里有名的美女，她一眼就爱上了蓝胡子，因此不顾兄长们的反对嫁给了蓝胡子。蓝胡子连续杀害自己六任妻子，他家境富有，长着难看的蓝色胡须。后人们用其指代花花公子、乱娶妻妾的人和虐待老婆的男人。而阿里阿德涅是后文提到的梅特林克和杜卡、梅西安等人歌剧中蓝胡子的最后一任妻子的名字。

② 夏尔·佩罗(1628—1703)：诗人、学者，也曾做过律师，在17世纪法国文坛很有名望，他有不少称颂一时的作品，但有趣的是，为他留下永久声名的却是这样一部小小的童话集。1697年，法国作家夏尔·佩罗以小儿子的名义，在巴黎出版了《鹅妈妈的故事或寓有道德教训的往日故事》，收录了8篇童话和3篇童话诗。"鹅妈妈的故事"取名于法国民间故事"母鹅给小鹅讲故事"的说法。佩罗的这部童话集一问世即受到孩子们的热烈欢迎，成为法兰西最流行、每个家庭必备的儿童读物。这些童话至今仍广为流传，而"鹅妈妈"被出版商纽伯瑞借用为一个低幼儿歌和故事品牌系列图书在世界范围内常销不衰。

Ⅱ. 大逻辑1：超验之物

中,她的名字被叫作茱蒂丝(Judith)。在梅特林克①(Maeterlinck)的作品《阿里阿德涅与蓝胡子》(*Ariane et Barbe-Bleue*)——后来被保罗·杜卡(Paul Dukas)改编成恢宏但默默无闻的歌剧——中,她的名字叫作阿里阿德涅。

当我们以梅特林克和杜卡的格局作为表象逻辑的例子时,不用感到惊奇。在本质上,歌剧就是可见的解放(délivrance),它不仅仅是获得自由[在这里,就是在阿里阿德涅的名义和行动下获得自由],而且必须让自由表象出来,尤其是向被剥夺了自由的人表象出来。被剥夺自由的就是蓝胡子的前五任妻子,她们并不希望被解放。即便阿里阿德涅事实上[而不是主观上]解放了她们,她们也不愿被解放,在童话的开头,阿里阿德涅就吟唱出了这个令人震惊的格言:"首先,我们必须不服从:当秩序就是威胁,并拒绝自我解释的时候,这就是最首要的责任。"

在对《阿里阿德涅与蓝胡子》的十分明快且友好的评论中,保罗·杜卡的最得意学生奥利维耶·梅西安强调了这个女主人公的回答:"我的可怜人,可怜的姐姐呀!如果你那么爱慕黑暗,你为什么还想要自由?"梅西安将这个向顺从的女性发出的召唤,与圣约翰的名言做了对比:"光芒照亮黑暗,黑暗并没有被理解。"在这个音乐童话中,从一开始,最关键的东西就在真实存在[阿里阿德涅]及其表象[蓝胡子的城堡,其他妻子]之间的关系。在一个被黑暗力量超验性地支配的世界上,光芒如何展现自身?接着我们有可能看到,对

---

① 莫里斯·梅特林克(1862—1949):比利时剧作家、诗人、散文家。1911年,获得诺贝尔文学奖。他是象征派戏剧的代表作家,先后写了《青鸟》《盲人》《佩利亚斯与梅丽桑德》《蒙娜·凡娜》等多部剧本。他的早期作品充满悲观颓废的色彩,宣扬死亡和命运的无常,后期作品研究人生和生命的奥秘,思索道德的价值,取得很大成功。

整个第二幕中这个问题的序列的理智思考,也就是在管弦乐的伴奏和阿里阿德涅激情奔放的歌声中,构成了走向光明的惊世骇俗的升调,这有点像存在生成-展示(devenir-manifeste)的宣言,在奴役的殿堂里,让自由-存在(être-libre)波澜壮阔地体现出来。

但我们在这里要做点简单的评论。首先,"阿里阿德涅"和"蓝胡子"的专名表达了在不连贯的叙事、音乐或场景的情势中表象的能力:阿里阿德涅认识蓝胡子之前、阿里阿德涅和蓝胡子的邂逅、阿里阿德涅离开城堡、凶手蓝胡子、孩子蓝胡子、阿里阿德涅释放囚徒、性爱中的阿里阿德涅和蓝胡子等等。这绝不是由谱系式架构的集合所规定的表达能力,不是为了在真实之中确定这些专名的对应物。当然,两个角色从一个世界向另一个世界的波动预示了,在这两个专名之下,一种谱系式的恒量让同一性思考获得了合法性。但这种"同一"并没有出现,它被严格地还原为名称。表象往往是某个世界的过渡,反过来,一个世界在逻辑上规定了它在那里自我显现的东西。同样,自然整数的集合 N 会产生一个序列,让其概念得到合法化,但它自己并没有指明其有限计算的无限场域,没有指明这个连续统的弥散子集,也没有表明本书的页码编号中符号的剩余,没有告诉我们在总统选举中是什么东西让我们知道那个候选人占据选票的多数,以及没有告诉我们其他的一些东西。事实上,在本体论上,"同一"的整数仅仅意味着——如果我们在理性本体论基础上重构这些概念——我在所有的情况下都得到了本体论上的同一肯定。除非假定了符号的唯一性,否则,当数出现在无法比较的情势之中时,就不会存在这种基本恒量。

因此可以确定的是,在其表象的实际性中所理解的某个存在物的同一性,包含了对多之存在的本体论或数学架构之

Ⅱ. 大逻辑1:超验之物

外的某种东西。什么东西？答案是：逻辑，通过逻辑，当所有的存在物具体表象的时候，都会发现它们自己是受到了限制和利用，其存在也被对应地确定为在那里的存在。

对于在那里的一个独特的存在物来说，一旦其存在［纯粹数学上的多元］不能规定它委身于其中此在，其真正的意思是什么？它必然意味着：

a）与自身的差分。此在"不同于"存在之所为存在。它们之所以不同，是因为对存在之所为存在的思考并不包括对此在的思考。

b）同一个世界中与其他存在物的差分。此在事实上就是并不是其他东西的存在物，它与其他东西一起共存于这个世界，并不会否定它们之间的差分。一方面，某个存在物的差分化的同一性，不能在自身的基础上来考察它在某个世界上的表象；另一方面，世界的同一性也不可能在自身基础上来考察差分化的存在会表象为何物。

当涉及独特的存在物的时候，思考表象的关键在于可以同时确定此在的存在，而不是存在之所为存在的自我差分，以及与其他存在物的差分，正是其他存在物让其在那里存在，或者确定存在的法则，这些法则被所有其他的存在物所共享，但其并没有摒弃存在之所为存在。

如果表象是一个逻辑，这是因为它仅仅是诸多世界中的差分的编码而已。

于是，故事的逻辑等于解释说，在诸多情势中，如在爱、性、死亡、徒劳无用的自由说教中，阿里阿德涅不仅仅是专名"阿里阿德涅"，蓝胡子也不仅仅是专名"蓝胡子"，阿里阿德涅也不同于蓝胡子的几任妻子，尽管她自己也是其中一任,蓝胡子也不完全是杀人狂,尽管他始终反复选择杀害妻子,等等。这个故事只能在某个层面上获得连贯性,其逻辑是实际的逻辑,由于这个逻辑,我们知道阿里阿德涅不是赛丽赛特(Sélysette),不是伊格雷娜(Ygraine),不是梅丽桑德(Mélisande),不是贝朗热尔(Bellangère)和阿拉蒂娜(Alladine)[这就是歌剧中的其他几任妻子,她们并没有死,但拒绝被阿里阿德涅解放],而且当阿里阿德涅被抛入故事中的世界中时,她也差分化了自身。同样我们也可以说数字327,在某种程度上,它可以是书的一个页码,也可以是投票的数字,这个数字实际上就是在数学上可以建构的数,但它亦不是它自己,不仅仅328——这个紧随其后的数,它们都共有一个命运:都表象在这本书的页码上。

一个存在物一旦出现在世界上,它既是又不是它所是的东西,因为它与其他存在物差分开来,在同一性层面,它们都是这个世界的存在物,但它们在表象中又或多或少存在差分。表象的逻辑必然规定着差异的值(degrè),规定着存在物与自身和与其他存在物同一性的程度。值可以让我们看到,在一个世界上,让多之存在降临在情势之中(venue-en-situation)的成形。其成形的连贯性是由在逻辑上规定的同一性和差异的关联来保障的。在一个既定的世界中,表象绝不是混乱的。

因此,本体论上的同一性并不能保障存在物与自身的差异,也不能确保它与其他存在物之间的差异的值。纯多完全是由内在组成所辨识的,所以说它"或多或少"与自己等同是毫无意义的。存在物与其他存在物的差分,是无限性中的某个单一元素让其在那里存在,这是绝对的差分。

我们会进一步说明存在物在本体论上的规定,以及在此在逻辑上的规定［情势中存在物或在世表象的逻辑的规定］是完全不同的东西。证毕。

4. 表象与超验

我们所谓的"表象"是一个数学上的多，它被一个情势化的关系网络［即世界］所把握，这个多变成了此在，或者变成在世存在的状态。那么，我们可以说这个存在物或多或少不同于同一个世界中的其他存在物。我们所谓的"超验"是一种运算的集合，它可以让我们理解，在一个确定的世界中"或多或少"的同一性和差异的意义。

我们认为，表象的逻辑就是评价构成了一个存在物的此在世界中的场域中同一性和差异的超验代数学。

此代数学的必然性来自我们关于这一点所讨论的一切内容。如果我们不认为表象是混乱的［我们立马可以用对存在物的思考是无法质疑的实存在来驳斥这个假设］，就必然会存在着表象的逻辑，它可以在世界上将一切都连接起来，以评价不再由纯多的严格的外延同一性［即存在物的自在存在］所保证的同一性。我们马上就会知道，所有的世界都是在同一性和差异的值之上来宣告其存在的，那里并没有任何合理的理由让我们相信那些值，因为这些值的可识别性依赖于任意"主体"，或者依赖于人类动物的实存。从一个毋庸置疑的渊源中我们可以得出，这样的世界先于我们的物种而实存，如同"我们"的世界一样，它规定了其同一性和差异，它有权力利用无数的存在物的表象。这就是甘丹·梅亚苏①（Quentin Meillassoux）所谓的"化石论题"（l'argument du fossile）：这是一种无可争辩的唯物主义论题，它打破了"意识"和"对象"的唯心主义[或经验主义]的工具。恐龙的世界曾存在过，它展开了存在物此在的无限多元，这个问题出现在意识或主体（经验主体或先验主体）问题出现之前。否定这一点，就是推崇一种不折不扣的唯心主义公理。很明显，根本不需要意识来证明存在物必须表象，即必须在世界的逻辑之下，在那里坚守（se tenir）。表象，尽管它不能还原为纯存在[只能通过数学来思考纯存在]，但是，一旦大全是不可能的，为了它们的存在得到保障，它们就必须在那里持存：存在物必须具体地展现它们自己，它们完全没有可能让展现的无数世界汇聚在一起。世界的逻辑就是规定了其必然性的东西，这个逻辑会受到存在物与同一个世界中其他存在物之间的同一性关系[当然还有差异关系]的可变的值的影响。

这需要在情势中有一个这些值的尺度，即情势的超验之物，也需要某个世界中的所有存在物在一定程度上都以这个超验之物为指数（indexé）。

这个指数立即会涉及我们提到过的双重差分。首先，在一个既定的世界上，一个存在物与同一世界中其他存在物之间同一性的值是什么？此外，在这个世界上存在物同自身存在的同一性是什么？世界的超验架构就是约定的对这个问

---

① 甘丹·梅亚苏（1967— ）：法国当代著名哲学家。出生于巴黎，曾就读于巴黎高等师范学院，师从阿兰·巴迪欧。他与其老师一样坚持认为数学是思考本体论的方式，并提出了当代哲学的问题是如何走出自康德以来的相关主义（correlationism）的问题，他的代表作《有限之后》出版后立即在全世界范围内引起了轰动，许多当代哲学家如齐泽克、马拉布、巴迪欧等人都视梅亚苏为未来哲学的希望。他现在任教于巴黎第一大学哲学系，其他主要代表作还有《数与塞壬》《没有生成的时间》《科幻小说和超科幻小说》等等。

题的回答。相应地，它确定了某个既定世界中某个存在物在那里存在的变动不居的奇点。

例如，如果我问道，在何种意义上阿里阿德涅与蓝胡子的其他受难者是一样的？我们必须可以用一个评估性的微差（nuance）来回答——她是有所反思的，而其他人是盲目的——用故事的架构，或故事的语言，或者[在梅特林克-杜卡的版本中]音乐给出了这个微差，这个微差成为这个[审美]情势中的超验之物。相反，其他女性[赛丽赛特、伊格雷娜、梅丽桑德、贝朗热尔、阿拉蒂娜]构成了一个序列，我们可以用另一种与蓝胡子的关系来取而代之：她们在超验上是等同的，这标志着她们在歌剧中是以"合唱"（choral）的方式来处理的，她们在音乐上的可辨识度很低。按照这样的观念系列，我马上就可以知道，如何去根据蓝胡子与相对于自身的差距（décalage）来评价蓝胡子与阿里阿德涅的爱[他发现自己不可能像对待其他妻子一样对待阿里阿德涅，这样，他超出了"蓝胡子"专名所对应的参照存在物]。在歌剧中，有某个东西成为这个差距的密码（chiffré），我们可以在其极其荒诞的行为中发现这个密码：在最后一幕，蓝胡子留在舞台上，没有唱出一个音符，没有说一句台词。这真的就是歌剧的超验之物的极限值[准确来说，这是极限最小值]：蓝胡子自己缺失了。

同样，我知道，如果是书的页码，在数字 327 和数字 328 之间当然存在着差别，在某种意义上，这是绝对的差别，但我也知道，当我把它们看成"页码"时，它们非常近似，它们是同一计数主题下的数的变量，甚至是一种很迟钝的重复，于是，在由书籍所架构的世界中，我们可以理解这种说法——相对于书的超验评价——数字 327 与 328 几乎是一样的。这一次，我们面对的是超越之物在同一性角度上承受数字表象的最大值。

结果，存在物同自己和存在物同其他存在物同一性及差异的值，在超验上，在完全不同和完全同一之间，在绝对差异和无差分之间变化。

因此，十分明显的是，在某种程度上，我们所谓的**超验之物**，就是对同一性与差异的具体[内在于世界的]评价获得合法性的东西。为了理解"超验"一词用法的独特之处，我们应当注意，在康德那里，它涉及的是可能性的问题，而且我们面对的是具体布局的问题，而不是普遍性的差异理论。简单来说：有许多超验之物，它们在世界中对差异的规定就是它们自己的差分化。这就是为什么在这里不可能从一个统一的超验架构的"中心"——如康德的大写主体——出发来讨论问题。

在历史上，第一个给出可以称之为超验研究["差异如何可能？"]的伟大例子就是柏拉图在《智者篇》(*Le Sophiste*)中给出的。他告诉我们，两个主要观念[两个"最高的类"(genre suprême)]，例如运动和静止，当我们说这两个观念不一样时是什么意思。因为让运动和静止可以被认识的东西正是它们的观念，我们完全不可能从已知的经验差异[一个运动中的物体不是静止的证明]回到它们在观念上差异的问题。唯一可能的解决方案是依赖一个第三大观念，按照巴门尼德的说法，这个第三大观念才能提出差别的问题。这个观念就是大写的同一的观念，它提供了将各种存在物，包括各种观念同一识别的运算[任意存在物都与自身同一]。难道我们不能说，由于大写同一的观念并没有同时包括二者，所以运动和静止是不同的观念吗？正是在这里，柏拉图做出了一个十分重要的决定，一个真正超验的决定。他决定，不能将差异视为同一性的匮乏。正是在这个决定的影响下，在其

Ⅱ. 大逻辑1：超验之物

不可避免的结果面前[非-存在(non-être)的实存],柏拉图打破了巴门尼德的观念:与埃利亚学派的哲学家所主张的相反,对于柏拉图来说,不可能仅仅在同一性观念之下,不可能用存在的法则来思考差异。必然存在差异的观念,而差异的观念绝不能还原为对同一性观念的否定。柏拉图将这个观念命名为"大他者"(l'Autre)。在这个观念的基础上,说运动不同于静止,涉及思想中的一个根本的**肯定**[对大他者实存的肯定,最终也是对非-存在的肯定],而不仅仅是说运动与静止不是同一。

柏拉图的超验构架是通过存在、同一、他者的三元组(triplet)构建起来的,这个最高的类允许我们可以去思考任何思想构架之中的同一性和差异。无论怎样命名它,只要强调了对差异的肯定,只要我们拒绝认为差异就是对同一性的否定,那么我们就可以在实际上面对一个超验的布局(disposition)。这就是柏拉图宣布的通过大他者的实存得到的"双重化"的同一性。

柏拉图、康德和我自己的提议的共性在于,承认了对此在的差异[即内在于世界之中的差异]的理性理解不可能从存在物在本体论上的同一性中演绎出来。这是因为本体论上的同一性完全不涉及存在物的具体化。柏拉图说:仅仅是为了思考运动和静止,我不可能餍足于巴门尼德的解释,巴门尼德认为所有实体都是自身同一的。我不可能让自己囿于同一性的路径,其真理性是无法辩驳的。我引入了一个与之相对的算子:大他者。康德说:物自体不可能既考察现象的多样性,又考察现象世界的统一性。因此,我引入了一个独特的算子——超验主体,在其对象中将经验结合起来。我说:毫无疑问,纯多的数学理论穷尽了存在之所为存在的问题,除了如下事实之外,即其表象——在逻辑上,因它与其他存在物的关系而具体化——并不是从本体论上可以演绎出来的。因此,我们需要一个特殊的逻辑机制来思考是如何将表象在世界中凝结起来的。

我已经决定,相信重新使用古老词汇"超验"所产生的线索,如今我们要从其建构性和主体性的价值出发去思考问题。

5. 在一个世界中,必有可能去思考什么东西不会在那个世界中表象

我们可以用许多方式来谈论这个问题。最直接的方式是,假定我们不可能思考一个既定世界中的存在物的非-表象(non-apparition),那必然有所有可以思考的存在物都会在世界中表象出来。这势必会导致所说的世界让所有的存在物具体化。结果,这会成为大宇宙和大全,我们已经证明了它们的不可能性。

我们也可以在思考在那里存在必然包含"非此在"(ne-pas-être-là)的可能性的基础上来谈论问题,如果无此可能性,它就会等同于对存在之所为存在的思考。因为这种可能性是超验的效果,所以表象的零值(degré zéro)必须能展现出来。换句话说,因为表象是连贯的,所以超验实存就需要标示出非-表象,或者给出一个非-表象的逻辑符号。在这个符号基础上可以去思考非-表象问题,而它就是一个多在世界之中非此在的指数。

最后,我们可以以说,如果这些值本身并不是以它们的最小值为基础的话,对两个存在物之间同一性和差异的值的评估就没有任何效果。在一个既定世界中,两个存在物差不多

完全一样，可以得出这样一个结论：在某种程度上，这种同一性的超验尺度"很大"。但反过来，如果不指向"不那么大"且最终指向"无"(nul)的话，"很大"就没有任何意义可言，"无"所决定的零值同一性也让我们思考绝对差异合法化。这样，同一性的最小值最终必然来源于如下事实，即世界在一般意义上并非巴门尼德的世界[事实上，巴门尼德的世界是是其所是的情形，后者说是本体论，亦即数学的情势]：他们承认绝对差异，唯有当可以思考非-表象之时，我们才能在表象中思考差异。

这三个论题都判定了一个结论，即对于所有世界来说，都会有在这个世界上并不表象的超验尺度，这个尺度就是在表象评价的秩序之内的最小值[零值]。

不过，我们要记住，从严格意义上来说，在一个既定世界中超验尺度总会表达出两个存在物之间的同一性和差异。当我们谈到"对表象的评价"(évolution de l'apparaître)时，正如我们从一开始所说的那样，仅仅是为了图个方便。因为**在某个世界中用超验架构进行度量和评价，事实上就是在这个世界中的两个存在物之间表象之差异程度的值，而并不是其"自在"思考的表象强度。**

就超验之物而言，思考非-表象就等于是说，本体论上的确定的存在物与真实地在世界中表象出来的所有存在物之间的同一性的值达到最小值[换句话说，那个世界之中的无]。如果某个存在物等于世界中表象的虚无(rien)，或者说[等于同一性]它绝对不同于在世界中表象出来的任何东西，那么我们就可以说这个存在物并没有在既定世界中表象。它不在那里。这意味着在某种程度上，它的存在得到明证，因此也被具体化，不过这一切发生在其他地方[另一个世界]，而不在那里。

因为这本书有700页,那么第721页并没有在里面出现,因为对于这本书的世界来说,没有一个可以核实的页码实体的数字能——即便是极弱的意义上——对应于所说的721。

这个思考并不是算术的[本体论的]。我们已经注意到,毕竟两个算术上有着巨大差异——如第445页与第446页——由于其反复重复和极其枯燥的页面,我们完全可以超验地在这个书构成的世界中将它们视为"非常一样"的东西。超验之物导致了世界之中的在本体论上绝对不同的两个存在物之间的同一。之所以如此,是因为它使用的是同一性的值[来自对各个存在物具体化的可识别性];我们两个论断都是"靠近"的,第445页与第446页是"彼此重复的"。

而对于第721页,在如下意义上,它并不在本书之中:无论在强意义上还是在弱意义上,没有一页可以等同于第721页。换句话说,假如我们希望第721页在这本书所在的世界中可以被思考,我们最多可以说,在"721"与这本书的世界——尤其是它自己——中的所有页码之间的同一性的超验尺度是无[最小值]。我们得出结论,数字721并没有在这个世界中表象。

关键的突破点就在于我所宣称的非-表象的最小值评价。它绝不是将"这样的存在物并不在那里"的判断变成一个本体论上的判断。非-此在并没有任何存在物。对于这样的存在物,在其具体化问题上——存在的情势——我可以说的就是,它与该情势或这个世界的存在物的同一性达到了最小值,按照这个世界的超验性来说,就是无。表象就是对一个存在物具体地和在世界中的证明,它是彻底的逻辑,也就是说,它是关系性的。于是,非-表象传达了关系的零值,而不是纯粹的非-存在。

如果我强制性认定一个漂亮女人——如艾娃·加德纳①(Ava Gardner)——加入了蓝胡子的与世隔绝［或死亡？］妻子们的世界，实际上她与那些妻子的序列［赛丽赛特、伊格雷娜、梅丽桑德、贝朗热尔、阿拉蒂娜］的同一性的值是空无，而且他与另一个妻子的序列［阿里阿德涅］的同一性也是零值，那么我得出结论，她并没有在那个世界表象，这并不是基于她与蓝胡子的婚姻在本体论上是荒谬的。如果艾娃在梅特林克的歌剧中出演了阿里阿德涅一角，其荒谬性依然如故，在这种情况下，关键在于事实上她必然——根据戏剧世界的超验之物——通过她的表演，在"她"与阿里阿德涅的同一性的值的基础上凸显出来，因此她的表象内在于故事的剧情版本之中。这个问题已经由梅特林克的未婚妻葛洁特·勒布朗②(Georgette Leblanc)提出，我们可以合法地问道，在何种程度上，她可以等同于阿里阿德涅，因为她宣布阿里阿德涅就是以她为模板，甚至她就是阿里阿德涅的真正创造者——尤其是当阿里阿德涅承认［杜卡所谱写的绝妙的咏叹调］绝大多数女人并不想获得自由。其中的同一性得到了强烈的认同，因为葛洁特·勒布朗，这位女高音歌唱家，在拒绝演出德彪西歌剧中的梅丽桑德一角之后，创造了阿里阿德涅一角——这也成为伤害她极深的东西。因此，这让我们可以

---

① 艾娃·加德纳(1922—1990)：出生于美国史密斯菲尔德小镇，美国女演员。1941年与米高梅电影公司签约成为旗下艺人，1946年参演电影《杀人者》开始演员生涯。1954年凭电影《红尘》获得第26届奥斯卡金像奖"最佳女主角"提名。1960年在好莱坞星光大道上留名。1964年凭电影《巫山风雨夜》荣获圣塞巴斯蒂安国际电影节"最佳女主角"大奖。1965凭电影《巫山风雨夜》获得第22届金球奖"电影类-剧情类最佳女主角"提名。1999年，她被美国电影学会评为"百年来最伟大的银幕传奇女星"之一，位列第25名。

② 葛洁特·勒布朗(1869—1941)：生于法国加莱，法国歌剧女高音演唱家、舞蹈演员和剧作家，小说家莫里斯·勒布朗的姐姐。她非常喜欢茹尔·马斯奈(Jules Massenet)的作品，并且是比才(Bizet)的《卡门》的最佳诠释者。她与比利时剧作家莫里斯·梅特林克相爱多年，梅特林克也为葛洁特量身定做了多部歌剧，尤其是她在《阿里阿德涅和蓝胡子》一剧中扮演的阿里阿德涅一角。

理解，[剧作版]阿里阿德涅和[真实的]葛洁特·勒布朗之间的同一性的值非常高。

这就是为什么会出现在葛洁特·勒布朗与艾娃·加德纳之间的同一性的零值问题，以及它何以会在那里，何以会在写作、爱、音乐、戏剧和电影之间的在世界之中的逻辑所界定的关系之中。如果不是这样，这是因为在所有的既已确证的世界中，艾娃·加德纳和蓝胡子的其他女人之间的超验同一性的值是这个世界所规定的最小值。

从此我们可以得出，存在着在斗牛士路易·米格尔·多明吉恩①(Luis Miguel Dominguín)和蓝胡子之间的绝对差异。至少在既已明证的世界中，包括在曼凯维奇②(Mankiewicz)极富美感的电影《赤足天使》(*La Comtesse aux pieds nus*)中，其整个问题就是要知道艾娃·加德纳的美丽是否能从西班牙的斗牛士过渡到意大利的托拉多-法夫里尼伯爵③(Torlato-Favrini)那里。电影的超验尺度的回答是"不"。她死了。正如我们看到的，死亡仅仅意味着在一个确定的世界

---

① 路易·米格尔·多明吉恩(1926—1996)：西班牙著名斗牛士，1954 年，多明吉恩开始与艾娃·加德纳交往，他们之间的关系被媒体广为报道。他曾称艾娃是他见过的最美丽的女人，他们很快结婚。不过他们的婚姻是在吵闹中度过的，几年之后，他们又宣告离婚，艾娃之后声称与多明吉恩的婚姻是她最糟糕的经历。

② 约瑟夫·曼凯维奇(1909—1993)：生于宾夕法尼亚州威尔克斯-巴里。他19 岁从哥伦比亚大学毕业，20 世纪 20 年代任芝加哥《论坛报》驻柏林记者期间，为德国乌发影片公司把字幕译制成英语，归国后与兄长赫尔曼·J. 曼凯维奇（《公民凯恩》的剧作者之一）一道为派拉蒙影业公司编剧，并于 1946 年开始执导影片。1993 年 2 月 5 日病逝于纽约。他的特色是善于应用潇洒的电影技巧，来消化他的近代性和城市风味，以及他那知识分子的机智与幽默、讽刺与谐趣。他的特色使他在最短的时间内成为知性派的头牌大导演。如 1949 年的《三妻艳史》，1950 年的《彗星美人》，使他连续获得了奥斯卡最佳导演金像奖和最佳编剧金像奖。这在好莱坞影史上是稀有的光荣。

③ 托拉多-法夫里尼伯爵是曼凯维奇导演的电影《赤足天使》中的男主角，由演员罗萨诺·布拉兹扮演，而艾娃·加德纳出演这部电影的女主角。在《赤足天使》的拍摄过程中，艾娃正在与多明吉恩纠缠不清，而电影中艾娃却要与布拉兹所扮演的托拉多-法夫里尼伯爵演绎一段甜蜜的爱情故事。这正是本文中巴迪欧提到艾娃需要从西班牙的斗牛士过渡到意大利的托拉多-法夫里尼伯爵的原因所在，巴迪欧认为，从现实中的争吵实际上无法过渡到电影中的甜蜜的爱情故事。

里不再表象。

6. 一个世界中两个表象物的合取①（conjonction）

世界连贯性的一个关键问题就是，那种支撑着一个世界中两个存在物共同表象（co-apparition）的东西应当是可直接识别的。这种可识别性意味着什么？在任何情况下，两个存在物的"共同"部分——表象上的共同——表象强度本身可以被评价。这个部分就是两个存在物的共性，它们在这个世界上的共同此在。

在广义上讲，现象学或寓意研究——在这里作为主观上的引导，而不是作为真理——直接划分出三种情况。

情况1：两个存在物依照它们表象的必然关系在那里，在世界上存在。例如，一个存在物就是另一个存在物的辨明的部分。对于秋天攀爬在墙上的常春藤的叶子，我们可以说，在秋天的世界里，"常春藤"在那里是一个有争议的建构，然而它不涉及许多其他东西，包括非-表象的东西，如其深深缠绕的根。在这个例子中，"常春藤"在那里超验的尺度与"绽放的红叶"在那里共同等同于"绽放的红叶"表象的逻辑值，因为后者在表象中辨识了前者。"共性"的运算事实上就是一种包含性的证明。在那里存在的存在物，带有与其他存在物的明显的同一性关系，在这个世界上，它作为其他存在物的一个部分而展开，反过来其他存在物实现了其辨识的

---

① 合取是一种逻辑运算，与析取（disjonction）相对。在一般意义上，巴迪欧所指的合取是把几个公式连接起来而构成的公式，也叫作合取式，而此合取式的每个组成部分叫作合取项。一些合适公式所构成的任一合取也是一个合取公式。在数理逻辑中，一般用符号∧来表示合取。

强度。

情况 2：两个存在物，一旦它们共同在世界中表象出来，在它们表象的逻辑架构运动之中，它们就会与第三个存在物相关，最明显的["在最大程度上"]它们共同指向这个第三个存在物。这样，秋夜中的农舍与殷红的常春藤的叶子在石砌的外墙那里拥有"共性"，这种"共性"，不仅作为一种建筑上的依稀可见的事实，而且作为植物断断续续攀爬缠绕的根基，在屋顶附近清晰可见。于是我们会说，建筑的外墙成为常春藤的一般表象与由砖石瓦块建造的房屋的表象的合取最大值。

在情况 1 中，秋天世界中的表象物之一[红叶]是与常春藤一起表象的共同部分。在这里所考察的情况中，两个表象物，即房子和常春藤都不拥有此功能。在一个稳固的世界中，第三项最大程度地概括了前两项，即石砌的外墙。

情况 3：两个存在物都位于一个单一的世界中，二者表象本身没有丝毫"共性"可以在表象中被辨识。再说一遍：两个存在物在那里存在的表象强度的共性是无["无"，明显意味着它是超验尺度最小值的指标，即零]。这就是在白昼的光线中我面前的红叶，与突然在我背后的砾石的路上发出震耳欲聋打滑声音的摩托车。这并非秋天的世界裂开了，或一分为二。这仅仅是在这个世界中，与保障这个世界的连贯性的逻辑相对应，"红叶"的表象物和"摩托车的轰鸣声"的表象物所共有的部分并没有自己表象出来。这意味着共有的部分在表象中是最小值，因为在世界中的最小值就是非表象，其表象强度的超验尺度的值就是零。

137

依照一种有意识的看来进行寓意上的理解,三种情况都可以以如下方式来对象化,而不依赖于任何唯心主义的象征论:要么是两个在那里的存在物的合取[它们表象的共性最大值]是由它们中一个的表象强度来衡量,要么它是由在那里的第三项的表象强度来衡量,或者最后,它们的尺度是无。在第一种情况下,我们可以说,两个存在物在世界中的合取是**包含**(inclusive)[因为一个表象的确包含了另一个表象]。在第二种情况中,在世界中的两个存在物合取拥有一个**中间项**(intercalaire)。而在第三种情况中,两个存在物是**分离的**(disjoints)。

包含、中间项、分离就是合取的三种模式,我们将它们理解为表象的逻辑运算。我们已经十分清楚地看到用表象强度的超验尺度所建立起来的关联。如果建筑的外墙在其表象中支撑着房屋的可见总体,以及覆盖其上,勾画出建筑轮廓并让建筑显现出来的常春藤,那么这个外墙就可以表象为超验尺度。所以毫无疑问,表象的强度尺度可以与房屋和常春藤的表象强度相比较。在某种意义上,两种表象的强度之间的差分关系就是由超验尺度比较出来的。事实上,我们可以说,秋天世界中的石砌外墙的表象强度"小于或等于"房屋和常春藤的表象强度。在确保那两个存在物之间的共同关系时,石墙获得了其可见的"最大值"。

抽象地说,我们可以得出如下情势。两个存在物都在某一世界中此在。每一个存在物都有一个以世界的超验之物为指标的表象值,这个超验之物就是一个秩序架构。两个存在物的合取运算,或者说它们二者在那里存在的最大共同部分,本身就是由超验之物的最大值来衡量的,而超验之物要小于或等于前两个存在物的表象强度。

当然,或许有这种情况,其"最大值"为零[情况3]。这意味着两个此在的存在物之间没有任何共同部分。它们的合取值并未表象出来：两个存在物是彼此分离的。

两个表象物的共同部分的表象强度的值越接近，两个存在物在世界中此在的合取值就越大。其中间值非常强大。但是这个值不可能大于原初的两个存在物的强度值。如果得出了原初的值，那么我们就会得出情况1，或者包含的情况。两个存在物的其中一个"支撑"（portée）这个合取关系。

进一步详细考察的话，就会发现合取问题会相当复杂，因为正如我们已经说过的，超验的值并不会直接衡量"自在"的表象强度，而是衡量的是它们的差异性［或同一性］。当我们说某一存在物的表象值的时候，我们的确在这个世界上，对该存在物与其他在同一世界中表象的存在物之间的超验的同一性的值做出了一个综合概括。我不会直接认为，蓝胡子的妻子之一梅丽桑德的表象强度在梅特林克-杜卡版本中"非常弱"。我们反而会说，一方面，相对于阿里阿德涅来说，其表象差异度非常大［事实上，阿里阿德涅不断在演唱，而梅丽桑德几乎没有唱过］，另一方面，相对于其他妻子［如伊格雷娜、阿拉蒂娜］她的表象差异度非常小，在歌剧的世界中，她们的表象差距不明显。我们是按照这种差分关系来界定合取运算的。这样，我们可以追问，两种差异之间的合取的尺度是什么。它就是一种描绘出表象的逻辑"共性"的东西。

例如，梅丽桑德和阿里阿德涅之间超验的差异度非常大，但她与阿拉蒂娜之间的差异度则非常小。可以肯定，合取将"梅丽桑德"一词置于双重差异关系中，它的值取的是两种差异中的较小值［即梅丽桑德与阿里阿德涅的差异关系］。最后，这意味着在这个世界上梅丽桑德的表象的程度，按照她与阿里阿德涅之间的共同表象关系，完全是可以改变的。相反，阿里阿德涅表象的超验尺度太过包络（envoloppant），她与其他妻子之间的合取运算被大幅度地降低了。她与那些表象较弱的妻子几乎没有什么共同之处：弱值只能提供它与"共性"的弱相关。

将不同世界超验地凝聚起来的几种合取路径也可以从同一性角度来理解。例如，我们说在这本书的世界中，第445页与第446页几乎是一样的［因为它们重复着同样的主题］，如果相反，第445页与第245页仅仅只在很弱的意义上才一样［它们在主题上有原初的断裂］，两种同一性的超验尺度上的合取［第445页与第446页的同一性，和第445页与第245页的同一性］在表象上会取最小值。最后，这意味着第445页与第245页会在非常弱的意义上是一样的。

所有这些都意味着一个世界逻辑上的稳定性在于采用了不同的同一性辨识［或差分］体系的合取运算，合取本身通过中间值［中间项］的整个序列——它依赖于超验秩序的奇点——可以取从最小值［分离］到最大值［包含］中的任意值。

7. 世界的区域稳定性（stabilité régionale）：包络

在我们所谓的客观现象学的线索中，我们再一次以析取为例［即合取的表象最小值］。在这一刻，我们没有再去看秋天常春藤的红色所爬满的石墙，而在我身后的砾石路上，一辆摩托车在那里轰鸣。它的噪声，也在世界上在那里存在着，与我所看到的东西合取的表象值是零。换句话说，在这个世界上，摩托车的噪声在那里存在与石墙上的常春藤的"弥漫的红色""没有一点关系"。

但我说，这是一个合取的空值问题，而不是世界的脱位（dislocation）。在两个此在的存在物的大一的世界里，世界采取了非表象的状态，而不是在那个业已在那里的世界之外，在世界中表象了某一存在物[如摩托车]。现在应该对这一点给出合理理由。

的确，这个空间的方向定位，包括由通往石墙的小径、合拢在周围的树木以及小径所朝向的小屋组成的方向，包络了红色的常春藤和我的凝视[我的身体]，以及整个指向它的不可见的背景，最后也包络了轰鸣的摩托车的噪声。如果我转过来，这倒不是因为我的想象，在世界和那个脱离于秋天红色的世界的不协调的噪声之间，两个世界似乎判若云泥。不，我不过是在被常春藤分化的那一刻之前，在一个广阔的对应关系中定位了我的注意力，那个对应关系包括房子、小路、乡村的静谧、蜿蜒曲折的砾石路、摩托车……

此外，正是在那一刻，我所定位的在轰鸣的摩托车噪声与铺满常春藤的石墙之间的合取空值关系扩展开来。合取为零，但它发生在这个拥有无限部分的世界中，这个世界支配着这两项，以及许多其他项：秋天的角落、房子、小路、群山、蓝天，摩托车与秋天的红色之间的分离与不能脱离于苍天白云。最后，由苍天白云、小屋石径所设定的世界的部分的表象值，大于所有分离的元素：如常春藤、房子、摩托车、砾石路。这就是为什么这些元素的综合，作为世界此在的一个角落[它标志着那些元素合取的空值]，防止了将这个空值等于世界的分裂，那只是世界逻辑的解体。

所有这些都与我的凝视、我的意识、我的转身无关，我的凝视、意识、转身只是记录了瞬息万变的苍天之下的大地的命运。世界的区域稳定性就在于此：如果你任取既定世界的一个部分，在这个部分中，此在的存在物——既相对于它们自己,也相对于其他存在物而言——拥有着以这个世界的超验尺度为指标的表象的差异度。在这个部分中表象的虚无,包括它的析取之物[合取值为零],可以分离出一个统一的世界,这意味着,世界的逻辑确保了包含在这个部分中共同表象的存在物的表象值的总值。

我们将其表象的差分值适切于既定世界的某个部分的总值的存在物,称为这个世界中该部分的"包络"。

包络的系统实存预先设定了包括所有值的集合[在世界的某个部分中,衡量诸存在物的表象强度的尺度],超验秩序包括了一个值,它大于或等于这个集合[包括所有的值]的所有的值,它亦是拥有这种属性的最小值[它尽可能"囊括"(serre)对应于该部分所有此在的不同存在物的值的集合]。

对于作为我们引导的基本经验来说,就是这样的情况。当我们回过头来考察世界的噪声真的就是"这个世界"的噪声,它表象的位置就在那里,尽管它与墙上的常春藤没有关系,我便一定要诉诸整个星球,或者远到天边的广袤的天空,或者远到黑暗边缘的群山的轮廓。它足以用来整合世界某个部分的决定因(dominant),能够同时吸纳在表象逻辑上连贯一致的摩托车和常春藤的析取关系。这个部分[林荫道、树木、外墙……]拥有一个表象值,它足以确保它与该世界中与之分离的部分的共同表象关系。对于这个部分,我们可以说,它的值就是所有存在物的包络——严格来说,是所有存在物的表象值的包络——它成为此在的存在物的完备(complétion)。这个包络指的就是可以支配该部分中所有存在物的值[房子、砾石路、红色的常春藤、轰鸣的摩托车的噪声、树荫等等]的最小表象值。

我们之前谈过的歌剧的最后一幕中,阿里阿德涅与蓝胡子联合起来,蓝胡子被打败并沉默无语,准备"回到那里,在那里,她们在等着我"。阿里阿德涅问其他人,她们是否愿意与她一起离开。她们都拒绝了:赛丽赛特、梅丽桑德有所迟疑,伊格雷娜甚至都没有回头,贝朗热尔面无表情,而阿拉蒂娜在一旁哭泣。她们宁愿受那个男人奴役。阿里阿德涅于是呼吁开放整个世界。她高唱着如下词句:

> 明月星辰照亮了大路。森林海洋在远方召唤着我们,黎明栖息在湛蓝色的穹顶上,这一切都为我们展现所向往的世界。

的确,包络的力量在这里得到了体现,它面对的是城堡中保守主义的脆弱的值,让城堡向无极限的黑夜开放。音乐激情澎湃,阿里阿德涅的唱腔高得升上云霄,所有其他的角色,包括被打败的蓝胡子、其他的五个妻子、村民们,这种抒情式激昂,以一种十分关键和准确的方式指明了他们的存在,而这种抒情的曲调集体性地展现了他们。这就是确保最终幕中艺术连贯性的东西,即便其中的冲突并没有解决,悲剧并未终结,命运并未尘埃落定。阿里阿德涅参观蓝胡子的城堡,只是为了在波澜壮阔的演唱中,确定对所有人物,对所有命运的超越,超越留存在他们表象中的事物,那就是包络他们的东西,也是一直将他们变成一个艺术表演中凝聚在一起的要素,一个璀璨辉煌的歌剧篇章。

8. 此在存在物和世界区域的合取

当我沉浸在爬满红色常春藤的石墙的冥思被砾石路上发出轰鸣噪声的摩托车所打断,我转过身来看到,这个世界的某个部分的整体统一体重构了自身,包络了它弥散的元素时,事实上我面对这预料之外的噪声和部分总体[房子、秋夜]之间的合取,噪声在那个总体中十分另类。现象学问题非常简单:从表象强度上来说,合取的值是多少?这并不是像以前一样,说的是摩托车和另一个独特表象物[墙上的红色常春藤]之间的合取,而是噪声和整体表象物,即作为世界一部分的预先实存着的包络之间的合取。回答是,这个值依赖于噪声与所有被包络的表象物之间的合取的值。例如,我们假定,在秋夜里我们能反复听到——有中断,但不断重新开始——来自群山中森林里的电锯的刺耳声音。现在,摩托车突然发出的噪声,它与红色常春藤的超验尺度上的合取值为零,而摩托车的噪声与电锯时断时续的刺耳声的合取值虽然很弱,但不是零。此外,毫无疑问,在我的当下记忆中,这个噪声与之前路过的一辆摩托车[并没有轰鸣,而是迅速开过,立即被忘掉]会被合取为一个值,在这种情况下,这个值显然更大,眼下的噪声复苏了那个路过摩托车的场景,它们成为世界的这个部分中的新统一体必须包含的配对。

包络设定了世界部分中的表象值,它大于这个部分中所包含的表象的所有值。如果我们问自己,在那里的轰鸣的摩托车和屋前的秋天之间的合取值是多少,我们在任何情况下都不得不考察所有的独特合取[墙与常春藤,摩托车与电锯,之前路过的摩托车与眼下的摩托车……],并提出新的包络就是适宜于所有这些元素的包络。相应地,这个包络会大于所有的最小值[大于零]——噪声和常春藤的合取值——因为其他合取的值[例如摩托车与电锯]都不是零,包络支配着所有具体的合取。

在概念上,我们可以简单来说,一个表象物和一个包络的合取值就是这个表象物和这个包络所有表象物之间的所有具体合取的包络。

毫无疑问,这个公式的命运需要另外的例子。在我们的歌剧世界中,蓝胡子与涵括了他前五任妻子的包络[赛丽赛特、伊格雷娜、梅丽桑德、贝朗热尔、阿拉蒂娜]的合取值是多少？歌剧的主题是,无论妻子是谁[毕竟,这五个妻子很难分清谁是谁],这个关系几乎是不变的。结果,因为蓝胡子和世界这个部分["蓝胡子的妻子"]的系列包络之间的合取值,就是蓝胡子和她们每一个人之间合取关系的包络,所以这个值与各个合取的平均值之间的差距不会太大：因为她们彼此太过近似,以"最接近"的方式来支配它们——也就是她们之中的最大值[歌剧指出她们之间关系最近的是蓝胡子与阿拉蒂娜]——反过来也接近于所有其他人。

如果我们考察一些世界中由五个妻子和阿里阿德涅组成的这个部分,情况会变得更为复杂。歌剧[包括他的音乐唱腔]实际上所坚持的是,在蓝胡子同阿里阿德涅的合取与蓝胡子同其他五位妻子的合取之间没有任何共同的尺度。我们甚至不能说这个合取比其他合取"更强大"。倘若如此,蓝胡子与六位妻子的包络的合取会等于所有具体合取中的最高值,即蓝胡子与阿里阿德涅的合取。但在实际情况中,在歌剧-世界的差分关系网络中,阿里阿德涅和其他五位妻子并不是一同规定的,她们之间没有可比性。突然,我们需要用一个词来概括所有五个关系非常近似的合取[蓝胡子同赛丽赛特、蓝胡子同梅丽桑德等等],以及与之不可比的蓝胡子与阿里阿德涅之间的合取。歌剧的终幕说明了这个支配性的词就是女性(féminité),一种杂糅了奴役和自由的不稳固的混合物。这个混合物,被阿里阿德涅的出逃和其他妻子的顺从所物象化,它包络了蓝胡子与其他妻子的所有合取关系,最后,通过管弦乐包含一切的力量,成为包容整部歌剧的包络。

9. 依赖(dépendance):世界之中两种存在物之间的关联尺度

在本书的导论中,我们宣布构成最小值、合取和包络的运算体系在现象学上是完备的。完备原则等于是提出表象中的所有逻辑关系[在那里存在的连贯性的所有模式]都可以从三个基本运算推演出来。

客观现象学在这里充当我们的预备原则,这有点像为康德的《纯粹理性批判》所引述的亚里士多德的逻辑学,它创造了诸多因果关系,或者说如下类型的依赖性:如果世界上某个表象物拥有较强的实存值,那么另一个表象物也在那个世界里持存。或者反过来说,如果某个此在的存在物显现了自身,那么它禁止了另一个此在的存在物持存于那个世界。最后,如果苏格拉底是一个人,那么他就会死。这样,附着在石墙上的常春藤的色彩,在其所关涉的颜色上,会弱化房屋外墙上白石的色彩。或者再说一遍,阿里阿德涅持存的向度,通过对比,会让蓝胡子五位妻子的唱腔变得枯燥乏味。

那么我们能在构成超验代数学的三种运算的基础上展示出这种关联类型吗[物理上的因果关系,或者形式逻辑上的蕴含关系]? 答案是肯定的。

我们现在会引入一种衍生的超验运算,**依赖**。依赖用来保障表象中的因果关联,以及形式逻辑上的著名的蕴含关系。**表象物 B"依赖"于另一表象物 A**,它是最大强度的表象物,它可以合取于第二个表象物,但小于与第一个表象物的合取值。这样，依赖就是所有与 A 的合取值小于与 B 的合取值的在那里的存在物的包络。B 对于 A 的依赖越强，包络就越大。这意味着对于所考察的世界而言，总有某些存在物的表象值很大，它与 A 的合取小于与 B 的合取。

让我们再看一下墙上红色常春藤与旭日下的房子的例子。例如，十分明显的是，房子的外墙与攀爬于其上的常春藤的合取，产生了表象强度值，这个值小于作为整体的房子的表象强度值。结果，这面墙进入房子相对于常春藤的依赖关系中。但是我们可以考察一下常春藤上叶子的走向：叶子色彩上与常春藤的合取值不是零，它仍然包含于——因此也小于——作为整体的房子的强度。房子对于常春藤的依赖包含了两个项[墙和屋顶]以及许多其他东西。相应地，甚至遥远的电锯的刺耳声都是它的一部分。正如我们已经说过的，它与红色常春藤的合取等于最小值，这个最小值就是非-表象的值，它显然小于房屋的表象值。

事实上，由于形式化的原因，"房子"的此在相对于"常春藤"的此在的依赖关系将会包络整个秋天的世界。

在这里"依赖"一词是否恰当？当然恰当。因为如果存在物 B"强烈"地依赖于存在物 A——也就是说，依赖的超验尺度相当高——这是因为它几乎可以将 A 同整个世界合取，并保证其合取值小于 B 的表象值。简言之，如果对 A 来说，某物太过一般，那么对 B 来说更是如此，因为在考察中，B 比 A 更包络。这样，对常春藤[从整体表象上]而言如此——我们可以从远处看到，它沐浴在夜光之中——必然对房子而言亦是如此，相对于常春藤的依赖关系就非常高[实际上是最大值]。"依赖"表示如果依赖的超验值非常高，A 的规定性或描述性情势，对于 B 而言几乎完全一致。

因此，我们可以预测，依赖的几个明显属性。尤其是相对自身取最大值的强度值的依赖关系,因为存在物 A 的规定性情势绝对是它自己的情势,这种"套套逻辑"的依赖关系的值必然会取最大值。仅仅从依赖的概念出发,形式上的展开就可以演绎出这个属性以及其他一些东西。

除了依赖之外,另一种关键性的推衍就是否定。当然,我们已经这样来引入非-表象的尺度:最小值。但是我们从推衍的角度出发,在三种运算的基础上,我们能否去思考世界中在那里存在的否定?这个问题需要进一步的完整讨论。

10. 世界中一个表象物的逆值(envers)

我们想要说明给出一个存在物的表象值,我们就可以界定这个值的逆值,因而可以支持逻辑上的否定——或对表象的否定——将其作为我们三种基本运算的简单结果。

首先,"外在于"另一个既定表象的值的表象值是多少?这个与既定值合取的值等于零[最小值]。例如,摩托车噪声的表象值相对于红色常春藤的表象值。

外在于一个既定表象物的世界的区域是什么?这个区域汇聚了所有表象值外在于原初此在的存在物的表象值的表象物——例如,对于秋天墙上的红色而言,由轰鸣的摩托车,我身后远山上的树林,以及时断时续的电锯的刺耳声,或许还有砾石路上的白色,或者飘荡的白云等所组成的集合。但是与常春藤或者上面的红叶绑定在一起的石墙,被冉冉升起的旭日所照亮,它们当然不属于同一个部分:那些既定物与常春藤的颜色"没有任何关系",它们与之的合取值并不等于零。

最后,如果我们拥有存在物的松散的集合,它们都在世界上,但从表象层面来说,它们与鲜红的常春藤没有丝毫关系,那么是什么综合性地汇集了它们的表象值,又是什么尽可能地支配着所有的尺度?答案是:集合的包络。换句话说,存在物的表象值要大于等于那些在现象学上异于原初存在物[在这里的例子中,即常春藤]的所有存在物的表象值。这个包络准确地在"乡村秋夜"的世界中,描述出常春藤的逆值。

我们所谓的某个世界中在那里的存在物的表象值的"逆值",就是由所有与第一个存在物的合取值为零[最小值]在那里的存在物所构成的世界区域的包络。

已知世界[砾石路、树木、云彩、电锯的刺耳声……]中的一个表象物,它与常春藤红叶的合取在超验层面上总是可以衡量的。我们总是想知道这个值是不是最小值,需要用超验秩序来判定其实存的最小值。最后,已知所有的存在物与常春藤的合取值都为零,那么这个独特的世界区域的包络的实存是由世界区域的稳定性原则来保障的。现在,在定义上,这个包络就是红色常春藤的逆值。所以十分明显的是,存在物逆值的实存的确就是在那里存在的三种运算的逻辑结果:最小值、合取和包络。

重要的是,在表象秩序中用来支持否定运算的东西,就是三个超验运算的第一个结果,否定运算绝不是原初给定的运算。否定,即对某一存在物的逆值的实存的扩张的和"肯定"的形式,它是一个结果。我们可以说,只要我们面对此在的存在物,那里就会有一个与世界逻辑紧密关联的表象存在,于是,该存在物的逆值必然实存,在某种意义上,存在着与存在物自己"相反"的表象值。

我们有必要再一次紧紧按照这个推衍的步骤前进。

以阿里阿德涅的角色为例,在《阿里阿德涅与蓝胡子》的结尾，她自己离开，而其他妻子拒绝从将她们束缚于蓝胡子的爱与奴役的囚禁中解放。在歌剧的这一刻，阿里阿德涅的逆值是什么？蓝胡子，比以往任何时候都更有魅力，他释放了一个他无法囚禁的妻子，对此沉默不语，可以认为，这种沉默的值小于女性的激情歌唱，当然，蓝胡子与阿里阿德涅的合取值并不是零！阿里阿德涅与周围的村民的合取当然也不等于零，村民们抓住了并随后释放了蓝胡子，他此后只听阿里阿德涅的话，并告诉她："女士，真的，你太漂亮了，这不可能……"奶妈就像是阿里阿德涅自己的外部，一个毫无概念的身体。事实上，正是在极端宣布自由的那一刻，阿里阿德涅唱道："看吧，门儿被打开，整个村子都是蓝色的。"那些在主观上与阿里阿德涅没有任何共性的人，她们构成了阿里阿德涅的外部，与她绝对异质的女性"根基"，她们就是蓝胡子的其他妻子们，她们只能通过保守和同一性范畴来思考与那个男人的关系。这样，她们与阿里阿德涅施加在新女性世界之上的法则完全相背离，这个新世界在20世纪初被开启了，这个时代与弗洛伊德是一个时代[这部歌剧可以溯及1906年]。蓝胡子的妻子们通过拒绝、焦虑和沉默表达了这种异质性。于是，在音乐上十分明显的是，阿里阿德涅的胜利之歌——也是男人们[村民和蓝胡子]都悖论式地认同的歌曲——的逆值就是由五位妻子所组成的组合：伊格雷娜、梅丽桑德、贝朗热尔、赛丽赛特和阿拉蒂娜。我们已经说过，因为五位妻子的包络是由阿拉蒂娜的存在度所给的，阿拉蒂娜的值略大于其他四位的值，所以我们可以得出如下结论：在歌剧终幕的世界中，阿里阿德涅的逆值就是阿拉蒂娜。

我们可以在突现出否定的表演中找到证据。我从歌剧剧本的结尾引述如下：

阿里阿德涅:"让我自己走吗,阿拉蒂娜?"

在这句话的末尾,阿拉蒂娜跑向阿里阿德涅,投向她的怀抱,在她抽搐的啜泣中,将她紧紧地炽热地抱住了好一会儿。

阿里阿德涅抱住她之后,温柔地放开怀抱,但眼中仍然饱含泪花,她说道:

"留下吧,阿拉蒂娜……再见了,祝你幸福……"

她离去了,奶妈也跟随着离去了——妻子们面面相觑,然后看着蓝胡子,看着他缓缓地抬起他的头——沉默。

我们可以看到歌剧-世界达到了其沉默的边缘,或者在这片沉默之前的波涛汹涌,那一刻,孤独的女人,阿里阿德涅,与她的女性逆值挥手泪别。

杜卡为他自己的歌剧写下了非常怪异也极为暧昧的讽刺性的概要,这部概要出版于他去世后的1936年,他也十分清楚地注意到蓝胡子的其他五位妻子构成了对阿里阿德涅的否定。正如他写道,阿里阿德涅与其他五位妻子的关系,"很明显如果我们想要认为这种关系依赖于一种**激进的**对立关系[原文的强调],那么整篇歌剧的主题就基于阿里阿德涅将自己对爱的自由的渴望,与她的同伴们对此没有什么欲求,天生就渴望着成为那个富有的施虐者的奴隶混淆"。随后对于我们引述过的终幕,他又写道:"在这里,阿里阿德涅与其他几位妻子之间的绝对对立变得哀婉悲怆,阿里阿德涅所梦想的自由,对于那些妻子来说,她们完全弃之不顾。"

杜卡以极其适宜于音乐艺术的方式表达出这一事实,即阿拉蒂娜成为阿里阿德涅的女性逆值,是对阿里阿德涅绝对

149

Ⅱ.大逻辑1:超验之物
175

和潜在的否定：他写到阿拉蒂娜在分别的那一刻，真的就是"最令人扼腕之处"。

11. 存在着世界中表象的最大值

这是一个结果，即将用来衡量世界中存在物非-表象的[公理性的]最小值的实存，与[推衍的]既定超验值的逆值的实存结合起来的结果。那么作为最小值逆值的表象值的尺度实际上是多少？非表象的逆值是多少？好的，它的值就是诸如此类毋庸置疑的表象的值。简言之，在世界上在那里的表象物得到绝对的明证。这样一个值绝对是最大值。这是因为那里不可能存在比检验此类表象的值更大的表象值了。

我们将超验上的最大值赋予绝对此在的存在物。

例如，数字 1033 对于本书的编页来说是绝对的非表象。在"书的页码"的世界中的超验值是零。如果我们寻找这个尺度的逆值，我们首先就会发现，那些页码本身就在书中，它们与 1033 的合取值必然结果是零[它们不可能去讨论这个事物，与之矛盾，重复，等等]，因为它并不是这本书的一页。但是包含本书页码的所有数字的包络是多少？它就是"页码总数"，事实上就是最后一页的页码。我们假定这个数是 650。于是，我们可以清晰地看到，表象最小值的逆值，即赋予数字 1033 的就是"本书的零值"，这个逆值不会大于 650，即本书页码的最大值。事实上，650 这个"本书的数"意味着所有的页码都会小于或等于 650 所标示的页码。这是一个编页体系的超验最大值，也是最小逆值，它也指明了那些不在本书中表象的所有数的最小值[事实上，所有那些数字都会大于 650]。

最大值的实存［在这里是作为逆值的最小值演绎出来的］就是世界的稳定性原则。表象绝不可以永不停歇地修改，对于此在的序列，绝不可以无限地增量。表象的最大值，在存在物的指数上，赋予了它所在世界的宁静和公平的确定性。

这也是不存在大宇宙，只有诸多世界的原因所在。在每一个世界中，对于超验值之中的最大值的实存，标志着这个世界绝不是一般化的世界。世界的具体化的力量是确定的：如果多在这个世界上表象出来，就会存在着一个绝对的表象值，这个值标志着世界上在那里的存在物。

12. 表象最大值的逆值是什么？

毫无疑问，比起现象学的说明，用形式化的表达能更清楚地澄清这一点［第 3 部分的第 9 目和第 10 目］。然而，通过下面的说法来考察该问题会非常有趣：我们业已确定其实存的存在物的最大值和任意超验值之间的合取等于后者的值。最大值的逆值就是最小值，这就是该说法的一个结果。

以"乡村里秋天下午的尾声"的世界为例。表象最大值衡量了这些表象，我们知道，这个最大值就是在某种程度上产生了表象尺度的整个世界。我们可以说，最大值从其自身的确定性上，确定了此在的"此"。简言之，这就是对整个场景的秋天包络的尺度，它是绝对表象，没有任何见证人的主观切割。这就是诗人试图命名为风景的"氛围"的东西，或者画家眼中的总体色调，在这里包括了独特的色阶和线的重复。

很明显，这种包络的一般性与世界中在那里存在的独特之物有某种共性，它正是该存在物在那里，拥有着适切于它的表象强度。这样，当落日在地平线上，红色的常春藤就成为世界的极强的形象。但如果我们将此强度与包含它的秋日风景关联起来，如果我们合取整个的表象渊源，它就会很容易辨识出自己，重复自己和恢复自己。的确，在独特的表象强度和最大强度之间的合取就是回归其原初强度本身。与秋天的合取，红色的常春藤，已经在那里表象为"秋天的常春藤"。

同样，在歌剧的终幕，我们知道在音乐层次上，其他女性的演唱区别于阿里阿德涅的演唱，在阿里阿德涅悲伤地说了一句"祝你幸福"之后，这句"祝你幸福"代表着其他妻子自愿受奴役，这正是歌剧世界中艺术表象的最大尺度。相应地，一旦将她们回溯到包络该场景中所有戏剧和美学的要素的元素，一旦她们与其超验性［超验性带来的是管弦乐的绝妙而悲伤的音色］合取，那些妻子、阿里阿德涅和蓝胡子不过是此在同一性身份的重复，她们是那些最高绝对地位在世界中散落的素材。

所以，**最大值和某个值的合取等于那个值**的等式在现象学上是十分清楚的。但这意味着最大尺度［最大超验值］的逆值就是非表象，而这个事实就是关键所在。在定义上，这个逆值和它与之相逆的东西毫无共同之处，它与最大值的合取值是零。正如我们已经看到的，这个合取，不过是该逆值本身。因此，这就是值为零的逆值在世界上的表象的值，亦即这个逆值，在那个世界上并未表象。

当作品的所有要素——主题、声音、意义、角色——都与之相关，并在其中坚持它们潜在的同一性时，在歌剧中怎么还有东西与高潮的终幕不相关？只有那些未在歌剧中表象出来的东西可以与终幕的合取值为零。所以，只有超验的值能够提供一个角色,这个角色作为在终幕中的杜卡的管弦乐所开辟的天国的逆值,实际上就是最小值。

所以,可以确定,在任何超验的背景下,最大值的逆值就是最小值。

第 2 部分　黑格尔

1. 黑格尔与大全问题

　　毫无疑问,黑格尔是最深入思考了将大全内化为最细微思想运动的哲学家。我们可以说,通过说"不存在大全",我们提出了一个关于诸多世界的超验理论,黑格尔通过提出"那里只有大全"来确证了一场辩证的奥德赛式的历程。考察一下这样一个与本书的开创性公理完全对立的公理的结果,是相当有意思的事情。关键在于,按照黑格尔观念的发展,正是这个要素十分明显地主宰着思考的方式。在唯物主义辩证法的名义下,仅这一点就可以让我们更公正地对待我们这位前辈:他是"唯心主义"辩证法的鼻祖。

　　在我们的情形中,不存在大全让表述碎裂为概念,或许这些概念联系十分紧密,它们告诉了我们各种情势或世界是分离的,或者说,真理仅仅是具体的真理。所有这些都在永恒真理的多元性这个相当复杂的问题中充分体现出来,这个问题就是在[无限]多元的世界上,可以主体化的身体的[无限]多元性的问题。对于黑格尔来说,总体就是大写真实(Vrai)的统一体的自我实现。大写真实是"自我生成的"(le devenir de lui-même),必须"不仅视为实体,也要同时视为主体"。这意味着大写真实汇集了其内在的各种规定——它总体展开的舞台——在黑格尔那里被称为"绝对观念"。如果我们的挑战在于不陷入相对主义的话[因为存在多个真理],那么对黑格尔来说,由于真理是大全,他的问题是既不能陷入太一的[主观]神秘主义,也不能陷入大写实体(Substance)的[客观]教条主义。先看第一种情况,其主要代表是谢林,他会说,"任何希望让自己实现超越并直接进入绝对的人来说,他面前唯一的知识就是空的否定性,即绝对无限"。对于第二种情况,其主要代表人物是斯宾诺莎,他会说这仍然是"一个外在的思考"。当然斯宾诺莎的"单纯而真实的洞见"——"否定的确定性"——"奠基了实体的绝对统一",斯宾诺莎完美地看到,所有思想必须将大全视为通过自我否定,自在地包含一切规定。但他没有理解大全的主观绝对性,正是主观绝对性确保了综合的内在性:"他的实体并不是自身就包括绝对形式,对这种实体的认识并不是内在的认识。"

最后,黑格尔的挑战可以概括为如下三个原则:

1) 唯一真理即大全的真理。
2) 大全是自我展开的,并不外在于主体的绝对统一体。
3) 大全寓于自身的概念中。

这意味着大全的思想就是大全本身的实现。结果,在思想中展现大全的就是思想的路径,亦即其方法。黑格尔就是对大全在方法上的思想家。事实上,对于这一点,他用一篇鸿篇巨制,一本形而上学的本体论著作,即《逻辑学》来讨论:

> 方法是纯粹自身同自身的概念,因此,**纯粹自我关系**即**存在物**。但现在也是一个**实现了的存在物**,也是**理**

解自身的概念,存在物作为**具体**,也是作为绝对**强度**的总体。结果,只有这个概念能谈论这个大观念,即在其中,首先是**逻辑学**理解自己的概念。在**存在**的领域内,在其内容的开始,其概念就充当着外在于那些**内容**的主观反思中的认识。但在绝对认知的大观念中,概念成为大观念自己的内容。大观念自己就是纯粹概念,它本身就是自为对-象(ob-jet)的,并且作为对-象的大观念本身,通过它所有规定的总体,从而让它自身发展为其实在的总体,发展成为一个大写科学(la Science)体系,通过理解它把握自身的过程,即通过废弃它作为内容和对-象的立场,通过认识大写科学的概念来得出结论。

我要为这段文本做三个评论:

1)与[我所坚持的]哲学观念总是由外部真理[如数学、诗歌、政治等等]来限定差异不同,黑格尔将无条件的自律性思辨推向极致:"纯粹概念本身就是自为对-象",以最简单[和空洞]的形式,直接拒斥了最原初的范畴,即存在的范畴。将哲学置于大全的内在权威之下,对于哲学的自我奠基既是可能的,也是必要的,因为哲学就是对大全的展开,等于大全的自我展开。

2)然而,这个自我奠基的运动是从[表象物]的外在性向[真实的]内在性的过渡。由于一开始它尚未成为大全,其开端似乎与概念是相异的:"在存在中,概念表象为一个外在于其内容的认识。"但通过连续不断的吸收,思想将大全的运动吸纳为它自己的存在,即它自己的同一性:"在绝对观念中,对概念的认识变成观念自己的内容。"绝对观念"自身就是纯粹概念,它本身就是自为对-象,并且……通过他所有规定的总体,从而让它自身……发展为一个大写科学体系。"此外，这并不仅仅是系统地展开，也是它自己完备的反思，它终结于"认识大写科学的概念"。

我们在这里可以说大全公理产生了一个充满着概念规定性的思想的形象——从外在走向内在，从展开走向反思，从形式走向内容——用黑格尔的话来说，我们逐步拥有了"实现了的存在"和"把握自身的概念"。这绝对对立于缺少大全(l'absence de Tout)的公理和平等主义的结论。对我们来说，不可能按照等级来将世界分成三六九等，或者不可能让其到处散播着多之存在。对于黑格尔来说，大全也就是标准，它提供了思想发现自身的尺度，能够将大写科学构筑为一个体系。

当然，我们与黑格尔共有一个关于存在与思想之间同一性的信念。但是，对我们来说，同一性是具体发生的，并不是一个总体化的结果。我们也与黑格尔共有一个关于大写真实的普遍性的信念。但对我们来说，普遍性是由真理-事件的奇点而来，而不是由大全是它自己内在反思的历史展开的观念来保证的。

3) 黑格尔的第一词是"作为具体总体性的存在"。大全公理是在纯抽象普遍性与作为具体物特征的"纯粹和单纯的强度"之间，在作为形式的大全和作为内在化内容的大全之间来思考的。正如我们会看到的，非-大全定理是以完全不同的方式来思考的，它有三个层次的区分：对多的思考[数学本体论]，对表象的思考[世界的逻辑]，以及真实-思考[事件之后由主体-身体所产生的程序]。

当然，三段论也是黑格尔的主要主题。但我们可以称之为大全的三段：直接当下[依其自身存在的事物]；中介[依其本质而存在的事物]；对中介的扬弃[依其概念而存在的事物]。或者也可以这样分：开始[作为思想边缘的大全]、耐持

Ⅱ. 大逻辑1：超验之物

[内在化的消极劳作]、结果[自在和自为的大全]。

我们所主张的非-大全的三段是这样的:无差分的多元[本体论上的无关系]、表象的世界[逻辑关系]、真理-程序[主观永恒实体]。

黑格尔评论说,对大全的三段的完整思考要分为四步。这是因为大全本身,作为结果的直接性,也超越了自身的辩证架构。同样,真理[第三项,思想]或许可以补充世界[第二项,逻辑],而世界的存在就是纯多[第一项,本体论],我们需要一个消逝的动因(cause évanouissante),而这个动因正是大全的对立面:它是转瞬即逝的闪电,我们称之为事件,而事件正是第四项。

2. 此在[①]和世界的逻辑

黑格尔十分深刻地思考了在存在具体的外在化[此在]与可以理解为存在情势的凝聚形象的规定性逻辑之间的对应关系。这就是《逻辑学》的第一个辩证因素,一种确定其思考风格的因素。

首先,什么是此在?它就是由它与并非是其所是的东西配对耦合(couplage)所决定的存在。正如对我们来说,一旦被抛入世界,多之存在就会与纯存在分离开来,而对于黑格尔来说,在那里存在"不是单纯存在,而是此在"。那么在纯存在[单纯的存在]和此在之间就形成了一道鸿沟,这道鸿沟是由在存在中它所不是的东西决定的,亦即由它的非-存在

---

① l'être-là 在黑格尔的《逻辑学》中常用的译法是"定在",但此处为了与前后译文统一,故沿用"此在"的译法。

决定的:"按照其生成,此在就是带有非-存在的一般存在,但通过这种方式,我们要预先假定非-存在与存在的统一,此在就是一般意义上的既定存在。"我们可以进一步来谈谈这个问题。对我们来说,一旦提出——不仅是在严格数学意义上的多之存在,而且是世界意义上的具体化——一个存在物同时被给定为不是它自身,也不是其他存在物,那么,逻辑必然性会将那些差分综合起来,并赋予它们连贯性。对于黑格尔来说,规定的内在发生——对于在那里存在的否定——意味着此在-存在变成了异他-存在(être-autre)。在这一点上,黑格尔下面这段话非常有名:

> 非此在(non-'être-là)并不是纯粹的虚无;因为它仅仅是**一个作为虚无此在之虚无**(néant comme néant l'être-là)。这个否定就是对此在本身的理解,但在后者那里,它与存在是统一的。结果,非-此在就是存在,**它就是非-*此在的存在物***。非此在的存在物就是此在本身。不过与此同时,**第二个在那里存在**与之前的此在不是一回事,因为它正好是非此在,即作为非-存在的此在,也是与自身非同一的虚无的此在,亦即此在本身的虚无性——或者说此在本身就是**异他-存在**。

当然,此在"在本质上就是异他-存在",这个论断需要在逻辑上做点处理——通过成为其他东西的存在和自在存在之间的辩证法——走向实在概念。实在事实上就是自在存在和异他-存在的统一体,或者说,一个既定存在物自身就从其他存在物的差异那里获得本体论上的支持。对我们也是这样,一个"真正"的存在物就是[在世界上]具体表象的存在物,它同时也是自己的多之同一性——从理性本体论来思考——以及它与同一世界中其他存在物之间的不同差异的值。所以,我们同意黑格尔的说法,即存在物的实在的要素就是在该存在物那里,存在被具体地实现为此在,它与自己和与其他事物相同,也与自己和其他事物相异。黑格尔的表述极为精彩:"作为实在的此在就是存在分化为自在存在和异他-存在。"

黑格尔这本书的标题足以证明,最终规定所有事物的就是逻辑——存在物实在性的逻辑。我们会接着说,按照这个说法,在此在基础上,"规定性不再与自身相分离",因为——这一点很关键——"如今所发现的真实的根基就是非存在和存在的统一体"。对我们来说,在存在物的表象[超验的]逻辑中实际上向思想揭示出来的就是规则统治的"自在"的多之存在及其可变差分的演变。逻辑,作为表象的连贯性,在世界的规律下,在多的数学和多同自己以及其他事物之间关系的具体评价之间,组成偶然性的统一体。

如果我们的思考与黑格尔的共同点在这里十分清楚,这显然是因为对黑格尔来说,此在是这样一个范畴,它远离了充分饱和的存在,与大全的内在化判若云泥。我们经常会十分欣赏黑格尔的具体辩证法的力量,在将某些基本概念[在这里就是此在和异他-存在]结合起来的逻辑部分中的精确性。

我们也可以在现象的辩证法中,而不是在此在的辩证法中进行我们之间的对比。与我们不一样,黑格尔并不会将此在[存在的内在规定]与表象[对他来说,表象即本质规定]等同起来。然而,从此在到实在的逻辑限制实际上就是从表象到"本质关系"的逻辑限制。正如我们所指出的,表象的逻辑合法化就是对世界的独特建构,黑格尔指出:

1) 本质表象,并成为一个本真的表象
2) 规律在本质上就是表象

这个观念极为深刻,我们从中也获得了启迪。我们必须理解,尽管在存在物的多之组成上是偶然,但表象绝对是真实的,真实的本质就是纯粹逻辑。

然而,与黑格尔不同的是,我们并没有提出存在着一个"规律王国",甚至也没有提出"自在和自为世界的总体性实存,在这个总体性实存之外没有任何东西"。对我们来说,这就是世界的本质,而不是实存的总体性,我们要承认在世界本身之外的无限多的其他世界的实存。

3. 黑格尔不可能同意一个最小规定

对于黑格尔来说,在两个存在物之间,并不存在最小同一性的规定,两个存在物也不存在绝对差异。在这一点上,黑格尔的学说完全与我们的说法相对立,我们反而将两个存在物之间内在于世界之中的绝对差异与它们同一性的"无"的尺度关联起来。唯心主义辩证法逻辑与唯物主义辩证法逻辑之间的对立昭然若揭,因为这是一个根本对立,与黑格尔所有的对立(Gegensatz)一样。在黑格尔那里,对立实际上就是"同一与差异的统一"。

在两个存在物之间,或存在物同自身之间的最小同一性的问题,对设定了大全的思想来说是毫无意义的,因为如果存在着大全,那么就不会有非-表象存在。在一个既定世界里,某个存在物可能无法表象,但对于这个存在物来说,我们不能想象它无法表象在大全之中。这就是黑格尔为什么总是认为绝对之物内在于任何存在物之中，它们之间也有近似关系。这就意味着所有存在物的此在，都在于表象为大全的某一要素。对于黑格尔来说，表象值绝对不会为零。

当然，它可以在强度上变化。但在表象的变化之下，总会存在着一个固定的规定，来承认该存在物与大全的对应关系。

我们来看看这段话，马上就会一目了然，这段话实际上是讨论量（grandeur）的概念的：

> 量通常被界定为可以增加或减少的东西。但增加意味着让量更大，减少意味着让量更小。在这里，存在着量与自身的差异，这样，量也就是自身可以改变的量。于是，当同样的项应用到被界定的量中，这个定义本身就是不恰当的……然而，在那个不完美的表达中，我们不可能不会看到它所涉及的要点，即变化的无差分——变化自身的大与小，与变化自身无关，而这种无关性恰恰就在于这个概念中。

这里的难点直接来源于不存在最小值，正是最小值让规定拥有一个实际的量。那么黑格尔不得不提出量变的本质就是作为变化"自在"元素的量。或者说，这完全不是根植于最小值的具体化规定，其强度值［或大或小］构成了变化的平面，可以理解为在每一个事物之中大全的内在性力量。在我看来，我让这样的表象归属于确定世界中的此在的存在物与其他存在物之间的同一性的超验尺度。相反，黑格尔让这个尺度［或大或小］屈从于绝对大全，绝对大全在所有事物中都主宰着其变化，并将其上升为概念。

对我来说，存在的表象值有一个最小实值［0］，这个最小值就可以让对量的思考获得合法性。对黑格尔来说，恰恰相反，[质]的变化拥有实值证明了大全的实存，那就没有一个可能的同一性最小值。

如今，在所有的世界中都存在着两个存在物之间的绝对差异[这些存在物在世界中同一性的零值，或此在的同一性的最小值]，而这又是黑格尔绝不会同意的东西。它将这个命题[他认为这个命题是错的]称为"差异命题"（la proposition de la diversité），它宣布"没有两个事物是完全一样的"。在他眼里，这个命题的本质就是产生了它自身的"消解和虚无"（dissolution et nullité）。这就是黑格尔的论辩：

> 这里也包含着**差异命题**的消解与虚无。两个事物不是完全等同的。这样，它们便既是等同的，同时又是不等同的；等同，这在于它们是事物，或一般地说是二，因为每一个也和另一个同样是一个事物和一个一，所以每一个存在物也是另一个存在物同一的东西，但它们又**由于假定**而是不等同的。于是当前便有这样的规定，即等同于和不等同这两个环节在**同一个事物中**，是有差异的，或者说，彼此分开的区别同时又是同一个关系。于是，这个规定便过渡为**对立**。

我们在这里看到了经典的辩证运动，在那里，黑格尔用差异来升华了同一性。从两个事物之间的不同，我们推衍出了内在的等同，对这个内在的等同而言，才会有不相同。例如，唯有当每一个事物让自己成为与他者相区分的太一时，事物之间才会存在着差异，从这个角度而言，这种差异就是他异的同一。

这就是此在的现象学的第一要素的最小值条件为我们

创造的不可能性。当然，我们不像黑格尔，并没有采纳"差异命题"。有可能在一个确定的世界上，两个存在物在表象上可以是绝对相等的。我们既不需要将其升华到两个存在物的太一，也不需要将任何东西展现为"太一和同一事物"。或许可以得出，在一个既定的世界上，两个存在物可以表象为绝对不同的东西，即可能是无一之二（Deux-sans-Un）［我们在其他地方已经阐明，这就是爱之真理的伟大问题］。

实际上，大全不存在这个前提条件，它义无反顾地将在那里存在的逻辑［同一性的值，关系理论］与纯多的本体论［集合论数学］分离开来。恰恰相反，正如大全公理所规定的那样，黑格尔的目标是巩固所有既定范畴的统一的本体论特征［在这里，这个统一特征就是诸存在物的等同］。

4. 否定的表象

黑格尔以其一腔热血投身于多个世纪以来的一个老问题上，而我们之前强调过这个问题的模糊性：并非存在的否定，而是此在的否定是什么？否定如何表象？如若不是在虚无的伪装下，而是在某个世界上的非存在之中，与该世界的逻辑对应的否定是什么？用后康德主义的黑格尔式词汇来说，这个问题最激进的形式是这样：否定现象的现象性特征是什么？

对于黑格尔来说，这个现象就是"其本质中的本质"——用我们自己的话来说——某个世界上，因为此在，其自身存在中的定在（l'étant-déterminé-dans-son-être）［即纯多元］。这样理解的现象的否定等于是实存的本质否定。我们很容易看到，黑格尔会指出，唯有在现象本身中"运作"（travailler）之时，本质才是内在的，且异于现象［因为只有本质实存时，现象才是本质的］。这样，我们看到现象性非本质的一面［作为纯粹外在差异的实存］会与实存着现象的本质，与这种差异的内在统一体相矛盾。这样，现象的否定就是在实存差异之中的一之持存(subsister-un)。这就是黑格尔所谓的现象的规律。

我们这样来解决这个问题：从现象上否定现象就是所有现象都有一个规律。很明显［用我们的逆值的概念］，否定本身也具有内在于世界之中的肯定。

在这里，对从现象上的差异到规律的统一体的否定过程，黑格尔是这样评述的：

> 现象首先是作为**否定性**的自我中介而实存的，这样实存物是通过**它自身的非-持存**，通过一个他者，还有通过这个他者的非-持存来中介自身的。它首先受到了二者的表象和非表象，即非本质性现象的限制，**其次**也受到它们的**恒定性**和**规律**的限制，二者都在他者的升华中**实存着**，对它们的否定性地提出，同时就是对它们**同一性地**、**肯定性地**提出。因此，拥有现象上规律的永恒持存对应于其规定，而对立于实存所拥有存在物的**直接性**。

十分明显，作为非持存的本质，现象仅仅是"表象与消失"。结果，它作为自己的内在的他者而维系着本质的恒定性，这就是其实存的本质。在其本质之中，以恒定性来否定现象上的非持存的东西就是规律。这并非纯粹本质，而是成为现象规律的本质，成为表象-消失的肯定性。

相应地，秋夜里的光彩熠熠的常春藤，对于本质上的"秋天"来说，就是一个纯粹现象，它寓居于秋天之中，秋天成为树叶的强制性的变化。其红色的表象无疑就是这种植物变化的非本质性的方面，但它也证明了其恒常性，这种恒常性就是对树叶瞬间变化的始终不变的否定。最后，植物在秋天的规律——这个变化表明，在某个特定温度下，树叶变红是必然现象——这就是对"常春藤"树叶变红现象的屋舍外墙的内在否定。这就是可见物的瞬间变化的看不见的恒定性。正如黑格尔所说，"规律王国就是现象世界永恒不变的再生产"。

我们必须认可的黑格尔的东西可以概括为以下两点：

1) 对现象的否定绝不是消灭现象。这个否定本身必然是现象性的，或者它必须是对现象的否定。它必然涉及表象中的显现物，涉及其实存，以及不会展现为对其存在的单纯压制。

在现象规律的实际性中，黑格尔设想了一种内在于世界中的否定。我十分清楚地提出了一个完全不同的概念，即它是此在的逆值。或者更准确地说：表象的超验值的逆值。但是，我们同意只要我们按照表象逻辑来运作的话，"否定"就会具有肯定的实在性。这就是和规律的此在一样，逆值的此在也是存在的。规律与逆值都与虚无毫无关系。

2) 现象上的否定并非经典的问题。尤其是否定之否定并不等于肯定。对于黑格尔来说，规律就是对现象的否定，但对规律的否定并不会挽回现象。在《逻辑学》中，第二次否定事实上开启了实效性（effectivité）的概念。

同样，如果阿拉蒂娜是对阿里阿德涅的逆值，那么对阿拉蒂娜的逆值绝不是阿里阿德涅。相反，正如我们所说，她是从她自身立场上来理解的女性之歌。

然而在这里，它们不再类似。在黑格尔那里，由于对现象的否定就是构成现象直接性的矛盾的实现，所以如果规律导致了对现象的否定，正如黑格尔所说，如果"现象发现规律中的对立面，规律就是现象的否定的统一"，那么最终，这是因为现象寓居于本质和实存之间的矛盾中。规律就是本质的统一体通过否定回归到它自身实存的散布(dispersion)中。对于黑格尔来说，存在着否定的表象，因为表象或实存，内在地就是另一个表象，即本质。换句话说，否定即"此"，因为"此"本身就是否定。

这就是一个公理式的解决方案，它将否定置于表象的源头处，但这个方案并不能让我们感到满意。逆值就是在三个超验运算基础上建构起来的概念：最小值、合取和蕴含。

于是，表象的值的逆值的存在，与存在和此在的内在辩证法，与本质和实存的辩证法都毫无关系。阿拉蒂娜是阿里阿德涅的翻转，是因为歌剧《阿里阿德涅与蓝胡子》的独特世界中的逻辑，它不可能直接源于阿里阿德涅的自在存在。在更一般意义上说，表象的值的逆值是世界之中独特的领域，它蕴含着我们决定的东西，它不可能源自从纯多的存在出发思考此在。换句话说，逆值事实上就是一个逻辑范畴［因此，它与诸存在物的世俗性相关］，它并不是个本体论范畴［它与组成存在物的本质的纯多有关，如果你们愿意，也可以说与数学世界有关］。

尽管黑格尔的伟大概念如此绚丽夺目，但我们仍然不能同意在《逻辑学》中标题为"表象世界和自在世界"部分中所提出的宣言：

> 实存世界把自身静静地提升为规律的王国，丰富多

彩的在那里存在的空洞的内容,在其他存在物那里持存着,因此,其持存就是对它的消解。但在其他存在物那里,现象与**它自己又融合在一起**,在现象的变化中,现象也是一种持存,而让其得到持存的就是规律。

不,现象世界并不会"让自己提升"为任意王国,其"丰富多彩的此在"并不具备独立的持存,这个持存等于否定性的实现。实存只能来自世界的偶然性逻辑,没有任何东西可以升华为世界,在世界中,在逆值的空间中,否定表象为纯粹的外在性。

从蔓延攀爬在房屋外墙上红色的常春藤那里,即便作为其规律,我们也绝不会获得山峦上秋天的影子,而它蕴含常春藤的超验的逆值。

第3部分　超验代数学

1. 大全的非实存：肯定所有集合的集合的实存在本质上是一个悖论

由于对实体的形式思考已经在集合论数学中完成，整全存在物的非实存意味着，在这个理论公理的基础上证明所有集合的集合不可能存在。"所有集合的集合"实际上就是大全在数学上的概念。

受过良好训练的读者很快会意识到，对这一点在概念上的展开，对之证明的核心横亘着一个罗素悖论，这个悖论涉及那些是自身元素的集合[如$(\alpha \in \alpha)$]和那些不是自身元素的集合[如$\neg(\alpha \in \alpha)$]之间的区分。

1902年，罗素在给弗雷格的通信中提到了这个悖论，它比关于大全的问题，或者说关于全集概念的不连贯性问题更有冲击力。事实上，这意味着命题"**良好界定的概念必然与符合这个概念的对象的集合相对应**"，不是一个真命题。这些成为语言的至上性的[真正的]阻碍：用语言来组成的良好界定的谓词，只能对应于一种不连贯性[多之存在的瑕疵]。

为了证明这一点，我们考察一下谓词"并非它自身的元素"，我们将其写为P_p，["p"代表"悖论"]。这个定义可以写为：

$$P_p \leftrightarrow \neg(\alpha \in \alpha)$$

这个谓词十分清楚，没有形式上的缺陷。假定存在一个集合[一个存在者]实现了这个概念。那就是所有集合的集合 M_p 都带有属性 P_p，这样，所有集合的集合并不是它们自己的元素，或者说是一个非自反集合。于是有：

$$(\mathrm{I})(\alpha \in M_p) \leftrightarrow P_p(\alpha) \leftrightarrow \neg(\alpha \in \alpha)$$

那么我们可以说明，M_p 并不是它自身的一个元素，也不可能不是它自身的一个元素。假定 α 为任意值，那么我们可以将上面的公式（I）应用到多 M_p。那么，我们得出：

$$(M_p \in M_p) \leftrightarrow P_p(M_p) \leftrightarrow \neg(M_p \in M_p)$$

因此，一个陈述 $[M_p \in M_p]$ 以及这个陈述的反陈述 $[\neg(M_p \in M_p)]$ 之间的等价关系完全是形式上的矛盾。它会摧毁任意的逻辑连贯性。因此，M_p 不可能存在。这意味着谓词 P_p 并无外延，甚至不是一个空外延[因为空集也是一个集合]。从实存的角度来看，多之存在不可能从语言得出。存在的真实打破了谓词的连贯性。

这样，大全不存在是一个结果。因为如果大全存在，那么就必然存在着大全的子集，即所有多的集合 M_p 均符合属性 P_p，也就是说，那些多 α 有属性 $\neg(\alpha \in \alpha)$。这来自奠基公理、分离公理或策梅洛公理。

分离公理从罗素悖论中得出了概念上的结论。罗素悖论说明，我们不可能直接从符合谓词的所有存在物的多的谓词出发来思考。牢牢记住这一点，我们引入一个本体论的前提：已知一个集合和一个谓词，必然存在着符合该谓词的所有元素组成集合的子集。你们不能再说：已知属性 P，存在着 M_p，有 $(\alpha \in M_p) \leftrightarrow P_p(\alpha)$。这会让语言彻底陷入不连贯性[罗素悖论]。你反而要说：已知[任意的] E 和 P，总会存在着$E_p \subseteq E$,有$(\alpha \in E_p) \leftrightarrow P(\alpha)$。你便可以在$E$中分离所有的符合谓词$P$的$\alpha \in E$。这个"那里有"就是谓词$P$的给定:集合$E$。那么悖论就不再起作用。

当然,如果你们强制存在一个总体集合U,那么属性"¬$(\alpha \in \alpha)$"在U中分离出所有具有这种属性的α。悖论再一次摧毁了所有的连贯性。在形式上讲,如果U是所有集合的集合,那么有:

$\exists M_p[(\forall \alpha)[(\alpha \in U) \to (\neg(\alpha \in \alpha) \leftrightarrow (\alpha \in M_p))]]$　　分离公理

$\qquad\qquad\qquad M_p \in U$　　　　　　　　U为总体

$\qquad\qquad (M_p \in M_p) \leftrightarrow \neg(M_p \in M_p)$　　　结论

最后一个公式显然是有矛盾的,它违背了语言基本规则。我们因此必须假定M_p不存在。因为M_p是通过正当的分离公理从U中得出的。这意味着U并不存在。

这就是对大全不存在的完整的形式上的证明。

2. 表象函数与超验的形式上的界定

在本体论上,某个多不可能"或多或少"地与另一个多相区别。多仅仅与它自身等同,这就是存在之所为存在的规律[外延公理],最细微的具体差异——例如我们不可能在无限多的他者中来关心某个单一元素——都会导致绝对的整体差别。

外延公理指出,当且仅当两个多之存在正好具有相同的多之组成时,这两个多之存在才是相等的,因而它们拥有同样的元素。用公式来表达：
$$(\alpha=\beta)\leftrightarrow \forall x[(x\in\alpha)\leftrightarrow(x\in\beta)]$$

根据反推（a contrario）得出，若存在一个元素，属于一个存在物，而不属于另一个存在物，那么就确定了两个存在物是绝对不同的：
$$\exists x[(x\in\alpha)\&\neg(x\in\beta)]\rightarrow\neg(\alpha\in\beta)$$

于是可以得出，如果两个存在物完全不同，那么至少存在某一个存在物的一个元素不是另一个存在物的元素[这个元素就是其主要价值]。因此，会存在着一个具体差异，或者说"某一个点上"的差异，它足以证明两个存在物之间的整体或绝对差异。

这意味着差异的本体论仅仅在具体和真理之间才能行得通。所有在具体点上的差异都会导致两个存在物之间的绝对差异。而所有的绝对差异意味着至少在某个具体点上存在着一个差异。尤其是根本没有纯粹的整体差异，这意味着在诸如此类的存在物中，根本不存在纯粹的强度或质性的差异。

但我们不能从表象来谈相同。很明显，情势中的诸多或多或少存在着差别，它们又或大或小地彼此类似。这样，必须承认主宰着表象的并不是特殊存在物的本体论上的组成[即多]，而是由情势所决定的关系评价，其中，存在物得到了具体实现。与纯多的合法化不同，这些评价并不会将具体差异等同于整体差异。这些评价并不是本体论上的评价。**这就是我们将决定了世界中多之存在的表象的关系网络的规律称为"逻辑"的原因所在。**所有的世界都拥有自己的逻辑，逻辑让表象合法化，或者让此在的"此"合法化。

所有的具体化的最低要求就是可以决定元素 α 和元素 β 之间的同一性[或非同一性]的值，而两个元素必须属于同一个世界。因此，我们有很好的理由认为，在所有世界上，都会存在着我们称之为**表象函数**（fonction d'apparaître）的东西，即我们已知世界上的两个元素，表象函数可以用来衡量二者之间的同一性的值。我们可以将这个表象函数写为 Id(α, β)。它决定了，从世界的逻辑角度来看，在何种程度上，多 α 和多 β 可以表象为同一。

表象函数是第一个超验的指数：它是用来了解在同一个世界上两个存在物之间同一性的值的问题，根据这个值，两个存在物**表象为同一**。

但是，表象函数的价值何在？两个多元的表象之间的同一性的值的**衡量尺度**是什么？在这里，对于这个问题并没有一般性的或总体上的答案。表象的评价尺度，即世界的逻辑，依赖于世界本身的奇点。我们可以说，在所有世界上，都存在着这种尺度，我们将这个尺度称为超验尺度。

像所有事物一样，超验之物是一个多，很明显它属于存在物的情势，它是该情势的超验之物。但多被赋予了一种结构，它使得如下事实获得合法性，即在它的基础上，我们可以设定同属于某个情势的存在物之间的同一性的值，对于任意的 α 和 β，我们依据它来确立表象函数 Id(α, β) 的值。

这个结构所拥有的属性，依据世界的不同而变化。但它也拥有一般性的恒定属性，没有这些属性，它就无法运算。这就是超验的普通数学，我们会在下面进一步谈谈这一点。

一个非常简单的观念是，在所有的世界中，假定两个存在物 α 和 β 在那里存在，存在着函数 Id(α, β) 的值 p。也就是说，Id(α, β) = p 意味着，**相对于在那个世界中的表象而言**，存在物 α 和 β——在多之组成中，α 和 β 已经完全清楚地被决定——"在 p 值上"是相等的，或者叫作 p-相等（p-identiques）。那么，一个根本要求是 p 值必须处在秩序结构之内,于是,我们就可以理解,在一个确定的参照世界中,α 与 β 比 α 与 γ 同一性的值更高。用形式语言来说,如果有 $\mathrm{Id}(\alpha, \beta) = p$ 且 $\mathrm{Id}(\alpha, \gamma) = q$,$p > q$。

要注意到,说"与 β 比 α 与 γ 的更等值"并没有强调一个律令,即 α 与 β 的等同关系也不能与 α 与 γ 的等同关系相比较:秩序并不必然是整全的。我们要牢牢记住,表象的逻辑自身显现为一种秩序,而超验运算自身显现为在该秩序所锚定的代数学和拓扑学渊源上的存在物的指数。

3. 等值结构和秩序结构

在这里,我们来回想一下什么是秩序会非常有用。毕竟超验之物让评价和比较,构成大或小的尺度范围成为可能,这种力的最小抽象形式就是秩序关系——换句话说,它让我们可以讨论既定元素 α 要大于[或者在比较的层次上更高阶,或者有着更大的强度,等等]元素 β。

为了更好地理解秩序关系的本质,将之与另一种原始关系进行比较是十分有益的,这种关系确定了两个元素之间的严格的等同。我们将之称为等值关系。在公理上,它裁定两个元素 α 和 β 在如下情况下是相等的[等值的]:

a. 元素 α 总是与自身等同[自反]。
b. 如果 α 等于 β,且 β 等于 γ,那么有 α 等于 γ[可递]。
c. 如果 α 等于 β,那 β 也等于 α[对称]。

要注意的是,等值关系规定的是一种严格的对称性,我们可以恰当地称其为"对称公理"来对这种关系进行形式化。

在这种关系中,一个元素和另一元素的关系,与另一元素和第一个元素之间的关系是完全一样的。这就是为什么在一个公式中,一旦我们知道 α 等值于 β,决定用元素 β 替代元素 α 时,会多次用到等值关系。我们甚至可以说,我们的三个公理[自反公理、可递公理、对称公理]都是替代公理。

但这导致了关系的本质,所有分差评价或比较的本质,不能用等值"关系"来把握。因为比较评价通常会认定,我们可以真正地比较不同元素,也就是各个不可替代的元素。正因为如此,我们必须拒绝第三公理,这个公理宣称相关联的诸元素之间的对称性。基本上,秩序关系是这种拒绝的结果。它很"像"等值关系,只不过它用非对称关系取代了对称关系。

秩序关系假定,在公理上,差异是可以思考的。当然,某项与另一项之间的关系构成了一个原始给定。同样,可递关系的能力[在这个意义上如果 $\alpha=\beta$,且 $\beta=\gamma$,那么有 $\alpha=\gamma$]是一种有用的延展属性。因此,我们可以保留自反属性和可递属性。但最终在那里,由于将它们关联起来的关系,所以两个项之间不能彼此取代,在那种关系中,其关联和奇点的关系得到了确定,而分差评价成为可能。故而我们十分明显地拒斥了对称。

如果一个集合 A 遵循如下三个公理设定,那么集合 A 的诸元素之间的关系是一种秩序关系,我们写成 $\leqslant$:

a. 自反:$x \leqslant x$

b. 可递:$[(x \leqslant y) \& (y \leqslant z)] \to (x \leqslant z)$

c. 反对称:$[(x \leqslant y) \& (y \leqslant x)] \to (x=y)$

反对称一种区别于等值秩序的秩序,它可以让我们真正地进入不可彼此替代的独特项之间关系的领域。在 x 与 y

产生关系的[秩序-]关系中,除非两个元素严格"相等",否则两个元素不能彼此替代。的确,秩序关系第一次刻画了大他者的要求,因为它所确定的位置[在≤之前,或在≤之后]一般来说都是不可交换的。自反与可递都是笛卡尔式的设定:自我关系和理性秩序。但它们也是属于等同或等值的属性。秩序关系保留了这些笛卡尔式的述行。但用反对称关系,它在形式上概括出一种特殊非替代性类型。

出于直觉,因为我们心里总会有比较,$x \leqslant y$ 或许可以从如下方式来读解:"x 小于或等于 y"或"y 大于或等于 x"。我们甚至可以说"小于"或"大于"。但我们要牢牢记住,大与小的辩证法绝不是隶从于整体,在公理上,大与小确立了秩序-关系的域。这仅仅是符号论读解的方式之一,秩序-关系的本质在于"自在"(en-soi)

秩序-关系的概念并不包含如下事实,即它可以将基本集合 A 中的所有元素全部连接起来。这就是为什么在一般意义上,一个带有秩序-关系的集合叫作**有序子集集合**(ensemble partiellement ordonné),记作 EPO。在一个 EPO 中,对于任意两个元素 x 和 y 存在三种情况:要么 $x \leqslant y$;要么 $y \leqslant x$;要么既不 $x \leqslant y$,也不 $y \leqslant x$。在第三种情况中,我们可以说 x 与 y 是不可比较的[或不相关的]。

在这种特殊的情况下,关系可以说是总体性的,在关系中,任意两个元素总是可以比较的,要么 $x \leqslant y$,要么 $y \leqslant x$。

某个既定世界的超验物 T 都是一个有序子集集合[EPO],其附加条件是,在某个世界上——这些世界都非常特别——超验物就是总体上的秩序关系的载体。

在所有世界上,我们都可以用 EPO 的实存来概括超验之物的本体论。

4. 第一超验运算：最小值或零

超验展开的形式化，或基本运算的形式展现让表象的凝聚成为可能，它们采用了秩序-结构的特殊属性的形式，因为这种类型的结构就在所有超验物的根基处。

最小值的实存——量上的零值——就是一个非常简单的属性。

从现在起，我们设定 T[超验物]代表着带有秩序关系[写作≤]的集合。该关系遵循三个公理：自反公理、可递公理、反对称公理。这是一个合理观念的形式化的问题，按照这种观念，超验物 T 充当了强度评价的支撑，因为它可以确定一种**零强度**(intensité nulle)。

当然，无或者零都是相对于一个世界而言的规定，因此它只是该世界的超验物。在表象秩序[即逻辑]中，谈自在的零强度是没有任何意义的。我们知道，在存在物的秩序中，存在着一个内在的真空状态，即空集和彻底虚无的集合，这个集合本身就是最小值的多。但空集这个名称只有在非常特殊的情势下才能获得意义，这种情势就是本体论情势，它是一种数学，在历史上已经得到了充分发展。在那种情势中，"空集"或∅，而它正是存在之所为存在的专名。相对于在既定世界中表象的东西而言，我们所希望的就是可以在超验层面上来评估一个**最小强度**。很明显，对于寓居在这个世界上的人来说，这个最小值等于零，因为没有任何强度会小于这个最小值。但这种最小值的表象逻辑会与超验之物紧密相关。

因此我们提出，任何情势的超验物 T 都意味着结构 T

的秩序的最小值。我们可以将这个最小值记为 μ。我们面对的是这样一个对象,即对于 T 之中的所有元素 p 来说,我们都有 $\mu \leqslant p$[μ"小于或等于"任意元素 p]。

尽管在演绎上非常简单,但这个真正的要点就是**独一无二的最小值**。对这个独一无二的最小值的证明集合就是直接来自反对称公理。这意味着最小值真的内在于秩序-结构之中,其主要特征就是反对称性。

假定 μ 和 μ' 都是最小值。那么,根据最小值的定义,它是小于超验之物之外的任意其他元素的值,那么我们得出 $\mu \leqslant \mu'$,且 $\mu' \leqslant \mu$。根据反对称公理得出 $\mu \leqslant \mu'$ 是同一值,即 $\mu = \mu'$。

那么在这里我们的第一个现象学主题就涉及大写的一:从表象的同一性的零值的实存出发,我们得出这个值在所有情况下都是独一无二的。一般来说,表象各种尺度是无限的,但非-表象只有一个。

5. 第二超验运算:合取

合取的现象学观念的形式化阐明了其概念,与此同时也说明了其纯粹代数学的本质。我们已经看到,根本的现象观念就是表达两个存在物拥有何种共性,在何种程度上,它们可以共同表象于某个世界。更准确地说,问题在于什么样的存在物表象会成为两个表象物的共性。两个表象物的"共性",通过在超验结构上的表象强度值比较,实现了超验上的转化,即合取运算。已知两个在世界上的存在物的表象强度值[亦即表象的差异值],我们可以确定**在该世界上**两个存在物的最大共性的表象强度。为了可以在超验上进行这种运算，必然有已知该世界秩序上的两个值，总会存在某个值，它必然被另外两个值所直接"包络"，即那两个值同时决定的最大值。

对于任意 EPO 而言［在这种情况下，对于一个超验 T］，可用如下方式来体现这种观念：已知 T 的两个元素 p 和 q，这是两个超验值，我们假定存在着一个元素［写为 $p \cap q$］，这就是同时小于 p 和 q 的所有元素中的最大值。换句话说，如果 $r \leqslant p$ 且 $r \leqslant q$［r 同时小于等于 p 和 q］，我们一方面有 $p \cap q \leqslant p$ 和 $p \cap q \leqslant q$［$p \cap q$ 也小于 p 和 q］，另一方面，$r \leqslant p \cap q$［$p \cap q$ 大于等于所有拥有此属性的 r］。如果存在着 $p \cap q$，我们可以说，它就是 p 和 q 的合取。

至于最小值 μ，已知 p 和 q 的合取值是独一无二的，而这个结论正是反对称公理的直接结果。

我们可以说，在超验 T 中，合取 $p \cap q$ 测度着"小于"p 和 q 值的表象值。这就是为什么如果相对于那些由 p 和 q 来测度的表象而言出现了强度值上的差异，那么，这个合取值就可以充当在世界上共同表象的那些存在物的共性。即便它并不属于在那里存在，但它属于表象的超验尺度，那么我们仍然可以将 $p \cap q$ 称为"合取"，它奠定了其逻辑关系。

在 $\cap$ 运算的基础上，我们可以形式概括出三种情形，这三种情形可以充当合取运算的现象学上的指引。

情形 1，常春藤的红色枝蔓和常春藤成为一个整体，我们承认，在乡村秋色中，后者在那里存在的显象承载着前者的显象。那么，在超验物及其秩序结构的基础上，我们假定 q 是常春藤的表象值，而 p 是红色枝蔓的表象值，我们有了如下超验秩序，其表达出这样的依赖性的显象关系：$p \leqslant q$。我们从中得出结论，两个表象值之间的共性是 p 本身，即 $p \cap q = p$。由 $\cap$ 的定义得知，这一点十分确定。因为 p 小

于等于 p[$p \leqslant p$，这是秩序关系的自反公理]，且小于或等于 q[即显象上的依赖关系]。可以确定这种情况的最大值，因为如果另一个值大于这个值，那么也就大于 p，那么它就不可能同时小于 q 和 p。最后，$p \cap q = p$。

此外，依赖关系 $p \leqslant q$ 和合取等式 $p \cap q = p$ 之间的关系非常紧密。我们已经证明了如果 $p \leqslant q$，那么一定有 $p \cap q = p$。反向推理也是正确的，如果有 $p \cap q = p$，那么一定有 $p \leqslant q$。这是因为 $p \cap q$ 的定义决定了 $p \cap q \leqslant q$。所以如果 $p \cap q = p$，我们一定有 $p \leqslant q$。

那么我们可以说，让世界上的各种强度值可以进行比较的超验秩序，与展现了两个表象物共性的表象值的合取可以用一个等价式连接起来：$p \leqslant q \leftrightarrow (p \cap q = p)$。我们后面会经常用到这个等价式，我们给它起个名字，叫命题 P.0。

有了命题 P.0，我们完全有可能用合取公理来拓展超验之物，将秩序变成一个推理结构，用上面的公式作为这个秩序的定义。这将会帮我们弄清表象在关系上和运算上的明晰性，但代价是我们无法真正理解这种逻辑和在多的本体论基础上走向这种逻辑的路径。

在情形 2 中，是常春藤的红叶和可见的房屋建筑之间的关系，我们曾指出，这里有一个第三项，石墙，它表象为一个让在那里存在的前两项得以组合的最大可见的表面。如果 t 是外墙在超验层面上的值，p 代表红叶，而 q 代表房屋，显然我们可以得到 $t \leqslant p$ 和 $t \leqslant q$，因为 t 是实现这双重关系的超验最大值。于是，我们得出 $t = p \cap q$，t 既不同于 p 也不同于 q。

最后是情形 3，被红叶所覆盖的石墙与摩托的轰鸣，正如我们所看到的那样，这是一个断裂，意味着在秋色的乡村里，两个在那里的存在物之间的共同表象的最大值在超验上为零。正如我们已经指出的，如果我们将这个零值写为 μ[标志着在世界中表象的最小值],房屋的外墙为 p,摩托车为 q,那么我们有了一个空合取,即如下等式:$p \cap q = \mu$。

由于存在着超验结构中两个最先给出的运算,因此我们可以进一步来考察一下合取运算和最小值之间的关系[我们很快会解释第三个,也是最后一个超验运算:包络]。我们看到,如果 $p \cap q = \mu$,那么 p 和 q 之间是分离的值(valeurs disjointes)。我们还可以说,任意存在物与在世界上的表象值为最小值的存在物之间的合取值为最小值。事实上,最小值标志着在世界上没有表象。很明显,这样一种在表象秩序中的非表象物与任意存在物之间的共性都不可能被表象出来。对于任意超验上的值 p,我们都有如下等式:$p \cap \mu = \mu$。

6. 第三超验运算:包络

在它们的共同表象中,元素 p 和 q 的分析性规定是由合取 $p \cap q$ 来表达的[其强度值小于 p 和 q 的值]。但为了建构一种让表象合法化的逻辑,我们需要一个综合性的规定。我们上面已经说过,直观现象的观念就是通过一个单一的强度值来表达出世界的一个碎片或一个部分所包含的整体强度值,也需要"最精确地"表达这个值,尽可能接近地把握表象的强度值。其关键就在于某一元素的表象强度值,它**包络**了——我们已经用过这个术语——该部分的总体表象。或者再说一遍,去确定一个表象值,直接大于该部分中所有的元素的值。

我们可以用如下方式来概括这种现象学上的直观:设 **m** 是一个世界,T 为超验物。设超验物的子集 B 代表世界的某个部分的所有强度值。如果 $S \subseteq \mathbf{m}$,S 是世界中的一个部分[有限或无限的部分],且如果 T 为这个世界的超验物,那么 $B \subseteq T$,B 为超验物 T 的一部分,它包含了部分 S 的诸元素表象强度值的所有尺度。

例如,如果 S 是秋天乡村的一个角落,那里有房子、常春藤、摩托车的轰鸣等等,B 为所有这些存在物强度值的集合,从红色植物在石墙上的延展,到夜晚树荫下的阴凉,还有白色的沙砾,摩托车车轮那刺耳的摩擦声,以及天空下屋顶瓦片构成的斜面,那么我要直接寻找包络了所有这些强度值的强度尺度。简而言之,这就是所有这些"一并"(pris ensemble)在那里表象的强度值,它仅仅在刻度上有所变化。这就像是秋天本身的一个片段。

我们假定,至少存在着 T 的一个元素 t 大于[或大于等于]B 的所有元素。换句话说,如果 $b \in B$,就有 $t \leqslant T$,我们可以将之称为 t 是 B 的**上限**(majorant)。例如,我们可以设想秋夜的氛围中,可以用一个明显的分割来理解这个氛围,它让树荫与墙上的华丽的红色枝蔓之间对立起来——如同它标志着夕阳西下,凉意渐浓——它决定了世界中这个片段的所有元素。相应地,其表象的超验尺度大于所有的那些元素,这样也大于 B 的所有元素。

现在,我们假定存在着一个元素 u,它是 B **所有上限的最小值**。换句话说,u 也是 B 的一个上限,如果 t 是 B 的另一个上限,那么有 $u \leqslant t$。事实上,这就是我们所说过的氛围,但它严格且紧密地与世界中这个具体部分相关。沉默的背景中树荫和光亮的交错,屋前小路上的并不遥远的喧哗,都指向了这个地平。元素 u 就是 B 的包络,它尽可能接近地决定了所有属于 B 值的元素的强度值。我们可以说,B 是 u 的**阈**(territoire)。用这个术语可能不太合适,我们甚至可以说这个情势性的片段 S,其表象的强度值是由 B 叠加起来的,而u的强度值包络了S,或者说,所有表象强度值为u的元素包络了S。再说一遍,强度值u将世界中的S部分作为它的阈。

如果超验T的子集B存在着包络u,那么根据反对称公理,u是独一无二的。

因此我们可以得出,**在一个超验T中,T是所有强度值的汇集,这样T的子集B,允许存在着一个包络u**。或者说,**存在着一个u,对于u而言,B是其阈**。

这个属性可以视为一种现象上完备性的属性。我们可以考察[测度]所有现象上呈现的包络[强度上的综合],无论其本体上的性质如何。

一般来说,我们可以写作$u=\sum B$,表明u就是B的包络,或者B是u的阈。

我们可以用T的元素的某种属性来界定B。例如,B可以是"T的所有元素都具有属性P"。那么,我们可以想象,可以寻找到某个世界的一个片段的包络,这个片段所有的强度值都小于红色的常春藤。或者说,P是"所有小于红色常春藤的强度值"的属性。我们可以写成$B=\{q\in T/P(q)\}$,这可以读为:"B是T之中拥有属性P的元素q的集合"。

在这种情况下,B的包络可以成为:$u=\sum\{q/P(q)\}$。

那么我们可以非常坦然地说,u是T的一个元素。

a. 它大于或等于T之中所有拥有属性P的元素q[上限];

b. 它小于或等于所有的元素t,和它本身一样,元素t大于等于所有具有属性P的元素q[最小上限]。

Ⅱ. 大逻辑1:超验之物

有一种特殊情况,在这种情况中,B 可以还原为两个元素 p 和 q。那么上限仅仅是一个大于 p 和 q 的元素 t。包络是最小上限,所有上限的最小值也大于等于 p 和 q。这就是 p 和 q 的并集,可以写为 $p \bigcup q$。因为在超验中,存在着 T 的子集 B 的包络,很明显,p 和 q 的并集总会存在。

7. 在那里存在和包络的合取:$\sum$ 下的 $\bigcap$ 分配(distributivité)

在这里,形式表达非常具有启示意义,因为它说明了合取在现象上的理由依赖于包络问题,会十分直接地变成一个经典的代数属性:包络运算 $[\sum$ 运算$]$ 下的合取运算 $[\bigcap$ 运算$]$ 分布。

设 O 是梅特林克-杜卡版的《阿里阿德涅与蓝胡子》的歌剧世界。我们可以将蓝胡子的五位夫人记作 $f_1, f_2 \cdots f_5$,将"蓝胡子夫人"的世界的片段写为 F,那么有 $F = \{f_1, f_2 \cdots f_5\}$,$F$ 的包络可以写作 $\sum F$。事实上,包络就是与蓝胡子其他五位夫人最大差异的强度值,即阿里阿德涅。但这不是最重要的东西。如果设定 bb 是蓝胡子本人,我们的问题是要认识到他与"蓝胡子的妻子"的包络的合取值。

我们可以相应地将这个合取写为 $bb \bigcap \sum F$。在这个概念展示中我们所看到的是它的值就是所有具体合取的包络——在这里是蓝胡子与每一位妻子的包络:

$$bb \bigcap \sum F = \sum \{bb \bigcap f_1, bb \bigcap f_2, \cdots bb \bigcap f_5\}$$

在一般意义上,我们会提出具体[或有限]运算符 $\bigcap$ 和

总体包络 $\sum$ 的关系是**分配**关系。一个元素和一个包络的共性就是这个元素和该包络所包络的元素的包络的共性。这可以写为：

$$p \cap \sum B = \sum \{(p \cap x)/x \in B\}$$

我们读一下：元素 p 和子集 B 的包络的合取等于用 B 的所有元素 x 组成 p 的合取的 T 之子集的包络。

8. 超验代数学

我们现在可以总结一下超验结构是什么。

1) 设 **m** 是一个世界，总会存在一个存在物 $T \in \mathbf{m}$，T 是这个世界的超验物。T 的元素被称为值，因为这些值测度着在这个世界上表象的两个存在物之间的同一性的值。

2) **秩序**。T 是一个带有秩序结构的集合，其关系为 $\leqslant$，它们遵循如下公理：

a. 自反：$x \leqslant x$
b. 可递：$[(x \leqslant y) \& (y \leqslant z)] \rightarrow (x \leqslant z)$
c. 反对称：$[(x \leqslant y) \& (y \leqslant x)] \rightarrow (x = y)$

我们将 $x \leqslant y$ 读为"值 x 小于等于值 y"，或者"值 y 大于等于值 x"。

3) **最小值**。在 T 中存在着一个最小值 μ，它小于等于 T 之中的所有元素：

$$(\forall x)(\mu \leqslant x)$$

通常值 μ 也被称为零值[这个世界的零值]。

4) **合取**。已知 T 的两个值，总存在着 $p \cap q$ 的值，也就是同时小于 p 和 q 的最大值。我们称 $p \cap q$ 为 p 和 q 的合取。

5) **包络**。如果 B 是 T 的任意值的集合。因此有 $B \subseteq T$。那么在 T 中总会有一个值，我们写为 $\sum B$，它是大于或等于 B 中所有元素的最小值。我们称 $\sum B$ 为 B 的包络。我们也可以说 B 是 $\sum B$ 的阈。

如果 B 仅由两个元素组成，即 p 和 q，那么 B 的包络可以被称为 p 和 q 的并集，写为 $p \cup q$。

6) **分配**。设 T 的部分 $B[B \subseteq T]$ 和某个值 d。d 和 B 的包络的合取等于 d 与 B 所有元素合取的包络：

$$d \cap \sum B = \sum \{dp \cap x\}/x \in B\}$$

根据秩序 T 的这些属性，我们可以理解表象的广泛形式化的要求。正如我们随后会清楚地指出的，超验结构让完整的形式现象学成为可能——在那里存在的完整逻辑。

对于逻辑学家来说，符合上述 2) 与 6) 的结构，被称为**完全海廷代数**（algèbre de Heyting complète）。在英语中，用最新近的表达来说，即"区域"（locale）。

9. 超验值的逆值的定义和属性

很明显，对逆值的形式化依从于我们的概念规定。其揭示出在某种程度上，逆值的概念——也就是否定的概念——是超验秩序上公理给出的运算性综合。

我们说过，在那里存在的逆值就是与最初在那里存在相分离的同一个世界中所有在那里的元素构成的世界区域的包络。

设超验T的值p。一个与p分离的值为q,q与p的合取为零。那么我们有如下等式:$p \cap q = \mu$。带有这种属性的值的集合可以写为:$\{q / p \cap q = \mu\}$,也就是说,q与p的合取值为最小值。最后,集合的包络[就是p的逆值]可以写为:$\sum \{q / p \cap q = \mu\}$。这就是$T$之中大于或等于所有拥有属性$p \cap q = \mu$的值$q$的最小值。

对p的逆值的命名是$\neg p$。其定义为:

$$\neg p = \sum \{q / p \cap q = \mu\}$$

很明显,$\neg p$将他物或外物[$p \cap q = \mu$]与最大值[$\sum$运算]结合起来,这就是它扮演着表象中的否定关系的角色的原因所在。

逆值的两个主要形式属性可以通过简单的计算推理来证明。

a) 某个值与其逆值的合取等于最小值。其公式为:$p \cap \neg p = \mu$。

$p \cap \neg p = p \cap \sum \{q / p \cap q = \mu\}$	$\neg p$的定义
$p \cap \neg p = \sum \{p \cap q / p \cap q = \mu\}$	分配

但是,所有等于μ的项的包络显然是μ本身,所以有$p \cap \neg p = \mu$。

相应地,杜卡的歌剧的结尾,阿里阿德涅与其逆值阿拉蒂娜的合取仅仅是眼泪,没有任何肯定性的内容。

即便最差劲的逻辑学家都会在这个公式中认出这是非

矛盾律的变型。一个表象物和其最大的"他者"之间的合取值为零,也可以换成如下说法:陈述"A 与-A"没有真值[通常是假的]。作为在那里存在的逻辑,表象也遵循这个规律。

b) 一个值逆值的逆值通常大于等于这个值本身。其公式为:$p \leqslant \neg \neg p$。

$$\neg \neg p = \sum \{q / p \cap \neg q = \mu\} \qquad \text{逆值定义}$$

我们已经理解 $p \cap \neg p = \mu$。所以,p 是带有属性 $p \cap \neg q = \mu$ 的 q 的一部分。由于 $\neg \neg p$ 必须大于或等于所有这样的 q[$\sum$ 的定义],得出 $p \leqslant \neg \neg p$。

假定阿里阿德涅的逆值阿拉蒂娜,反过来拥有一个逆值,这个逆值不可能小于阿里阿德涅自己。这个逆值就是阿里阿德涅的纯粹的音乐力量,一种远离阿里阿德涅的阿里阿德涅之歌,她的女性之歌,在歌剧中她的值非常高。

在关于逆值的逆值的结果中,我们可以看到所谓的双重否定的逻辑规律,我们知道一个陈述的否定的否定,至少有着与原陈述一样的真值。或者说,非非 A 不会比 A"更不真实"。

既然如此,我们需要在这里插入一个相当重要的评述。在古典逻辑学中,我们知道非非 A 与 A 有着同样的真值。否定之否定等价于肯定。在这里并不一定如此。一般来说[在既定的超验中]绝对不会有 $\neg \neg p \leqslant p$。在绝大多数时候,p 的逆值的逆值小于或等于 p 都是不真实的。这绝不可能是从超验的基础结构中演绎得出的结果。如果存在着 $\neg \neg p \leqslant p$ 这种情况,由于我们已经有了 $p \leqslant \neg \neg p$,反对称公理意味着¬¬$p=p$,那么我们就面对着"古典逻辑"的情形,逆值的逆值,颠倒的颠倒,仅仅就是原初的元素本身,负负得正。对于庸俗的逻辑解释,我们可以说:表现的逻辑不是古典逻辑,因为否定之否定并不等于肯定。

在某个世界[存在着多个这样的世界]中,如果其超验规定所有值的逆值的逆值等于原来那个值,我们便可以正当地将这种世界称为古典世界。

但我们尤为感兴趣的是这样一种情形:一个最小值的逆值的值是多大? 在逻辑学中,真的最小值是假。假的否定即为真,如果我们这样来看,真就是真值上的最大值。但我们尚未在形式上界定超验秩序中的最大值。

10. 在所有的超验中,最小值 μ 的逆值是由这个超验支配着其逻辑的世界中表象(M)的最大值

对于超验 T[其中最小值为 μ]的所有值 p 来说,我们希望确定值 p 小于等于 μ 的逆值,即 $\neg\mu$。换句话说,对于任意的 $p \in T$,我们需要有 $p \leqslant \neg\mu$。于是:

$$\neg\mu = \sum \{q/p \cap \mu = \mu\} \qquad \neg \text{ 的定义}$$

但是,正如我们看到的,μ 的一个明显属性是对于**所有的** q 而言,我们都有 $q \cap \mu = \mu$[与 0 的合取值仍然为 0]。接着,$\neg\mu$ 就是作为整体的 T 的包络,或者说:$\neg\mu = \sum T$。

但是 $\sum$ 运算的定义需要 $\sum T$ 是一个大于等于超验 T 中所有元素的值,这样,也就是大于这个超验的所有值。因

此,真的就是这样,对于任意的 $p \in T$,我们都有 $p \leqslant \neg\mu$。

于是,值 $\neg\mu$ 是 T 的最大值。此外,根据反对称公理,最大值只有一个。接着,我们可以用 M 来表示任意超验的最大值。

我们现在可以确定相对于逆值[也就是相对于否定]而言的最小值和最大值:

最小值的逆值的逆值等于原值。同样,最大值的逆值的逆值也等于最大值。在这种特殊情况下,双重否定等于肯定。在形式上 $\neg\neg\mu=\mu$,$\neg\neg M=M$。相对于双重否定而言,最小值和最大值都以古典逻辑的方式运转。

可以以如下方式来证明:

a) [根据定义]我们已经知道 $\neg\mu=M$。因此,我们也有了 $\neg\neg\mu=\neg M$。

根据命题 P.0,在合取上,$p \leqslant q$ 等价于 $p \cap q=p$。我们知道 $p \leqslant M$ 也是这种情况,因为 M 是最大值。所以,得出 $p \cap M=p$。

现在根据 $\neg$ 的定义,我们有:

$$\neg M = \sum\{q/q \cap M = \mu\}$$

根据之前的评述,即 $q \cap M = q$,这会得出:

$$\neg\neg\mu = \neg M = \sum\{q/q=\mu\} = \sum\{\mu\} = \mu$$

b) 从上面的等式我们得出 $\neg\neg M=\neg\mu$。但是,根据定义 $\neg\mu=M$,所以 $\neg\neg M=M$。

11. 一个超验对另一个超验的依赖 (dépendance)的定义和属性

设 p 和 q 是 T 的两个元素。我们定义 T 的子集 B:"所

有 T 的与 p 的合取小于 q 的元素 t 的集合",写为 $B=\{t/\ p \cap t \leq q\}$。要注意,$B$ 并不是空集,因为 $p \cap q \leq q$,在结果上,B 至少包含一个元素 q,$p \cap q$,当然是最小值 μ。

依赖的概念上的规定让我们意识到,它仅仅是 B 的包络。因此,我们提出,**某个值 q 相对于值 p 的依赖就是所有符合属性 $t \cap p \leq q$ 的元素 t 的集合的包络**。

我们可以将 q 对 p 的依赖,写为 $p \Rightarrow q$,其形式定义为:

$$p \Rightarrow q = \sum \{t/t \cap p \leq q\}$$

我们回忆一下概括这个定义的观念。B 的包络[事实上]就是带有属性 $t \cap p \leq q$ 的元素 t 的最大值。换句话说,我们面对的是与 p 相关的最大的"一片",而它与 q 非常"接近"。那么我们在这里拥有的是 q 相对于 p 的依赖值的尺度,或者说 p 和 q 之间可能的因果关系的近似值。再用其他用词来说一遍,这是强度的最大值,当它与由 p 所测度的值相关的时候,它仍然小于由 q 所测度的强度值。

重要的是要注意到,一旦 p 和 q 是定值,$p \Rightarrow q$ 的依赖本身就是 T 的一个定值,而不是 p 和 q 的关系。这意味着 $p \Rightarrow q$ 是 $\sum \{t/p \cap t \leq q\}$ 所给出的包络运算的固定结果,这是一个涉及 p 和 q 的运算。

现在,我们会说明,一旦 $p \leq q$,那么在 T 中 q 对 p 的依赖有一个最大值。写作:$p \Rightarrow q = M$。这就是房屋的石墙的情形,其表象值小于红色常春藤所支撑的东西的表象值。于是,一切关于强调表象力的都会更加谈及常春藤。结果,从墙的表象值到常春藤的表象值是一场走向最大值的逻辑运动。

可以证明如下:

设任意值 t,我们有 $p \cap t \leq p$[$\cap$ 的定义]。如果 $p \leq q$,

对于任意值 t，我们都有 $p\cap t\leqslant q$ [$\leqslant$ 可递公理]。于是子集 $B=\{t/p\cap t\leqslant q\}$ 就等于作为整体的 T [因为所有 $t\in T$ 都拥有界定了 B 所有元素的属性]。相应地，其包络就是最大值 M，这个值也可以界定为 T 的包络。但 B 的包络在定义上是 q 相对于 p 的依赖。这样就确定了如果 $p\leqslant q$，就有 $p\Rightarrow q=M$。

我们可以从这个评论中直接得出一个可预期的属性：**p 对它自身的依赖就是最大值**。事实上，我们总有 $p\leqslant p$ [自反性]。那么有 $p\Rightarrow p=M$。

事实上，最大值依赖和表象值在超验上的依赖关系之间的关联比这更为紧密。我们实际上可以证明上述两种属性的相互性：如果 q 依赖于 p 拥有最大值，则 $p\leqslant q$。

如果事实上 $p\Rightarrow q=M$，因为 $p\Rightarrow q$ 是拥有属性 $p\cap t\leqslant q$ 的最大的 t，那么我们必然有 $p\cap M\leqslant q$。但 $p\cap M=p$，因此，$p\leqslant q$。

我们看到，两个超验上的两个有序值之间的依赖值至少**从秩序的定义上来说**是十分清楚的：如果 $p\leqslant q$，那么 $p\Rightarrow q=M$。这就是古典逻辑中的范畴包含（inclusion catégorielle）。如果"人"是"有死的"[它表明一种超验的依赖关系]的一个子集，那么从"苏格拉底是人"得出"苏格拉底是有死的"含义，这个含义是绝对正确的。

非古典的、细微差别的依赖的情形，尤其会涉及那些在表象值上不可比较的在那里存在的存在物。

第4部分　大逻辑和普通逻辑

我们会说明,对于一个既定世界而言,通常意义上的逻辑,也就是命题和谓词的形式推理,只能从该世界的超验中得出其真值和算子的意义。在这个意义上,逻辑仅仅是在那里存在的严密一致性的具体规则的语言学上的转述。没有逻辑,只有各个世界的逻辑。

如果我们认为"大逻辑"基本上相当于"超验逻辑","普通逻辑"相当于"形式逻辑",那么这个部分的标题就会让我们联想到胡塞尔的那部名著。这种比较并非荒谬绝伦。胡塞尔试图将逻辑运算建立在意识的意向性关系之上,在他那个时代,逻辑运算完全可以用数学形式来表达,而意向性的构成的值将其与康德的先验传统关联起来。在我看来,我想要确定的是,在一个既定世界中,规定了世界级中诸存在物表象强度值的超验——因此也就是世界的表象逻辑——也就是语言学意义上逻辑的关键所在,在某种程度上,这样一种逻辑也就在这个世界上确立了自身。无论是胡塞尔还是我都试图让形式逻辑从属于超验运算。但是最终我们俩是彼此颠倒的。我认为,普通语言学将逻辑解释为完全次生性的拟人态的主观主义(subjectivisme anthropomorphe),这个逻辑本身需要从在那里存在的内在固有的架构来考察。相反,胡塞尔仅仅认识到,形式运算的[意识]主观根基一旦被建构起来，所有的逻辑就具有终极的严格性。对于现象学家而言，真实乃是最后的意识诉求。对我而言，意识乃是真实的布局及其事件性的中顿的最遥远的结果，主体完完全全——正如我们在第 1 卷中所展现的主体形式的考察一样——不是像胡塞尔所说的那样是构成性的，而是被构成的。它是由真理所构成的。最后，对于胡塞尔和我，逻辑当然是超验的。但对胡塞尔来说，这意味着为了进行科学的理解，就必须指向一个意识的构成行为的理论，而对于我来说，它依赖于存在情势的本体论理论。当然，这个理论所辨识的仅仅是在表象之内的基本运算：合取和包络。但这些运算跟所有的主体都没有多大关系，它们仅仅需要的是多之存在在那里降临。

我们可以很清楚地看到，根据这一点，唯物辩证法与两种在今天都宣称是权威的学术传统［现象学和分析哲学］之间是对立关系。这两种潮流都要求对语言的缘起进行建构性的肯定。但是这两种潮流都赞成，无论是在修辞中还是在逻辑中——无论如何，这都是对语段控制的意向形式——都是这种缘起的图示。唯物辩证法摧毁了这种图示，用一种前语言运算取而代之，而正是这种前语言运算奠定了表象的连贯性。结果是，逻辑，包括形式逻辑，更不用说修辞，都为它们自身而表象：派生性建构（constructions dérivées），对其详尽研究是人类学的任务。

为了确定整个经院形式逻辑或语言学形式逻辑，或许可以从超验运算来重新考察，超验运算足以说明普通逻辑关系 ［A 或 B，A 和 B，A 蕴含 B］，逻辑否定［非 A］，量词［对于所有的 x 而言，都拥有属性 P；存在着一个 x，拥有属性 P］，所有这些仅仅是我们已经列举过的项与运算的超验运作：最小值、最大值、合取、包络。这些为我们提供了句法上的合法性。我们还必须说明,真值[真,假],但如果需要这些值的各种可能的区分,我们通常将之命名为模态(modalité),就像必然、或然、某种情况下为真但并不恒真、可能为真、绝对-不确定、除了某些例外情况之外显然为假等等,这些东西同样都可以通过超验算子来表达。这反过来为我们提供了一种语义学上的合法性。

基本上,我们会说明在一个既定世界中,可以思考和解释某种普通逻辑,如果在该世界的超验中存在着这些值,那么,真是通过表象的最大值来表达的,假则是由最小值以及其他值的模态值来表达的。我们也可以说明,连接词"和"就是由合取运算来表达的,存在谓词就是用包络[在其完备的意义上]来表达的,否定是用逆值来表达的,蕴含是用依赖来表达的,而连接词"或"是用"两个词"的包络或并集来表达的。这些都是属于语义形式表达的实践。

这个任务将会通过对全称量词的思考来完善。和逆值一样,全称量词可以从原初的超验运算中演绎出来。

1. 语义学:真值

我们已经说过,我们下面会按照语义形式的体系来推进。

设 $P(x)$ 为一种基本谓词陈述的类型,可以读作:"x 拥有属性 P",此外,设这个陈述指向一个确定世界,其超验为 T。在这里,字母 x 为一个变量,是该世界中的任意存在物。因为我们面对的是变量,我们并不知道它是否拥有该属性。这就是为什么像 $P(x)$ 一样的表达被称为**开值**(ouverte):其值[真、假、可能、不太可能等等]实际上依赖于用来代入 x 的

定项(terme déterminé)。我们将变量 x 称为**自由**变量。

现在,如果字母"a"代表着一个确定的在那里的存在物,换句话说,如果"a"是一个表象物的专名,那么我们可以弄清楚这个表象物是否拥有属性 P。在这种情况下,我们可以说 $P(a)$ 是一个**闭合**表达(expession close)。而 a,可以被称为一个**常量**(constante)[对应于变量 x]。在脱离于情境说的"这东西是红的"[在缺乏关于这个东西的具体信息时这个陈述的真值是不可知的]与关于秋天世界里的"常春藤是红的"[这是真的]的句子之间有着天壤之别。

现在,我们假定我们有一种语言,带有变量[$x,y,\cdots$]、常量[$a,b,c,\cdots$]和谓词[$P,Q,R,\cdots$]。我们在超验 T 中以如下方式在这种语言中来建构陈述:

1) 如果 $P(a)$ 为真,我们可以赋予其值 M[T 的最大值];
2) 如果 $P(a)$ 为假,我们可以赋予其值 μ[T 的最小值];
3) 如果在世界的超验中存在着除 M 和 μ 之外的其他值,我们设之为 p,有 $P(a)=p$,这代表一个陈述,非真非假,它拥有"不确定"的值,例如"很有可能是真的","在某些特殊情况下是真的,但更多时候是假的",等等。

例如,"路上的砾石是灰色的"就是这种情况,说得绝对点,这是非真非假的,尽管砾石是白色的,但如果下雨,如果我们在雾中来看的话,这个陈述可能会是真的。

2. 句法:合取["和"]、蕴含["如果……那么……"]、否定、选择["或"]

我在第 2 卷的第 1 部分和第 3 部分所阐明的超验的结

构可以帮我们解释逻辑关系。

1) [$P(a)$ 和 $Q(b)$] 的值是什么,它是在同时肯定 $P(a)$ 和 $Q(b)$ 吗?在直观上,很明显,如果 a 拥有属性 P,而 b 也拥有属性 Q,那么 [$P(a)$ 和 $Q(b)$] 为真。如果两者其中之一并不拥有这种属性,例如如果 $Q(b)$ 是假的,那么 [$P(a)$ 和 $Q(b)$] 也是假的。一般而言,如果这些值可以比较的话,我们可以说 [$P(a)$ 和 $Q(b)$] 不可能比二者之一更为真实,这二者都拥有非常弱的真值。这样,如果 $P(a)$ 为真,但 $Q(b)$ 是或然的,那么两者的合取也只能是或然的。

所以,我们完全有理由解释说,在超验中 [$P(a)$ 和 $Q(b)$] 就是 $P(a)$ 和 $Q(b)$ 两个值的合取。事实上,p 和 q 的合取就是 $p \cap q$,它是那些小于或等于 p 和 q 的元素的最大值。例如,如果 $P(a)=M$,且 $Q(b)=M$ [均为真],那么 [$P(a)$ 和 $Q(b)$] 就会有一个值 $M \cap M=M$。如果 $P(a)=M$,而 $Q(b)=\mu$,那么 [$P(a)$ 和 $Q(b)$] $=M \cap \mu=\mu$,因为 M 代表真,而 μ 代表假。

现在,如果 $P(a)=M$ [真] 和 $Q(b)=p$ [或然],那么 [$P(a)$ 和 $Q(b)$] $=M \cap p=p$,因为在所有的超验中都有 $p \leqslant M$ [命题 P.0 的应用]。

2) 蕴含问题模式一样,很自然,它可以从上面定义的依赖关系来解释。

在直观上,$P(a)$ 蕴含着 $Q(b)$ 意味着 $P(a)$ 的真必然会导致 $Q(b)$ 的真。在自然语言中,可以说为"如果 $P(a)$,那么 $Q(b)$"。我们可以用超验的 [依赖] 算子 $p \Rightarrow q$ 来确证。

我们设 $P(A)=M$,且 [$P(a) \Rightarrow Q(b)$]$=M$。我们可以验证 $Q(b)=M$,于是,我们可以用蕴含来解释依赖关系。

我们知道 [参看上一部分的第 11 小节] 如果 [$P(a) \Rightarrow$

$Q(b)]=M$,我们必然有 $P(a)\leqslant Q(b)$。但这就需要,因为 $P(a)=M$,有 $Q(b)=M$。

中世纪时期人们已经注意到了**即便错误,亦可得出某种东西**(ex falso sequitur quodlibet)。意思是说,即使 $P(a)$ 是错的,$P(a)$ 蕴含着 $Q(b)$ 也是对的,无论得出的 $Q(b)$ 是什么。在超验中,这也是正确的。很容易说明,如果 $p=\mu$,那么也有$(p\Rightarrow q)=M$,无论 q 为何物;如果 $p=\mu$,那么 $p\leqslant q$,从中我们可以推理得出$(p\Rightarrow q)=M$。

拓展到一般情况,我们提出从一开始,如果 p 就是 $P(a)$ 的值,而 q 是 $Q(b)$ 的值,那么"$P(a)$ 蕴含着 $Q(b)$"就是 $p\Rightarrow q$。我们可以说,[超验上的]依赖关系解释了[逻辑上的]蕴含。

3) 让我们来看看否定,或者对于世界而言的"非 $P(a)$"的值。读者们已经了解,我们会用 $P(a)$ 的逆值来解释否定。这并不会引出什么特殊的问题。"常春藤不是红的"的值会是分配给红色常春藤的表象的逆值的值。正如我们所认为的那样,如果在秋天里,常春藤实际上是红色的,它的表象值是最大值,即 M,因为正如我们已经证明的那样,M 的逆值是 μ,那么"常春藤不是红色"的最终值就是最小值。所以我们可以得出结论,在这个世界上,这个陈述是假的。然而,值得注意的是,除非我们知道超验的殊例,否则我们无法断定从这个悬而未决的陈述的否定中会得出什么。例如,"砾石不是灰色的"实际上就是"砾石是灰色的"的逆值。但如果我们认为这个值是 p,那么并没有一般性规则可以告诉我们 $\neg p$ 的值。唯一的确定性是 p 和 $\neg p$ 的合取值是最小值 μ,我们已经在第 3 部分证明了这一点。

4) 让我们简要地谈谈选择,即连接词"或"的问题,其经典解释是"A 或 B",即要么 A 是真的,要么 B 是真的,或两者皆为真。事实上,我们可以将其视为一种特殊的[有限的]包络类型。设有两个表象物,例如常春藤和瓦房顶。设属性为"带有紫色的东西"。两个表象物没有一个完全符合这个属性,但二者也都没有完全拒斥这个属性。我们可以说,如果 a 是常春藤,b 是房顶,P 为属性,那么 $P(a)$ 的真值 p 是悬而未决的,而 $P(b)$ 的真值 q 亦是如此。那么如果我们说"$P(a)$ 或 $P(b)$"呢?我们完全可以合理地得出,它的值直接大于 $P(a)$ 和 $P(b)$ 的值,如果它们二者相等,也可以同时等于它们二者的值。这个值就是由 p 和 q 所组成的集合的包络的值。事实上,连接词"或"决定了一个复杂的语句,"在尺度上"其真值为它的组成元素的最大值。那么,我们可以提出,当 $P(a)$ 有值 p,且 $P(b)$ 有值 q 的时候,"$P(a)$ 或 $P(b)$"的值为 $\sum\{p,q\}$。在这里我们很容易看到,在古典情形中,如果 p 或 q 拥有最大值 M,即为"真",那么 $\sum\{p,q\}$ 的值肯定也为 M,因为包络必须大于或等于它所包络的元素。

为了与古典传统相一致,我们已经决定用 $p \cup q$ 来写 $\sum\{p,q\}$,并称之为值 p 和值 q 的并集。

正如我们已经说过的,在一个既定的世界 **m** 的超验中,否定之否定与肯定是一回事的说法并不恒真,在这里重要的是,要注意到在一个既定的世界上,某个值及其逆值的并集总等于最大值 M 的说法也并不一定为真。换句话说,等式 $p \cup \neg p = M$ 并不是一个超验规律。这意味着我们不可能想当然地认为,在所有世界中,陈述"$P(a)$ 或非 $P(a)$"是真的。这仅仅是古典世界中的情形,我们将在第 5 部分讨论这个情形。

3. 存在量词

让我们升级一下语言，诸如"存在着 x，有 $P(x)$"或"至少有一个 x 拥有属性 P"这种表达我们通常用公式 $\exists x(Px)$ 来表示。

在超验 T 中，如何解释这一点？对于我们语言中的所有常量 $[a, b, c, \cdots]$ 和谓词 P，我们在 T 中拥有对应于 $P(a), P(b), P(c), \cdots$ 的真值。例如，像"常春藤是红色的""砾石是白色的""摩托车的轰鸣是红色的"等陈述上会被分配给不同的真值。这些值会组成一个子集，我们将这个子集称为 T 的 $A_p [A_p \subseteq T]$。换句话说，对于我们所有有专名 a, $b, c \cdots$ [常量]所决定的项来说，我们都会知道它们要么带有属性 P，要么不带有属性 P，要么可能带有属性 P，要么不太可能带有属性 P，等等。所有这些值组成了 T 的一个子集，我们称之为 A_p。

设 A_p 的包络，也就是 $\sum A_p$。它决定了 T 的元素的最小值要大于等于 A_p 的所有元素。换句话说，它决定了所有陈述 $P(a), P(b)$ 等的"最大值"。我们可以说，$\sum A_p$ 决定了"至少"与所有分配给 $P(a), P(b), \cdots$ 一样大的真值。结果，存在着一个带有属性 P 的 x 由 $\sum A_p$ 来测度，或者由 $\sum A_p$ 来"确定其值"。

所以我们提出，"存在着 x，有 $P(x)$"的值是 $\sum A_p$。当然，这个值属于 T，对于世界 **m** 来说，T 是其超验。这个值可以由如下事实来判定，即对于任意 a 来说：

$$P(a) \text{ 的值} \leq \sum A_p$$

这意味着 $\sum A_p$ 决定了"至少"有着与 $P(a)$ 差不多的真值,如果 a 为常量,则 P 达到"最大"。

如果在某种特殊情况下,存在着一个 a 绝对拥有属性 P,或者如果 a 决定了一个由 P 所决定的属性的实体,这意味着 $P(a)$ 为真,正如"常春藤是红色的"在秋天世界里是真的一样。如果我们有 $P(a)=M$,M 属于 A_p [A_p 是 $P(a)$ 类型陈述的所有值的集合]。但对于 $\sum A_p = M$,可以解释如下:

$$\exists x(Px) = M$$

所以,存在着一个 x,有 $P(x)$。在我们的例子中,至少常春藤在秋天的世界里符合这个存在判断的真;事实上存在一个存在物,其属性是红色的。

那么我们可以看到,[仍然以非形式的方式]存在量词 $\exists$ 可以解释为超验中的包络:"存在着 x"的值就是一个包络,对 x 的解释就是这个包络的阈。

最后,我们顺便将逻辑关联词都映射(projection)为超验运算:和[合取],**意味着**[蕴含],非[否定],或[选择],**存在着**[存在量词]。这些映射反过来都对应于分配给基本陈述 $P(a)$ 的真值。这些值必然包括 μ[假]和 M[真],但它们也包括其他一些值,这取决于具体的超验。从功能上来理解,T 可以被称为一个**逻辑空间**(espace logique)。

4. 全称量词

我们已经触及了"所有的 x 都有属性 P"这样全称陈述的问题,或 $\forall xP(x)$。问题的关键在于对全称量词的解释,例如这样的陈述：“［在秋天的世界里］所有的表象物都有一种悲怆。”

我们需要在技术上迂回一下，但其直观意义很快会变得十分明显。设 T 的一个子集 $A[A \subseteq T]$，再设一集合 B 符合如下规定："在 T 中所有小于 A 的元素的元素的集合。"我们称 B 为 A 的下限集。换句话说，如果对于 A 的任意元素 y，有 $x \leqslant y$，那么 x 就是 B 的元素，或写作：

$$B = \{x/y \in A \rightarrow x \leqslant y\}$$

要注意，B 并不是空集，因为毫无疑问，最小值 μ 小于 A 的所有元素。因为在超验中，存在着 B 的包络 $\sum B$。根据定义，$\sum B$ 是大于 B 的所有元素的 T 之中的最小值［反过来，它小于 A 之中的所有元素 y］。我们说明 $\sum B$ 本身也小于 A 的所有元素。

设 a 为 A 的一个元素。分配公理告诉我们：

$$a \cap \sum B = \sum \{a \cap x/x \in B\}$$

但是，根据 B 的定义［即 A 的下限集］，因为 a 是 A 的一个元素，所以对于所有的 $x \in B$，我们有 $a \geqslant x$。这意味着 a 是 B 的上限，因此 a 大于等于 B 的包络［根据定义，包络为上限的最小值］。相应地，对于 A 的所有 a 而言，我们都有 $\sum B \leqslant a$，这意味着 $\leqslant$，即 A 的所有下限的包络，也是 A 的一个下限：A 的下限的最小值。我们写作 ΠA。

现在我们设分配给 T 之中 $P(x)$ 类型的陈述的值的结合。即对于 $a, b, \cdots$ 的常量而言，$P(a)$，$P(b)$，$\cdots$ 的值。例如陈述"地平上的山丘带有巨大的悲怆"，"摩托车的轰鸣带有巨大的悲怆"，等等。

像上面一样，设为 A_p 这类集合 $[A_p \subseteq T]$。那么值 ΠA_p

要小于或等于 T 之中分配给 $P(a)$ 类型陈述的所有值,它是具有这种属性的最大值。简言之,所有 $P(a)$ 类型的陈述"至少"与 ΠA_p 所确定的真值一样真。对于任意的常量 a,陈述 $P(a)$ 都拥有一个至少等于 ΠA_p 的真值,ΠA_p 是拥有该属性的最大值。这意味着拥有该属性的**所有项**的值至少是由 ΠA_p 来确定的。

所以,我们可以说 $\forall x P(x)$ 的真值是由 ΠA_p 来设定的。

例如,如果"对于所有的 $x,P(x)$"绝对为真——在秋天的世界里,所有表象物实际上都带有悲怆的色彩——这意味着 $P(a)=M$,无论常量为何值均是如此。在这种情况下,$A_p=\{M\}$[$P(a)$ 的值不会外在于 M]。很明显,这也就是 $\Pi A_p=M$,即在 T 的层面上的映射,$\forall x P(x)$ 为真。

如果存在着某个常量[只有一个],陈述 $P(a)$ 绝对为假——常春藤鲜艳的红色并不悲怆,相反它是欢快的标志——我们有 $P(a)=\mu$。那么 $\mu \in A_p$。由于 ΠA_p 小于 A_p 的所有元素,我们有 $\Pi A_p \leqslant \mu$,因此 $\Pi A_p=\mu$。这一次我们面对的是"对于所有的 $x,P(x)$"绝对是假的:一个例子[在这里是常量 a,常春藤]成为全称总体化的对立面,因为 a 所命名的存在物并不具有属性 P。

当然,还会有一些悬而未决的情况,在那些情况下,$\Pi A_p=p$。例如如果没有东西,甚至常春藤是真正快乐的,或者会绝对否定掉"悲怆"的谓词——那并不代表所有东西都是悲怆的,或者说,对于诸物的忧伤,并未得到普遍的验证。在这种情况下,我们说"对于所有的 $x,P(x)$"仅仅在 p 值上为真[很强烈,但并不是总体]。

最后,算子 Π[全集,或反包络]是对全称量词的清楚的解释。

为了尽可能简单地保留这个表达，我们只需要提及上面的谓词公式 $P(x)$。我们同样可以采用一种关系形式，即 **R**(x, y)，如"x 被定位在 y 的右边"。在超验中的常量的基础上可以给予这一类陈述以某个值。例如，我们可以问 **R**(a, b) 的值是什么。我们可以用运算 $\bigcap$ 和 $\sum$ [例如] 来给"和"或"存在着"赋值。

许多逻辑学家，用与 n 个项的关系来绝对一般性地和非朴素地表达出这种类型事物。尤其是当这个问题在面对量词时，会充滞着大量令人极度厌烦的各种复杂的记号。实际上，如果你们试图确立"对于所有的 x，都存在着 y，即对所有的 z 而言，我们都有 **R**(x,y,z)"类型的公式，即用公式表达为 $(\forall x)(\exists y)(\forall z)[$**R**$(x,y,z)]$，那么你们都要十分谨慎小心！即便是你想去阐明一个既定公式的情况亦是如此。但这是可行的。

眼下我们唯一的目标就是描述出超验何以可能解读为一种逻辑空间，并让形式逻辑返回到其真正的本质：超验代数学。我们将会看到，这种代数学也是，或者说在根本上就是一种拓扑学。这一点并不会太令人惊奇，因为一个世界不过就是一个具体架构存在物的机制。

第5部分　古典世界

1. 什么是古典世界？

我们已经指出，在一个既定的世界上，一般来说，一个在那里的存在物的逆值的逆值是它本身并不正确。我们仅仅知道，在那里的存在物的逆值的逆值是一个大于等于分配给该存在物的值的超验值。用逻辑学术语来说，在一般意义上[或者说在所有的其逻辑连接词都得到解释的世界中]，否定之否定等于肯定的说法并不为真。如果一个世界的超验世界有这种等价关系，那么这个世界就是一个古典世界。这个世界实际上来源于同时承认非矛盾律和"双重否定律"的逻辑的古典逻辑学，这种古典逻辑学对立于直观主义逻辑学和次协调逻辑学（logiques para-consistantes）。

古典逻辑的观念也指向了独立属性，即著名的排中律：既定的一个闭合命题 p，要么 p 正确，要么非 p 正确，并没有第三种可能性。古典逻辑同时承认排中律和非矛盾律[陈述 p 为真，那么与此同时非 p 就不可能为真]。直观主义逻辑学承认非矛盾律，但并不承认排中律。而次协调逻辑学承认排中律，但不承认非矛盾律的一般形式。在每一种情况下，我们面对否定算子的定义和意义的不同形式。

当然，排中律并不是在所有世界中，或者对于所有的超验来说都正确。客观现象学对这一点提供了一个很精彩的说明。如果我们以日暮中墙上的常春藤为例，我们思考一下陈述"常春藤的红色在阳光照耀下绽放光芒"，可以清楚地看到，这个陈述并不一定正确，至少在其蕴含的时间段中并非一直如此。它也不是绝对错误的，因为在起初的一个时间段，当阳光的斜射尚未太多地衰退，这个陈述当然就是正确的。最后，这个陈述既不真[它并没有达到超验上的最大值]也不假[它也没有达到最小值]。在该世界中，它并不符合排中律。我们已经注意到，这个世界并不承认双重否定的"规律"：摩托车轰鸣在超验上的表象强度的逆值的逆值并不必然是同样的轰鸣。秋夜里房子的世界并不是古典世界，在某种意义上，它既不认可双重否定，也不认可排中律。

现在，我们可以考察一下一个彻底人为的世界[我怀疑我们是否真的能谈论这样的一个世界]，一个由蓝胡子和他的五个妻子组成的世界，让我们以梅丽桑德为例。如果——从表象强度来说——某个值的逆值是其他值，我们立刻可以说，这个细小的世界是一个古典世界。因为例如蓝胡子的逆值的逆值是梅丽桑德的逆值，即蓝胡子本人。如果我举另一个例子，"所有存在物都是有性别的"，我可以证明，这就是蓝胡子和梅丽桑德的情形，我可以毫无疑义地得出，这个命题在他们所组成的世界中是真命题。同样，如果我说"那里有女人"也是真命题。

我们进一步会看到，双重否定"规律"和排中"律"之间的稳固关系。在古典世界里，这两个"规律"得到共同认可。如果我们从非古典世界的出发来考察问题，这个稳固的关系就纯粹是一种直观了。如果在一个既定世界中命题"那里有女人"并不遵守排中律，那么意味着在那个世界上女人的实存是这样一种情况，即尽管我们不能怀疑它，但我们也无法完全确证这个命题。在这样的世界里，我们可以说，女人是半-实存(mi-existe)的。设 φ 为半实存的对应值，那么这也是在这样的世界中的陈述"存在着女人"的值。此外，我们知道，陈述"不存在着女人"的值为最小值 μ，因为我们不可能质疑其实存。借助第 4 部分的语义学规则，"不存在着女人"的超验值就是"存在着女人"的逆值。结果，φ 的逆值是 μ。接着 φ 的逆值的逆值是 μ 的逆值，而 μ 的逆值是最大值 M，不可能是 φ。最后，我们看到，我们所考察的这个世界上的女人的半实存的值的逆值的逆值绝不等于这个值本身：不承认排中律导致了双重否定"规律"没有任何值。

进一步而言，我们将会证明两个陈述［排中律和双重否定］之间严格等价，两个规律必然被所有的古典世界所认可。

古典世界的一个基本例子是本体论，或纯多的理论，或历史性数学。在根本上这是因为它是从外延上来界定集合的：一个集合等同于其元素的汇集。如果我们严格接受如下原则的话，这个定义就真的十分有意义：已知一个元素，要么它属于一个集合，要么它不属于。没有第三种可能性。

实际上，本体论的超验被还原为两个元素，即能区别出属于和不属于。这些元素取最小值，即代表着不属于，取最大值，则是属于。

2. 本体论世界的超验属性

设任意两个存在物，我们称之为 1 和 0。如果我们提出一个秩序，$0 \leqslant 1$，我们会看到二元集 $\{0, 1\}$ 拥有一个超验结构。我们将这个超验结构写为 T_0。

T_0的最小值很明显是0。

在T_0中,0和1的合取值也是0。

总而言之,T_0拥有四个子集:单元集$\{0\}$,单元集$\{1\}$,T_0,最后一个是空集。这些子集的包络分别是0,1,1和0[这是一个包络直觉的很好的例子]。

我们很容易发现0的逆值是1[也就是最大值],1的逆值是0。

如果一个世界将T_0作为其超验,很明显,在这个世界上,对于这个世界上的任意元素x来说,仅仅有两个表象值。一个是最大值1,意味着x绝对表象,另一个是最小值0,像其他0值一样,它意味着x的非表象。事实上这就是让T_0变成了最小超验:它决定在表象与非表象之间没有细微区别。于是,这仅仅是阐述了巴门尼德式本体论的基本区分,我们知道存在排斥着非存在。

在双重否定和排中律问题上,T_0的古典主义色彩分外明显。

一方面,由于¬1=0,我们有¬¬1=¬0=1。

另一方面,由于¬0=1,我们有¬¬0=0。

因此,T_0超验认可了双重否定。

在我们面对排中律之前,我们需要引述一个重要的评价。p和¬p之间的选择是排他的,意味着如果我们将两个选择加在一起,我们便得到了所有可能的选择。换句话说,p值和¬p值的总和必然是最大值,否则我们就必然有p和¬p之外的第三个值,我们已经假定没有这个第三个值[排中律]。

但是,在超验结构中,相加[总体化]意味着什么?很明显,我们面对的是包络,是最重要的综合运算。两个超验值的包络就是它们的并集,我们可以写成$p \cup q$。所以,如果一个超验承认排中律,那是因为在这个超验中,设 M 为其最大值,我们会得出等式 $p \cup \neg p = M$。

现在,可以确定的是 T_0: $0 \cup \neg 0 = 0 \cup 1 = 1$。

同样,$1 \cup \neg 1 = 1 \cup 0 = 1$。

因为 1 为最大值,于是得证:T_0 承认排中律。

于是我们确定本体论世界的超验是古典的。在整个哲学史上,有某种东西让我们相信了所有世界都是古典世界。因此一旦某个世界明显在表象秩序上不是古典的,唯一的选择就是要么不相信这个世界[这个世界不真实,或者是虚幻的世界],要么以怀疑的姿态来质疑本体论连贯性本身。

事实上的确存在着完全不同于本体论逻辑规则的非古典的超验,在其架构的世界上,它确保的是彻底可经验的逻辑连贯性。在那里的存在物由外在其存在的另一种逻辑来支配,并不意味着它将不连贯性引入存在之中。

所有的世界都是组成的。"逻辑"和"表象"是同一回事。

3. 古典世界的形式属性

现在我们来证明排中律和双重否定"规律"之间的形式等价关系。因此,我们将概括出在超验上承认这两个陈述的古典世界的特征。

我们甚至要加入一个第三项,这个第三项会为我们提供一种中介。

思考一下方程 $\neg p = \mu$,它规定了 p 的逆值等于最小值。在任何情况下,这个方程有一个解,即 $p = M$[最大值]。实际上我们知道在所有的超验中,最大值的逆值是最小值。无论我们面对何种超验,我们都有 $\neg M = \mu$,在某种意义上,这就是这个方程的普遍解。但这是唯一的解吗？不完全是。首先，我们提出另一种解的例子，即某个既定世界中女人半实存的例子，它的值为 φ，我们有 $\neg \varphi = \mu$，即便 φ 不同于 M。在非古典世界里，方程 $\neg p = \mu$ 是完全可能的，尽管 p 与 M 不同。

要注意，在本体论的[古典]世界的超验中，即在 T_0 中，该方程将最大值作为其解。实际上，在那个世界里，如果 $\neg p = 0$，那么必然有 $p = 1$，因为 $\neg 1 = 0$ [实际上也有 $\neg 0 = 1$，在这个超验中，除了 1 和 0 之外没有别的任何东西了]。

于是我们有了对于任意 T_0 的三个属性。

——双重否定"规律"：$\neg \neg p = p$；
——排中"律"：$p \cup \neg p = M$；
——方程 $\neg p = \mu$ 只有一个解，即 M。

我们可以证明，这三个属性都是等价的，因此如果被超验所认可，这三个属性中的任何一个都足以得出结论，即像本体论世界一样，如果该世界的表象强度是由这种超验所规定的，那么这个世界就是古典世界。

如果一个陈述是另一个陈述的结果，我们就可以说这两个陈述是等价的。换句话说，如果 α 蕴含着 $\beta (\alpha \rightarrow \beta)$，且 β 蕴含着 $\alpha (\beta \rightarrow \alpha)$，那么我们可以说 α 和 β 是等价的。这就是为什么等价符号会写成双向蕴含[最常见的符号是 $\leftrightarrow$]。稍稍思考一下，我们可以为读者说明，如果有人想证明三个[或者更多]陈述的等价，我们可以这样来进行：我们证明第一个陈述蕴含第二个陈述，第二个陈述蕴含第三个陈述，以此类推。那么我们有最后一个陈述蕴含第一个陈述。这正是我们为前面提及的三个属性所做的事情。我会在附录中谈计算推理的细节。它证明三种属性[双重否定、排中律，$\neg p = \mu$ 的唯一的解]是完全等价的。

超验认可了所有三个属性——结果还有另外两种属性——我们称之为"布尔"(**booléen**)逻辑。

古典世界就是超验为布尔逻辑的世界。

附录:证明古典世界的三种特殊属性之间的等价关系

我们需要证明如下三种属性的等价关系。

——双重否定:$\neg\neg p = p$;
——排中律:$p \cup \neg p = M$;
——方程 $\neg p = \mu$ 只有唯一的解。

1. 首先,我们证明在超验 T 中,如果 $p \cup \neg p = M$,那么 $\neg\neg p = p$。

$p \cup \neg p = M$	假设
$\neg\neg p \cap (p \cup \neg p) = \neg\neg p \cap M = \neg\neg p$	应用
$(\neg\neg p \cap \neg p) \cup (\neg\neg p \cap p) = \neg\neg p$	分配
$\mu \cup (\neg\neg p \cap p) = \neg\neg p$	$\neg\neg p \cap \neg p = \mu$
$\neg\neg p \cap p = \neg\neg p$	对于任意 $x, \mu \cup x = x$
$\neg\neg p \leqslant p$	P.0
$P \leqslant \neg\neg p$	第3部分
$P = \neg\neg p$	反对称公理

2. 随后,我们证明在超验 T 中,如果 $\neg\neg p = p$,那么有

方程 $\neg p = \mu$ 只有唯一的解，且 $p = M$。

$\neg p = \mu$	预设的方程
$\neg \neg p = \neg \mu$	结论
$\neg \neg p = M$	M 的定义
$p = M$	假设 $\neg \neg p = p$

3. 最后，我们证明在超验 T 中，如果有方程 $\neg p = \mu$ 只有唯一的解，且 $p = M$，那么对于任意的 p 来说，都有 $p \cup \neg p = M$。

我们首先要证明在所有的超验中 $\neg(p \cup \neg p)$ 等于最小值 μ。随后，在超验中如果方程 $\neg p = \mu$ 只有唯一的解，且 $p = M$，那么对于任意的 p 来说，都有 $p \cup \neg p = M$。

$$\neg(p \cup \neg p) = \sum \{t / t \cap \neg(p \cup \neg p) = \mu\} \quad \neg \text{ 的定义}$$
$$\neg(p \cup \neg p) = \sum \{t / (t \cap p) \cup (t \cap \neg p) = \mu\} \quad \text{分配}$$

但两个元素 r 和 s 并集 $\cup$ 的定义——同时大于 r 和 s 的元素的最小值——明显意味着如果 $r \cup s = \mu$，是因为 r 和 s 等于 μ。最后，我们得出：

$$\neg(p \cup \neg p) = \sum \{t / (t \cap p) = \mu \text{ 和} (t \cap \neg p) = \mu\}$$

因为在上面的公式中 t 必须满足 $t \cap p = \mu$，得出 t 都小于或等于 $\neg p$，作为所有符合这个等式的 t 的包络，大于或等于所有的 t。于是我们有 $t \leqslant \neg p$。因为这些 t 必须满足 $t \cap \neg p = \mu$，出于同样的原因，我们得出 $t \leqslant \neg \neg p$。接着，按

照 $\neg p$ 和 $\neg \neg p$ 合取 $\cap$ 的定义，我们必然有 $t \leqslant \neg p \cap \neg \neg p$。现在，一个元素，在这里是 $\neg p$ 与其逆值的合取必然是最小值[参见第 3 部分]。因此 $t \leqslant \mu$ 意味着 $t = \mu$。

最后，$\neg(p \cup \neg p)$ 在超验 T 中等于所有项都等于 μ 的子集的包络，也就是自己 $\{\mu\}$ 的包络。我们已经指出过，这个子集的包络等于 μ。

如果我们所参照的超验认可了属性"如果有方程 $\neg p = \mu$ 只有唯一的解，且 $p = M$"，因为在所有的超验中 $\neg(p \cup \neg p) = \mu$，那么可以得出，在这种特殊情况下，$p \cup \neg p = M$。

Ⅲ. 大逻辑 2:对象

Ⅲ．人密語：對象

导　论

这一卷我们提出一个全新的概念：对象。十分明显的是，在我们的分析中，我们会面对大写的一的问题。这是因为，通过"对象"一词，我们必须在表象中理解计数为一，或者说对象可以让我们合法地谈论作为坚实的存在物"本身"的在那里存在的**这个**存在物。

这种方法的新奇之处在于对象的观念完全不依赖于主体。当然从第1卷开始，我们就引入和认可了将真理问题同主体形式主义衔接起来的东西的力量与意义。我们需要在第7卷中，在身体学说的主题下，再回来讨论这些问题。但这些典型的"非-对象"[主体-形式和真理-程序]直接依赖于变化的客观规律，而不是表象规律。对象的概念反过来属于在那里存在的分析，和超验一样，对象并没有预先设定任何主体。

我们已经以纯粹的形式理论，概括出主体的前-客观维度的学说，于是我们要转向无-主体的对象的架构。在完全的真理-主体的学说中，这个架构让自身切入形上学[主体的形式理论]和形下学[可主体化的身体的理论]。所以，这是唯物主义辩证法主要的逻辑要素。只有对象的逻辑，作为在世界上表象的一个单元，才能让主观形式主义可以得到支撑，让对象充当其客观层面：身体支撑着所有主体的表象和绵延,让观念可以得到理解,让永恒真理可以在一个特殊的世界上被创造出来。

因此,我们的路线图可以概括如下:[无-对象]的主观形式主义、[无-主体]对象和主体的客观方面[身体]。在表象的逻辑中它演化为真理的类性生成(devenir générique),在《存在与事件》中,我们已经在纯多的本体论的范围内处理过这个问题。

这里需要澄清我们与康德的区别,他是继笛卡尔和休谟之后的大师,他将直接的主体-对象的对应关系作为所有认知无法超越的屏障。在本卷的扩展部分,我们将康德作为我们的对话对象,尤其是在他的《纯粹理性批判》的头两个版本中关于"纯粹理解概念的演绎"的讨论中所涉及的那些高度凝练的论述段落。

很清楚,对象概念的架构延续了第 2 卷引出的线索。它彻底地设定了在某个世界的形式中,也就是该世界的超验之下的存在物的存在情势。所以,这个论断采取了如下形式。我们界定了一个既定的多之存在在世界的超验上的指数。这个指数也就是该存在物在这个世界上的表象的指数,它以 a 在世存在的方式成为那个存在物存在的具现化(localisation)的体现。

基本上,指数是一个函数,它将内在于多的差异与在那个世界的表象的强度值关联起来。相对于此,我们可以十分清楚明白地用形式的方式来表现:如果 x 和 y 是存在物 A 的两个元素,T 为该世界的超验,指数就是一个同一性函数 **Id**(x,y) 用来测度在 T 之中 x 和 y 之间"表象"同一性的值。换句话说,如果 **Id**$(x,y)=p$ 意味着在世界的表象上,x 和 y "在 p 值上是等同的"。而对这个从超验上对差异进行估算的结果,我们称为**现象**(phénoméne)。值得注意的是,在现象性(phénoménalité)的空间中,我们有可能绝对地将实存问题视为完全不同于存在问题的问题。这就是为什么对实存的概念和形式研究出现在现象研究之后,而在对象研究之前。在这个阶段,表象问题实际上就是纯粹逻辑问题[现象逻辑,实存逻辑],因为超验代数学赋予世界上的各种差异以合法性,但尚未触及对象或对象性问题,因为我们还缺少用来考察大写的一的真实(réel)的手段。

这是因为,为了说清楚一个多,它就必须在某个世界上具现化[不仅仅是我们可以在一个世界上证明了其实存],我们仍然需要确定,多之存在和表象[或实存]的超验图示之间是否存在实际关联。在规定了世俗性的差异的逻辑过程之后,在何种条件下,我们可以肯定在本体论上的某个确定的多,事实上就是世界上的一个对象?在这一点上,我们的问题与康德在《纯粹理性批判》的一个关键段落中提出的一个问题非常相似,这个段落题为"对唯心论的驳斥",在这个段落中,他给出了一个"定理"的特别教条的形式。对他来说,问题在于确定"唯有在外在经验的前设之下,我们的内在经验才是可能的",因此,仅仅存在着"外在于我的空间中的对象"。

因此我们提出,表象与主体无关[无论是经验主体还是先验主体],它反过来是在那里存在的逻辑,我们不可能将一个内在经验对立于外在经验。事实上,这里完全没有涉及任何经验。但我们不得不确证的是,一个对象事实上就是在本体论上某个确定的多的在那里存在,或者说,表象逻辑并没有完全建构出对对象的认识,它也为我们提供了一个本体论上的拱点(butée),这个拱点成为作为在世存在对象之规定的表象根基。

对这个问题简单明了的形式表述需要进行一次迂回,我

Ⅲ. 大逻辑 2:对象

们很容易讲清楚为何必须进行这个迂回。在其存在中,一个存在物是什么?是纯多。那么它[在本体论上]的规定是什么?是诸元素属于它的一个集合。因此,如果对象在一个世界上,让一个确定的多得以具现化,如果这个具现化并不是一个架构,那么必然存在着一个逻辑条款,让对象的本质与被对象化的多之存在的诸元素关联起来。

这个条款预设了将对象析解成各个成分(composantes),直到某个点上,这个析解将缝合于将这个多分为诸元素的析解。换句话说,我们必须:

a) 在表象中,识别出某个存在的超验指数的一个成分[事实上,就是一个部分]是什么;
b) 识别出这些成分的最小形式[我们称之为原子];
c) 找到[或提出]在"表象原子"和"存在原子"之间可识别的交集,那就是在某个世界上具现的既定最小成分,以及概括出这种既定性的多之存在的基本组成。

我们在这里处于一个唯物主义公理之中,这个公理设定在表象逻辑和多的本体论之间存在这个强制性的关联点。没有世界是这样的,其超验可以彻底地不实现多的本体论。大写的一[或原子性]就是本体论的关联点。

一旦有了这个逻辑-唯物主义的条款,我们就可以界定对象是什么。那么这个研究将走向[本体-论]上的大写的一的细微逻辑,我们称之为原子逻辑。

其主要论点在于,为了确证所有的对象化都是对存在物的超验标识,我们需要从此在回溯到自在存在(l'être-en-soi)。从技术上讲,这意味着在某个世界上的超验表象的基础上,我们可以思考存在物"自身"的独特特征,在某种程度上,这些存在物下面就隐藏着对象。这些特征是围绕着三个基本算子组织起来的。第一个是一个拓扑学类型的算子，在某个[本体论]元素或[表象逻辑]原子在超验值上的具现化。第二个是更为代数学的算子，是某个多之存在的两个元素事件[世俗性]的"并存性"(compatibilité)关系。第三个算子是秩序关系，它直接依赖于存在物[或在一个世界上表象的多]的元素。这个关系等于是将其映射为超验的基本特征上的存在[偏序结构(la structure d'order partiel)]。在直观层次上，这三个算子都表明，没有多可能毫发无损地摆脱在世界上的表象。如果它在那里，在这个世界上，对它的独特认知，来自其"个性"(en personne)的展现，而不是来自其纯粹本体论上的组成。这样，通过在诸如此类的世界上的对象化，并在诸如此类的超验规定之下，在某个存在物的最内在的组织中有能力达成内在和谐，实现局部的具现化或分层。

所表象之物，与在其存在中可思考之物不是同一回事。

在某些条件下，如果可以证明一个存在物本身可以被综合[被包络]，那么其可以因而成为另一个计数为一的统一体，而不是纯粹的多元。一切事情的发生，就仿佛在某个世界上的表象赋予纯粹多元——相对于纯粹多元实存与某个世界上的"时间"而言——一种在其存在中可以被描述出来的同质性的形式。这个可以论证的结果——它证明了存在一旦在某个世界上发生，表象在某种程度上就影响了存在——是如此之明显，我们将之命名为"原子逻辑的基本定理"。

如果我们摒弃了对客观性数学的坚定信念，那么我们就可以进一步来思考逻辑-本体论，即存在数学和表象逻辑之间的结合。但我们需要更富有拓扑学色彩的直观，将超验值视为对多之存在具现化的算子。我们可以看到，在超验和内在于多之存在的某种严密性的形式之间的基本关联，是在我们眼皮底下一点一点地自我构筑起来的。用当代数学的专业语言来说，这个关联就是层①(faisceau)。这里存在着指向存在的表象层，这是我们关于这个问题的最后一句话。我们只为那些有好奇心的人、数学行家、孜孜不倦的人提供数学架构的细节。本卷的末尾有一个长篇附录会讨论这个问题。

在主题和方法论的部分［尤其是在概念表达和更形式化的推衍之间的区别］之外，本卷会对所提及的内容有三个主要的论断。

1) 多之存在的超验指数。这个观点是由现象和实存的前-对象概念推出来的。

2) 在超验指数的属性基础上对现象的分析和对对象的界定。我们有可能在大写的一的符号下，给出对象的唯物主义的定义。

3) 在存在中的表象的代数符号：具现化，并存性和秩序。纯粹多元的包络：依照表象而产生的统一体，就是在自在-存在物(l'étant-en-son-être)之上的作为对象-存在物(l'étant-comme-objet)的反作用(rétroaction)。

一般综合［超验函子(foncteur)］的完整形式将其作为本卷额外的推理过程。

毫无疑问，由于整个推理链条十分严格，所以在这里的形式阐述比专业现象学会更为清楚明晰。这个阐述是自足

---

① 层是一种数学术语。其提供从局部到整体的一个有力工具，层论作为一个理论，其基本内容是层系数上同调论，这正好为流形上的整体分析提供了强有力的工具。数学上，在给定拓扑空间 X 上的一个层 F 对于 X 的每个开集给出一个集合或者一个更丰富的结构 $F(U)$。这个结构 $F(U)$ 和把开集限制到更小的子集的操作相容，并且可以把小的开集粘起来得到更大的。

的。然而，我们已经将一些超验函子建构的中间论证留到附录之中。

最后一部分会专门讨论死亡问题。依循着斯宾诺莎的足迹，我们会看到这是一个纯粹的逻辑问题。这个部分就是实存形式理论的引申。

第1部分 对象的新思考

1. 超验指数:现象

有一个世界,例如法国共和国广场(Place de la République)上的渐成气候的示威活动。因为示威,分散的警力和各种组织被集中起来,我们要问问自己,这些警力和组织是怎样出现在成千上万人逐渐汇集的广场上的。一双"本体之眼"只会看到一个相当模糊不清的多:男男女女、各色旗号的支持者、各种争辩、扩音器里的长篇大论、卖报刊的摊贩……但是,的确并不是这个模糊不清的多,在这场独特的示威活动中,在"生成中的示威"的世界中,有能力表象出来。用更富有现象学的眼睛来贯穿,那里有许多显著差异,在那个世界里的那些人、那些报纸、那些旗帜、那些口号自己就能诠释那个地方。例如,两个可以从很远地方就能听到他们说话的大嗓门的演讲者,看起来很一致。"大嗓门的演讲者"完全没有让他们的差异表象出来。同样,两组同样的年轻人——高中生——以同样的方式用他们的吸盘运动鞋踩在泥土上[最近开始下雨],以同样的方式谈笑风生,他们同样讲话太快,省掉了一些元音,如同一些烫手的栗子。但是一边挥舞着红旗,一边挥舞着黑旗,这告诉我们——做个假设——这次示威活动的表象已经再一次让那些苦涩而友爱的对手们站在一起。远处,有一位身材苗条的男士,他忙于接听电话,他可能是为情报部门提供信息服务的特工,他成为这个世界上表象的必不可少的一部分。还有在那里的一些大女孩们呢?她们多为非洲裔,倚靠在雕像旁。还有一些快餐店的雇员呢?我们不要忘记雕像本身,在吵吵嚷嚷的现场上,它始终手持橄榄枝,似乎有点过于恭敬,有点过于高高在上,就像在法国这就是共和国。

在某种程度上,这些多之存在分有着这个世界,他们彼此或多或少有所不同。当所有一切都被谈论和做过之后,他们之间强烈的同一性[大嗓门的演讲者、步态、鼓掌声、队列……]以及他们同样显著的差异[红旗或黑旗、混入其间的警察、非洲手鼓的节拍对抗着衣衫褴褛者联盟的凄惨论调的口号]所带来的无尽的欢乐就是构成在那里的不停地混杂于其中的人与物的世界。

我们仍然需要通过所有差异的"世俗"统一体来进行思考,这个统一体决定了示威的表象。

我们将测度世界中两个存在物之间的同一性的尺度称为**表象函数**(fonction d'appaître)。为了达到这个目的,我们认为在示威的存在情势中存在着一个超验,我们所提到的所有运算的属性都符合这个超验。就是这个超验确定了这个世界上的两个存在物之间的同一性的值。对于这个世界上所有成对的存在物而言,它们都可以归为一个超验值,这个值测度着表象中的两个存在物的同一性。如果这个值是 p,我们可以说,它们是"p 相等"(p-identiques)。如果这个值为最大值 M,这两个存在物就是绝对相等的。如果这个值是最小值 μ,它们二者就是完全不同的,以此类推。这种赋予每对存在物超验值的分配,称为"表象函数"或"超验指数"。

Ⅲ. 大逻辑 2:对象

例如，一组年轻高中生，在他们示威前的活动中已经相当分不清了，设有两个中学——布冯（Buffon）中学和米什莱（Michelet）中学——可以说他们的同一性值达到超验秩序上的最大值。相反，我们相信，在红旗和黑旗之间完全没有同一性。难道我们要断定，表象函数将他们的同一性的超验值计算为零？今天，这就太过极端了。当然，他们并不彼此友爱，但他们总是被放在一起。可以十分谨慎地说，他们的同一性很弱，当并非零值，测定他们同一性的值当然非常接近于最小值，但绝不等于最小值。

这就是每一个在"共和国广场上示威"的世界中所具现化的存在物的现象是如何构建起来的，它是各种同一性的计算［也是差异计算］网络。

以红旗为例：如果我们认为它是一个现象，它不仅与黑旗进行差异比较，当然也与其他红旗进行比较，或许这一次同一性的超验指数会达到最大值。最后，要与徽标、海报、旗帜和涂鸦，还有那些没有徽标的所有东西进行比较。像某栋奢华建筑四楼全部关闭的窗户一样，里面的人对人群视而不见，似乎说明他们是一种不在场的敌意的代表者，并未在这个色彩斑斓的世界中表象出来，他们似乎与混沌无序的各色旗帜格格不入，以至于我们可能认为在紧闭的窗户和各色红旗之间的超验值为零值。

设某个世界中表象的任意存在物，**对这个存在物与同在这个世界上共同表象的所有其他存在物的同一性进行超验评价的完整体系，我们称之为该存在物的"现象"。**

我们看到，超验指数是作为分差的同一性评价的无限体系的现象的关键所在。

对于现象构成而言，为了保持连贯性，难道我们需要通过支配着表象函数的某些规则来思考吗？肯定要，我们来说明为什么。

设想一下一个独特的微分网络：在为所有人而祝福的共和国雕像的右边，一队留着胡须的男孩和留着长辫子的女孩站在黑旗之下。在更右边一点，一些库尔德人举着旗帜。这样，两个多元共同出现在示威的世界里。很明显，两个存在物的超验指数——库尔德人和无政府主义者——拥有一个居于最大值和最小值之间的中间值。这是因为无政府主义者并不是完全不同于库尔德人，他们都渴望无拘无束的表象，他们也不完全等同，正如我们指出的那样，他们有着红旗和黑旗的对立。但首先，这些值不依赖于我们思考这些存在物的秩序。

我们在这里可以插入一个关于客观现象学的评论，我们已经说过多次这是我们的方法之一，我们已经在序言中将之与意向性现象学区分开来。从某个设定的意识的角度来看，我们会说，在无政府主义者队伍和库尔德人的队伍之间进行区分的意向行为必须发生在一个明确的时间序列里：从一方向另一方的有意识的凝视，将按时间区分的评价运动转化为语言。如果悬搁对所有意向性意识的参照，那里就只剩下同一性计算的如实性①（véridicité），即"库尔德人和无政府主义者在 p 值上相等"。这个计算不可能参照任何时间上的序列，其主要原因在于，在那里存在的超验指数没有包含时间。在这里，时间仅仅是庸俗现象学的变种或教条式使用所引入的一个寄生虫。客观现象学通过保留与意识毫无关系的同一性或分差的结果来压制住这种寄生论。因此，这设定了在"共和国广场示威的世界"里的一个确定的超验值，它实现了

---

① 巴迪欧在《存在与事件》中使用的如实性一词，不同于他所强调的真理（vérité），如实性仅仅表示计算和运算对真理的如实程度。

库尔德人的队伍和无政府主义者的队伍之间的关联与分差,而不可能为这个值赋予某种秩序。

可以说得更简单一点,超验指数的函数是对称性的,因为两个在那里的存在物之间的同一性的值是一样的,无论他们所描绘的秩序是什么。

现在我们考察一下更复杂的情形,在更往右边一些,即接近共和国大道的地方,第三支队伍加入了,很明显这支队伍是由罢工的邮递员组成的,他们穿着配发的蓝黄色工作夹克,让我们很容易认出他们。在这种情况下,三个多之存在组成了分差网络:无政府主义者、库尔德人、邮递员。这些存在物都是在这个世界的表象的诞生中被把握,进一步发展出对他们在那里存在的认识。我们已经确立的对称规律,意味着我们拥有了三个超验指数:一个我们之前已经详细考察过了,即无政府主义者和库尔德人的同一性,还有两个指数是库尔德人与邮递员的同一性,最后是邮递员与无政府主义者的同一性。在这个三角关系上有什么超验规律运行吗?当然有。这个规律源于如下事实:在两个既定的计算时间总会有"存在着共性"的超验计算。这就是合取的超验算子。相应地,无政府主义者和库尔德人,他们共同表象在世界上。另一方面,库尔德人和邮递员都穿着制服,表现为属于的外在标记。最后无政府主义者和邮递员都带有显而易见的"法国"气息,同样的男式的浮夸,如此彼此投缘又如此羸弱,如此高傲又如此幼稚,他们之间的紧密关系让他们亮出的口号都显得十分荒谬绝伦,一边是"蠢蛋、菠萝、无政府主义者!"(Âine, ananas, anarchiste!),另一边是"罐罐、罐子-海报、波波-邮递员"(Pot-pot, pot-post, popo-postier!)。

要记住,时间序列完全没有介入这些计算中,我们可以清楚地看到,邮递员和无政府主义者之间共有的同一性的值,尽管在表象上不太明显,但不会小于库尔德人和无政府主义者的同一性与库尔德人和邮递员之间同一性的合取。换句话说,在"共和国广场上示威"的世界中,统一制服[库尔德人与邮递员的共性]的表象强度,至少与凌厉姿态[库尔德人与无政府主义者的共性]和漫画式法国男性举止[无政府主义者与邮递员的共性]的合取值一样大。否则,这将意味着从一个与另一个的共性,到后者与第三个之间的共性,会产生一个明显小于第一个和第三个的共性的表象强度值,这明显是不可能的。这就是为什么库尔德人与无政府主义者之间的共同表象的强度,加上无政府主义者和邮递员的共同表现的强度,只会减少或相等,但绝不会大于由库尔德人和邮递员直接刻画出来的共同表象的强度。第三项的出现不可能增大共同表象的强度,因为它让前两项经受了对一个独特的额外项进行分差性的过滤。

这意味着衡量库尔德人和无政府主义者之间同一性的超验值,与衡量无政府主义者和邮递员之间同一性的超验值,它们二者的合取给出的超验值通常会小于或等于衡量库尔德人与邮递员之间同一性的超验值。

这个规律证明了应用到同一性计算上的超验合取的不平等的三角关系:两个存在物 x 和 y 之间的同一性的值,与 y 和 z 之间同一性的值的合取,受到了 x 和 z 之间同一性的值的限制。

这个现象最终是由两个规律所支配的。

a) **对称**。在对该存在现象构架中,它与另一个存在物之间的同一性关系分有了第二个存在物的现象架构。这样区分黑旗与红旗的值等于区分红旗与黑旗的值。

b) **三角不平等**。如果我们将第二个存在物分有第一个存在物的现象架构的计算，与第三个存在物分有第二个存在物的现象架构的计算进行合取计算，这个计算的结果会小于或等于第一个存在物和第三个存在物之间的同一性计算[第三个存在物分有第一个存在物的现象架构]的值。这样在某种程度上，概括了库尔德人和无政府主义者之间共同表象的凌厉姿态的表象强度，以及对应于无政府主义者和邮递员的法国人的外表，我们可以说"凌厉-法兰西人"复合体的表象强度绝不可能超过代表库尔德人和邮递员之间共性的统一制服的强度。

对称和三角不平等是所有超验指数的必然规律。

2. 现象：第二研究

让我们看一下休伯特·罗伯特的画作《浴场》(*La Baignade*)[参看本书第五个插图]。将整幅画作为一个世界，我们很容易看到其中的超验的现象构架。绘画整体的整个问题实际上等于是按照规定绘画形式、色彩谱系、明暗程度的值来区分同一性和差异的布局。这个不可见的规定就是画家在绘画行为过程中的创作[某一笔，然后是另一笔……]，但它仅仅作为超验存在于画布上的整个空间之中，这个超验组织着表象。我们还会看到，在这个过程中，这一点与画作中有形象的人物和抽象的人物关系不大。在任何情况下，画家在创作积累的时间架构，被一个封闭的可见之物的超验所重新概括。在这个方面，在整个画作中，我们只能识别出画家的特殊的画风。在这里，画风只能理解为诸超验值的家族相似。

让我们从休伯特·罗伯特画作中收集一下我们在共和

国广场示威的例子中已经考察过的那些特征。

1) 同一性函数将形式、颜色、代表性的特点等一并纳入考察。我们很容易看到,例如中心圆形神庙的柱子必须同时和谐一致地相同,且必须彼此明确区分。这样,相对于前景中的那些柱子,背景中的柱子被涂成蓝色,从而与之保持了区别,而在光线的变化上,它们又保持了同一[神庙前,前景中矗立着两个青铜色柱子,之后,柱子逐渐模糊变蓝]。我们发现另一个这种在形式同一性上的[色彩]变化的例子:由于树荫环抱,最左边的柱子几乎是黑色的。在这里,这个作品在画风的超验范围内,获得了一种强烈的同一性效果,这种效果并不是最大值,因为柱子表现出明显差异,它们不仅具有个别的差异[我们可以一个一个地去数它们],而且具有成组的差异[前景中闪耀的柱子,右边的柱子色泽轻淡很多,越往背景变得越蓝,而左边的呈黑色……]。同样,在示威中,无政府主义者和库尔德人的旗帜,从其具体归属上要比从象征表象[红旗与黑旗]上更为明显。我们可以用同样的方式来评论那四个用来引水的喷泉,毫无疑问,这些水来自大地,注入浴女所在的浴池里。在左右两边,我们看到了两尊雕像的底座中间镶嵌着带有喷水口的青铜狮子,而另两个底座充当鲜花的台底。无论如何,这种不和谐的对称的布局,成为这些水流的超验上的基底。右边的雕塑是男性,左边的是女性。右边的有一道轻微的阴影,左边的以淡黄色的小花为衬底,如此等等。我们可以说,这里所涌出的白色的水对应于同一性的细微的超验网络,其中形象上的差异与其说是否定,不如说是提升了其中的同一性[无疑,它将所有这些东西都描绘为一种新古典主义风格]。

2) 我们可以证明表象值上的差异并不是由外部的凝视

来规定的。当然，凝视预先就被假定为在一定距离上面对画作，这个距离既不太远，也不太近。正如在示威的世界中，我们并不需要一个在那里的位置来考察邮递员队伍先于高中生的队伍，同样，在翠绿色的拱形空间下掩映着古老的神庙，毫无疑问，正如中间的雕像表明的那样，这座神庙是献奉给维纳斯的，那带有包浆的石雕祝福着下面的裸女们——没有任何东西迫使我们去考察左边的女子正在拭干她的双腿，或者她的女仆的暗红色的装束，而她们出现在仍然在水中嬉戏的两个女子之前。这种同一性的布局暗带着一丝情色，它让褪去衣裳成为画中所看不到的行为，而这正是重新着上衣装的女子和裸女的共同之处。而放在一边泉水上的衣裳证明了这个行为。在超验上，它架构着坐在左边的女子与两个浴女之间的同一性的值。它悬置了背景中站在神庙阶梯上的六个[穿着衣服]的女子的功能。我们现在可以重构所有超验指数[所有表象函数]的规则。

对称。赤裸的浴女和坐在左边的女子之间的"行为"的同一性的值并不依赖于我们考察画作这两个部分的秩序。无论如何，正在穿衣的女子和裸女之间的距离正是在这里"衡量"表象的东西。

可递性。如果考察三个组合——水中的两个裸女，左边披着衣服正在擦拭双腿的女子，以及站在神庙阶梯上穿着衣服的女子——我可以清楚地看到，裸女和披着衣服的女子之间的同一性的值[同一性很高，由不可见的脱衣行为所产生]，如果我们将披着衣服的女子和背景中穿着衣服的女子之间同一性的值[明显很弱，因为里面没有脱衣这个主旨]作一个合取运算，那么该值最后仍然小于裸女与六个着衣女子之间的同一性的值。为什么？因为最后一个超验值不再以任何方式通过[脱衣服]行为的暗示来实现，这是由于如果我们以这样的方式来思考的话，纯粹画面的力量就会立即充满一个很容易辨识的主题，裸女和着衣女子之间的对立-合取的力量。十分悖谬的是，从画面角度来看，通过一种直接关系，裸女和着衣女子之间的同一性要高于通过披着衣服的女子的迂回得出的同一性。这是因为对她们同一性辨识的潜在的参照物并不是同一个。在一个没有任何关联的观念[脱衣服的操作]效果的影响下，通过披着衣服的女子的迂回，削弱单纯的裸女主题的力量，我们只有在她们的表象与着衣的表象的强烈对比中才能去思考她们。

让我们用谓词的语言来谈谈。衡量裸女与披着衣服的女子的同一性的值的合取，与衡量披着衣服的女子和着衣女子之间合取值的合取，小于或等于衡量裸女和着衣女子同一性的值。

正如我们会看到的，画作的超验需要一种既对称又具有可递性的同一性函数。

所有这些解释了废墟中的新古典式的乡愁的表象，它以独特的方式与自然的背景、绿色的掩映相映成趣，这些自然的背景本身仅仅是用来为裸女、脱衣和穿衣的三角形提供拱形空间，在其中观众会不由自主地成为一个放荡的偷窥者。借助泉水的掩饰，这个世界就是18世纪的情色主义和模仿古代的前浪漫主义的衔接。在这个世界上所表象的东西，裸女或泉水的现象，都是在其中被建构为由规则所支配的各种分差计算的交织。

3. 实 存

我们所谓多之存在的"现象"，关系于它所表象于其中的世界,给出的同一性的值,衡量着它与同一个世界中[或者更准确地说,在同一个世界的对象中]所有其他存在物之间的关系。

这个定义是相对的,至少在直接的意义上是相对的,至少不是建立于世界上存在物的表象强度的基础上的定义。以休伯特·罗伯特绘画中右边[1]的雕像为例。我们可以看到,它与画作中其他两个雕像[一个位于神庙中,一个在左边的喷泉之上]的同一性关系指明,它是三座雕像中最"离散"的一个,它既不是和其他神庙中的雕像一样的守护着浴女的维纳斯雕像,也不像左边的雕像那样熠熠光彩。我们也可以理解雕像与活生生的女子之间的同一性的复杂网络。有三尊雕像,正如有三组女子一样[水中的裸女,水边披着衣服的女子和她的女仆,以及阶梯上的着衣女子],但空间上的对应关系——图画上的在那里存在——是彼此交叉的,背景中的维纳斯在着衣女子的右侧,实际上守护着浴女。右边的雕像更靠近浴女,实际上与着衣女子一样朦胧模糊。最后披着衣服的女子倚靠着最左边的雕像的基座,实际上这就是她所对话的雕像,因为和她一样,这个雕像也暗示着俗世的赤裸特征。我们可以看到在绘画世界中的循环的相似性,但某个既定人物的表象强度,或者某个光亮区域的表象强度,在其中并不能直接获得。以左边倾斜的树木下的树叶为例,这些树叶用来作为雕像的背景:闪着金光、潦草的绘制,几乎变成了明亮的灰尘,尽管它与放荡不羁的场景、古老的圆形神庙、潺潺的流水的同一性关系似乎完全是横向的,但它却显得十分强烈。

---

[1] 巴迪欧这里的原文为 gauche,意思是左边,但是从下文的分析来看,他实际上谈的是画作右边的雕像,因此在译文中改为右边。

我们需要考察一下树叶的同一性的展现,它开阔地布局在画作的左边,即便神庙已经很接近左边。表象力仅仅测度着闪着金光的绿叶的自我同一性的值,作为对世界上某个位置的强调[在这种情况下,绿叶所在的是画布的左边底部的角落]。事实上,十分明显的是,一个存在物的自我同一性关系在超验上升得越高,这个存在物也越确定地属于这个世界,它也就越能证明它在世存在的力量。简言之,越在世存在,也即它越在世界上表象得强烈。

已知一个世界和这个世界上的超验限定其值的表象函数,如果在世界上表象的存在物 x,x 被分配了一个超验上的自我同一性的值,我们便可以将这个存在物 x 称为"实存"。这样界定,实存就不是一个存在范畴[数学范畴],它是表象的范畴[逻辑范畴]。尤其是"去实存"(exister)本身是没有意义的。我们赞同萨特的说法,他从海德格尔、克尔凯郭尔,甚至帕斯卡那里借用了这个说法,我们只能相对于一个世界才能说"去存在"。实际上,实存就是一个超验值。它表示在一个确定世界中的多之存在的表象强度,而这个强度值绝不是由这个存在物的纯多组成来规定的。

那么,在共和国广场上示威中的来自布冯中学的高中生的队伍的实存意味着什么?它仅仅意味着逐渐地汇聚在他们旗帜周围["布冯中学敲打着傻瓜"(Les Buffons bouffent les bouffons)]的学生队伍被充分地构建起来,对于其相对于示威世界的自我同一性的值[自我关系]的尺度是可以识别的,毫无疑问,这个值在超验上相当高——某些东西很明显不可能从高中生的集合中演绎出来。相反,在休伯特·罗伯特的绘画中,我们试图将神庙中的维纳斯、相关联的柱子和着衣女子的中心集合计数为一,我们就会得出一个离散的表象,其自我关系的强度非常之弱。作为在画之世界中的在那里存在,这个多十分孱弱地实存着[例如,它不像浴女和放置她们衣服的泉水基座所组成的组合那么强烈]。这证明了这并不是按空间而是按实存来划分那些东西,实存是由画作的逻辑在超验上构建起来的。

某个元素的实存可以理解为归属于这个元素的超验值。实际上,任何 x 与自身的同一性的值是一个函数,这个函数为 x 分配一个同一性的值。于是,我们可以说实存就是一个超验值,因此,我们可以看到,和这些值本身一样,实存是如何在最小值和最大值之间展开的。

如果 x 的实存取超验上的最大值,意味着 x 在这个世界上绝对实存着。在示威的世界中,共和国雕像就是这种情况,它无所畏惧,结实有力,带着祝福,它将其主要能指赋予了这个场所,它表象着,没有丝毫的差别和弱点。同样,在画作的世界中,在圆形神庙和浴女身上也是如此,甚至二者的结合,即古代神庙的废墟与前景的情色主题之间的结合也是如此。我们还可以说,"在世界上绝对实存着"意味着"以这个世界已知的最高的强度值在该世界中表象"。

如果 x 的实存取超验中的最小值,那么代表着 x 在这个世界上绝对不实存。因此示威者们等候着来自弗兰的雷诺汽车厂的强大的无产阶级先遣队,像一个悲伤的瘦高个儿所举的不幸的标语牌上所预测的那样["弗兰的工人也在那里!"],不过,与高中生或库尔德人不一样,他们完全没有监制,甚至缺席——至少在这一刻,在我告诉你们的这个世界上是如此。同样,一个鲜活的男性,无论是赤裸还是穿衣,他完全不存在于休伯特·罗伯特的风俗画作上。毫无疑问,男性在画作中的缺席是因为这就是画作所等待的凝视的目光,但包含这种目光的将会是一个完全不同的世界,它是这个画布边缘封闭起来的世界之外的表象体制。

最后，如果 x 的实存是一个中间值的函数，这是因为我们所考察的存在物 x"在某个确定值上"才是实存的，它既不是绝对实存[表象或自我同一性的最大值]，也并非明确的非实存[表象的最小值]。这就是邮递员的情形，他们的队伍清晰可辨，但是组织涣散，通常处在消散的边缘。在画的背景中的处在神庙后面偏右一点的森林亦是如此，它被简化为蓝绿色，它是如此微弱，以至于我们几乎无法分辨，在一束光照之下，它垂直地与天上的云彩勾连在一起，这束光在高处再一次闪耀，让我们想起了浴女之上的金色的粉尘。森林当然实存着，但对应了在画作的背景逻辑中的一个相当弱的自我同一性的值。

现在我们需要确定实存的一个基本属性：在既定的世界中，一个存在物与另一个存在物的同一性不可能大于它与自己的同一性。实存支配着差异。

这个属性就是实存定理，我们将会在本卷第 3 部分的讨论中来证明这个定理，我们可以在现象学上使之合法化，这没有丝毫难度。

思考一下，例如在示威世界中图书馆员队伍的偶然同一性。他们只有三个人——有两个随时准备开溜——他们过来呼吁国家为艺术书籍定价，我们当然可以认为这个"队伍"由于其不连贯一致，他们与几乎不实存的弗兰的雷诺汽车厂的工人"队伍"之间有着较大的同一性的超验值。然而，这排斥了这种情况，即这种同一性是比图书馆员队伍表象具有更大强度的现象。这是因为图书馆员和弗兰的工人的分差的现象的强度——作为示威中十分可笑的元素——从表象上来看，包含了两个队伍的实存。

同样，圆形神庙中心的维纳斯雕像，还有两个似乎凝视着这座雕像的女子，共有着一种色调，这个色调大致与放在

Ⅲ. 大逻辑 2：对象

喷泉旁的浴女衣服的色调相仿。两个现象包含着色调的同一性，它拥有着相当高的超验值。但是每一项很自然地让自己奠基于这个值的提升，我们知道，这是一种相当明亮的珍珠白，它让自己融合到它自身在绘画中表象的必然性的评价之中，因此也提升了它自身的实存。接着这个超验值衡量着雕像的强度，正如这个值衡量着两个女子或衣物的强度一样，它不可能小于它们同一性的超验尺度。

最后，同一个世界中两个存在物之间同一性的值的计算仍然小于或等于每一个存在物自身实存的计算，再说一遍，一个存在物的实存，至少与它与另一个存在物的同一性一样多。

不过，让我们记住其中最主要的方面：如果在那里的存在物，它的纯多形式，可以［在数学上］作为一个本体论上的恒量来思考，那么这个存在物的实存反过来就是一个超验上的给定值，它与一个确定世界上表象的规则有关。实存是一个逻辑概念，它并不像存在一样，是一个本体论概念。［通过超验值］包括差异的实存并不会让实存变成表象上的大写的一。实存并非存在形式的事实并不会让其成为表象的单一形式。作为一种纯粹现象，实存先于对象，且并不构成对象。客观性的思考［或者对表象的大写的一的思考］需要另一种思辨路径。

4. 现象分析：表象的成分和原子

我们设一个在确定世界上表象的既定集合［在本体论意义上，即一个纯多］。例如，示威中的无政府主义者，被视为一个个体的抽象汇集；或者画作中的圆形神庙的柱子的集合,被视为一个可数的重复性序列[至少在原则上是如此]。这个多在某种程度上表象出来,在根本上,它们是由某个世界上的超验所指示的。同样,我们可以测度两个很考究但胡子没刮干净和披着黑布的无政府主义者之间[有很高的]同一性的值,而从画作上来理解,神庙前的柱子,巨大而呈现出橘红色,只有通过透视上的差异[这两根柱子尺寸远远大于其他柱子]和色彩变化上的层次渲染(sfumato)[背景中的柱子消失在森林的蓝色之中]的方式,它们才能获得与其他柱子在序列上的同一性。所有这些在超验上组成了表象函数为集合中两个元素赋值的程度["无政府"或"古老神庙"]。

要提出的第一个问题是我们是否可以分析从它们表象的视角所获得的集合,去辨识这些集合的某些部分的在那里存在。从本体论上来说[按照存在之所为存在的说法],我们知道所有的集合都有子集或部分。不过,我们是否可以从逻辑上来识别出一个既定现象的"成分"?例如,背景中的柱子——在背景中,金光闪闪的石柱被包裹在模糊的蓝色中——在画里,就是古老的神庙表象的成分。但这种对部分分析的严格概念是什么?

第一个问题为第二个问题设定了舞台。一方面,只有空集[它是所有的纯多的一个必然组成部分]除了自身之外就没有其他任何部分了。另一方面,已知一个多 A 的元素 a,单元集 a,写作 $\{a\}$,这就是只有一个元素 a 的集合,如同 A 的"最小"部分,在某种意义上,这个部分是由属于 A 的一个元素 a 来规定的,这个部分被计数为一。

在逻辑,即在世界的表象上,对于在世存在的析解来说,是否有一个着力点?的确,似乎如果我们面对无政府主义者的队伍,一个既定的独特个体,他努力将自己打扮得颇具威慑力,他成为最终被我们称为"示威中的无政府主义分子"的不可或缺的一部分。

225　　只要我们尚未在某个世界上的诸多的超验指数基础上重新建构出表象成分，或者说最小成分的概念，这些现象上的指标就仍然不够清晰。

最后，对我们来说关键是要了解表象是否认可大写的一或最大的一(un-au-plus)的诉求。在一个确定的世界上，是否存在着一个表象的最低门槛呢，在门槛的那一边一无所有？这就是感知原子的古老问题，经验主义者不停地重新面对这个问题，所有大脑的具现化学说，尽管这些学说可能十分复杂［像当代的神经科学一样］，必然会不断重新遭遇这个十字路口：表象的计算单位是什么？或者说对应于这个单位的大脑痕迹是什么？感知理解的事实上的或世俗上的原子是什么？要么作为现象的触发因子(inducteur)［所表象之物］，要么作为由现象所导入的东西［精神的接受］的表象的**基本点**在哪里？在我们看来，问题既不在于感知，也不在于大脑，而是在于我们是否可以理解一旦世界及其超验得到设定，在这个世界上表象的最小单元。

在这里，这样一个最小值只能作为世界在那里的元素和超验之间的对应关系来实存。这就是无政府主义者队伍中做着带有威慑力姿态的个体的超验值的情形，或者相对于神庙来说，那些在神庙左边实际上变得依稀难辨的柱子的超验值的情形。我们感觉到，在这些情形下，我们事实上处在表象分析的边缘。但是这个边缘的概念是什么？在何种程度上它仍然是表象统一体的一部分？

思考一下我们从一开始就作为超验的参照系［无政府主义者，神庙……］的集合的函数，这个函数将集合中所有元素都关联于一个超验值。最后一个函数在直观上，我们可以将之解释为一个值，即根据这个值，某个元素属于原初集合的表象成分。例如，我们可以假定，如果柱子有着非常清晰的轮廓，金光闪耀或呈现橘红色，这个函数就将其与最大值关联在一起，如果柱子呈黑色，它们便取最小值，如果它们很明显既不属于第一种情况，也不属于另一种情况，而是光线逐步分散成森林的蓝色，则它们取中间的不定值。我们可以很轻易地看到，这个函数如何在"神庙柱子"的表象物集合中分离出两个前景的柱子，将其作为属于该成分的最大值。相反，左边的柱子被排斥在这个成分之外，它们的属于关系的值是最小值。右边的柱子被视为混合状态，因为它们和背景中的那些柱子一样，"在某个值上"属于该成分，但值更小一些。

我们可以将在这个世界上的超验基础上的在世存在的函数称为"现象成分"。如果这个函数有值 p，作为我们所考察的在那里存在的元素的值，那么意味着该元素"在 p 值上"属于该函数所界定的成分。这些元素"绝对地"组成了现象成分，这就是该函数赋予它们最大超验值的元素。

我们举另外一个例子。在"示威"的世界里，在成军事队列的无政府主义者旁边的星云状的示威队伍中的成员，我们可以赋予其中同时拥有以下属性的某些人最大值：(1) 穿黑色夹克并带有威慑力的气氛；(2) 回应无政府主义者口号的那些人["摧毁工资制度！保障每个人的收入！"]；(3) 举着黑旗的人；(4) 嘲弄托派的人；(5) 向银行窗户扔石块的人。其中一些只拥有四个属性的人的值要小于最大值，拥有三个属性的人的值略小一点，只有一个或两个属性的人的值更小些，最后那些一个属性都不具备的人，或者他们拥有的属性完全对立于以上五个属性的人[如挥舞着红旗的人，或者寻求公共秩序来制止那些扔石块的人的家伙]的值是最小值。这样我们可以看到最大值概括出无政府主义者星云中"坚

Ⅲ.大逻辑2：对象

实"的成分,而任何中间值都会识别出一个不那么确定的成分。

现在我们可以指出原子现象成分的特征。我们完全可以用如下方式来假设:如果在那里的存在物 x 绝对属于某个成分,如果在表象上 x 和 y 是绝对等同的,那么在那里的存在物 y 也绝对属于这个成分。换句话说,如果 x 和 y 并不绝对在表象上等同,x 绝对属于某个成分,那么 y 并不一定属于该成分。已知这些条件,很明显成分可以"绝对地"最多包含一个元素。

227 在这里"最多"一词非常关键,在存在的秩序中,如果某个多只有一个单一元素,在这个意义上,这个多是不可分的[它不能分解成析取的部分],我们自发地称之为原子。但是,我们并不是在存在的秩序中。我们的出发点是对某个世界的现象成分的形式认识,我们问我们自己,在这个成分下,什么东西会出现在这个世界上,或者会在世界中表象。如果两个表象物在其中表象出来,并在其中交换着它们之间内在于世界的严格的同一性,它当然就是原子的表象。但是如果没有表象物可以在其中绝对表象,它也可以是原子表象,因为在这种情况下,现象成分仅仅是这个多,存在物已经是一个一。这就是为什么一个表象原子就是这样的现象成分,即如果某个表象物在这个世界上在其中确立了自身,那么所有其他同样情况的表象物都等同于第一个表象物[在表象意义上,即超验指数上的"等同"]。绘画的原子,或者在逻辑意义上[而不是本体论意义上],并不是"一个一且仅有一个一,是不可分解",而是"如果有一,不超过一以及如果什么也没有"。

例如在绘画的世界里,由"主画面上的红色"所规定的成分。画面中唯一符合这个条件的表象物就是在神庙中间柱子边坐着的女子的衣服。这并不是说这是画的世界中唯一的红色的现象指数。在两边的花盆里,还有些红色的花,披着衣裳的女子的女仆的暗红色的衣装,以及画布左下方前景的丛林中一些深红色的花……但我们可以说,"主画面上的红色"的成分是原子的,因为只有一个表象物以最大值对应了这个规定。

如果我们现在规定另一个成分,即"男性特征的展露",很明显,没有任何表象物可以对应于这个规定的表象最大值。当然,在画面中,右侧的雕像是一个男性英雄,在这个意义上,它在一定程度上对应了这个成分。但是在这个雕像朦胧的包裹中,有一件衣裳遮住了男性雕像的器官,因此这个值绝对不是最大值。我们很自动地得出,这个成分是原子的。这并不意味着它完全是空集,雕像可以说属于这个成分。相反,这意味着"男性特征的展露"在现象上不能以同样的方式应用到画中所有的表象物之上。于是,这个雕像同时展现和遮蔽了男性特征,所以不可能说它完全没有展露出男性特征。它展露了男性特征,是的,用了一个带有分差的值,但不是绝对值,但它也不等于零。我们可以说,这个表象物是 p 值上的男性,即"在 p 值上展露了男性器官"。因此,在该成分上的形象,仅仅是 p 值上的成分。相反,如果不小心放在喷泉上的衣物证明了没有男性看到这个场景,那么当她们脱去衣服的时候,她们自己完全可以无所顾忌。我们会说,这些衣服属于该成分的最小值,在这个世界上,最小值意味着完全不存在。最后,"男性特征的展露"是原子成分,是因为它毫无疑问至少包括了一个表象物,在 p 值上描绘出这个形象,但没有任何东西绝对属于它。

我们坚持认为,在这里独一无二就是表象上的独一无二。或许碰巧两个在本体论上彼此区别的多之存在属于同一个原子成分——它们都是同一个原子的元素。例如,假定在示威世界中,我们仅仅承认那些多元派别的政治队伍是此在的队伍,毕竟,对于这样一个世界的集体现象来说,这种做法是公平的。那么我们可以提出无政府主义者的坚实内核构成了一个原子,因为在表象上辨识它的函数属性[装备、行为举止、口号……]并不允许我们进一步分析解出这个坚实内核中的特别坚实的核心。甚至有可能是这种情况,示威的超验逻辑,即在政治上的能见度,引出了这个坚定的无政府主义者与蒙特勒伊(Montreuil)和圣丹尼(Saint-Denis)的无政府主义者密不可分,无论他们举的是什么样的旗帜。当然他们在地理源头上和彼此不同的身体上还是有区别的。但当涉及表象的政治逻辑时,他们是同一的,因此,他们可以在"坚定的无政府主义者"的原子中共同展现。从政治逻辑上看,他们并不组成一个在那里存在的多元,与他们在存在之所为存在上一样彼此不同。

我们同样可以以画中神庙的柱子的原子性为例。在画面所实现的表象原子中,前景的两根柱子是完全相等的,它们是"典型的罗马柱",这两根柱子被所有那些背景中消退的和被浪漫化为蓝色的柱子,以及左边那些黑色柱子[纯粹"函数性"柱子,或者指认其为一个整体]所排斥。

因此我们得出表象的原子可以在本体论的多的现象上的成分。对于表象逻辑而言,这足以规定其元素若在世界上具有同一性,则可以在其原子性上得到承认。

我们可以分析在差异基础上以及在同一性基础上的原子性的属性。例如,我们可以在休伯特·罗伯特的画中分离出一个成分,它遵循这样一个绘画上的规定,即"从画的左下方开始的绿色、黑色、黄色的对角线的轨迹"。很容易看到,那里只有斜着生长且中断的大树,被绿色掩映的废墟的象征,在画作中属于这个成分。如果我们考察一下神庙中左边一个不太明显的柱子,我们的确可以说,它与矗立在前景中美轮美奂,作为古典文化的自然积淀的大树的同一性的值是零,其在画面上的值也就为零。于是,很明显,属于"颜色对角线"的成分,对于大树来说是绝对值,而对于柱子来说是零值。对于画中所有的绝对不同于大树的元素而言,这个结论都是真的,这个事实表明"颜色对角线"的成分是原子成分[用绝对的术语来说,它只包含大树]。

在抽象上,我们可以这样来说:如果对某个世界上两个表象物的超验上的同一性的计算是最小值,也就是说,如果两个表象物在世界上是绝对不同的,以及如果两个表象物其中之一绝对属于一个原子成分,那么第二个表象物绝对不属于这个成分。

最后,我们所谓的"表象原子"是存在物 A 的一个在世界上表象的成分,如果 A 的两个在本体论上不同的元素 x 和 y,都绝对属于这个成分,那么 x 和 y 在这个世界上是绝对同一的。相反,如果 x 和 y 并不绝对不等同,x 绝对属于一个成分,那么 y 就绝对不属于这个成分。

5. 真原子

设多 A 的在本体论意义上的一个元素在某个世界上表象,例如画中"圆形神庙"里的一根柱子。我们称之为元素"c"。c 的现象是赋予 c 和 x 同一性值的诸值的集合,而 x 是除了 c "本身"[作为纯多]这个世界上所有可能的其他表象强度。换句话说,我们从其他东西角度考察,也包括从 c 自身的角度来辨识 c 的各种值的集合,因为在 c 的现象中,我们会得出一个值,来测度 c 与自身的同一性,这个值就是 c 的实存。

让我们严格将现象 c 限定为集合"神庙"。于是我们尤其可以说如果 c_1, c_2 等都是神庙的柱子,那么 c_1, c_2 等与 c 的同一性的值分有着现象 c,在这里是从作为参照的多[即神庙]的角度来考察的。如今,这一点极为关键,分配神庙每一根柱子与其他柱子之间同一性值的现象函数得到了严格限定,而它就是神庙表象的原子,或者是这个表象的最小成分。为什么?首先,很明显一旦 c 是一个集合,这个现象函数就是一个"神庙"这个多与超验值之间的关系的函数——对于神庙每一个存在物 x 而言,的确都有一个对应的 T 值,这就是 x 与柱子 c 之间同一性的值。例如,我们知道如果 c 是左边前景中的柱子,而 c_1 是紧邻着的右边的柱子,这个函数就有相当高的超验值。相反如果 c_6 是背景中背着光线的依稀可见的柱子,这个函数的值就会很低。不可否认,这个函数辨识出神庙的一个现象成分。

但如果一个元素绝对属于这个成分会发生什么?例如,正如我们已经做过的那样,我们假定在画面前景中的两根柱子在表象上是等同的[它们同一性的超验指数是最大值]。假定另一个元素,我们设柱子 c_2 正好是 c_1 右边的柱子,它本身也是典型的罗马柱,我们同样有 c_2 与 c 的同一性的值是最大值,因为绝对等同于第三项的两个表象物毫无疑问都不得不彼此相等。

于是我们可以看到,这个现象函数[与柱子 c 的同一性的值]界定了该神庙的表象原子,因为首先它界定了一个现象成分;其次,如果两个表象物绝对属于该成分,那么意味着它们在超验上是相等的。为了符合绝对属于关系,我们的确需要一个独一无二性的条款。

这一点的结果是:已知一个在世界上表象的多 A,A 所有的元素"a"都通过上面界定的 A 与 T 的函数，即 A 的任意元素 x 与独特元素"a"之间的同一性的函数，辨识出一个表象原子。这样的原子，我们称为"真原子"。

让我们来评价一下真原子的存在范围：它证明了在表象中，表象出来的存在物的表象。对于所有的在世界中存在的纯多 A 而言，我们可以确定，对于本体论上的组成 $A[a$ 属于 A 的基本属于关系]来说，都对应着它在逻辑上的组成[在这个世界上存在的原子组成]。我们在这里遇到了另一个本体论上的关系，与康德的现象和本质(noumène)的二元论不同，这个关系锁定在形式多元的本体论的表象逻辑上——在大写的一的细微点上。

那么我们必须提出的问题是，其相互关系是否具有如实性。于是得出所有俗世存在的建构性的元素都规定了一个表象原子。其逆命题，即所有的表象原始是否都是表象出来的多之元素规定的？换句话说，在大写的一或独一无二性那里，在表象逻辑和多之本体论之间是否存在着同一性？或者说它们整体上结合在一起吗？

我们的回答是"是的"，借用拉康的一个说法，我们提出大写的一——原子——就是存在中表象的支撑点。在这里，我们面对着一个假设，我们称之为"唯物主义的假设"，这个假设可以简单归纳如下：**所有表象原子都是真实的**。或者用更专业的术语来说：已知某个多与世界的超验之间的原子函数，即这个多的表象成分最多[在"绝对"属于关系的意义上]只有一个元素组成，那么总会存在着一个这个多的[数学]元素，它辨识出这个[逻辑]原子[或表象原子]。

我们首先来考察一下根据客观现象学得出的唯物主义要求。我们已经说过，这样的个体，所有带有作为公共代表的无政府主义特征的个体，都可将之视为由"展现出五个坚实核心的无政府主义者的标志"的函数所决定的作为原子的成分。现在,对于无政府主义者的队伍而言,某一个体是这个队伍的纯多的元素。其逆命题如下:一支无政府主义者队伍的任意原子成分,它最终可以通过队伍中的某一个体来辨识。很明显,如果我们坚持认为,无论如何除了空集之外,只有一个多,那么这个逆命题也非常类似。但这并不是表象逻辑的必然结果。我们会说,这提供了一个唯物主义的版本。

我们已经到达了一个需要做出思辨决定的点,对于这个决定而言,根本没有超验演绎推理。这个决定拒绝了表象可以根植于某种虚拟之物之中。实际上,它需要[本体论上所组成的]多有一个实际的维度,可以在表象的所有单元中来辨识。一在哪里表象出来,哪里就有大写的一。这就解释了为什么哪里有大写的一,表象在那里就不能超过其所是。在基本意义上,那就是表象出来的"它像是什么",在那里,"它是"就是"它是一"。对于唯物主义的假设["所有的原子都是真的"]而言,需要其所是的一(un-qui-est)来维持"它是一"的说法。我们称之为**不安**(l'inquiet)并不是完全无用的,在某种程度上,这的确就是逻辑从本体论中获得其连贯性的地方,思想在那里进入极度的不安(in-quiétude)之中[它所探求的一(l'un-qui-étudie)]。

让我们用更复杂的方式来重述一下唯物主义的要求。"赋予一个垂直对称的观念",这个陈述似乎界定了一个潜在的[看不见的]休伯特·罗伯特画作中的成分。这个成分的唯一元素是一条线,这条线并不是用形式和颜色绘制出来的,它将画面分成两个大小相同的区域。唯物主义假设会说:"是的,这个原子成分实存着。"但这是由神庙柱子所规定的,神庙被置于画面的中央[在神庙底下,我们可以找到几个穿着衣服的女子],柱子成为"圆形神庙"表象物-多元的一个真实的元素。在画面中间像柱子一样垂直布局的所有表象物,在这个方面,在超验上都等于它。它们共同属于这个原子成分。易言之,绘画世界上的该原子的超验名称就是柱子,在某种程度上,柱子将在表象上与之等同的东西作为"垂直轴"的原子。唯物主义公理的意义十分清楚:它要求在原子上可以被计数为一的东西,在表象上也已经在存在中被计数为一。我们的意思是说,它已经被计数,因此它总是可以在某个表象上[在某个世界上]在那个位置上表象出来的多的诸多元素中被计数[本体论上的计数规则是不变的]。

表象的一,就是表象出来的存在之一(l'être-un)。一之表象,在某种程度上就是在表象中,其表象所是的一。

这个分析的结论,既有逆推的[超验运算的定义],也有正推的[在原子成分中找到一个真实的中顿点],现在我们准备界定对象是什么。

6. 对象的定义

已知一个世界,我们所谓的世界的对象,是由一个多和这个多的超验指数构成的配对,在这个前提下,所有的以这个多为参照的表象原子都是它的真原子。

例如,无政府主义者的队伍就是"共和国广场上示威"世界的对象:

a) 作为一个可识别的政治组织,对应于其世界的超验指数[即其集体指标]保障了其可见性。

b) 所有组织的原子成分最后都要通过组织中的某个个

体才能得到辨识[它是由等于这个个体的超验值所规定的]。

同样,圆形神庙就是休伯特·罗伯特绘画中的对象,在某种程度上,其连贯性是由让其如此表象的绘画操作[形式、视角、对比等等]所保证的,但也是因为在表象中的大写的一的所有样态[例如垂直轴]与表现物的多元的基本组成[例如 14 到 15 根柱子]缝合在一起。

在抽象意义上,应当强调的是,一个对象是由一对概念[多与对应的超验指数]和一个关于大写的一的唯物主义规定[所有的原子都是真的]共同给定的。因此对象既不是一个实体给定物[因为多 A 的表象设定了一个超验指数,这个指数会随着世界的变化而变化,甚至在同一个世界中都有可能发生变化],也不纯粹是虚构的给定物[因为表象中的所有一之效果,都是由所表象出来的真实元素所规定的]。

对象是最典型的本体论范畴。它完全是逻辑的,因为它决定了此在的存在物。"表象"不是别的什么东西,对于一个存在物来说——起初,它在其存在中被视为纯多——它就是对象。但"对象"也是一个本体论上的范畴,因为它仅仅由其表象的原子所组成——或者说此在之多,在大写的一之下得到中顿点——它对应于属于关系或者纯粹呈现的数学规律。

对于此在的俗世性虚构的内在析解而言的唯一不变的真理就是存在之所为存在的真理。对象对立于超验的虚构,不过这个虚构就是它所是,它是大写的一在存在中的"巩固"(fixion)。

7. 原子逻辑1：一的具现化

唯物主义假设可以让我们去考察在一个世界上以两种不同方式表象的某个多的元素：要么是作为"它本身"，这个唯一元素[在本体论意义上]属于原初的多，要么像我们所定义的那样，在表象之中，作为一个真原子。在前一种意义上，元素仅仅依赖于[数学上的]对多的纯粹思考。在后一种意义上，它不仅关联于这个纯多，而且关联于超验指数。因此这是一个对象的维度，或者是多的客观化的维度，不仅仅是表象出来的存在物的多之存在。

从现在起，我们已经可以自由地谈论作为对象元素的任意的元素，或者说得更抽象一点，作为对象-元素的元素。这个表达就是一个本体论的表达，从存在学说中抽取了"元素"，从表象学说中抽取了"对象"。它决定了一个多的真原子，在某种程度上，这个元素辨识了一个表象的原子，因此也辨识了一个原子性的对象成分。

我们所谓的"原子逻辑"就是对象各个元素之间的可以思考的关系的理论。我们会看到，这个逻辑将超验镌刻在多之存在本身之中。

我们前进的方向就是关于存在的表象回溯（rétroaction）。对象的概念对于这种回溯来说至关重要。关键在于，要了解一旦一个纯多在一个世界上此在，它会变成什么东西。这意味着要追问一个存在物在其存在中发生了什么，因为它变成一个对象，即在一个世界上具现化的物质形式。在其表象的回溯效果中，怎样来思考存在？或者说，逻辑理解的本体论结果是什么？

从这样一个已经被"示威"世界中的同一性计算所把握的个体的事实出发，例如，作为一个无政府主义者队伍的一般性的或最大值的形象，从其内在固有的多之规定出发会发生什么？以及在其他的表象迹象中它可能变成什么？或者说，一个有颜色的色块，如闪着金光的锃亮的白色，是休伯特·罗伯特为沐浴在泉水中的两个裸女涂抹的颜色，从这个事实出发，相对于画面中和超越画面中的裸体及女性的配对而言，接着会发生什么？在使用了这种闪着金光的锃亮的白色之后发生了什么？

这一点至为关键，我们下面来谈一下其原因。后面，我们会看到一个影响世界的事件，作为事件的结果，总会对该世界中的超验值重新安排。表象前提的变动可以视为客观性的改变，或者说在这个世界上对象所是之物的改变。那么问题在于，要知道在何种程度上，这种客观性的改变会影响这个世界上的在它们自身存在之中的存在物。我们已经知道，生成-主体正是对这个客观性发生事件性变革的回溯，这涉及特殊的人类动物。在一个确定的世界中，成为一个主体的前提条件就是这个世界的客观逻辑被打乱。这告诉我们，对多之存在俗世性的客观化效果的一般性认识十分重要。

毫无疑问，一个对象就是一个表象的形象［一个多及其超验指数］，但其原子组成是真实的。将其表象之多［真实的，存在物］的反作用界定为对象的东西涉及其原子组成，因为正是这个组成"带有"对象上的真实标记。这样，整个问题可以这样来考察：对于一个表象的原子来说，在这个世界上的"此"意味着什么？这正是原子逻辑的关键所在，这也是大逻辑的核心问题。

在一般意义上，一个原子当然就是多 A 的元素 a 与世界的超验值之间的由规则所支配的关系。一个真原子基本上是一个函数，这个函数的值就是超验值。如果一个原子是真的，这是因为这个函数在运算上是由多 A 的元素 a 所规定的，在这个意义上，无论 x 是什么，对于 x 来说的该函数的值都等于 x 和 a 的同一性的值。

唯物主义假设就说所有的原子都是真原子。于是，表象的原子逻辑最终涉及多 A 的元素与超验值之间的关系类型，它们本身就是超验 T 的元素。这个对应关系的本质就是在一个世界上 A 的具现化，A 被视为对该存在的逻辑把握。例如，无政府主义者是什么，在唯物主义假设下，真正在"示威"世界上在那里存在的东西，在最后的分析中都可以还原为队伍中的某一个体[元素]与评价了在这个世界上存在物的实际表象值的超验值之间的关系。

在这个层次上，拓扑学方法是最适当的方法。原子就是本体论的原子，在某种程度上，它分布在一个存在物的多之组成[无政府主义者队伍中的个体，圆形神庙的柱子……]和分配给这个组成的具现化的超验值及强度["无政府主义者的绝对典型"，"绘画垂直轴线的指数"，等等]之间。

我们会在第 6 卷中解释将这些超验的概念统一起来的紧密的形式纽带，第 6 卷会专门来讨论超验的"点"（point）理论。从那时开始，我们就已充分讨论——有些隐喻的色彩——作为具现化的力的超验值。这样，我们在[相当整全的]表象迹象和[相当具体的]在那里存在的迹象之间来回泅渡，要记住，两种迹象之间的深刻统一在于它们都属于逻辑，也就是说属于超验。

已知一个世界，让我们十分专断地选择一个超验值。那么我们可以问，一个什么样的表象原子会与这个值相关？想一下由"画面垂直轴线"所规定的原子，它对应于画面上一个相当弱的强度值——例如对应于"靛蓝色"的表现，只有在左边喷泉的边上,披着衣裳的女子的衣服的一块是"靛蓝色"。分配给这个原子的[具现化的]特殊值的超验尺度是什么?已知一个存在物被刻画在这个世界上,这个分配是由该存在物的原子的值和我们所考察的值之间的共性来决定的。例如,对于神庙的柱子来说,"标志着垂直轴线"的原子有最大值,这些柱子就在前景的右边。而分配给靛蓝色表象的值非常接近于最小值[这个颜色"在那里几乎不存在",或者说"仅仅是暗示"]。两者的共性具现化了符合这个值的原子[这就是世界中在那里的情形],很明显,它就是两个值的合取。如今最大值和任何等于后者的其他值的合取都等于后者。于是我们会说,在这个特殊情形下,对于"前方偏右的柱子"而言,分配给"在绘画世界中靛蓝色的位置"的具现化原子的值等于这个具现化。

在一般意义上,**我们所谓的"超验值上一个原子的具现化"是这样一个函数,对于世界上的任何存在物而言,它是这个存在物属于该原子的值与分配给这个存在物的值之间的合取。**

于是,似乎给一个原子所有赋值的分配——所有的具现化——本身就是一个原子。从这一点的直观上来理解,既极为重要,也非常困难。在本质上,这意味着一个特殊具现化"相对化"得出的原子,会给我们提供一个新原子。

我们记得,如果某一存在物"绝对地"在原子成分之中[如前面偏右的柱子在"标志垂直轴线"的柱子之中],如果另一存在物在超验上等于前者[如果在表象的基点上它无法区别于前者],它也会绝对地处在这个原子成分之中。在 p 值上原子的具现化保留了这个属性。它是以否定的方式来保留的,因为在一般意义上,不可能没有一个存在物,它所提供的具现化的原子带有最大值。实际上,对于一个具现化的原子而言,属于关系的可能的最大值就是具现化。它是合取的建构性的属性,其合取值会小于或等于两个合取项的值。所以,一个既定存在物赋予原子值与这个值的合取的值不可能大于这个值。于是,"画面中标志着垂直轴线"的原子的值,在估算了画面中的"靛蓝色"的值的具现化后,不可能超越这个[微弱]的值。尤其是,一个存在物绝不可能赋予具现化以最大值。这意味着画面上没有任何存在物会"绝对地"属于这个具现化的原子。那会让这个具现化变成一个原子。因为一个原子仅仅需要的是某个存在物绝对属于它的最大值,没有存在物可以符合它的所有成分"绝对"是一个原子。我们在这里完全可以使用之前在第5部分[论真原子]的评述:在表象秩序中,没有任何表象物与之符合的成分是一个原子。于是,在一般意义上,一个原子在超验值上的具现化实际上就是一个原子。

很明显,唯一的例外就是最大值的具现化。为了说明这种情形,我们将之前考察的例子做一个颠倒。以绘画世界中"画面上红色应用"所规定的成分为例。因为只有阶梯上女子的服装绝对属于这个成分,所以它是一个原子。现在如果我们在最大值上具现化这个原子,对于既定存在物而言,我们获得了"应用红色"所规定的存在物所分配的值和最大值之间的合取。但这个既定值和最大值的合取就是这个既定值。于是,我们在形式上拥有了这个唯一存在物的最大值,它绝对地对应于"画面上的红色应用",即阶梯上女子的服装。这证明了该合取事实上就是一个原子。

结果,在超验值上某一原子的所有具现化都是一个原子。不过,根据唯物主义假设,所有的原子都是真原子。世界上多A的一个[在本体论意义上的]元素规定了这个既定原子。设 a 为此元素,如果该原子是在某个值上被具现化

Ⅲ. 大逻辑2:对象
281

的,我们就有了一个新原子,我们用这个多的元素 b 来规定这个新原子。我们会说,b 是对 a 的具现化。于是,通过对超验值的中介,我们界定了内在于那个多之中的关系。这样,我们有了一个从表象回溯到存在的轮廓。因为在已经有确定的超验值的世界上表象的 A,可以得出 A 的某些元素是对同一个多的其他元素的具现化。例如,我们可以说,对强度值的具现化已经赋值给阶梯上女子的红色衣服,前面偏右的柱子在超验上关联于绘画中的所有拥有这个值的元素。这的确是一种内在于"绘画"存在物之中的关系,这种关系在画布表面上被刻画下来。

让我们更清楚地重述一下这个定义:**设一个对象,在世界上展现出来。多 A 的一个元素 a 是隐藏在该对象之下的一个元素。设 p 为一个超验值。我们可以说,如果 A 的元素 b 规定了元素 a 所规定的原子在 p 值上的具现化得出的新的真原子,那么 b 就是 a "在 p 值上的具现化"。**

8. 原子逻辑 2:并存性和秩序

在我们讨论的这一点上,重要的是,要再一次强调具现化是 A 的元素之间的关系,因而它也是直接架构了多之存在的关系。当然,这个关系依赖于让多表象出来的世界的逻辑。但在对这个逻辑的回溯中,我们的确面对着对存在之所为存在的组织化[关系性]理解。在我们最近的例子中,画面逻辑反作用于在那里呈现为中性的东西,于是,我们可以去谈论红色衣服与神庙柱子之间的关系,或者在示威的世界中,谈论某一个体与另一个体之间的关系。

在世界上表象的多之存在的两个元素之间的原初关系

的基础上,我们将提出**此在的关系形式**,它可以让在其表象空间中的多具有连贯性,于是,最后,在本体论上对多元的既定区域计数为一,与逻辑上对同一区域的综合之间存在着稳固的关系。

必须理解这个问题的本质,这个问题基本上就是康德不规范地命名为"先天综合统觉"(unité originairement synthétique de l'aperception)的东西,而他最终无法解决这个问题,因为他不能通过本体论的[数学]理性来思考问题。这个问题说明,在一方面在多元的数学中存在的纯粹呈现,另一方面规定着世界连贯一致性的同一性逻辑之间或许存在着巨大的裂隙,而在这二者之间,存在着双重关系体系。

——在大写的一的问题上,通过表象原子的概念,以及唯物主义假设的假定,我们可以看到此在的最小成分是由表象出来的多的一个真元素来规定的。这就是在纯存在与此在,或者说任意存在的表象之间进行分析的着力点。

——从整全上来说,通过表象出来的多之组成上的超验逻辑的回溯,存在着镌刻在世界之中的任意存在物之中的内在关系。最终正是这些关系让我们可以[在某些条件下]合法地对表象出来的多的综合体概念化,这个统一体涉及对这个多的实存分析。这个统一体同时依赖于存在的多之组成,即依赖于其存在,依赖于其超验,也依赖于其表象规则。这就是康德白费心机研究的东西:一个本体-超验的综合。

这个综合,最终可以通过一个关系形式来实现,这个关系是整体的,它是超验结构与回溯性地分配给在该世界上表象出来的多的结构之间的关系。出于深层次的理论上的理由,从现在开始,我们将这个整体关系称为**超验函子**

Ⅲ. 大逻辑2:对象

(foncteur transcendantal)。

接下来的目标是澄清作为局部本体论连贯性的算子的超验函子的架构步骤。十分清楚的是,在这个领域,形式表达仍然是最重要的。我们仅仅是尝试为读者引入这些东西。我们从一个非常简单的考察开始。我们在探索逻辑与本体论之间超验和多元之间的关系。那么在世界上表象出来的某个多的元素 x,与在这个世界上的超验值 p 之间的原初关系是什么?是实存。实际上,对于某一对象的所有 x 而言,都会有一个超验值 p 来评价它的实存。因此,我们可以考察作为具现化力量的实存,因为它就是这个超验值。例如,如果我们辨识一下画面世界上的神庙前面偏右的柱子的实存,我们可以说,它具有将悬在喷泉之上的阴影的对角线痕迹具现化的能力。在这里柱子很明显被当作神庙对象的原子成分,树被当作由"从画面左下方朝向其中上部的对角线痕迹"所规定的原子的实点。由于柱子的实存是一个超验值[事实上非常接近于最大值],于是我们拥有了由树所规定的真原子实存的具现化所得到的新原子。这棵带有忧郁和自然倾向的树木,在某种意义上,通过它与古代的和垂直的柱子的强烈实存的合取扶植起来。这就是由艺术的永恒时间所测度的不确定的植物时间。

已知表象世界上的两个真元素,我们可以在另一个的实存基础上来具现化其中一个元素。因此我们可以获得一个原子,根据唯物主义假设,这个原子必然是真原子。但是这个架构可以反转。例如,我们可以考察在斜倚着的大树的实存基础上的神庙柱子的具现化,它给予我们另一个原子。在这种情况下,这是一个古代艺术的时间,废墟的庄严时间,它是由古树实存的自然和传递力量所测度的时间,大树的根可以不再保持笔直。于是,这个关系性的观念是:如果两个对称的具现化是相等的,那么我们可以说,真原子在超验上是并存的。换句话说,**已知在世界上表象的一个对象,如果该对象的一个元素在另一个元素实存的基础上的具现化,等于另一个元素在第一个元素基础上的具现化,那么我们可以说对象的这两个[真]元素是"并存的"。**

在示威世界中,我们选择由典型的无政府主义者所代表的原子。我们假定一个在人行道上独自行进的邮递员的实存来对之具现化。这意味着我们表达了由无政府主义者所"理解"的既定元素的函数值——一个坚持戴着白色面纱的无政府主义的护士的同一性的值是多少?——与这个邮递员[这个邮递员十分散漫,因为他并不想让自己表现为一个连贯的子组织的成分]的实存之间的共性。这个计算的结果是否等于与之对称的部分?后者就是通过孤独的邮递员——在何种程度上,女护士可以分享他的孤独?——与典型的无政府主义的稳固实存之间的合取值来理解这个护士的函数值的。可能是不等的,我们可以对应地得出结论,典型的无政府主义者与偏离队伍的邮递员在这个世界上是不并存的。最终这表达的是一种内在于世界之中的实存的析取。相反,并存性不仅意味着两个存在物可以在同一个世界中共同表象出来,而且它们可以共享其中的实存性亲缘关系,因为如果在与另一个存在物实存的合取中,每一存在物都能自动运算,那么这两个运算的结果正好是同一个原子。

我们在这里拥有一个类似的算子,这个算子可以反过来在多元的基本组成上运行,在某种程度上,该多元在世界上表象出来。现在,我们可以理解像"神庙前面偏右的柱子,在其存在中理解,它很难与披着衣裳的女子的蓝色衣服并存"这样的表达了,或者让我们转向共和国广场,"漫步在人行道上的孤独的邮递员与戴着白色面纱的护士的并存"。

为了使用综合算子,或者一个统一函数,我们必须让存在物之间的内在关系更接近于超验。那么综合的超验范式实际上是什么东西?它是包络,测度着有限或无限的表象区域的连贯性。为了架构综合性的包络概念,我们需要分析性的秩序概念。碰巧,我们现在可以直接在这种在世之多的"原子化"元素基础上来界定秩序关系。

定义背后的原理非常简单。一开始,我们考察两个并存元素——孤独的邮递员和戴面纱的护士,或者神庙前面偏右和偏左的两根柱子。当且仅当这些元素的实存小于或等于其他元素的实存时[其不平等关系是由超验秩序来决定的,因为所有的实存都有一个值],我们会说,第一个元素的此在小于或等于第二个元素的此在。或者用更形式点的话语来说:**世界上一个对象的某一元素拥有一种类型的此在,如果这个元素与另一元素是并存的,且第一个元素的实存值小于等于第二个元素的实存值,那么它就小于等于另一个存在物**。

如果我们认为人行道上孤独的邮递员的政治性实存的强度要小于护士的值[她的值也不算太高],她迷失方向的步伐至少还在大路上,那么我们会说,由于示威世界的两个元素是并存的,所以邮递员的此在的值小于护士的此在的值——我们面对的是一种秩序关系,在直观上,这一点确凿无疑。要注意的是,即便世界对象的基本秩序明显也意味着实存之间的不平等关系——实际上,实存是世界上此在的表象强度与超验值等级之间的关联——然而,它不可能被简化为这样一种不平等关系,此外,依照秩序组织起来的诸元素都是并存的。并存性就是具现化或拓扑学的关系。

此外,在形式表达中我们会说明,我们有可能直接在实存和表象函数的基础上来定义一个对象的两个元素之间的秩序关系，而无需通过并存性来定义。此后，对象的基本秩序拥有一个纯粹超验上的本质。但它也拥有拓扑学上的本质，因为我们会在形式展开部分和附录的证明中，有可能在具现化基础上界定这种秩序。最后，这种秩序是一个"整全"概念。它为真综合提供预备。

9. 原子逻辑 3：真综合

为了获得一个对象或一个客观区域的真综合，我们将某种方法应用到客观秩序之上，这种方法让我们可以界定超验值的包络。设有一个客观区域，例如由圆形神庙的隐藏或不可见的柱子组成的集合。我们假定，这个假定实际上不够明确，即神庙所有柱子都是并存的。于是，从这个客观秩序的定义中，我们得知在本体论上，它们都是由画面的实存来变得有序的。那么我们可以问，对于某个客观秩序来说，是否存在着我们最初集合的最小上限？在这个例子中，答案非常明确。尽管这根柱子变得有些黯淡，颜色偏蓝，但我们可以看到它大部分在中间雕像的后面，在作为垂直轴线的前景的两根柱子之间，相对于其他"隐匿"的柱子而言，这根柱子拥有毋庸置疑的画面表象。因为它的实存值直接大于其他柱子，毫无疑问，其他柱子确保了它们的真综合。我们也可以说，这根柱子也支撑着神庙不可见或不那么可见的部分。于是，我们可以看到，对于秩序关系来说，客观区域的包络支撑着在那里存在的统一体，或者支撑着对象，超越了表象中的不平等关系。

我们正是在这些条件下——并存性的条件——在这里建构了对象或者某个客观区域的存在统一体。表象向存的回溯的关键在于,我们有可能通过这种方式将一个存在物的多之组成重新统一起来。在存在中被计数为一的东西,在表象的差异中消解这个大写的一,或许一旦其关系的连贯性得到证实,那么它可以重新统一地计数为一。

第2部分　康　德

思想先于所有可能的表达的明确秩序。

毫无疑问,康德是哲学中对象观念的缔造者。从广义上讲,他所谓的"对象"表达的是经验表达的统一体。那么十分明显,"对象"一词决定了感受性(réceptivité)[某种直观上给予我的"东西"]和构成性自发性(spontanéité constituant)[我是用带有普遍值的主观算子来架构某个给定物的,它一并组成了超验]之间对抗的具体结果。在我自己的概括中,既没有感受,也没有构成,因为超验——不大于也不小于纯多——就是存在的内在规定,我们称之为表象或在那里存在。于是,我们可以认为,与康德的比较并非不恰当,这是我们接受"对象"一词用法上唯一的同词异义的情况。对于康德来说,对象是意识综合运算的结果:

> 先天统觉综合是这样的一种统一,即通过这种统一,在直观上所有杂多给定可以被统一到一个对象概念下。

对我而言,对象是某个确定世界中的多之存在的表象,其概念[超验指数、真原子……]并不暗含着任何主体。但是，问题要比这复杂得多。为什么？因为对象观念体现了康德所做的工作中某些说不清道不明的东西。简言之，在经验和超验之间，在感受性和自发性之间，在客观和主观之间某种难以判定的点。如今，在我的工作中，在唯物主义假设的前提下，"对象"一词也决定了本体论［属于一个多］和逻辑［超验指数］之间，多的不变性和世俗展开的变化之间的合取或可逆性（réversibilité）。此外，在两种情况下，这种可逆性——这两种"那里有"（il y a）的实存模式之间的接触——在大写的一的标志下发生了。毫无疑问，康德在"先验分析"中最重要的陈述，即被他称为"所有综合判断的最高原则"如下：

> 所有对象都处在可能经验的杂多直观的综合统一的必然前提之下。

但我自己的唯物主义假设也指出，所有的对象，当其在世界上表象的时候，它从属于一个实在原子的综合前提之下。当然，我们在"经验"一词上有区别。不过主要是要理解，康德用"可能经验"一词设定了客观性的一般相关物（corrélat），将之关联于一个综合——用我自己的词汇来说，即大写的一的函数——它先于任何实际的直观：

> 若不将这些概念从一开始就与认知发生的所有对象的可能经验关联起来，那么它们指向的任何对象都将是无法理解的。

简言之，在这里对象观念在经验-超验上的无法判定性是由他的"对象一般"（objet en général）的区分来表达的，它是对象的纯粹形式,指的是在直观上作为现象真实给定"任意对象"(objet quelconque)。这就是为什么康德问道:"先天概念是否并非作为先决条件,在这些条件下,如果并非直观给定,那么任何东西都可以被视为对象一般?"我的目的也不是看到在世界上已经被认识的东西,而是可以去思考任意世界的表象或世俗性——尽管这十分近似于康德的可能经验的观念。我们可以说,可能经验,即思考一个"对象一般"的场所,与可能世界是同一回事,即在那里,原子统一体让对象一般变得可以识别。

如果我们参照《纯粹理性批判》第一版,我们之间的近似性会更加明确。在第一版中,对象在本体论上的双重性采用了超验对象和经验对象之间对立的清晰形式。康德一开始就说明"唯有当我们在杂多直觉中产生了综合统一之后,我们才能说我们认识某个对象",这的确对应于我们在考察超验函子时的综合值。但是,由于他宣称现在"我们可以充分确定我们的对象一般概念",康德——这是一个非常有名也有些语焉不详的段落——将"非经验"对象=X在形式上的不明晰性对立于直观对象的规定:

> 超验对象的纯粹概念,实际上在我们整个知识中总是一样的,它就是让我们一般性的经验概念与对象关联起来,即客观实在性。这个概念不可能包括任何明晰的直观,因此它仅仅涉及我们必然会在与对象相关的杂多知识中遇到的统一体。

我们会十分清楚地看到,超验对象的必然性,像经验对象的逻辑条件一样,不过是纯粹统觉能力["它仅仅指向这个统一体"]。同样,用我自己的话来说,思考"对象

Ⅲ. 大逻辑2:对象
291

一般",作为多之存在的超验指数,在其与纯多的可能关联中,决定了表象的具体连贯性。在两种情况下,我们都面对康德所谓的——相对于"对象一般"而言——"单纯无内容的逻辑形式",我将之视为表象和逻辑之间互逆性得以展现的点。

我们两人之间的对应关系如下:

康德	巴迪欧
可能经验	可能世界
自我意识统一	世界超验的结构统一
超验对象=X	表象客观性的一般形式[逻辑形式]
综合统一	真原子的假设
经验对象	实际世界中表象的统一

从这张表格出发,我们可以建构我和康德之间共通的对象定义:对象就是在表象中被计数为一的东西。在这个方面,超验[其连贯性的逻辑形式]和"实在"之间的分配并不明朗,这个"实在"对于康德来说是经验性的[直观上接受的现象],而对我来说是多之存在[在思想中所接受的自在之物]。这就是因为在表象中对大写的一的测试,也是对此在之一的测试。这意味着什么东西被计数为一既来自存在,也来自作为"那儿"的形式的超验结构。再说一遍,用康德的话来说,感受性和自发性介入对象之中,而在我这里,则是本体论和逻辑的介入。

由于这个类比涉及超验和其他东西[对康德来说是经验,对我来说是存在之所为存在]之间无法判定的点,我们不应感到惊奇,这个类比可以延伸为某些观念,而这些观念属于两个范围中的任何一个。而表象值、实存,最后还有思想的观念都属于这种情况。

1. 超验值

我已经说过,某个世界的超验的本质就在于设定了在那个世界上表象出来的东西差异[或同一性]的值或强度。我们可以暂时认为,我们可以将康德的术语"直观",不能作为一个"主观"能力,而是作为一个如此表象的空间,或者借助"直观",存在的表象就是表象。这为我们给出了超验值与康德所谓的"直观公理"(axiomes de l'intuition)和"知觉预测"(anticipations de la perception)之间的准确对应关系。直观公理可以表述如下:

> 所有直观都是外延的量(grandeur extensive)。

以及知觉预测是:

> 在所有现象中,真实是知觉的一个对象,拥有内包的量(grandeur intensive),即拥有一个值。

事实上,我的概念在一般秩序代数学的外表下,融合了"外延的量"和"内包的量"。现代代数学和拓扑学的资源——显然康德不知道这些东西——判定在单一的"超验值"上包络两个观念的运算,假设我们按照这个说法,那么在秩序的一般形式之外,还有最小值、合取和包络。还有,康德很好地看到,这就是作为差异或变化的给定现象的本质。假如我们外在于对象本身的可能的变化来考察对象[我们称之为纯多的超验指数],那么对于康德来说,对象就会从所有表象的统一中退出，陷入基本混乱之中。这是因为在一般直观之中的同质多样性的综合统一的意识，在某种程度上，它第一次让对象的再现成为可能，而这就是量［定量］的概念。同样，尽管康德十分遗憾地将表象指向感觉，但他看到表象被赋予了一种内包关系，一种在最小值和肯定计算之间的关系：

> 所有感觉都可能减小，以至于它会被削弱，甚至逐渐消失。因此，在现象中的实在和否定之间有许多可能的中间感觉的连续性关系，它们的相互区别越来越小，小于给予的感觉和零之间，或者和完全否定之间的区别……
>
> 我把那种只是被理解为统一体，其中，多元只能通过近似于否定＝0来再现的量，称为内包的量。因此，所有现象中的实在都拥有一个内包的量或值。

这些文字很清楚地指出，在康德那里，对象概念是从属于支配着有序变化的超验的理解的。此外，这就是为什么他将规制的能力称为纯粹理解力，这个概念概述了从主观能力出发的超验运算，正如我认为超验是在运算的某个数值基础上的同一性的形式规制，如合取运算或包络运算。

但我们不可能说康德提出了一个真正革命性的值的概念，无论是外延的量，还是内包的量。尽管许多评论者不愿意强调这一点，但在他们对康德概念的详尽考察中，当他们谈到对他那个时代的数学的理解时，无论是他对数学的使用，还是他对数学的纯粹理解，都十分清楚地暴露了康德数学知识的不足，尤其是他对无限的理解，最后还有他对定量计算的理解都明显过时了。他不仅远逊于笛卡尔和莱布尼茨,这两人都是伟大的数学家,也逊于马勒布朗士或黑格尔。我们知道黑格尔曾在他的《逻辑学》里了解并详细地谈论过语言问题和欧拉①(Euler)的概念,而康德的思想并没有脱离最基本的东西,或者最基础的算术、几何或分析。在这个方面,他很像斯宾诺莎:非常敬重数学范式,但是没有从哲学上去面对他们同时代的数学家。看起来似乎康德的超验,所依赖的还是亚里士多德的古老逻辑,在康德构造其内在范畴时,根本没有讨论过诸如高斯②(Gauss)对算术的重塑,达朗贝尔③(d'Alembert)在数学分析上的贡献,或欧拉在多个方面的数学创新,他们都是康德的同时代人。在根本上,在康德那里有一种数学上的幼稚,或许是他的外省式的宗教狂热的另一面。

我们可以举两个著名的例子。在《纯粹理性批判》的导言里,他对"数学判断都是综合"的"证明",在很大程度上依赖于 $7+5=12$,谈到这毫无疑问是一个综合判断,因为"12 的概念绝没有在我们对 7 和 5 的统合的思考中已经思考过,无论我怎么去思考这样一个可能的和的概念,我都找不到其中有 12"。于是,康德非常可怜地使用手指头的直观来从 7

---

① 欧拉(1707—1783):瑞士数学家、自然科学家。欧拉出生于牧师家庭,自幼受父亲的影响。13 岁时入读巴塞尔大学,15 岁大学毕业,16 岁获得硕士学位。欧拉是 18 世纪数学界最杰出的人物之一,他不但为数学界做出贡献,更把整个数学推至物理的领域。他是数学史上最多产的数学家,平均每年写出八百多页的论文,还写了大量的力学、分析学、几何学、变分法等课本,《无穷小分析引论》《微分学原理》《积分学原理》等都成为数学界中的经典著作。

② 高斯(1777—1855):德国著名数学家、物理学家、天文学家、大地测量学家,是近代数学奠基者之一。高斯被认为是历史上最重要的数学家之一,并享有"数学王子"之称。高斯和阿基米德、牛顿并列为世界三大数学家。一生成就极为丰硕,以他名字"高斯"命名的成果达 110 个,属数学家中之最。

③ 达朗贝尔(1717—1783):法国著名的物理学家、数学家和天文学家。1717 年 11 月 17 日生于巴黎,1783 年 10 月 29 日卒于巴黎。一生研究了大量课题,完成了涉及多个科学领域的论文和专著,其中最著名的有 8 卷巨著《数学手册》、力学专著《动力学》、23 卷的《文集》、《百科全书》的序言等等。

过渡到12。进一步而言,他还会说,当谈论量的概念时,数学"在数字中用手指头,用计算的谷粒,在眼前的点与线中,来寻求数字的连贯性与意义"。他以非常天真的经验主义陷入数学结构的"直观"之中,而即便从古希腊开始,他们就有着明显的目的去颠覆这一切。

说真的,康德对 7+5=12 的"综合"的重要评述总体上非常空洞。我们当然不需要等待皮亚诺①(Peano)用对基本算术的公理化来说明它的空洞性。早在一个世纪以前,为了反对某些笛卡尔主义者将"2+2=4"作为通过直观获得的清楚明了的知识[即综合知识]的例子,莱布尼茨就认为这种相等是纯粹分析性的,并提出"通过某型可能认识的定义"来证明之,这个证明在本质上同等于现代逻辑学家们的证明。此外,这并不是唯一的"细节",康德相信自己可以摧毁莱布尼茨形而上学的"教条主义",但在细节上,康德并没有达到他所谓的教条主义包含的形式预期。

我们来看看另外一个例子。康德提出直观公理的原则的"证据",其假定了外延的量就是"部分的再现让整体的再现成为可能"的量。如果是这样,整数就完全不能成为一个外延领域!因为它的整体性的定义非常简单[第一有限序数],而界定它是什么的恰恰是一个部分[任意整数的子集],知道今天到底有多少整数都是一个问题[哥德尔定理和科恩定理]。笛卡尔所提出的无限的观念要比有限的观念更为清晰,莱布尼茨提出了连续性原理,而黑格尔也提出了有限的积极本质是无限,而不是相反,这些结论都比康德更接近于

---

① 皮亚诺(1858—1932):意大利数学家。皮亚诺致力于发展布尔所创始的符号逻辑系统。1889年他出版了《几何原理的逻辑表述》一书,书中他把符号逻辑用来作为数学的基础,这工作在二十多年后为怀特·黑德尔所继续。皮亚诺从未定义的概念"零""数"及"后继数"出发建立公理系统。

数学。那么，十分明显，当康德涉及对量的定义时，他的概括技能相当笨拙。然而，如果我们仅限于谈对象的超验建构问题，我们可以说，康德的概念概括还是非常敏锐的，他让表象成为变量和规则支配的强度的场所。

2. 实　存

我已经提出实存仅仅是多之存在自我同一性的值，它是由超验指数所确立的。相对于在其存在中思考的多之存在，可以得出其实存是偶然性的，因为实存依赖于——可测度的强度——存在物在其中表象，也就是实存着的世界。对于康德来说，实存的偶然性非常重要，因为它是作为超验运算本身来介入的。这个运算实际上可以界定为"理解可能经验的纯粹概念的应用"。在我的词汇表里——显然没有参看任何应用——可以表述如下：纯粹表象的逻辑架构，纯多在世俗性超验上的指数。但是，正如借助对象，康德马上就可以在这个运算中区分出其特有的超验，或者从其感受性或经验性之中得出一个先天的方面。

它[综合或运算]部分关系一般表象的纯粹直观，部分关系其实存。

现在，直观的先天前提纯粹是超验的，在这个方面，这些前提是必需的。我自己会这样表达：超验的规则[秩序、最小值、合取、包络]以及超验指数的公理[对称、合取的三角不平等]实际上对于作为此在的存在是十分必要的。"可能经验直观的对象的实存"反而是偶然性的。与先前表格中的概念对照相对应,我将以下方式来说:在表象的超验法则下,在这个世界上表象的多之存在是偶然性的。但是,多之存在实际上在某个世界上的表象依赖于它在那个世界上自我同一性的值。同样,对康德来说,存在纯粹是在"实体"名义下,让自己被计数为一的东西的表象上的连续性,这就是他所谓的"经验类比"的全部内容,他说道:

> 无论表象如何变化,实体都是恒定的。

这是因为"恒定"就是在经验领域中在那里的事实。正如康德清楚地写道:

> 不过,恒定是纯粹样态,在其中,我们为我们自己[在现象中]展现出事物的实存。

我们先将再现的唯心主义主题放在一边,并同意康德的说法,即实存不过是一个存在物"在现象中"[按照在世界中的在那里存在]的同一性[恒定]的值。

3. 思　想

为了进行超验调研[1](enquête)[柏拉图关于他者的大写观念,笛卡尔论实存,康德论综合判断的可能性,胡塞尔论感知……],总是必须调研从那里开始的元素,这个元素对调研

---

[1] 调研是巴迪欧建构事件的本体论的核心概念之一,不过,对调研的定义和展开,巴迪欧是放在《存在与事件》中进行的,可以参看《存在与事件》的沉思 31 第 2 部分。

来说至关重要。按照推理的原则，用一个分离运算，分离出某种纯粹思想的东西，从纯粹思想中，我们可以取得作为我们所宣称的调研的对象之类的一切东西。于是，柏拉图必须将之分离于巴门尼德，不仅仅通过与存在的共同外延（coextension）来思考思想。笛卡尔，通过夸张的怀疑，而胡塞尔则是通过超验悬搁（épochè），将内在反思同所有对象的提出分离开来。同样，康德将思想[先验哲学发展的要素]同认知[决定了特殊对象]分离开来。在我看来，我将思辨性的元本体论同数学本体论分离开来，也将数学本体论同表象逻辑分离开来。但是在更基本的层面上，我也区分了思想[真理的主观形象]和知识[真理效果的谓词组织]。这个区分是我在这里展开的超验调研中的常量，因为这是一个在知识范围内[庸俗现象学或教学用的数学]的设定和激活的问题，思想的维度让升级它们的形式公理合法化。

这样，我们完全认可康德，不仅认可他在思想和认知之间的区分，也认可超验思想绝对优先于此在的偶然奇点。必然存在某些作为前提的先天概念，"在这些前提下，事物不再是直观的，而是被思考为对象一般"。那么必然存在着形式上对对象的辨识，如它是在世俗性在那里存在中被构建的，或者它表象出来。正如康德明确指出的那样，相对于超验算子，这个辨识就是思想。用我自己的话来说，它是相对于超验代数学而言的。在康德那里，它是相对于纯粹范畴而言的：

> 现在当感性直观的前提已经从纯粹范畴中抽离出来，它仅仅包含将杂多纳入一个概念之下的逻辑功能。通过这个功能或概念形式，对我们来说这是唯一的可能来决定任意对象，根据不同的模式，我们可以表达出对象一般的思想。

Ⅲ. 大逻辑 2：对象

然而,无论对于康德还是对我来说,在其一般效力的情形下,"思想"一词的准确用法有一个根本分歧。实际上,对于康德而言,纯粹概念的思考与确定的真实没有任何关系。在这里,思想被等同于一种[空洞的]形式。先验范畴"不过是思想形式,它仅仅包含将直观上给予杂多统一在一个意识之下的逻辑能力"。我认可康德的这个说法,即超验范畴的思想能力就是一种逻辑本质的能力,因为表象的连贯性就是此在的存在物的逻辑。但我们绝对不赞同康德的是,通过"逻辑",我们只能理解未定之物,或者可能之物的空洞形式。在第一版中,康德写下了如下这一段话,这里会更清晰些:

> 范畴的纯粹用法事实上是可能的,即没有矛盾,但它并不具备客观上的效力,因为范畴并不能被应用到任何直观之上,来赋予直观一个对象的统一体。因为范畴是一种纯粹的思想功能,里面没有给予我们任何对象,借助思想,我们只能思考在直观上被给定的东西。

"思想的功能"的表达非常有趣。与康德不一样,我认为实际上这种功能就是思想的对象,在这种意义上,并非通过不同能力[如理解能力和感知能力],而是通过思想唯一的类性能力来赋予我们功能、价值,或关于功能的论争。也就是说,像这样的超验算子只能关联到对象一般的空洞形式,或者可能对象的不确定的特征上,这种说法忘记了对象的规定发生在思想中,是对其多之存在[纯数学],以及此在的逻辑[超验逻辑,依赖性的形式逻辑]的阐明。因而作为对象场所的表象,对思想而言,它与纯存在的超验组织,以及与数学组织,有着同样的真实关系。

当康德写下如下这段话时,他是对的:

……如果我们放下一切直观，思想的形式仍然存在，它是决定让可能直观的杂多成为一个对象的方式。

在他眼中，尽管是规制性和限定性的，但这就是让对象的理智存在［而不是单纯的现象存在］合理化的方式。因为思想形式并不会超越感性的界限。康德没有看到的是，思想不过是一种思考理智和现象的综合能力，或者说——这就是黑格尔的雄心壮志——将存在判定为此在。

或许最后他超越了依附于他虔诚的道德论的蒙昧主义，他认为在真实中有一个无知的空洞，康德就是紧密依附于亚里士多德传袭的形式逻辑的经不住推敲的经院传统的受害者，这种传统是前莱布尼茨主义，甚至是前笛卡尔主义的。"空洞形式"的问题设定了缺乏内容的分析判断［如果我们同意经院哲学的传统，它只能由逻辑所提出］和综合判断［最终要求用一种经验上的先验架构］之间的原始区分。相反，我已经在第2卷的第4部分指明，形式［或分析］逻辑纯粹衍生于超验［或综合］逻辑。于是，在思想的创造行为中，我们不要区分形式和内容。康德带着极大的痛苦回避了被他视为喀迈拉怪兽的东西：我们的"知性直观"的实存，它可以让我们接近对象的自在，或者接近理智的维度。通过说明对象的直观设定了我们拥有着"对象一般"的超验概念，他与真理擦边而过，而我们发现这正好颠覆了康德的谨慎态度：对象概念设定了一个点，在那里现象和理智是难分彼此的，这就是逻辑和本体论的相互关系的点。

所有对象都是存在物的此在。

第3部分 原子逻辑

诸如"表象函数"[或"超验指数"]、"现象"、"表象原子"等概念的形式展开，好处在于它可以澄清此在的逻辑规则的严格一致性。我们感觉是严格按照为普通逻辑[是多元与超验秩序之间的关系的逻辑]设定唯物主义限制[像所有原子都是真原子这样的条规]的推理路线来前进的。那么，我们通过研究一个对象的原子组成如何影响概括该对象的多之存在，从表象"重新上升"(remonte)到存在。这个方法在如下证明中达到巅峰，即在某些前提下，多 A 所有[真实的，本体论的]部分都拥有唯一包络。这意味着，与康德的结论不同，是表象让真综合合法化。所有的多都要求在世界的奇点中表象出来，这个事实绝不会让在那里存在的科学成为不可能。

1. 表象函数

设 A 为一个集合[纯粹多元，存在的纯形式]。我们假定这个多 A 在世界 m 上表象出来，m 的超验是 T。那么我们将超验 T 上的 A 的指数称为"表象函数"，定义如下：函数 **Id**(x, y)，读作"x 与 y 的同一性的值"，对于所有的 A 的元素配对$\{x, y\}$来说，都标志着它会对应于 T 中的一个元素。

我们已经看到，直观观念就是 A 中 x 和 y 同一性的尺度，这样，它们可以在世界 **m** 上表象，这是超验值 p 所设定的集合，而 p 是函数 **Id** 赋予配对$\{x, y\}$的值。T 有一个秩序结构，这个事实让现象上的同一性尺度和两个尺度之间的比较成为可能。那么，我们可以说，x 或多或少与 y 保持同一，或近似于 y。

例如，如果 **Id**$(x, y) = M$[我们在Ⅱ.3.10 中知道，M 是 T 的最大值]，我们会说 x 和 y "在任意情况下都是相等的"。从以 T 为超验的世界内部可知，这意味着 x 和 y 绝对相等。如果相反 **Id**$(x, y) = \mu$[最小值]，我们可以说，相对于 T，在这个世界上，x 和 y 表象出来，这两个元素绝对不相等，或者有绝对不同。最后，如果 **Id**$(x, y) = p$，p 是"中间值"，有 $\mu < p < M$，我们会说 x 和 y "在 p 值上相等"，或者说衡量它们同一性的值是 p。

对于函数 **Id** 来说，为了以严格方式支撑同一性的观念，我们为之增加两个公理，这些公理非常类似于支配着等价关系的公理。简言之，x 和 y 的同一性的值与 y 和 x 的同一性的值是一样的[对称公理]；x 和 y 的同一性的值与 y 和 z 的同一性的值和合取要小于或等于 x 和 y 的同一性的值。我们面对的是可递性公理：如果 x 等于 y 的尺度是 p，y 等于 z 的尺度是 q，x 等于 z 的最小值就是 p 和 q 的合取值，即 $p \cap q$。这个公式也近似于度量空间（espaces métriques）的三角不平等关系，尽管有些颠倒：三角形的两边之和要大于第三条边。

公式如下：

公理 **Id**.1：**Id**$(x, y) =$ **Id**(y, x)

公理 **Id**.2：**Id**$(x, y) \cap$ **Id**$(y, x) \leqslant$ **Id**(z, x)

注意我们并没有谈论自反性,即等价关系的第一公理。这是因为我们并不需要严格的同一性概念。尽管后者可以满足对这样的多之存在的规定,但这个公理并不适合其表象或具现化,而表象和具现化更需要可以获得同一性和差异的值。

严格同一[自反性]的公式可以写为:$\text{Id}(x, x) = M$。这表明它绝对地比元素 x 更等同于它自身。如果我们希望谈论纯多 x 的"自在"同一性,这当然是正确的。但我们关心的是 x 在世界 m 上的表象,因此根据这个值,元素 x 在该情势中表象。我们会用函数 $\text{Id}(x, x)$ 的超验上的值来测度 x 中表象的值。那么这会让我们走向实存的概念。

2. 现　象

已知 A 的一个确定元素,有 $a \in A$,我们所谓[在世界 m 中]"相对于 A 的现象"就是与 a 共同在 A 中表象的所有其他的表象函数 $\text{Id}(a, x)$ 的值的集合。换句话说,对于 $x_1 \in A$, $x_2 \in A$, $\cdots$, $x_\alpha \in A \cdots$,我们就有了以 $\text{Id}(a, x_1)$, $\text{Id}(a, x_2)$, $\cdots$, $\text{Id}(a, x_\alpha)$, $\cdots$ 来定义的 a 相对于 $x_1, x_2, \cdots, x_\alpha, \cdots$ 的超验值,a 和所有超验值所形成的集合构成了"a"[相对于 A]的现象。我们可以写为:

$$\Phi(a/A) = \{a, [\,\text{Id}(a, x_1), \text{Id}(a, x_2), \cdots, \text{Id}(a, x_\alpha), \cdots]/\ x_\alpha \in A\,\}$$

重要的是要看到,我们并不是直接思考 a 在世界上的呈现,而是在多 A 中 a 在世界上的展现。这就是在整个概念讨论中围绕着同一性的考察所暗含的东西,例如,无政府主义者队伍中的青年无政府主义者,在他们的黑旗之下,同样也是从他在共和国广场上示威的世界中的现象来考察的。我们看到,让我们感兴趣的是青年无政府主义者的现象,在某种程度上,他将自己与在黑旗下与他一起共同表象的人区分开来。因为首先他仅仅被表现为"青年无政府主义者",他的真实现象上的同一性是他与其他无政府主义者的区别。这样,我们提出同一性参照是 A[无政府主义者的集合],单独的无政府主义者的现象,我们称之为 a,这是他与 A 的其他元素,即其他无政府主义者的同一性值的总和。

当然,我们可以思考更充分或更严格的集合。但形式上的谨慎往往告诉我们在一个世界上,在一个参照的多的符号下刻画表象,保障其成为这个世界的[在本体论意义上的]一个元素。参照 A 说到底只不过是该元素表象在世界上存在的保障。这就是为什么我们要通过参照 $A \in \mathbf{m}$ 引入一个现象的形式定义。

注意,最后与 a 配对的现象一方面是 a 本身,另一方面是超验值的结合。这就是让现象计入本体-超验的观念,因为 a"本身"不仅是多之存在意义上的 a[a 作为多 A 的元素],而超验值的集合很明显依赖于超验 T,即它在那个世界上,并在其中组织着其表象的逻辑。

3. 实 存

我们所谓在世界 $\mathbf{m}$ 上的集合 A 的 x 的实存值,是由该世界上超验中的函数 $\mathsf{Id}(x, x)$ 来确定的。于是,对于一个既定的多,实存就是一个值,根据这个值,由于**其在世界上的表象**,它等同于它自身。在概念展开上,我坚持认为实存是相对于某个世界而言,它的概念就是尺度概念,或值的概念。

现在让我们总结一下这些概念。

直观概念是多之存在 x 在世界上的现象实存越大,它越在其中肯定自己同一性的值。于是,表象函数的自反关系,即 **Id**(x, x) 提供了某一存在物表象能力的不错的计算。因此,如果 **Id**$(x, x)=M$[最大值],我们就得到 x 绝对实存[相对于 A 而言,也就是说相对于 **m** 和相对于超验 T 而言]。而如果对于所有的 A[A 属于这个世界],**Id**$(x, x)=\mu$[最小值],我们可以说 x[在这个世界上]完全不存在,或者 x 对于 **m** 来说不实存。为了从符号上表达这种解释,我们用 **E**x 来取代 **Id**(x, x) 的写法,我们将之读为"x 的实存",不过要记住两个事情:

—— **E**x 并不完全是一个绝对项,因为它不仅依赖于超验 T,而且依赖于表象函数,表象函数指出了多 A 在超验上的值,而 x 是 A 的一个元素。

—— **E**x 是一个超验值,因此它是 T 的一个元素。

表象函数的直接属性如下:x 和 y 两个元素的同一性的值小于或等于 x 和 y 各自的实存值。我们不可能说一个元素比自己"更等同于"另一元素。换句话说,关系的强度不可能胜过相关项各自的实存值。我们可以将这个属性称为 P.1。我们已经在概念层面上判定了这个属性,但我们在这里需要将之作为实存定理来演绎一下。事实上,这个定理就是表象函数公理的直接结果。我们所需要的就是一次简单的基本计算,这个计算展现了对这些公理的完美使用:

证明 P.1

Id$(x, y) \cap$ **Id**$(y, x) \leq$ **Id**(x, x)	公理 **Id**.2
Id$(x, y) =$ **Id**(y, x)	公理 **Id**.1
Id$(x, y) \cap$ **Id**$(x, y) \leq$ **E**x	**E**x 定义的结果

存在与事件 2:世界的逻辑

Id$(x, y) \leqslant$Ex $\qquad p \cap p = p$

出于同样的理由，Id$(x, y) \leqslant$Ey，那么有：

Id$(x, y) \leqslant$E$x \cap$Ey $\qquad \cap$的定义

实存定义的重要结果是，如果一个元素 x 在世界 m 上不实存，也就是说，如果 E$x = \mu$[从表象 x 的角度看，它绝对与自身不等同]，那么 x 与同一个世界上的任何表象物，我们设为 y，x 与 y 同一性的值同样只能为零。这是因为 Id$(x, y) \leqslant$Ex，那么有 Id$(x, y) = \mu$。这意味着在世界上不实存的东西，绝不会等同于世界上的任何东西[或者相反，它不会让任何等同于它的东西表象出来]。

4. 现象成分和表象原子

设在超验为 T 的世界 m 上表象出来的集合 A。A 的一个"现象成分"是一个将超验值 p 与 A 的所有元素 x 联系起来的函数。换句话说，如果 π 是 A 与 T 之间关联的函数，那么我们得出，对于 A 的任意 x 而言，都有一个 p 值，即 $\pi(x) = p$。

这个根本性的直观观念是 $\pi(x) = p$ 衡量着一个值，根据这个值，元素 x 属于 A，而 A 的特有算子是 π。例如，如果已知 $x \in A$，我们有 $\pi(x) = M$[最大值]，我们可以说，x"绝对"属于函数 π 构建的成分。如果 $\pi(x) = \mu$[最小值]，我们会说 x 不属于这个成分。如果 $\pi(x) = p$，我们会说，x 在 p 值上属于它：它就是在"尺度 p"下的 a 的现象成分。我们已经给出了若干例子说明属于某一成分的差异，如相对于"示威"世界中的"无政府主义者队伍"的集合，或者"休伯特·罗

伯特绘画"世界中的"神庙柱子"的集合。

现在我们要界定支撑某一现象的集合 A 的最小成分。在表象秩序中,这样一个成分就是大写的一的点,在这个点之下,没有任何表象是可能的。

我们所谓的原子性的对象-成分,或者纯粹"原子"是这样的一种对象-成分,在直观上,它在如下意义上最多只拥有一个元素:如果 A 的一个元素,我们说这个元素绝对地属于某一成分,那么这个元素只有一个。这意味着属于这个成分的所有其他元素是在表象中是绝对等同于第一个元素的[当**表象函数计算两个元素之间同一性的时候,它拥有最大值 M**]。

举例来说,两个完全一般的个体无政府主义分子,或者前景神庙中的两根柱子:它们符合"无政府主义者集合中的典型的无政府主义者"或"被清晰描绘出来的神庙柱子,橘红色而不是蓝色"之类的函数所给定的原子成分。用本体论的话语来说,那里并不是只有单一的多符合这些特征[或者赋予这些函数最大值 M]。相反,情况是这样的,从该世界的表象出发,如果几个多都能符合这一点[两根柱子,一百个无政府主义者],那么它们在现象上是等同的。我们事实上面对的是表象原子。

整个点就是去正确地编定辨识成分的函数,这是为了制定出其成分的最简单的原子。从现在起,我们用 $a(x)$ 表示所有辨识成分的函数,因为我们主要关心的就是原子成分。

首先,我们允许函数 $a(x)$ 严格地支持现象成分的一般观念,或者 A 现象的亚现象,我们为之提出如下公式:

$$公理\ a.1: a(x) \bigcap \mathsf{Id}(x,y) \leqslant a(y)$$

这个公理表明，y属于任何对象成分的值，无论该成分是原子成分还是其他成分，它都不可能小于y与x同一性的值和y属于x成分的值的交集。换句话说，如果函数$\alpha(x)$表明x"强烈地"属于该成分，且如果y"强烈地等同于"x，y本身也必然十分强烈地属于该成分。

让我们举点十分重要的特例。如果x绝对属于现象成分，这意味着$\alpha(x)=M$。假定y与x关系的$\mathsf{Id}(x,y)$同一性的值是由p来衡量的。那么，公理$\alpha.1$告诉我们$M\cap p\leqslant\alpha(y)$。因为$M\cap p=p$，这意味着$p\leqslant\alpha(y)$。我们的确可以证明$y$属于该成分的值，一个由$\alpha(y)$测度的值，在任何情况下至少等于由$p$测度的$y$与$x$的同一性的值。

现在我们假定y不完全属于函数α所辨识的成分，就好比在示威世界中，举着红旗的人对着无政府主义者队伍中的"坚定的无政府主义者"。那么，我们有$\alpha(y)=\mu$。这个公理指出，无论什么样的x，我们都有$\alpha(x)\cap\mathsf{Id}(x,y)=\mu$。尤其是如果$x$绝对属于无政府主义者的坚实内核，即如果$\alpha(x)=M$，必然得出$\mathsf{Id}(x,y)=\mu$，因为$M\cap\mu=\mu$。这意味着一方面是坚定的无政府主义者，另一方面是举着红旗的人，两者在示威世界中的表象同一性的值是零，无论他们在本体论上多么近似，或者在另一个世界的表象中他们是纯粹等同的[例如，在"年轻人"的世界中，他们在表象上有着强同一性，也就是说，从养老院的角度来设定的世界]。

第一公理事实上对于所有现象成分都是适用的。第二公理则辨识出原子成分：

$$公理\,\alpha.2: \alpha(x)\cap\alpha(y)\leqslant\mathsf{Id}(x,y)$$

这个公理清晰地指出，函数α辨识出某个成分，属于该

成分 x 和 y 的"合取"依赖于 x 和 y 的同一性的值。这就会使所有遵循该公理的成分"原子化"。其目的就是让两个不同元素不可能同时"绝对"属于一个原子成分。假定 x 和 y 是绝对区别的。它们在某个世界上同一性的值是零,我们在这里可以写作 $\mathsf{Id}(x, y) = \mu$。于是,如果 x 绝对属于该成分,换句话说即 $a(x) = M$,那么 y 完全不属于这个成分,即 $a(y) = \mu$。该公理规定两个绝对不同的元素不可能都"绝对"属于同一个原子成分。在这个意义上,原子的确是一个纯成分[或由大写的一标示的成分]。

5. 真原子和唯物主义假设

现在要进行一个基本评价:对于 $a \in A$,或 A 的一个存在成分[在本体论意义上的多 A 的一个元素]来说,我们可以界定一个作为原子的函数 $a(x)$。这足以认为,这个函数与所有的 $x \in A$ 相关,x 和 a 之间的同一性的超验尺度,即 $a(x) = \mathsf{Id}(a, x)$。于是,为了联系所有的圆形神庙的柱子,它与某个确定柱子的同一性的值,我们称之为 c,是一个集合"神庙"与休伯特·罗伯特绘画的超验关系的原子函数,也就是 $c(x)$。

为了确定所有建立在参照集合 A 的真元素 a 基础上的函数 $a(x)$,参照集合 A 决定了表象原子,那么我们足以证明两个之前提到过的原子真理。

1) $a(x)$ 证明公理 $α.1$:

$a(x) \cap \mathsf{Id}(x, y) = \mathsf{Id}(a, x) \cap \mathsf{Id}(x, y)$ $a(x)$的定义

$\mathsf{Id}(a, x) \cap \mathsf{Id}(x, y) \leqslant \mathsf{Id}(a, y)$ 公理 $\mathsf{Id}.2$

$a(x) \cap \text{Id}(x, y) \leqslant \text{Id}(a, y)$ 结果

$a(x) \cap \text{Id}(x, y) \leqslant a(y)$ $a(y)$的定义

2) $a(x)$证明公理 $\alpha.2$：

$a(x) \cap a(y) = \text{Id}(a, x) \cap \text{Id}(a, y)$ $a(x)$和$a(y)$的定义

$\text{Id}(a, x) \cap \text{Id}(a, y) = \text{Id}(x, a) \cap \text{Id}(a, y)$ 公理 Id.1

$\text{Id}(x, a) \cap \text{Id}(a, y) \leqslant \text{Id}(x, y)$ 公理 Id.2

$a(x) \cap a(y) \leqslant \text{Id}(x, y)$ $a(x)$和$a(y)$的定义

在这种情况下，在现象中，在表象函数 Id 的基础上，通过一个存在-成分，一个元素 $a \in A$ 完全决定原子现象成分 $a(x)$。这个[在本体论意义上的]基本真实规定了表象中的[在世界的逻辑意义上的]原子性。

如果已知一个由函数 $a(x)$ 决定的原子，等同于 $a(x)$ 类型的单一原子——换句话说，如果存在着 $a \in A$，这样对于所有的 $x \in A$，我们都有 $\alpha(x) = a(x) = \text{Id}(a, x)$——我们会说原子 $\alpha(x)$ 是真原子。

真原子是一个现象成分，即一种参照性的表象物的亚-表象物，一方面，这个参照性的表象物是一个原子成分[它是单纯的，或不可拆分的]；另一方面，它严格地被另一个根本性的元素 $a \in A$ 所决定，$a \in A$ 是本体论的子结构。在真原子这里，存在和表象在大写的一的符号下衔接起来。

我们只剩下概括一下我们的"唯物主义假设"，它让我们对对象的定义成为可能。我们知道，这个假设说：所有的原子都是真原子。它严格地对立于柏格森主义与德勒兹主义的潜在(virtuel)至上的假说。实际上，它假定了一个表象物在这个世界上表象的潜在性同时根植于实在(actuel)的本体论组成。

Ⅲ. 大逻辑 2：对象

6. 对象的定义

在唯物主义假说的前提下，我们现在可以提供一个某个世界上对象是什么的精准的专业定义。

所谓"对象"，我们理解的是多 A 与一个超验指数 **Id** 的配对，我们可以写为 (A, Id)，在这个条件下，A 所支撑的所有原子都是真原子，换句话说，所有 A 的表象的所有原子成分等价于 A 的一个元素 a 所规定的真原子 $\text{Id}(a, x)$。

我们必须确定本体论的关联并不会忽略两个痕迹之间的差异。所有表象的原子都是真原子，意味着它是 A 的元素 a 规定的原子，因此也是由本体论组成 A 所规定的原子。从中并不能得出两个在本体论上有差别的元素 a 和 b 规定了不同的原子。"原子"是一个客观性概念，也是表象概念，它的差异规则并不同于本体论上的差异。例如，我们说在示威世界中，由无政府主义者个人和队伍规定的"拥有所有典型无政府主义者特征"的原子成分。但如果两人都是典型或一般性的无政府主义者，该队伍中的两个个体完全可以规定为同一个原子，这样，在示威的队伍中，在政治表象上，他们两人完全是同一的。

形式主义可以帮助我们确立在什么样的情况下，两个不同元素可以成为同一个原子。说到底，原子性部分函数 $a(x)$ 和 $b(x)$ [意味着 $\text{Id}(a, x)$ 和 $\text{Id}(b, x)$]，如果元素 a 和 b 拥有同样的实存值，如果它们之间的同一性正好就是它们各自的实存值，那么我们完全可以认为 a 和 b 是同一的。这个结果非常深刻。它表明如果我们的两个无政府主义者实存强度是一样的[如果二者之一实际上在世界上的表象更小一些,他将被分配到那个典型的无政府主义者的值更小一些的值],如果这个实存强度规定了他们的同一性[他们正好和他们的实存一样相等,或者都是典型的,在这个典型性上,他们都与自己相等,如同他们都等同于其他典型的无政府主义者一样],那么这两个无政府主义者都是典型的。

接着是对这一点的证明,它总结了某种超验指数的述行。我们称之为命题 P.2。

——正命题[我们假设这些原子都是相等的,说明它们都拥有它们的实存和它们的同一性的值之间的相等属性]:

$\mathbf{Id}(a, x) = \mathbf{Id}(b, x)$	真原子都是相等的
$\mathbf{Id}(a, a) = \mathbf{Id}(b, a)$	如果 $x = a$ 的结果
$\mathbf{Id}(a, b) = \mathbf{Id}(b, b)$	如果 $x = b$ 的结果
$\mathbf{Id}(a, b) = \mathbf{Id}(b, b)$	公理 $\mathbf{Id}.1$
$\mathbf{Id}(a, a) = \mathbf{Id}(b, b) = \mathbf{Id}(a, b)$	结果
$\mathbf{E}a = \mathbf{E}b = \mathbf{Id}(a, b)$	$\mathbf{E}$ 的定义

——反命题[我们设 $\mathbf{E}a = \mathbf{E}b = \mathbf{Id}(a, b)$,并说明原子都是相等的]:

$\mathbf{Id}(a, x) \cap \mathbf{Id}(a, b) \leqslant \mathbf{Id}(b, x)$	公理 $\mathbf{Id}.2$
$\mathbf{Id}(a, x) \cap \mathbf{E}a \leqslant \mathbf{Id}(b, x)$	假设 $\mathbf{Id}(a, b) = \mathbf{E}a$
$\mathbf{Id}(a, x) \leqslant \mathbf{E}a$	P.1
$\mathbf{Id}(a, x) \cap \mathbf{E}a = \mathbf{Id}(a, x)$	P.0
$\mathbf{Id}(a, x) \leqslant \mathbf{Id}(b, x)$ [Ⅰ]	结果

同样精确的计算我们可以用来改变一下 a 和 b 的顺序[这一次我们有 $\mathbf{Id}(b, x) \cap \mathbf{Id}(b, a) \leqslant \mathbf{Id}(a, x)$]。这个改变

顺序的结果是：

$$\text{Id}(b,x) \leqslant \text{Id}(a,x) \quad [\text{II}]$$

通过反对称公理，[I]和[II]的对比让我们得出：$\text{Id}(a,x)$ = $\text{Id}(b,x)$，这就是真原子的定义：$a(x)=b(x)$，或者$a=b$。

7. 原子逻辑1：具现化

直到现在，我们首先使用的都是定性的隐喻：超验值测度着强度，根据这个强度，一个界定的存在物在世界上表象出来。逐渐地，我们来探讨更基本的规定，即"在那里存在"这个表达所包含的规定，其特征是拓扑学。因为世界在本质上是一个表象的位置，超验值也是在这个位置上的具现化的指数，一个由位置的一般逻辑所规定的独特的"那里"的指数。

若我们自己接受超验值的具现化的理解的引导，那么我们就有可能回答原子的定义，最终达到对象的定义。

设一现象成分$\pi(x)$。我们已经看到，在整全的话语上，这就是多A在世界的超验上的函数。若我们从整全走向具体会如何呢？我们通过思考$\pi(x) \cap p$，试图对超验上的成分或对象-部分进行具现化，即"在p上$\pi(x)$有值"或"$\pi(x)$和点p有共性"。我们可以用如下术语来解释这一点：在x属于该成分的值和p值之间的共性表象是什么？因此，在世界的一个客观区域内的表象强度可以在p点上具现化。这允许我们在某种程度上从对强度范围的具体解析来分析对象-成分。我们也可以面对这个问题的反问题["缝合"问题]：已知一个对象的成分的具体分析,我们是否能重建作为整体的对象?

因为一个对象的最基本的成分就是表象原子,所以,对我们来说最重要的问题就是对原子的具体分析。也因为在唯物主义假设之下,所有对象的原子都是真原子,所以我们必须研究真原子的具现化。

这个分析-综合论的基本定义如下:我们所谓的"p 点上的[真]原子的具现化",可以写为 $a\restriction p$,$A[a$ 属于 $A]$ 与 T 的函数,对 A 的任意元素 x 而言,可以定义为 $a(x)\cap p$。让我们进一步回想一下,$a(x)$ 就是 **Id**(a, x),后面如果没有什么太大歧义的话,我们会有很多次将它简写为 a。

因此,对于整个论断进行引导的一个基本评述是由一个非常简单的命题所提供的,这个命题确定了所有原子的具现化都是一个原子。

因此,我们必须证明,如果 $a(x)$ 是 A 的一个原子,如果我们将函数 $a(x)\cap p$ 写为 $(a\restriction p)(x)$,那么这个函数就是一个原子。依照我们的标记习惯,我们可以写道,$a\restriction p$ 是一个原子。

我们只需要证明函数 $(a\restriction p)(x)$ 证明了原子成分中的两个公理,我们已经在上面的第四小节提到了这两个公理。

——公理 $\alpha.1$。我们表述如下:

$$(a\restriction p)(x)\cap \text{Id}(x, y)\leqslant (a\restriction p)(y)$$

$a(x)\cap \text{Id}(x, y)\leqslant a(y)$ 公理 $\alpha.1$ 是一个原子

$a(x)\cap p\cap \text{Id}(x, y)\leqslant a(y)\cap p$ 结果

$(a\restriction p)(x)\cap \text{Id}(x, y)\leqslant (a\restriction p)(y)$ $a\restriction p$ 的定义

——公理 α.2。我们表述如下：

$$(a\restriction p)(x) \cap (a\restriction p)(y) \leqslant \text{Id}(x,y)$$

$a(x) \cap a(y) \leqslant \text{Id}(x,y)$ 　　　　公理 α.2 是一个原子

$[a(x) \cap p] \cap [a(y) \cap p] \leqslant \text{Id}(x,y)$ 　　$q \cap p \leqslant q$

$(a\restriction p)(x) \cap (a\restriction p)(y) \leqslant \text{Id}(x,y)$ 　　$a\restriction p$ 的定义

因此，我们可以看到对象的整全分析——真原子是基础，同时它们保障了表象逻辑和存在数学之间的关联——可以在不丧失任何引导线索的前提下变成具体分析。在某元素对超验的具现化之后，原子仍然是一个原子。

如果 $a(x)$ 是一个[真]原子，那么总存在着 $a \in A$，有 $\text{Id}(a,x) = a(x)$。这事实上是为什么我们让我们自己保证用辨识它的 A 的一个元素的名称，也就是 a，来设定所有的对象 (A,Id)。我们已经看到，因为在这个意义上，a 是一个原子，所以 $a\restriction p$ 也是一个原子。那么唯物主义假设要求存在着 $b \in A$，有 $(a\restriction p)(x) = \text{Id}(b,x)$。我们称之为 **$b$ 是 a 在 p 点上的具现化**，写作 $b = a\restriction p$。这个标记是本体-拓扑学的符号：它在超验具现化的基础上让该多"拓扑化"。我们不应该忘记，用专业术语来说，这个标记实际上意味着：$\text{Id}(b,x) = \text{Id}(a,x) \cap p$。

这样，$b = a\restriction p$ 是 A 的元素之间的关系，可以读为"元素 b 是对元素 a 在 p 值上的超验具现化"。这样，我们在从表象的超验构成向表象之物的本体论构成回溯的过程中有了很好的道路。或者换句话说，我们从对象，即多之存在在世界上的表象模式，走向了某种类似于对多的结构化的东西。

下面会通过某一对象和这些元素之间的秩序关系之间的"近似"关系的一般形式，来系统地探索这条道路。

8. 原子逻辑 2：并存性

让我们来界定所谓的多元的诸元素 (A, Id) 之间的并存性关系。**我们设 A 的两个元素 a 和 b，若 a 在 b 的实存上的具现化等于 b 在 a 的实存值上的具现化，那么 a 和 b 是"并存的"**[相对于世界 m 而言，相对于该世界中的超验 T 而言，以及相对于 A 在 T 上的超验指数 Id 而言]。用形式术语来说，我们将共存性关系写为 ‡，我们有：

$$a \ddagger b \leftrightarrow [a \restriction \mathbf{E}b = b \restriction \mathbf{E}a]$$

这个关系在规定它们的原子层面上来理解元素 a 和 b 之间在表象上的实存的亲缘关系。作为"原子的命名"，a 和 b 在这里都被提及。我们应当一直记住，例如 a 是等于原子成分 $\text{Id}(a, x)$，而像 $a \restriction \mathbf{E}b$ 这样的记号实际上决定了原子性的对象-成分，其函数是 $a(x) \cap \mathbf{E}b$，其中，$\mathbf{E}b$ 是一个超验值，这个值是对 b 的存在强度的测量。最后，并存性表达了 a 和 b 在超验上是"同一种类"，在某种程度上，其中一个都是对另一个的具现化。同样，在示威世界里，无政府主义者的队伍，在库尔德人队伍的值上具现化，等于库尔德人在无政府主义者实存上的具现化。事实上，两个队伍共同部分的表象，两个队伍的彼此共存，或多或少等于他们同一性的值。用更经验化的术语来说，我们可以说，他们在示威中的共存是由他们呈现出来的形式同一性显示的[渴望有威慑力，他们的表面上的男子气概，等等]。这样，当我们一方面表达示威中一个既定元素和无政府主义者队伍的差异，另一方面表达同一元素与库尔德人队伍的差异时,我们通过对这些队伍的实存上的差异的互逆的具现化,获得了一个等式。这就是我们为什么说两个队伍,或者说两个队伍中的这些类性原子成分〔典型的无政府主义者和库尔德人〕,在表象中并存。

从并存性的定义出发得出的 a 的实存和 b 的实存之间的"共性"〔也就是两个实存值的合取〕事实上等于它们同一性的值,借助这个定义,让这一说法具有严格性。它可以表达如下:如果原子 a 和 b 在某个确定的同一性尺度上共存,那么 a 和 b 是并存的。这就是 P.3。

我们首先要注意 P.1 告诉我们:

$$\text{Id}(a, b) \leqslant \text{E}a \cap \text{E}b$$

〔这就是命题"一个元素可能比与自身的同一性更等同于与其他元素的同一性"〕。我们将会说明,如果 a 与 b 并存,那么 $\text{E}a \cap \text{E}b \leqslant \text{Id}(a, b)$〔这意味着"两个并存元素不能比它们彼此相等更等同于它们自己"〕。结果,根据反对称公理,我们得出 $\text{E}a \cap \text{E}b = \text{Id}(a, b)$。

我们回到开头的对原子的函数标记〔即 $a(x)$ 而不是 a〕,这是为了让证明更清楚。

$a(x) \restriction \text{E}b = b(x) \restriction \text{E}a$	$a \not\equiv b$ 假设
$\text{Id}(a, x) \restriction \text{E}b = \text{Id}(b, x) \restriction \text{E}a$	$a(x)$ 和 $b(x)$ 定义
$\text{Id}(a, b) \restriction \text{E}b = \text{Id}(b, b) \restriction \text{E}a$	如果 $x = b$
$\text{Id}(a, b) \cap \text{E}b = \text{E}b \cap \text{E}a$	$\restriction$ 和 E 的定义
$\text{Id}(a, b) \cap \text{E}a \cap \text{E}b = \text{E}a \cap \text{E}b$	结果
$\text{E}a \cap \text{E}b \leqslant \text{Id}(a, b)$	P.0

因此，并存性［通过互逆的实存具现化实现的原子等式］的确实现了实存值的"共性"等于各项同一性的值。但这个关系更强。实际上，我们证明了逆命题：如果实存的共性等于它们同一性的值，且如果两个项的共存像它们的表象同一性一样拥有同样准确的尺度，那么这两个项是并存的［根据该世界及其所参照的超验，所有这些都是由这两个项所规定的表象的原子来证明的］。最后，就是 P.3，等式 $E_a \cap E_b = \text{Id}(a, b)$ 可以用来定义 $a ♯ b$。

为了那些热心的读者，我们将对这个逆命题的有点专业的证明留到本章的附录中，我希望这些热心读者数量庞大，尤其是因为这些不可或缺的计算常常会附带一些现象学研究。

所有这些最大的好处在于，说明了两个元素之间的并存性，在某个多之中，这两个元素的关系是由在世界上的表象所导致的，这两个元素互相在对方实存值的基础上具现化，并认识到这两个具现化的相等关系。这就是两个元素在那里存在的相等，在某种程度上，每一个元素都是"按照"另一个元素的实存来理解的。另一个是代数学特征上的好处，也就说，两个元素共存的尺度，严格意义上等于它们同一性的值。在每一种情况下，并存性关心的是由这些元素以及它们实存值所规定的原子。这样我们可以得出结论，共存性是一种在表象上的亲近关系，它从根本上来自两个方面之间的关系，即一方面是原子的大写的一的力量，另一方面是规定了这些原子在世界上表象的真元素的实存。

9. 原子逻辑3：秩序

为了解释秩序的属性，我们将远离概念表达。我们通过界定两个并存元素[理解为原子]之间实存值的不等关系，直接将在那里存在的秩序关联于并存性。我们会看到，我们可以得出一个本体论秩序的简单形式定义，我们不再直接包含具现化或并存性，而是直接关联于表象的基本范畴——实存和同一性——这样，我们就可以谈论超验上的定义。事实上，若有如下事实，即 a 的实存等于 a 与 b 的同一性的值，那么我们就证明了 a 与 b 是一个秩序关系。我们说**如果 a 的实存正好等于 a 与 b 的同一性的值，即如果 $Ea = Id(a, b)$，那么 $a < b$**。在这里，它是通过让其表象合法化的直接回溯让多的结构化得以发生。

这个命题告诉我们这种关系的确是一种秩序关系，它等于并存性和实存不等性之间的结合，我们将这个命题称为P.4。

根据P.1，我们知道 a 的实存不可能小于它与 b 同一性的值[我们有 $Id(a, b) \leqslant Ea$]。那么这充分说明，为了证明 a 的实存值等于它与 b 的同一性的值[这就是反对称公理的意思]，那么 a 也不可能大于它与 b 同一性的值。

用形式语言来说，这个问题可以确立如下：

1) 关系 $Ea \leqslant Id(a, b)$ 等价于我们在概念展开时提出的命题，即 $a\natural b$ 和 $Ea \leqslant Eb$ 的结合。

2) 关系 $Ea = Id(a, b)$ 的确是一个 a 和 b 之间的秩序关系[自反性、可递性和反对称]。

让我们从它们关系的等价关系开始。

——正命题。我们设 $\mathbf{E}a\leqslant\mathbf{Id}(a,b)$，证明 $a\ddagger b$ 和 $\mathbf{E}a\leqslant \mathbf{E}b$ 为真。

$\mathbf{Id}(a,b)\leqslant \mathbf{E}b$	P.1
$\mathbf{E}a\leqslant \mathbf{Id}(a,b)$	假设
$\mathbf{E}a\leqslant \mathbf{E}b$	$\leqslant$ 的可递性
$\mathbf{E}a\cap \mathbf{E}b\leqslant \mathbf{Id}(a,b)$	$p\cap q\leqslant p$
$a\ddagger b$ 　［Ⅲ］	P.3

——反命题。我们设有 $a\ddagger b$ 和 $\mathbf{E}a\leqslant \mathbf{E}b$，我们证明如果是这种情况，有 $\mathbf{E}a\leqslant \mathbf{Id}(a,b)$。

$\mathbf{E}a\leqslant \mathbf{E}b$	假设
$\mathbf{E}a\cap \mathbf{E}b=\mathbf{E}a$	P.0
$\mathbf{E}a\cap \mathbf{E}b\leqslant \mathbf{Id}(a,b)$	假设 $a\ddagger b$
$\mathbf{E}a\leqslant \mathbf{Id}(a,b)$	结果

现在让我们说明在形式 $\mathbf{E}a=\mathbf{Id}(a,b)$ 下的对象元素 a 和 b 之间的关系事实上就是一种秩序关系，我们从现在开始将其写作 $<$。

——自反性。毫无疑问，我们有 $a<a$，因为已知 $\mathbf{E}$ 的定义，$\mathbf{E}a=\mathbf{Id}(a,a)$ 就是 $\mathbf{E}a=\mathbf{E}a$。

——可递性。我们假定我们有 $a<b$ 和 $b<c$，我们可以用如下方式证明 $a<c$：

$\mathbf{E}a=\mathbf{Id}(a,b)$ 　［Ⅰ］	$a<b$
$\mathbf{E}b=\mathbf{Id}(b,c)$	$b<c$
$\mathbf{E}a\cap \mathbf{E}b=\mathbf{Id}(a,b)\cap \mathbf{Id}(b,c)$	结果　274

$\mathbf{Id}(a,b) \cap \mathbf{Id}(b,c) \leqslant \mathbf{Id}(a,c)$	[Ⅱ]	公理 Id.2
$\mathbf{E}a \cap \mathbf{E}b \leqslant \mathbf{Id}(a,c)$		结果
$\mathbf{Id}(a,b) \leqslant \mathbf{E}b$		P.1
$\mathbf{E}a \leqslant \mathbf{E}b$		[Ⅰ]的结果
$\mathbf{E}a \cap \mathbf{E}b = \mathbf{E}a$		P.0
$\mathbf{E}a \leqslant \mathbf{Id}(a,c)$		[Ⅱ]的结果
$a<c$		<的定义

——**反对称**。我们假定我们有 $a<b$ 和 $b<a$，我们需要证明 $a=b$。但要看好！我们必须在这里保持警惕，小心那些本体论上的模糊不清的东西，即字母"a"和"b"的双重指向。等式 $a=b$，我们面对的并不是元素 a 和 b 在本体论上的纯粹多之存在的相等。它们只是表象上的相等，或者是纯粹逻辑相等，即元素 a 和 b 规定的 $a(x)$ 和 $b(x)$ 的相等。

让两个在存在上彼此明确区分的元素所规定的原子有可能相等[在表象上相等]的一个基本条件只有命题 P.2。当且仅当 $\mathbf{E}b = \mathbf{Id}(a,b)$ 时，原子 $a(x)$ 和 $b(x)$ 相等意味着函数 $\mathbf{Id}(a,x)$ 和 $\mathbf{Id}(b,x)$ 在所有 x 上都取同样的超验值。现在，如果 $a<b$，那么根据定义 $\mathbf{E}a = \mathbf{Id}(a,b)$，如果有 $b<a$，那么我也有 $\mathbf{E}b = \mathbf{Id}(b,a)$。这样原子实际上是一样的。

这确定了关系 $\mathbf{E}a = \mathbf{Id}(a,b)$ 实际上就是秩序关系。这个关系反过来也映射了世界上的超验架构，这个架构从一开始就是秩序，它被使用到在世界上表象出来的一个多的诸元素之间的关系上。例如，在休伯特·罗伯特的绘画世界中，我们可以说，在其存在中，披着衣裳的女子的蓝色服装，放在左边的喷泉处，它的"在那里存在"小于前方偏右的柱子[柱子"实现"中间垂直轴的原子]，如果画面上蓝色衣裳的实存值真的等于蓝色降临于这个世界和柱子的垂直力度之间同一性的值。这个等式是可能的,因为尽管衣服那模糊不清的实存在范围中非常弱,但我们同样可以这样来处理边缘处的装饰性的蓝色色块与神庙柱子的架构性力量之间的同一性的值。在表象上,这就是画家有意识和无意识排序(ordination)行为在超验上组织起来的表象,它支撑着有颜色的"靛蓝色"的价值,相对于产生了垂直轴和对称的表象,它显得不那么重要。这也就是为什么画作在其存在中更多是建构,而不是交织。

10. 原子逻辑 4:关系之间的关系

并存性[‡]、秩序关系[<]和具现化元素[]之间的联系是什么?一种内在客观关系理论必须也能成为各种关系的关系的理论。尤其是在某种情况下,我们将具现化视为本质上的拓扑学,将并存性[P.3 提供的第二种定义]视为本质上的代数学,以及将[这里所引入的]秩序关系视为纯粹的超验。然而对这些关系之间的关联的探索关系不同类型的思想。

关于并存性,我们已经知道它包括秩序。实际上,我早前证明过如果 $a<b$,那么 $a‡b$。这种包容为我们引入了一种彻底的古典关系性关联:两项之间的类似性同样依赖于第三项。如果两个对象元素实际上经历同样的支配①(domination),那么在它们的在世存在上,它们是相关联的。这样,在示威世界上,游离于边缘的邮递员和某个弗兰的雷诺汽车厂的彻底

---

① 支配概念是巴迪欧的《存在与事件》中的概念,巴迪欧在那里给予了充分定义,要理解这里的内容的话,可以参看《存在与事件》沉思 33 的第四部分。

孤立的工人，或许几乎没有什么共同的客观特征。但他们共有一个事实，即他们极弱地显示了他们的实存，这个值，打个比方说，就如同他们与无政府主义者队伍领头的那个大人物一样，同一性的值一样弱。因此，对于谓词"在有些下流的口号下面"所限定的原子而言，这个原子是由该特征的真实所规定的，这是根据本体论秩序所规定的邮递员和工人的同一性从属关系。在表象逻辑上，即在示威逻辑中，邮递员和工人约在那里存在是并存关系，因为他们的实存都可以由他们与所有慷慨激昂的示威者的弱同一性的值来测度。

在形式术语上，他们共有的本体论上的弱势地位揭示出来的共同特征成为并存性。这等于是通过生成-对象，在多之中引出和谐的关系组织。

我们将会证明，如果 a 和 b 都是由 c 支配的，在某种意义上，如果 $a < c$ 和 $b < c$ 同时为真，那么 a 和 b 是并存的 $[a ‡ b]$。我们将之称为 P.5。

$a < c$ 和 $b < c$	假设
$Ea \leq Id(a, c)$ 和 $Eb \leq Id(b, c)$	$<$ 的定义
$Ea \cap Eb \leq Id(a, c) \cap Id(c, b)$	结果和公理 Id.1
$Id(a, c) \cap Id(c, b) \leq Id(a, b)$	公理 Id.2
$Ea \cap Eb \leq Id(a, b)$	$\leq$ 的可递性
$a ‡ b$	P.3

命题 P.5 非常重要。它实际上证明了如果在一个表象出来的多中，其中一个元素[比方说，由这个元素所规定的表象原子]"支配"着一个部分，在这个意义上，它就是所有属于这个部分的元素的下限[<]，那么我们可以肯定，所有这些元素都是成对并存的[‡]。这表象了通过它表象的世界的超

验逻辑下一个多之存在的回溯性综合的力量以及前提条件。

现在,对于秩序和具现化之间的联系,我们可以说些什么? 在这里,两个可能的定义之间也存在着等价关系。实际上,我们提出,如果 a[作为一个原子]等于 b 在 a 实存上的具现化,即 $a=b\natural\mathbf{E}a$,那么 a 小于 b。这个定义等价于另外两个我们已经遇到的定义,即代数定义[$a\natural b$ 且 $\mathbf{E}a\leqslant \mathbf{E}b$]和超验定义[$\mathbf{E}a=\mathbf{Id}(a,b)$],这些内容我们将放在第 3 卷的附录中进行,我再一次推荐大家阅读这些内容。阅读这些实际上有可能预期这部分的最终论断,里面包含了我所谓的表象的基本定理的东西。在存在和在那里存在之间亲密无间的同一性关系的背景下,将拓扑学、代数学和思想的超验的各个方向纽结在一起。

11. 原子逻辑 5:真综合

我们已经十分清楚地定义了关系结构[具现化、并存性、秩序],一旦这些存在物在它们的成为-对象的回溯中被思考,这些关系就会影响这些多之存在。我们的目的是证明在某些条件下,某些对象或客观性区域可以在如下意义上支撑一个真综合:存在着秩序关系<的包络,即这种关系对应的客观区域中的最小上限。很明显,这个包络分配给该对象一个新型的统一,在这里,对象被视为原子的集合,因此[通过唯物主义假设]在其多之存在中思考。简言之,后者是从表象逻辑向多的本体论的回溯。这个统一就是真正的本体论上的统一。

本体论综合的前提条件或许是直接从命题 P.5 演绎而来的。设 B 为对象$(A,\mathbf{Id})$的一部分,设 B 是统一的,因此,存在着秩序关系<的一个包络。因为所有的包络都是上限，我们知道对于 B 的任意两个元素，b 和 b'，我们有 $b<\varepsilon$ 和 $b'<\varepsilon$。根据 P.5，得出 b 和 b' 之间是并存关系。换句话说，只有一个对象或一个客观区域——它们[在本体论意义上]是成对并存的——拥有一个包络，这样，它就是这个世界上真综合的对象。

现在，我们要证明，如果世界的客观区域是这样，即它的元素都是成对并存的，那么它允许一个真综合。这样，我们就彻底解决了本体论上的大写的一的问题。对于这个证明，我们需要并存性的一个附加属性，这个属性让我们从内在于对象的关系结构过渡到世界的超验决定，尤其是关于同一性地位的决定。这个属性最大的好处就是它本身就是正确的。实际上，它确立了多 B 之中两个元素 b 和 b' 的并存关系，B 作为其根本性的多的对象原子组成之间的关联。这已经是多的纯粹呈现和表象的正当化之间本体论上的关联或对应关系。很明显，它建立在唯物主义假设的基础上。这个十分重要的属性可以表达如下：已知 B 的两个并存的元素 b 和 b'，我们可以写作 $b(x)$ 和 $b'(x)$，它们是对应于 b 和 b' 的原子，对于 B 的两个已知元素 x 和 y，我们总会有 $b(x)\cap b'(y)\leq\mathbf{Id}(x,y)$。我们称之为 P.6。

为了澄清 P.6 的意义和价值，需要注意：如果 $\mathbf{Id}(x,y)=\mu$，那就是说，如果 x 和 y 的同一性的值为最小值[在一个情势中，这意味着这个值是零，或者说 x 和 y 绝对不同]，那么在任何情况下，b 和 b' 都是并存的，之前的陈述规定了 $b(x)\cap b'(y)=\mu$。尤其是如果 x "绝对"处于原子成分 b 之中，换句话说，如果 $b(x)=M$，那么 y 必须绝对不存在于原子成分 b' 之中，即 $b'(y)=\mu$。否则，我们不可能有 $b(x)\cap b'(y)=\mu$。这意味着如果原子成分 b 和 b' 是并存的，它们就不可能完全没有同一性的元素的组成。如果相反，$b(x) \cap b'(y) = M$，那么，x 和 y 各自都绝对属于原子成分 b 和 b'。b 和 b' 的并存关系在结果上需要 $\text{Id}(x, y) = M$，即 x 和 y 的绝对相等。这意味着如果 b 和 b' 是并存的，如果这些元素在表象上，或者作为在那里的存在物"绝对"相等，那么它们可以"绝对地"将 x 和 y 接受为[本体论上的]组成。

我们将对 P.6 的[非常有启发意义的]证明留在了附录中。

我们将其结果作为已知的东西，现在我们要证明**原子逻辑的基本定理**。

原子逻辑的基本定理：

已知对象 (A, Id) 支持的集合 A 的一个客观区域 B，如果 B 的元素是成对并存的，那么必然存在着 B 的一个包络 ε，符合本体论上的秩序关系 $<$ 界定的对象。

为了弄清这个定理，在专门讨论超验函子的附录中，我们将会赋予它一个更为温和的名称"命题 P.7"。

对该定理的证明需要一个基本引理，我们称之为引理 ψ，实际上，这是在原子外表下对包络 B 的建构。像平常一样，我们从对象 (A, Id) 开始，我们将之视为 A 的一个[本体论上]部分，即有 $B \subseteq A$。于是，我们得出了引理 ψ：

如果 B 的元素是成对并存的，在超验 T 中，由如下等式来界定的 A 的函数是一个原子：

$$\pi(x) = \sum \{\text{Id}(b, x) / b \in B\}$$

我们来想一下这个函数表示什么。已知集合 A 的元素 x，它考察了 x 与子集 B 所有元素的所有同一性的值。换句话说,它在客观区域 B 中"定位"(situe)了元素 x。情势是由包络 $\sum$ 来综合的,包络 $\sum$ 以最大可能的精确性确定了它们同一性的最大值。最后 $\pi(x)$ 意味着某种"x 和 B 的元素之间最大同一性的近似值",或"x 接近于组成 B 的东西的同一性的最高值"之类的东西。

这个架构的最大价值就在于它在某个孤立元素和某个子集之间或大或小的同一性的尺度的基础上,提供了这个元素的同一个子集或者某个客观区域的比较。然而,它为这个比较设定了一个前提,产生另一个得到良好确定的尺度:B 的元素是成对并存的。思考一下并存性的代数定义[P.3],这等于是说,当成对出现的时候,元素的实存值不可能超过它们同一性的值。于是,我们可以肯定,B 是一个实存上的同质子集,在某种程度上,其中的实存上的偏差(écarts d'existence)不可能超越本体论上的差异。在 B 中不存在的东西的实存并不是由它与 B 中其他元素的同一性的网络来规定的。于是,这个引理等于是说,所有在实存上的同质子集让独特原子的构建成为可能,接着这个定理会证明它的确就是 B 的包络,于是也就是某个客观区域的点状(ponctuelle)综合。

这里是对引理 ψ 的证明。这个问题证明了函数 $\pi(x)$ 验证了原子现象成分的公理 α.1 和公理 α.2。

在考察所有 $b \in B$ 的常规条件下,我们有:

$$\text{Id}(x,y) \cap \sum\{\text{Id}(b,x)\} = \sum\{\text{Id}(x,y) \cap \text{Id}(b,x)\}$$

分配律

$\text{Id}(x,y) \cap \text{Id}(b,x) \leqslant \text{Id}(b,y)$ 公理 Id.1 和公理 Id.2

$\sum\{\text{Id}(x,y) \cap \text{Id}(b,x)\} \leqslant \sum\{\text{Id}(b,y)\}$ 结果

$\text{Id}(x,y) \cap \pi(x) \leqslant \pi(y)$ π 的定义

最后一个陈述就是[对 π 而言的]公理 $\alpha.1$。

现在设 A 的任意两个元素，即 x 和 y。函数 π 的定义让我们得出：

$$\pi(x) \cap \pi(y) = \sum \{\text{Id}(b, x) \cap \text{Id}(b', y) / b \in B \text{ 且 } b' \in B\}$$

但是，由于我们做出了假设，即 B 的元素是成对并存的，如 b 和 b' 是并存的，它们是 B 两个任意的或类性的元素。我们因此可以带着 P.5 来使用这个结果。于是有：

$$\text{Id}(b, x) \cap \text{Id}(b', y) \leqslant \text{Id}(x, y)$$

于是，$\text{Id}(x, y)$ 大于 $\text{Id}(b, x) \cap \text{Id}(b', y)$ 所有括号中类型的元素，上面的那些写法可以写为 $\pi(x) \cap \pi(y)$，当 b 和 b' 贯穿整个集合 B 时，我们可以逐步获得这些元素。于是，$\text{Id}(x, y)$ 是所有这些元素的上限。但在定义上，包络是其最低上限。于是，这个包络必然小于或等于 $\text{Id}(x, y)$。不过，这个包络就是 $\pi(x) \cap \pi(y)$。于是我们最终得出：

$$\pi(x) \cap \pi(y) \leqslant \text{Id}(x, y)$$

这就是原子成分的公理 $\alpha.2$。

因此，这证明了函数 $\pi(x)$ 是一个原子。相应地，存在着一个真元素规定着这个原子。我们将这个元素称为 ε。ε 规定着 π 意味着，对于 A 的既定元素 x 来说，它与 ε 的同一性的值就是与 $\pi(x)$ 一样的超验值。

我们现在要证明对于本体论上的秩序 $<$ 而言，ε 就是 B 的包络，因此确定了命题 P.7。我们分两个阶段来推进。首先我们要确定 ε 是 B 的上限。那么在关于 ε 的实存的引理的前提下，最终我们将这个引理命名为 $e(\psi)$，它就是最小上限。

元素 ε 是所有 $b \in B$ 的上限：

$$\text{Id}(\varepsilon, x) = \sum \{\text{Id}(b, x) / b \in B\} \quad \varepsilon \text{ 规定着原子 } \pi$$

这个等式意味着,已知一个集合 $x \in A$,我们有 $\text{Id}(b, x) \leqslant \text{Id}(\varepsilon, x)$。这是因为 $\text{Id}(\varepsilon, x)$,即所有 $\text{Id}(b, x)$ 的包络,是它们的上限。尤其是当 $x = b$,我们得出:

$\text{Id}(b, b) \leqslant \text{Id}(\varepsilon, b)$　　　　　　　　　　见上文

$\text{E}b \leqslant \text{Id}(\varepsilon, b)$　　　　　　　　　　　　E 的定义

$b < \varepsilon$　　　　　　　　　　　　　　　　　P.4

那么 ε 的实存的"值"是多少? 对这个问题的回答——引理 $e(\psi)$——非常有启发意义。ε 的实存的确是一个由 B 的元素实存值所架构的[超验意义上的]值的集合的包络。结果:

$$\text{E}\varepsilon = \sum \{\text{E}b / b \in B\}$$

引理 $e(\psi)$ 的证明如下,其中 b 为 B 的任意元素:

$b < \varepsilon$　　　　　　　　　　　　　　　ε 是 B 的上限

$\text{E}b = \text{Id}(\varepsilon, b)$　[Ⅰ]　　　　　　　　　$<$ 的定义

$\text{Id}(\varepsilon, x) = \pi(x) = \sum\{\text{Id}(b, x) / b \in B\}$　　ε 的定义

$\text{Id}(\varepsilon, \varepsilon) = \sum\{\text{Id}(b, \varepsilon) / b \in B\}$　　　　　$x = \varepsilon$

$\text{E}\varepsilon = \sum\{\text{Id}(\varepsilon, b) / b \in B\}$　[Ⅱ]

　　　　　　　　　　　　　　E 的定义和公理 $\text{Id}.1$

$\text{E}\varepsilon = \sum\{\text{E}b / b \in B\}$　　　　　[Ⅰ]和[Ⅱ]

有这个结论在手,我们就可以通过证明得出,ε 的确是 B 的最小上限。于是有:

设 x 为 B 的一个上限。对于所有的 $b \in B$,我们都有 $b < c$,我们有:

$b < c$　　　　　　　　　　　　　　　　　假设

$\text{E}b = \text{Id}(b, c)$　　　　　　　　　　　　$<$ 的定义

$\sum\{\text{E}b / b \in B\} = \sum\{\text{Id}(b, c) / b \in B\}$　[Ⅰ]

　　　　　　　　　　　　　　　　　　结果

$$\text{Id}(\varepsilon, c) = \sum \{\text{Id}(b, c) / b \in B\} \quad \varepsilon \text{ 的定义且 } x = c$$

$$\text{E}\varepsilon = \sum \{\text{E}b / b \in B\} \quad [\text{II}] \qquad \text{引理 e}(\psi)$$

$$\text{E}\varepsilon = \text{Id}(\varepsilon, c) \qquad\qquad [\text{I}] \text{和} [\text{II}]$$

$$\varepsilon < c \qquad\qquad < \text{的定义}$$

最后,元素 ε 被界定为对原子 $\pi(x)$ 的规定,的确是 B 的最小上限。于是,因为<关系,B 的一个包络,确保了 B 是该世界的一个真综合。命题 P.7 或者原子逻辑的基本定理已经得到了证明。

我们要再一次记住,唯有当 B 的元素是成对并存时,这个本体论上的综合才能得到构建。只有在那种情况下,函数 $\pi(x) = \sum \{\text{Id}(b, x) / b \in B\}$ 才是一个原子,也只有那时,它才能界定 B 的一个真元素。

第4部分 实存与死亡

1. 现象学和生命论的实存与死亡

在两种理论之间存在着隐秘的哲学上的合谋,即那些将意义根植于意识的意向性的理论[简言之,我们称之为现象学潮流],以及在表面上与第一种理论完全对立的,将生命变成存在的积极名称的理论[我们称之为生命论:尼采、柏格森和德勒兹]。这种共谋依赖于对某个项的公理性假设,这个项超越了让其分布或展开的情势状态,这样所有的存在的奇点都可以在某种独一无二行为的最精练的描述中严格思考,而这个行为构建了并将之关联于大写的一,而大写的一是一个可递模式。当然,大写的一的项在意向性意识的情况下,其实在形象是构成性的行为,在另一种情况下,即无机生命的力量或生命冲动(élan)的情形下,有机体,最后所有的实在的奇点,都是昙花一现的模态。但思想运动是一样的,在非实存的边缘[意识自由的虚无,生命无形式的混沌]提出一种超实存(sur-existence),这种超实存的创造能力是由它所是的无限多元展开的[一方面是意识状态或主体形象,另一方面是活生生的个体]。实存意味着:它是日常的超实存的构成运动。换句话说,实存意味着[意识或生命]的构成。

被构成也意味着**虚无化**(néantisé)。构成行为仅仅揭示了其在布局中的它所构成之物的超实存[不定性,凡俗性]。意识状态最终不过是它在时间中的消解,这就是胡塞尔会转向对时间流的无限描述的研究的原因所在。"内时间意识"就是通过被构成的意识走向死亡的过程,它尤其肯定了构成性意识的[无时间性]超实存。同样,独特生命的死亡也是生命无限力量的必然证据。

于是,我们可以说,现象学与生命论,胡塞尔与柏格森,萨特与德勒兹的共同的项是死亡,正如对有限实存的证明,这纯粹是一个无限超实存的证明,或者我们通过反转,通过这种力量决定之下构成[用莱布尼茨的说法,即发出光亮]的一切东西的被动局限,才能体会到的大写的一的力量。

基本上在两种情形下,作为构成性力量的大写的一[用斯宾诺莎的术语来说是能生的自然(natura naturans)]就是作为被构成构型[被生的自然(natura naturae),意识状态,实际个体]的凡俗性或多之有限性。只有死亡才是生命的证据。只有有限才是经验的超验架构的证据。在两种情况下,在这个背景下,一种世俗化的或升华的上帝运行着,他是存在的超实存的行为人。我们可以称他为大写的他本身,或者像斯宾诺莎一样,称之为大实体或大写意识。我们已经面对大写的他,这个根本性的无限,而他在大地上的书写却是死亡。

从凡俗的束缚中将实存解放出来需要我们在公理上同现象学经验架构以及尼采所命名的作为生命的存在做斗争。为了没有限制地思考实存,这就是一个解放的律令,让实存从它屈从的终极能指——死亡——中解放出来。的确,正如黑格尔所说,精神生命[也就是说,自由生命]就是"不要退出死亡,并停留在死亡之中"。也正是这个生命,并不将自己的实际性留给经验的超验架构,或者生命的混沌主宰。

在什么条件下,某个不朽之物才会实存,成为我们的实存,我们唯一可以看到或思考的实存?至少在这一点上,柏拉图和亚里士多德是一致的,即可以说这是唯一属于哲学的问题,或者仅仅属于哲学的问题。

2. 实存公理和死亡逻辑

在本书中,我提供了对实存的严格定义。相对于一个世界来说,一个既定的多的实存是一个值,根据这个值,它表象为在这个世界上与自己的同一性。用专业术语来说,一个存在物 ε 的实存,相对于世界 m 来说,就是超验指数 $Id(ε, ε)$ 在该世界上超验中的值。

让我们来解释一下其中的关键所在。如果 $Id(ε, ε) = M$ [表象 ε 的自我同一性为最大值],那么 ε 绝对在世界 m 上实存。换句话说,ε 与其存在是共外延的(coextensive)。如果 $Id(ε, ε) = \mu$,则 ε 在世界 m 上实存为零,ε 在 m 上不存在。这意味着其实存在总体上与自己的存在不配对。还有一些中间情况,在这些情况下,元素 ε 只是在"某些程度"上实存。

关键在于要记住实存并不是一个存在范畴,而是一个表象范畴,一个存在物仅仅按照它在那里存在而实存。这个实存就是实存的值,它处于不实存与绝对实存之间。实存既是一个逻辑概念,也是一个内包概念。其双重性让其可以重新思考死亡。

我们最初的想法,即当在某个我们所参照的世界上,某个存在物的实存值达到最小值,或者当它不实存于那个世界,那么这个存在物就是死亡的。要肯定的是,存在物 ε 是死的,等于是承认我们有一个等式:Id(ε, ε)=μ。这意味着死亡是自我绝对非同一,逻辑上的实存最小值的失却是由同一性上的零值来代表的。但是这会忽略死亡不仅仅是非实存。死亡是**突如其来**的(survient),而一个实存物必然会死亡。在那里,有一种老生常谈的深刻道理:"在死之前15分钟,他还活着。"这个道理不会遭到嘲弄,因为当我们发现我们自己即将面对死亡,我们会带着迷惘和痛苦来经历死亡的真相。这样,死亡就成为一个存在物的实存最小值,且带有对它同一性的肯定评价。用专业术语来说,我们可以说当我们从等式 Id(ε, ε)=p[p 并非最小值,即 $p\neq\mu$]变成等式 Id(ε, ε)=μ 时,存在物 ε 就死亡了。

正如实存一样,死亡也并非一个存在的范畴。它也是表象的范畴,或者更准确地说,是表象生成的范畴。换个说法,与其说死亡是本体论概念,不如说死亡是逻辑概念。对于"濒临死亡",我们可以肯定的是,这是一个表象上的感触(affection),导致了一个我们可以给予肯定评价的既定实存[即便它不是最大值]变成了最小值的实存,**相对于该世界来说**,它的实存值为零。除此之外,对于一个既定的多而言,零值"本身"并没有什么意义。只有空集在本体论上才是零,因为无论其展现与否,它不会面对死亡,不会经历从某个实存值变为零的过程。整个问题是要知道这个"过程"是如何组成的。为了完整地理解这一点,我们并不需要带有事件理论的自然之多的理论。我们需要做出两个评论。

1) 从同一性的值或实存过渡到另一个值不可能是我们所考察的存在的内在效果。这是因为该存在除了实存的值之外,并没有其他内在于情势的东西,结果也没有其他内在于其自身同一性的东西。这个过程必然来自外部原因,无论这个原因是具体的还是整体的,这个外因会影响其逻辑计算,或影响表象的合法化。换句话说,经历死亡的是一个界定的多在表象函数上的外在变化。这个变化通常施加在濒临死亡的存在物之上,而这种施加是偶然性的。

正确的表达是斯宾诺莎提出来的:"除非有外因,否则没有事物会被摧毁。"我们不可能说一个存在物是"有死的",如果这样说,我们所理解的是它的死亡是一个内在必然性。顶多我们可以承认对于它而言,死亡是可能的,在这个意义上,在表象函数上会发生一次突变,而这次变化等于是让其同一性,即它的实存的值最小化。

2) 结果,干预死亡是徒劳的,因为正如斯宾诺莎所说:"一个自由的人所思考的东西不能逾越死亡,他的智慧只能干预生命,而不能干预死亡。"这是因为死亡仅仅是一个结果。相反,思想必须转向事件,而表象函数的具体变化依赖于事件。

如果不同对于一个额外事件的依赖性进行考察,那么濒临死亡,就像实存一样,是此在的模式,因此是一个纯粹的逻辑关联。

附录:三个证明

1. 论并存性:代数定义和拓扑学定义

在形式展开部分[第3部分],我们证明了在具现化基础上的并存性的拓扑学定义[$a ⊧ b$ 意味着 $a ⌈ \mathbf{E}b = b ⌈ \mathbf{E}a$],这意味着 $\mathbf{E}a ∩ \mathbf{E}b = \mathbf{Id}(a, b)$,这是一个十分代数学的公式。我们宣布,我们有可能证明其逆命题,以此确立两种方法的等价关系。在这里,是对逆命题的证明。

我们从一个关于具现化的有用的引理开始证明。这个引理表达了如下观念:如果我在元素 a 与另外一个元素 b 的同一性的值上具现化了元素 a[因此,也具现化了这个元素所规定的真原子],如果我们在同样的同一性[也就是 b 与 a 的同一性的值,这可以通过包含在公理 $\mathbf{Id}.1$ 中的同一性的对称关系得出]的值上具现化了 b,那么我们获得了同样的东西。这样,典型的无政府主义者,回溯到他们与典型的库尔德人的同一性的值,与典型的库尔德人回溯到他与典型的无政府主义者的同一性的值,两者是一回事。

用形式术语来说,关键在于要确定 $a ⌈ \mathbf{Id}(a, b) = b ⌈ \mathbf{Id}(a, b)$。我们将这个结果称为引理 A。这里是证明:

设 $g = a ⌈ \mathbf{Id}(a, b)$ 而 $h = b ⌈ \mathbf{Id}(a, b)$。我们将真原子

Ⅲ. 大逻辑 2:对象

函数 $a \upharpoonright \text{Id}(a,x)$ 写成 $a(x)$，而将 $a \upharpoonright \text{Id}(b,x)$ 写成 $b(x)$。那么我们得出：

$g(x) = a(x) \cap \text{Id}(a,b) = a(x) \cap a(b)$	$\upharpoonright$ 的定义和原子 $a(x)$ 的定义
$a(x) \cap a(b) \leqslant \text{Id}(b,x)$	公理 $\alpha.1$
$g(x) \leqslant \text{Id}(b,x)$	结果
$g(x) \leqslant b(x)$	$b(x)$ 的定义
$g(x) \leqslant \text{Id}(a,b)$	第一行和 $\cap$ 的定义
$g(x) \leqslant b(x) \cap \text{Id}(a,b)$	$\cap$ 的定义
$g(x) \leqslant h(x)$	h 的定义

这正好是对称推理，如果一开始 $g(x)$ 换成 $h(x)$，我们可以得出 $h(x) \leqslant g(x)$。在反对称公理的指引下，我们得出 $g(x) = h(x)$。即作为其扩展版，有 $a \upharpoonright \text{Id}(a,b) = b \upharpoonright \text{Id}(a,b)$。引理 A 得证。

同样，一个专业引理[引理 B]证明了一个元素在两个值的合取上的具现化等于该元素在第一个值上的具现化，它本身也在第二个值上具现化。即

$$a \upharpoonright (p \cap q) = (a \upharpoonright p) \upharpoonright q$$

接着是对引理 B 的证明，读者可以将其作为一个练习：

$((a \upharpoonright p) \upharpoonright q)(x) = (\text{Id}(a,x) \cap p) \cap q$	$\upharpoonright$ 的定义
$\text{Id}(a,x) \cap (p \cap q) = a \upharpoonright (p \cap q)$	$\upharpoonright$ 的定义
$((a \upharpoonright p) \upharpoonright q)(x) = a \upharpoonright (p \cap q)(x)$	结果
$a \upharpoonright (p \cap q) = (a \upharpoonright p) \upharpoonright q$	标记习惯

从引理 B 我们可以得出在现象学上非常有意思的考察。设表象原子[例如示威世界中的一个典型的无政府主义者]。我们假定它是在规定这个原子的元素的实存以及另一个元

素[例如,典型的邮递员]的实存的共性上来具现化的。那么似乎它是在第二项[邮递员]的实存上具现化的。从这个事实可以得出,一个原子在它自身同一性上的具现化[规定这个原子的元素的实存]的具现化等于这个元素[这个原子]。于是,在两个实存的共同表象上的具现化即一个元素在其自身正确基础上的具现化并未纳入考察。如果你在一个典型的无政府主义者[留着胡子,大声叫喊]的实存与一个邮递员的实存[穿着蓝黄色的服装,戴着统一的徽章,等等]的并存性基础上实现具现化,那么你们只需要考察邮递员的实存就行了。在形式上,这个问题表达如下:$a \restriction (\mathbf{E}a \cap \mathbf{E}b) = a \restriction \mathbf{E}b$。我们称之为引理 C,这里有一个非常有建设性的证明:

$a \restriction \mathbf{E}a(x) = \mathbf{Id}(a, x) \cap \mathbf{E}a$	[Ⅰ]	∫的定义
$\mathbf{Id}(a, x) \leqslant \mathbf{E}a$		P.1
$\mathbf{Id}(a, x) \cap \mathbf{E}a = \mathbf{Id}(a, x)$	[Ⅱ]	P.0
$a \restriction \mathbf{E}a(x) = \mathbf{Id}(a, x)$		[Ⅰ]和[Ⅱ]
$a \restriction \mathbf{E}a = a$	[Ⅲ]	标记习惯
$a \restriction (p \cap q) = (a \restriction p) \restriction q$		引理 B
$a \restriction (\mathbf{E}a \cap \mathbf{E}b) = (a \restriction \mathbf{E}a) \restriction \mathbf{E}b$		应用
$a \restriction (\mathbf{E}a \cap \mathbf{E}b) = a \restriction \mathbf{E}b$		[Ⅲ]

正如我早前宣布的那样,我们现在已经证明了逆命题:如果两个元素的共存的尺度等于它们同一性的值,那么它们是并存的。这完善了对 P.3 的证明。

$a \restriction \mathbf{Id}(a, b) = b \restriction \mathbf{Id}(a, b)$	引理 A
$\mathbf{Id}(a, b) = \mathbf{E}a \cap \mathbf{E}b$	假设
$a \restriction (\mathbf{E}a \cap \mathbf{E}b) = b \restriction (\mathbf{E}a \cap \mathbf{E}b)$	结果

$a \lceil \mathbf{E}b = b \lceil \mathbf{E}a$	引理 C
$a \ddagger b$	‡ 的定义

2. 本体论秩序＜的拓扑学定义

我们之前说过的本体论秩序＜的三个定义最后是等价的：在概念展开中给出的代数学定义［当 a 与 b 并存，且有 $\mathbf{E}a \leqslant \mathbf{E}b$，则 $a < b$］；在形式展开部分给出的超验定义［当 a 的实存等于它与 b 同一性的值，那么 $a < b$］；最后是拓扑学定义：当 a 所规定的原子等于 b 在 a 的实存上的具现化，即 $a = b \lceil \mathbf{E}a$，那么 $a < b$。

现在我们会提供对拓扑学定义和超验定义之间等价关系的证明。我们需要证明［$\mathbf{E}a = \mathbf{Id}(a, b) \leftrightarrow (a = b \lceil \mathbf{E}a)$］。要注意，用来代表本体论意义上的元素，在逻辑意义上代表原子的字母使用［a 或 b］之间是可以自由替换的。

证据所使用的引理已经在本附录的第一小部分中证明。

——**正命题**。超验定义蕴含着拓扑学定义。

$a \lceil \mathbf{Id}(a, b) = b \lceil \mathbf{Id}(a, b)$	引理 A
$\mathbf{E}a = \mathbf{Id}(a, b)$	超验的＜定义
$a \lceil \mathbf{E}b = b \lceil \mathbf{E}a$	结果
$a \lceil \mathbf{E}a = \mathbf{E}a$	引理 C 中的［Ⅲ］
$a = b \lceil \mathbf{E}a$	结果

——**反命题**。拓扑学定义蕴含着超验定义。

我们可以从关于具现化的引理开始，如果我们对其思考片刻，其概念的自明性就一目了然。我们称之为引理 D。引理 D 肯定的是，a 在值 p 上的具现化的实存等于 a 和这个值的合取，也就是 $\mathbf{E}(a \lceil p) = \mathbf{E}a \cap p$。下面是证明。我们设［根据唯物主义假设]$b = a \lceil p$。于是有：

Id$(b, x)=$**Id**$(a, x) \cap p$	b 的定义
Id$(b, b)=$**Id**$(a, b) \cap p$	$x=b$
E$b=$**Id**$(a, b) \cap p$ 　［Ⅰ］	**E** 的定义
Id$(b, a)=$**Id**$(a, a) \cap p$	$x=a$
Id$(a, b)=$**E**$a \cap p$	**E** 的定义和公理 **Id**.1
E$b=$**E**$a \cap p \cap p$	［Ⅰ］
E$(a \lceil p)=$**E**$a \cap p$	b 的定义和 $p \cap p = p$

为了证明我们的反命题，即拓扑学的＜的定义蕴含着超验定义，我们首先要确定这个拓扑学定义蕴含着 a 和 b 的并存性，下面是证明：

$a = b \lceil$ **E**a 　［Ⅰ］	拓扑学的＜定义
E$a=$**E**$(b \lceil$ **E**$a)$	结果
E$a=$**E**$a \cap$ **E**b 　［Ⅱ］	引理 D
$a \lceil$ **E**$b = (b \lceil$ **E**$a) \lceil$ **E**b	［Ⅰ］
$a \lceil$ **E**$b = b \lceil ($**E**$a \cap$ **E**$b)$	引理 B
$a \lceil$ **E**$b = b \lceil$ **E**a	［Ⅱ］
$a \ddagger b$	$\ddagger$ 的定义

如果 $a \ddagger b$，我们通过 P.3 知道，(**E**$a \cap$ **E**$b) =$ **Id**(a, b)。因为通过［Ⅱ］我们也知道，**E**$a \cap$ **E**$b =$ **E**a，我们最终得出 **E**$a =$ **Id**(a, b)，而这就是＜的超验定义。

3. 命题 P.6 的证明

问题在于确立如果 b 和 b' 是并存的，那么对于所有参照的多 A 的配对元素而言，也就是说 x 和 y，我们有 **Id**(b, x) $\cap$ **Id**$(b', y) \leqslant$ **Id**(x, y)。

Ⅲ. 大逻辑 2: 对象

我们以如下方式依次给出证明[我们记得 $b(x)$ 是一种书写原子 b 的方式,其准确的定义,我们写在后面,即 $\mathsf{Id}\,(b,x)$]。

$\mathsf{Id}\,(b,x) \leqslant \mathsf{E}b$ 且 $\mathsf{Id}\,(b',y) \leqslant \mathsf{E}b'$ P.1

$\mathsf{Id}\,(b,x) = \mathsf{Id}\,(b,x) \cap \mathsf{E}b$ P.0

$\mathsf{Id}\,(b',y) = \mathsf{Id}\,(b',y) \cap \mathsf{E}b'$ P.0

$\mathsf{Id}\,(b,x) \cap \mathsf{Id}\,(b',y) = \mathsf{Id}\,(b,x) \cap \mathsf{Id}\,(b',y) \cap \mathsf{E}b \cap \mathsf{E}b'$ 结果

$\mathsf{E}b \cap \mathsf{E}b' = \mathsf{Id}\,(b,b')$ b 打 b' 和 P.3

$\mathsf{Id}\,(b,x) \cap \mathsf{Id}\,(b',y) = \mathsf{Id}\,(b,x) \cap \mathsf{Id}\,(b',y) \cap \mathsf{Id}\,(b,b')$ 结果

$\mathsf{Id}\,(b,b') \cap \mathsf{Id}\,(b,x) \leqslant \mathsf{Id}\,(b',x)$

                                      公理 $\mathsf{Id}.1$ 和公理 $\mathsf{Id}.2$

$\mathsf{Id}\,(b,x) \cap \mathsf{Id}\,(b',y) \leqslant \mathsf{Id}\,(b',x) \cap \mathsf{Id}\,(b',y)$ 结果

$\mathsf{Id}\,(b',x) \cap \mathsf{Id}\,(b',y) \leqslant \mathsf{Id}\,(x,y)$

                                      公理 $\mathsf{Id}.1$ 和公理 $\mathsf{Id}.2$

$\mathsf{Id}\,(b,x) \cap \mathsf{Id}\,(b',y) \leqslant \mathsf{Id}\,(x,y)$ 结果

$b(x) \cap b'(x) \leqslant \mathsf{Id}\,(x,y)$ 真原子的标记

一个重要且详细的附录：超验函子

1. 对象和超验函子架构的实存分析的客观现象学

在第3卷的第3部分中，我们已经开始了具体的推理：一个原子的具现化，两个元素的并存，本体-逻辑秩序。我们是在对象的原子成分上运作的，也就是在世存在的大写的一，唯物主义假设告诉我们，在世存在的大写的一总会与存在上的大写的一有交集。那么我们来具体地推进，通过包络，来进行对表象区域的真综合。在并存性的条件下，我们证明了一个真元素确保了客观区域的综合一致性。这就是原子逻辑的基本定理。

我们现在要转向对象的整全分析。例如，在休伯特·罗伯特绘画中的圆形神庙。我们如何在笛卡尔意义上将它解析为既清楚又明确的部分呢？最直接的立足点就是在实存中找寻各个柱子实存的值。我们总是可以通过这些实存值来重新组织这些对象的[真]元素。因此，我们将所有拥有实存值 p 的元素所组成对象的子集与 p 关联起来。我们认为前景中三个完全可见的柱子拥有实存上的最大值，而彻底隐匿在左边背景中的柱子拥有非常弱的实存值。而右边背景中的柱子拥有实存上的中间值,如此类推。很明显,在超验的基础上,我们的神庙对象一片片地切开为严格意义上的同质性实存层。我们在这里已经拥有了一种算子,将共性特征为其实存是由该值所测度的对象元素组成的集合与超验值关联起来的。我们将这个算子称为**对象的超验函子**。

同样,我们会看到邮递员队伍的超验函子会按照它们特有的显象实存的值把这队伍分成几个层(strate)。于是那些不断喊着口号,举着旗帜,穿着蓝黄色的服装,穿着上像一个邮递员等等的超验函子集体地给予这些人很高的实存的值,而那些孤独行走的人,沿着水沟挪动着自己的步伐,非常羞涩地跟着他的那些兄弟们,他们会被锚定在虚无边缘的实存值上。

超验函子并不完全是一个函数,因为它并非分配超验值给对象的各个元素,而是分配给子集,如"被树木遮蔽的柱子"或"最明显的邮递员"。为了可以完全从实存上分析对象,我们首先要找到一个程序,它可以赋予某个元素以超越值,这就是实存层次的"代表"(représentatif)。这样,总会有某个最大值对应于典型的最明显的邮递员,而另一些人被分配了非常弱的值,如在人行道上走来走去的人,他试图消失在旁边平缓的人流中。最重要的是,我们在分析的时候也得重视综合。最后这一点非常深刻。我们知道一个超验值的集合,正像综合的规则一样,就必然存在着这个集合的包络。假定我们在一个对象中用一个典型元素"代表"了这样一个值,正好就赋予了对象这个实存的值。这就好比给我们某种类似某个对象的选择型实存分析的东西。例如,对于在最大值和最小值之间展开的四个不同的超验值来说,对应了一根神庙的柱子,它就是以它的方式让值实存于画面之上的典型。值的集合明显承认了一个将超验组织起来的秩序关系的包络。但柱子的组合也承认这个包络吗，即这个包络作为在它们表象回溯中架构了某个对象诸元素的秩序关系的真综合吗？或者说，综合项真的就是通过典型筛选，对应于充当超验包络的值吗？

如果对这些问题的回答是肯定的，那就意味着在超验值集合的基础上，对象的实存分析可以选择某些典型的实存项，这些实存项的统一对应于各个值的包络统一体。因此，我们会获得一种将超验的规则在对象的实存［真］分析上的映射。

我们试图提出这个映射的图像。我们将邮递员队伍作为我们的对象，这个队伍有坚实内核［高实存值］，处在行列边缘的成员［弱实存值］。对于所有衡量实存的值而言，我们选择一个典型的"代表"。那么我们有了该对象的某种内部替代：一个最大值的实存项［特别凸出的"领袖"］和最小实存项［游离在人行道上的邮递员］，对于这个平均值的所有带有差异的实存层次的一个"均值"实存项。如果这个替代组的真综合统一体［或许是领袖本人，他的实存值设定了其他人的实存值］对应于各个值的包络［或许，在这种情况下，就是最大值］，那么超验函子或许可以说成是"忠实的"。那么这个问题是：是否存在着忠实函子？

对这个问题的回答，我们会放在下个小节里进行，并严格地给出形式上的证明，这个证明十分严谨，也十分充分。

它之所以是严格的，是因为如果对象所选择的替代［实存层次的典型代表］为我们给出了所有元素都成对并存的对象的自己，那么就达到了我们的目的。那么，这个问题会是穿着蓝黄色制服的咆哮着的领袖和漫步在人行道上的邮递员之间是不是并存的，在这个意义上我们所谓的真实关系可

Ⅲ. 大逻辑2：对象

以表述如下：前者在后者实存上的具现化等于后者在前者实存上的具现化。

它之所以是充分的，是因为在这个并存性的前提下，我们有一个额外的好处，即下述的显著现象：每一个实存层次的所有典型元素都是对应于实存值的综合元素的具现化。于是，如果我们假定所有分配给邮递员的实存值的代表都是并存的，那么每一个元素，例如羞涩的脱逃者，都等于是这个项［这个项是子集"邮递员"的真综合，在这种情况下，这个项就是过分凸出的领袖］实存值［在这个例子中，几乎接近于无］的具现化。此外，这个项本身也是这些值的形式综合的映射，它们是在超验中通过包络获得的。换句话说，如果我们这位伟大的带领着队伍的邮递员，在那个试图逃脱的行走在水沟边的邮递员的实存值上具现化，那么你们就会得到一个作为结果的原子，这个想逃脱的邮递员本身［函数分配给队伍中所有的 x 同一性的值给了这个邮递员］。当并存性的前提让其成为可能时，我们就获得了一个概括这个超验函子的拓扑学综合。

这就是我们的思考可能获得的最高成就，即在作为受到表象影响的存在中，如同表象在超验基础上的映射一样，这种思考恢复了大写的一和整体具现化的力量，其完全一样的表象注定要拥有这种力量。

2. 函子的例子：对战役的具体评价

古典的军事冲突，不像 20 世纪的"全面"战争，或许可以视为一种作品，因此可以视为一个封闭的世界。在这里我们试图描述一下高加米拉战役①(la bataille de Gaugamèles,公元前 331 年 10 月 1 日)的超验函子,在这场战役中亚历山大大帝压倒性地摧毁了波斯大军和大流士三世(Darius Ⅲ)的力量。

一般来说,战役的超验要对对垒双方各个不同子集进行的小型战斗给出不同的评价。例如,在冲突的某个时刻,大流士率领的左翼重骑兵在拜苏(Bessos)[在波斯军队溃败之后,拜苏弑杀了大流士]的指挥下的值是多少,或者在亚历山大的率领下,他的左翼[由帕米尼奥(Parmennion)指挥,后来他被亚历山大所杀]和右翼[即著名的"伙友骑兵"(Compagnon),他们围绕在亚历山大周围]的合值是多少?大流士的新武器,即 200 辆长镰双轮战车(chars à faux)和 15 个象骑兵[第一次在历史上征用]会在质上取得优势吗?2000 名希腊佣兵拱卫着大流士的 2000 名皇家禁卫军,他们能经受住 12000 名手执萨里沙长枪(sarissa)(一种 4 米长的长枪)的马其顿方阵(la phalange macédonienne)的冲击吗?更不用说这些评价涉及更多包络性的多。大流士草草地从附近征募过来的 50000 名农民在军事上有何价值可言?要注意,这里的"附近"正好是现代的伊拉克中部地区,离摩苏尔市 30 公里左右。让我们继续……在何种程度上,波斯骑兵的数量上的绝对优势[35000 骑对马其顿的 7000 骑]会被这样的一个事实所消解,即这些骑兵是由来自不同民族的士兵组成的?最后,所有这些不同的强度值得出了超验上的综合,赋予这些预先定义的单元以具体的战斗力的值,如波斯

---

① 高加米拉战役:公元前 331 年 10 月 1 日,马其顿帝国与波斯帝国在今巴比伦以北的高加米拉地区进行的一场战役。双方于此次战役皆投入巨大兵力。虽然波斯帝国在战前做好了充足准备,但因时运不济和军心涣散,更加之马其顿军队的英勇善战和亚历山大大帝的正确指挥,波斯帝国终以十万余人的惨重伤亡败北,君主大流士三世也于战后被杀。马其顿帝国进占波斯帝国全部领土,波斯帝国灭亡。

一方的右翼的亚美尼亚骑兵，亚历山大置于马其顿方阵之后的第二预备队的战斗力，等等。这些值动态地将数量、装备、决意、战线中的位置、所占区域的比例和运动等聚集为函子。将军们会根据侦察、战斗防御和军队部署（dispositif）的重组来预期他的配置。

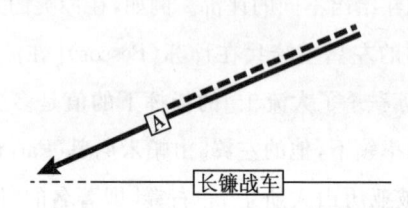

让我们从高加米拉战役中考察两个著名的例子。大流士命令让出战场的中部区域，以便他的长镰战车可以轻易地倾巢而出。亚历山大通过审问囚犯和他坚持亲自参与的侦察巡逻，在很大程度上，洞悉了他的这个计划。他的对策相当狡猾：为了接近大流士，他采用了一个斜的进攻阵型。他并没有出现在队伍的前列，去与大流士针尖对麦芒，而是让他的右翼直扑大流士的左翼，让他的左翼迂回运动。此外，为了弥补左翼的运动，也为了阻挠战车的突袭，他在纵深上双重化了重装步兵的行列厚度。

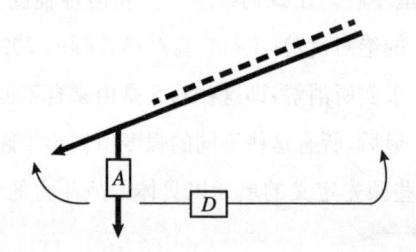

波斯人为了不被包围，不得不向左边拉伸他们的战线。但如果战线拉伸得过长，长镰战车就无法从它们待发的地方获益。因此，他们必须攻击亚历山大的右翼。这样，在他们战线的中左部，波斯步兵发生了断裂，而亚历山大的骑兵顺势切入其中。

通过他的调度［斜阵型和慢慢滑向敌人左翼］，亚历山大的明显目的就是削弱波斯重装步兵的战斗力，让大流士调度长镰战车为援军来对付他。在这个意义上，所有的军事战略都采用了"战役-世界"中的不同强度值，将战斗单元所占领的区域与对战役中超验值的思考联系起来。

于是，我们要这样来界定函子：将由行动本身导致的不断的变动综合起来，赋予对垒双方的各个子集不同的强度值，即战斗力的值，他们实际上也拥有这种战斗力。我们已经看到，当波斯人不得不攻击马其顿左翼，由于战线过于拉长，波斯人中左部的重装步兵的值如何明显地弱于其置于马其顿右翼的重装步兵的值，而亚历山大的军队正对着波斯步兵的骑兵展开了冲击。然而，几乎在同一时刻，波斯骑兵冲到右边，针对迂回的斜型阵型的左翼发动进攻。波斯骑兵试图将马其顿方阵一分为二，穿透其缺口，并突袭战线背后的军营，因此会让马其顿左翼的部队无法前进。

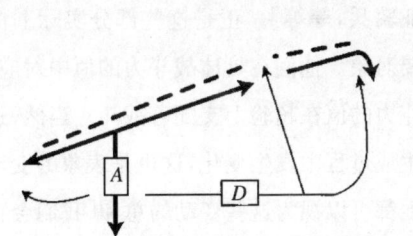

我们可以说这样一种构型，借助函子，对应于分配给右翼的实存的超验值，右翼的超验值明显高于马其顿左翼的超验值。当然，我们是相对于两军和他们军事调动的各个成分的总体来谈函子的行为的。例如，波斯骑兵［实际上是由阿尔巴尼亚人（Albanais）、沙赛西尼亚人（Sacessiniens）和西卡尼亚人（Hyrcaniens）组成的]突袭马其顿战线背后的军营造成的部分劫掠标志着分配给"马其顿后备队和装备器械"的多元属性是一个相当弱的实存值，而"阿尔巴尼亚骑兵"对应了一个很高的战斗力的实存值。

很明显，在这个阶段，双方军队的部署的一个关键部分，或者说两方整个军队都视为"战役世界"的一个部分，对应着一个超验值的集合。例如，通过函子，马其顿右翼对应于从很高的战斗力[中左部波斯前线的断裂]逐渐变为中等战斗力[在远端左翼的直接面对面的对抗]，而波斯军队完全对应的是一些离散的值，从极弱值[长镰战车的攻击没有发挥其效果，而中左部被侵袭了]直到最大值[骑兵侵入马其顿战线背后]。我们应该记得，在这个过程中，一般来说，这些值仅仅是部分秩序化的，在战役中，仍然有某些东西是无法比较的。

无论如何，我们都同意将这些值[战斗力]的集合称为[超验]的**阈**（territoires）。我们会看到，通过函子，这些阈对应于世界上的各个部分[马其顿的右翼，后备队，波斯军队，阿尔巴尼亚骑兵，等等]。正是这些部分实际上构成了战役世界的重要对象。他们在具体战斗力的值中对应于一个阈，而这些战斗力的值在超验上支配着战斗。当然，这些对象会在世界的生成过程中发生变化，这也是表象的变动。所有的世界实际上都可以视为这些变动的总和[我们会在第5卷中考察这一点]。

亚历山大通过两个关键性的调度，改变了高加米拉战役中的相持不下的局面[我们已经在第299页（法文版）的图示中说明了这一点]。首先，准备进行接触，来针对突入方阵第二线和轻装的后备队中的敌人骑兵，来破坏其意图上的后果。其次，反而有些即兴的色彩，即亚历山大自己的单骑，以及他的伙友骑兵的重骑,穿越整个战场到达波斯战线的后面,飞速挽救饱受侵袭的右翼。

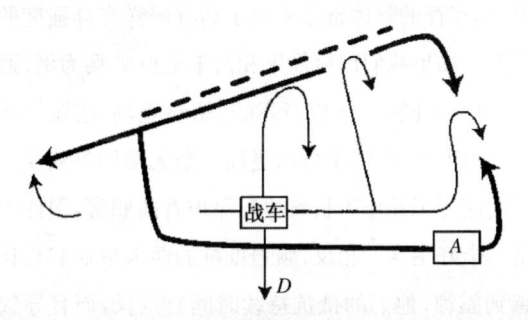

在这次运动最后,波斯军队崩溃了,其统一的战斗力的超验值趋近于最小值。实际上这标志着其在战役世界上的消失,而这一切以亚历山大的彻底胜利而告终。

从我们聚焦的对象来看,这个世界的动态过程就是表象的真实,它决定着函子的外延,我们现在集中于一个对应于超验值的对象,即大流士的部署中心,其中包括希腊佣兵、禁卫军、象骑兵、长镰战车、西卡尼亚骑兵[右侧]和印度骑兵[左侧]。要注意,在一般意义上,阈的固定值对应于一个对象的好几个元素:在即将来临的战役中表现出同样战斗力的值的所有元素。对象"波斯军队中央军团"也不例外。希腊佣兵和近卫队最后综合为同样弱于均值的值。在开始的战斗中他们十分勇敢,一旦他们得知亚历山大突袭成功,并证实了战车完全失败了,他们就脱离了纵深,和国王一起开溜。西卡尼亚骑兵[他们的职责是穿越战场拱卫右翼]的实存值非常高,当亚历山大从后部攻击他们时,他们英勇的抵抗证明了这一点。他们杀死了60名伙友骑兵。在战役中,他们与部署在前线的弓箭手拥有同样的强度值,而这些弓箭手勇敢地确保着战车手的安全。

为了可以组织对函子的分析,我们选择对象"波斯军队中央军团"的元素作为对应阈的所有值的"典型"代表。这些元素在如下意义上是典型的,即在战役世界中的对象的表象生成中,其实存的整体价值要大于拥有同样实存强度的那些元素的值。如果我们以弓箭手和西卡尼亚骑兵为例,通过函子,他们对应于同一个[相当高的]超验值,从波斯军队的中部集团的角度来说,哪个价值更高?毫无疑问是骑兵。弓箭手完美地履行了其作为长镰战车保护者的职责,但使用战车并不是一个好主意。相反,顽强抵抗的西卡尼亚骑兵让亚历山大感到震惊,他们的抵抗持续时间有点长,而且导致了马其顿右翼的崩溃。因此,这些骑兵应该被视为战斗强度的"典型"。同样,无论是战车还是象骑兵,尽管他们很新,但他们都没有影响到战役的结果[他们都不是波斯人想象的"大规模杀伤的武器"……],我们选择战车作为[弱]战斗力值的代表,战车与这些元素有共性。这是因为战车是大流士战术计划的核心元素,它们的失败对于整个中央军团,首先是大流士本人的士气起到了灾难性的影响。象骑兵是一个特例,无论如何,他们的数量很少。战车是对象"波斯中央军团"的典型元素,通过函子,它对应于在战役世界中的弱超验值。

最后对于所有的阈值而言,存在着与对象的一个"典型"元素的对应。因此我们得到了所谓的超验在对象上的映射(projection)。

那么是否存在着一个元素可以视为整体上的典型,即这个对象拥有相对于世界上的多的客观表象而言的综合值,一个包络值?在这种情况下,是否存在着对象"波斯军队中央军团"的元素,从作为战役世界中作为整体的对象的命运而言,它让所有其他元素都从属于它自己?我们知道波斯中央军团早在右翼骑兵几乎获得胜利之前就崩溃了,中央军团的崩溃导致了全盘皆输。是否中央军团的一个元素可以完美地代表这次溃败,标志是国王的提前逃跑?毫无疑问,答案是肯定的。长镰战车的溃败是大流士周围的波斯众军崩溃[装备上的崩溃,但首先是士气上的崩溃]的关键所在。我们不要忘记,正是因为有了战车,大流士才决定开战的,也正是出于这个原因,通过出众的智谋获得了大量信息,亚历山大选择用斜型阵型进军,将他的方阵列为两个队列,将波斯人的战线向左拉长,从而取代了波斯人想要两军对垒的场域。结果,波斯人不得不过早地让骑兵扑向左翼,拉长了战线,让马其顿的核心战斗团队,即2100名伙友骑兵可以冲入这个裂口之中。因此可以确定,在高加米拉战役中表象出来的对象"波斯军队中央军团"的所有元素中,元素"长镰战车"拥有着相对于其他元素的综合值。也正是这个元素主要决定了对象后面的变化,直到最终对象变成了最小值。

总结一下:

1) 战役世界中的超验函子创造了对应的拥有战斗力的两军中的有机性的亚-多[步兵方阵、骑兵团、弓箭手、战车等]。

2) 很自然这种归属关系化作战役中的生成,即它的完整的动态变化。军事单元所对应的值就是其战斗力,也就是在其履行职责的过程中有效展示出来的力量。

3) 对象是关联于某个值的军队的亚-多,函子分配给亚-多的诸元素对应的值,反过来,这些值建构了超验上的一个阈。

4) 一般来说,我们可以将所考察的对象的元素对应于阈的值。从战役世界中的对象生成[连续性、进军、崩溃、逃跑……]来看,这个元素很典型地展现了由这个值所设定的战斗力。

5) 超验阈和对象的典型元素之间的对应关系,我们称为映射。

6) 反过来,我们可以用一个整体上的典型元素来综合或包络该映射,实际上,这就是战役世界中对象的命运。

这个分析通过决定一个多本身的内在综合,即决定在一个确定世界中这个对象最终表象的对象的元素,从超验[对具体战斗力、阈的评价]回溯到多[战役世界中的对象]。

可以得出,值得注意的是,成功地完善这种分析,需要一个形式上的前提条件。实际上,为什么我们可以说,对于"高加米拉"战役世界上的"波斯军队中央军团"的对象,元素"长镰战车"就处在综合或包络的地位上?因为它是战略计算中的关键性元素,它让所有其他元素都从属于它。实际上,如果精英军队[希腊佣兵和禁卫军]守住他们的位置,这是因为在原则上,他们试图进入由战车从既定位置打开的缺口之中,如果弓箭手稍稍靠前,他们的职责就是保卫战车手,如果最好的重骑兵从左右分别攻击中央,这是因为需要护卫站在战车后面的步兵前进,以此类推。换句话说,对象的所有元素,在空间部署和差值评价上,都完全彼此并存。他们处在同一个战役计划之下,这个战役计划将他们衔接在一起,认为其中起到关键性作用的就是200辆长镰战车。我们已经加上了第七个分析点。

7) 如果这些东西是共同并存的,那么在映射中再现阈值的对象的诸元素,是由其中一个元素综合起来的。

在高加米拉战役中,反讽的是,由于某个多,即战车的溃败,对象"波斯大军"的命运被判定了,围绕着战车,确立了一种胜利的预设。但我们已经指出,这里恰恰显露出亚历山大的天赋。斜型阵型,双重重装步兵队列,扑向左翼,裂口与冲锋,亚历山大打乱了大流士对他自己军事部署的强度值评价的真综合。一旦这个不再起作用的元素在包络中扮演重要角色,我们就可以看到整个表象的改变,即波斯军队的崩溃。

这揭示出,在某种程度上,军事天才真的就是超验函子的天赋,他的天赋从强度尺度上升到对垒双方的实际性,消解真综合,并转向不连贯性,转向无拘无束的多元的混乱。

但这也是表象的天赋。这解释了为什么在很长一段时期内,伟大的首领,如亚历山大、汉尼拔、拿破仑,经常被击败。他们为我们留下他们的作品,即战役,我们会不停地思考这些战役,他们拥有一种真理的非物质性的地位,它既是普遍的,也是具体的。

这是因为,从超验函子的角度来看,这些战役世界处在一个陈述的无数的具现化之中,这个陈述的深度是无可匹敌的。这个陈述所关系的东西不啻表象综合[超验值的包络]与存在综合的可能性[直接在由表象出来的多元的基础上构成的秩序的包络]之间的对应关系。

在这个情况下该陈述有如下形式:落实到实体的军事单元上,从某个确定的战役世界中战斗力的评价值的集合的所有映射中,我们可以提炼出体现在这些单元中某个典型代表的映射。唯一条件是这些典型单元在有序的战役计划中具有共同的并存性。这样,不仅代表性的军事单元对应于战斗力的每一个值,而且这些单元可以被它们其中一个综合或包络,这个单元决定了战役中作为整体的对象的命运。

在抽象术语上,我们会说:设世界上存在的某个对象。对于所有超验值的集合,我们可以界定一个映射,这个映射让每一个值可以对应于概括出该对象的多的每一个真元素。如果这些元素是彼此并存的,它们就会被对象的一个元素所包络,按照内在于多的本体论秩序,确保它们的综合对应于在世界的超验中诸值的综合。

因此，函子确保我们可以理解从表象中的超验综合重新上升到多之存在的真综合的过程。

3. 形式证明：超验函子的证明

在表象的回溯中，我们希望获得在那里存在的内在建构中的最完美的可能的总体结果。在并存性的前提下，我们需要看到超验[包络]的综合能力是可以一一映射的，回溯到所有对象之多的多之组成上。

这样，我们从超验开始，并"重新上升"到多之存在那里。如果我们有一个对象 (A, Id)，它可以让超验上的 p 值对应于 A 上的所有拥有实存值 p 的元素。因此我们进行的是对象的实存分析，正如超验上的"扫描"过程一样，其描绘出对象表象出来的各自分离的部分是同质性的[部分的所有元素都拥有同样的实存值]。相对于对象"波斯军队中央军团"，我们就遇到了这种程序，它们是按照实际上展现出来的战斗力来重组军事单元的。于是，对于最大值 M，它对应于 A 之中由所有符合 $\mathbf{E}x=M$ 的元素 x 组成的部分，我们知道，这代表 x 绝对存在于 A 之中。如果 A 中所有的 x 对应的是 μ，那么 x 在其表象上绝对不存在。

我们将这种对象的实存层次的分析称为超验函子。对象 (A, Id) 的超验函子，我们写作 $\mathbf{F}A$，即将 T 中的所有元素 p 对应于由所有符合 $\mathbf{E}x=p$ 的元素 x 组成的 A 的部分。于是有：

$$\mathbf{F}A(p) = \{x / x \in A \text{ 且 } \mathbf{E}x = p\}$$

我们看到了由从超验 T 朝向 A 的子集产生的函子 $\mathbf{F}A$ 所保障的对应关系。超验函子就是根据表象的实存上的分层来思考和分析性地把握对象的图示的。这个思考在超验基础上，也在超验之内具现化了该对象［纯多的表象］，正如在战斗力的基础上，对战役世界中表象出来的多的具现化。

如果 $q\leqslant p$，超验函子 **F** 的值会发生什么变化呢？而 **F**(p) 和 **F**(q) 之间的关联是什么呢？这一点至为根本，因为它涉及超验［秩序］和对象的实存分析之间的构建性关系。它承载着对象实存性的同质性层次之间的关系，这是从超验的秩序结构中得出的。

设 $y \in \mathbf{F}A(p)$。根据定义，这意味着 **E**$y=p$。设原子在 q 值上的具现化是由 y 规定的，这样有 $y\lceil q$。对于这个具现化，可以很容易推出一个专业上的结果，我们在附录的第一部分，以引理 D 的名义证明了这个结果，即若我们知道 **E**$(a\lceil p)=$**E**$a\cap p$。然后 **E**$(y\lceil p)=$**E**$y\cap p$。但因为 y 在实存层次 p 中，我们又可以得出 **E**$(y\lceil q)=p\cap q$。现在如果 $q\leqslant p$，根据 P.0，有 $p\cap q=q$。在这种情况下，结果，**E**$(y\lceil p)=q$，因此 $(y\lceil q)\in \mathbf{F}A(q)$。最后如果 $q\leqslant p$，那么所有 **F**$A(p)$ 的在 q 值上具现化的元素都属于 **F**$A(q)$。我们提出 $\varphi_q(y)=y\lceil q$，我们就会得出如下图示：

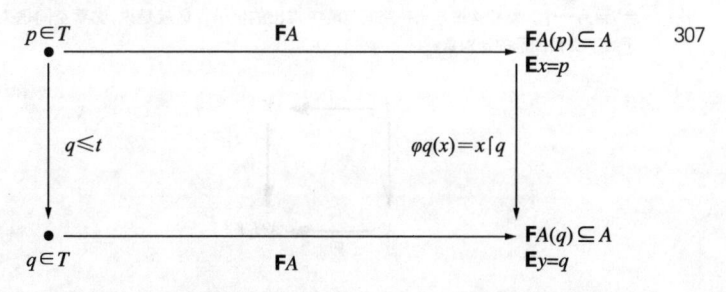

```
p∈T              FA              FA(p)⊆A
 •─────────────────────────────────▶  Ex=p


 q⩽t                         φq(x)=x⌈q


 •─────────────────────────────────▶  FA(q)⊆A
q∈T              FA              Ey=q
```

我们会证明函子 **F**A 被赋予了非常明确的属性。事实上，它锁定了实存分析综合的可能性。按照拓扑学家的说法,它所确定的是我们可以超验分析的**黏着空间**①(recollement)[或黏回]。

向前推进一下,我们进一步拓扑化我们对超验的考察。为了做到这一点,我们从严格属于 T 的值之外的另一个角度来选择 T 的元素。我们在综合、包络或函数中来把握这些元素。记住,在第 2 卷的第 1 部分和第 3 部分中,我们已经定义了 **p 的阈**,即 p 作为其包络的 T 的所有部分。p 的阈的集合可以写为:$\{\Theta/\Theta \subseteq T \text{ 且 } p = \sum \Theta\}$。阈 Θ 的整全表象 p 可以综合地测定这个阈。

那么我们的问题如下:我们能否在 T 的某个阈的基础上,对实存分析进行综合。这就是在分析中,我们从对应于实际上在战役中表象出来的军事单元的战斗力值的集合出发重新上升。我们设一个 p 值确定的阈 Θ。设对象 $(A, \mathbf{Id})$ 以及该对象的超验函子 $\mathbf{F}A$。对于该阈的所有元素 $q[q \in \Theta]$ 来说,都对应于对象 A 的一个实存层级,即 $\mathbf{F}A(q) = \{x/\mathbf{E}x = q\}$。我们会说,函子将阈 Θ 与对象的诸部分的集合关联起来,对象各个成员的汇集 $\mathbf{F}A(q)$,在表象值[或实存]上是同

---

① 在数学中,黏着空间是拓扑学中一个常见构造,它将一个拓扑空间贴或"黏合"到另一个。黏着构造是拓扑空间范畴中推出的例子。这就是说,黏着空间是关于如下交换图示的泛对象:

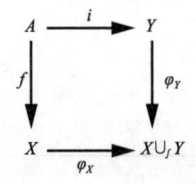

$$\begin{array}{ccc} A & \xrightarrow{i} & Y \\ {\scriptstyle f}\downarrow & & \downarrow{\scriptstyle \varphi_Y} \\ X & \xrightarrow{\varphi_X} & X \cup_f Y \end{array}$$

这里 i 是包含映射而 φ_X, φ_Y 是分别商映射与到 X 和 Y 不交并的典范单射的复合。可以将 i 换成任意一个连续映射 g 构造一个一般的推出——过程是类似的。反之,如果 f 也包含黏着构造,不过是将 X 与 Y 沿着它们的公共子空间简单地黏合。

质性的。

我们希望在分析上,通过某种方式从这个 A 的诸部分的汇集过去到 A 的元素的汇集,这种方式将对象的各个部分与阈 Θ 关联起来。在某种意义上,这个部分就是阈 Θ 对对象存在的映射,此外,映射的每一个元素都代表一个实存值。换一种说法,已知阈的一元素 q,我们希望在 $\mathbf{F}A(q)$ 下,选择 A 的一个元素 x_q,这样 $\mathbf{E}x_q = q$[或者 $x_q \in \mathbf{F}A(q)$]。因为 q 贯穿了阈 Θ,那么选择出来的 x_q 的汇集就是在实存分析中"代表"着阈的 A 的一部分,因为所有的 x_q 有着不同的实存值。这就是当根据函子选择对象"波斯军队的中央军团"时,我们选择了具有既定战斗力的"典型"元素:选择战车而不是象骑兵,选择西卡尼亚骑兵而不是弓箭手。这样,阈是在对象上"映射"的。

因为 Θ 是 p 的阈 $[p = \sum \Theta]$,如果某个分析性映射可以通过某个围绕着 p 或在 p 的基础上的综合来完善,那么这个分析计划就是忠实的。但 p 在超验上的映射是什么呢?它是应用于 p 的函子 $\mathbf{F}A$,即 A 的一个部分,写作 $\mathbf{F}A(q)$,它将 A 的所有元素聚拢起来,A 的实存值是 p。在这里,我们希望将 A 的各部分的关联,即 $\mathbf{F}A(p)$ 与 p[它是阈 Θ 的综合]联系起来,将 A 的单一元素与 p 联系起来。这个元素必须相对于所有 x_q 的元素来综合运算,而 x_q 是 A 中阈 Θ 的代表。

如果我们解决了这两个问题:

——代表着阈 Θ 的元素的 x_q 的选择[分析]

——单一元素 $\varepsilon \in \mathbf{F}A(p)$ 的决定,相对于 x_q,这个元素采用了总体化的立场[综合]

我们真的已经获得了从一个拓扑学角度[p 及其阈]出

发的对对象的超验思考。

从分析上来说，从我们之前给出的图示考察会更清楚一点。实际上，$FA(p)$ 和 $FA(q)$ 的关联完全依赖于函数 φ，这个函数让 $y\upharpoonright q$ 与 $y\in FA(p)$ 关联起来。我们假定如果 $FA(q)$ 的一个元素 x_q 关联于阈 Θ 中的每一个元素 q，那么分析性［或代表性］的问题得到解决。如果在 $FA(p)$ 中，有一个单一元素 ε，对于所有的 $q\in\Theta$ 以及所有 $FA(q)$ 的元素 x_q 来说，我们有 $\varepsilon\upharpoonright q=x_q$，且进一步而言，$\varepsilon$ 是符合本体论秩序 $<$ 的 x_q 的包络，那么综合问题就得到了解决。因此，ε 确保了从具现化角度上，对作为在那里存在的多的统一体的广泛理解，因为 $\varepsilon\upharpoonright q=x_q$，从并存性的角度而言，即 $x_q\ddagger x_{q'}$；从秩序的角度而言，即 $x_q<\varepsilon$。

这意味着在 A 中，ε 是 x_q 的汇集，正如在超验中，p 是阈 Θ 的黏合。通过函子，分析和综合从超验被映射到对象之中。我们看到在战役世界中，元素"长镰战车"占据着综合性的位置。它就是对象"波斯军队的中央军团"的 ε 项。

我们现在假设，在一般情况下，我们可以同样地解决这个问题，即存在一个综合性的 ε。对于 $q\in\Theta$ 和 $q'\in\Theta$ 来说，我们选择了在 $FA(q)$ 和 $FA(q')$ 中的元素 x_q 和 $x_{q'}$。根据定义，我们知道：

$$Ex_q=q,\ Ex_{q'}=q',\varepsilon\upharpoonright q=x_q,\ \varepsilon\upharpoonright q'=x_{q'}$$

但是，使用一个附录中已经证明过的小引理［引理 B］，我们可以得出：

$x_q\upharpoonright Ex_{q'}=(\varepsilon\upharpoonright q)\upharpoonright q'=\varepsilon\upharpoonright(q\cap q')$	引理 B
$x_{q'}\upharpoonright Ex_q=(\varepsilon\upharpoonright q')\upharpoonright q=\varepsilon\upharpoonright(q'\cap q)$	引理 B
$x_q\upharpoonright Ex_{q'}=x_{q'}\upharpoonright Ex_q$	$p\cap q=q\cap p$
$x_q\ddagger x_{q'}$ ［x_q 和 $x_{q'}$ 是并存的］	$\ddagger$ 的定义

这一点非常关键,如果超验上的点 p 综合了阈 Θ,映射某个对象,那么元素 x_q 就是这个对象中超验的"代表",它们是成对并存的。

我们记得命题 P.3 是并存性偏代数学的定义:
$$\mathbf{E}x_q \cap \mathbf{E}x_{q'} = \mathbf{Id}(x_q, x_{q'})$$

这意味着 x_q 和 $x_{q'}$ 的实存"共性"值,即[$\mathbf{E}x_q$ 和 $\mathbf{E}x_{q'}$ 合取]实存的最大"共性",不可能超过它们的差异。并存意味着两个元素尽可能共存,但不可能大于它们的区分。只有在并存性的前提下,我们才能彻底解决超验映射的问题,完成像超验综合能力向纯多的回溯。同样,我们认为,元素"长镰战车"的综合值预设了一种并存性,也就是在大流士战役计划中隐含的并存性。

我们现在可以重新概括我们的问题。

设 Θ 为 p 的阈。**我们所谓的 Θ 的"映射再现"**(**représentation projective**)**是 Θ 的元素 x_q 和 $\mathbf{FA}(q)$ 的元素 $x_{q'}$[因此 x_q 是 A 的元素,$\mathbf{E}x_q = q$]的关联。我们会说,如果所有的配对 $q \in \Theta$ 和 $q' \in \Theta$,我们有 $x_q \ddagger x_{q'}$[x_q 和 $x_{q'}$ 是并存的],那么一个映射再现是"严密一致的"**(**cohérent**)。

我们要问,在这些前提下,是否有可能找到 $\mathbf{FA}(p)$ 中的一个单一元素 ε[$\mathbf{E}\varepsilon = p$],对于既定的严密一致的再现来说,$\varepsilon$ 是一个综合位置。这意味着对于所有的 $q \in \Theta$,ε 在 q 中的具现化的值是 x_q[于是有 $\varepsilon \lceil q = x_q$],$\varepsilon$ 是 x_q 的包络[因为 $<$],正如 p 是 $q \in \Theta$ 的包络[因为 $\leqslant$]。

回答是肯定的。接下来的命题是我们所有工作的总结,其哲学上的意义,就是这个附录所要草绘出来的东西,而我们无法穷尽其哲学意义。它传达出世界的本体论架构的完整形式。

> **世界的本体论架构的完整形式**
>
> 设 A 是一个集合,它从本体论上,概括了在超验为 T 的世界中的对象 $(A, \mathbf{Id})$。我们将 A 的超验函子写为 $\mathbf{F}A$,它将 T 的所有元素关联于实存值为 p 的所有元素组成的 A 的子集,即 $\mathbf{F}A(p)=\{x/\mathbf{E}x=p\}$。我们称之为 p 的阈,写为 Θ,以 p 为包络的 T 的所有子集,有 $p=\sum\Theta$。最后,我们所谓的 Θ 的严密一致的映射再现是一种关联,它将 Θ 的所有元素 q,与 $\mathbf{F}A(q)$ 所有元素 x_q[我们明显有 $\mathbf{E}x_q=q$]关联起来,它拥有如下属性:对于 $q\in\Theta$ 和 $q'\in\Theta$ 来说,其对应的元素,即 $\mathbf{F}A(q)$ 和 $\mathbf{F}A(q')$ 中的元素 x_q 和 $x_{q'}$,是彼此并存的,即有 $x_q \updownarrow x_{q'}$。在这个前提下,通常会有 $\mathbf{F}A(p)$ 的一个元素 ε,p 是 Θ 的包络,这样,对于 $q\in\Theta$,ε 在 q 上的具现化完全等于元素 x_q 的严密一致的再现,即 $\varepsilon\lceil q=x_q$。这个元素 ε 就是由 x_q 构成的子集的真综合,在这个意义上,它是本体论上的秩序关系[写为 $<$]的包络。

我们设存在着一个阈 Θ 相对于 p 而言的严密一致的映射,我们将之命名为映射 P。因为 P 的元素[对应于 Θ 的元素 q 的 x_q]是成对并存的[严密一致性的定义],那么在秩序关系 $<$ 上存在着 P 的包络 ε,我们确立为命题 P.7。

1) 一开始,证明 $\mathbf{E}\varepsilon=p$,因此,作为结果得出 $\varepsilon\in\mathbf{F}A(p)$。

我们之前看到[这是引理 $e(\psi)$ 的内容],即 $\mathbf{E}\varepsilon=\sum\{\mathbf{E}x_q/x_q\in P\}$。但计划性再现的定义需要 $\mathbf{E}x_q=q$。因此 $\mathbf{E}\varepsilon=\sum\{q/x_q\in P\}$。因为所有的 $q\in\Theta$ 仅仅对应于一个 x_q,如果 $q\neq q'$,那么得出 $\mathbf{E}\varepsilon=\sum\{q/q\in\Theta\}$。但因为 p 被设定为将 Θ 作为它的阈,这样我们有 $\sum\{q/q\in\Theta\}=p$。

因此我们会得出 $\mathbf{E}\varepsilon = p$。

2) 那么我们来证明对于所有的 $q \in \Theta$，有 $\varepsilon \restriction q = x_q$。

因为 ε 是 P 的一个包络，对于所有的 $x_q \in P$，我们得出 $x_q < \varepsilon$。但 $<$ 在拓扑学上的定义要求 $x_q = \varepsilon \restriction \mathbf{E}x_q$，由于 $\mathbf{E}x_q = q$［因为 $x_q \in \mathbf{F}A(q)$］，于是得出 $\varepsilon \restriction q = x_q$。

因此，的确存在着一个 ε，有 $\mathbf{E}\varepsilon = p$；它在 q 上的具现化，对于所有的 p 来说，等于选择出来的元素 x_q，无论这个选择是如何获得的，只要选择的元素是成对并存的均会如此。换一种说法，超验阈 Θ 的所有严密一致的映射再现都是在某个单一元素所概括的对象表象的纯多上综合的，这个元素的实存值等于以 Θ 为阈的超验值 p。数学家，那些无意识的本体论学家，会说超验函子 $\mathbf{F}A$ 是一个"层"。

对象的存在是在实存分析上，通过对应于超验包络［对应于阈］的综合，内在地组织起来的。或许这也可以表述如下：存在着从超验走向纯粹多元［超验规定着纯粹多元的在那里存在］的可认知的关联，这个关联就是层。因此，将世界视为一个整体，我们就有了所有层的范畴，它从超验 T 走向所有在这个世界上存在的 $(A, \mathbf{Id})$ 类型的对象。在所有著名的数学结构中，我们在 20 世纪五六十年代看到了它的光芒。这个结构被称为格罗滕迪克拓扑（topos de Grothendieck）。一个作为在那里存在的位的世界，就是格罗滕迪克拓扑的世界。

Ⅳ. 大逻辑 3: 关系

导 论

　　这一卷是大逻辑的完成，因此，我们可以称之为《世界的逻辑》的分析部分。我使用的"分析"一词意思是仅仅关注在那里存在的超验规则的研究，在某种程度上，它属于去表象或去展现自身的此在的存在物的存在。除了后面会涉及的真正变化的问题之外，它讲述的是多元在世界上具现化的可能性，以及在存在物［以及它们的实存］表象的习俗中的断裂和不连贯性。

　　分析可以定义为世界的理论，它阐明世界上构成作为表象一般形式的世界的最抽象的法则。它用此在的逻辑完善了多之存在的数学。故而我们可以得出结论说，分析不过是世界的逻辑的**展开**。在这个方面，尽管分析为之提供了它们出现的客观维度，但它不能理解这些让唯物主义辩证法富有奇点的诸项：作为例外的真理，以及作为这些例外的积极形式的主体。这就是为什么大逻辑被置于主体的形式理论［形-上学］和其物质理论，即对身体的思考［形-下学］之间。

　　在我们第一步那里，归于世界的客观规律的展开设定了多元的此在，或者它们需要表象出来的运算。这就是所谓的超验逻辑。我们在超验前提下建构了什么东西会成为实存物的概念。这就是对象的概念，因为它设定了本体-逻辑的合取：它在存在中［**本体上**］的支撑是多元，而它的表象，它的

世俗逻辑[逻辑上]就是一个表象的强度值,或者实存值。最后,对对象的分析,在原子成分的详细考察中,变成如下四个陈述:

——世界上存在着纯多。

——多的实存不过是这个多在超验上的偶然指数。因此实存并不是存在。

——不过,实存[或表象]反过来赋予存在某种新的连贯性,这种连贯性不同于它自己的多的分布。

——于是,非存在的实存意味着它并不是根据其存在所是之存在而存在。它恰恰是对象的存在。

对象穷尽了存在和实存的辩证法,这也是存在和表象的辩证法,或者说此在的辩证法,最终是外延性的[或数学的]多元和内包性的[或逻辑的]多元之间的辩证法。为了完善对"世界"概念的建构,我们不得不思考两个对象"之间"的给定。这就是对象集合在同一个世界上[或者说根据同一个超验]的共存的问题。

这个问题有一个特有的本体论或纯外延的方面:世界上究竟有"多少"对象?在世界上共同表象出来的存在物的存在的类型,或者说多元的类型是什么?自从哲学第一次试图迈出宇宙论的步伐开始,这个问题就一直困扰着哲学。似乎从德谟克利特到卢克莱修的古代原子论者们,已经瞥见了世界无限多元的可能性。甚至有可能在"空无"的名义下,他们将无限归于在那里存在的"根基"。相反,从亚里士多德开始,对世界的布局明显是有限的。当走向世界的外延问题上的时候,我们是否可以决定有限和无限之间的关系?这个问题就是康德辩证法的核心所在,康德从不可判定的意义上解决了这个问题：没有任何东西可以让我们理解在世界本质上的有限性和其在时空上的无限性的反题之间的选择。接下来很清楚的是，我们拒绝了他的这种不可判定性的批判主题。我们会提出一个证明，不仅是对所有世界无限性的证明，也是对无限性的类型的证明：一个世界的基数是一个不可达基数（cardinal inaccessible）。

在超验或在逻辑中，对象的共存问题的其他方面有：对于另一个对象来说，这个对象是什么？或者什么是关系？在这里我们的研究需要谨慎，需要严格的路径。因为对象逻辑仅仅是让表象成为可能，实际上它并不可能承认对象之间的关系拥有存在的力量。关系的定义必须严格依赖于对象的定义，而不是相反。在这一点上，我们同意维特根斯坦的说法，他将"事态"（l'état）定义为"对象的结合"，提出"如果某个事物是可以在某一事态中发生，那么事态的可能性必然隐含在事物本身之中"。换句话说，如果一个对象与其他对象结合起来，这种结合如果不是本身隐含的，那么它就是由这些对象所规制的。我们会看到，为了获得一个清晰的关系概念，需要充分说明它依赖于对象：关系是诸客观多元之间的关联，即一个函数，它不能在实存的强度迹象中，或者说在原子的具现化的迹象中创造任何东西，这些东西并不是由这些多元的表象机制所规定的［它们是对象在本体论上的支撑］。正是在这个基础上，它本身提出了关系的普遍性的问题。我们会说，一个关系从某个世界内部来说"清晰可见"，那么在这个世界上，这个关系就是普遍的，我们后面会详细阐明这一点。

我们在这里重新遇到了经典的柏拉图的问题。一个可感对象的普遍部分就是其对大写观念的分有（participation à Idée）。我转译如下：对象的本体论的部分是一个纯粹的数学上可思的多元,这个多元决定了对象。但关系的普遍性,可能意味着什么?这是柏拉图在《智者篇》中提出的问题,一旦柏拉图将智者的形象等同于不精确关系的时候,那么他就不得不着手解决这个问题。

一般来说,康德对这个问题的回答对我们现代人来说,有着较大影响,包括在语言相对主义外衣下的回答。这个回答是作为经验的主观建构,走向普遍性[由批判唯心主义所设想的超验]。或者,对于"后现代"来说,走向对所有普遍性的否定,而喜欢感觉-生产装置的自由竞争,即"文化"之争。很明显,康德的回答及其替代品都不能让我们这些柏拉图主义者满意。这个超验绝不是主观的,也不是普遍的[存在着多个世界,多个超验]。对于那种喜欢用语言游戏的民主均等(parité)来终结普遍性的做法,更不值一提。

柏拉图的解决方案是,允许大写观念作为"最高的类"(genre suprêmes)的实存,而其可识别的内容是关系性的,就像同一的大写观念或他者的大写观念一样。这个解决方案十分饱满,在我们对在那里存在的超验评价的伟大算子[合取、包络等]的呈现中引导我们前进。但是,当它涉及两个对象,或者两个内在于世界的关系时,我们不可能将关系的普遍性奠基于各个对象通过关系链接表象出来的世界之外。那里并没有"最高的类",在某种类似于诸世界的大写世界的东西中,保证存在着世俗关系的普遍性。但有一条出路:提炼出形式上的关系必须遵循的前提条件,这些条件保证关系可以在一个明确的世界中普遍地确立起来。换个说法,这里的要求是,世界上首先要有一个优先点,从这个点的实存出发,可以观察到关系的存在,而这个点本身也是可以观察到的,在某种程度上,它让从所有其他设定点出发的关系都变得可见,而我们从其他设定点上也可以看到这种关系的存在。换句话说,如果内在于世界上的可见性本身也是可见的,那么这个关系就是普遍的。在世界的完整外延中,它就是**万物**(pour tous)的关系。

这些考察可以让我们确定世界分析的最明确的结果。我们会证明,所有的关系都是普遍的。更准确地说,我们会证明某个世界的无限性[本体论特征]确保了其关系的普遍性[逻辑特征]。多之存在的外延规则包容了各种关系的逻辑形式。存在还有最后一句话。这句话已经留在原子逻辑的层次上,在"唯物主义假设"的名义下,我们确定所有的原子都是真原子。这就是为什么关系的普遍性——它本身并不是假设,而是一个结果——对应于"唯物主义的第二构成主题"的地位。

本卷的思想线索在于从所有对象中发现此在的偶然性的基本轨迹。这就是某个对象特有的不实存的理论:每个对象背后都有一个多的元素,在世界上,其实存值为零。与前面讨论相关联的是,对象之间的所有关系将不实存的某一对象与不实存的另一对象链接在一起。

关系维持这实存,也维持着非实存。我们会在第 5 卷中看到,非实存的点就是有可能在世界上发生的事件的尺度。

第1部分　世界与关系

1. 世界的双重决定：本体论与逻辑

1534年7月24日，雅克·卡蒂亚①(Jacques Cartier)准备穿越一个地点，这个地点是在魁北克远东方的小镇加斯佩(Gaspé)后来所在的位置上。他作为法国国王弗朗索瓦一世②(François I)的特使或海军上尉出使。很明显他拥有什么东西，但是什么呢？我们不得不说他拥有一个世界，一个卡蒂亚对它几乎一无所知的世界，他孤独着，迷失着，相信他自己正航向亚洲的海岸。442年之后，我们看到了加拿大省级政党选举的胜利，这个政党用的就是卡蒂亚用一个重要标

---

① 雅克·卡蒂亚(1491—1557)：法国探险家、航海家，魁北克地区的发现者。雅克·卡蒂亚在法国国王弗朗索瓦一世的资助下一共进行了三次航行。既未能开辟通往东方的西北航道，又未能发现黄金，失败了的雅克·卡蒂亚只能黯然返回家乡。尽管他的探索成果令法国人感到万分失望，但成功地为欧洲人开启了加拿大的大门，以后的数百年间加拿大向欧洲输入了大量的皮毛。他是第一位描述圣罗伦斯湾并描制地图的欧洲人，其对圣罗伦斯河流域进行的考察也为新法兰西的建立奠定了基础。

② 弗朗索瓦一世(1494—1547)：又称大鼻子弗朗索瓦(François au Grand Nez)、骑士国王(le Roi-Chevalier)，被视为开明的君主、多情的男子和文艺的庇护者，是法国历史上最著名也最受爱戴的国王之一。弗朗索瓦一世被认为是法国第一位文艺复兴式的君主。在他的统治之下，人们看到法国的文化事业取得了长足的进步。当年轻的弗朗索瓦在1515年登上王位之时，他算得上是法国历史上史无前例的一位具有人文主义思想的国王。

记所开启的世界的名称。事实上,勒内·勒维克(René Lévesque)作为魁北克人党(Parti Québécois,简称PQ)的领袖,成为魁北克省的省长。四年之后,也就是1980年,他的政府要求魁北克的居民赋予他权力,与加拿大联邦政府进行谈判,来考虑魁北克的"主权"问题。那居民们是否全都认为自己是魁北克人党所赋予"魁北克人"一词的意义上的"魁北克人"呢?魁北克作为实体的所有原子成分都是同一个世界的部分,由卡蒂亚开启与分隔开来的世界类似于法语圈世界和天主教世界。这才是整个问题所在。事实上,1980年,绝大多数居民投了"否"。魁北克想成为世界上"一个有尊严的国家"的要求,被人以另一个世界的名义拒绝了,可以肯定,这另一个世界就是盎格鲁人占绝大多数的加拿大联邦。

魁北克成为象征上的"世界"已经有十分悠久的历史,在"魁北克"这个名字下,无论其被称为"省"还是"国家",都有一个复杂和动态的形象,其内在的连贯性让其被视为一个世界成为可能。

那么,这种辨识有什么标准?客观现象学区分了两种类型:

1) 内在规定。在"魁北克"世界的例子中,或是绝大多数人使用法语的团体[今天超过了80%],或是领土上的统一体,或是人口统计数字[7500万居民,略多于8%的盎格鲁人,等等],人口极度稀少的区域[90%的居民生活在2%的区域里],河流纵横的特征[集中体现在圣劳伦(Saint-Laurent)区周围],还有无限多的其他谓词。

2) 关系网络。在"魁北克"的世界中,首先是在经济上、政治上和文化上都掌握巨大权力的盎格鲁人团体与主要为无产者的法语圈子中的大众之间的斗争。还有在这个主要矛盾之下,土著居民,即卡蒂亚[他认为他到了印度]口中的"印第安人"的地位的新殖民问题。这个问题在语言层面上格外突出,可以看出城市命名上的对立,如以17世纪法国殖民地居民的名字命名的城市[如萨纽内(Sagnunay)、魁北克、特瓦-利维尔(Trois-Rivères)、拉马布瓦(La Malboire)……],其命名完全不同于更北边一些城镇命名的语言学来源,如库加瓦卡(Kuujjuak),或伊瓦基维克(Ivajivik),还有东边的那些城镇,除了巴伊-科尔努(Baie-Corneau)和塞-蒂勒(Sept-Îles)之外,我们还找到了拿塔斯坎(Natasquan)。

我们可以说盎格鲁-法兰西和法兰西-盎格鲁的关系成为组成"魁北克"的超验规制的重要部分。正是他们给出了盎格鲁-法兰西之间冲突的奇点,每一个阵营都试图赢得"印第安人"阵营为他们服务,休伦人(Hurons)站在法兰西人一边,而伊洛库瓦人(Iroquois)站在英格兰人一边。

在广义上,我们会说,存在着一个"世界",在某种程度上,我们有可能辨识出"在那里"表象出来的多之存在的构型,以及这些存在物之间的[在超验上规制的]关系的构型。在本体论上,这个世界是可以由那些表象出来的东西来分配的,在逻辑上,它可以由两个表象物之间的关系来分配。

有人会反对说,这种双重决定最终就是此在一般的决定。其核心观念非常简单:如果对象是世界的对象,另一对象则与它保持某种关系,那么第二个对象也是该世界的对象。例如,我们可以说,相对于个体和夫妻关系是由"这对夫妻的孩子"来决定的,魁北克是一个世界,因为这个个体也是像他父母一样的魁北克人。在这里"关系"与超验并没有特殊关系,理由很简单:如果我们是在严格意义上来使用"对象"一词,也就是说,作为多之存在与超验指数,那么我们尚未拥有关于对象之间关系的任何观念。实际上,为了确保能

够回答世界是什么的问题,我们必须思考两种类型的关系:

a) 纯多理论或者存在之所为存在的理论的构成性关系[或运算],实际上,所有的世界都是在多之存在基础上构成的,重要的是要知道在何种前提下,这些多之存在在总体上被展开,构成世界上的存在物。

b) 同一个世界上表象物之间的关系,也即对象之间的关系。

例如思考一下"我们"的银河系[我们的太阳和各大行星所属的星系]。在关系的参数下,我们是否可以将这个直径10万光年[10亿乘以10亿千米]的天体空间看成一个世界?毕竟,不要忘了这个实存单元,尽管在数量级上非常可观,它拥有1000亿星体,但它只能被看成"具体的超级星团"(superamas local)的一个小区域——这是无限之诗!它囊括了处女星座、巨蟹星座、狮子星座以及猎犬星座。

作为一个世界的银河系的连贯性的前提有两种:

——我们可以明确无误地将某个既定的恒星归于银河系,而不是其他星系。这样,这个星体靠太阳非常之近,如半人马座的比邻星(Proxima Centauri)当然与太阳一样,在同一个世界中,在一般意义上,我们可以描述出组成银河系的多的形象:上千亿的星体[最古老的朝向中心,而最年轻的星体在其螺旋旋转的旋臂(bras spirale)上],星云尘埃的晕,以及其他离散的构成物。这只是银河系多之组成的大致列举清单。这个清单尤其对应于质量分配[星体占70%,而其他占30%]。

——我们可以思考内在于银河系表象的关系,将诸多对象［各种类型的恒星、星云、行星……］彼此联系起来，而这些对象在银河系中，在超验上让它们自己展开。这个关系反过来决定了该世界中的差异分化和连贯性。于是，银河系拥有一个中心［银核（buble），比银河系的星盘其他部分密度更大，那里发生着非常复杂的气体扩张运动］，并带有非常迷人的名称，像主旋臂叫人马星座（Sagittarius），内旋臂叫天鹅星座（Cygne），外旋臂叫英仙星座（Persée）。星盘、银核、旋臂的组合，是按照分差自转的原则［自转速度取决于离中心的距离］来围绕中心自转的。例如，在关系性分差的基础上，有可能考察为什么太阳以及太阳之下的"我们"在银河系里有一个完美的轨道，那就是"我们"的世界的轨道，它差不多有了24亿年的时光。

十分清楚，这两个问题会引导我们在概念上展开世界是什么的观念。首先在什么样的运算框架中，我们来定位在世界上表象出来的多之存在的本体论上的枚举？对象之间的真实关系如何？简言之，表象的关联的表象是什么？

2. 所有世界都是无限的，其无限类型是不可达的

陈述"任意世界的本体论尺度都是一个不可达型的无限"只能清楚地理解和在形式展开中进行证明。但是，客观现象学遮蔽了问题的关键。以魁北克为例，我们临时将之假定为一个世界，设我们拥有一个可识别的多之存在的集合，这些多之存在分有了该世界的组成，例如蒙特利尔、特瓦-利维尔和加斯佩等城市。看似十分清楚的是，邻居创

造了这些城市,它们也都是魁北克世界中的一部分,我们可以这样来说:多之存在的元素在本体论上概括出来的世界,在本体论上也概括出那个世界。设蒙特利尔的一条街道是由[盎格鲁人]占领的,它仍然是魁北克地区的一条[盎格鲁风的]街道。同样,如果我们考察一下主要由恒星——恒星内核燃烧将氢原子变成氦原子——组成的银河系,将之构成一个世界,然而我们必须承认这些恒星的卫星,像我们地球一样"寒冷"的行星,都是这个世界中多之存在的一部分。这个属性拥有一个科学说法:这个世界是可递的,在某种意义上,这个世界的元素的元素仍然属于该世界。或者更好些:已知某个世界的多之存在,由其元素的元素所组成的集合也是这个世界的一个元素。我们可以看到,例如我们如果设魁北克所有城市的居民的集合,有一个魁北克"城市人口"的元素。或者组成银河系的所有"星系"[恒星、行星、小行星、彗星、截留气体(gaz captifs)……],这些元素在一个单目上组成了银河系的构成:星族Ⅰ和星族Ⅱ、红巨星、白矮星和褐矮星、黑洞、中子星、气态行星、星云等等。这个单目命名了这个世界的多样性,无论什么样的世界,它让这些多样的元素都属于该世界。换句话说,如果我们通过超某个世界的元素的元素,从而散布(dissémination)这个世界上的一个[本体论上的]元素,那么这种散布的结果,当其被计数为一[收录在其多之存在之中],仍然是同一个世界上的元素。这就是用来思考某个世界的存在的该世界运算外延的第一个基本属性:组成世界元素的散布仍然属于该世界。这个世界还拥有一个外在于该世界的"下界",一种先于世界的物质。它仅仅是这样的世界,在某种程度上,组成该世界的构成就在于其构成。

但一个世界也不会拥有一个异质性的"上界"。如果你们将所有魁北克的临时因素都聚在一起,尽管这个组合有点杂芜,里面有印第安人、魁北克人党、暴风雪、盎格鲁人、雪橇犬、水电站、枫蜜、蒙特利尔大学等等,你们会得到魁北克全省的横剖面,因此它们明显为"魁北克"世界的部分。同样,太阳系的各个部分,有作为潮汐动因的月球引力,成千上万的生物尸体在自然界中不停地分解,或者令人啧啧称奇的土星环的构成,它们一起组成了[无限的]银河系的状态,可以将这些东西归为银河系的世界。换句话说,如果我们将某个世界的[本体论上的]成分的部分总体化,将这些部分的系统计数为一,那么就可以得出同一个世界中的实体。这就是思考世界存在的运算外延的第二个基本属性:所有组成该世界的各个部分的具体的总体化都内在于这个世界。其状态[对在那里的存在物的子集的计数为一]本身也在这个世界中,而并没有超越这个世界。正如那里并不存在终结的无形之物,所以那里也没有事态的本源(principe)。

没有物质[下界]、没有本源[上界],世界吸纳了所有的内在于它且可以识别的多元。

关键是要注意到,这个属性需要所有的世界实际上是无限的。如果一个世界是有限的,那么首先就会得出所有的组成世界的存在物本身是有限的。因为如果它们其中一个拥有无限多的元素,这些元素也必然是世界的元素,那么这个世界必须是无限的。例如,你可以说魁北克是一个有限的世界,因为我们假设它包含 12 个主要城市。但所有这些城市都不能拥有无限多的人口[无论这个表达的具体意思是什么],由于所有的散布都内在于该世界,因此这些城市居民本身也是魁北克世界中的元素。

我们假设在表象的层次上,世界仅仅拥有有限数量的表象物[当然这个数字可能很大,例如银河系的 1000 亿星体]。现在我们选择世界上的多之存在的一个元素,这个元素是其中数量最大的元素。我们将这个元素称为参宿四①(Bételgueuse),这是一颗巨大恒星的名字,它比太阳要大 1600 倍。当然,正如我们在前文中所推理的那样,参宿四不可能拥有大于世界的元素。它仅仅是该世界中最大的有限存在物。但是世界的第二个基本属性并不让我们驻足于此。这个属性告诉我们参宿四的诸部分的集合仍然是世界的一个元素。现在,这就是康托尔的基本定理,参宿四的诸部分的集合会比参宿四本身"更大"。这就是一个悖论:与我们假定的相悖相比,参宿四并不是一个这个[被假定为有限的]世界中最大的存在物。

我们很容易直观得出,有限集合所用的部分比元素更多。如果魁北克人夫妻拥有 4 个孩子[因此他们都是魁北克人]——我们分别称他们为吕克、马修、马可、让——你们会很容易看到,吕克和马修、吕克和让、吕克和马可、马修和马可、马修和让、马可和让构成了 6 个子集,构成了 4 个孩子的不同的集合。当从多过渡到部分,你增加了数量。但如果在同一个世界上,这显然意味着这个世界上没有存在物拥有最大数量的元素。最终这禁止世界本身是有限世界。因为如果你以参宿四作为部分,那么可以得出这些部分的部分,依此类推,你将得到不断增大的数字,这个数字将会超越分配给该世界的[有限]数字。这是不可能的,因为所有世界的存在物的组成本身也是这个世界的存在物。

"既不从属也不超越"的原则最终导致了所有世界在本

---

① 参宿四:参宿第四星,又名猎户座 α 星(α Orionis),是一颗处于猎户座的红超巨星(猎户座一等星)。它是夜空中除太阳外亮度排名第十的恒星。在冬季夜空中,它与大犬座的天狼星、小犬座的南河三组成冬季大三角。虽然它是猎户座的 α 星,但实际上在绝大多数时候猎户座 β 星(参宿七)比它还要亮。它在中国古代天文中属于西方白虎七宿的参宿(西方白虎七宿:奎、娄、胃、昴、毕、觜、参)。

体论上都是无限的。当然银河系的1000亿星体和魁北克的7500万居民,这些数字,尽管都很醒目,但都是有限的。这仅仅意味着在某种程度上,它们可以被视为在本体论上展开和在超验上分化的世界,银河系和魁北克在任何情况下都不可能简化为它的星体或它的居民。简单思考一下,对于前者而言,在宇宙大爆炸之后[或者在银河系成形之后,1000亿年前],对于后者而言,在喧嚣的前殖民和后殖民的历史中,总会有越来越多的亚原子得到合法化。

这种无限并非随意的无限。这种无限是一种不可达的无限,其意义如下:你不可能通过任何本体论的运算,如可以重新在世界上展开的运算来构成其概念。换句话说,这个无限既不是来自散布,也不是来自更小的量的总体化,因为它们的结果仍然内在于世界,关于下界的运算[散布性的基本物质]和关于上界的运算[子集的情势状态]都不可能获得或构成世界的无限的量。对于展开了其多之存在并让多之存在散射开来的运算来说,世界的外延是不可达的。但不同于黑格尔的绝对,这个世界是在自己的无限性上展开的。但也不同于大写绝对,这个世界不可能内在地构成它所是的尺度或概念。

这种不可能性就是保证那个世界是一个封闭的世界,而不可能将其再现为它所构成的内在于其表象界面的大全。对于在世界中表象出来并设定了存在之所为存在的运算来说,这个世界是封闭的:可递、散布、部分的总体化,于是,如果我们从世界的内部将多的扩展性构成的法则应用于在这个世界上被超验地指示出来的多之存在,我们就不会远离它。但这并不意味着对我们实存于该世界的人,或者对在自我同一性上拥有零值的人来说,这个世界是总体化的,因为"世界的数"——一种无限类型的数,因而这个世界本身也是无限多,如同在它的多之存在中一样——对于本体论上的运算来说是不可达的。在这个意义上,对于所有具体的内在组成的形式来说,世界在整体上是开放的。夜晚,当我们仰望星空,人类,这个总会高估自己实存的银河系居民,看到他的世界向四面八方敞开,这种敞开有一个不错的理由。同样我们有理由的是,那就是科学告诉我们,所谓的本体论——数学——意味着,他可能会说,但他不会真的看到,从他的角度看到的银河(Voie lactée)就是银河系,正如起初那些无法探知的轨迹一样,星丛勾画出其他世界照射的光亮。这就是世界本体论的悖论式的述行——运算上的封闭和内在的敞开——这就是它们无限的概念。我们总结如下:所有的世界都受到不可达的封闭影响。

3. 对象之间的关系是什么?

在表象中关系必然从属于将它们绑在一起的表象物的超验强度。在那里存在——并不是关系——创造了表象的存在物。我们所说的"公理",即在直观上或在现象学上展现了其内容的东西:关系的存在来自将它们结合在一起的东西。对公理最严格意义的形式概括如下:关系创造的既不是实存,也不是差异。我们记得,一个对象的表象上的计数单元,是在一个确定的世界中,由一个多之存在及其超验指数[或表象函数]配对组成的。于是,我们所谓的某个世界中对象之间的"关系"是一个元素指向另一个元素的函数。这样,它保留了实存,并巩固或增大了同一性的值[即维持或消除了差异]。

我们仍然以当代魁北克为例。思考一下,正如这个世界上的对象一样,一方面,有左边的莫霍克族(Mohawks)的印第安人社区,另一边有政府行政人员。1990年,在"奥卡危机"①(crise d'Oka)中,由此确立了两个对象之间的强烈的关系:莫霍克人在未来要兴建高尔夫球场的位置上设置了路障,这个高尔夫球场会侵占被他们视为远祖留下来的一部分土地。这次反抗变成了暴力对抗。其主要特征是魁北克省警察的干预,引发了军队的枪战,造成了警员死亡和大量人员受伤。关键问题是要知道,在那里表象出来什么,以及什么构成了关系。难道我们要说,莫霍克人反抗奥卡官方,进一步变成反抗魁北克省和加拿大联邦国家机构的活动,就是之前在魁北克世界中缺乏实存强度的表象?或者我们反过来赞成,在关系实存的问题上,仅仅意味着,对于那些看不到他们的人来说,这些看不见的东西难道不也是世界的对象的一个成分吗?说真的,一旦我们真的明白了事件如何改变世界的超验布局,这个问题就会得到圆满解决。但这样的关系绝对不是事件。它并没有扭转超验上的评价,而是预设了超验值,因为它们在世界上过度地表象出来。因此我们坚持认为,莫霍克人的反抗,在严格意义上只能看成对象"莫霍克人"和对象"魁北克行政当局"之间的关系。它仅仅阐明了已经在那里的客观实存的表象,即便——这就是造反的原因之一——这个实存被官方对立面最小化或忽视了。同样,我们会说,在莫霍克人一边以及在行政当局的不同意图之间的暴

---

① 奥卡危机是1990年7月11日发生的在加拿大魁北克省奥卡镇附近的莫霍克族印第安人与奥卡镇的土地之争。由于冲突初期一名魁北克警员被枪杀,莫霍克族印第安人与政府间矛盾激化,危机从而演变成了一场莫霍克族印第安人与警察以及加拿大部队长达78天的对峙。这场危机就是聚焦了当时全球媒体目光的"奥卡危机"。

力事故(incident)及其结果所展现出来的内在差异，在这个关系基础上是完全可以理解的，而并非由这种关系创造出来的。这并不是因为我们从对象走向关系，我们可以忘却表象函数：根据超验上在那里存在具现化的多，这并不会导致这样的多之存在。

如果我们考察一下银河系中的独特对象，如太阳，与同一个世界中的其他对象之间的关系，也会得出同样的结论。例如，如果我们写道，太阳与银河系的中心有28000光年的距离，太阳在银河系主旋臂的边缘，我们就界定了这颗特殊恒星与银河系其他的表象物之间的关系。但这些关系只能说明太阳在那里存在的样态，它们并没有构成太阳的实存强度，也没有构成其分化的内在规律。此外，这就是为什么它们就是一个既定对象和另一个既定对象［一边是太阳，另一边是银河系的银核或主旋臂］之间的关系。此外，物理学所指导的天体物理学并没有组织让关系指向本体上的参量。最紧要的问题毫无疑问是从这些对象的亚原子组成角度来理解引力的问题——这是世界中对象之间关系的典型例子。无论我们是否面对拉瓦锡的原子"没有任何东西会失去，没有任何东西会被创造"或热力学原子，物理学都要不停地宣布关系及其规律都不是创造性的。它既没有创造实存，也没有创造差异。多总是被给定的。

最后，表象关系的定义必然是否定性的：

关系就是从一个对象指向另一个对象的关联，其前提为第一个对象的元素的实存值，不小于关联中对应的第二个对象的值，即对于第一个对象的同一性的超验值来说，总对应于一个第二个对象的超验值，而后一个值不可能小于前一个值。

IV. 大逻辑3：关系

我们会以特别清楚的方式说明其形式的展开，即这个否定性的定义是一个保守的定义。在很大程度上，表象中的关系保留了整个对象的原子逻辑的内容。这一点非常自然。原子逻辑表达的就是在表象物［即对象］的存在中让它们表象出来的前提。一旦某个对象自己表象出来，那么两个对象之间的关系只有在如下层次上才有可能得到认识，即被关联的客观存在物的可识别性，包括其关系都是可以理解的。

例如，这就是莫霍克人的反抗何以在他们的路障之上展现了对象"莫霍克人"的原子成分：通过当下和行动，独特的个体宣布他们在魁北克的实存，其结果极其强大。很明显，这个原子逻辑——来自并存性、秩序和真综合——是被奥卡危机激活的，但并不是被其生产出来的。相应地，在这个情形下，正是这个逻辑架构了他们同行政当局、警察和军队的关系，最终他们被纳入一场非常微妙的谈判之中。

如果我们想要得到一个关系的正面定义，我们要说：两个对象的关系是一个函数。它保留了这些对象的原子逻辑，尤其是在表象基础上影响它们存在的真综合。在后面的形式论述部分，我们将采用的就是关系的这种恒定不变的定义。

4. 世界在逻辑上的完备

前面我们确定了一个世界在本体论上是一个不可达的封闭。这一点所涉及的是多之存在，而不是对象。在对象之间的纯粹逻辑关系上，是否存在着一个等价的"封闭"原则？这再一次假定一个运算网络，这个运算网络可以让我们说，在一个合理而清楚的意义上，我们并未"远离"表象，亦即未"远离"超验组织，"远离"世界。因此，我们必须考察在关系和世界之间什么成为关系。或者说，我们必须思考世界——由对象和对象之间的关系所组成的世界——和关系之间的关系（Relation）。从广义上讲，如果理解了关系之间的关系就是世界中的关系本身，那么世界在逻辑上就得到了完备。

在这一点上，魁北克为我们提供了现象学上的例子。我们以莫霍克印第安人对在他们世代承袭的土地上兴建高尔夫球场而反抗魁北克行政当局为例子。如果我们考察一下在要兴建高尔夫球场位置上设置路障的整个期间——持续两个月的紧张和暴力冲突——公众意见所展示出来的巨大情感，我们可以说这种关系，即"奥卡危机"本身就以这种方式与魁北克世界关联起来的，公众通过热忱地表达意见，让人们完全可在世界之中看到这些内部的意见。不仅莫霍克人反抗与魁北克省警方之间的直接关系是世界中的客观状态，而且在这种关系中复杂的关系体系，在无数的信息、选边站、情感、政治决策等中展现出来。很明显，关系的关系既是关系与对象的关系，也是与它们之间关联的关系。这样，一个魁北克人可以与"莫霍克人"确立为支持他们的友好关系，羞辱不让步的当局，而支持反抗的进一步发展。另一个魁北克人为在枪战中死去的警察流下了苦涩的眼泪，日复一日地观察着政府针对这个地点上的强硬姿态。如果我们将这两个魁北克人看成世界上的对象，我们看到他们每一个人都由"奥卡危机"关联起来的关系［印第安人对警察］，与对象中的一个建立了关系，同样，这个关系与这个关联本身的关系就是关系的关系。

这个布局的基本图形是三角形。有两个原始对象,关联连接着它们,随后第三个对象与它们发生了关系。

```
            进步的魁北克公民
              /\
         支持 /  \ 谩骂
            /    \
           /奥卡事件\
        莫霍克人───→魁北克当局
```

我们将这个三角形称为世界的图示。

如果在关系之中的进步公民与两个对象之间的两种关系构成一种关系的关系,这是因为他的意见和反动是通过整个三角形来构成的。于是,无条件地支持莫霍克人,在反抗过程中会导致对魁北克省当局敌意的不断增加。这意味着"支持+奥卡反抗"决定了"谩骂魁北克行政当局"的关系强度。只要奥卡危机继续下去,无论我们是通过莫霍克人从公民指向当局,还是我们直接指向当局,我们面对着带有同样强度的主观敌意。这非常简单:三角形的图形是可以交换替代的。这就是在对象基础上关系的关系最基本的抽象表达。最后,可以交换替代的三角形是一个轮廓清晰的魁北克省公民提过与 1990 年奥卡事件中的合取关系做出的主观意愿的表达。在这个意义上,他决定了在魁北克世界中该公民与这个关系的共同表象。

当然,可交换替代的三角形完全是一个最基本的图示。我们可以很容易想象到一个更复杂的布局,而这就是与复杂关系的关系。前面,我曾提出一个反动的魁北克人的形象,他对印第安人抱有敌意,并支持警方镇压。这就给我们如下的 1990 年魁北克世界中的图示:

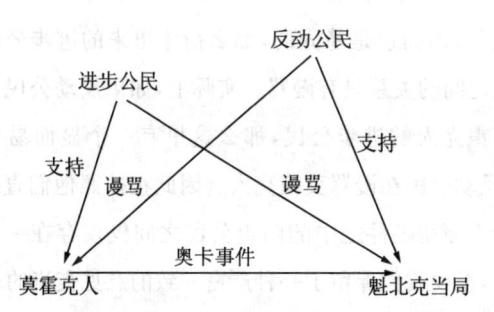

```
              反动公民
   进步公民  ↗        ↘
   ↙    ╲    ╱       ↘ 支持
 支持   漫骂 ╳ 漫骂
   ↓   ╱    ╲         ↓
 莫霍克人 ——奥卡事件—— 魁北克当局
```

有趣的是，这个图示可以直接按照世界最简单的法则加以完成。因为进步公民会开始责骂反动公民，反之亦然。他们之间互相谩骂当然是一种关系，因为其实存的强度——主观暴力政治——以及两个阵营的整个原子逻辑都得到保留：对立政治立场的组织者，也就是在本体论关系层面上处在最高位置上的人，正是那些在电视上或在大街上冲突的人，他们之间的彼此并存和不并存关系将穿透诸多家庭，依此类推。那么我们获得了如下的完整图示：

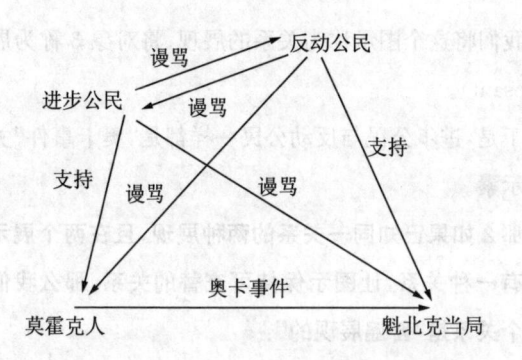

```
           漫骂
   进步公民 ←———— 反动公民
    ↙    漫骂 ╲  ╱    ↘
  支持  ╲    ╳       ↘ 支持
    ↓    漫骂 ╱ 漫骂    ↓
 莫霍克人 ——奥卡事件—— 魁北克当局
```

不难发现，这个图示仍然是可交换替代的：支持警方的反动公民，在他们谩骂那些谩骂警方的进步公民的过程中得到了强化。同样，当进步公民谩骂支持警方的反动公民时，他们在一定比例上增加了他们自己对警方的直接谩骂。

重要的是要注意到——这个不疼不痒的评述至为关键——在作为原初关系的奥卡危机的情境中，如果这个图示是可交替,因而也是稳固的,那么衍生出来的进步公民和反动公民之间的关系只有谩骂。实际上,如果反动公民支撑着支持莫霍克人的进步公民,那么这里有一个显而易见的对立,即反动公民在谩骂莫霍克人。因此在按照他们直接的关系而卷入原初事件之中的两组公民之间仅仅存在一种可能的关系,至少我们保留了一种严密一致的意见交流的观念。

隐喻的情形可以帮我们架构出世界的逻辑完备性的概念。已知世界上两个对象之间的关系,我们说,如果存在着世界上的第三个对象,它与前两个对象构成了一个可交替的三角形图示,那么这种关系就被"展现"出来:

```
           对象3
          /     \
         /       \
        /         \
    对象1 ——关系—→ 对象2
```

我们将这个图示称为关系的展现,将对象 3 称为展示素(exposant)。

于是,进步公民与反动公民一样都是"奥卡事件"关系中的展示素。

那么如果已知同一关系的两种展现,且在两个展示素之间只有一种关系,让图示保持可交替的关系,那么我们可以说这个关系是"普遍展现的":

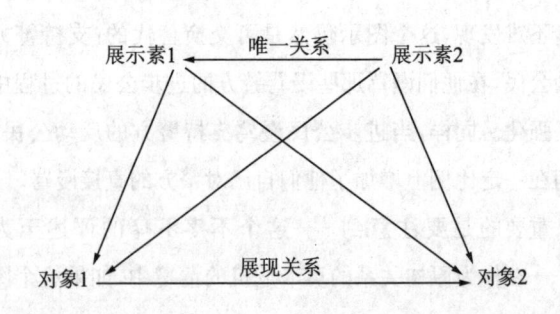

```
    展示素1 ←—唯一关系— 展示素2
       |  ╲         ╱  |
       |    ╲     ╱    |
       |      ╳        |
       |    ╱    ╲     |
       ↓  ╱        ╲   ↓
    对象1 ——展现关系—→ 对象2
```

之前我们注意到在魁北克世界中"奥卡事件"的关系是普遍展现的。总而言之，普遍展现的关系将内在于世界中的对关系的把握与独一无二的法则结合在一起。这是在大写的一的标志下，内在于世界中的诸对象之间关联的明显揭示。

于是，世界逻辑完备性的定义可以变得非常简单：世界上所有关系都是普遍展现的。我们会进一步关注这个定义，并考察它得出的一些结论。

5. 唯物主义的第二基本主题：逻辑完备性从属于本体论上的闭包（clôture）

可见物的隐喻非常适合用来理解关系是被展现的是什么意思，我们会多次用到这个隐喻。但我们需要牢牢记住，这个隐喻也是完全靠不住的，由于表象的法则是先天性的，因而不会设定任何主体。从这个角度出发，思想的真实在这里就完全被包容在图示之中，从对所有箭头的解释中提炼出来。

以具体的银河系关系为例，在引力关系上，它将行星与恒星连接起来［例如，地球与太阳］。我们说，在银河系世界中表象出来的这种关系在某种程度上是普遍展现的。我们以如下形式来称呼可见性的隐喻：存在着世界的一个对象，从该对象出发，可以尽可能近地看到这种关系。必须从基本图示的角度上来理解"看见"：从一个对象出发，可以看见行星与恒星，而这种"看见"可以理解两者之间的引力关系，例如从我们可以"看见"行星运行的轨道。"尽可能近地"看见，需要从关系的展示素之间的关系上来理解。优先地位的展示素,即从可以"看见"这种关系的对象中选择出来的对象,是这样的,如果从另外一个对象同样可以"看见"地球围绕太阳转的轨道,且从另一个对象也能看见第一个对象,那么关系的第一个展示素是我们最近的"看到"这种关系的展示素,从另一个也能看到这种关系的所有其他对象来看,也是如此。例如我们可以认为在"我们"的银河系中,"普遍"的展示素就是人马座的比邻星。它与太阳的距离是 4.2 光年,这颗恒星与地球-太阳的关系保持了足够多的距离,以便可以完全"看见"它们的关系,因为地球和太阳之间仅仅有 1.5 亿千米的距离。但我们只能说,对所有其他可以理解地球-太阳关系的星体来说,它们都可以"看到"人马座的比邻星。于是人马座的比邻星普遍地展现出地球-太阳的关系。例如,我们在下面看到了一个基本图示。

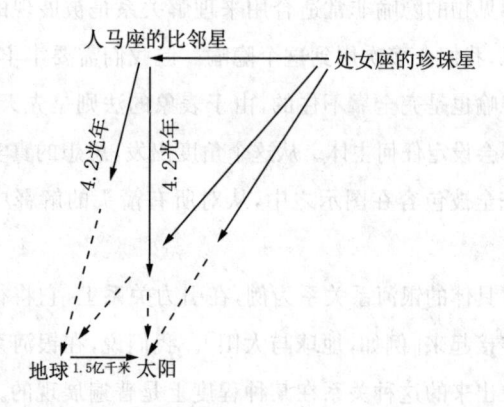

```
        人马座的比邻星 ←——————— 处女座的珍珠星
           ↓ ↓
       4.2光年 4.2光年
           ↓ ↓
        ↙  ↓  ↘
      地球 —1.5亿千米— 太阳
```

简言之,从处女座的珍珠星(Spica de la Vierge)出发,我们也能看见地球-太阳的关系就像人马座的比邻星一样。所以,可见性的隐喻说明了世界的逻辑完备性:关系被普遍地展现意味着,在世界上的某一点上[世界的一个对象]总是"可以看到"这个关系,这种可以看到本身对于任何其他的可以看到都是可见的。如果它本身被展现出来,那么这种展现就是普遍的。

我们必须补充道,这种普遍性包络着独一无二性:作为地球-太阳关系的展示素。正如我们假定的那样,从处女座的珍珠星出发,只有一种方式能让人马座的比邻星被看见。如果我们将可见性隐喻变成抽象的认识的隐喻,我们会说,如果在世界上至少存在着一个点,从这个点出发可以认识某个关系,那么我们可以说这种关系被展现出来。我们也会说,如果世界上存在着且仅存在着一个点,从这个点出发,它可能最清晰无误地认识这种关系,那么这种关系就是普遍展现的。

关系的普遍展现就是世界维度上的一个指数。我们需要在不离开这个世界的前提下,尽可能"看到"这种关系的总体。在这种情况下,其意味着人马座的比邻星,尽管在同一个银河系内,与太阳和地球的距离,要比地球-太阳本身的距离远得多。此外,我们也必须尽可能从所有其他展示素的角度在整体上来把握前一个展示素。在银河系的例子中,这就要求整全的维度要比真正涉及具体关系[例如我们这里关系的是恒星与其行星体系之间的关系]要大得多的尺度。的确是这样,因为整个秩序关系涉及[近似于]10亿到90亿个单元。银河系超大的维度[在这里所列举的是有限的,但在其内部是无限的]确保了在银河系中具体关系是普遍展现的。

世界的维度和逻辑完备性的关联事实上是非常严格的。在本卷的附录中,我们会证明如下属性:所有的世界都在逻辑意义上包含一个不可达的无限多的对象,那么所有关系在其中普遍地展现出来。换句话说,就世界而言,表象的逻辑完备性就是其本体论上闭包的结果。我们可以将这个属性视为唯物主义的第二基本主题。让我们回想一下第一基本主题[我们称之为唯物主义的假设],其特征是具体的,可以概述如下:所有的原子都是真原子。它已经表达出表象从属于存在的某种类型:可以肯定,对象是表象中大写的一的形象,但它的终极成分,即在某个世界上表象出来的不可分的单元,从属于基本构成规律,这样也从属于多的本体论。这一次我们拥有的是一个整体主题,它所涉及的不是大写的一[原子],而是无限[世界]:表象的整全逻辑让对象以及对象之间的关系合法化。因为我们可以确定在所有关系都被普遍展现的意义上,这种逻辑是完备的,这仅仅是因为世界是一个不可达的无限,我们在这里也肯定了表象的主要属性从属于多之存在的最深刻的规定。

世界逻辑完备性从属于不可达的无限的证据,可以完全通过形式展开来获得。然而,我们先给出其观念。在1534年[卡蒂亚的"发现"]与17世纪初之间,后来变成魁北克的地方,纯粹是捕鳕鱼和毛皮交易的海岸。在法兰西帝国看来,这就是一个"新世界"。在1608年,尚普兰[①](Champlain)建立了一个殖民定居点,他的目标是拓展商业基础,毋庸多言,他还要给印第安人传福音。用我们的话来说,这是扩展和巩固这个世界殖民形象的问题,这个世界对于刚刚到来的征服者们来说还十分陌生。这种巩固定居的方式是一种典型的具体方式:用堡垒来捍卫定居点[居民区]。这是魁北克城的中心,由一些重要仓库和殖民者的全部居民住宅组成。在1608年时,只有28个人,其中一多半人在不到一年里就死掉了。我们看一下在殖民定居点安顿的人,与在周遭的蒙

---

① 萨缪尔·德·尚普兰(1567—1635):法国探险家,地理学家,魁北克城的建立者,也是法国同北美贸易,特别是皮毛贸易的开拓者。1603年3月15日,他随同一个皮毛贸易考察队第一次到达北美。在这次旅行中他绘制了一份圣罗伦斯河的地图。1608年7月3日,尚普兰在魁北克角登陆,并修建了三座双层建筑来防御附近地区。这就是魁北克市的前身。自此以后,防卫魁北克城成了他的一项主要目标。

昧世界中展现出来的既定对象，如印第安人[那里有一个休伦族人的联盟]、动物[获得它们的皮毛是定居者的重要任务]、空间[其他哨站的建立，如1634年特瓦-利维尔哨站建立]、气候[北方地区的严寒让疾病在居民区里肆虐]之间可能的关系体系。毫无疑问，当这些关系可以被当地居民，即印第安人所"看见"，还有尤其是在17世纪末，被英格兰和易洛魁族人（iroquois）联军所"看见"，这些关系就被展现出来。展现的普遍性预先设定了在这个刚刚起步的殖民世界中，总会存在着一种观看，这些观看非常接近于这一小队建基者，他们在其具体特征基础上[围绕着定居点]由世界本身提供了对之的观看，要记住，对观看的客观支撑[例如这片土地上的休伦族人]反过来会被任何理解定居点与周遭世界之间的[往往是不确定的]关系状态的人所看到。例如，英格兰人，他们试图评估法国人殖民进展的状况，尤其是法国人与休伦族人联盟发展的状况。那么十分明显的是，关系展现的普遍性完全依赖于世界的根源，依赖于其客观上的厚度。如果居民点是这样建立起来的，即所有它与周遭蒙昧世界的关系[贸易、疾病、联盟……]从该世界上的这个或那个共同表象的点来看是"可见的"，那么唯有当在这个世界上的内在无限丰富的对象的前提下，这才是可能的。正是这个无限丰富的对象展现为法兰西殖民的历史，也可以视为魁北克建成的历史。这个历史，就是诸多对象和关系的表象，最终就是在魁北克世界里共同表象的所有关系的普遍展现的历史。

世界的历史无非是其展现在时间上的普遍性。在前面的例子中，历史就是存在的无限丰富性的展开。支撑着世界的本体论上的无限不可达导致了关系的普遍展现，因而也产生了世界逻辑的完备性。

Ⅳ. 大逻辑3：关系

6. 非实存(l'inexistant)

所有的对象——在其存在中被视为一个纯多——确凿无疑地是由如下事实来说明的,即在该世界的表象中,它或许并未在其中表象出来,此外,它或许表象在另一个世界中。我们以中子星为例。在其纯粹的中子"星"状态中来考察,作为一个超浓缩物质的小球[其半径不超过 10 千米],它带有令人震惊的密度[每立方米 1 亿吨],这颗星体不能直接解释为银河系的一个对象。通常有可能解析出其历史:巨大的恒星[我们假设,在质量上比太阳大 10 倍]朝向一个红巨星变化,爆炸,燃烧出 1 亿倍的亮度[这就是著名的超新星],然后衰竭、在消散的物质中分裂。一方面,有极其庞大不断扩张的星云、尘埃和气体;另一方面,是由中子气体所组成的极其微小的"核",在那里,真空几乎消失了,我们称之为中子星。我们有可能重构出它的历史中那令人惊骇的内核复杂性,去估算出它的连续状态,通过这些东西来思考物质不确定性的观念,去探索真空的组织性功能,等等。我们可以在完全不考察银河系中一颗独特的中子星时做到这一点,反过来,我们可以在宇宙天空的地图中将其视为一个世界。因此必然得出,至少在它表象的某一个点上,中子星的真实证明它与世界的位置无关。换句话说,世界的合理性需要对象在客观组成上的偶然性必须在对象本身那里是可以理解的。或者再说一遍,对于多来说,为了让思想分离于它所表象的世界,正如物理学试图将中子星理论分离于将这种类型的星体归属于特殊的银河系的理论,多不可能被其表象完全传递出来。这里有一个存在的留存(réserve),它抽离于表象,并在表象中溯及了这样一个事实，即对于某个存在物在那里存在来说，它总是偶然的。我们也可以说，这是在实存中所溯及的非实存（inexistence）的实点（point réel），它测度着世界上某个对象的表象值。其中，我们可以认为，在这个世界上，该对象作为整体并不存在。当应用到我们中子星的例子上时，我们可以说，其原子上的中性，或者物质上的无关性［事实上，它不再组成任何东西，而是一个"中性"气体，中间没有真空，也没有可识别的原子结构］，表达了它部分依赖于有具体形象的银河系中其非实存的方式。

一般来说，已知一个世界，我们所谓的"对象特有的非实存"是在实存上取最小值的多的一个元素。或者说一个表象物的元素，相对于这个表象物的超验指数而言，它在这个世界上非实存。那么，这个涉及世界偶然性的合理性的问题可以表述如下：在其诸元素中，所有对象都有一个非实存的元素。

形式计算会不费吹灰之力地说明，如果我们接受唯物主义假设，那么一个对象就只认可一个特有的非实存。然后，一个陈述——毫无疑问是唯物主义的陈述——提出偶然性的合理性是从唯物主义假设演绎得出的，这个结果是可以在思想上令人满意的。我们可以在概念上概括出这个关联。以1918年到1950年间魁北克省选举立法的特有的非实存为例。除了被排斥的因纽特人（Inuit）［1950年获得投票权］和其他美洲印第安人（Amérindien）［1960年获得投票权］之外，选举是"普选"［女性在1918年获得了投票权］。在这个时期，对象"魁北克人口的公民力量"将"印第安人"作为其特有的非实存。这意味着"印第安人"不具有选举上的实存。他们在投票场景中表象为零［或者指向最小值］。但接着我们可以得出，相对于对象"人口的公民力量"的指数，"印第安人"与人口中的其他元素的同一性的值也是零。这变成了这样一个明显的事实,如果你们没有权利[如果你们在权利中是非实存],那么你们与拥有权利的人的同一性的值是零。此外,这也是原子逻辑的一个属性:如果对象的一个元素在世界上非实存,那么它与同一对象中的其他元素的同一性的值为最小值。

现在考察一下给魁北克人口的所有元素在选举上分配超验最小值的函数。换句话说,我们设想一个[虚构的]条例野蛮地废除了所有权利。显而易见,这个条例等于让所有人与在1918年到1950年间没有权利的人即"印第安人"平等了。用抽象术语来说,这代表着两件事情。首先,废除权利的法条实际上界定了一个原子:某种类似于合法行为的原子,一种不可拆解的条例。废权法条界定了对象成分,也就是那些绝对没有权利的人。他们在超验上没有任何部分:在权利中"没有权利",或者更准确地说,是"在任何权利之外",确定了司法上的一个不可分化的范畴。其次,与唯物主义假设相对应,这个原子实际上是由1918年到1950年之间的人口中的真原子所规定的:"印第安人"。没有权利即在超验上等同于一个印第安人。

我们可以换一种说法:"印第安人"与在1918年到1950年间魁北克人中所有元素的同一性,相对于超验上的"魁北克"和参照对象"公民政治权利"来说,等于超验上的最小值。于是"印第安人"命名了一个真原子[相对于其所设定的东西的同一性始终为零],反过来它也代表着被废除权利的人的原子函数。于是"印第安人"命名了相对于"1918年到1950年间魁北克"这个超验的对象"公民政治权利"中的非实存元素。十分清楚,这个非实存,尽管相对于世界的一个独特对象而言是一目了然的,但最终描绘出一个在这个世界上的表象本身的空的边缘处的表象的存在物。"印第安人"设定了一个存在物,毫无疑问[在本体论上]就是这个世界的存在物,但在表象逻辑上,它并不绝对地实存于这个世界上。我们可以从印第安人绝不是魁北克人这个事实得出这一点。因为他们并没有政治权利,这种权利支配着魁北克世界中魁北克公民的表象,但是他们也不是绝对的非魁北克人,因为魁北克就是他们超验表象的位置。对象的非实存就是在[本体论上]的存在和[逻辑上]的某种非存在的形式之间悬置不定。

我们可以得出如下结论:已知世界上的一个对象,存在着这个对象的单一元素在世界上非实存。我们将这个元素称为该世界的特有的非实存。它证明了在表象范围内,在那里存在的偶然性。在这个意义上,其[本体论上]存在作为在那里存在拥有着[逻辑上的]非存在。

第 2 部分　莱布尼茨

> 世界不仅是最神奇的机器，也是最大的福利。
>
> ——莱布尼茨

我们可以用两个说法来评论莱布尼茨的计划。首先是来自 1704 年他写给苏菲-夏洛特（Sophie-Charlotte）的一封信，像一个从月球归来的小丑，这位哲学家写道："它于此处，一如它在任何时间、任何地方的万物中一样。"另一个表达出自 1696 年他写给苏菲的另一封信："我所有的思考都围绕着两个事情，统一与无限。"最终，问题在于要决定，对于细节上无限的世界竟如此紧密地被包络在万事万物都为同一事物的大写的一之下，这样的世界必然是什么样子。

这就是为什么莱布尼茨是一个典型的思考世界和上帝造物的思想家。这个世界就是一与无限的约定之间真实证明的根基，而这个约定的一般原则在于他的"新算术"（nouverau calcul）：如果一个序列收敛于一个极限，它既可以被视为它的项的无限细节，也可以作为重述它的界限之一。对于照亮了世界实在性的上帝来说，这个世界就是这样一个序列：有着如此壮观的多样性，但又可以用唯一的大写理性来把握，大写理性的值是由最高的几何学家——上帝来计算的。这就是为什么我们有可能说每一个别实体，世界上每一个"形而上学的点",都等同于世界的总体。

为了表达具体和总体的区别,莱布尼茨使用几种不同的形象。有一个收敛的动态形象:"实体单元不过是宇宙的不同的收敛,是按照区分它们的不同的点来再现的。"这就是镜子的光学形象:每一个实体——或单子(monade)——都是宇宙中的"活动的不可分割的镜子"。这是一种再现的形象:"灵魂有限地再现出无限的上帝。"这也是痕迹的形象:"所有实体都有着其无限性,因为它包络着其原因,即上帝,换句话说它构成上帝全知全能的痕迹。"它也是缩略的形象:"[灵魂]通常就是大宇宙的形象,它们是诸世界的缩影,是丰富的简化。"最后只有一个形象总结所有其他东西,那就是表现(expression)的形象。为了"表现"其他东西,这个项目必须在总体独立性上被建构出来,它必须完全可分离,但与那些被分离出去的东西是同形同构的。思考一下以下这些恢宏壮丽的表达:

> 所有精神都是世界的一部分,它足以凭借自身,而不依赖于所有其他造物,包括无限之物,来表现出宇宙,它如同造物本身的宇宙一样,如此持久,如此独存,如此绝对。

我们将这句话翻译为我自己的语言:世界上所有的对象都表现着世界,因为它表现了世界的规则和理性,这就如同对象真实序列中的[神圣]界限一样。因此我们可以提出,和我一样,莱布尼茨对世界的思考,一方面是在对对象的本体论的考察[实存的单元,他称之为单子]上来思考的;另一方面,是对对象分布的逻辑考察,我称之为超验,而莱布尼茨有时称之为"充足理由"(raison suffisante),有时又称之为"先

Ⅳ. 大逻辑 3:关系

定和谐"(harmonie pré-établie)。如果我们心中想的是对象[单子]序列的总体特征,在某种程度上,它们在这个世界上,而不会在另一个世界上表象出来,那么我们就会使用"充足理由"这个说法:

> 理由或宇宙规定性的原因让事物成为其所是,也让它们以这样的方式,而不是其他方式存在,这个理由必然外在于事物。

这一段告诉我们在那里存在[或如此存在(l'être-ainsi),它们是同一回事]的超验原则必须可以被视为与那些实存值业已确定的对象分离的存在物。当莱布尼茨希望思考同一个世界中两个项之间的具体关联时,他反而使用了"先定和谐"。在这个世界上,一个项不可能对另一个项有影响。真实情况是,在同一个世界上,两个项相对于它们的布局而言是一致的,因为它们拥有同样的规律[对于莱布尼茨而言是先定和谐,对我而言是超验运算]。我们再一次引用一下这个哲学家自己的说法:

> [在实体中]所有的效力仅仅存在于该实体之中,而从其他实体中得出的东西,不过是一种"先定和谐"。

在世界理论上,莱布尼茨和我现在的工作拥有同样的方向。首先,我们在本体论上切入理论的点都是某种形而上学式的数学。对于莱布尼茨来说,这是不可分的"存在点"的问题,即形而上学上的原子。这是因为他的范式是他和牛顿发明的微分计算。对我而言,这就是纯粹多元的问题,因为我的范式是康托尔的集合论。其次,我们共同的逻辑切入点都是真实存在物在规则上的指数,这个规则设定了存在物实存强度,以及造成真实表象细节上的同一性和差异的关系。正如莱布尼茨郑重其事地说道:"除了变化原则之外,必然存在着那些发生变化事物之中的细节问题。"对于他来说,规则是先定和谐,可以理解为一种神圣计算。而对于我来说,这是世界的超验,可以理解为无声无息的表象的合法化。

我们共同得出的一个明显的结论是,我们发现关系严格意义上从属于将诸项关联起来的自然。正如我们看到的,莱布尼茨拒绝认为在世界上可以辨识的存在物可以指向另一存在物产生真实的行动。这就是他著名的"无窗户"的单子的否定性的形象。的确,在实际创造出来的在那里存在中,对象穷竭了其潜在性。的确,对于它们的超验指数来说,为了决定它们的表象强度,它们需要内在地赋予某种东西。这也可以用某种说法来概括本部分的内容:关系,在实存秩序以及具现化之中,不创造任何东西。在古典形而上学中,我们可以说实存是实质性的和具现化的偶性(accident)。但莱布尼茨的说法是什么?即"无论是实体还是意外都不可能从外部进入单子之中",的确这也是支配着我自己对关系[否定性的]定义的主要原则。

于是,与莱布尼茨在那里存在的理论或世界理论上的一致,包括如下几点:

> 1) 我们首先思考在其存在中的世界[单子、多元],然后从它们表象的严密一致性来思考[先定和谐,超验]。
>
> 2) 对于属于某个世界的关系而言,没有任何外在的东西。属于关系就是由其内部组成[单子的效力或自然倾向(conatus),对象的原子组成],在构成世界的单元

[个体或对象]中标识出来的。

3) 在表象秩序中,关系从属于被关联起来的诸项,关系并没有创造能力。

我与莱布尼茨在所有这些问题上的一致,可以用对死亡问题的思考来说明。我在第3卷的末尾指出,死亡是一种表象[或实存]范畴,而不是存在范畴。这意味着,在某种意义上,死亡并不实存。对于某一确定的存在物而言,一方面,它关联于其表象的世界[它或许可以在另一个世界表象出来];另一方面,它被归于超验上的实存最小值。但是超验上的最小值不能混同于虚无。莱布尼茨怎么说的?生命体[动物]是世界的一个数值,这个数值没有绝对的根源[它来自虚无,但世界上没有虚无],也没有一个不可逆转的终点[对所有此在的存在物而言]。因此死亡不是存在:

> 因为动物没有第一次出生,或者彻底的新生,于是,它会遭受在最严格的形而上学意义上的最终灭绝或彻底死亡。

更准确地说,濒临死亡影响着表象,而不是存在。我们记得那个令人震惊的表达:

> 我们所认为的事物的降生或死去,无非是其表象或消失。

但表象和消失如何发生?在世界的舞台上,一个既定存在物得以表象。但对于莱布尼茨来说,他反对只有一个世界,一种和谐,一个神圣计算,而对于我来说,诸世界的无限性并非平等主义的无差别，而是建立在有着明确区别的超验之上。的确如此，但问题本身会更为复杂。对莱布尼茨而言，的确有一个唯一实存着[或真实表象]的世界，但也有无限可能的各种世界。这些世界仅仅是尚未实存。它们的实存是双重的。

首先，有一个存在上的可能性，即它不可能是纯粹的虚无。正如莱布尼茨写道："在可能的事物中，也就是说在可能性或本质中，存在着某种实存的需要，或者[如果我来说的话]一种去存在的需求。"这个事实是可能的，它在本质中被给定，意味着世界"拥有着同等向往实存的权利"。

其次，世界的无限可能性拥有它特有的本体论上的位置，而这正是神的智慧："在上帝的观念中存在着无限数量的可能宇宙。"

那么，莱布尼茨认识到对于世界的无限多元来说，有某种存在类型："所有可能的世界都有权利按照一定的完美比例诉诸实存。"毋庸置疑，莱布尼茨是思考无限多元的本质世界的假设，以数学形式来思考无限序列的理由或界限最久的思想家。他像科幻小说作家[居伊·拉德罗（Guy Lardreau）①很正确地与莱布尼茨惺惺相惜]一样，不停地质问自己："另外的世界"会是什么样子？恺撒若没有跨过卢比孔河，事情会是什么样的？不过，莱布尼茨的确承认"只能存在一个世界"。实存的唯一性与本质的多元性并存。这个由上帝所照亮的唯一世界，明显就是包络了最大完美值的世界：所有可能世界中最好的世界。

---

① 居伊·拉德罗(1947—2008)：法国哲学家。在1995年到2001年间担任哲学国际学院的校长。他坚持了哲学中的唯物主义方向和否定哲学方向，在他的诸观念中，他关心哲学思考的真实性和话语结构问题，同时他也关心诸如麻醉的病理学责任的问题。

在这里,吉尔·德勒兹已经很敏锐地注意到我们现代人与莱布尼茨的古典巴洛克姿态的区别所在。对我们而言,实际上这一点是不可争议的,即存在多个世界,世界有多个不同的分支,在没有进行这种比较的超验标准的情况下,没有一个世界敢宣称自己是最好的世界。这就是为什么一旦我们离开莱布尼茨对无限的特别精彩的分析和本体论上的严格之后,我们就对他失望透顶了。在我看来,这种失望的真实内容就是他对大写的一的令人绝望的保留。莱布尼茨的天才在于理解了任何对世界的把握都依赖于对象的无限性,而对象本身是由超验所"限定"的。但他的局限在于他总是寄望于序列的收敛,在大写的一之中重述无限。"从下面看",无限既在存在物的纯粹单子的单纯性中["单子……不过是一个单纯实体……也就是说,它没有部分],"从上面看",则无限又在上帝所构造的东西之中[唯有上帝是原初的统一体,或原初的单纯实体]。在莱布尼茨那里,关于世界无限散布和关于超验组织的那些令人敬佩的洞见,在某些意义上,是由两个假设架构起来的:"形而上学的原子"[个体的在有机模式中的封闭的至高无上性]和超验上的大写的一[神圣架构]。

如果知道这些前提,我们就不用对莱布尼茨试图放弃他两个最伟大的形而上学规定而感到惊奇:实际无限的实存和关系的非存在。在第一点上,他一直犹豫不决,比如这导致他在《事物的根本起源》(*De l'origine radicale des choses*)的开头这样写道:"除了世界或有限事物的凝聚之外,我们发现了某种统一。""事物的凝聚"?我们看到莱布尼茨对有限批判的脆弱性,他保留了大写的一的至上性。在第二点上,为了确保复杂世界的严密一致性,莱布尼茨重新引入了既内在又超越的关联。为了坚持世界的实存,他不再纯粹依赖于多元和和谐的根源[对象和超验]。这就是他最著名也最含混不清的实质关联(vinculum substantiale)的学说,这个说法本身表达了在何种程度上莱布尼茨必然需要重新思考关系的非实存。他写道,的确关系是一种存在物,一种"最小值的实存","关系[为单子]添加了新的实质性"。

这种"单子的添加",按照莱布尼茨的说法,关系是"绝对的[因而也是实质性的],尽管相对于那些必然统一的东西而言,它是不断变化的(en flux)"。我们在莱布尼茨这篇大胆的文章最后看到,他在存在和超验规制的单纯性的基础上,将无限多元的世界,以及这个世界中对象的无限多元性,与有限和关系必然性分离开来。

今天,为了超越莱布尼茨,我们必须恢复一种本体-逻辑的关联,即离散的多元和将元素对象化的规则之间的关联,而无须求助于它们本身之外的支撑。

第3部分 图 示

1. 世界的本体论：不可达闭包

概括所有世界的存在是由多之存在所组成的，而它又在这个世界的超验基础上依靠其指数［表象函数］来实现其在那里存在。对这个问题的认识，即在何种意义上，这些存在物在本体论上属于"同一个世界"，等于是考察对于什么样的多元架构来说，一个世界是闭包的。很明显，对于运算上的闭包的数学考察涉及在其中进行运算的集合的"维度"(dimension)。如果将一个强有力的运算用之于某个多，如果这个世界非常小，很有可能这个运算的结果超过这个世界的限度。例如，如果让你自己处于魁北克的世界中，运算是"再现出2亿年中蒙特利尔市的规划"，那么你完全有可能超越这个世界的本源，因为在这个时间范围内的所有事物意味着，至少在我们所知道的范围内，那里没有蒙特利尔，没有魁北克，没有加拿大，甚至没有人类物种。恰当的本体论上的对世界界限问题的考察会认定，有可能将问题的假设置于包含于该世界中的诸多的数量之上，它或许可以暂时以完全不依赖于这些多的实际表象的方式，这样，也不依赖于将它们与世界超验衔接在一起的同一性函数来做到这一点。

当然，我们看到，并且我们会肯定，严格来说这些假设不可能是**从世界的内部**概括出来的。这就是我们要考察的闭包问题，它仍然是不可达的。这些就是逻辑学家们用数学形式化资源在完全独特的世界上做出的假设，我们可以把这个世纪称为"诸世界的形式本体论"。这并不会让其缺乏合理性，因为它们设定了对于世界上所有计数的恰当标准。

在纯多理论中[集合论的本体论]，任意的多的尺度是由一个基数给定的。所有人都知道有限基数，它从纯粹量的角度上来计数和分化有限集合：1,2,3,依此类推。康托尔的天才在于引入了无限基数，它对于无限就如同自然整数对于有限一样：它告诉我们在一个既定的多里究竟有"多少"元素。这一小节的基本结果非常简单：**一个不可达的无限基数测量着所有的世界**。现在我们将用几个步骤来简要证明这个结论。

在概念展开[第4卷的第1部分]中，我们记得纯多理论的两个基本运算是散布和总体化。

1) 散布考察的是原先的多之元素的元素的集合。如果我们将散布写为∪A，存在物 A 在世界 **m** 上表象出来，因为∪A 的元素就是 A 的一个元素的元素，其形式定义为∪A：

$$x \in A \leftrightarrow \exists a [(a \in A) 且 (x \in a)]$$

正是世界的这个特征，让组成一个在世界上表象出来的多的东西仍然是这个世界的一部分[世界 **m** 的可递属性]。此外，世界的存在，它的物质材料，"从下面"出离于世界，这就是自从《蒂迈欧篇》之后，所有唯心主义宇宙论的建构性主题，柏拉图肯定了物质动因的非理性和"不定性"(errant)。在一般意义上，我们得出：

$$[(A \in \mathbf{m}) 且 (a \in A)] \rightarrow (a \in \mathbf{m})$$

从可递性我们可以得知 A 的元素的所有元素实际上都属于世界 **m**。A 的元素 a 属于 **m**,从这个事实我们可以得出 a 的元素 x 也应该属于 **m**。这个世界仍然是散布运算的世界,意味着∪A 元素的集合,即∪A 本身,反过来就是世界的一个元素。换句话说,所有存在物 A 在世界上的散布也[在本体论意义上,而不是对象痕迹的意义上]属于该世界。

2)总体化在于将原初的多的诸部分的集合计数为一。我们将其写为 **P**(A),因为 **P**(A) 的一个元素是 A 的一个部分[子集],其形式定义为:

$$x \in \mathbf{P}(A) \leftrightarrow \exists B[(B \subseteq A) 且 (x = B)]$$

正是世界的这个特征,让在世界上表象出来的诸部分仍然是那个世界的一部分。此外,世界的结构化在其中表象出来的对象的存在的内在布局——对象的构成性部分,或者它们在本体论上的状态——就是"从上面"超出世界,这也是唯心主义宇宙论的构成性主题,即便柏拉图在《蒂迈欧篇》中肯定了世界的布局发生在可识别的超验模式的基础上。对于我们来说,我们会认为在某个世界上的存在物的诸部分也是那个世界的部分。为了再一次避免超验,在这种情况下,即避免大写的一的超验,我们会假设,对其中一个部分计数为一,这个运算本身就在世界之中,这个多是由 A 的所有部分所构成的,因此也属于让 A 表象出来的所有世界。因此有:

$$(A \in \mathbf{m}) \rightarrow (\mathbf{P}(A) \in \mathbf{m})$$

在这两个属性的基础上,我们会证明所有的世界都是无限的。我们用来证明的基本定理就是著名的康托尔定理,在《存在与事件》中我多次使用这个定理,这个定理指出为集合 A "计数"的基数,通常小于为 A 诸部分的集合 **P**(A) 计数的基数。对这个专业性的结果的哲学理解,读者可以参看《存在与事件》的沉思 12、13、14、26 和附录 3。在这里我们要注意,我所谓的一个多的基数值,就是对这个多进行计数的基数[去"数"有多少元素]。

首先,我要证明,一个在世界上表象的存在物[它是这个世界上在本体论意义上的一个元素]不可能在数量上等于这个世界本身的数值。设基数 κ,它测度这世界 **m** 的维度。设 $A \in \mathbf{m}$,A 的基数值就是 κ。根据 **m** 的运算闭包的总体化运算,我们知道 **P**(A) 也属于 **m**。根据康托尔定理,**P**(A) 的基数,我们设为 η,大于 A 的基数值。那么我们有 $\eta > \kappa$。但世界 **m** 是可递的:它的元素的所有元素都属于 **m**。因此,**P**(A) 的元素也属于 **m**。这意味着在世界 **m** 中,至少存在着 η 个存在物。这显然是不可能的,因为计数 **m** 的是 κ,但实际上 κ 小于 η。那么原初的假设被拒绝了:**m** 中没有在那里的存在物拥有着与 **m** 本身一样多的基数值。这意味着世界的"幂"在本质上大于在本体论上组成这个世界的所有存在物的"幂"。

现在假定世界 **m** 是有限的。设它有 n 个元素[基数值为 n]。根据上面的推理,所有构成 **m** 的存在物都小于 n 个元素。因此,存在着该世界中存在物的最大基数值,我们设其为 q,我们有 $q < n$。设存在物之一实际上拥有这个最大基数值,也就是 $A \in \mathbf{m}$。我们知道,**P**(A) 也是 **m** 的本体论组成的一个存在物。但这是不可能的,因为 **P**(A) 基数值大于 A 的基数值,即它的值大于 q,而 q 是 **m** 中元素的最大基数。因此我们必须抛弃那个原初的假设,即世界 **m** 一旦是经过 **P** 的总体化运算的闭包,就不可能是有限的。换句话说,所有世界的基数值 κ 是一个无限基数,结果,它至少等于第一个无限基数,即测度整数集合的基数[即 $1, 2, 3, \cdots n, n+1, \cdots$,直到无限的序列],这个基数值就是著名的 $\aleph_0$。

测量这个世界的外延的不可达的无限基数,在形容词

"不可达"之下,通过本体论上的基本运算综合着世界的闭包,这个闭包[或运算上的内在性]本身就是如下事实的结果,即没有超验可以支配这些世界的可识别性。实际上,我们看到不可能在世界中现有的基数值的基础上"构成"[或获得]这个世界的基数。这就是前面证明的结果。因为多的散布属于 m,就是它各个部分的总合,通常也是由 m 的元素组成的,因为 m 的元素的基数小于 m 本身的基数,所以无论是从下面[散布]还是从上面[总合]都不可能构成这个世界的数值上的幂。因此,最后,我们可以十分肯定地确定,任意世界的量只能通过一个不可达无限基数来测度。这就是统治着世界本体论的不可达闭包的原则。

要注意,"不可达无限"并不意味着"非常大的无限"。最小的无限,即著名的 $\aleph_0$ 本身就是不可达的。这很容易理解,$\aleph_0$ 的元素都是自然数,即有限基数。十分清楚的是,应用到有限的多之上的散布和总体化运算的结果只能产生有限结果。因此基数 $\aleph_0$ 当然是不可达的。因为它标志着有限和无限之间的绝对间隔。事实上,这就是世界的数值:整数的世界,或算术的世界,已经被古希腊人彻底研究过了。那么再说一遍,一个大于 $\aleph_0$ 的不可达基数必然真的巨大。这也很容易理解,因为它与这个不可数的无限序列的关系,就如同 $\aleph_0$ 与有限基数的关系一样。在这个意义上,大于 $\aleph_0$ 的不可达基数都会带有某些类似于将所有小于它的无限基数的"有限化"。然而这几乎是一个无法再现的无限的幂。此外,为了肯定这种类型的基数的实存,我们需要一个专门的公理。我们需要证明——通过超出现在的展开的方式——仅仅借助纯多理论的普通公理,绝对不可能证明这样基数的实存。

我们唯一确定的是这个世界可以由这样一个不可达基

数来测量。这也意味着所有小于这个不可达基数的"世界"都不是一个世界。这就是概念斗争最无情的方面之一，即它必须同有限的诸多不同侧面进行斗争。我们没有办法在两个假设之间做出选择，要么所有世界拥有一个基数ℵ₀〔正如数学家们所说，所有世界实际上是无限的，但是是可数的〕，要么存在着某种世界，它的不可达无限基数值大于ℵ₀。第二个选择是我喜欢的选择，但我承认这仅仅是我的一个喜好而已。它保留了为世界赋予外延性的幂的视野，与之相比，我们所知道的不可达的世界形象是可笑的。

2. 世界中诸对象之间关系的形式定义

直到现在为止，我们已经严格地从对象的内在组成，尤其是它的原子结构的角度来展现表象逻辑。简言之，我们在构成客观性的呈现出来的统一体的框架下进行了表象分析。正如我们说过，本卷的主要目标是界定对象之间的关系是什么，因此为了圆满地建构表象逻辑，不仅仅是将之作为客观性的结构逻辑，也将之作为**世界逻辑**(logique de monde)。用康德的词汇来说，我们可以说这是一个描绘客观性辩证法的问题，它将对象的逻辑给定性置于关系的空间之中。

在概念展开部分，我们尽可能接近本质上的超验运算来界定关系：测量同一性和差异，包括作为实存的自我同一性的值。我将对象之间的关系界定为一个规定这些对象至今的存在的定向关联，这些关联不可能创造差异，也不可能创造实存。那么我们可以看到，关系保留了对象的原子逻辑。在这里，我们直接从这个保留开始，即从某种本体论-超验上的不变量或稳定性开始。我们实际上提出对象之间的函数关联可以等同于在某种程度上"保留"着这些对象在超验上的特殊性的关系,尤其是实存值和具现化的值。这意味着没有任何关系可以有力量破坏表象的真正的原子亚结构。只存在着物质的抵抗。

让我们说得更精确些。设两个对象(A, α)和(B, β)。我们在这里放弃了同一性的标识习惯(A, Id),因为我们必须界定几个不同的对象,即几个不同的表象函数。然而,古希腊字母的一个拓展性用法就是设定对应于不同对象的不同表象函数。如果它们保留了表象在基本实存和拓扑学上的给定,那么对象(A, α)和对象(B, β)的**关系**是在表象中被给定的。否则这个关系就不能作为**这些**对象之间的关系,**它就不会被表象出来**。也正是在这个程度上,它通过整全保存的对象的超验特征而运行,因此也保留了表象的逻辑法则,关系本身表象出来,也可以让世界在表象中成为一个[不可达的]统一体。

我们已经[在第3卷的第1部分和第3部分中]看到,与对象相关联的逻辑上的给定就是根本性的多之存在的元素的实存值[即$\mathbf{E}x$],主要的拓扑学上的给定就是原子在超验指数p上的具现化。思考一下,对于一个对象,将它限定在诸元素的大写的一[它的原子映射]的幂的p值上,我们写作$x \restriction p$。为了让从多A到多B的关联表象为一个关系,就需要保留实存和具现化的值。在这个前提下,最简单地使用旧的函数概念,即让集合A的一个元素对应于集合B的所有元素。如果我们写作$\rho(x)=y$,我们就必须借此来理解ρ将A中的所有元素x与B的y对应起来。从(A, α)到(B, β)的关系就是A指向B的函数ρ,其中实存和具现化没有发生变化。因此,我们可以提出:

从对象(A, α)到对象(B, β)的"关系"是一个集合A指

向集合 B 的函数 ρ,其中对于所有的 $a \in A$ 都满足:

$$\mathbf{E}\rho(a) = \mathbf{E}a,$$
$$\rho(a \restriction p) = \rho(a) \restriction p$$

我们回忆一下标记习惯:字母 α 和 β 遵守表象函数的法则,我们在前面的部分一般来说将它写作 Id。例如 $\beta[\rho(a), \rho(b)]$ 决定的是两个元素的同一性的值,在多 B 中,通过函数 ρ 对应于多 A 中的元素 a 和 b。超验 T 被设定为测量的工具,因为我们在同一个世界 **m** 中保留了该超验,A 和 B 都是其中的存在物[A 和 B 都在 **m** 中存在着]。

无须进一步思考,我们可以在这个定义的基础上[保留了原子逻辑的基础],恢复在概念展开部分中作为我们出发点的属性:关系不可能让它所连接的诸项,同它们一开始相比,同一性的值更小。这个属性可以写为:

$$\alpha(a, b) \leqslant \beta[\rho(a), \rho(b)], 对于 a \in A 且 b \in A$$

换句话说,关系不可能消除原初两个项之间的同一性。两个相关项 $\rho(a)$,$\rho(b)$ 在 B 之中的同一性,至少与在 A 之中 a 和 b 的同一性的值一样大。关系并不创造差异。这里是对这个结论的证明[我们设 ρ 为关系],那么我们有 P.8。

$a \restriction \alpha(a, b) = b \restriction \alpha(a, b)$	引理 A[第 3 部分附录]
$\rho[a \restriction \alpha(a, b)] = \rho[b \restriction \alpha(a, b)]$	结论
$\rho(a) \restriction \alpha(a, b) = \rho(b) \restriction \alpha(a, b)$	ρ 对 $\restriction$ 的保留

这意味着对于所有 B 的元素 y,我们有:

$$\beta[\rho(a), y] \cap \alpha(a, b) = \beta[\rho(b), y] \cap \alpha(a, b)$$

真原子和 $\restriction$ 的定义

尤其是当 $y = \rho(a)$ 时,我们得出:

$\mathbf{E}\rho(a) \cap \alpha(a, b) = \beta[\rho(b), \rho(a)] \cap \alpha(a, b)$
$\hfill$ 结果,$\mathbf{E}$ 的定义
$\mathbf{E}a \cap \alpha(a, b) = \beta[\rho(a), \rho(b)] \cap \alpha(a, b)$ $\quad\rho$ 对 $\mathbf{E}$ 的保留
$\mathbf{E}a \cap \alpha(a, b) = \alpha(a, b)$ $\hfill$ P.0 和 P.1
$\alpha(a, b) \cap \beta[\rho(a), \rho(b)] = \alpha(a, b)$ $\hfill$ 结果
$\alpha(a, b) \leqslant \beta[\rho(a), \rho(b)]$ $\hfill$ P.0

事实上,关系的保留,基于对 $\mathbf{E}$ 和 $\lceil$ 的保留,可以延伸到决定这些对象的多的整个超验结构中,意味着其整个原子逻辑都得到了保留。我们现在要证明构成原子逻辑的任何两种关系都属于这种情况,如并存性和本体-逻辑秩序。

命题 P.9:关系 ρ 保留了并存性关系。如果 a 和 b 在 A 中是并存的,在这个意义上,我们可以按照第 3 卷 3.8 的写法,将并存性写为 $a \ddagger b$,如果 ρ 是 (A, α) 和 (B, β) 之间的关系,那么在 B 中,$\rho(a)$ 和 $\rho(b)$ 也是并存的。即

$$a \ddagger b \rightarrow \rho(a) \ddagger \rho(b)$$

我们设有 $a \ddagger b$,得出:

$a \lceil \mathbf{E}b = b \lceil \mathbf{E}a$ $\hfill$ 拓扑学上 $\ddagger$ 的定义
$\rho(a \lceil \mathbf{E}b) = \rho(b \lceil \mathbf{E}a)$ $\hfill$ 结果
$\rho(a) \lceil \mathbf{E}b = \rho(b) \lceil \mathbf{E}a$ $\hfill \rho$ 对 $\lceil$ 的保留
$\rho(a) \lceil \mathbf{E}\rho(b) = \rho(b) \lceil \mathbf{E}\rho(a)$ $\hfill \rho$ 对 $\mathbf{E}$ 的保留
$\rho(a) \ddagger \rho(b)$ $\hfill$ 拓扑学上 $\ddagger$ 的定义

命题 P.10:关系 ρ 保留了本体论上的秩序关系 $<$,在这

个意义上如果 $a<b$，那么有 $\rho(a)<\rho(b)$，即
$$a<b \to \rho(a)<\rho(b)$$

$a \not\equiv b$		假设和 P.4
$a \not\equiv b \to \rho(a) \not\equiv \rho(b)$		上面的 P.9
$\rho(a) \not\equiv \rho(b)$	[I]	结果
$\mathbf{E}\rho(a) = \mathbf{E}a$ 且 $\mathbf{E}\rho(b) = \mathbf{E}b$		ρ 对 $\mathbf{E}$ 的保留
$\mathbf{E}a \leqslant \mathbf{E}b$		假设和 P.4
$\mathbf{E}\rho(a) \leqslant \mathbf{E}\rho(b)$	[II]	结果
$\rho(a) < \rho(b)$		[I][II] 和 P.4

我们最后可以看到，对这个世界主要特征的概括，可以同时从其存在和其表象上来把握。

1）我们从诸多[诸集合]的集合开始，所有这些多都属于世界。这些构成了所有情势中的稳定存在[在数学上的可思考]。我们将这些多记作 A、B、C，等等，本体论学者可以说 $A \in \mathbf{m}$，$B \in \mathbf{m}$，等等。此外，他可以说一个世界的"定量"上的基本属性，即 $\mathbf{m}$ 的数[在 $\mathbf{m}$ 中表象出来的诸多的数量]，这个数是一个不可达无限基数。

2）在 $\mathbf{m}$ 的诸多中，存在着一个超验 T，它带有一个将它各个原则统一起来的结构：带有最小值的部分秩序，所有配对元素的合取、包络和相对于包络的合取的分配。很明显，从一个情势到另一个情势，T 会发生改变，从最小布尔代数的 $T_0 = \{M, \mu\}$ 开始，径直走向超级复杂的拓扑学。

3）所有在 $\mathbf{m}$ 中表象出来的多 A，通过表象函数 $\mathbf{Id}$ 在超验上有一个指数，这个指数的结果决定了一个对象 $(A, \mathbf{Id})$。这个对象的原子组成的类型为 $\mathbf{Id}(a, x)$，a 是 A 中的真元素。

Ⅳ. 大逻辑 3：关系

4) 对象 A 的所有真元素 a 都被分配了一个 A 之中的实存值,即 $\mathbf{E}a$,实际上这就是表象函数 $\mathsf{Id}(a,a)$ 的值,它可以被 T 的一个元素具现化,形成原子 $a\lceil p$ [a 在 p 值上的具现化],在本体论上它是由元素 b 来界定的,即 $b(x)=a(x)\cap p$。

5) 在两个对象 (A,α) 和 (B,β) 之间可能存在着某种关系,这个关系就是 A 指向 B 的函数,它保留了表象的既定给予物:实存和具现化的强度值。

6) 情势中的诸多反过来是由它们在表象中的对象化来架构的:并存性、秩序、包络。尤其是有一个将存在物的所有部分统一起来的真综合,这个存在物的元素都是成对并存的。关系保留了这种结构。

世界最终是对象和关系的体系,它们让纯多的无限集合表象出来,并为它们规定了一个原子组成,而关系对之保留不变。

3. 唯物主义的第二基本主题:所有的关系都是普遍展现的

现在我们概括一下——我们在本卷的附录中会完善它——对在概念展开部分中宣布的结论的证明,其重要性不容小觑:世界的逻辑完备性是本体论上闭包的结果。

我们开始进行形式上的界定。

如果存在着如下的对象 (C,γ),那么我们说两个对象 (A,α) 和 (B,β) 之间的关系 ρ 是被展现出来的:

——在(C, γ)和(A, α)之间存在关系f。

——在(C, γ)和(B, β)之间存在关系g。

——连续性关系f和ρ的结合,从现在开始,我们写为$\rho \cdot f$,它等于关系g。换句话说,如下的关系三角形是可交替的:

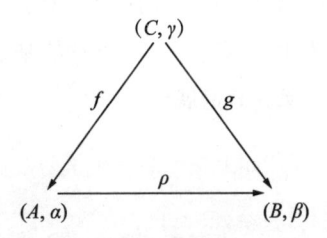

对于对象(C, γ),我们说它是关系ρ的一个展示素。

我们会说,如果存在着关系ρ的一个展示素(U, υ),对于同一关系的所有展示素(C, γ)来说,只有一个关系能交替带有两个展现的图示,那么两个对象之间的关系ρ是被普遍展现的。换句话说,如下图示是可交替的[它基本上意味着$f \cdot k = l, g \cdot k = m$]:

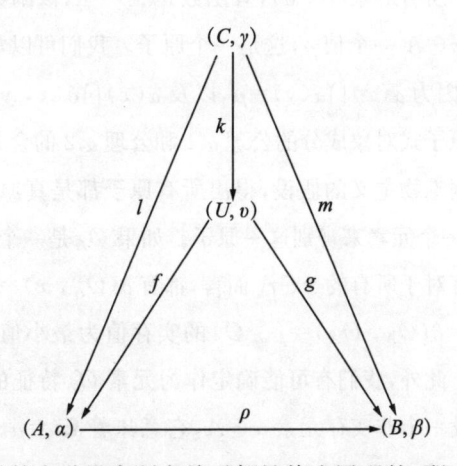

如果某个世界中所有关系都是普遍展现的,那么我们可以说这个世界在逻辑上是完备的。

于是，唯物主义的第二基本主题可以表述如下：从所有世界在本体论上都是闭包［不可达的无限类型］，我们可以演绎得出，在逻辑上它是完备的［其中所有关系都是普遍展现的］。

证明的详细内容会在本卷的附录中提供。这个证明几乎是世界的逻辑理论的最完整的形式工具。

最后，从所有世界都有一个不可达的基数中，我们可以得出结论，所有关系是普遍展现的。

4. 非实存

我们接下来要做的就是从形式上研究这样一种架构，即作为在世界上表象出来的所有的多的一个元素，我们称之为该多的特有非实存，这个元素在客观性之中，标志着实存的偶然性。

对于所有对象(A, δ)，有函数$\alpha(x)=\mu$，该函数分给所有元素$x \in A$一个值μ，这是一个原子。我们可以马上证明这一点，因为$\alpha(x) \cap \alpha(y)=\mu$，以及$\alpha(x) \cap \delta(x, y)=\mu$，那么这是原子式对象成分的公理$\alpha.1$和公理$\alpha.2$的合并。

根据唯物主义的假设，得出所有原子都是真原子，存在着A的一个元素来辨别这一原子。如果$Ø_A$是一个元素，那么我们有对于所有的$x \in A$而言，都有$\delta(Ø_A, x)=\mu$。尤其是$EØ_A=\delta(Ø_A, Ø_A)=\mu$。$Ø_A$的实存值为最小值，在超验上为零。此外，我们有可能确定作为元素$Ø_A$特征的非实存属性。设一个非实存元素$a \in A$，它意味着$Ea=\mu$。我们知道［根据P.1］，对于所有的A的元素x，有$\delta(a, x) \leqslant Ea$。这等于是说，$\delta(a, x)=\mu$。在这里我们有一个原子，就是由

$\emptyset_A$所给定的原子。因此我们可以说元素a和$\emptyset_A$在超验上是等同的。

有趣的是我们注意到,已知既定的两个对象(A, α)和(B, β)与两者之间的关系ρ,可以确定(A, α)中非实存的ρ的值,与(B, β)中非实存的值。换句话说:$\rho(\emptyset_A) = \emptyset_B$,无论关系$\rho$是什么关系。

关系对实存的保留有一个直接结果。实际上,必然有$\mathbf{E}\rho(\emptyset_A) = \mathbf{E}\emptyset_A = \mu$。因此,$\rho(\emptyset_A) = \emptyset_B$,因为正如我们已经说过,某个对象特有的非实存元素的特征均为实存值为零。我们只需要说:所有的关系都带有着非实存。

在做了概念上的呈现之后,值得我们稍微停留一会儿,来看看那种如同幽灵般的元素的意义,即对象特有的非实存。在所有对象中确保了它的"实存",因为最小值μ存在于超验之中,这样,对于世界上所有多A来说[从本体论上考察],真原子是由$\emptyset_A$规定的。然而,由于实存值为零,且它与A的其他所有元素的同一性的值也为零,所以我们可以很好地得出它是A特有的非实存。这样一个具体非实存的函数[区别于空集,它是作为非存在的存在,它具有总体上的算子]非常重要。正如我们看到的,我们可以同样以哲学思考来谈论它。我们上面认为,由于表象的偶然性,非实存元素在一个表象物中得到证明。我们也会注意到,所谓的$\emptyset_A$既是[在本体论意义上]——因为它属于多A——又不是[在逻辑意义上],因为它在世界上的实存值为零。用海德格尔的术语,那么我们可以说,在世界上,$\emptyset_A$是一个其存在得到明证的存在物,但是其实存未能得证。或者说,其实存性(étantité)为零。或者还可以说,在"那里"存在物如虚无一样发生。

我们会在第 5 卷中看到这种虚无的"升华"(relève),即实存的零强度值翻转为最大强度值,这代表着真变化。在撼动世界的无数结果中,这种升华实际上就是我们所谓的事件的标志。

附录：对唯物主义第二基本主题的证明：本体论闭包就是逻辑完备的世界

我们已经给出了这个结论的哲学价值及其理由，为了重新阐明各种关系展现的形式属性，我们现在会以连续的引理的形式来完整地证明这个结论。

引理 1：已知在世界上表象的两个多 A 和 B，这两个集合的积（produit），即［在这个秩序中］A 和 B 的所有元素的有序配对所建构的集合，必须也在这个世界上表象出来。

如果 A 和 B 都在一个世界上，根据世界的本体论上的闭包属性，它们处在多之存在的不可达的无限层次上。对于集合论的基本运算来说，这个层次是闭包的，即 $\cup$［并集］，$\mathbf{P}$［诸子集的集合］，如果某个属性在世界上以某些对象作为参量，那么我们可以在一个集合中分离出带有该既定属性的元素。结果，在这个层面上存在着一个并集 $A\cup B$，这个集合是由 A 的所有元素和 B 的所有元素构成的，再一次根据闭包属性，其中也存在着结合 $A\cup(\mathbf{P}(A\cup B))$，这是由 A 与 A 和 B 并集所有子集的集合的所有元素组成的集合。现在我们来思考一下如下的良序属性："有一个带有两个元素的集合，其中一个为 A 的元素，而另一个是由 A 的同一个元素和

B 中任意元素的配对所组成的。"如果我们注意到 A 的元素和 B 的元素组成的配对当然是 $A \cup B$ 的一部分,那么可以得出结论,该属性可以让我们在集合 $A \cup (\mathbf{P}(A \cup B))$ 中,在不可达无限的层次上,分离出所有 $\{a,\{a,b\}\}$ 类型的元素。这意味着元素 a 和 b 在它们各自的位置上的项是不可能互相代替的:如果 $\{a,\{a,b\}\}=\{c,\{c,d\}\}$,那么必然有 $a=c$,且 $b=d$。我将这个证明留给有探索精神的读者。这非常有启发意义。

A 和 B 元素中的所有有序配对 (a,b) 的集合被称为积,也叫集合 A 和 B 的"笛卡尔积"。因为这个积是在一个集合中根据明确属性通过分离得出的,而这个集合本身就处于无限层次上,即集合 $A \cup (\mathbf{P}(A \cup B))$。根据闭包规则[或不可达规则],这个积会在这个层次上实存。

可以用如下说法来表达:如果 A 和 B 在世界上表象出来,那么它们的积也在世界上表象出来。证毕。

引理 2:设世界上量对象 (A,α) 和 (B,β) 之间的关系 ρ。存在着一个多 F_ρ,它的元素都是所有 $\{x,\rho(x)\}$ 的配对,而 x 是 A 的一个元素,$\rho(x)$ 是 B 之中与 x 有着关系 ρ 的一个元素。

因为 A 和 B 是在世界上表象出来的多,A 和 B 的 $A \cdot B$ 的积也存在于这个世界上[引理 1]。思考一下良序属性:"有序配对的第一项属于 A,而第二项为关系 ρ 对应的 B 的一个元素。"这个属性界定了一个子集,我们将其写为 F_ρ,即由 A 的元素和 B 的元素组成的有序配对。所有这些配对的集合就是 $A \cdot B$ 的积。根据世界的不可达闭包原则,$\mathbf{P}(A,B)$ 的任意元素也在世界上表象出来。我们已经看到,

作为 $A \cdot B$ 的一个子集 F_ρ，是它诸部分的集合 $\mathbf{P}(A, B)$ 的一个元素。因此 F_ρ 必然在世界上表象。

> 引理 3：设世界上对象 (A, α) 和 (B, β) 之间的关系 ρ，设引理 2 定义的集合 F_ρ，在这个世界上存在着对象 (F_ρ, υ)，其超验指数 υ 界定如下：如果 $(a, \rho(a))$ 和 $(a', \rho(a'))$ 是 F_ρ 的两个元素 $[a \in A, a' \in A]$，那么 $(a, \rho(a))$ 和 $(a', \rho(a'))$ 在超验上的同一性的值可以界定为：
> $$\upsilon\{(a, \rho(a)), (a', \rho(a'))\} = \alpha(a, a') \bigcap \beta(\rho(a), \rho(a'))$$

基本上，F_ρ 的超验指数是由组成 F_ρ 的配对元素的同一性值的合取给定的，而这个值是基于 A 和 B 的超验指数的值。

重要的是要注意到我们提供了 F_ρ 的超验指数标记方法，这样，我们可以看见其对称性。但我们可以将其简化为如下形式：

$$\alpha(a, a') \bigcap \beta(\rho(a), \rho(a'))$$

这实际上等于 $\alpha(a, a')$。因为 ρ 是一个关系，它不可能创造差异，这意味着在 B 之中 $\rho(a)$, 和 $\rho(a')$ 的同一性的值至少等于 A 之中 a 和 a' 的同一性的值。我们于是得出：

$$\alpha(a, a') \leqslant \beta(\rho(a), \rho(a'))$$

根据 P.0，这意味着 $\alpha(a, a') \bigcap \beta(\rho(a), \rho(a')) = \alpha(a, a')$。最后，$F_\rho$ 的超验指数可以写为：

$$\upsilon\{(a, \rho(a)), (a', \rho(a'))\} = \alpha(a, a')$$

现在在这个层次上，我们可以证明引理 3。

世界上存在着对象 (F_ρ, υ) 意味着：首先，多 F_ρ 在世界上表象出来[本体论前提];其次,函数v事实上就是$F_ρ$的超验指数[逻辑前提];最后,所有$(F_ρ, v)$的原子都是真原子[唯物主义假设]。

第一点就是引理2,因为我们设定A和B在世界上表象。第二点等于证明由$α(a, a')$给定的函数界定了v,它遵守超验指数或表象函数的规则,这一点无关紧要,因为$α$就是A的超验指数。那么还剩下第三点,我们放在引理4中来处理。

引理4:所有原子$(F_ρ, v)$都是真原子。

设$ε(x, ρ(x))$是$(F_ρ, v)$的一个原子。思考一下A与超验T的函数$ε^*$,界定为:$ε*(x)=ε(x, ρ(x))$。我们要证明这个函数是对象$(A, α)$的一个原子。我们通过直接验证公理$α.1$和公理$α.2$来证明这一点。

对于公理$α.1$,我们必须证明$ε*(x) \cap α(x, y) \leq ε*(y)$。

$ε(x, ρ(x)) \cap v\{(x, ρ(x)), (y, ρ(y))\} \leq ε(y, ρ(y))$
$\qquad\qquad\qquad\qquad\qquad ε,$原子,验证公理$α.1$
$ε*(x) \cap α(x, y) \leq ε*(y) \qquad\qquad ε*$和$v$的定义

对于公理$α.2$,我们必须证明$ε*(x) \cap ε*(y) \leq α(x, y)$。

$ε(x, ρ(x)) \cap ε(y, ρ(y)) \leq v\{(x, ρ(x)), (y, ρ(y))\}$
$\qquad\qquad\qquad\qquad\qquad ε,$原子,验证公理$α.2$
$ε*(x) \cap ε*(y) \leq α(x, y) \qquad\qquad ε*$和$v$的定义

我们知道$ε*$是对象$(A, α)$的一个原子。但我们也很清楚地假定了$(A, α)$是世界上的一个对象,因此$(A, α)$所有

的原子都是真原子。于是,存在着一个元素$c\in A, c$规定了原子$\varepsilon*$。这意味着,对于A的所有元素x来说,我们都有$\varepsilon*(x)=\alpha(c, x)$。于是我们可以看到:

$\varepsilon(x, \rho(x))=\alpha(c, x)$　　　　　　　　　$\varepsilon*$的定义
$\upsilon\{(c, \rho(c)), (x, \rho(x))\}=\alpha(c, x)$　　　　υ的定义
$\varepsilon(x, \rho(x))=\upsilon\{(c, \rho(c)), (x, \rho(x))\}$　　　结果

这证明了(F_ρ, υ)的原子ε是真原子,因为它是由元素$(c, \rho(c))$所规定的。

为了更严格地证明[正如我们自己在附录中做的那样],就必须证明元素$(c, \rho(c))$是唯一规定原子ε的元素。如果另一元素,设$(d, \rho(d))$同样规定着ε,那么根据上面我们关于A的元素x的建构,我们会获得一个等式$\alpha(c, x)=\alpha(d, x)$。由于$(A, \alpha)$是一个对象,意味着在世界上,$c$和$d$是等同的。因此我们证明了独一无二性。

引理5:对象(F_ρ, υ)是关系ρ的一个展示素。

我们现在需要定义关系f和g,它们分别是对应于(F_ρ, υ)和(A, α)的关系,以及(F_ρ, υ)和(B, β)的关系。界定一个关系首先要思考对象的支撑集合[即本体论上的部分]之间的[在日常意义上的]函数。

[在本体论意义上的]函数非常简单。我们记得F_ρ的元素有形式$(a, \rho(a))$,这里的$a\in A, \rho(a)\in B$。函数f让a对应于每一个配对$(a, \rho(a))$,而函数g对$\rho(a)$也是如此。我们直接注意到下面的图示是可交换的:

```
                    (F_ρ, v)
                   /        \
                  f          g
                 /            \
              (A, α) ——ρ——→ (B, β)
```

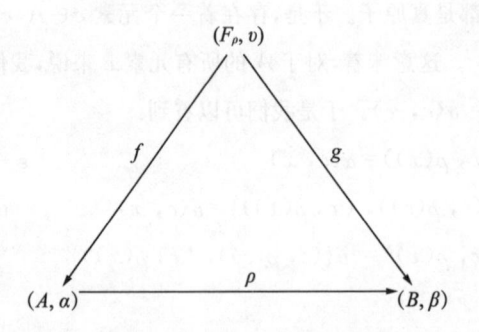

实际上,如果你们从 F_ρ 的元素 $(a, \rho(a))$ 出发,通过 f 可以得出元素 a。对于这个元素 a,ρ 对应于 $\rho(a)$,而这正是函数 g 直接对应 F_ρ 的最初的元素。这样 $\rho \cdot f = g$。

因此,如果我们证明 f 和 g 都是真正的关系,我们就同样可以证明,对象 (F_ρ, v) 是关系 ρ 的一个展示素。

我们从关系对实存的保留开始。在函数 f 和 g 的定义中,我们可以直接看到,对于 F_ρ 的任意元素 $(a, \rho(a))$,我们都有:

$\mathbf{E}(f(a, \rho(a))) = \mathbf{E}a$ \qquad\qquad f 的定义

$\mathbf{E}(g(a, \rho(a))) = \mathbf{E}\rho(a) = \mathbf{E}a$ \qquad g 和关系 ρ 的定义

我们不得不简单说明,在 (F_ρ, v) 中元素 $(a, \rho(a))$ 的实存本身也等于 $\mathbf{E}a$,因此 f 和 g 保留了实存。证明这一点并不太难。实际上,我们有[对象 (F_ρ, v) 的定义和实存的定义]:

$\mathbf{E}(a, \rho(a)) = v\{(a, \rho(a)), (a, \rho(a))\} = \alpha(a, a) = \mathbf{E}a$

现在我们来证明 f 和 g 保留了具现化,换句话说,$f(a \restriction p) = f(a) \restriction p$ 以及 $g(a \restriction p) = g(a) \restriction p$。

因为 (F_ρ, v) 的所有原子都是真原子。于是,对于 $(F_\rho,$

v)的所有元素,也就是$(a,\rho(a))$来说,相对于超验上的p值,总存在一个元素$b\in A$,这样有$(a,\rho(a))\lceil p$[(F_ρ,v)的元素在p上的具现化]。现在,如果元素b就是$a\lceil p$[对象(A,α)的元素a在p上的具现化],那么函数f和g保留了具现化。我们首先证明对于f来说是这种情况[我们必须确定$f[(a,\rho(a))\lceil p]=f(a,\rho(a))\lceil p$]:

$f[(a,\rho(a))\lceil p]=f[(a\lceil p,\rho(a\lceil p)]$ 假设$b=a\lceil p$

$f[(a\lceil p,\rho(a\lceil p)]=a\lceil p$ [Ⅰ] f的定义

$a\lceil p=f(a,\rho(a))\lceil p$ [Ⅱ] f的定义

$f[(a,\rho(a))\lceil p]=f(a,\rho(a))\lceil p$ [Ⅰ]和[Ⅱ]

现在我们来证明对g也是如此[我们必须证明$g(a,\rho(a))\lceil p$就是$g[(a,\rho(a))\lceil p]$]。

$g[(a,\rho(a))\lceil p]=g[(a\lceil p,\rho(a\lceil p)]$ 假设$b=a\lceil p$

$g[a\lceil p,\rho(a\lceil p)]=\rho(a\lceil p)$ g的定义

$\rho(a\lceil p)=\rho(a)\lceil p$ ρ是关系

$g[(a,\rho(a))\lceil p]=\rho(a)\lceil p$ 结果

$g[(a,\rho(a))\lceil p]=g(a,\rho(a))\lceil p$ g的定义

我们剩下来要证明$a\lceil p$事实上是由元素$(a,\rho(a))$的具现化[相对于对象F_ρ]所规定的原子。为了证明这一点,我们需要回到原子最初的定义。我们必须确证,对于所有的$x\in A$,我们要牢记具现化的定义,有:

$v[a\lceil p,\rho(a\lceil p),(x,\rho(x))]=v[a,\rho(a),(x,\rho(x))]\cap p$

因此,要记住v的定义:

$$\alpha(a\lceil p,x)=\alpha(a(x))\cap p$$

在对象(A,α)中,这仅仅是元素a在p值上具现化的

Ⅳ.大逻辑3:关系

定义。

现在我们相信 f 和 g 保留了实存和具现化,是对应于 (F_ρ, υ) 和 (A, α),以及 (F_ρ, υ) 和 (B, β) 的真关系。

引理6:关系 ρ 是被对象 (F_ρ, υ) 和任何的关系 f 和 g 普遍展现的。

因为我们知道通过 f 和 g,对象 (F_ρ, υ) 展现了关系 ρ,那么只需要证明这个展现的普遍性特征即可。所以我们必须确证,对于 ρ 所有的展示素 (C, γ),从对象 (C, γ) 到 (F_ρ, υ) 有唯一的关系 k,下面这个图示是可交替的。

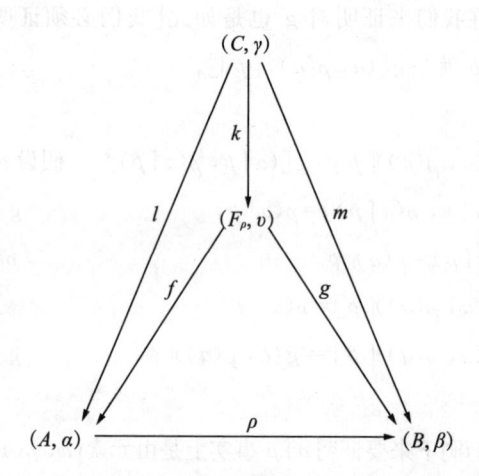

```
                    (C, γ)
                   /  |  \
                  l   k   m
                  |   ↓   |
                  |  (Fρ,υ)|
                  |   / \  |
                  | f    g |
                  ↓ ↙    ↘ ↓
                (A, α) ——ρ——→ (B, β)
```

基本上,问题在于证明存在着独一无二的 k,有 $f \cdot k = l$ 和 $g \cdot k = m$。

我们设对象 (C, γ) 是关系 ρ 的展示素,这意味着三角形 CAB 是可交替的,或者 $p \cdot l = m$。因此,如果从一个元素 $c \in C$ 开始,我们必然得出 $\rho(l(c)) = m(c)$。结果,配对 $(l(c), m(c))$ 是 $(x, \rho(x))$ 类型的配对,x 是 A 的元素,这意味着这个配对是 F_ρ 的元素。因此我们在 C 与 F_ρ 的函数 k 中

存在与事件2:世界的逻辑

以如下方式判定:$k(c)=(l(c), m(c))$。那么很明显三角形 $CF_\rho A$ 和 $CF_\rho B$ 是可以互换的。这是因为 C 的元素 c 通过函数 k,对应于 $(l(c), m(c))$,那么,通过 f,这个元素对应于 $l(c)$,它也通过函数 l 与 c 相对应。我们可以进行同样的思考,即从 c 出发,抵达 B 的元素 $m(c)$,无论我们是通过 $g \cdot k$ 的结合,还是直接通过 m,都可以得出这一点。

不过,我们必须确定 k 真的是一个关系,因此,它保留了实存和具现化。这一点可以从如下事实推理得出,即 l 和 m 是关系,因此它们保留了实存和具现化。例如,我们有如下的计算:

$k(c)=(l(c), m(c))$	k 的定义
$\mathbf{E}(k(c))=\mathbf{E}(l(c), m(c))$	结果
$\mathbf{E}(k(c))=\mathbf{E}(l(c))$	$\mathbf{E}$ 的定义和 v 的定义
$\mathbf{E}(l(c))=\mathbf{E}c$	l 是关系
$\mathbf{E}(k(c))=\mathbf{E}c$	结果

因此函数 k 保留了实存。为了证明 k 保留了具现化的方法是一样的,我将这一点的证明留给读者们做练习。

做个结论,我们必须证明关系 k 是唯一可以让关系 ρ 可替代性普遍展开的关系。我们细心考察一下这个图示就够了。如果我们有 A 中的 $l(c)$,以及 B 中的 $m(c)$,如果图示是可互换替代的,这很明显,因为根据 f 和 g 的定义,在 F_ρ 中对应的元素就是 $(l(c), m(c))$。于是,C 和 F_ρ 之间的函数让这个图示变得可以互换,这必然就是 k 的定义:C 的元素 c 对应于 $(l(c), m(c))$。

唯物主义的第二个建构性主题的完整证明圆满完成:在任意世界上,任意关系都是普遍展现的。或者:从本体论上的闭包,我们可以得出逻辑上的完备性。

大逻辑的附录:11个命题

我们在这里给出编号的是用不同方式证明过的 11 个命题的单目[从 P.0 到 P.10]。这些命题都得到了证明,并经常性被应用,在第 2 卷中有 P.0[合取研究],在第 3 卷中有 P.1 到 P.7[原子逻辑研究],最后在第 4 卷中有剩下的三个命题[关系的形式研究]。我们会在第 5、6、7 卷中继续使用这些编号的命题。

P.0:x 和 a 的合取等于 x,其等价于 x 本身小于等于 a。或:

$$(x \leqslant a) \leftrightarrow (x \cap a) = x$$

P.1:x 和 y 的同一性的值总是小于等于 x 和 y 的实存合取值。或:

$$\mathbf{Id}(x, y) \leqslant \mathbf{E}x \cap \mathbf{E}y$$

P.2:当且仅当 a 和 b 的实存值相等且等于它们之间同一性的值时,a 所规定的原子与 b 所规定的原子才是一样的。或:

$$\forall x[\mathbf{Id}(a, x) = \mathbf{Id}(b, x)] \leftrightarrow (\mathbf{E}a = \mathbf{E}b = \mathbf{Id}(a, b))$$

P.3:如果 a 和 b 的实存的合取等于它们同一性的值,那么 a 和 b 是并存的。或:

$$(a \ddagger b) \leftrightarrow (\mathbf{E}a \cap \mathbf{E}b = \mathbf{Id}(a, b))$$

P.4：a 的实存小于等于它与 b 同一性的值，这是 a 和 b 之间的秩序关系。这个关系等价于：a 和 b 是并存的，且 a 的实存小于等于 b 的实存。或：

$$(\mathbf{E}a \leqslant \mathbf{Id}(a, b)) \leftrightarrow (a<b) \leftrightarrow [a \ddagger b\ 且\ (\mathbf{E}a \leqslant \mathbf{E}b)]$$

P.5：如果根据秩序关系<，两个元素小于等于第三个元素，这两个元素是并存的。或：

$$[(b<c)\ 且\ (b'<c)] \rightarrow (b \ddagger b')$$

P.6：如果两个元素 b 和 b' 是并存的，它们所规定的原子的值的合取，对于任意两个元素 x 和 y 来说，要小于 x 和 y 的同一性的值。或：

$$(b \ddagger b') \rightarrow [\mathbf{Id}(b, x) \cap \mathbf{Id}(b', y) \leqslant \mathbf{Id}(x, y)]$$

P.7：如果对象的部分 B 的所有元素都彼此并存，那么存在着 B 的一个包络，符合本体论上的秩序关系<。或：

$$[(b \in B\ 且\ b' \in B) \rightarrow (b \ddagger b')] \rightarrow (\exists \varepsilon)(\varepsilon = \sum B)$$

P.8：两个对象之间的关系不可能消除决定这些对象的元素之间的同一性的值。因此，如果 (A, α) 和 (B, β) 是两个对象，ρ 是关系：

$$\alpha(a, b) \leqslant \beta[\rho(a), \rho(b)],\ 有\ a \in A, b \in A$$

P.9：关系保留了并存性。或：

$$(a \ddagger b) \rightarrow [\rho(a) \ddagger \rho(b)]$$

P.10：关系保留了本体-逻辑秩序。或：

$$(a<b) \rightarrow [\rho(a)<\rho(b)]$$

V. 变化的四种形式

导 论

> 汉姆：发生了什么？
> 克拉夫：有事情正在发生。
>
> ——萨缪尔·贝克特

1. 变化问题

对此在的超验分析，或者世界的形式理论，或大逻辑，没有涉及变化问题。我们的意思是真正的变化。当变化发生时，这种变化对世界造成了实际的断裂性的影响。我们可以说，如果"奇点"一词代表某种不能还原为其所在世界情境的思想，那么，我们仍然没有去对奇点进行思考。奇点就是让思想开启新的场所。但是这个开启仅仅是世界逻辑规则的结果，它仅仅恰如其分地表象在其位置上，从严格意义上说，它并没有开创任何东西。说真的，我们不可能一方面从数学秩序，即对存在之所为存在的思考来认识变化；另一方面也不能从逻辑秩序，即此在或表象的思考来认识变化。坦白说，对奇点变化的思考既不是本体论问题，也不是超验问题。

存在之所为存在是纯粹多元。据此，它是绝对不变的，它对应于巴门尼德那强有力的原初直观。对多元的数学思考当然囊括了幂(puissance)和剩余(excès)。根据存在的规律[哥德尔定理,科恩定理],多的诸部分拥有超越其元素无法分配的剩余或游离(errant)。然而,对剩余或游离的记录来自一个更为根本的主题,这个主题迫使多的展开既不能生长,也不会衰败。由于可能会受到它自身无限性悖论的影响,多之存在保持永恒不变。它不可能避开那极为广泛的能见度,而数学的剖析让其一览无余。对多的思考是数学式思考,而非意味着:作为整体透明的存在,它仅仅与某种写作类型相一致,即与公理决定及其结果相关的写作。存在是不变的,因为它不可能妨碍阐明其法则的演绎推理。

与巴门尼德提出的虚构相反,巴门尼德为了支持他最为重要的概念,提出了存在不是大写的一。相反,它是纯多的不连贯性。但是正如维特根斯坦在《逻辑哲学论》中指出的,纯粹客观的多元比那些虚构出来的大写的一更稳定、更坚如磐石。当然,按照这个说法,即"对象组成了世界的实体",我们可以将之作为"对象就是不可改变和持存的东西,而它们的构造却是不断变动和不稳固的"的证据。对存在的纯粹思考如同概念所锚定的多之形式一样永恒。

但是,在表象问题上或者对于在那里存在或在世界的超验架构上,它们都没有给我们指出什么是真正的变化。对于在世界上的存在物的表象而言,与它在该世界中的变化是同一回事,没有任何断裂,因而也没有奇点所需要变化的布局。在这里,维特根斯坦是一个非常宝贵的指南。在《逻辑哲学论》中,他仍然只承认存在着唯一的世界。但他十分完美地看到,世界的一般形式或者说在世界的俗世性中清晰可辨的东西,就是纯粹逻辑。逻辑给出了命题的本质。但"给出命题的本质意味着给出所有描述的本质,这样也就是给出世界的本质"。如果世界的本质仅仅作为一般意义上描述的本质而变得清晰可辨，这明显是由于世界仅仅是表象出来的万物。"世界就是这种情况。"最后生成的发生，或者维特根斯坦所谓的"事实的总体"，构成世界的同一性，但绝不是它的变化。

用我们自己的话来说，世界在逻辑上的同一性是一个多元——一个对象——的超验指数，即以它与其他在世界上表象出来的多元之间关系的布展。我们没有理由认为我们面对的是一个诸多对象和关系固定不动的宇宙，从它们中间我们需要分离出某些变化。相反，我们面对的是变化本身，将对象——包括临时性的对象——定位为世界中的多元，设定该对象与其他对象之间的对应关系。尤其是我们接受了从伽利略到爱因斯坦和洛朗·诺塔尔①(Laurent Nottale)在物理学上伟大的相对论的教导，因而将其视为自明的：现象被综合到现象性的变化中，这些变化在时间中构成了现象，并根据尺度的差异，对空间进行分层。

例如，我们在第3卷中曾将共和国广场上的示威视为一个"世界"。我们显然考察的是人群的生成，从他们原初的聚集，到在排成一列的警车面前步履艰难地消散。对象和关系的强度值是用一个独特的时间上的超验来测量的。在他们的表象中，超验将多元对象化为"从头到尾无政府主义者队伍的坚定姿态"或者"铁路工会的组织地位"等等。换句话说，作为多元的元素，对象吸收了在世界的时间中包含着

---

① 洛朗·诺塔尔(1952—)：法国物理学家。他出生于巴黎，是法国国立科学研究中心的研究总监。他提出了著名的标度相对论。标度相对论可以合理地统一量子力学和广义相对论的矛盾分歧。标度相对论的主要思想：时空结构在不同的标度下，显示出不同的"粗糙程度"，即时空是分形的。但是，因为其理论设想过于大胆，会导致一系列严重的物理灾难，所以此理论未得到物理学界的一致承认，研究者也屈指可数。

V. 变化的四种形式

它的变化。如果这个"变化"仅仅是在世界上的表象，那么它只能通过这个世界来"变化"。

只要超验上的规制还是一样的，我们当然就有可能看到影响"同一个"元素的显著变化，正如休伯特·罗伯特绘画中的神庙柱子在前景中十分明亮，而那些陷入背景中的柱子变成了深蓝色。但是，这些变化不过是表象的内部运动，它们可能性的强度和幅度都是由超验规定的。这就是我在第3卷的附录中对超验函子及其在军事上的比喻所强调的东西：强度[战斗力]的分差的配置，综合为在整个战斗期间，影响每一个军事单元[骑兵、弓箭手等等]的战术上的改进（modification）。我们提出如下表达：世界就是其改进的集合。

我们所谓的"改进"是受规则支配的强度上的变化，在世界中其超验让这种变化合法化。改进并非变化。或者更准确地说，它仅仅是超验上对变化的吸纳。生成中的部分就是所有此在的基本部分。对存在的思考、对表象的思考都不能看见变化，因为变化会以不同于规则的方式影响在那里存在，要么是影响其存在，要么是影响"此"，而正是规则将在那里存在组成为多，将其具现化为对象。

某个世界上经历的真变化的根源是什么？需要有一个例外。例外既是纯多的公理，也是对象和关系的超验架构的公理。对于本体论规则来说，以及对于逻辑结果的规制来说，例外才成为例外。本卷就是来探讨例外的自然的和可能的实存形式。

2. 存在对表象的逆转：位

很明显麻烦在于"纯存在"和"此在"体现了"那里有"的绝对区分。无论如何，变化是某种与纯粹改进有着天壤之别的东西。如果变化既不可能作为存在[本体论]，也不可能作为表象[逻辑]，那么我们的问题在于，我们纯粹无法思考变化。对这个问题一般性的解决方案如下：如果 A 是一个奇点，而不是纯粹的结果[改进]，它既不是按照奠基多的思考的数学秩序来变化，也不是按照支配了表象严密一致性的超验规则来变化，那么这个变化就是一个真正的变化。当然，存在着多在那里存在。碰巧多之存在，在一般意义上，它仅仅是对象的支撑，让其"亲自"在客观性的表面上表现出来。或许发生了纯多和表象的混合。对于即将发生的事情来说，多以这种方式诉诸表象，即它参照自身，参照它自己的超验指数。简言之，多在它所表象出来的那个世界中扮演着双重角色。首先，它是其元素的超验指数的对象化。其次，它通过自己的两个元素之间的表征，通过本体论上所支撑的超验指数中的理解，得以[自我]对象化。世俗性的对象化将多变成对象化因子[多之支撑，现象性的参照]和被对象化因子[它属于现象]之间的综合。我们将这样一个悖论性的存在物称为"位"(site)。

3. 位的逻辑：走向奇点

对支撑着变化的例外在本体论上的概括是不充分的。

自我归属的多，即位，本身肯定也在自己的超验指数上表象出来。反过来，赋予它的表象值或许非常脆弱，以至于由这个表象所引导的世界变革仍然是受到约束的，甚至是非实存的。事件的本体论概括必然会将逻辑概括加倍，因为逻辑概括的出发点在于赋予那种自我归属的多的实存强度。

相对于《存在与事件》，在存在与实存［本体论与逻辑］之间的游戏很明显是我在变化原理上的主要革新。在那本书里，我没有讨论在那里存在的理论，实际上我认为纯粹从本体论上来思考事件是可能的。有见地的读者［如德桑蒂①(Desanti)、德勒兹、让-吕克·南希和利奥塔］很快就让我注意到我同时从上面和从下面给出了本体论上"发生了什么"的定义。从下面，所有的事件要求提出事件位(site événementiel)的实存，我尝试性地给出了事件位的形式结构。从上面，所有的事件又都需要一个名称。那么我们可以说，一方面，事实上那里存在着事件的"世俗性"结构［事件位，召唤出所有情势中的空］；另一方面，还有一个相当不清楚的超验结构［名称，由匿名主体给出］。我们会看到，现在我基本上将"位"等同于"事件性多元"(multiplicité événementiel)——这样就避免了结构和历史事实之间的庸俗辩证法——这样我没有再求助于神秘的命名。此外，在情势和事件的严格对立中，我从变动-不变的改进，经过中立性的事实，径直走向所谓的事件，从而展开了变革的新生。

---

① 让-杜桑·德桑蒂(1914—2002)：法国哲学家和教育家，曾经师从法国著名的数学哲学家卡瓦耶斯，"二战"期间加入法国抵抗运动，并与萨特和马尔罗有着很好的交往。"二战"之后，他回到了巴黎高师任教，并出版了他的第一部著作《哲学史导论》，值得一提的是，福柯和阿尔都塞都是他在巴黎高师时期的学生。

4. 第 5 卷的计划

本卷的结构非常简单。概念展开部分用一系列连读的层次决定了事件或者强奇点的概念——首先是在本体论层次上［自我归属］，然后是在逻辑层次上［实存强度及其结果的延展］。历史讨论参照的是德勒兹，即唯一一个当代哲学家。他依循着柏格森的脚步，让对变化的直观，走向了一种被翻新的形而上学程度的潮流。柏格森已经将他自己视为唯一真正能够与巴门尼德对话的人。他是唯一能够避免芝诺悖论灾难性后果的人，因为芝诺悖论针对的是整个概念哲学传统中的运动问题。同样，德勒兹让他自己转向生成与析取综合（synthèses disjonctives）的歧路之诗。他们都试图通过诉诸纯粹创造的潜在性（virtualité）来避免二元论的悖论［生成/运动，本质/表象，一/多，等等］，对于柏格森来说是**生命冲动**（élan vital），对于德勒兹来说是**混沌**（chaos），这个区分已经被可见的结果所证明。然而我们要得出结论，通过严格地将变化思考限定在大写的一的生命单纯性之中，即便这会涉及［古典的］将大写的一谨慎地思考为一种**分化性**的力量——德勒兹不可能真正来思考世界的**超验**变化问题，也不可能将这样一种变化归于生命的标志之下，无论这种生命被命名为力量（Puissance）、冲动，或者内在性（Immanence）。我们必然将不连续性（discontinuité）视为必然，不连续性不可能被还原为任何创造性的单一性（univocité），无论这个单一性概念是多么不清不楚，多么混乱。

我们最后有一个相当简洁明了的展开形式，几乎没有什么机械式的证明。

V. 变化的四种形式

第1部分 纯粹生成和真变化

1. 存在对表象的颠覆:位

以任意世界为例。**多是该世界的对象——其元素在世界的超验中被指示出来——如果这个多碰巧在自己的超验指数的参照范围中,对自己进行计数,那么这个多就是一个"位"**。或者说:位是在世界上的一个多,它相对于自身的运行方式与相对于它的元素的运行方式是一样的,这样,位就是它自己表象的本体论上的支撑。即便这个观念仍然模糊不清,但其内容十分朴实:位支撑着奇点的可能性,因为它在自身的多之组成的表象中彰显出其存在。在世界上,它让自己成为它自己的此在。在其他结果中,位为自己赋予了实存的强度。位就是一个因其自身而实存的存在物。

于是产生了一个问题:我们是否有可能给出位是什么的更具体的观念,即位实存着吗?

让我们思考一下"1870年普法战争结束后的巴黎"这个世界。我们现在处于1871年3月。在一系列抵抗之后,出于对无产阶级革命巴黎的恐惧,临时政府的"共和派"资产阶级向俾斯麦（Bismarck）的普鲁士屈膝投降。为了巩固政治上的"胜利"，非常近似于1940年贝当反动政权的报复［最好与外部敌人做一笔交易，而不是让他们自己的软肋暴露于内部敌人面前］——他们借助那些受到惊吓的农民来推动选举，选举出一个保皇党人（royaliste）占大多数的议会（Assemblée），一个屁股坐在波尔多的议会。梯也尔①（Thiers）所领导的政府，将工人的政治力量贬低得一无是处，注定要从当时的环境中渔利。这是因为在巴黎人一边，无产阶级拥有武装，在巴黎围城期间，他们以国民卫队（la Garde notionale）的名义动员起来。在理论上，他们部署了几百门加农炮。巴黎人的军事组织就是中央委员会（Comité central），这个委员会是由国民卫队各个军营的代表组成的，而他们反过来将巨大的巴黎邻邦结合起来——如蒙特马尔（Montmartre）、百利威（Belleville）等等。于是我们有了一个分化的世界，这个世界的超验组织按照两个对立的标准区分出不同的政治实存的强度值。在关于合法和选举［或代表］的安排上，不可能忽视农村正统派（légitimiste）对议会的统治，梯也尔的投降主义政府和正规军的军官，没有经过什么抵抗，就彻底被普鲁士军队击溃，现在他们梦想拔出巴黎工人这个眼中钉。这就是主权之所在，因为它是占领者所认可的唯一的主权政府。在抵抗者那一边，即法国革命史上进行

---

① 路易-阿道夫·梯也尔（1797—1877）：法国政治家、历史学家，奥尔良党人。早年当过律师和新闻记者。七月革命后，先后担任内阁大臣、首相和外交大臣之职。之后还担任过立宪议会议员、国民议会议员等职。1871—1873年，梯也尔担任法兰西第三共和国首任总统，在梯也尔的政治生涯中，他留给各国人民最深的印象是，充当了残酷镇压巴黎公社的罪魁祸首。梯也尔占领巴黎后，立即对巴黎公社进行了血腥的镇压。当时法国的报纸报道这次屠杀的情景时写道："一条血渠从一个兵营注入塞纳河，几百公尺的河水都被污染，呈现一道狭长的血流。"大屠杀整整延续了一个多月。三万多名巴黎公社成员被有秩序地屠杀。连同在公社保卫战中英勇牺牲者在内，被杀害、流放、监禁的巴黎公社成员达10万人之多。

V. 变化的四种形式

政治革新的一边,我们发现巴黎工人组织极为混乱无序。它混杂着20个区的中央委员会,工人工会联盟(Fédération des chambres syndicales),还有第一国际的一些成员以及地方军事委员会等等。说实话,这个世界在历史上的连贯性是被战争的结果分离出来的。它基于当时流行的一个信念,即无产阶级根本不具备执政的能力。对于包括工人本身在内的绝大多数人来说,让工人具备政治地位是难以理解的。1871年春天,在这个不确定的世界中,他们就是"政治能力"这个对象特有的非实存。就资产阶级而言,至少在身体上,他们非常强悍地实存着。巴黎证券交易所(la Bourse)立马就给政府来了个下马威:"如果你们不能一次性带走所有这些恶棍,那么你们就没法掌管任何金融业务。"起初,看起来是直接的命令:解除工人武装,尤其是交回那些被国民卫队的军事委员会架设在巴黎城各处的加农炮。正是这个动机导致了对象"3月18日"[某一天]成为展现在"1871年春天的巴黎"这个世界中的一个位。即它变成了在它所支撑的表象中展现出自身的位。

3月18日就是那个惊天动地的事件的第一天,直到今天,它都注定要引领着所有革命前进,我们将这个事件称为[是它自己命名的]:巴黎公社,这就是在巴黎由诸多共和派或社会主义政治战士和武装工人组织,在1871年3月18日到5月28日期间所实现的事件。这个事件序列,在忠于梯也尔政府和反动议会的军队屠戮了成千上万的"造反派"之后戛然而止。这个开端,即3月18日作为一个对象,究竟是什么?回答是:在政治和执政能力上的工人存在的表象,直到那时,工人才成为起义或一种理论威胁的粗野的力量。发生了什么?梯也尔命令路易·

道雷尔·德帕拉迪内①(Louis d'Aurelle de Paladines)将军没收国民卫队手中的加农炮。这个行动在凌晨3点被一批精英支队所阻止。在表面上,这是一次彻底的成功。人们可以在墙壁上读到梯也尔及其臣僚们的公告,这个公告在一个分裂的超验评价中充满悖谬:"好市民要远离坏市民,帮助公共武装。"上午11点,行动彻底失败了。数以百计的妇女、籍籍无名的工人和国民卫队的士兵选定了他们的立场,他们坚守在那些士兵周围。这是多么友爱的场面呀!加农炮被拖了回来。德帕拉迪内将军陷入了癫狂。巨大恐怖蔓延开来:"政府号召你们保卫你们的居所、你们的家庭、你们的财产。一些精神失常的家伙,只听命于那些隐藏在幕后的头头的话,要夺走巴黎人从普鲁士人那里夺来的加农炮。"按照这个说法,"这是要去面对起义委员会的问题,那他们的成员仅仅是那些会劫掠巴黎、埋葬法兰西的人的代表"。这完全是白费口舌。尽管没有实际的领导,但起义蔓延开来,占领了整个城市。武装工人组织接管了军营、公共建筑,最后也接管了市政府所在地,即市政厅(l'Hôtel de Ville),这些插着红旗的地方就是新政权的场所和象征。梯也尔通过一个隐秘的通道逃亡,儒勒·法夫尔②(Jules Favre)总理则跳了窗,整个政府机构消失了,他们重新扎根于凡尔赛。巴黎现在归起义

---

① 路易·道雷尔·德帕拉迪内(1804—1877):1870—1871年普法战争时期的法国将军。他出生于勒马尔齐尼-维尔(le Malzieu-Ville),并于1824年入伍。在1841年到1848年间在阿尔及利亚地区作战,并在1848—1849年的罗马战役中升至上校。在普法战争期间,他被任命为国民自卫军的卢瓦尔军的将军。在梯也尔政府向普鲁士军队投降之后,德帕拉迪内将军被任命为国民卫队司令,并参与了1871年的巴黎公社镇压。巴黎公社事件之后,他出版了《卢瓦尔第一军》(*La Première Armée de la Loire*)一书。

② 儒勒·法夫尔(1809—1880):法国政治家,1870年9月的法兰西第三帝国的缔造者之一,也成为法国国民议会中温和共和派的领袖。生于里昂,长期担任律师,从1830年开始,就宣布自己是共和派,1848年革命之后,他被选为里昂地区的国民议会代表,长期以温和共和派的身份反对社会主义者,与梯也尔一起策划了向俾斯麦的普鲁士的妥协。

V. 变化的四种形式

者所有。

3月18日是一个位,因为除了在"1871年春天的巴黎"这个世界上模糊的超验中所表象出来的东西之外,它也表象出一个爆发性的完全无法预测的开端,与规制着整个表象的东西相决裂的开端[尽管这个决裂仍然缺少概念的概括]。我们注意到"3月18日"正好是无产阶级的战士利萨加雷(Lissagaray)在1876年的鸿篇巨制《1871年巴黎公社史》(*Histoire de la Commune de 1871*)里一章的标题。我们会看到,在这一章中,他们写下了"3月18日的妇女"和"3月18日的人民"这些内容,因而证明了"3月18日"现在成为一个谓词,包含于塑造出那一天的急剧动荡所产生的评价。通过对3月18日方方面面的考察,利萨加雷清晰地看到,在存在的驱使下,一个让表象法则天翻地覆的内在的变化发生了。巴黎的工人群众克服了他们在政治构成上的零散性,凝聚为一个整体,并有力地展现出了他们的执政能力[牢牢控制住加农炮],最终导致了他们表象出他们未知的能力,一种史无前例的力量。这就是在存在的注入下,"3月18日"何以表象为它所是的对象的一个元素。

实际上,从规则控制的表象的角度来看,当时的无产阶级和人民群众的执政能力没有任何可能性。甚至对于那些战斗的工人们来说也是如此,他们用非常不明确的方式讲着"共和派"的语言。在3月18日晚上,国民卫队中央委员会的绝大多数成员是被合法监护人所抛弃的这座城市里的唯一的实际上的权威,他们仍然相信不能待在市政厅里,反复强调"他们没有实施统治的委任状"。正如爱德华·摩罗(Édouard Moreau)——完全是一个无名小辈——在3月19日早上告诫他们说,只有周围的环境令他们如鲠在喉,他们才会不再决定"坚持选举,提供公共服务和在暴风骤雨中保卫城市"。他们勉为其难地让自己成为政治上的当权者。这样，在众多3月18日的后果中，他们被记入3月18日，成为他们当权的开端。所以我们必须理解的是，如果3月18日在不明确的工人-存在的基础上，赋予自己所有那些"强制性地"实现自身实存的元素，并对工人-存在的强度值给出了全新的超验上的评价，那么3月18日就是一个位。作为一个对象，"3月18日"通过"3月18日"在存在上的支撑，颠覆了政治表象的规则[即权力逻辑的规则]。在那里，它让工人不可能的实存成为可能。

2. 位的本体论

从纯存在层面上来思考，位不过是一个恰好就是自己元素的多。换句话说，在第2卷的第2部分中，我称之为"自反"集合。我们正好可以用3月18日的例子来说明这种"自反性"。它是一系列变迁的复杂集合，而对象"3月18日"正是从中构成为新的政治表象，强制性地力迫出一个史无前例的超验评价。

另一个例子可以帮助我们理解自我属于的悖论和位的极度不定性，事实上，也就是位的强制性的消退。想象一下让-雅克·卢梭的小说《新爱洛依丝》(*La Nouvelle Héloïse*)中的世界。你们知道，这部小说讲述了美丽的瑞士小姐朱丽·德丹治(Julie d'Étanges)和平民圣普乐(Saint-Preux)之间曲折的爱情故事。在她父亲的干预下，她嫁给本分的贵族德沃尔玛(de Wolmar)。德沃尔玛在克拉朗(Clarens)过着非常典型的有教养的乡村生活，他试图通过遗忘来治愈这对情侣的爱情。最终他的治疗失败了。在弥留之际，朱丽在卢梭式的宏大的音乐风格下，不得不写下她的最后一封信："美德在大地上让我们彼此分离，而在永恒的天国里相爱相依。我将在这个美好的期盼中死去。我会再一次对你说，我十分幸福，我将倾尽我一生爱你到永远，没有一丝丝罪恶。"

小说给出了对他们之间彼此分离的背景的强度值的计算。一旦遭到禁止，爱必定极其痛苦地成为缺憾："我感觉到了，我的朋友，这种缺憾的压力让我无法忍受。"此外，这就是对卢梭所选择的文学形式的判断：书信体小说，一种贯穿着缺憾的小说。这也意味着朱丽和圣普乐之间所有真实的邂逅都让他们面临着欲望的危险。于是，这本书的所有巨大舞台见证了他们无数次的分分合合，在认识上，关联于前浪漫式的自然的情投意合。这就是这对情侣初吻的真实："阳光渐渐暗淡，我们潜入留有余晖的树林里。"在圣普乐从瓦莱山脉旅行回来后，朱丽"坠入爱河"："我似乎忘记了一切，唯一能记得的东西只有爱。"在一个充满着美好憧憬的一刻，在他们俩彼此温存，爱到海枯石烂的那个夜晚："那么来吧，我心之灵韵，我生之性命，来将我们凝结在一起吧。"在所有场景中最著名的那个场景，即朱丽出嫁了，圣普乐要去环游全球，在这个凝重的时刻，两位情侣的身体以后将永远无法再次结合在一起。那一天，两人泛舟湖上，这是一个充满诱惑的场景："那平缓的声音，那有条不紊的双桨的划动都让我兴奋得进入梦想的天堂。"每一次，这些标点都重新开启了这部小说，目睹了抵抗着所有合理秩序，甚至抵抗着所有寻常幸福的爱的力量。抵抗所有秩序："我们可以在对理性的神圣颠覆中找到真爱，那是比理性本身更辉煌、更崇高，也更强大一百倍的爱。"抵抗所有幸福："我的朋友，我太幸福了，幸福让我痛苦不堪。"但与此同时，尽管爱的邂逅的力量或许会决定性地改变世界的进程，改变寓居于其中的主体，而唯有当其消逝的时候，它才能去改变这一切。卢梭就是这种让人们感到无限震撼的文学奇才。在其中，爱之位让爱的表象的光辉与它的转瞬即逝彼此和谐共存。现在，唯有当从1871年3月19日起，作为那些相当棘手事情的结果以及他们恢复那些被遗忘的组织纪律的需要，3月18日的那种散漫无组织的热情才能建立起巴黎公社，正如"天各一方的两人灵魂的缠绵"，才在爱的邂逅的失却，以及对爱的邂逅的忠诚中诞生出爱。

这是因为爱之邂逅的存在，正如它颠覆了表象，带来了无法估量的虚无。对虚无的启示的双重隐喻恰恰位于在那里存在的多元之下，一方面是圣普乐，他在死亡的标志下十分浪漫地让他的爱侣与之融合，正如如下文字所证明的那样："我们在刹那间彼此相见并死去，岂不是好上百倍？"在朱丽那边，她有那么一丝丝的冷静的想法，在爱之中，爱欲的梦想要比现实世界更为重要。这些难以比拟的旋律众所周知。第一种旋律宣布，他在幸福的停顿中，认识到存在先于表象："那些一无所欲的人是多么可悲呀！也就是说，他们失却了他们所拥有的一切。人们所希冀的东西要比人们所获得的东西拥有更多的快乐，人们只有在面临幸福降临之前才会感到幸福。"第二种旋律是伴有永不磨灭的爱情的非-存在的圣调："幻象（chimère）的大地才是这个世界上唯一值得寓居的大地，而这就是人类一切事物的虚空，除了基于自身而实存的大存在（Être）之外，唯一的美就是无之美。"

对主体来说，这种对在爱的位之上展现出来的东西的理解，不可避免地终结了纯粹自我吻合（coïncidence à soi），终结了自我归属（auto-appartenance）的悖论，并让位具有它的价值。位的本体论完全是那些不可能持久的东西的本体论，因为在自反性的强制力下，它就是存在规则的一个例外，尤其是禁止一个多成为自己元素的规则[这就是奠基公理在形式上的表达]的例外。这样，爱的邂逅——如同1871年3月18日的胜利的起义一样——是大写的一的例外形式，这个形式寓居于作为整体的自身之中，也寓居于作为整体的一个元素的自身之中。一的这种思念故事就是一个过程，一次游历：某种东西在一瞬间践踏了这些法则，而存在的法则也由此而终结。正如圣普乐写道："幸福的永恒不过是我生命中的一瞬。而事件在我绝望的时刻中恢复了那迟滞的幸福，我那不幸的剩余的时光，长年累月浸染着烦忧。"

那么，位的本体论可以概括为如下三种属性：

1) 位是一个自反性的多元，它属于自身，因而违背了存在的规则。

2) 因为它临时性地取消了存在与此在之间的裂隙，所以位是一个对游荡在多元周围的空的短暂的揭露。

3) 位是瞬间在本体论上的形象：它表象的仅仅是消逝。

3. 位的逻辑1：结果和实存

正如我们已经说过，变化原理的整体不可能还原为位。我们将在超验为其世界所规定的强度的规则之下，某个世界的对象的简单生成，称为"改进"。因此十分明显的是，在简单改进与位所能产生的事件性后果之间存在着某种中间状态。实际上，我们不仅要从我们已经概括出的位在本体论上的三种特殊属性来思考位，而且也需要在其结果的逻辑[在世界之中的]布局上来思考位。因为位是瞬间的形象，因为它表象的仅仅是消逝，真正留存下来的仅仅是它的结果的持存。1871年3月18日毫无疑问在历史上建立了第一个工人政权。但是,当在5月10日,中央委员会宣布为了拯救"美丽的3月18日的革命",就要"结束争吵,击退不良意愿,结束对抗、无知和无能"时,这个被夸大的绝望传递出某种东西,这就是两个月以来,在这个城市里出现,并被赋予了或包络了一定政治强度值的东西。

既然如此,什么是结果?让形式逻辑从属于超验逻辑,我们已经[在第2卷第4部分中]确定了超验逻辑学的主要原则,并给出了一个严格的定义。结果就是对两个超验值之间关系的逻辑解释,我们将这种关系称为**依赖**。值q依赖于值p是所有值t的包络,t与p的合取要小于或等于q。这样,p是q的限定尺度,我们写为$p \Rightarrow q$,在形式上,它等于所有与p的合取值小于q的值的包络。从广义上讲,这个值与"实施"(entraîneur)值的合取,会尽可能地接近实现(entraîné)值。如果我们从超验回溯到在世界上表象出来的存在物,我们就可以通过它们实存值的中介,来确定它们之间结果的关系值。如果某一对象的元素a,其实存值为p,如果统一对象的元素b实存值为q,如果p实现了q的值,那么我们可以说b是a的结果。

表象中的结果体系就是卢梭的主旨。在他的作品中,实存值有一个名称,即"幸福"。让幸福可以长期存在的结果关系,也就是在他所谓的"情欲道德"(morale sensitive)中起着决定性作用的东西。例如,如果记忆[或想象]在爱欲的幸福中拥有一席之地,这是因为被爱之人的观念的实存强度值超越了空间,这样,通过一个超验值取最大值的结果,一个非常遥远的世界架构与之产生了联系:"尽可能逃离离我们太近的东西,它的形象,比大海和飓风更为迅猛,追逐我们直至天涯海角,无论我们走向何方,我们都要带上让我们生存下去

V. 变化的四种形式

的东西。"德沃尔玛老爷,朱丽那冷冰冰而本分的丈夫,反而认为时间在这个方面与空间有所不同,时间会慢慢消磨掉这个实存的结果,并赋予这个结果以最小值。他打算用遗忘——这就是毫无节奏的结果的名字——来"治愈"他妻子对圣普乐的最初的爱情。对于德沃尔玛而言,从爱情消逝的位到生活的当下实存结果的值几乎为零。这个精打细算的丈夫自信满满地认为在过去的时光里他是一个胜利者:"他[圣普乐]不会将我当成他现在所爱之人的拥有者,而是当成他曾经爱过的人的劫持者。"圣普乐"所爱的她[朱丽]是他曾看到过的朱丽,而不是朱丽曾经的样子"。最终,德沃尔玛通过日常生活中的纯粹世俗性的劳动来抗拒位的实存性的力量:"他在过去爱着她:这就是这道谜题的真相。剥除他的记忆,他就会失去爱。"在[过去]情欲的实存强度和[当下]温馨的"甜蜜关系"之间,其结果的值非常弱,或许为零。或许对这个结果关系的值进行准确评价是非常危险的,因为它会让温馨或平和的表象变成爱的不明确的支撑。卢梭最后得出结论,德沃尔玛是错误的。不仅是空间,时间也不会抹杀掉让他们与爱之位的结果紧密地黏合在一起的强度值。但是,整个分析所获得的主要观点是,结果就是实存之间[或强或弱]的关系,因此,根据这个值,一个事物是另一事物的结果,不依赖于这些事物在该世界上的实存强度。于是,用另一个例子来说,我们之前谈过的中央委员会的宣言,或许可以解读为结果的问题。它记录下了:

——1871年3月17日非常强有力的实存,即这场"美丽"的革命;
——包含工人的阵营在两个月之后政治纪律的极其败坏的实存值["不良意愿""消耗""无知""无能"];

——在相对于它业已消逝的事件起源的强有力的实存值之下，[可惜的是，只是抽象的]渴望提升政治结果的值。

这个位就是一个多的表象/消逝，这个多的悖论就在于它的自我归属。位的逻辑涉及围绕着位的消逝点的强度值的分配。因此，我们必须从开头开始：位本身的实存值是多少？那么我们将进一步面对我们可以从结果推理得出的东西。

4. 位的逻辑2：事实与奇点

在位的本体论上，无规定了实存值。一个突发事件可能只是一个"可以想象"的具体表象[这仅仅是一个形象，因为在这里没有感知]。消逝可能没有留下任何踪迹。或许碰巧，在本体论上，它受到"真"变化的标志的影响[自我归属，在瞬间中对空和消逝的标明]，从其实存上的毫无价值来说，一个位或许很难与单纯的改进有什么区别。以1871年5月23日那个星期二为例。那时，几乎整个巴黎都陷入凡尔赛军队的暴行之下，他们处决了遍及整个城市中的成千上万的工人，公社一方的许多政治上和军事上的领导都崩溃了，公社社员一个街垒一个街垒地作战，剩下的中央委员会的成员做出了他们最后的宣言，仓促地贴在为数不多的墙上。这是——利萨加雷用了黑色幽默式的讽刺——一个"胜利宣言"。它要求一起解散巴黎公社与[合法的]凡尔赛议会，要求从巴黎撤出军队，要求组建代表各大城市的临时政府，要求进行一场大赦。我们究竟应该如何来概括这个悲伤的"宣言"呢？其中的混乱不一致，完全不可能还原为生活的常规。尽管这个宣言在形式上破败不堪，令人发笑，但是它仍然表达出公社的自我肯定，包含着其政治开端的正确信念。我们完全可以将这个文件视为一个位，风会将这个文件从街垒的墙上吹到地牢里。我们已经说过，在工人起义的血色黄昏，它的实存值非常之弱。在这里，关键在于这个位的独特的力量。毫无疑问，中央委员会的宣言在本体论上仍然定位于"巴黎公社"这个事件性的短语，但由于它本身仅仅是一个近乎解体、苍白无力的标志，导致了它的奇点还原为世界中单纯的"常规"改进的边缘。

因为如果不是这种情况，位的表象中的实存强度会弥补其消逝的值。只有位的实存强度值达到最大值，才能潜在地成为一个事件。当然 1871 年 3 月 18 日就是这种情况，那时，在妇女的引导下，巴黎的工人群众组织军队解除国民卫队的武装。也正是在那一刻，爱产生了一种无法理解的力量，与中央委员会的"宣言"不同，这个"宣言"只具有无法理解的苍白无力。正如圣普乐如此适切地说道："这是爱的奇迹，它越逾越我的理性，就越敲打我的心扉，它让我产生的一种快乐就是我们不能完全理解它。"只有完全实存的力量，才能将位与保存了原有世界规则的单纯改进区分开来。一个不能以最大值实存的位仅仅是一个事实（fait）。尽管在本体论中我们可以识别出这个位，但在表象中，它在逻辑上并不是独特的。

我们所谓的**改进**就是从世界的对象角度来看在世界上的单纯生成。因为它内在于世界中的既定的超验关系，改进并不需要一个位。

我们所谓的**事实**是一个位，其实存强度并没有达到最大值。

我们所谓的**奇点**(singularité)是一个位,其实存强度达到了最大值。

现在我们有了三种不同的变化值:改进,在本体论上它是中性的,且在超验上是规则的;事实,在本体论上它是超量的①(surnuméraire),但其在实存上[即逻辑上]很弱;奇点,在本体论上是额余的,而其表象值[实存值]是最大值。

我们注意到,凡尔赛军队镇压力量带有一种宣传,即系统地消解巴黎公社的奇点,将其表述为一堆事实的怪异集合,那么就必须[强制性地]将其带回到改进的常规秩序上来。这产生了某些特别的陈述,诸如1871年5月21日的保守派报纸《世纪报》(Le Siècle),在对工人的屠戮中写道:"社会的麻烦已经得到了解决,或者正在解决的途中。"在世界的表象中,策略和战略在改进、事实和奇点之间来回运动,因为这总是一个关系逻辑秩序的问题。德沃尔玛老爷不需要凡尔赛军队所采用的恐怖的工具,就能回到改进的平和秩序,即德沃尔玛老爷希望"治愈"那往昔的恋人:通过时间的运转,那曾经的爱欲激情的奇点变成了一个纯粹事实,而这个事实也会进一步萎缩成家庭和友谊的约定。德沃尔玛老爷理解了,至少我们可以认为他理解了,将朱丽和圣普乐结合在一起的独特的炽热激情,以及其选择性的层面和实存强度,依赖于"如此众多的美好事物,这些东西需要被规整,而不是被抛弃"。为了"规整"奇点需要处置其结果,仿佛它们不过是一个事实秩序,进一步将其适用于改进的超验尺度。这就是为什么卢梭的小说不大现实地将野性的奇点和欲望与乡村世界和家庭世界中的平和的改进行为衔接起来。一

---

① surnuméraire 由词根 sur(超越)和动词 numérer(数数)组成,字面意义就是"超越计数的",对应于巴迪欧《存在与事件》中的事件的定义,即事件是无法在情势状态下计数为一的存在物。因此,这里将 surnuméraire 翻译为"超量的"。

V. 变化的四种形式

方面,我们拥有爱的呼喊,它让实存摆脱了存在的法则:"自然已经保有了我们的存在,而爱将我们交付给生命。"另一方面,我们有着友人相聚于德沃尔玛家里的这个永恒不变的乌托邦:"一小群温文尔雅和宁静平和的人们,在共同的需要和彼此照顾下联合起来,他们各自以不同方式来服务于一个共同的目的:每个人都能在自己的生活状态中发现所有令他感到幸福的东西,他们并不渴望抛弃这些东西,他们尽可能让自己委身于这种生活状态,仿佛他们不得不在其中度过他们的余生。"在受到规制的永恒的温文尔雅的生活[这就是冷酷无情的梯也尔在1871年5月22日宣布的东西的名字,那时大屠杀仍在进行中,"正义、秩序、人性和文明的事业已经取得胜利"]与实存的起义[这是因为圣普乐自己宣称:"朱丽与他一起义无反顾地投入波澜之中,在她温柔的臂膀中来结束他的生活,他那长期以来的折磨"]之间展现出表象的意义,那时,汹涌澎湃的事件将那些让在世界上的表象具有连贯性的逻辑推向风口浪尖之上。

如果通过世界中的位的降临,它在世界上得以发生,并最终让自己定位于和布局于奇点和事实之间,那么这一切都由结果的网络来做出决定。

5. 位的逻辑3:弱奇点和强奇点

因为奇点是由实存的最大强度值来决定的,所以奇点相对于事实来说,距离内在的改进更为遥远。现在如果我们必须区分出弱奇点和强奇点,那么我们正是从结果的关联中看到,消失的位用对象中的其他元素确定了它已经在世界上展现出来。简言之,我们可以说,表象/消逝的持存的实存最大值，赋予了位以强大的奇点的力量，但是，奇点的力量在于去创造出它的结果，而不仅仅是让自身获得最大值的实存。我们将"事件"之名留给强奇点（singularité forte）。那么，整个变化的拓扑学由四个等级组成，可以用如下方式排列：

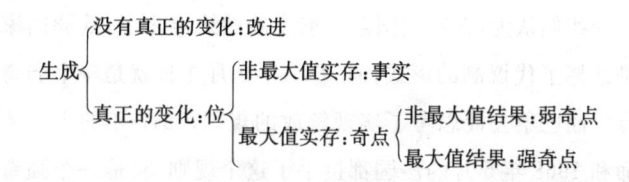

生成 { 没有真正的变化：改进
真正的变化：位 { 非最大值实存：事实
最大值实存：奇点 { 非最大值结果：弱奇点
最大值结果：强奇点

我现在要对应用到奇点［其超验上的实存强度达到最大值］之上的强弱之间的谓词区分给出一个简要的说明。十分明显，从表象如何通过真理来运作的角度来看，巴黎公社在两个月之内就被血腥地镇压了，但它远比1870年9月4日的起义更为重要。当时法兰西第二帝国崩溃了，后来持续了70年的第三共和国兴起。这并不是所涉及行动者的问题。9月4日也涉及工人群众，他们在红旗之下，进入市政厅广场，并迫使官僚集团倒台。利萨加雷如此评价说："权势熏天的权贵，肥胖的金融家，恶贯满盈的鹰犬，飞扬跋扈的官僚，孤傲的侍卫，留着八字须的将军们，在9月4日仓皇出逃，就像被观众轰下台的拙劣的演员一样。"另一方面，这场起义没有持续，没有在另一天去改变这个国家。资产阶级政客攫取了9月4日的胜利果实，尤其是他们渴望重建他们的财产私有者的秩序。巴黎公社，也是列宁最理想的参考，反而激励了一个世纪的革命思想，并留下了马克思在那个时代里对巴黎公社最著名的评价：

> 工人的巴黎及其公社将永远作为新社会的光辉先

V. 变化的四种形式

驱而为人所称颂。它的英烈们已永远铭记在工人阶级的伟大心坎里。那些扼杀它的刽子手们已经被历史永远钉在耻辱柱上,不论他们的教士们怎样祷告也不能把他们解脱。[马克思《法兰西内战》]

我们认为,在欧洲国家一般发展的线索之下,欧洲国家都选择了代议制的形式,而1870年9月4日就是一个弱奇点。而巴黎公社思考了实现解放的规则,1917年的十月革命和1968年5月的法国都接手了这个规则,它是一个强奇点。它所考察的并不仅仅是事件爆发本身的例外的强度——我们所面对的是创造了其表象的暴力性篇章的事实——而且也考察了这个事件爆发所带来的光辉灿烂和不确定的结果,尽管事件很快就消逝了。

事件的开启是由他们可能做到的重新开启来决定的。

我们可以说,朱丽和圣普乐之间的爱情不过是一场没有结果的爱情,舍弃这场爱情是正确的。朱丽与德沃尔玛老爷的婚姻反而奠定了他们爱情的空间——克拉朗庄园的乌托邦。当卢梭想到"英雄气概不过是一个徒有其表的表象,除了是美德之外,它毫无任何稳定性可言"时,他自己也倾向于如此判断。但是难道我们必须去考察"稳定性"的东西吗?考察那种赋予某个世界的超验强度以安详的力量?难道我们总是必须这样——弱奇点——"过着值得过的生活的有品位的人,他们知道如何享受自己的人生,寻求真正单纯的快乐,他们喜欢在自己大门外闲庭信步地溜达"?卢梭也并不想让自己委身于此。唯有当感觉到灵魂的震撼,让自己投身于伟大真理的无限性之时,才能真正处于真理结果的穹宇之下,才能等同于整个世界。在强奇点的触动之下,才能写下:"那种堪比于将我们凝结在一起的美妙无穷的情感的整个世界的实存是什么?"我们必须忠诚于"情欲道德"的魔咒:"噢,情感呀,情感! 那灵魂中甜美的生命! 还有什么样的铁石心肠你尚未触动过? 还有什么样的可怜人儿,你从未带走他们的眼泪?"正如1870年9月4日,一个冗长的共和国的诞生一样,德沃尔玛老爷闯入朱丽的生活——朱丽父亲让德沃尔玛老爷强行进入她的生活——标志着一个秩序的奠基,一个被朱丽描述为"注定要一起度过一生,对他们的命运感到幸福,并试图彼此获得快乐的两个本分而有理性的人之间长期稳定地生活在一起"。相反,爱是创造出无序真理的东西,而这就是为什么爱是事件中永恒不败的载体。正如朱丽在死亡之门前忏悔道:"我尽可能压制住赋予我生命的初恋,而它将我自己凝聚在我的心中。"

世界上偶然出现的新事物,不仅仅是超越改进和事实的奇点,它是不是一个事件,还需要用在该事物之外产生的集中的强度效果来判定。

6. 位的逻辑4:非实存的实存

最强的超验结果莫过于我们让并不实存的东西在世界中实存。例如1871年3月18日,它让籍籍无名的工人队伍置于政治风暴的中心,那些革命的专家们,那些用自己的咆哮来威吓巴黎公社的可怜"48人团"都不认识这些工人。思考一下1871年3月19日的中央委员会的第一次宣言吧,这是对3月18日起义做出直接考察的唯一的有机组织:"随着所有这些结果,让我们与巴黎和法兰西一起推倒共和国的根基吧,这是能一次性地阻止侵略和内战的唯一政府。"是谁签署了这个史无前例的政治决定? 有20个人,其中四分之三都是无产阶级,仅仅靠他们自己就构建和辨识出这个场景。政府的官方报纸《公报》(*l'Officiel*)很容易质疑道:"这个委员会的成员有哪些?他们都是共产主义者、波拿巴主义者或者普鲁士人吗?"我们已经反复遇到了这个永不穷竭的"外国特工"的质疑。但这个事件的结果导致了那些在事件之前尚不实存的工人们在政治上的实存[临时性的最大值]。

于是,我们可以通过如下事实来认识强奇点,即其在世界上的结果就是,让世界上对象-位(objet-site)特有的非实存得以实存。

下述现象也同样是这种状况,即一天晚上,朱丽大胆地请求圣普乐来到小树林的暗处,当她倒在圣普乐的怀抱里时,朱丽的情欲突然瞬间得到提升——对她来说,那是一个温柔,并不那么肉欲,且散发出魅力的爱慕者。她之所以如此,仅仅是迁就他男性的欲望。但是她错了:"我在克拉朗的小树林弄明白的是,我太过自信了,当我们想要拒绝他们的一点东西时,就绝不应该让任何东西顺从于情欲。那一瞬间,就在那一瞬间,在我心中燃烧着任何东西都无法扑灭的火焰。"情欲在主观上的不实存,在他们密会的那个晚上,突然变得实存,就如同他们爱之邂逅的结果一样。

我们以更为抽象的方式来提出如下定义:已知一个位[由自我归属所标志的对象],它是一个奇点[尽管它如此短暂,如此转瞬即逝,但它的实存强度是最大值]。如果实存为最大值的位的[最大]值实现了其特有的非实存的[零]值的值,那么我们可以说这个位是一个"强奇点"或"事件"。

这个表述有点复杂。我们知道[在第4卷的第1部分和第3部分中]所有对象都拥有一个特有的非实存作为其元素[这个元素在超验上的实存值为最小值]。我们也知道[在第2卷的第1部分第4节中]另一个表象实现某个表象的值的在超验上的观念，在形式上就是蕴含的观念［结果的观念］。因此我们简要地这样说：**一个事件实存强度［最大值］的最大程度的真正结果就是非实存的实存。**

很明显，我们在这里面对另一个巨大的悖论。因为如果蕴含为最大真值，那么它的前项、它的结果也必然是最大真值。这导致了一个站不住脚的结论，根据这个结论，在事件的影响下，位的非实存绝对地实存着。

实际上，中央委员会中那些籍籍无名之辈，在起义之前的世界中，在政治上还是无名小辈的那些人，在那一天他们的表象中绝对地实存着。巴黎人民听从他们的宣言，激励他们占领公共建筑，参与他们组织的选举。同样，被朱丽所忽略掉的情欲，作为初吻的后果，无法磨灭地在她身上死灰复燃。

我们可以分三步来分析这个悖论。

首先，在世界的表象中，从非实存到绝对实存的转化背后的原理就是转瞬即逝原则。在实存性变型中，事件耗尽了它的能量。既不是1871年3月18日，也不是朱丽和哲学家庭教师的第一次邂逅，拥有最低程度的稳定性。它们在本体论上游离，它们那些并未得到奠基的存在，在获得实存之后瞬间消解了自身。正如圣普乐所说："在我们之间，只剩下了爱。"

其次，如果位的非实存最后在表象秩序中必须获得最大强度，也只有在这个条件下，它才能站立在那些已经消逝的东西的位置上，那么它的最大值在世界上留下了事件本身的印记。正如圣普乐所说："那是时间以及我们的关切都无法磨灭的永恒印象。伤口可以愈合，但是疤痕永远存在，这道疤痕也就是一个值得珍惜的封印。"非实存的"永恒"实存是世界上对业已消逝的事件的一个概括或一句陈述。巴黎公

V. 变化的四种形式

社的宣言,历史上工人第一次掌权,或者朱丽所认定的情欲的支配,这些都是实存之物,它们的绝对值宣布了对表象的重新布局,对其逻辑的新的变动,已经降临这个世界。通过非实存的实存,支撑着表象的存在颠覆了表象,在表象内部展现了自身。这就是存在悖论的逻辑指示:一个本体-逻辑的怪异结合。当然,我们在其中认出了业已消逝事件的痕迹,从第1卷开始,我们就根据这个痕迹,将力量赋予主体化的身体。是的,从这个 ε 之中得出,身体的主体力量就是让世界上某个对象的特有的非实存得以超实存(surexistence)的东西,而这个对象就是事件-位。

最后,在实存现在得以确立的地方,就是非实存必须回归的地方。如果世界的逻辑法则并没有被抛弃的话,世界秩序就不会被颠覆。所有的对象都有一个特有的非实存。如果主体踏着事件的痕迹前进,非实存让自身升华为绝对实存,而为了捍卫其法则,为了最终保障表象的严格一致性,那么这个位的另一个元素就会不再实存。

7. 位的逻辑 5:摧毁

在 1896 年出版的《1871 的巴黎公社史》的结论部分,利萨加雷提出了两个看法。第一个是从 1871 年开始,反动派的阴谋集团和屠戮工人的刽子手们仍然会在位。在议会制度的帮助下,"一些资产阶级的鼓吹手会装扮成民主派,帮助其昂首阔步的前进"。第二是人民建立了自己的力量:"法国无产阶级三次[1792 年,1848 年,1870 年]为其他人创立了共和国,现在轮到创立他们自己的共和国了。"换句话说,巴黎公社-事件,肇始于 1871 年 3 月 18 日,很明显并没有将摧毁统治集团及其政客作为其结果之一；他们摧毁了一些更为重要的东西：让工人和人民在政治上处于从属地位。被摧毁的就是他们在主体上无能为力的秩序。正如利萨加雷所说："啊！农村和城市的工人们从来不确定他们拥有如此能力。"尽管遭到了镇压，尽管局势动荡，但工人政治实存的绝对化——让非实存得以实存——摧毁了屈从的基本形式，也摧毁了无产阶级在政治上听从于资产阶级政治调度的可能性。

一个世纪之后，这种屈从形式得到重建——毋宁说，在"民主"之名下再造了某种屈从形式——这是在波澜不断的真理历史上的另一个故事，另一个序列了。我们可以说的是，在非实存得以立足之处，也摧毁了让这种非实存合法化的东西。在20世纪初，占据着死亡位置的不再是无产阶级的政治意识，而是——尽管尚未认识到这一点——关于阶级自然属性和数千年以来的支配着国家和社会权利的财产所有者和富人们的古老使命的偏见。巴黎公社为未来实现了这个摧毁，即便它也明显葬送了它自身的超实存（surexistence）。

我们可以从下面的超验格言中得出结论：如果在事件性结果的外表下，一无所有之人变得拥有一切，那么过去既定给出的表象就被摧毁了。支撑着这个世界一致性的东西突然荡然无存。这样，如果超验指数实际上就是这个世界的[逻辑]基础，那么我们当然可以沿用第一国际的话来说："世界将在新的根基上升起。"

就是在这样一个变化的名义下，圣普乐宣布他永远忠诚于将他们结合在一起的凄楚的爱情。当然，正如他说道："我失去了一切"，但是他马上又说道："我只剩下了爱的信念：它将一直陪伴着我，直至坟墓。"这个"信念"的内容是什么？非常简单，就是爱之中生命的可能性，以一种无法衡量的方式，通过他不得不放弃的东西来证明了这种可能性，在他自己那

V. 变化的四种形式

边,这种可能性实现了对社会上广泛流传并视为正确的偏见的摧毁:根据这种偏见,两个人必然彼此有别,这样,我们可以将一个人同另一个人区分开来,区分"你"和"我"。在爱的激情事件之后,情欲上不分彼此的实存得以实现,圣普乐一直用所有时代都正确的言辞反对这种偏见:"两个爱侣彼此相爱?不,'你'和'我'只是被他们的话语所排挤的字眼,他们不再是两个人,而是一体的。"

通过临时性地创造出真理的新主体,爱情不可逆转地摧毁了日常的社会观念,即认为情侣是彼此分离的身体,他们听从于他们各自特殊的利益。

当世界彻底沉浸于存在悖论所带来的绝对结果时,由于受到了日常评价土崩瓦解的威胁,所有的表象不得不重构一个不同的关于什么东西实存,什么东西并不实存的配置。在施加在自己表象的压力之下,世界或许可以有符合另一个世界机会,夹杂着实存和毁灭的机会。正是在另一个世界上,主体一旦追寻到所发生事件的痕迹,就会永恒成为那个世界的主人。

第2部分 德勒兹的事件

在他的蛰伏期里,德勒兹一直向萨特致敬,认为萨特是唤醒了三四十年代法国哲学的人物。他认为这一切开始于1937年的一篇文章《自我的超越性》。为什么？因为在这篇文章中,萨特提出了某种观念——我引用德勒兹的话来说——"一种非人格的超验领域,既没有形成综合的人格意识,也没有形成主观上同一性,即主体。相反,它总是被建构的"。我特别喜欢引用德勒兹的这个评论,因为非人格的超验领域决定着我的大逻辑的总体,在那里,直到每一个专业上的细节,它是作为表象的逻辑或世界的逻辑实现的。

德勒兹也注意到,萨特并没有彻底思考清楚他这种观念的所有结果,因为他仍然将这个非人格的领域关联于自我意识。这是绝对正确的。我们可以换一种说法:萨特仍然关心的是超验的自我统一性的问题。他并没有为主体提供暴露在纯粹大外部(Dehors)的机会。这个大外部的一个名称就是"事件"。这就是为什么思想全身心地奉献于它,并从它那里获取力量的事件,在萨特之后,成为绝大多数当代哲学家的共同术语。除了对意识现象学的批判之外,20世纪,在真理程序上,在四个相互重叠的主体不断的冲击下,我们获得了事件一词:政治上的革命;爱上的情欲解放;艺术上的行为表演,科学上的认识论的断裂。在哲学上,我们在维特根斯坦["世界就是它所是的样子"]和海德格尔[作为即将来临之存在(être-en-venue)的存在,本有(Ereignis)]那里也可以察觉到它。

如同事件一词在我的工作中一样,这个观念对于德勒兹也是一个核心观念。但我们俩截然对立！我们俩对立的好处是,这揭示了这个观念原本就不清楚。实际上,这个观念包含了一个结构性的层面[中断,额余项的表象],以及一个涉及生命历史的层面[生成的汇集,作为即将来临之自我的存在,许诺]。在第一种意义上,事件是从大写的一之中释放出来的,这就是对空和纯粹无意义的分离和设定。在第二种意义上,它是大写的一的展开,是意义的组成强度的凝结和结晶化。《意义的逻辑》(*Logique du sens*)就是德勒兹费尽心血来解释他的事件概念的著作。他在解释事件时,是斯多葛主义的同路人。这设定了一个基调:"事件"必须遵从大全的规则,正是从大全的规则中,斯多葛主义设定了他们的地标。在"事件"和"命运"之间,那里必然存在着主观上的相互关系。我们将从《意义的逻辑》中提炼出德勒兹的四个事件公理:

公理1:"无限制的生成成为事件本身。"

事件就是大写的一的永恒真理,即无限的生命力量在本体论上的实现。这绝不意味着,一个空或者一个惊奇,脱离于其生成的东西。相反,它是生命连续性,它的不断强化的凝聚物。事件也是大写的一对一系列相关多元的馈赠。我们可以提出如下表达:在生成中,事件验证了大写的一,而诸生成物不过是大写的一的表达。这就是为什么在生成的无限制的特征和事件的奇点之间没有矛盾。事件内在地展现出生成中的大写的一，是它让大写的一得以生成。事件就是生成的生成：是[无限制地]生成的生成[大写的一]。

> 公理2："事件总是刚发生过的东西，将会发生的东西，但绝不是正在发生的东西。"

事件是过去和未来的综合。事实上，作为在生成中对大写的一的表达，作为过去的一个维度，其未来与之永恒同一。对于德勒兹也对于柏格森而言，时间的本体论并不承认任何分离的形象。此外，事件不可能在过去和未来之间，不可能在一个世界的终结和另一个世界的开启之间。相反，它是侵蚀和关联：它实现的是大写潜在性（Virtualité）的不可分割的连续统（continu）。它展现的是过程的统一性，即将一会之后和一会之前统一起来。它并非"正在发生中的事情"，"正在进行中的事情"，而是它的发生，是业已发生和将会发生。事件谈及的是时间的存在，或者作为存在的连续和永恒样态的时间，它在时间中并没有任何区分，它也不会在两个时间段中置入任何中断。事件并不认为现在既是过程，又是分裂，这是生成的运行悖论。它可以以两种方式运行：没有现在[时间是被再现的，它是与过去和未来共同在场的积极的内在性]；一切都是现在[事件是作为时间本质的活生生的或混沌的永恒统一体]。

> 公理3："事件的本质不过是身体的行为与激情。但是事件是它们的结果。"

作为生成的生成，或者间断性的永恒统一体，事件强化了身体，凝聚了它们建构性的多元。因此，它既不与那些身

V. 变化的四种形式
467

体的行为和激情是同一种类型,也不能位于它们之上。事件等同于它所影响的身体,但绝不会超越发生在身体上或身体所做的事情。因此,我们也不可能说事件[在本体论上]不同于身体。作为结果,事件是身体行动和激情的微分算子(différenciant)。如果没有生成的话,那么内在于生成中的大写的一是什么?要么是差异,要么是大写关系[另一个德勒兹的词汇]。但是生成并不是一个观念,它是生成物所生成的东西。这样,事件影响着身体,因为它们所做的或所支撑的就是一种公开的综合。这就是在它们之中大写的一的降临,作为不同的本质[潜在而并非实在]和同质性的结果[没有事件,大写的一就什么也不是]。这意味着我们可以给出如下表达:"事件与生成是同外延的(coextensif)。"

我们应该将生命事件视为无器官的身体:它的本质并非鲜活器官的生命,而只能展示和理解为这些器官组织的行为和激情的结果。

> 公理4:"生命是由同一个单一大写事件组成的,尽管它的发生多种多样。"

这里的难点是不要将大写的一解释为生命展开的浓缩式的表达。对于这一点,前三个公理非常清楚。难点在于理解"组成"(composée)一词。事件组成了一个生命,这有点像音乐作曲一样,是由其主题组织起来的。事件并不是一个生命发生了什么,而是在发生的事情中是什么,或者说在发生的事情中发生了什么。于是,只可能有一个大写事件。在分散的生命的物质之中,大写事件就是同一性的永久轮回,同一性的无差分的力量:"强大的无机生命"。当其降临在任意多元之上时,大写事件将它们组成为它们所是的大写的一,在潜在的无限变化中展现出这种独一无二的组成。

德勒兹用这四个公理，澄清了他对那个不清不楚的事件的概括：他为命运而做出决断。事件并不是从一种事态过渡到另一事态偶然发生的过程。它是所有生成物的大写的一的结果的内在记号。在生成中的多那里，在那些作为鲜活性的多元的诸多之间，事件就是大写的一的命运。

我们现在足以逆转这些公理——在这里，正如我在第2卷中那样，"逆转"就是让否定表象出来——对于我所谓的"事件"，得出一些相对不错的公理：按照最大强度值表象出来的位，它同样有能力让表象中的那些迄今为止它自己特有的非实存绝对地表象出来。

公理1：事件并不是生成的生命连续体或者是内在的强化的聚集。它与生成并不同外延。相反，它让世界上的一个对象，通过该对象的自我表象来纯粹地切断其生成，但它也是通过突发事物的痕迹来补充表象：旧的非实存如今变成了一个强有力的实存。

相对于世界上生成的连续统而言，那里既有空缺[如若不打破存在的数学的存在法则和表象的逻辑法则，空就不可能自我表象出来]，也有溢出[不可能突然出现最大的实存强度值]。事件命名了这个空缺和溢出的合取。

公理2：事件不可能是过去不可分割地向未来的侵蚀，或者永恒地经历着的未来。相反，它就是一个分离性的刹那间，一个非时间性的瞬间，它将对象[位]之前的状态与随后的状态区分开来。我们可以说，事件是从一个时间中萃取出

V. 变化的四种形式

另一个时间的可能。另一个时间，它的物质层面包络了事件的所有结果，保留了新的现在的名字。事件既不是过去，也不是未来。它为我们展现的就是现在。

公理3：事件不可能是身体行为和激情的结果，也不可能在种类上区别于这些行为和激情。相反，一个适于新的当下的鲜活身体，就是事件的结果，我们会在第7卷中详细说明这一点。我们必须逆转德勒兹，在这个意义上，他跟随着尼采的步伐，试图逆转柏拉图。并不是诸多的行为和激情被综合在作为内在性结果的事件之中，而是事件性的大写的一的潮流，吸引了多元，并将它们构筑为主体化的身体。这就是事件的痕迹，它本身可以合体于新的当下，很明显，它与这个身体的行为的本质是一样的。

在一般意义上，我们可以说，德勒兹认为大写的一是本体论的前提［混沌、大写的一-大全（l'Un-Tout）、大写生命（Vie）］，是事件性的结果，然而我认为大写的一在本体论上并不存在［多就是"无-一"（sans-Un）］，它与真理相关。在这个意义上，它是事件性的原则，而完全不是后果。我不可能接受这种观念，即事件"仅仅就是后果"。在这一点上，德勒兹称之为"事件-后果"。这并不是因为它们是原因，或者更糟糕的说法，即它们是"本质"。它们是行为、施动者（actant）、真理［位］的物质性原理。对于德勒兹来说，事件是生命生成的内在结果。对我而言，事件就是生成的例外或者大写真理的内在原理。

公理4：不可能有单一事件的组成。相反多的事件-位往往是对世界的解构。

正如时间的分割一样，事件也区分于其他事件。真理是多,也是多样的。它们是世界的例外,而不是让各个世界之间彼此和谐的大写的一。而他却否认这一点,正如他在对有分歧的系列和诸世界不可能彼此共存的观念的争辩时一样,他经常会采用莱布尼茨的和谐原则。永恒而唯一的大写事件,就是生命的诸多元素在此汇集起来的点。一旦超越了让各种分歧的系列和多种多样的多元得以发生的"混沌世界"(chaosmos),"除了大写事件,那个唯一事件,即所有对立事物的单一事件(Eventum tantum)之外,没有任何东西可以持存,它通过自己的间距与自身进行沟通交流,通过所有的它自己的析离来达到和谐"。好吧,这个"和谐"我们不感兴趣。我承认,通过表象上的位切断生成,很阴暗,也很不和谐,无论在其自身中[作为持存的孤独],还是在其他生成物之中[作为对对立面的吸纳],没有任何东西可以带来和谐,或者不和谐。那里没有,也不可能有"其他所有片段和碎片组成的唯一大写事件"。事件所带来的一个真理就是,它预设了那里没有大写的一,预设了它偶然性的散布。

利奥塔或许会说,这种论证等于是一个歧异(différend)。因为他涉及"事件"一词的基本语言学关联:在德勒兹那里是意义,在我这里是真理。德勒兹的表达是不可逆的:"事件,也就是说,意义。"他的书从一开始,就生造了一个对我来说像是怪物式的合成词:"意义-事件"。顺便来说,这让他极其靠近他所希望的语言转向和当代智术的伟大进程。为了说明事件就是意义的痕迹,他完全将事件推向了语言一边。看看这句话:"事件就是意义本身。事件在根本上属于语言,它与语言有一种本质上的关联。"我们必须详细考察一下这种类型以及其他类型的陈述所产生的极其反动的结果,例如:"[事件]就是在所发生的事情中向我们指意的纯粹表达。"这种观念开始包含了对所有事物的审美化,即所谓"诸众"

V. 变化的四种形式

（multitudes）的表达政治学，其中，这位大师紧凑的思想在今天烟消云散了。正如在世界的超验中具体化的功能失调一样，事件并不拥有一丁点意义，它也不是意义。它仅仅作为一个痕迹的事实，并不能保证它必须转向语言一边。事件仅仅开启了一个结果的空间，在那里，真理的身体得以组成。正如拉康所理解的那样，真实的点是无意义的言说，它与语言唯一的关系就是在语言上打洞。这个洞不可能被超验法则上可说的东西来填补。

像所有坚持生命连续性的哲学家一样，德勒兹不可能认为在意义、表象的超验法则和作为例外的真理之间存在着裂缝。有时候，他甚至直接将两个词等同起来。他曾经写信给我，说他"完全不需要"真理范畴。他完全正确。意义足以作为真理的名字。但是这个等式也导致了有悖常理的后果。生命主义的逻辑，他们将所有多元的实在化都从属于潜在的大写的一——大全的法则，也不可能意识到他的学说的宗教性特征，即事件就是意义，正如德勒兹所宣称的那样，它们拥有"一个永恒真理"。如果愿意实际上拥有一个永恒真理，那么上帝存在，因为他就是意义的真理。德勒兹的事件观念从头到尾都让他跟随着斯宾诺莎。斯宾诺莎被选为"哲学上的基督"，将诸生成物所映射的唯一大写事件命名为"上帝"。拉康也注意到，如果你们将所发生的事情诉诸意义，那么你们就走向了主观上对宗教的巩固，因为正如他写道："宗教的稳定性来源于意义往往是宗教性的这一事实。"

唯有在德勒兹的那些使徒忙于在不羁的资本中祝福着它建构性的反面，即大众的"创造力"时，其潜在的宗教性特征才会变得格外明显。一旦德勒兹涉及政治，他就会怀疑他自己的架构。我相信，他也会嘲笑自己所有这些夸夸其谈的外衣。还有，在其他人面前，已经概括出思想的多种程序中事件的位置,德勒兹不得不将这个位置还原为他所谓的"与同一个大写事件沟通的理想奇点"。如果用"奇点"一词是必需的,那么其中的其他词语就是可疑的。如果它不能掩盖住事件的真实,那么"理想"就可以等于"永恒"。如果超验上的连续性发生断裂直接导致所有的沟通发生中断,它也不会因此陷入困境,那么"沟通"也可以等于是"普遍"。我们已经说过,为什么"同一个"是误解:它将事件对身体影响的大写的一的后果,变成了生命的大写的一,对事件的吸纳。

德勒兹十分强调关于"事件"一词的命运所展现出来的哲学论争的本质:"这是一个双重斗争,它既反对教条主义者对事件与本质的混淆,也反对经验主义者将事件与偶然意外(accident)混淆。"不用再多说什么了。除此之外,当他认为事件是生成的强化和连续的结果时,德勒兹是一个经验主义者[毕竟他经常宣称自己是经验主义者]。还有,当他重新将事件纳入"无羁的永恒时间(Aiôn),它所坚持与持存的无限"的大写的一之中时,在大写潜在的恒常在于此(toujours-là)中,他倾向于是一个教条主义者。

与经验主义决裂,就要将事件视为抽离所有经验的东西的降临:在本体论上未被奠基的东西,以及超验上不连贯的东西。与教条主义决裂,就要让事件摆脱大写的一的支配。为了将其交给灿烂的繁星,就要抽离于大写的生命。

V. 变化的四种形式

第3部分　对突变的形式化？

1. 形式表达规则的各种变化

在第2、第3、第4卷中，我分析了世界，或者说分析了大逻辑的三个概念[超验、对象、世界]，我们从相对精细的数学逻辑[及其范畴形式]图示那里借用严格的形式来表达。这源于如下事实，即完全海廷代数的理论，以及那些涉及代数和多元之间关系的力量很好地阐明了表象上的逻辑同一性。更准确地说，世界的理论，尤其是在格罗滕迪克工作的指引下，它依赖于对位置的思考[拓扑学]和包含着代数结构的对多的思考之间关系的重塑。如果你们认为在那里存在，即作为表象，就是从具现化上来阐述多元，那么这一点就不足为奇了。我们可以在那些重新开创了代数几何学——意味着对结构的具现化——的人物的著作中找到在那里存在的规定的形式图示，这一点就极为自然了。我们看到，本体论上的综合，在其超验上的具现化向存在的回溯中，可以将它视为一个层，这是现代代数几何学的一个关键概念。所有这些可以让我们进行双重概念展开，即用带有确定概念的形式展开，并与演绎性数学的层次相一致。

在对主体概念进行形式化展开的第1卷里并不是这样，

也就是说，第1卷是自成一体的(sui generis)。借用拉康的说法，这也就是我们为什么称它们为数元(mathèmes)。

本卷和第6、7卷一样，是第一卷［缺少类似数学的工具］和大逻辑诸卷［有着数学工具的完整层次］之间的中间情况。在"奇点""事件""点"和"身体"这些名称之下，从现在开始，我们有一些问题既不是存在问题，也不是表象问题；既不是本体论问题，也不是逻辑问题，而是当具现化的存在搅动了表象之后，所发生事情的偶然后果。我们从世界的理论过渡到主体支撑和真理生成的理论。这意味着对概念的形式，即便仍然会从明确的数学中借用一些资源，却不可能再具有之前那种在演绎推理上的连贯性了。在这些章节中给出的图示和公式，其主要目的并不是为了进行证明，而毋宁说是避免在解释概念时陷入模糊不清的境地中，依照单个字母的力量，让其变得没有任何意义，这样，它才能创造关系的真理。

现在，形式展开就是概念上"无-意义"(ab-sens)的新证明［再一次借用了拉康的主题］。这就是为什么我们要用不同于用来支持分析严密一致性逻辑的方式来读解这些内容。实际上，这是一种对概念展开的重新概括或者并非可以解释的总结。

2. 变化的本体论

已知世界 **m**，我们将影响到对象中诸多元素的强度上［或表象上］的变化称为**改进**。换句话说，如果(A, Id)是一个对象，A 的所有元素在超验指数上的差异就是 A 在表象上的改进。例如，我们完全可以认为，对于 $x \in A$ 以及 $y \in A$，$\text{Id}(x, y) \neq M$，证明了配对$\{x, y\}$记录了 A 的表象中的一次改进。更进一步,如果 Id$(x, y)=\mu[x$ 和 y 完全不同],我们有了 A 在那里存在的绝对真实的改进。

例如,在《新爱洛依丝》的世界中,我们知道堂兄妹克莱尔和朱丽是"哲学家"圣普乐的两个学生。如果我们认为由他们三个组成的小型教育单元是此书中[这个世界中]的一个对象,组成小说的第一封信告诉我们说,克莱尔和朱丽在这个对象中差异很大,我们可以从三个角度来看这一点:他们与圣普乐的关系[他们都很爱他,但不是同一种爱];圣普乐与他们的关系[照料哥哥克莱尔,却是朱丽的炽热的恋人];以及他们如何看待自己[克莱尔的单纯,朱丽的"深邃"]。说真的,这对堂兄妹证明了年轻女人在面对经典的教育问题时有可能是非同一的,即在这一点上的根本上的可变性。我们有 Id(朱丽,克莱尔)$\neq M$,或者说 Id(朱丽,克莱尔)$=p$,p 值非常小,这个值表明在对象"老师和他的两个学生"中女性的改进。因此,改进是一种变化形式,它在表象中,在其生成-对象中揭示出一个多。于是,我们写出如下公式:改进=对象化。

现在,在世界 m 上的一个对象$(A,$ Id$)$,该世界的超验为 T,这个对象突然受到了 A 的自我归属或自反性的印象。即有 $A\in A$。那么,我们可以说对象$(A,$ Id$)$是一个位。

为什么我们需要说"它发生了"? 因为这并不是某种可能是什么的东西。在何种程度上,我们可以思考它的发生? 纯多遵循集合论的公理。现在奠基公理禁止了自我归属。这样,存在的法则是,没有多可以成为它自己的组成成分。标记 $A\in A$ 在本体论上[数学上]是不可能的。因此,位突然提出了公理所禁止的东西,通过它,让不可能的可能性得以出现。我们可以用如下方式来设定不可能性的实现:在存在所是的对象的规则之下,一个存在物表象出来。实际上,"它发生了"让 A 在对象(A, Id)的参照域中表象出来。

不用多说,我们不可能在它本身的超验领域内,或者在其对象化的回溯权限之内来考察这种突然出现的东西的稳定化。存在的法则再一次在试图摆脱它们的事物面前封闭了。位是一个消逝的项:它的表象仅仅是为了消逝。问题在于在表象中记录下它的结果。

3. 变化的逻辑和拓扑学

首先,依赖于可以分配给 A 的超验值或实存强度的一切东西,在表象乍现的刹那间,在自我归属的形势下,与其的消逝是一致的。于是,问题是要知道 A 的实存值已经处于它合体于对象(A, Id)的时间之中,而它并不是一个时间。变化的拓扑学首先依赖于 Id(A, A) 或 EA 的超验值。那么,位的实存强度值是多少?

如果 $EA = p$,且 $p \neq M$,那么我们可以说这个位是一个事实。这也意味着,从支配着对象(A, Id)的表象角度来看,A 属于 A 不是绝对的。仅仅"在 p 值上",作为 A 的一个元素 A 的表象/消逝已经发生。的确,事实就是位的表象,但是是在一定值上的表象,或平均表象。

如果 A 的实存强度是最大值,即 $EA = A$,那么我们可以说这个位是一个"奇点"。在这种情况下,在一瞬间,在超验领域中,即在它自己的客观参照(A, Id)下,A 绝对地表象出来。

然而,实存强度并不能决定在这个世界上位的自我参照的痕迹所产生的结果的外延。我们假定,就其所涉及的结果而言,弱奇点看起来像是改进,它只能以常规方式来影响其

V. 变化的四种形式

他存在物,与对象的本质相一致。

更准确地说,如果第二项的实存值依赖于第一项的实存值是最大值,那么我们可以说一个多之元素真正地[或绝对地,是一个意思]影响了——同一个既定对象中的——其他元素。在形式上,如果(A, Id)是一个对象,我们有$x \in A$以及$y \in A$,得出:

$$\text{"}x \text{ 真正影响了 } y\text{"} \leftrightarrow [(\text{E}x \Rightarrow \text{E}y) = M]$$

真正影响就是改进的形式。事实也必须与这个定义相一致,它并不会扰乱影响的体制。结果,如果A是一个位,但是有$\text{E}A = p$,且$p \neq M$,如果在对象的常规条件下有$(p \Rightarrow \text{E}x) = M$,那么我们有$(\text{E}A \Rightarrow \text{E}x) = M$。但我们知道[第2卷第3部分],在常规条件下我们如果当且仅当$p \leqslant \text{E}x$时,有$(p \Rightarrow \text{E}x) = M$。这等于是说——正如在改进的情况下——简单事实仅仅真正影响了那些实存强度大于它自己的存在物。在这里,我们记得1871年3月17日真正影响了[留下印象,触动他们,等等]当权者、资产阶级、军队,但对人民群众和工人大众的冲击非常之弱,我们可以说它是一个纯粹事实。因为,反过来,如果它在普通民众中激发起巨大的热忱,那么就必然有存在物A是奇点,对于非常弱甚至为零的$\text{E}x$的值,我们有$(\text{E}A \Rightarrow \text{E}x) = M$。

但是,让奇点是实存值获得最大值是不可能的——还差得远呢。当然,为了谈论奇点,这是必需的,即对于对象(A, Id)来说,可以用$\text{E}A = M$来界定奇点[转瞬即逝的瞬间,A的表象]。但如果在普通逻辑中来理解A,当且仅当$\text{E}A \leqslant \text{E}x$时,我们会有$(\text{E}A \Rightarrow \text{E}x) = M$,而这意味着$M \leqslant \text{E}x$,所以有$\text{E}x = M$。一般来说,奇点仅仅影响了对象的"绝对"元素,这些元素的实存在对象的表象中得到彻底证明。这就是它的幂,但也是其明显的极限。这就是为什么一个奇点没有改变

"如果$\mathbf{E}x=M$,则有$(\mathbf{E}A\Rightarrow \mathbf{E}x)=M$"这个逻辑规则,那么这个奇点就是一个**弱奇点**。弱奇点所验证的变化并没有改变在那里存在的逻辑中的任何东西。我们并没有面对一个实际的变化。

来想一下变化的实际效果,无论是在存在秩序上[位],还是在表象秩序上[奇点],我们都必须直接评价位的实存值**在超验上**的实际效果。为了达到这个目的,我们要问,位是否可以消除对象特有的非实存,我们写作$\emptyset_A$[参看第4卷第3部分]。这个消除意味着位影响了这个非实存,正如3月18日影响了工人在政治上的绝对无能,或者圣普乐的爱影响了朱丽的性欲望的非实存。如果$\emptyset_A$是对象的特有非实存[我们有$\mathbf{E}\emptyset_A=\mu$],这个影响我们可以写为:

$$(\mathbf{E}A\Rightarrow \mathbf{E}\emptyset_A)=M$$

我们宣布如果A仅仅是一个事实,那么这个等式在严格意义上是不可能的,它表现得像一个改进。因为这个等式意味着$\mathbf{E}A\leqslant \mathbf{E}\emptyset_A$,也就是$\mathbf{E}A\leqslant \mu$,所以$\mathbf{E}A=\mu$。这意味着$A$并不实存,这与假设相悖[位的实存],那么在存在之所是的表象空间中,个人存在并不具有颠覆性的表象。

的确,事实在实存上的弱值禁止颠覆表象的逻辑法则,通过弱奇点,禁止消除对象特有的非实存。如果A是一个奇点——不仅仅是一个事实——这个等式在形式上也是不可能的。但在这种情况下,它或许可能有奇点的实存之力,可以颠覆可能性的体制。这个颠覆界定了强奇点或事件。

已知对象(A, Id),如果一个位是一个奇点,即$\mathbf{E}A=M$,它真正影响了这个对象的特有的非实存,即$(\mathbf{E}A\Rightarrow \mathbf{E}\emptyset_A)=M$,那么我们就可以将位$A$的表象/消逝称为事件。

我们可以正当地将这个影响称为对非实存的消除。因为十分明显的是,只要强奇点的消逝证明了上述等式,这个

V. 变化的四种形式

等式颠覆了逻辑的用法,那么逻辑就会拿回其权利。现在如果$(EA \Rightarrow E\emptyset_A) = M$,这是因为$EA \leqslant E\emptyset_A$。但如果$A$是一个强奇点,有$EA = M$,所以我们有$M \leqslant E\emptyset_A$,最后$E\emptyset_A = M$。通过非实存的定义,我们得出$E\emptyset_A = \mu$。

事件的基本结果,强奇点消逝所留下的关键性痕迹,就是它的表象物-存在,是对其非实存的绝对化实存。非实存在超验上是由最小值来衡量的,现在,在事件之后的形象中,是由最大值来评价的。当时未表象之物现在如同太阳一般照耀着。"我们一无所有,我们将拥有一切"——这就是事件痕迹的一般形式,我们在第 1 卷中将其命名为 ε,相对于身体,这个痕迹所在的位置告诉我们,在真理之名下,它们将依赖于什么样的主体形式降临于世界。

4. 变化的各种形式的图表

变化的四种形式在形式上可以根据三个表象来界定:位是否非实存,奇点是强还是弱,消除还是未消除非实存。它们分别是本体论上的标准、实存的标准和相对于结果的标准。我们现在可以给出如下图表:

变化 [对于世界 m 上对象（A，Id）而言]	A 是不是一个位? $[A \in A]$	$EA = ?$	$EA \Rightarrow E\emptyset_A = ?$ $[E\emptyset_A = \mu]$
改进	不是	E A 未被评价	不具备一个值
事实	是	$EA = p$ 且 $p < M$	$EA \Rightarrow E\emptyset_A = \neg\, p$ [p 的逆值] [因为 $p \Rightarrow \mu = \neg\, p$]*

续　表

弱奇点	是	$\mathbf{E}A=M$	$\mathbf{E}A\Rightarrow\mathbf{E}\emptyset_A=\mu$ [因为 $M\Rightarrow\mu=\neg\, M$ $=\mu$]**
强奇点	是	$\mathbf{E}A=M$	$\mathbf{E}A\Rightarrow\mathbf{E}\emptyset_A=M$ [颠覆规则] $(\mathbf{E}\emptyset_A=\mu)\rightarrow(\mathbf{E}\emptyset_A=M)$

＊根据依赖⇒的定义，我们有 $p\Rightarrow\mu=\sum(t/t\cap p=\mu)$，这就是 p 的逆值，即 $\neg\, p$ 的定义[参看第 2 卷的第 1 部分和第 3 部分]。

＊＊我们[在第 2 卷的第 1 部分和第 3 部分中]证明了 M 是 μ 的逆值，我们看到上面 $M\Rightarrow\mu=\neg\, M$。

5. 对超验的摧毁和抛弃

在强奇点[事件]的消逝的冲击下，对 $\emptyset_A$[对象$(A, \mathbf{Id})$的特有的非实存]的超验值的野蛮的改变，不可能不触动 A 的超验指数，最终也不会不触动 A 的元素在世界上表象的一般体制。一点一点地，整个对象的约定都遭到了颠覆。还会发生对 A 的再对象化，它反过来表象为对位的[新的]对象化。

以之前的一个例子为例，考察一下一个元素不可避免的死亡。

我们记得[在第 3 卷第 5 部分中]元素 x 的死亡就是在外在于 x 的原因的影响下，从 $\mathbf{E}x=p$ 到 $\mathbf{E}x=\mu$ 的过程。设对象$(A, \mathbf{Id})$，相对于这个对象，发生了事件。位的表象/消逝的主要后果是消除了非实存，即当我们之前有 $\mathbf{E}\emptyset_A=\mu$ 时，$\mathbf{E}\emptyset_A=M$。但是在强奇点的迫使下，一旦位消逝[只要位未被表象]，超验的形式法则就会恢复。由于 $\emptyset_A$ 不再非实存，相反，它绝对地实存着，那么必然有 A 的另一个元素，它

V. 变化的四种形式

的实存值为 p，但是 $p \neq \mu$，这个元素会占据非实存的位置。这意味着，如果 δ 就是这个元素，那么我们有 $(E\delta = p) \rightarrow (E\delta = \mu)$，这个公式表达了对 δ 的摧毁或 δ 的死亡。于是很明显，对象 (A, Id) 的函数 Id 被颠覆了，在非实存 $\emptyset_A$ 所占据的位置之外的其他地方，我们现在看到了 $\text{Id}(\delta, \delta) = \mu$。但是大多数变型不可能就此打住。例如，我们通常有 $\text{Id}(\delta, x) \leqslant E\delta$。如果 $E\delta = p$，这仅仅意味着 $E\delta \leqslant p$。一旦 $E\delta = \mu$，那么我们必须有对于所有 $x \in A$，$\text{Id}(\delta, x) \leqslant \mu$，即 $\text{Id}(\delta, x) = \mu$。

这样，由于事件的发生，一个元素不可避免地消亡，必然会摧毁原先将多 A 关联于世界超验的体系。开启这个创世空间，需要毁灭。

Ⅵ. 点的理论

导 论

> 要注意那些"否",直到它们变成一个"是"。
>
> ——娜塔莎·米歇尔

我们在第1卷中,尤其是参照斯巴达克斯的军事决策,有机会谈论世界的"点"(point),点是开创真理的地方。忠实主体就是一个身体的形式,它的官能(organe)"一点一点"地处置世界的情势。相应地,在如下方式上,罗马军队的骑兵的客观实存,充当着起义奴隶的战斗身体的点:他们是否必须模仿罗马人战术纪律创造一支骑兵,来面对这个点?或者说,他们是否应当坚持用奴隶在人数上的优势,或许能淹没敌人的冲锋?很明显,处置这个点,涉及一个身体官能的实存,在组成那个身体的多元的基础上构成了这个官能模式。同样十分明显的是,在很长一段时间里,这个处置方案将决定战役的结果,因此也决定了永恒真理的具体命运:"奴隶可以也必须依靠自己的力量来解放自己。"在一个选择性的情势下,对于真理的表象而言,点就是超验上的考验的层次。

我们将点的观念与决策的观念联系起来。点最终就是一个拓扑学上的算子——在超验上的肉身性的具现化——它同时拉开了主观[真理-程序]与客观[在世界上表象出来的多元]之间的距离,同时衔接了二者。

Ⅵ. 点的理论

我们记得在第1卷中给出了一个形式上的定义。世界的点[实际上,是世界的超验上的点]就是让世界无限多的差异表象出来的地方,那里有各种不同的表象强度值,同一性和差异的各种分叉的网络,在大写的二的例子中有"是"或"否",肯定或否定,投降或抵抗,承担义务或漠不关心……简言之,点就是"非此即彼"(ou bien...ou bien...)的形象中无限性的结晶,克尔凯郭尔称之为"二择其一",我们可以称之为选择或决策。甚至更简单点说,通过一个涉及主体或身体的运算,世界的整体性关键在于人头(face)还是字(pile)①的博弈。于是,世界上每一个多都要么关联于"是",要么关联于"否"。

无限与大写的二的关联,通过后者来过滤前者,并不需要心理学意义上或人类学意义上的一个"决策者"。"决策"在这里是一个超验特征的隐喻:在选择裁定之前,表象强度的各个值的各种表象类型的实存[或相对弱的实存]。我们也可以说,作为一个隐喻,世界上的点就是让它的论述凝练为一个选择的问题。

但是这些隐喻会让我们迷失方向,它们会遮蔽点在形式上的本质。点并非主体-身体可以在世界上表象出来的诸多元中的"任意"决策。点是世界的超验施加在一个主体-身体之上的东西,它如同一个考验,在考验的基础上,通过那个身体让真理-程序在那个世界上得以延续下去。主体-身体逐渐地,一个点一个点地去面对,在同样的意义上,我们可以说,它发现自己径直走向了南墙。在世界的位置上,事物的表象是以如下方式组成的:

---

① 巴迪欧这里说的人头还是字指的是扔硬币游戏的博弈,是正面还是反面,这个涉及二择其一的选择关系。

1）在世界之中，通过作为其身体的对象来实现主体生成和世界的关联只留下了两种可能性。

2）走这条路还是走那条路，我们都必须经过点。当然，也有可能不经过。我们可以像梅尔维尔①（Melville）的著名小说中公务员巴特比（Bartleby）一样，"我宁可不……"但那样，它的主体会牺牲掉真理。背叛。

3）在展开真理程序的两种可能性中我们只能选择一个。另一个是停顿、退却甚至毁灭。灾难。

很明显，对于真理的主体来说，点是在世界的超验中的具体考验。此外，在其效力或后果上，这个考验并不分主观隐喻["我们必须做出决定，我们与之风雨同行"]和客观隐喻["只存在两种可能性，而其中只有一个是'正确选择'"]。这就是为什么我们也可以说，一个点将多元的无限性还原成大写的二，是对真理行动的具现化，而一个事件让真理有机会在世界上表象出来。

这些考察，会清晰地澄清第6卷的结构。

一开始，会给出一组例子，旨在精确地在形式上定义作为一种超验结构的点［将无限还原为大写的二］，随后澄清了点的模棱两可的地方，即它处在决策的主观隐喻［去做还是不去做，一切都取决于我］和具现化的客观隐喻［在这里只有两种继续下去的方式，你对此不能做任何事情］之间。相应地，概念上的澄清涉及两条重要的论证线索。首先，更多地关注主观呈现，强调我们所谓对"选择"的逻辑研究。其次，

---

① 赫尔曼·梅尔维尔（1819—1891）：19世纪美国最伟大的小说家、散文家和诗人之一，与纳撒尼尔·霍桑齐名。梅尔维尔生前没有引起应有的重视，在20世纪20年代声名鹊起，被普遍认为是美国文学的巅峰人物之一。英国作家毛姆认为他的《白鲸》是世界十大文学名著之一，其文学史地位更在马克·吐温等人之上。梅尔维尔也被誉为美国的"莎士比亚"。

它根植于表象的超验逻辑,引导我们进入点的具现化函数之中,并走向我们可以从中推理得出的拓扑学。

随后我们会讨论克尔凯郭尔。为什么?因为在世界的客观性[或超验]和意识的实存架构之间无法分辨的点的问题,就是克尔凯郭尔激进选择理论的核心问题。我们与意识哲学,甚至与绝望的神话和宗教信仰没有丝毫共同之处。我们与克尔凯郭尔的共同点在于如下问题:在什么地方决定了真理以二择其一的方式来给予我们考验?

最后,形式展开确保了超验值的无限性、大写的二的幂和拓扑学之间的关联。这个部分在表象的完美定理中达到顶峰:世界上超验的点界定了一个拓扑学空间。我们以克尔凯郭尔的方式,尽管是世俗化的方式说:哪里有选择,哪里就有位置。

当我们在世界的汪洋大海中接受了掷骰子的方式,正如马拉美的宣言:"没有什么会发生,只有位置。"这句话可以解读为:"除了一点一点地保持所选择的选项接续(succession)之外,没有任何东西放下一个真理。"

第1部分　作为选择和作为位置的点

1. 点的场景：三个例子

我们先从我在第3卷中给过的一个例子开始，即共和国广场上的示威。假设我们问自己一个关于示威的大问题，只能用"是"或"否"来回答。例如，我们问自己，毕竟，这场示威运动的政治内容是支持政府，我们假定示威是"左派的"，或者相反，它反对"左派"。乍看起来，这个问题非常不清楚。因为群众展示的特征，与政府和其他人相关的组织，都被定性为"极左"，或多或少人们明显批评它，至少是口头上的批评。最后，那些坚决反对它的人，主张一种完全不同于它自己的政治。在示威中，所有那些组成对象的成员[在大逻辑给出了这个词的意义]以及它们的超验指数，最终支配着参与者的实存强度[他们在这里是政治组织的原子]。如果我们喜欢对关于这个复杂世界的宏大问题做出"是"或"否"的回答——就像它的口号有点刺耳，这场示威是否对政府有利？——很明显，需要通过一个二元装置来"过滤"其相当复杂的超验，将评价的各种差异简化为概括最终的简单选择：要么1[是]，要么0[否]。如果我们以连贯的方式获得这一点，根本不需要强制性地改变表象的运算，我们会说，这个涉及"示威"世界一般趋势的问题，可以形式概括为："支持政府还是反对政府？"而这就是那个世界的一个点。你们可以看到，点是如何实现对世界上表象出来的多元的抽象重组的。它们的复杂组合归于一个二元简化，这也有点像是对实存的强化。

我们使用形容词"实存的"作为轴心词汇，是为了引入第二个例子。正如绝对自由的理论家们一样，存在主义者萨特总是喜欢设想一些情景，其中，无限多的差异、世界表象上的混沌无序，都可以还原为一个二元选择。特别是他的戏剧首先在舞台上将主观舞台粗野地还原为一个没有保障、没有因果关系的抉择。在面对命运的时候，他借用一个人物角色，走向奇异的透明的虚无之中。我会悲哀地说，在我的词汇里，萨特演出的是点的戏剧。看一下他的男主角吧：超越了抽象[已经是二元的]的善和恶的经验，在《魔鬼与上帝》[1]（*Le DIable et le bon Dieu*）中，男主角格茨（Goetz）要决定接

---

[1] 《魔鬼与上帝》：法国作家让-保罗·萨特于1951年创作的戏剧。萨特称《魔鬼与上帝》是他最重要的剧作，这部于1951年的伟大作品以400年前的农民起义为背景。该剧主要围绕伦理问题，即善与恶的辩证关系，讨论了本体自由的切入点。《魔鬼与上帝》描写的是大半生都沉浸在战火中的军事天才格茨弃恶从善的经历。格茨原本打算围攻并血洗沃尔姆城，神父海因里希为了保护教士将城池地下道的钥匙交给了他，但他后来突然放弃了计划打算弃恶从善，海因里希与他打赌他不可能办到（受人爱戴），并以一年零一天为期限替他见证。他抛弃了深爱他的卡特莉娜，不听劝阻地将他的土地分给农民，导致险些爆发起义。他只身一人行尽善事，指责教会用来骗钱的赦免状，不仅得不到众人的理解反而遭受仇恨。后来他从希尔达口中得知卡特莉娜濒死的消息，因为她这段时间以来一直受尽侮辱，精疲力竭。他来到卡特莉娜身边，顶替神父来接受她的忏悔，并在众人不在时制造了假神迹赢得了众人的信任，建立了一个充满"爱"的"太阳城"。后来农民起义爆发，这个"太阳城"面临战争的危险，格茨离开这里，企图劝阻战争但是以失败告终。格茨的群众卷入战火并遭到杀戮，唯独希尔达活了下来，同时农民起义也陷入困境，死伤惨重。格茨和希尔达在"太阳城"的废墟上安静地生活了一段时间。直到格茨的时间已到，海因里希找到了格茨，判定了他的失败并企图杀死格茨，却反在格茨的反抗中被杀。之后格茨和希尔达离开了"太阳城"废墟，启程去支持农民起义，重新回到了战火之中。

受还是拒绝领导起义的农民。而在《脏手》(Les Mains sales)中,雨果(Hugo)在杀死了他敬爱的领袖贺德雷(Hoederer)之后,究竟是滑向犬儒主义的党让他可以看到的一种生存方式,还是他在孤独中来肯定他的纯粹自由呢?

最终给出如下定义:世界上的点可以用萨特的自由理论来概括。从萨特那里得出的点的例子,实际上都是同一种类型。自由意识选择它的命运,尽管会将世界上各种差异还原为同一个选项:要么我通过假定其他人的自由来承认我的自由,要么从外部的必然性认为我内在受到奴役。

我喜欢给出一个例子,说明它并不依赖于心理上的剧烈变化。朱利安·格拉克①(Julien Gracq)在《流沙海岸》②(Le Rivage des Syrtes)中为我们展现的是,在奥尔塞纳(Orsenna)这个名字下,在历史上一个停滞不前、萎靡不振的城市,只能勉强维持下去。作者的艺术手法传递出这样一个世界无精打采的样子,这个世界没有任何点:在这个世界上,白天的秩序似乎做不出任何决策,海岸上的马里诺

---

① 朱利安·格拉克(1910—2007):在法国和西方享有极大声誉的当代作家,为20世纪法国文学巨擘之一,"超现实主义第二浪潮"的主要旗手。他认为作家不该比作品出名,所以他是目前法国文坛中最低调的作家之一。他受到了德国浪漫主义以及超现实主义影响,他的作品掺杂着怪异的内容以及富想象力的意象。1937年,格拉克发表了他的处女作《阿尔戈古堡》,被布勒东称为"超现实主义第一次自由自在的回潮"。1945年,《阴郁的美男子》问世,1949年,他以格拉尔的故事为题材创作《渔夫王》,该作品被搬上舞台后招致非议,为此格拉克撰写《厚脸皮的文学》予以回驳。1950年,他出版了蜚声文坛的《流沙海岸》,这部历时四载完成的杰作一经发表即引起轰动,他被授予法国最高文学奖——龚古尔文学奖,但作家本人拒绝接受这一殊荣,此举在文学界引了轩然大波。

② 《流沙海岸》:一部闪烁着超现实主义与象征主义精神的瑰丽而深沉的小说,作者虚构了一个天方夜谭式的离奇故事,用以回溯历史与影射现实。小说描叙阿尔多青年时代的一段离奇经历。当时奥尔塞纳城市共和国这位上层贵族子弟在一次痛苦的失态后,要求并被批准调往西尔特沙岸,任海军指挥所的"观察员"。与西尔特省隔海相望的法尔盖斯坦共和国,在300年前曾与奥尔塞纳发生过一场战争,此后双方一直处于不战不和状态。阿尔多的到来使平静的海面掀起了轩然大波。他在坠入豪门之女瓦л内莎的情网之后,登上了海域边界线上的一座小岛,继而在海军指挥所大兴土木,整修要塞,后来驾舰越过海界,驶向对岸,遭到法尔盖斯坦炮击,从而使这两个国家面临重燃战火的严重危险。

船长（captitaine Mariono）堡垒，不再会有任何期望，只有一种带有忧郁的精神上的萎靡，一种骄奢淫逸的不求进取。在这样的情境中，年轻的阿尔多（Aldo）发现连他自己说"是"或者"否"都变得毫无意义。所有一切都是麻木的，他要为了意义而斗争。在这里有一个在超验上的例子，它在文学中实现了，没有二元性可以唤醒判断、行动或生成的裁决。

话虽如此，还是有大量的迹象，有他们那个被忘却了的古老敌人法尔盖斯坦（Farghestan）正在恢复军事行动的迹象[海上事故，间谍活动……]，空气中弥漫着兴奋的味道，这些精神将不安和希望结合起来。阿尔多对瓦内莎（Vanessa）的爱，在这样的动荡中持续了很长时间，或者说动荡标志着他们的爱情。他与一位法尔盖斯坦的使节争论（非常精彩的一幕），将这些症候纽结成为双重系列，而实际上，这才是问题的关键所在：我们是应该拖延时间，继续表现出慵懒和无动于衷？还是应该积极备战，反对一切安于现状的东西？来自法尔盖斯坦的使节就是这样一个事实的信使，这样一个点，这样一个选择或许会出现在某一天的秩序中。这个点越来越表象出，在历史如同沉寂睡去的困扰之下，公共意见以及阿尔多的意见开始逐渐走向一个抉择。因为他们的欲望那里有一个点，这就是西尔特（Syrtes）在超验上唯一可以设想的具有生命力和激活的标记。西尔特的人民、瓦内莎、阿尔多，他们自己都欣喜地并无意识地准备着即将到来的战争与灾难。

在实际情况中，奥尔塞纳的政治领导人，老丹尼埃洛（le vieux Danielo），长期以来就筹划着重新开战。阿尔多也成为他棋盘上的棋子。但是老丹尼埃洛知道，一旦开战，法尔盖斯坦的胜利和奥尔塞纳的毁灭都是不可避免的。为什么要冒这个险？在书的结尾，老丹尼埃洛在同阿尔多的一场紧张又十分绚丽的争论中解释说,"为什么活着?"必须再一次成为这个城市的最具有热度的问题。是时候面对城市的碌碌无为了。奥尔塞纳世界必须再一次让寓居于这座城市里的羸弱的主体们实现他们做出选择的义务。简言之,对于所有人都有一个点:在历史上继续安睡还是战争?老丹尼埃洛随后说道:

> 当船在沙滩上慢慢腐烂时,一个将它重新推回到大风大浪之中的人,可以说,不会计较其得失,至少不会关心它最终走向何方。

奥尔塞纳走向了急剧断裂的关乎命运的点,在那里,战争问题会变成一个单一选择,从而避免整个城市在闲散与慵懒中堕落。按照大写的二,这个点就是世界命运的可能性。

2. 具现化的点与幂

作为大写的二的例子,如果某个点得到具现化,那么这个点就是实际的点。于是,在情势中所有分差的强度都展现出来。也就是说,到了《脏手》结尾的地方,雨果在其中痛苦地挣扎,那么雨果可以承认这个建构性的点["可救还是不可救"]。在《流沙海岸》中,如果选项"要么无休止地在历史上浑浑噩噩,要么被战争所毁灭"是在三个连续的对话中被澄清和强化的——与擅长怪异制图术的马里诺船长的对话,他告诉阿尔多厌烦的力量;与法尔盖斯坦使节的对话,这是活跃的大他者的标志;以及与老丹尼埃洛的对话,他有心策划让这个点表象出来——那么阿尔多就可以综合在奥尔塞纳所发生的一切。但是，从更细微的角度来看，这个点具现化了相对于超验的真理-身体（corps-de-vérité）。如果奥尔塞纳的真理就是在历史死亡中一个表象物的生存的话，那么这实际上就是对选择的考验，就像老丹尼埃洛所安排的那样，他通过将城市抛入注定会输掉的战争之中，具体地证明了这座城市潜在的死亡。如果雨果的真理是绝对自由的决定，那么对于他来说世界的意义是什么，只有在这个点上，当他宣告说"不要救我！"时，这个真理才获得了其戏剧上的表象。

一个点是对无限的双重化，它凝聚了在世界的位置上的真理的表象。各个点展开了大写真实表象的拓扑学。

让我们再以在第3卷附录中讨论过的高加米拉战役为例。这个战役在抽象上可以界定为战役中的一个点。我们如果接受克劳塞维茨[①]（Clausewitz）的伟大公理，即他认为战争是政治的延续，在一场战役中有一个选项［胜或败］，在一段时期里，这个选项可以决定为政治的真理。但是，正如我们说过，一场战役自身就可以看成一个世界。在那种情况下，大流士的决定，让出战场中央的阵地，方便长镰战车调动，这是在所有军事行动中非常经典的一个点：要么两翼包抄，要么中央突击。在亚历山大那边，他牢牢记住了大流士对这个点的处置，选择采用斜型阵型，最终包围了敌人的左

---

① 克劳塞维茨(1780—1831)：德国军事理论家和军事历史学家，普鲁士军队少将。1792年，参加了普鲁士军队，1795年晋升为军官，并自修了战略学、战术学和军事历史学，著有《战争论》一书。克劳塞维茨研究了1566—1815年期间所发生过的130多次战争和征战，撰写了论述荷兰独立战争、古斯塔夫二世·阿道夫大战争、路易十四战争、腓特烈二世战争、拿破仑战争、1812年卫国战争、1813年德意志解放战争等的许多军事历史著作。《战争论》的结论是："战争是政治的工具，战争必不可免地具有政治的特性……战争就其主要方面来说就是政治本身，政治在这里以剑代表，但并不因此就不再按照自己的规律进行思考了。"对于克劳塞维茨的这一论点，列宁曾给予极高评价。列宁称他为"一位非常有名的战争哲学和战争史的作家"。

翼,打破了大流士的线型阵型,以及他的中央冲锋。通过这样做,他接受了自己的左翼遭受挫折,让那一侧保持相对较弱。所有这些对点的处置最明显的后果,在严格意义上来说,涉及在战役世界中表象出来的诸多以及像左翼、右翼、变阵、撤退等范畴之间的关系在战役的一般位置上的具现化。我们可以说,点确定了战役-世界的拓扑学。

但这仅仅是一个相当一般化的真理的例子,我们会在世界的超验值的基础上从形式上来证明它。世界的各个点构成了具现化真正的幂(puissance)[用专业术语来说,它是一个拓扑空间的幂]。

我们已经有机会注意到世界的超验,尽管它以代数的形式[秩序关系的代数学,它支配着同一性和差异,在最后的分析中,也支配着实存和客观性],在最基本的层次上展现了自身,它实际上就是具现化的幂,最终也是拓扑学的幂。哲学决定的二元性再生产出这种区分。当我们谈论"表象的逻辑"时,我们优先考虑的是组成一个世界的诸多的严密一致性,它们的包络以及它们表象强度的关联的规则。当我们说"在那里存在的形式"时,我们反而优先考虑的是多的具现化,具现化摆脱了单纯数学上的绝对性,在世界的位置上的奇点中来描述它。

有了点的观念,我们就有理由认为在其内在表象的一般逻辑中纯存在,其两个决定因素是同时并存的。换句话说,在我们思考世界的点的问题时,本体论和逻辑之间的过渡就非常显著。这就是为什么在隐喻上,点就是思想决策的指标。它创造出在逻辑交错中表象出来的东西。换个方式来说,点指出了存在潜在的拓扑学。

从直观角度来看,很明显,"具现化"意味着将某个多定位于另一个多的"内部"。或者说,某个多在世界上的位置是

Ⅵ. 点的理论

业已确定的,用这个多来限定其他多的表象的位置。那么,我们的目标就是思考世界的超验[强度值]、"内部"的拓扑学概念以及点之间的关联。这个关联决定着这些点具现化的幂的合理性。

3. 内部和拓扑学空间

首先我们需要说明拓扑学是什么。基本上,相对于多的子集,拓扑学空间是由子集及其内部之间的区分来给定的。具现化运算实际上指明某个元素在什么位置上。也就是说,在一个位置内部[或最初的多的一部分]具有了意义。对什么是位置[或具现化的幂]的公理应用,在于发现内部的基本原则。

例如,以巴西利亚(Brasilia)这座城市为例,这是巴西人为建设起来的首都,我们可以将之视为"纯"城市。因为它完全是从无的基础上建立起来的:在1956年的时候,那里还只是一个贫瘠的高原,从1960年开始建设。当我们说巴西利亚是一个位置、一个空间时是什么意思?当然,我们知道其字面意思是说"生活在巴西利亚"或"来到巴西利亚"。这样,有一个参照集,即构成巴西利亚的元素的集合。如果我"在这个城市里",那是因为我是巴西利亚这座城市瞬间组成的一部分,那里有一个位置首先意味着给出了一个多,它的内部等于它自己。正如我们对待参照的"巴西利亚"的总体一样,对于具现化的整体的位,我们可以这样来说:巴西利亚的内部即巴西利亚。

现在,位在其内部安排了它的诸部分。在巴西利亚,这个安排非常精到,正如巴西利亚建筑学派的创始人卢西奥·

科斯塔①(Lucio Costa)在1955年指出的那样,他将这个地方作为一个"平面"(flat)符号,以获得适宜于其身体的具现化的力量。设计[参看本书图6]是在戈亚斯州(Goïas)的荒漠高原上以十字形展开的。中心就是一个点在几何学上的定义,是两条直线的交叉点。卢西奥·科斯塔在中轴的两侧弯曲了其横轴,而在建筑师奥斯卡·尼迈耶②(Oscar Niemeyer)的主持下,所有的政府建筑被建造起来。那么我们有了一个与清澈的蓝天相协调的鸟儿的图示——对于像我这样的热爱这座从虚无中拔地而起城市的人来说——蓝天是如此之广阔,以至于在夜幕降临的时候,天空拓展并吸纳了这座鸟儿一样的城市,而它在虚无之中一动不动。在这个符号的基本布局下,水映衬着蓝天。在鸟儿的边缘处,一南一北有两个大湖,就像两个闪闪发光的曲线,重新描绘着鸟儿两个翅膀的建筑运动。那么,这些部分可以明晰地界定为"政府部门大道"

---

① 卢西奥·科斯塔(1902—1998):巴西著名建筑家和城市设计者,设计了现在巴西的首都巴西利亚。科斯塔出生在法国的图卢兹,1917年随父母回到巴西。父亲希望儿子成为艺术家,便送其到里约热内卢的国家美术学院学习绘画。然而,青年的科斯塔却痴迷于建筑艺术。他研究和学习巴西殖民地时期的建筑艺术,在校学习时就设计了一栋代表殖民地时期建筑风格的别墅式住宅。1956年,新当选的巴西总统库比契克承诺要在任内完成迁都的历史重任。为在中西部的蛮荒之地建立一个崭新的首都,巴西政府决定对新首都的城市规划实行国际招标。其中科斯塔是唯一的巴西人。巴西利亚城区的规划设计巧妙,布局构思精细,令世人赞叹不已。站在城区最高的建筑物——218米高的电视塔上俯瞰,整个城市就像一架喷气式飞机翱翔在蓝天之上:"机头"是政府、国会和最高法院所在的"三权广场",东西朝向的机身前半部是联邦政府各部办公楼,后半部是巴西利亚市政府办公楼和体育场馆,伸向南北的两个"机翼"有序地分布着一栋栋公寓大楼。"机身"与"机翼"的结合部是商业中心和市区交通枢纽之地。"机头"前方是筑坝蓄水形成的湖泊,呈"人"字形,蓝天白云、清风轻拂之下,正张开双臂拥抱自己的城市。

② 奥斯卡·尼迈耶(1907—2012):拉丁美洲现代主义建筑的倡导者,被誉为"建筑界的毕加索",他的作品有数百个,遍布全球十几个国家。他曾在1946年至1949年作为巴西代表,与中国著名建筑师梁思成等共同组成负责设计纽约联合国总部大楼的十人规划小组,并曾在1956年至1961年担任巴西新首都巴西利亚的总设计师。巴西利亚被誉为城市规划史上的一座丰碑,于1987年被联合国教科文组织收入《世界遗产名录》,是历史最短的"世界遗产"。1988年尼迈耶被授予普利茨克建筑奖。

(avenue des ministères)和"纪念碑广场"(place monumentale)[中心直轴,从西北延伸到东南],"北部居民区"和"南部居民区"[两翼],"个人别墅区"[湖边],等等。这些部分拥有明显的具现化的幂。在南部居民区"里"意味着那里有一幢建筑,是沿着鸟翼布局的——按照共产主义者建筑师设想的平等主义原则来重组为"邻里单元"。在那里你会发现,沿着这些道路有一些社区、公用建筑、商店或学校。

要注意,这样一个内部[南翼],明显也是由它内部的那些部分来规定或具现化的:南翼的一幢居民楼或公用建筑,就是南翼的一部分。我们可以说南翼的内部包含于多"南翼"之中。

同样,那些令人敬仰的纪念建筑的集合组成了巨大的"三权广场"(place des Trois-Pouvoirs)——政府[行政机构],法院[司法机构],地上坐落着像两个巨人就餐用的盘子,是对称的众议院和参议院的大厅[立法机构]——构成了广场的内部。这就是让广场通过物质化的象征,在空间中具现化的东西。我们可以很清楚地写道,三权广场的内部就包含于这个广场。

435 对于可以用到空间中的传统代数学运算,一旦我们现在将之应用到内部观念上又会如何呢?我们知道,这些代数运算有两个位置的合取,以及对具体轨迹的重复。换句话说,我们提出如下两个问题:

1) 知道一个明确空间中的两个部分的内部,是否有可能知道这两个部分的共同的内部,即它们在空间上的合取?

2) 知道一个既定部分的内部,这个说法的重复究竟是什么?换个说法,什么是内部的内部?

例如，我们以巴西利亚南湖为例，这是一个富人别墅区，带有面向湖水的花园。我们在直观上注意到，"湖"的部分和"别墅"的部分的共同之处就是花园。对花园来说，湖水扮演着永不衰败的风景，夜晚成群的鸟儿一动不动地栖息在树枝上。但是湖的内部，可以视为空间"巴西利亚"的一个成分。它构成了城市宁静而清新的边缘地带，为城市几何学锦上添花。相对于别墅，花园的内部具有同样的功能，用带刺的可以充当屏障的篱笆合法地区分出内部，对于那些不怀好意的陌生人，对于那些并非亲密淳朴的居民的人，具有防御功能。最后，毕竟湖和别墅的内部有共同部分，这个共同部分就是花园的内部，它的内部仅仅就是湖与别墅的共同的内部。我们知道，这就是在它们边界上的祥和宁静的功能。

总之，合取的内部就是它们内部的合取。

也可以否定性地证明一下，如果我们问到几乎触到地面的立法院的白色大厅，与垂直轴上的代表行政权力的政府大厦之间合取的内部是什么。回答非常明显：内部并不存在，是空集。这是因为两个对立的内部——垂直线上的法定秩序与水平线上的争辩和投票立法——并没有直接的空间上的关系。在建筑布局中，这体现的是三权分立的代议制原则。那么十分明显的是，如果两个部分的内部没有共同部分，那么两个部分的合取的内部也是空集。

我们现在转向对位置的幂的重复：一个部分的内部本身是否也拥有一个内部，如果有，它是什么？我们进入外交部，它是沿着"政府部门滨海大道"(l'Esplanada dos Ministerios)的一系列政府部门中最漂亮的建筑。我在大厅之中，太阳的光芒照在长着睡莲的池面上。在一边，我看到了一个奇怪的垂直的花园，在玻璃之下，长着一个巨大的热带植物，它衔接着一个很正式的裸体雕像。我可以比我现在已经处于的内

Ⅵ. 点的理论

部更深入地进入这幢现代宫殿的内部吗？不，它让我与外部隔绝开来，在外部看不到我。现在我已经跨越了玻璃和水泥建立起来的几乎无名的秩序，发现了这个秩序所封闭起来的巨大的花，我只能将这个内部继续当作内部，从内部来欣赏它。当它向我具现化的时候，这个内部只有它自己作为内部，重复着。内部的内部就是内部。

现在，我们拥有了一个既定参照集合的某个部分的内部的四个特征：

1）参照集合的内部就是它自己；

2）一个部分的内部包含于这个部分之中；

3）两个部分合取的内部就是它们内部的合取；

4）一个部分内部的内部就是它的内部。

这就是内部的四个公理。

那么我们会说，如果有可能将某个多的诸部分按照这四个公理界定为一个"内部"，那么这个多就是一个拓扑学的多。基本上，我们已经说明了在何种意义上，巴西利亚的建筑可以思考为一个拓扑学空间。值得注意的是，一旦可以从点来思考一个世界，它的超验是作为一个考验施加于那个世界的真理的表象之上的，那么所有这样的世界都可以看作一个拓扑学空间。在这里，"在那里"的表达获得了其全部意义。真理在各个点上被揭示出来，真理发现自己在身体上的支撑直接在世界上表象出来，仿佛后者总是在其位置上。

夜晚，我迷失了自我，透过巴西利亚南翼公寓的窗户，在宁静清澈的天空中，我经常会想象这些主要标志性建筑的图系，城市纪念建筑似乎会描绘出它在大地上的轮廓，这些会告诉我，我将永远在那里。鸟儿在干燥的大地上张开翅膀，月亮式的环湖，带有尼迈耶风格的水泥建筑：所有这一切都告诉我巴西利亚的各个部分，以这种方式展开，带领我穿过黑夜，让我合体于这个现世界的诞生之中。

4. 点的空间1：超验值的肯定

存在被赋予了一个内部，世界的点形成一个拓扑学空间，对这一事实的证明，只有在形式展开部分才能彻底明晰。我们只会在这里给出一个直观上的呈现。

我们可以从拓扑学和超验之间的关联的一般观念开始评述，这是非常自然的。多元在世界中的法则就是在一个位置上表象出来。那么我们不用奇怪，位置的抽象概念——在拓扑学空间上的内部和外部的区分——在本质上与主宰着表象强度的超验结构密切相关。世界上[超验上]的诸点组成另一个拓扑学空间，这是一个更为精确，也更为神奇的观念。它的一般意义如下：一个世界具现化的幂在于，那个世界无限多的量的差异，会在大写的二的要求下表象出来，而大写的二就是"匿名决策"的现象上的形象。从存在过渡到在那里存在，在世界上，是通过那个将所有强度的差异还原为在相互排斥意义上的"是"或"否""要么这个，要么那个"的基本形象而验证的。

当他们处在令他们精神恍惚的吸引和排斥的二元物理学的中心时，康德和他之后的德国唯心主义的伟大人物有一个共同直觉。在最初决定一个力的分解时，牛顿的辩证解释都需要诉诸物质材料，无论是可见的，还是不可见的。

让我们回到巴西利亚的建筑。城市的超验支配着在其中建立起来的一切事物的活性强度。例如，居民住宅或私密性表象，支配着两翼的布局，在两翼那里，除了商店之外，只有居民楼。在城市的西北方，军官住宅和国防部的并置决定了那里有一个潜在的军事区域，国防部与其他政府部门相距甚远。在这些前提下，什么是点？按照展现出简单区分的空间布局［或空间的意指关系］来横向地配置各个强度。在巴西利亚的例子中，在设计图纸上就设计好的南北对立，组织着我们称为"弱"点的东西。这是因为这个规划在唯意志论上的对称，在大写的二的不同侧边，分配了一些同样的功能［因此，也有非常一致的值］。这样，毫无疑问，鸟的北翼并没有与南翼彻底不同的居民楼，在功能上，它们是同质性的。相反，东西的对立——一边修建了工厂、火车站和军事区域，另一边则修建了湖景别墅、休闲俱乐部——则形成了一个强点。同样，点也导致了"空集的庄严表象"类型［三权广场像大地上的星丛一样］，以及"树与水的平和"类型［森林一样的南湖湖岸］，城市的强点，它必须面对令人恐怖的代议制功能［纯粹展现出来的国家］，为政客、高阶公务员、使节们提供的住宅，可以将他们留在这个相对死寂的位置上，至少与圣保罗那种绚丽多彩的生活比起来是如此。

如果我们现在将这些点聚集起来，我们会看到，在某种"低于"超验的意义上，它们拥有一个具现化的幂。它们就像某种对城市的在那里存在的总结，或者更准确地说，它们从组织其空间形式的张力关系，甚至是［唯物主义辩证法意义上的］矛盾关系的超验上提炼出来的东西：代表和居住，权力和日常生活，和平功能和战争功能，学习和休闲。城市的超验是纯粹几个人的创造，所有这些都在空间中被刻画为具现化的强度，并在这些点上找到它们各自的值。我们同样可以说明，一场战役中的主要冲突，正如我们看到的，将政治主体的身体暴露在连续决策的点面前，在一个位置上［在战场上］

对战争的凝聚可以理解为一个世界。这样,点很自然地提供了某种类似于对超验的拓扑学总结的东西。它们展开了整个世界。

但如果在与超验的关联中,点形成了一个拓扑学空间,那么我们必须可以界定点的集合的内部。简言之,已知一个各个点的群,这个群的内部是什么?这个内部如何与支配着表象的超验值关联起来?

这个观念——非常深刻——如下。一个点凝聚了实存的各个值,这个强度是由超验来测定的,点将之变成了仅有的两种可能性。在两种可能性中,只有一种对必须穿越这个点的真理程序来说是"好的"。只有一种可能可以让之合法地延续下去,因此也捍卫了世界上主体-身体的行动。突然,在一个面对着真理生成的既定点上,超验值事实上被分配到两个层级上:一个值对应于"好"的值,一个值对应于"坏"的值。

很自然,按照我们所考察的点,发生了两部分的变化。例如,在迫使奥尔塞纳参加救赎战争的过程中,马里诺船长的梦幻式的惰性和弱实存规定,都将赋予整体点"要么在历史上停滞不前,要么毁灭性地觉醒"以否定性的值。然而,在小说的主角阿尔多的教育下,相对于点"谨慎的军事行动,或以冒险的和无序的方式行动",马里诺的忧郁观念相反具有了肯定性的值。同样,在高加米拉战役中,亚历山大针对大流士采用的斜型阵型——将骑兵放在左后翼,赋予了这些骑兵出场和战斗的值。相对于点"是摧毁波斯军队的右翼,还是抵挡攻击",他们是负值,但相对于点"暴露还是不暴露在战车冲锋之下",他们是正值。

我们已经看到,在相对于一个既定世界的解释中,其基本观念是,所有的点都与超验值相关。相对于这些点,超验

Ⅵ. 点的理论

值和多指示出点在世界上的实存,并赋予其正值。如果你们喜欢,所有点都是"好的点"。让我最后举一个小例子。一个主观上的低强度值,或者一个完全镇定的状态,在"掌握一个复杂的谈判,或让自己被支配"点的选择决定会取正值。一个非常显著的强度,如阿喀琉斯之怒,反而在决斗[战胜或被打败]的点上取了正值。同样的愤怒还有拜占庭谈判中的徒劳无功。我们知道大写的二那一项是否取正值完全取决于具体情况。在萨特的剧作中,对自由的肯定在纯粹决定中取正值,而机会主义的算计或者屈服于设定的决定论,则是取负值的一边。我们可以说对于萨特来说强度上取正值,就是世界上各个点的集合,世界将其赋予自我生成或主观明晰性的现象的表象上。在巴西利亚的例子中,如果我们将其象征价值作为一个方向,即这个巨大国家的首都缺乏地理学上的统一性,我们会说,那些赋予这些值以空间上的明晰性的点,取的就是正值。对于参议院和众议院来说,对于那些庄严肃穆、宏大威武的水泥建筑来说,其正值非常高;而对于设置在湖边树荫下的那些奢华的别墅来说,其值则非常弱,那些散射的位仅仅肯定了巴西的一个非常古老的特征:无法匹敌的也无法撼动的财富的特权。

无论如何,我们有可能汇集其关于让那些表象强度在尺度上取正值的"点"这种类型的二元函数的所有超验值。这个汇集就是对值的正值化(posivitation)。

5. 点的空间 2:点群的内部

如果一个点至少赋予了一个强度值以正值——如果这个点就是对该值的正值化——那么可以认为,在我们所运作的这个世界上，点积极地赋予了包含了所有具有实存强度值的多的过程以正值。例如，在高加米拉战役中，点"隐秘地还是公开地接近敌人"就赋予亚历山大军事部队的部署以正值。而点"巴西利亚市是一个政治首都，而不是一个私人财富的位"就会赋予三权广场和其他建筑实存强度以正值，但会赋予南湖边的私人别墅以负值，尽管在风格上它们是兼容的例子。

更一般地说，点群（groupe de points）的"正面"部分就是由正值化所构建的值。如果点群实际上是所有表象强度值取正值的点，那么也赋予了所有由这个值所测度的该世界对象的表象的有分差强度的东西以正值。我们可以说，通过提供世界中的一个过程的整体外延，我们激活了这个值。

结果，我们所谓的点群的**内部**，即一个群的正面部分，即该群中所有取正值的部分［或子群］的并集。点群的内部就是这个群所包含的在世界上所有整体上的肯定性资源的东西的集合。

但是，在何种程度上，将其视为点的集合的内部，是对这些资源的合法的"拓扑化"？非常简单，它之所以是合法的，是因为由所有取正值的部分组成的子群实现了内部的特征。在现象上，这些特征就是我们之前概括过的特征。形式证明是不可或缺的，但我们可以提出四个直观"证据"，来对应于多的内部的四个基本特征。我们的说明顺序会与之前的顺序有一点不同。

对内部的公理2［一个集合的内部包含于这个集合中］的证明比较简单。设一个点群。所有拥有属于取正值的属性的部分，明显构成了包含于该群的一个子集，即我们所谓的该群的"正面"部分，我们说过这个部分在该群中扮演着内部的角色。很明显，这个内部包含于是其内部的部分。

Ⅵ. 点的理论

接下来,如果我们设点的两个群,两个群共有的点的内部,就是它们内部的共有部分[内部的公理3]。所有群都共有的点的群的内部,实际上就是由它们包含于那个群中取正值的部分组成的。很明显,这些取正值的部分,同时属于两个群,属于它们的内部,因此也形成了两个内部的共同部分。

然后,构成了世界上点的总体的群的内部,就是这个总体本身。正如如果我们将巴西利亚视为一个世界,巴西利亚的内部就等于巴西利亚[内部的公理1]。如果世界的某一个点并不在这些点的集合的内部之内,是因为这个点在其中并不取任何正值,因为点的总体已经十分明确地让总体的各个部分都取了正值,它们都是点的集合。于是,那个点并不会分配给正值任何超越值,给任何实存,或给任何在世界上表象出来的东西。这等于是说,它不是一个点,因为一个点必须澄清了大写的二的幂,因为在表象值中引入了二分。

最后,点群的内部的内部是什么?根据定义,这个内部就是取正值的集合的并集。这个内部的内部就是一个并集,它是正值化的并集形成的正值化集合的并集。换句话说,这就是内部本身[内部的公理4]。

这样,我们已经"证明了"点群的正面部分——包含取正值的部分——的确界定了这个群的内部。这意味着世界的点是一个拓扑学空间。由于它检验了表象真理的幂,所以我们有可能揭示出,在本质上,这个表象是一个拓扑:表象被视为接受世界考验的真理的支撑,它就是存在在世界上的**占位**[①]

---

① 在法语中 avoir lieu 是一个固定词组,表示发生,巴迪欧用带有连字符的 avoir-lieu,使用的是这个词的表面意义和实际意义的双关,在字面意义上,指的是存在拥有一个位置,即占位,也意味着存在降临在这个世界上,在这个世界上发生。实际上,在巴迪欧这里,在世界上占据一个位置和发生在这个世界上,从拓扑学意义上来说,是一个意思。而且巴迪欧在文章中已经点明了这是从拓扑学角度来理解的意思,所以在这里翻译为占位。

(avoir-lieu)。

至于占位的激活，我们注意到所有东西最终都依赖于世界上点的数量。这个问题基本上等同于世界的走向或具现化的幂的问题。我们会看到，如果我们坚持超验结构，那么所有的情势在某种意义上都是可能的，都是从没有任何的点，到让某个点关联于任意表象强度。在一个点上有不同强度值的集中所明确的具现化的幂，可以从整全走向一无所有。

6. 迟钝的世界

当一个世界的超验没有任何点的时候，我们可以说这个世界是一个**迟钝**（atone）的世界。

我们可以在形式上证明迟钝世界的实存，也可以在经验上证实它。我们已经充分说明了在这样的世界上，根本没有重视的主体形式主义来充当真理的代言人，因为它没有任何的点，也就不可能拥有具有实效性的身体来面对这样一个真理。这就解释了为什么民主唯物主义就是最恰当不过的迟钝的世界。没有点，也就没有真理，只有对象，只有身体和语言。这就是民主唯物主义梦寐以求的幸福：不发生任何事情，我们尽可能去隐藏死亡。所有东西都是有组织的，所有东西都有保障。人像经营生意一样，打理着自己的生活，合理分配所能带来的孱弱的快乐。我们已经看到，这就是格拉克《流沙海岸》在风雨飘摇中的金科玉律：不会再发生任何事情，因而也不可能决定任何事情。

以在浑浑噩噩中度日[并在安乐中死去，总是需要那些渴望"无点"的实存，也希望以与他们的生活同样死寂般的方式来对待自己的死亡]为幸福原则的世界在形式上是可能

VI. 点的理论

的，在给出文学的例子之后，我们也会通过超验结构的数学方式来说明这一点。

在经验上，很明显，迟钝的世界就是这样的一个世界。这种世界的分差和差异如此之小，或者说如此安宁、如此同质，以至于根本没有大写的二的状态，结果，也就没有决策的形象来对它们进行评价。现代对世界"复杂性"的辞令，恒定都是对民主运动的颂扬，它们真的只是对一个一般化的迟钝世界的欲求。最近，我们已经看到，对这个迟钝世界的深度欲望已经延伸到性领域上。盎格鲁-美国的性别研究的一个趋势就是抛弃男性/女性的两极，将它视为形而上学上二元论[存在和表象，一与多，同一与他者，等等]的诸多样态之一。"摧毁"作为二元对立的性差异，用一个性别建构的类-连贯性的多来取而代之，最终这种性的理想脱离了形而上学。我没有从经验上反对这种观念。我非常乐于承认在多之中展开的欲望的形象和幻想的启迪，即便比解构性别的那些人假定得更加无限复杂，更加无限怪异。我所反对的仅仅是这种无限的渐变，无限的回归多之存在，不过是在性的元素下，展开了民主唯物主义的奠基公理：那里只有身体和语言，那里没有真理。这样，他们将"性的世界"确立为迟钝的世界。这是因为性差异的常规意义并不在于生物学或社会强制。关键在于性的二分，在多一个选择的大写的二面前，让对某些点的处置的爱的真理合法化了。

在这个意义上，的确性的方向不是既定的，而是建构的。或者用西蒙娜·德·波伏娃（Simone de Beauvoir）的萨特式话语来说，人并不天生是女人[或男人]，而是后天生成的。**在爱的世界**中表象出性的方向，我在其他地方将这个世界称为"大二的场景"。因为它属于某种真理的本质，这个真理提出，对于任意的情侣来说，在做出抉择之前他们生成了表象，而这个抉择就是由情侣自己所宣称的爱的世界中的诸点所组成的。根据唯物主义辩证法，性差异是一个支撑，它让主观形式主义上的爱占据一个身体成为可能，爱的邂逅让这个身体出现在这个世界上，而这完全不依赖于那些发生了邂逅在经验上的性是什么。这个差异通常是与时下流行的性的迟钝世界的决裂。这让我们可以走向迟钝世界和不可能的孤独之间的关联，我们在逻辑上完全可以说明这种关联，即普遍意义上的"交往"（communication）。我们将一个非最小值的正强度的值称为"隔离群"（isolat），这样只有最小值从属于这个值。换句话说，在它与无之间没有任何东西。当所有东西都无限交流时，那么并没有点。在经验上，一个隔离群是一个对象，它的表象强度是不可拆分的。为了评价在真理建构中它的相关性，我们不需要分析它、拆解它、还原它。它是世界中的停顿点（point d'arrêt）。这个停顿点证明，在迟钝世界上，至少有一个位置会被摧毁。在这个位置上，我们需要对真理-程序决定说"是"或"否"。

以萨特的《魔鬼与上帝》中的格茨为例，在他的世界中〔被内战蹂躏而衰落的中世纪世界〕，他体验到的是真正的停滞的混乱。实际上，他试图让其在善与恶的道德二分中表象出来。但是根据这个真正的点的二分，在经验能力范围内没有隔离群。当格茨试图做好事时，世俗的多元被摧毁了，只剩下一片废墟：农民拒绝献出他们的土地，而麻风病人对亲吻感到恶心，他的爱人去世了……所有这些似乎都在萨特所谓的"轮盘"（tourniqet）中崩溃掉了：善变成了恶，表象展开的速度加快了，主体性完全不理解任何真实的东西。用我们的话来说，这就是没有身体的形式主义。最后格茨意识到，唯一可以立足的地方不是在良心中，而是在世界唯一的隔离群中：农民战争。这场战争的过程不需要任何分析上的分解。它甚至不会在道德抽象面前表象出来。这就是它自己的结局，所需要的就是参与它或反对它。于是，格茨接受了农民领袖纳斯提（Nasty）的请求：作为军事将领来领导无组织的农民队伍。而在纳斯提那里，他知道至少存在着一个点：一个农民的选择，要么自由地造反，要么接受奴役。格茨听从了他的教诲。格茨最后一句话是典型的反对迟钝世界威胁的点的作用："这是要赌一下的战争，我要打这个赌。"

在今天，值得去反思下这个教诲，因为迟钝世界的宣言纯粹是意识形态的。在没有历史的家庭和睦幸福的程序的覆盖下，在毫无保留的消费和对轻柔音乐的热衷之下，遮蔽甚至消除那些揭露出表象中的无数的值得为之坚持不懈的点的张力关系。对于装备精良的民主唯物主义所打造的迟钝世界的强力承诺而言，我们要在世界的每一个角落，每一道裂缝中去反对他们的研究。因为在某些隔离群的基础上，我们有可能坚持一个"是"，至少在一个点上，让我们可以成为无名英雄。让我们自己合体于大写真实，就必须打破变化上的平庸无奇。就像勒内·夏尔①（René Char）重现了圣-茹斯特在热月9日的沉默，必须说："永远关上**交往**的那扇水晶百叶窗。"

7. 张力世界

尽管隔离群十分稀少，我们也需要牢牢记住，对于超验

---

① 勒内·夏尔（1907—1988）：法国当代著名诗人。生于法国南方沃克吕兹省索尔格河畔的伊尔。早年一直住在家乡乡间，后从事文学创作，受超现实主义影响。1930年曾与布雷东、艾吕雅合出过诗集《施工缓行》。第二次世界大战后，他抱着爱国热忱，拿起枪来与敌人周旋，是下阿尔卑斯地区游击队首领，在抵抗运动中与加缪成为挚友，获得骑士勋章。

来说，让其具有一个值也同样是可能的。这就是**张力世界**(les mondes tendus)的布局，它与迟钝世界相对立。许多表象上的强度值，许多可能的点，需要做出决定，而在迟钝世界中完全没有这些，只有在张力世界中才有这些决定。的确，这也就是萨特的信念：我可以"选择我自己"，也就是说自由地决定在各种情况下我的存在，那就是我所做的事情。然而，这个选择的表象——对它的纯粹反思——一般来说并不明显。这意味着尽管所有特殊的环境都是一个点——这足以在它自身中将它孤立出来，作为一个隔离群——但意识往往愿意合体于一个迟钝世界。在这种情况下，需要让其指向它自身之外的某种东西，将它消融在世界的复杂性之中，让它沉浸在交流之中。

例如，雨果和他的妻子杰西卡讨论雨果的任务[清除贺德雷]，但并不赞同其意义。我们有了如下的对话：

雨果：杰西卡！我很严肃。

杰西卡：我也很严肃。

雨果：你在装作很严肃。你自己已经告诉我了。

杰西卡：不。那是你做的事情。

雨果：求你了，你要相信我。

杰西卡：如果你相信我很严肃，我就相信你。

雨果：好吧，我相信你。

杰西卡：不。你装作相信我。

雨果：我们会无止境地吵下去。

这就是不可能性的典型例子，一旦我们试图克服这种迟钝世界，并让他们自己的生成[在这个例子中，他们的生成就是他们的爱，至少是他们的婚姻]建构为一个足以抵抗的隔

Ⅵ. 点的理论

离群,能锚定一个积极的点时,意识就会遭遇这种不可能性。这个对话真的就是既是玩笑又是绝望的值,我们可以将民主注入其中,那么我们可以成为迟钝世界的奴仆。

但这不同于贺德雷的说法:

> 我时间很紧。我一直时间很紧。曾经我可以等待。但现在我不能。

他指出了一个张力世界,它部分地与实用主义的公开的迟钝世界相对立。在张力世界中,每一个关键要素都是我们必须在其中做出决定的隔离群。这就是当生命一点一点地没有为你留下余地时,一切事物的张力就会表象出来。

许多世界既不是迟钝世界,也不是张力世界。以巴西利亚为例,在东西轴上,即大众的赤贫和湖边别墅的奢华之间是张力世界,而在南北轴上,两翼的居民区之间是迟钝世界。一方面鸟儿身体的张力是总统库比契克(Kubitschek)的政治意愿,他奠定了基础;另一方面是两位共产主义的建筑师,科斯塔和尼迈耶梦寐以求的平等主义居民区的计划。这样,在迟钝和张力之间,我们根据如下对立的律令来赌我们的世界:要么在其中发现和平,要么一点一点地超越它,超越这个世界仅仅表象出来的样子。

这就是我要去的地方,只有在那里,才有我所是的点。

第2部分 克尔凯郭尔

> 在作为未来事物的永恒与处于生成过程之中的个体关联起来的地方,就是绝对析取所在之处。
>
> ——克尔凯郭尔

典型的反哲学家,如帕斯卡支持/反对笛卡尔,卢梭支持/反对伏尔泰,而我们知道,休谟、克尔凯郭尔支持/反对黑格尔。每一次都回归了同一个主旨:哲学在概念中耗尽了实存最宝贵的方面,而这就是实存本身的内部。对于帕斯卡来说,这个内部将自身展现为同基督教奇迹的直接关联。对于卢梭而言,实存采用了感性道德良心的形式——"心灵的声音"。对于克尔凯郭尔,实存的关键在于一个绝对选择、选项、没有剩余的析取。或者更准确地说:克尔凯郭尔提出了一个非常特殊的点,一个囊括所有其他点的点,将这个点转变为主体回到自身,可以与上帝进行交流的姿态。在两种可能性的纯粹选择中,事实上也是关于世界、关于自身的两条道路,主体获得了被克尔凯郭尔称为"主观真理"或"内在性"的在那里存在。我们引用《致死的疾病》(Traité du désespoir)中的一句非常优美的表达:"在希望成为自我,在走向自我的过程中,自我,通过自己的明澈,投入安置它的力量的怀抱之中。"

在这里我们所感兴趣的是理解克尔凯郭尔确立起来

Ⅵ. 点的理论

的，作为时间中断的选择和作为主观真理的永恒之间的关联。或者再说一遍，这充分说明了为什么他认为完全解决黑格尔，意味着一旦我们被要求去做出一个彻底的抉择，那我们就重构了实存的要素，这个抉择自己——而不是绝对精神那种劳苦的生成-主体——就在基督教悖论（paradoxe chrétien）的高度上建构了我们。黑格尔和克尔凯郭尔之争实际上就是基督教之争，它涉及在基督教主体性构成中抉择所起的作用。他们最初的看法是一样的。正如克尔凯郭尔所说，基督教肯定了"永恒本身在某一个时间上的时刻表象出来"。这就是基督教的历史本质：永恒本身在一个时代的奇点中书写了自己。他们俩的分歧涉及时间和永恒"辩证关系"的意义和结果。理性思想可以用什么样的方式来思考绝对精神的历史事实？

黑格尔对这个悖论的解释是绝对精神不可能有任何内容，就像亚里士多德的不动的第一动因一样，带有不起作用或无差分的超验。它本身经历了生成-他者（devenir-autre），它必须向有限揭示出来，它必须目睹这一事实，即绝对精神的生命"并非脱离死亡的生命……而是经受着死亡，并在死亡中坚持着自身的生命"。这意味着，用克尔凯郭尔［跟随他人，但采用一个轻蔑的腔调］所谓的中介之源来解释：上帝的生成是通过时间的实际中介来让永恒得以存在的。或者说，它展开了作为时间的概念的永恒生成。这就是赋予它作为黑格尔的公理的地位，黑格尔有这样一个著名的表达："时间就是在那里的概念"（Die Zeit ist der Begriff da）。

对于克尔凯郭尔而言，基督教悖论的本质完全不同。它是向每一个人提出的挑战，而不是反思的问题，即对辩证法中介的熟练应用，永远会参与到时间和永恒的融合之中。时间就是基督教的关键所在，这个时间就是我的时间，基督教真理就是向着我发生的东西的秩序,而不是我所沉思的东西。这就是他在《附记》(*Post-scriptum*)中所主张的东西,即他完全忠实于使徒保罗,于是接受了一种带有彻底战斗性的真理理论:

> 只有**建立起来**的真理才是**你的**真理。相对于内在性的真理而言,这是一个相当本质的规定:其决定性特征就是**对你建立起来**,亦即对主体建立起来,它不同于所有的客观知识,因为主体性本身成为真理标记的一部分。

黑格尔告诉我们因为上帝在历史时间中表象出来,所以他必然知道绝对精神生成主体的各个阶段。克尔凯郭尔回答说,正是出于同样的理由,认识是无用的。它必然将绝对精神体验为一种主观内在性。

这就是为什么对克尔凯郭尔来说,不可能存在着一种知识的要素[用黑格尔的话来说,即"绝对知识"],在这种知识中,真理是圆满的并展现为一个结果。与每一个主观上的奇点一起,所有事物发生或者重生。我们在这里可以意识到,明亮的反哲学的锋芒:哲学家以为他们解决了这个问题,因为他们以错误的方式来接近时间和永恒之间的关系。哲学家在永恒基础上重建了时间,而基督教命令我们在我们自己的时间中去遭遇永恒。哲学家宣称知道生命游戏的结局,因为他们知道规则。但是实存问题,即真理问题,并不是知道和再生产出游戏规则的问题。关键在于游戏,参与到抗争之中,这就是[黑格尔之流的]哲学家力图避免的东西:

> 对于哲学家而言,世界历史终结了,他介入其

Ⅵ. 点的理论

中……他在外部,他并不是一个参与者。他坐在那里,成长着,听着古老的过去的歌声,聆听着居于其间的和谐。

用我们自己的话来说,我们可以说克尔凯郭尔大胆地认为,思想和真理不仅仅要考察它们的存在,也要考察它们的表象,也就是说,要考察它们的实存。基督降生就是这种命令的标志。取决于我们来体会到大写真实的降临,或者大写真实成为某个确定世界中一个独特的即将来临的存在,这不仅仅是大写真实的一般性的历史事实,或者[在海德格尔的意义上]遮蔽了存在的历史事实。思考必须也是思考着的思想中的一种行为形式。这就是克尔凯郭尔所谈的:"思考是一个东西,但在我们思考中实存的是另一个东西。"

这就会得出我们思考中实存的东西通常等于选择,即面对一个"非此即彼"。简言之,让主观真理经受一个点的考验。这个考验异常剧烈,它的影响就是绝望,但是它可以跨越门槛,肯定地处置这个点。这个处置等于是大写主体的自我展开,即克尔凯郭尔所谓的主体的通透性(transparence)或主体的敞开(être-ouvert)[在此,他说明了一个关于点和敞开,即大写真实的肉身建构和此在的拓扑学之间关系的极为深刻的看法]。只有在一个点[或一个绝对选择]的偶然的考验中,主体才会实存于它所思考的东西之中,而不是满足于简单地了解它所思考的内容。

> 伦理主义者会**绝望**……在这种绝望中,他已经**选择了他自己**,通过这个选择,他变得**通透明澈**。

这段文字继续说道——这有点怪异,但对于那些并未依循着克尔凯郭尔式主体的实存路径的人来说,这段话必须说——"他是一个已婚的男人","它采取了反对审美的隐秘性的姿态,因为他关注婚姻,将婚姻作为最深刻的通透性的形式"。这种怪异的说法意味着,我们可以接近克尔凯郭尔那令人眩晕的理解真理、主体和点之间关联的独特形式的时代要来临了。我们分三步来做到这一点:

1)澄清基督教的悖论;
2)点或绝对选择的学说;
3)主体的模糊性。

1. 基督教悖论

我们已经说过,基督教悖论[对我们来说,这就是真理悖论的一个可能的名称]必须在时间中遭遇永恒。思想家必须不惜一切代价避免"脱离于在生成中思考永恒的难题"。他必须面对这个悖论:"如果所有思想都是永恒的,那么对于实存物来说就是一个难题。"像黑格尔那样的人,宣称回避了这个难题,而用一个滑稽可笑的景观和一个喜剧来展现真正的思想,我们再一次发现,他迷恋于将婚姻当作伦理标准:

> 因此,这是一个滑稽的视角,看到一个思想家尽管有着各种伪装,但他个人仍然像一个傻子。他真的结婚了,但是他不知道爱或爱的力量。因此,他的婚姻和他的思想一样变成非个人的东西了,他的个人生活缺乏悲怆,或凄婉的抗争,他仅仅关心哪个大学提供了最好的生活条件的问题。

真正思想家的思想［用海德格尔存在主义的话语来说，而这些话语要归功于克尔凯郭尔］只有在凄楚和悲痛的抗争中才具有实际效果。事实上，"悲痛"（pathétique）范畴在克尔凯郭尔思想的整体布局中扮演着十分基础性的角色。在《附记》中专门讨论"悲痛"的部分，先于讨论"辩证法"的部分，而"辩证法"的部分正好处理的是基督教悖论，即"永恒幸福的辩证矛盾基于它与历史上的事物的关联"。关于"悲痛"的部分，很明显将悲痛的形式分为三种，我们甚至想要说三种"良心形象"，十分明显的是，这三种特征，正如克尔凯郭尔将反黑格尔作为他的目标，从他的论敌那里保留了三个有序阶段的等级秩序的形式主义：审美上的悲痛，伦理上的悲痛，基督教的悲痛。

审美悲痛让诗歌的言辞得到升华，并让这样的言辞富有了想象力。相反，伦理悲痛完全在于行为。诗人在言辞中产生了对永恒的鲜明的明证。但伦理悲痛转化了实存本身，让它可以在真理中、在时间中接受这种明证：

> 它并不在于证明永恒的幸福，而是在于将人们的生存变成关于它的明证。

我们进一步注意到，在诗性或审美悲痛与伦理悲痛之间的另一个重要差异。前者是贵族的悲痛，它是天才的悲痛，也是有差异的悲痛；而后者是所有人的悲痛，无明显特征的公民的悲痛：

> 诗性悲痛是有差异的悲痛，但是实存的悲痛就是穷人的悲痛，是所有人的悲痛。所有人都可以在自身中行动，有时他们在一个女仆那里发现了悲痛，而在一个诗

人的实存中我们寻找这种悲痛是徒劳的。因此，个体已经为自己决定了他们如何走向永恒幸福，或者他们是否拥有这样的关系。

如果"真理"就是实存和永恒之间主观关联的名称，那么克尔凯郭尔已经非常清晰地提出了一个作为类性或匿名性真理的概念。我们只能接受这样的观点，即在一个世界的实存奇点中，大写真实的经验对任何人都是可能的，除非有某种规定性的前提条件。此外，它采用了关系的形式化，对我们来说，关系就是合体于事件之后真理的生成。尤其是当克尔凯郭尔提出永恒经验就是最高的被动的经验，就是被抛入大写真实普遍奇点之中的经验［经常采用邂逅的形式］时，他非常近似于这种合体的观念：

> ［任何个体］只需要听从他自己呼喊和欲望的全部直接性的召唤……这种个体直接性的召唤意味着个体在他的直接性中，没有他自己的生命，听从的价值在于意识到在他的生命中可能发生事情。

一旦新的被动性的"召唤"定位了实存的悲痛，我们在这个悲痛中每天都会遭遇永恒，我们开始走向第二步，通过这一步，我们走向第三阶段，即基督教的悲痛。必须说的是，在克尔凯郭尔的著作中作为一般规则，正如在绝对知识的方向上最后黑格尔的中介中一样，在伦理悲痛和基督教悲痛之间的第二步或第二个选择，要比位于审美悲痛和伦理悲痛之间的第一个选择更为复杂，也更为模糊不清。这就是为什么与伦理悲痛不同，宗教悲痛并不是我们借此遭遇悖论或永恒的被动行为，而是在绝对悖论中，在得到肯定和确定的荒谬形

Ⅵ. 点的理论

势下的主体性的持存。基督徒的陈述,尽管有些半-异教的陈述,在这里,其起源,即"因荒谬而置信"(credo quia absurdum),采用了极端形式,成为本真实存的唯一形式,一种信仰的实存:

> 信仰完全不同于所有其他的气质和内在性。信仰是由于荒谬的迫使,而由内在激情牢牢把握住(maintenue)的客观上的不确定性,在这种情况下,它被强化到最大值。这个表达仅仅适用于信徒,而不适用于其他人,不适用于恋人,不适用于狂热者,也不适用于思想家,仅仅适用于与这个绝对悖论相关的信徒。

这样,我们看到,信仰是一种大写真实的主观形式,其特有的悲痛就是牢牢把握住荒谬将其作为客观上的不确定性的悲痛。但这里牢牢把握住是什么意思?简单来说,就是绝对选择不会产生另一个客观保障。这就是点的功能。这就是在选项中的真实考验,它一跃进入新的主观阶段,但是选择不会实现最低程度的真实的承诺。

大写的一的客观力量并不能保障所有大写的二的情况下的主体-身体。

2. 点的学说

我们不能忘记如下事实:克尔凯郭尔的点的学说,在他的选择理论的形式之下,是在一个明确的形式框架下运行的:实存的各个阶段,有三个阶段——审美的、伦理的和宗教的[更准确地说,是基督教的]。然而正如齐泽克所看到的那样，这三个阶段布局的特征，是它不会像这样让自己成为选择了自己实存的实存之物。所有的选择都设定了选项，即"非此即彼"。要么美学［例如女人通过语言来诱惑］，要么伦理［严肃的婚姻行为］；要么伦理［在直接欲望的驱使下，任何脱离抵抗的行为］，要么宗教［牢牢把握荒谬之下的信仰］。我们可以说，对我们来说，采取了将世界超验中无限多的细微差异还原为大写的二的严格性的形式，而克尔凯郭尔将这个形式变成一个非常简单的表达：三让自己表现为二。在这个条件之下，一般逻辑完全就是点的逻辑。

首先，只有主体［用我们的话来说，只有一个可主体化的身体］才能指向它的内部，让选项［点］成为一个建构性的考验。对世界的法则［超验的客观性］来说，点是没有用的，这些法则走向无分差或无选择的世界［走向迟钝世界］。对于那些认为为了做出一个适当的决定我们就必须抽象地或客观地了解生成的规则的人［就像克尔凯郭尔眼里的黑格尔式哲学家一样］来说，我们必须从来自永恒的抽象或客观法则开始。如果从永恒开始，我们就会失去实存，失去现在。如果不经历这样的真正的选择，那么它自己也会变得荒谬无比：

> 从永恒来看（*sub specie aeterni*），在抽象的语言中，在纯粹思想和纯粹存在中，没有非此即彼的选择。当抽象思想已经取消了矛盾之后，实际上还会有什么？……就像与赫拉克勒斯搏斗的巨人，只要他离开大地，他就会丧失他的力量。一旦远离了实存的大地，进入抽象思想的永恒之中，这个非此即彼的矛盾在**事实上**（*ipso facto*）就被掏空了。

VI. 点的理论

此外,绝对选择的因素本身就揭露了主体的能力,正如我们知道忠实主体的行为只能一点一点地在世界上变成一种力量。克尔凯郭尔驳斥了"只有那些无能的人,才必然会悲苦地说'非此即彼'"的说法。他进一步认为,这种悲痛,这种能力,对于主体来说,就是让迟早遭遇永恒成为可能的东西:

> 在做出一个选择时,这并不是一个选择正确选项的问题,而是我们选择的能力、真诚、悲痛的问题。

最后,正如我们所做的那样,克尔凯郭尔认为,对点的处置——选择的发生——而做出决定的时刻真的就是我们让自己合体于真理过程之中的时刻,这样就跨越了美学和伦理的鸿沟:

> 关键的东西并不是谨慎思忖,而是经受让选择合体于伦理的意愿的洗礼。

此外,正如我们已经指出的,克尔凯郭尔借助"通透性"[尽管在丹麦语中,这个词的意思似乎是"开放"]一词,清楚地看到,选择的逻辑就是拓扑逻辑。这是因为我们面对的是不同的主体具现化,在此基础上,主体宣示了自身:要么审美,要么伦理;要么伦理,要么宗教;要么审美,要么宗教。它也是一个拓扑逻辑,因为选择战胜了一个人灵魂中尚未开启、尚不透明且禁止他完全获得他的内部的东西。因为"在所有人那里,在某种程度上,都会有某种东西阻碍他成为完全通透之人"。为了超越这个禁令,我们只能依赖于这个彻底的选择本身,没有丝毫的思忖,没有丝毫的延迟,因为思忖和延迟只是准备好重复的道路,需要发现,"一旦做出选择,必然有某种东西被重复做了"。相反,选择唯一的可能性就是选择——点亦是如此——它清洗了灵魂,赋予它通透性,这样即便选择的内容是错误的,主体,由于已经与他自己的内部同生共死,会察觉到它:

> 对于在他个人整个内部所做出的选择来说,他的本质得到净化,而他本人获得了与永恒力量直接沟通的关系,万能的永恒阐释了实存的整体。

如果这是充满力量的和无条件的,选择,作为主观时间和永恒之间关联的保障,在真理的元素中具现化了主体:

> 只要我们可以让一个人站在十字路口,在这样一个位置上,没有任何的指引,只有选择,他会选择正确的方向。

总之,克尔凯郭尔完全明白,点的理论就是形式或超验的理论。这是因为选择的表象内容非常重要,它可以处置事关重大的点。我们称之为点的官能的实存。用克尔凯郭尔的话来说,这意味着选择的本质就是选择本身,而不是选择了什么:

> 我的非此即彼首先并不代表善与恶之间的选择,它代表的就是选择,在那里,我们选择了善与恶,或者排除它们。

还有:

选择本身对于人的内涵至关重要。通过选择，人深入所选择的东西之中，如果不选择，人就退化了。

"深入"(enfoncement)所选择的东西的观念，翻译成我的话，就是处置点的官能，因为的确是真理身体的一个"官能"部分。最后，克尔凯郭尔将永恒真理的实存偶然性锚定在对特殊的点的处置之上。

3. 主体的模糊性

毫无疑问，专门谈论点的问题产生对克尔凯郭尔在基督教框架下思考的疑问。

开始，由于他强烈的意识形态特征，他的"三阶段"学说在很大程度上限制了对于任何真理主体来说的点的建构性功能的发挥：只有宗教阶段，在某种程度上，通过将之作为基督教悖论的一个特有元素，维持其在悖论中的实存，从而反映出基督教悖论的绝对性。如果我们思考一下，尽管选择是在两个"阶段"之间进行的，但事实上，对立的一面往往是正确的选择，那么这一点尤其是真实的：通过选择的绝对性，这个阶段是"在真理中"被建构起来的，也就是说，对于克尔凯郭尔来说，是在一个主体的通透明澈的内在性中建立起来的。克尔凯郭尔可以写道："由于我的'非此即彼'，伦理学消失了。"那么只有一个选择或一个点，才能让最后的阶段表象出来[是否能真的表象出这么一个阶段，还是一个值得商榷的问题]，才能被称为绝对。这样，我们最后会得出，他以平行于黑格尔的方式，对基督教悖论所得出的结果明显不是绝对知识的介入，而是绝对实存的抉择。在一句非常著名的话里，克尔凯郭尔承认："通过人的审美，人直接就成为他所是的人；通过伦理，他成为他所成为的人。"他想说的是，宗教在人之中，毕竟，在他所是的生成的同时，也是他成为他所是。那么他非常近似于黑格尔。

这是因为，对于克尔凯郭尔来说，主体在本质上仍然是同一和他者辩证法的囚徒。当他写道："只有在自由中，我们才能获得绝对。"他仅仅向我们给出一个套套逻辑，因为绝对作为一个选择，就是自由本身。而与这个套套逻辑最相近的结果就是绝望：我绝望于我必须成为我所是，因此，要一点一点地成为我自己之外的东西。最后，我所是在绝对中信仰的本质，就是绝望于不再是一个我所是的非绝对。这就是主体的辩证法式的分裂，其天启之时就是一个纯粹的点，一个选项。

我们面对的是萨特所谓的"轮盘"的阶段。

首先，选择将我构筑为绝对：

> 在绝对的选择中，我选择了绝望，在绝望中，我选择了绝对，因为我自己就是绝对。

其次，在选择中，我成为绝对的"我自己"，否定地实现了做出选择的自我的非绝对存在：

> 那么他选择的自我是无限具体的，因为他事实上就是他自己，不过，他绝对地不同于之前的他自己，因为他绝对地选择了它。这个自我之前并不存在，因为他是通过选择，他自己才得以实存，不过他能实存，因为那事实上就是"他自己"。

Ⅵ. 点的理论

最后，唯一的解决方案就是让做出选择的主体在同一个位置上［选择的位置］得以持存。［绝对］主体，将选择作为绝对选择的主体就是在决定时刻，上帝原本的和始终-业已-永恒（toujours-déjà-éternelle）的介入：

如其所是，他自己总是外在于他，不得不接受这个自己，幡然悔悟乃是对这个值的爱，因为他在永恒上帝的手中绝对地选择了它。

这个循环是封闭的。最初的问题是要知道主体-个体可以处置基督教悖论的结果，我们知道这就是绝对的历史事实的问题。克尔凯郭尔反对黑格尔及其概念，他提出一种实存的悲痛。听从于选择的指引，这种痛苦将主体的基督教形象建构为与悖论本身的连贯相遇，也就是说，在时间中遭遇永恒的实存。但仅仅在上帝的支撑下，他让自己的降临发生在时间中，这种形象才能立得住。人仅仅是这样一种动物，他承认了一点一点地走向与上帝相反的路径的可能。他之所以能够这样，是因为上帝注视着他的绝望，让他知道绝望就是所有希望的真正的前提。

第3部分 世界诸点的拓扑学结构

1. 定 义

因为点在本质上是表象的各种差异急剧还原为二元选择,所以我们的形式展开的目标非常简单:界定超验 T 和二元结构之间的关系。我们已经接受了一个二元超验结构。这就是超验 T_0,由值 1 和 0,或 M 和 μ 组成,这些就是本体论的思想-世界中的超验[在这一点上,参看第 2 卷的第 5 部分]。我们知道,基于基本秩序 $0 \leqslant 1$,集合 $\{0,1\}$ 事实上就是一个超验,而且是一种经典的超验,因为它的结构就是布尔代数结构。

那么,观念如下:为了以整全和二元方式来面对一个世界,这个世界的超验既不是整全的,也不是二元的,我们提出一种函数,让这个超验"对应于" T_0。那么,我们目标是让无限多的细小差异的评价回归到单纯的一个选择。这个运算就是"决定"的形式化,决定通常意味着将用大写的二来过滤无限。

我们可以进一步注意到,由于 T_0 是本体论的超验,这个程序也涉及将表象上的一个复杂的奇点映射为单纯的存在。

我们需要确定，二元化的映射保留了原初超验的结构。如果我想获得对这次作为一个独特世界的示威的整体政治意义的评价，必然会有：一旦我将其超验还原为二元结构{0, 1}，我们就通过极其错综复杂的实存强度以及具现化的原子[其在世界上的严密性得到了保证]保留了原初超验的秩序关系。同样，在《脏手》中，雨果在戏剧形式的自杀选择中，传达了政治与爱的总体关联。

点的理性保证众所周知：还原运算必须等于原初超验 T 和二元超验 T_0 之间在结构上的**同构性**(homomorphisme)。我们面对的是什么？想一下任意两个超验之间对应关系的例子。设函数 φ 为超验 T 指向另一个超验 T' 的对应关系。如果它们保留了合取 $\cap$ 和包络 Σ，那么我们就可以说这两个超验是同构的。为了让这个"保留"更为明显，我们将 T' 的运算写作 $\cap'$ 和 Σ'。我们于是有：

$$\varphi(p \cap q) = \varphi(p) \cap' \varphi(q)$$
$$\varphi(\Sigma B) = \Sigma'\{\varphi(p)/p \in B\}$$

我们也可以说，φ 是 T 指向 T' 的 $\cap$-Σ 函数，这是为了表明对应值的合取对应于合取值的对应，对包络而言亦是如此。

如果所有的 T' 值都是受这个函数影响的，那我们可以说这个同构性结构是"满射的"(surjectif)。换句话说，如果 $p' \in T'$，那么必有一个 $q \in T$，符合 $\varphi(q) = p'$。在这种情况下，即点的情况下，需要对应关系都是满射关系。我们已经说过：如果所有 T_0 的值都对应于一个 T 的值[要么是 1，要么是 0]，那么点并不会在世界上引入任何区分，大写的二也将自己掩藏在大写的一之下，而这对立于点的本质。相应地，至少存在着一个值 p，有 $\varphi(p) = 1$，也至少存在着一个值 q，有 $\varphi(q) = 0$。因为所有的 T_0 的值都受到函数 φ 的影响，那么这个T到T_0的函数就是满射的。为了得到我们需要寻找的整体的和二元的评价概念,最终我们思考一下T在T_0方向上,在本体论上的超验$\{0,1\}$的满射性同构关系就足够了。这样的函数[如果存在着一,我们会看到,不总是这样的情况]将一个复杂世界展现在"是"或"否"的评价和决定之下。只有这种类型的函数简化了超验上的无限差异,并可以让我们整体地"来到世界的一个点上"。

例如我们可以说丹尼埃洛重新让奥尔塞纳展现于仅仅选择之下的秘密筹划[1=战争,0=历史上的浑浑噩噩]是一个点-函数。他逐渐地关联于城市情势的所有元素,尤其是海岸上的西尔特堡垒,让他们可以做出这样的选择。唯有达到这一步,阿尔多才被送到这个地方,来感受蒙昧不清的秩序,而瓦内萨是被操纵的,如允许进行挑衅,如允许小规模地入侵法尔盖斯坦领海范围内,等等。这样,实际上的元素及其关联被纳入二元超验当中,如果他们保持沉默,这个二元超验会变得更强大。点就是世界的超验上的复杂性[它通常是非-经典逻辑]和二元律令或抉择[通常是经典逻辑]之间的分析性中介。

最后,定义如下:**设T是任意超验结构。所谓的"点"即T对T_0的满射同构关系。或者说,T的一个点就是T在可以视为超验的$\{0,1\}$上的一个满射的$\cap$-$\sum$函数。**

为了说明在何种意义上一个点或"在一个点上"存在着对超验结构的"保留",我们来做两道练习:

> 练习1:从T到T_0满射同构关系f[$\cap$-$\sum$函数]保留了秩序关系。换句话说,如果在T中$p\leqslant q$,那么在T_0中,$\varphi(p)\leqslant'\varphi(q)$。

如果φ就是$\cap$-$\sum$函数,那么我们有:

Ⅵ. 点的理论

$$\varphi(p\cap q)=\varphi(p)\cap'\varphi(q)$$ 同构关系
$$\varphi(p)=\varphi(p)\cap'\varphi(q)$$ 假设 $p\leqslant q$ 和 P.0
$$\varphi(p)\leqslant'\varphi(q)$$ P.0

> 练习2：满射同构关系保留了最小值和最大值。换句话说，$\varphi(\mu)=0$ 和 $\varphi(M)=1$。

设 μ 是 T 的最小值。对于所有的 $q\in T$，我们有 $\mu\leqslant q$，结果，根据前一个练习，我们有 $\varphi(\mu)\leqslant\varphi(q)$。于是得出 $\varphi(\mu)=0$。如果事实上 $\varphi(\mu)=1$，那么我们有对于所有的 q 来说 $1\leqslant\varphi(q)$，对于所有的 q 来说 $\varphi(q)=1$ [因为 1 是 T_0 的最大值]，于是，不存在 $p\in T$，符合 $\varphi(p)=0$，那么函数就不是满射函数，不可能是一个点。

在最大值的情况下，推理完全一样。我们也会注意到，通过保留包络、合取和最小值，满射同构关系也保留了逆值。现在，M 在定义上等于 $\neg\mu$。因此，满射同构关系保留了最大值。

对于任何既定超验来说，点的实存表达了一个这个超验与 T_0 [T_0 是本体论本身的表象算子] 之间的"亲缘关系"的最小值，尽管这个最小值是潜在的。如果实际上 T 与 T_0 "差别太大"，那么就不可能辨识两者之间的满射同构关系。如果我们接受这一点，将之作为无限秩序和单纯二元性之间的对应关系，那么整体上的决策就会分割一个世界。我们可以看到，了解超验上有好多点，或只有几个点，甚至没有一个点的问题如何带来颇具影响的结果的。这个问题一旦从点的角度被澄清，作为世界的此在就会保留它的名字：这就是点的具现化的幂的问题，或者是作为拓扑学空间的点的问题。

2. 内部及其属性：拓扑学空间

内部的四个公理，在经验上我们用巴西利亚的建筑的例子来说明，我们现在在形式上将之写作函数 **Int**[内部函数]，对于既定多元的每一个部分来说，都对应于它的内部。

1)[世界的]参照集的内部等同于这个集合。这意味着，因为世界是多元表象具现化的幂，所以我们不可能通过边界将内部与外部区分开来来具现化它自身。于是我们可以写为：

$A - int_1$ $\quad\quad\quad\quad\quad\quad$ **Int**$(E) = E$

2) 任何部分的内部包含于这个部分。

$A - int_2$ $\quad\quad\quad\quad\quad\quad$ **Int**$(A) \subseteq A$

3) 参照集合的任意两个部分的合取的内部就是两个部分内部的合取。

$A - int_3$ $\quad\quad\quad\quad$ **Int**$(A \cap B) = $ **Int**$(A) \cap $ **Int**(B)

4) 一个部分内部的内部等于它的背部。

$A - int_4$ $\quad\quad\quad\quad\quad$ **Int**(**Int**(A)) = **Int**(A)

很明显，对于同一个参照的多 E 来说，存在着大量不同的 **Int** 函数。这意味着一个多有许多种方式成为具现化的幂。这潜在地对立于亚里士多德的概念，根据亚里士多德的说法，一个事物有其"自然的"位置。在世界的多元中，它们不可能是位置的任意自然性。一切在那里的东西都会发现它们会被另一个世界的力量取消它们的具现。

当函数 **Int** 可以在 E 的各个部分上来界定时，我们可以

说 E 是一个拓扑学空间。一个拓扑学空间就是在如下意义上的具现化的幂：在参照空间的任何子集汇总，可以将这个子集的内部同它的多之存在区分开来。已知 $A \subseteq E$，我们知道这意味着对于一个元素 x，可以定位于 A 的内部。可以写成 $x \in \text{Int}(A)$。因为在一般意义上 $\text{Int}(A) \neq A$，很明显，它在 A 的内部[拓扑学属性]中被具现化，而它不等于属于 A 的东西[本体论属性]。拓扑学空间是谓词"在……中"，即在"在那里"意义上规定的多元，它不同于谓词"是……的元素"。这就是为什么下面的定理并不会令人感到奇怪：通过点的中介，世界的超验[尽管不是经常这样，世界也不是迟钝世界]可以被视为一个拓扑学空间。这说明了世界是多元的无限集合的在那里存在。

3. 超验上的点形成了拓扑学空间

我们的目的是将世界上点的超验的观念与内部的拓扑学观念联系起来。通过说明世界上所有点的子集都会有一个内部，我们可以确定，除了有可能设定表象强度之外，超验实际上就是具现化的幂。表象函数就是拓扑学函数。

设 T 为超验结构。设 $\pi(T)$ 为点的集合，那么 T 指向 T_0，或 $\{0, 1\}$ 的函数 φ 是满射的 $\bigcap\text{-}\sum$ 函数。我们设对于所有满射同构关系的 T 对 $\{0, 1\}$ 的函数 φ 有 $\varphi \in \pi(T)$。

我们让一个点的集合关联于超验 T 的所有元素 p，写为 P_p，我们可以读作"p 的正值化"。那么我们面对一个"赋予"p 以值 1 的点的集合[所有 φ 都有 $\varphi(p) = 1$]。在形式上：

$$P_p=\{\varphi/\varphi\in\pi(T)且\varphi(p)=1\}$$

P_p是在T和$\{0,1\}$之间运算的函数$\bigcap$-Σ的集合。或者说P_p是集合T的所有点的集合$\pi(T)$的一个子集。我们可以写为$P_p\subseteq\pi(T)$。

这个基本定理在正值化的基础上界定了T的所有点的集合$\pi(T)$的拓扑学。作为$\pi(T)$[既定集合T的点的集合]的一个部分A的内部，我们有包含于这个集合所有取正值的元素的并集。我们于是得出了这个定理：

设$\pi(T)$为世界上[超验为T]的点的集合。设A为$\pi(T)$的一部分。如果我们假定A的内部是所有A中取正值的部分的并集——Int$(A)=\bigcup(P_p/\ P_p\subseteq A)$——我们获得了一个拓扑学。这样已经界定，函数Int实际上遵守四个A-int公理或内部公理。

这个定理是从一个既定的超验的结构中，即具现化的[拓扑学]结构中提取出来的，我们记得这个结构仅仅建立在秩序关系之上。为此，我们从一种仍然是严格的本体论[值是超验T的元素]的超验值的观念走向了点。点的观念是函数性的：它通过函数φ让每一个元素同大写的二["是"或"否"]的根本结构关联起来，这个结构最低程度的超验为$\{0,1\}$。通过其同构性的映射到大写的二的关系，点使元素"变厚"(épaissement)。这个变厚的元素就是具现化的幂的载体。

对这个定理的证明在于一个公理一个公理地验证函数Int$(A)=\bigcup(P_p/P_p\subseteq A)$实际上符合$A$的内部的形式上的要求，即$A\subseteq\pi(T)$。

我们将这些证明作为练习[以及答案……],不过证明并没有严格按照四个公理的顺序来进行。

练习 A-int$_2$:说明 Int$(A)\subseteq A$ 可以在定理中被函数证明。

根据定义,是 Int(A) 作为 A 一部分的正值化 P_p 的并集。于是,Int(A) 的所有元素至少是拥有该属性 P_p 的一个元素,因此也是 A 的一个元素。结果,Int(A) 是 A 的一部分。

练习 A-int$_3$:说明 Int$(A\cap B)=$ Int$(A)\cap$ Int(B) 可以在定理中被函数证明。

Int$(A)=\bigcup(P_p/P_p\subseteq A)$。但正值化 P_p 既是 A 的一部分,也是 B 的一部分,P_p 是 A 的内部,也是 B 的内部,因为内部是组成这些部分的 P_p 的并集。直接得出:Int$(A\cap B)=$ Int$(A)\cap$ Int(B)。

练习 A-int$_1$:说明 Int$(\pi(T))=\pi(T)$,其中 $\pi(T)$ 是参照集所有点的集合,可以在定理中被函数证明。

$\pi(T)$ 的内部是由所有正值化的并集组成的,即由所有点 φ 组成,对于 φ 来说,至少有一个值 p 符合 $\varphi(p)=1$。如果 Int$(\pi(T))\neq\pi(T)$,这意味着存在着一个点 φ 并不属于任何正值化的部分。对于这样一个点,我们有 $\varphi(p)=0$ 且 $p\in T$。这是不可能的,因为 φ 必须是一个满射函数,所以 T 至少有一个值,必须取值为 1。结果这个假设必须被拒绝,因此 Int$(\pi(T))=\pi(T)$。

练习 A-int$_4$:说明 Int$($Int$(A))=$Int(A) 可以在定理中被函数证明。

Int(A) 是所有正值化 P_p 的并集,这样有 $P_p\subseteq A$。但 Int$($Int$(A))$ 反过来是包含于 Int(A) 之中的所有正值化的并集,也就是所有包含于 A 的正值化并集的正值化的并集。

这等于是说 Int(Int(A))＝Int(A)。

证明了四个内部公理，那么"一个既定点的集合的所有正值化"总体让我们可以去处置作为拓扑学的世界的点的集合。定理得证。

4. 迟钝世界的形式可能性

迟钝世界是一个没有任何点的世界。迟钝的观念可以关联于隔离群的观念，这样，产生了一个显著的当代前提的形式真理：沉溺于交往、害怕孤独意味着迟钝。基本定理如下：如果古典世界的超验没有隔离群，那么这个世界就是迟钝世界[它没有点]。

设一个古典世界的超验 T_c，它符合布尔代数[参看第 2 卷第 5 部分]。我们将 $i \in T_c$ 称为 T_c 的**隔离群**，它有如下属性：

——i 不同于最小值 μ；
——如果 j 小于 i，则 $j = \mu$。

换句话说，除了最小值 μ 之外，隔离群 i 并不允许任何值比它更小。在如下意义上，一个元素是隔离元素：没有任何"复杂性"将其同无区分开来。换句话说，它不可以将自己分析成子成分。

基本定理对迟钝世界给出的考察如下：**如果存在 T_c 的一个点，那么存在一个隔离群**。这个定理的明显结果是，如果一个古典超验没有隔离群，则它是迟钝世界[没有点]。

证明可以分五步来进行，它关系对超验结构、古典世界和点的一些有用的修正。我们从一个关于古典世界的一般性结果开始,这个结果确定了点和一个值的逆值之间的关联。

引理 1 在既定的超验 T 中,包含了一个点 φ,设 p 为 T 的一个值。如果 $\varphi(p)=1$,那么 $\varphi(\neg p)=0$。

$p \cap \neg p = \mu$	$\cap$ 的定义
$\varphi(p \cap \neg p) = \varphi(\mu) = 0$	Ex.2 的第一小节
$\varphi(p \cap \neg p) = \varphi(p) \cap \varphi(\neg p)$	φ 的定义
$\varphi(p) \cap \varphi(\neg p) = 0$	结果
$\varphi(p) = 1$	假设
$1 \cap \varphi(\neg p) = 0$	结果
$\varphi(\neg p) = 0$	$1 \cap 1 = 1$

现在我们转向一个专业上的结果,不参照任何的点,它涉及古典世界中严格秩序和逆值之间的关系[布尔超验]。

引理 2 在古典世界的超验 T_c 中,如果 $p<q$[严格秩序,排斥了 $p=q$],那么有 $\neg q < \neg p$[也是严格秩序]。

$p < q$	假设
$p \cap \neg q \leqslant q \cap \neg q$	结果
$p \cap \neg q = \mu$	$\cap$ 的属性和最小值的定义
$\neg q \leqslant \neg p$	$\neg$ 的定义

因为如果 $\neg q = \neg p$,我们也有 $\neg \neg q = \neg \neg p$。因为世界是古典世界,这意味着 $p=q$,这与 $p<q$ 的假设相矛盾。

因此$\neg q \neq \neg p$,于是我们得出$\neg q \leqslant \neg p$。

引理3 在古典世界的超验T_c中,如果$\neg p \leqslant p$,那么$p = M$[最大值]。

$\neg p \leqslant p$	假设
$\neg p \cup p \leqslant p \cup p$	结果
$M \leqslant p \cup p$	世界是古典的
$M \leqslant p$	$p \cup p = p$
$p = M$	M的定义

有了这三个结果,我们可以在两个前提下构建一个隔离群,即世界是古典世界,以及存在着一个点。如果点是φ,隔离群可以界定为是所有符合$\varphi(p) = 0$的p值包络的逆值。换句话说,一个点分配了负值的所有东西,即"外部",就是隔离群。现在,我们可以看到日常基础形式的格言:只有那些在某种意义上,让自己远离了在循环中拥有着值的没有点的世界才是隔离群。

引理4 设E_0为古典超验的值p的集合,对于点φ来说,$\varphi(p) = 0$。设ΣE_0为这个集合的包络。不可能存在着一个值q,有$\Sigma E_0 < q < M$。

如果$\Sigma E_0 < q$,会得出$\varphi(q) = 1$,因为ΣE_0包络了所有符合$\varphi(p) = 0$的p值。根据引理1,得出$\varphi(\neg q) = 0$。根据E_0的定义,$\neg q \leqslant E_0$。根据可递关系$\leqslant$,那么我们得出$\neg q \leqslant q$,结果,这就是引理3,$q = M$。不等式$q < M$在严格意义上是不可能的。

定理 如果 T_c 为在古典世界的超验,并有一个点 φ,那么至少存在着一个隔离群。

设值 $\neg \sum E_0$,E_0 的定义等于引理 4。我们要说明这个值是隔离群。事实上,假设它不是,那么存在着一个值 q,有:

$$\mu < q < \neg \sum E_0 \qquad\qquad 严格不等式$$

根据引理 2,结果为:

$$\neg\neg \sum E_0 < \neg q < M \qquad\qquad 因为 \neg \mu = M$$

因为超验为古典超验,[根据双重否定规律]我们得出:

$$\sum E_0 < \neg q < M$$

而引理 4 告诉我们这是不可能的。结果,值 q 不可能存在,而 $\sum E_0$ 是隔离群。

因此,我们证明了,如果古典世界的超验 T_c 承认一个点,那么也就承认了隔离群。所以,如果 T_c 没有隔离群,它也就没有点,超验为 T_c 的古典世界也就是迟钝世界,这就是我们要得出的结果。

5. 张力世界的例子

张力世界是一个有着许多点并在超验有对应值的世界。

在某种意义上,它是迟钝世界的对立面。我们已经考察了点的实存与隔离群的实存之间的关系,我们可以想象,在张力世界中有很多隔离群。事实上,有可能在形式上给出张力超验结构的几个例子,在张力结构中,基本集合 T 规定了一个隔离群,它反过来对应于点。

最简单的事情毫无疑问是集合 E 设定了它诸部分的集合 $P(E)$,为了定义它的拓扑学,我们已经这样做过了。$P(E)$ 是超验 T,E 各部分的值也就是 $P(E)$ 的元素。秩序关系就是包含于关系:$A \leqslant B$ 意味着 $A \subseteq B$。最小值为空集。我们知道实际上 $\emptyset \subseteq A$,对于 E 的任意部分 A,我们都要面对空集。最大值就是 E 本身,因为如果 A 是一个部分,那么我们明显有 $A \subseteq E$。合取为交集 $A \cap B$。部分 I 的集合的包络是所有这些部分的并集,有 $\bigcup_{i \in I} A_i$。

如果你们想的话,很容易证明,所有超验的公理对于这个超验结构都是正确的。那么什么是隔离群呢?它是这样一个部分,严格来说,除了空集之外,它再没有子集。所有的单元集,或者说由 E 的单一元素组成的部分,都适合这种情况。实际上集合 $\{e\}$,$e \in E$,的确 E 的一个部分反过来除了 $\emptyset$ 之外没有任何部分。我们已经看到,有很多作为 E 元素的隔离群。这意味着毫无疑问,那里存在着大量的点:对于所有的隔离群 $\{e\}$,都对应于一个单纯的点 φ[我们记得,这个点是 $P(E)$ 对应 $\{0,1\}$ 上的一个函数]:

$\varphi(A)=1$ 如果 $e \in A$

$\varphi(A)=0$ 如果 $\neg (e \in A)$

这样,我们可以不费吹灰之力证明 φ 是一个点。例如 $\varphi(A \cap B) = \varphi(A) \cap \varphi(B)$ 的关系十分清楚,因为 $\varphi(A \cap B)$

=1，设$\{e\}$为选定的隔离群，有$e\in(A\cap B)$，因此，$e\in A$ 和 $e\in B$，意味着$\varphi(A)=\varphi(B)=1$。如果为$\varphi(A\cap B)=0$，这是因为e并不属于$A\cap B$。因此，它并不是两者中的一个。我们设它为A。那么我们有$\varphi(A)=0$，这也自动地导致了：

$$\varphi(A)\cap\varphi(B)=0=\varphi(A\cap B)$$

无论何种情况，我们都有很多作为E的元素的点。带有这样的超验的世界就是"张力"世界：它需要一个真理-程序来面对任意实存的陷阱，这些实存的强度会相当之弱，因为它会隐藏着一个点。我们可以带来一个抵抗的世界：所有的环境都非常危险，所有的遭遇都十分艰难。表象出来的所有东西都需要我们去保卫和决定。用勒内·夏尔的话来说，伟大的抵抗运动战士："投入波澜起伏的未知事物中去吧。让你们自己在天空中翱翔。"

Ⅶ. 什么是身体?

导 论

> 这就是航海的时刻
> 带着所有它的罪行、空集、船、人、大海、天空、云朵、风、经纬度、叫喊声起航了
> 我多么希望在大全中,变成大全中的我的身体
> ——阿尔瓦罗·德·冈波斯/费尔南多·佩索阿

在长篇累牍地建构了表象和变化的架构之后,为了我们自己的目的,我们现在需要做的是,"有用地"对这个架构进行萃取:回答这样一个问题——"什么是身体?"因为身体是一个非常奇特的对象类型,它可以用来支持主观形式主义,所以,也可以在世界上构建出可能真理的代言人。因此我们获得了一个对应于唯物主义辩证法的物理学:可主体化身体的物理学。

我们记得,在概念策略上的各个阶段,可以让我们合法地用这种物理学进行推理。

一开始,我们认定了身体的实存,我们展现出来的主观形式主义可以"诞生"出这样的身体。这就是主体[在形式上]的形而上学,它的确立仍然没有思考物理学。在前分析阶段,似乎已经出现了一个可主体化的身体,如果它不能面对世界上的各个点,面对真实发生的要求我们为之做出决断

Ⅶ. 什么是身体?
543

的事件，那么这个身体就仍然是飘忽不定的。

因为身体是真理主观表象的承载者，所以我们接下来需要研究表象的一般规则体系，赋予任意多在那里存在意义的超验法则。我们十分喜欢它们在根本上的单纯性。三个运算实际上足以考察一个既定世界上所有类型的表象或所有类型的差异［或同一性］的可能：最小值、合取和包络，或者说非表象、共同表象和无限综合。

我们架构了世界上超验的规则体系，随后我们可以研究，在这样一种规则体系下，在一个世界上，一个多可以作为一个对象被表象出来。客观性学说的关键在于唯物主义假设：所有在世界上表象出来的对象都是由真原子组成的。在这个假设的基础上，我们有可能确立存在与表象之间的相互关系的结构：如果多的元素在既定世界上作为对象，根据它们的表象，它们是并存的，那么就存在着这些元素的本体论的综合［根据它们的存在］。

最后，我们触及了诸对象之间的关系问题。一个严格但透明的定义，让对关系的思考从属于与之相关的对象的原子组成。那么，我们有可能确定在一个既定世界上的关系的普遍特征。这实现了这种显著的属性，如果它让关系的普遍性从属于界定关系的世界的总体存在，那么这种属性就是唯物主义的：我们可以从世界的［不可达的］无限中推理得出在世界上展现出来的所有关系都是普遍的。

超验、对象、关系：这些就是大逻辑的内容。

我们已经在位的观念基础上面对了真正的变化。位是世界上的一个对象，它在整体上符合差异分化的规则，在具体上分配给自己元素同一性的值。它**让自己**表象出来。考察一下一个位的实存可能的结果，我们可以得出事实和事件之间的关键区分。在广义上说事件是一个位，它存在于这样一个世界上，即在这个世界上尚不存在可以得出位的对象，这种让非表象之物表象出来的东西在其逻辑含义的回溯中概括出事件-位的独特特征。

从世界的角度来看，为了完善关于突发事件对生成真理脆弱过程中的文体的影响的考察，在第6卷中，我们进一步考察了点的理论。这个部分的超验分析非常近似于拓扑学。在其中我们证明了超验的各个点构成了一个拓扑学空间。此外，点的理论也让我们可以谈论世界的质性差异，因为我们有可能确定点的改变在很大程度上依赖于超验形式的概念，这个问题至关重要[没有点的世界或迟钝世界，带有"足够多的点"的世界或张力世界，中性世界，等等]。

最后留给我们的就是要问问什么是身体。

为了说明这一点，我们需要在某个假设下进行工作，即假定事件-位是实存的。这样，我们总结了第2卷到第5卷中分析的总体性。我们总是在一个[带有一个超验]世界中，在这样的世界中，对象表象出来，这些对象是以原子的方式架构的。在这些对象之间，存在着各种关系[或没有关系]。一个对象可以"成为"一个位。当然这样它也可以在瞬间消逝，但其结果的影响幅度有时会将它概括为一个瞬间。在这个前提下，事件发生了，正如我们要说明的那样，一个身体被构成了。

我们做一个相当大的简化[现在我们总结一下第1卷]：一个事件结构的静态体系就是一个[类性]真理。[真理]结果生产可能的代理人，或者否定它们的代理人，或遮蔽它们的代理人[这意味着抹除真理]，所有这些都称为主体。而组成了主体表象的独特对象就是身体。我们面对的任意主体，身体就是可以承载着其主观形式主义的东西，也就是说：

——五种运算组织了其区域：从属、抹除、蕴含、否定和灭绝，即—、/、→、¬、≡；

——消失事件的痕迹，也就是[参看第5卷结尾]一个过去非实存的实存，我们可以写作ε；

——现在，我们写为π，这是一个可分配给结果的谓词：$(π=ε→(\quad))$；

——主体形象的拓扑学：忠实、反动、蒙昧；

——衍生性运算组合：生产、否定、遮蔽、复苏。

承载着主体形式主义的多之存在，也让其在世界上表象出来的东西——不用指派任何官能——被我们称为"身体"。

在第1卷中，我们看到，这等于是说，身体"承载着"主体形式主义。在基本运算中，现在至关重要，身体——它总是遭到抹除，因为它是由主体形式主义"标明的"——或许可以充当事件痕迹的物质支撑，这样也就赋予了现在的生产[忠实主体]力量。或许在两个事件痕迹的否定所支配的从属关系的横杠的压抑下，因而在一定距离上确保了[反动主体]对现在抹除的物质性。最后在抹除的幻想身体的掩饰下，或许生产出了作为对事件痕迹否定效果的否定，因而获得了对现在的从属或遮蔽[蒙昧主体]。

另外，身体的主体生成的实效性依赖于它在实际上遭遇的点。

所以我们首先要回答下面这个问题：在一个已经给出事件-位的世界上，什么是身体？身体的表象是什么？或者更准确地说，在构成世界表象的诸多对象中，是什么标示出身体？那么我们要一点一点地转向身体能力的内在规定上。这允许我们可以说明，可主体化的身体只能在非常严格的超验和事件前提下实存。随后，我们通过拉康过渡，他由能指所标示的身体理论提供了相对于我们结论的第一个结构化的版本。最后,形式展开部分会提供身体和理性内在组成,以及主体效力的前提的十分清晰的图示。

第1部分 可主体化的身体的诞生、形式和命运

1. 身体的诞生:第一次描述

让我们以保尔·瓦莱里①(Paul Valéry)的名诗《海滨墓园》(*Le Cimetière marin*)为例,将其视为一个世界。用我们的话来说,这首诗是一个事件的故事。它开始于一个真实的地方[法国南方的塞特镇(Sète)的公墓,栖息在地中海边上],诗节(strophe)构成了一个简化的表象,将其还原为三个实存值为正值的对象,或许还是最大值:大海、太阳[或正午]、死者。还有一个对象,其实存值处于虚无的边缘:诗人的意识。

我们指出,诗歌的形式是由这些超验值所赋予的。大海——事件之前的诗节,即头三节——"永远在开始和重新

---

① 保尔·瓦莱里(1871—1945):法国象征派诗人,被誉为"20世纪法国最伟大的诗人"。他提出"纯诗"概念,诗歌理论丰富。保尔·瓦莱里的诗耽于哲理,倾向于内心真实,往往以象征的意境表达生与死、灵与肉、永恒与变幻等哲理性主题。瓦莱里一生的巅峰之作是晚年的《海滨墓园》,《海滨墓园》写诗人在海滨墓园沉思有关存在与幻灭、生与死的问题,得出了生命的意义在于把握现在、面对未来的结论,主旨是关于绝对静止与人生交易的对立统一关系。开篇"这片平静的房顶上有白鸽荡漾"成为脍炙人口的名句。这首诗代表在诗歌创作方面瓦莱里的成就高过了他的前人马拉美。

开始",或者在其中"如此蛰伏于火焰的帷幕之下",还有它就是"诸神的安宁"。我们可以说,大海就是世界的表面,反映了它永恒的本质,它那令人陶醉的永久轮回。它真的是"永恒事业的纯粹劳作"。太阳就是世界的侧面,海平面将其作为一个固定的点,它那没有分化的统一体。此外,从这个位置[公墓]来看,海平面和太阳都是可见的。用我们的[第4卷]话来说,海边公墓是一个大海-太阳的关系的展示素。这一点在第十诗节中得到总结:

充满了无形的火焰,紧闭,圣洁,
这是献给光明的一片土地,
高架起一柱柱火炬,我喜欢这地点,
这里是金石交织,树影幢幢,
多少块大理石颤抖在多少个阴魂上;
忠实的大海倚我的坟丛而安眠。①

我们可以看到第三个对象[死者、石头、坟墓]就是让前两者,即正午的光照和宁静安睡的大海之间的奠基性关系变得依稀可见的东西。

一开始,这首诗告诉我们的是太阳、大海和死者共生共存的宁静的世界,没有任何变化,一个验证了巴门尼德本体论的世界。这个图像宣布了不能生成的是什么。这样一个世界的非实存就是意识,作为生命和作为思想的意识。一方面,我们有一个位置:

---

① 本诗的中译参看卞之琳翻译的《海滨墓园》,并根据法语原文,略有改动,下文中引述同一诗歌皆如此处理。

一切都烧了,毁了,化为灰烬,
转化为什么样一种纯粹的精华……

在这个位置上,死者将自己活生生的人性消散为永恒不变的存在。这是一个华彩的篇章,我们已经注意到,如果实存值太高,意识将会改变正午至高无上的地位,我们不得不得出结论说,意识是正午虚幻的阴影,"安顿"在大地上的死者,就是这种"变化"的未来象征:

> 高耸入云的正午,纹丝不动的正午
> 由内而自我凝神,自我璀璨……
> 完善的头脑,十全十美的宝冠,
> 我是你里边秘密变化的因素。

还有:

> 我的后悔和拘束,我的疑虑,
> 就是你宏伟的宝石发生的裂缝!……

然而,

> 但是啊,大理石底下夜色沉沉,
> 却有朦胧的人群,靠近树根,
> 早已慢慢地接受了你的丰功。
> 他们已经溶化成虚空的一堆,
> 红红的泥土吸收了白白的同类……

这反过来奠基了由生命意识所锚定的变化之力的否定

性断言。首先,诗人不得不承认"我竟身处如此华美的穹宇中",因此加入了大海-太阳-死者三角共存的关系之中,像一个约定,"我所仰慕的公正,所仰慕的无偏私的光/它的臂膀没有一丝丝怜悯"。那么他诉诸内部,在其中找到了未来的空洞:

> 我等待回声,来自内在的波澜壮阔,
> 苦涩、阴沉而又嘹亮的水池,
> 震响灵魂里永远是未来的空洞。

这似乎固化了原初表象不动的特征,在其中,大海对太阳的反射将所有生命都融入其中,消除了这些生命。

这个世界是一个"有许多空隙的现在",在那里,诗人必须去颂扬纯洁与安静,颂扬大海的正午和死者:

> 时间的神殿,总括为一声长叹,
> 我攀登,我适应这个纯粹的顶点,
> 环顾大海,不出我视野的边际,
> 作为我对神祇的最高的献供,
> 茫茫里宁穆的闪光,直向高空,
> 播送出一瞥凌驾乾坤的藐视。

这样,诗人最后的宣言承认了埃利亚学派哲学的失败,承认了巴门尼德和芝诺哲学的失败,以及一切驳斥运动的哲学的失败。那些哲学十分精妙地证明了表象为运动的存在本身是不动的,阿喀琉斯永远追不上乌龟,弓箭手的箭永远无法离开他的弓弦:

芝诺！残忍的芝诺！埃利亚学派的芝诺！
你用你的羽箭穿透了我的心扉，
它抖动着，它飞着，但它却没有飞动！

正是在这一刻，世界的四个成分才变成了事件-位。我们似乎面对这一个拒绝的修辞，它让我们在这里去寻找：一个身体。

不，不！……起来！投入不断的未来！
我的身体啊，砸碎思想的形式！

我们在这个修辞中找不到诗性现实。因为诗人的"不"，在一个身体行为中实现，它就是一个后果。那么所发生的事情就是在他自己的分差标准之下，在大海之上的表象，这样之前反映出正午的波光粼粼的表象变得狂怒、迸发，变成纯粹运动。我们也可以说，依从于太阳，大海处在它的基本位置上。传递给它自身的，反而是它自己的翻江倒海，它的狂荡不羁，它所创造出来的无法计算的后果。大海曾与自我得意扬扬地在正午共谋，而现在却站在了风儿的一边：

我的胸怀啊，畅饮风催的新生！
从大海发出的一股新鲜气息
复苏吧，我的灵魂……啊，咸味的魄力！
奔向海浪去吧，跑回来将是新生！

在这里一切东西都是事件的粉墨登场，它是大海-位的爆发。如果诗人最终可以对巴门尼德说"不",如果他的灵魂,可以成为一个"黑暗的水池",正在让他复苏。如果在死者的标志下,他的废弃被新的生命所撤销["风儿吹起……我们必须试着活下去!"],正是因为从大海上变得寒冷,而不是正午的呆滞,因为"波浪敢于在巉岩上迸裂",因为意识所面对的是之前由坟墓的宁静所概括的元素["这片平静的房顶上有白鸽荡漾"],如今它不啻是"赋予了谵狂天灾的大海",我们才可以要求与这个位置上太阳下的宁静不动决裂["迸裂吧,波浪!用漫天狂澜来打破这片宁静的屋顶……"]。

关键在于要看到"大海"一词在本体论上是不变的。被改变或被颠覆的是表象的超验值。用隐喻来说,大海原先站在太阳一边,现在站在风儿一边。用抽象的话语来说,诗歌展现了大海之位原初呈现上两个对立的意思:"大海啊,大海,永远在开始和重新开始!""开始和重新开始"可以意味着"永恒的等同",也可以意味着"永远的不同"。最后转变的爆发都涉及相同的词[大海之位],从同一性的主宰到差异的主宰。

整个过程可以总结如下:

——诗的世界是由四个对象组成的:大海、太阳、死者和意识。

——最初的三个对象是由普遍地在诗之中揭露出来的关系结合在一起的,它们一起证明了它们长期不动的等价性,它们在同一性上的永久轮回。

——第四个是这个位置上的非实存。

——大海"浪花四溅的泡沫"纯粹消逝的形象,是突然被一个位所揭示出来的,它投入它自己评价的狂暴之中。

Ⅶ. 什么是身体?

——这个位就是事件-位,因为在它的众多结果中,我们找到了非实存[意识、生命]以最大值来实存,在本体轮上消失的东西现在成为一个活生生的胜利者,被这个位置所排斥的空集,如今矗立着一个身体,能打破屈从的"思想形式"。但是这个身体究竟是什么?

2. 身体的诞生:第二个描述

1831年1月18日星期四,埃瓦里斯特·伽罗瓦[①](Évariste Galois)讲了"高级代数的公共课"的第一讲,那时,迦罗瓦才19岁。然而他宣布,"本课程将由一些理论组成,一些理论是新理论,这些理论尚未成为公共课的一部分"。

让我们进入另一个世界中,即"拉格朗日[②](Lagrange)和迦罗瓦之间的代数学"之中。这个世界的特征并非隐微教诲。伽罗瓦展现出天才的锋芒,他"新"理论的一个例子是,方程(équation)问题是否可以由纯粹代数学的根式(radicaux)和椭圆函数(fonction elliptique)来解决。

我们集中来谈第一个例子。普通方程(générale d'équation)

---

① 埃瓦里斯特·伽罗瓦(1811—1832):法国数学家。现代数学中的分支学科群论的创立者。用群论彻底解决了根式求解代数方程的问题,由此发展了一整套关于群和域的理论,人们称之为伽罗瓦群和伽罗瓦理论。在世时其在数学上研究成果的重要意义没被人们所认识,他曾呈送科学院3篇学术论文,均被退回或遗失。后转向政治,支持共和党,曾两次被捕。21岁时死于一次决斗。

② 约瑟夫·拉格朗日(1736—1813):法国著名数学家、物理学家。1736年1月25日生于意大利都灵,1813年4月10日卒于巴黎。拉格朗日总结了18世纪的数学成果,同时又为19世纪的数学研究开辟了道路,堪称法国最杰出的数学大师。拉格朗日把大量时间花在代数方程和超越方程的解法上,做出了有价值的贡献,推动了一代数学的发展。他提交给柏林科学院两篇著名的论文《关于解数值方程》和《关于方程的代数解法的研究》,把前人解三、四次代数方程的各种解法,总结为一套标准方法,即把方程化为低一次的方程(称辅助方程或预解式)以求解。

的观念逐渐得到了理解,在16世纪以及17世纪初,韦达①(Viète)以及一批意大利代数学家,还有笛卡尔给出了一定的回答。我们有可能在清晰的标记下,依赖于一个[假定为已知量的]参数上的"未知量"。这个参数,我们可以称为方程的系数(coefficient)。决定性的一步是将系数作为它们自己的存在,而不是固定的量[数],但字母可以用一些数字来代替。这样,**普通**方程形式的问题变得流行起来。举一个基本例子,$3x+6=0$ 是一个特殊的一次方程[系数为数字3和6],并认定其解为 $x=-2$。这个方程,即 $ax+b=0$,是一次方程的普通形式。我们承认它有一个形式解或字母解,即 $x=-b/a$,除非 $a=0$。很明显,在一般情况下,解是一个可以归为 x 的值,可以在带系数的代数运算的基础上表达出来[在这种情况下,即 a 分之 b],值也验证了最初的方程:例如值 $x=-b/a$,那么存在着数[除非 $a=0$],$ax+b=0$ 为真值。

"可用根式来解"方程的问题如下:对于任何形式的方程,已知其普通形式,我们有可能确定其代数运算,即一旦确定其系数,我们就可以确定它的解的值。例如,我们看到了,在完全基本的方式下,"可用根式来解"一次方程:两个系数 a 和 b 的字母结合,给出公式 $-b/a$,代表了 x 的值,并将其作为方程的解,这也表明[在 $a=0$ 情况下]方程无解的情况。

阿拉伯代数学家已经认识到二次方程的问题,其字母形式为 $ax^2+bx+c=0$,可用根式来解。一般公式给出了 x 的

---

① 韦达(1540—1603):法国数学家。年轻时当过律师,后来致力于数学研究,他是第一个有意识地和系统地使用字母来表示已知数、未知数及其乘幂的人,带来了代数理论研究的重大进步。他讨论了方程根的多种有理变换,发现了方程根与分数的关系(所以人们把叙述一元二次方程根与系数关系的结论称为"韦达定理"),在欧洲被尊称为"代数学之父"。

Ⅶ. 什么是身体?
555

两个值，验证了在字母系数的函数下，方程是相等的，这个公式如下：

$$\frac{-b \pm \sqrt{b^2-4ac}}{2a}$$

意大利代数学家卡当[①](Cardano)提出了普通三次方程的根式解的公式，并进一步给出了四次方程的解。

至于五次方程[其公式表达为 $ax^5+bx^4+cx^3+dx^2+ex+f=0$]和更高次方程是否可以用根式来解是一个开放的问题。在18世纪末，欧拉和拉格朗日已经对这个问题给出了否定的答案。1826年，挪威数学家阿贝尔[②](Abel)时年19岁[正如伽罗瓦第一次上他的代数课时一样大][③]，证明了五次方程实际上不能被根式解：并不存在一个字母代数公式[粗略地讲，我们不能用一系列有限运算，如加、除、减、乘、和开根来解决]可以用来为一个 x 提供验证方程的解，在函数上，有字母 a,b,c,d,e,f。

伽罗瓦在普通形式上触及了同样的问题。但我们必须理解的是，对他来说，关键在于最终有某种不一样的东西：这

---

① 卡当(1501—1576)：意大利数学家、医学家、物理学家。卡当被誉为百科全书式的学者。一生共写了各类文章、书籍200多种，现存材料就有约7000页。他的数学贡献体现在几本著作中：《算术实践与个体测量》(1539)在计算方法与代数变换中显示出较高的技巧；《论掷骰游戏》(1663)给出一些概率论的基本概念和定理，得到所谓"幂定理"等结果；他最重要的著作《大术》(1545)，首次公布了三、四次代数方程的一般解法，确认了高于一次的代数方程多于一个根，已知方程的一个根可将方程降阶，指出方程的根与系数间的某些关系，利用反复实施代换的方法求得方程的近似解，在解方程中使用了虚数；等等。在其当中关于一般二次代数方程的求根公式今称"卡当公式"。

② 阿贝尔(1802—1829)：19世纪挪威出现的最伟大数学家。他的父亲是挪威克里斯蒂安桑(Kristiansand)主教区芬杜(Findö)小村庄的牧师，全家生活在穷困之中。在1815年，当他进入了奥斯陆的一所天主教学校读书时，他的数学才华便显露出来。经他的老师霍姆彪(Holmboë)的引导，他学习了不少当时的著名数学家的著作，包括牛顿、欧拉、拉格朗日及高斯等。他不单了解他们的理论，而且可以找出他们的一些微小漏洞。

③ 此处应为作者笔误。

不亚于是对代数学的一个新定义,他取代了以计算为中心的考察,计算的项是数,而伽罗瓦的考察中是结构,其项为运算。这就是伽罗瓦为数学领域带来的一个**新身体**:这个身体被他称为"群"(groupe),这是第一个系列代数结构,也是其中最重要的结构。它是由法国数学家来命名的,即体(corps)结构①[英语的说法是域(field),在整个程序上差别很大]。

围绕着新身体产生的事件就是在组合位置上的根式变换,即排列(permutation)研究。正如瓦莱里诗歌中的大海"永远在开始和重新开始",首先可以看成静止不动和正午的镜像,随后变成了让生命得以重生的纯粹的和暴力性的差别。同样,排列理论,对于高高在上的柯西②(Cauchy)来说,这仍然是一个具体运算,而对于伽罗瓦来说,却变成形式革命的标志。在排列的标志下,整个代数概念的集合十分鲜明地被聚集在一起,形成了一个新的学说体。

我们所面对的世界的开端,即群概念作为新的代数学身体而诞生,是拉格朗日奠基的。他并没有给出解普通方程的解[或根],拉格朗日的观念是通过系统研究函数,将一些解同另一些解关联起来。依循着这个路径,他很自然地遭遇排列问题:已知一个将方程的各个解关联起来的函数,如果这

---

① 在抽象代数中,体结构是一种可进行加、减、乘和除(除了除以零之外)运算的代数结构。体(英语中的域)的概念是数的体以及四则运算的推广。体结构是环的一种。体和一般的环的区别在于体要求它的元素(除零元素之外)可以进行除法运算,这等价于说每个非零的元素都要有乘法逆元。同时,在现代的定义中,域中的元素关于乘法需是可交换的。简单来说,体是乘法可交换的除环。乘法非交换的除环则就是体结构。

② 柯西(1789—1857):出生于巴黎,他的父亲路易·弗朗索瓦·柯西是法国波旁王朝的官员,在法国动荡的政治漩涡中一直担任公职。由于家庭的原因,柯西本人属于拥护波旁王朝的正统派,是一位虔诚的天主教徒,并且在数学领域有很高的建树和造诣。很多数学的定理和公式也都以他的名字来称呼,如柯西不等式、柯西积分公式。

些解被排列，是否这个函数总是有同样的值？毕竟一个字母方程，x 和 x' 可解该方程意味着对于值 x 而言，如果你用 x' 代替 x 的话，你仍然得到零……你的确可以获得一个字母表达为零的方程。带着这个全新的专业观念，拉格朗日获得了一个有限的结果：他用完全形式和普通的方式解释了为什么小于或等于 4 的方程的次方可用根式来解。

在后来的发展过程中，柯西论他所谓的"组合理论"（théorie des combinaisons）[1812 年]的论文毫无疑问是奠基性的。与拉格朗日一样，柯西不仅研究了将既定量结合在一起的函数的量的排列，也研究了**排列本身**[他称之为变换（substitution）]**可以看成新运算的可能项**。这就是他界定的两个变换的产物[在一个变换之后使用另一个变换，这实际上构成了第三个变换]，即"同一性"变换，n 次幂的变换，这个变换就是对另一个变换的颠倒[如果你变换 x 和 y 的位置，然后再变换 y 与 x 的位置，那么你就回到与之前"一样"的 x 和 y 的排列]。简言之，他引入了界定某种不仅仅是数字的东西的可能性。

为什么这种可能性不符合事件-位呢？为什么他并没有让一种身体的形式合法化呢？非常简单，因为柯西所创造的东西的超验值并没有让其结果获得"最大值"，尤其是没有让[代数]世界中的非实存升华为实存，这就是运算观念的地位。这个地位仍然是由数字给出的，而运算本身没有被问题化。更不用说柯西以及在他之前的高斯在更为算术的维度上给出运算的例子，并不会预设一个数字的域[例如变换的产物和幂]。但他们都是在既定的理论框架下运作的，以达到他们特殊的目的。他们并没有提出这些革新对于他们所处时代的代数世界的普遍性的意义。于是，运算概念仍然卡死在各个领域的分野之中，在本质上仍然隶从于计算，正如伽罗瓦正确注意到的,"欧拉之后,当计算被用于更高级的科学对象上时,计算变得越来越必要,但变得越来越难"。

计算局限的一个非常有趣的证据是当柯西在1812年和1846年[在刘维尔①(Liouville)研究了伽罗瓦的手稿之后]发展了变换理论时,他一点也不关心方程问题。他的工作仍然局限于他自己,仿佛组合理论只是代数学边缘上一个自律的维度。倘若如此,正如泊松②(Poisson)在他1812年的一篇论文中指出的,这个理论只有相当有限的意义。

伽罗瓦事实上保留了两个痕迹:

1) 他将变换理论变成了代数学的核心,通过完全普通的方法,用一个可以概括出来的变换的群来接近所有方程[方程的"群"]。

2) 他非常清晰地指出这个计划十分明确地将代数学变成一个整体,因为通过将代数学从数字计算的束缚中解放出来,他赋予了一般运算观念最大值的实存。

第一种行为[我们不可能展现它的专业层面]让他可以彻底澄清用根式来解方程的问题[对于次方大于5的普通方程的解是不可能的]。也让他说明了,在一个尽可能明晰的

---

① 约瑟夫·刘维尔(1809—1882):19世纪的法国数学家,生于加来海峡省的圣奥梅尔。刘维尔一生从事数学,力学和天文学的研究,涉足广泛,成果丰富,尤其是对双周期椭圆函数、微分方程边值问题、数论中代数数的丢番图逼近问题和超越数有深入研究。刘维尔构造了所谓的"刘维尔数"并证明了其超越性,是第一个证实超越数的存在的人。

② 西莫恩·德尼·泊松(1781—1840):法国数学家、几何学家和物理学家。泊松的科学生涯开始于研究微分方程及其在摆的运动和声学理论中的应用。他工作的特色是应用数学方法研究各类物理问题,并由此得到数学上的发现。他对积分理论、行星运动理论、热物理、弹性理论、电磁理论、位势理论和概率论都有重要贡献。他还是19世纪概率统计领域里的卓越人物。他改进了概率论的运用方法,特别是用于统计方面的方法,建立了描述随机现象的一种概率分布——泊松分布。他推广了"大数定律",并导出了在概率论与数理方程中有重要应用的泊松积分。

建构中,这个问题的本质在于结构上的构型,我们需要用它自己正确的方式来考察这个结构[用流行的词汇来说:基体(corps de base)、外延、关联群(groupe associè)、正规群(sous-groupe distingué)等等]。为了达到这个目的,伽罗瓦创造了"群"的概念,可以让变换来解决解方程的问题,而他自己坚持不懈地在分析中思考这个问题。他最出彩的观念当然就是毫不犹豫地认为这些方程的解的变换[我们今天称之为"排列"]并没有改变解之间的理性关系。于是得出这些排列形成了整体排列群的子群。子群的实存和属性决定了这个问题的解答。但更为深刻的是,这是第一个揭示出代数学整体的例子,即**正规子群**的观念。为何说这个观念如此重要?因为它涉及运算的一般观念和运算的不变性。这个解释可以视为整个现代数学的母体。

1832年,在一场愚蠢的决斗后[正如他自己的说法:为了"一个下流的风情女子"而决斗],在临死前,伽罗瓦让他最亲密的朋友奥古斯特·谢瓦利埃(Auguste Chevalier)注意,他所有的工作旨在决定"什么样的量变换一个既定量而不会终结其关系"。正如索菲斯·李[①](Sophus Lie)在之后宣布说:

> 伽罗瓦作品最重要的价值在于他开创性的代数方程理论,系统地应用群和不变量两个基本观念,以及倾向于以之来统治数学科学的观念。

[①] 索菲斯·李(1842—1899):挪威数学家。李群和李代数的创始人。李创造了连续对称理论,并将其运用到几何结构以及微分方程的研究中。他的最主要的研究工具同时也是他的主要成就之一,就是他在研究微分方程解的分类时,引入了一般的连续变换群(后人为纪念他,将之命名为李群)。这个群的每个变换以及两个变换之乘积都依赖于参数,而且这种依赖关系是解析的。他还讨论了连续变换群性单位元附近取导数构成的无穷小变换集合。他也注意到李群与李代数之间有着对应关系。

通过他的第二个行为,即他用结构本体论[在不进行计算的情况下,必须以其自己的方式来研究运算的难题]取代计算本体论[以量为基础的运算],伽罗瓦创造了事件的痕迹,让非实存升华为实存。他注意到这一点绝不会不引起震动。我们来看几个例子,关于真正在知识领域中可能出现的新数学身体是什么的例子。

伽罗瓦知道,新理论的突然出现,在历史上可以带来一个新的数学主体,需要与那些演绎不出任何东西的数学决裂。

> 在一般意义上,我们相信数学就是一种演绎的序列……如果我们可信赖地从已知理论中演绎出什么,那就不是什么新东西。

他也知道,这个决裂开启了一个过程,一个需要长期研究的过程,而不是给出一个综合性的表达:

> 一个新理论是研究,而不是表达出真理。

最后,他知道决裂[思想中的事件]的痕迹一般来说在语言上,用新的符号标示是可见的,我们应该毫不犹豫地将这种新符号化体系的震惊抛给思想:

> 这个主体问题的新意需要采用一些新的规定、新的特征。毫无疑问,这些不便之处会打击一些读者的信心,他们发现很难去原谅作者,他们对作者抱有极大的敬意,但作者跟他们讲的是一种全新的语言。

伽罗瓦很敏锐地注意到,他所写下的东西的价值,绝不能还原为有限领域或特殊的计算。他设想他所引入的算子标志着一种新代数学的开始,而这种代数学是一种超越它的真理,是"在拉格朗日和柯西"之间的世界的真理:

> 对于这些类型的方程,存在着一种形而上学式的思考风格,他们盘桓于计算,但又认为计算毫无用处。

> 因此我们要在一些论文中解释,这些研究最普通也最哲学的方面,而许多复杂的情况阻止我们较早地出版这些论文。

> 我们在这里承担起对分析进行分析的任务。

对分析的分析:一个著名的表达公式,将新代数学作为旧代数学的真理进程,这是由在组合理论中的变化,以及致力于拆解那些形式的新思想方向所带来的新进程。从这个点出发,伽罗瓦——这并不是他来自关于数学发展的诗一般的明晰性的最小贡献——将世界的非实存视为所发生事情的痕迹,一个展开了一个瞬间的位的标记。实际上,他问他自己,这种新观念在什么地方会降临于他。这种形式在柯西那里是以过于节略的形式出现的,而在阿贝尔那里是以相当有限的形式出现的。他的回答非常精彩:在旧的世界中,在我们的前辈那里,它以一种非认识的形式在非实存的形式下、在零强度下出现:

> 看起来同一个观念经常可以归功于许多人,就像启示一样。如果我们看看其原因所在,就很容易发现那些先于我们的人。在他们那里,这些观念是以未知的方式展现给它们的作者的。

"以未知的方式展现给它们的作者"让我们完全可以理解新代数学主体所拥有的身体的诞生，这个身体依赖于拉格朗日所奠基的世界中位的痕迹。

1) 这个世界［正如伽罗瓦所说,"我们的前辈"］是由代数符号体系所统治的,这个体系逐渐影响到所有数学分析的领域。于是,这个世界的规则首先是非常难的计算规则,只有那些"最深刻的几何学家"才会十分优雅地完成这些计算。

2) 用根式解形式方程问题是一个数学世界的拦路虎,但根式方式因此也具有实际效果。很明显,我们必须用解的函数组合来解决问题,我们不需要费尽心力去获得这些组合层面之下的结构。即便特殊的否定性证明［不可能用根式来解普通五次方程］也超越了拉格朗日的成就,他理解了为什么有可能用这些方式来解更低阶的方程。

3) 尽管柯西的排列理论跨出了决定性的一步,但这个过程仍然远离了代数学的整体视野。

4) 因此,在这个世界上非实存的就是现在。在其空洞的印记［零强度值］中,一种代数"哲学"的观念,对运算和提炼出来的结构进行运算,而不是沿着计算一条路走到黑。结果,必须在更广义的形式框架下来理解方程,它涉及不同的,但在形式上可以识别的结构。

5) 先有阿贝尔,后有伽罗瓦,如果方程理论在世界上既是中心角色,又得到了最大程度的革新,而不仅仅是充当计算的绊脚石,那么方程理论会成为这个世界上的一个位。正是在这个理论之下,"对分析的分析"得到发展,即结构代数学诞生,以及它们的各种关联、各种外延、各种同构体诞生。

6) 在这个位上付诸实施的基本概念,尤其是群、不变量和正规子群的概念,从非实存升华为实存,这个升华强化了

Ⅶ. 什么是身体？

新理论身体的架构。这些概念也将从拉格朗日到柯西时代中的未知和边缘性的东西变成数学的中心。

我们仍然需要以它自己的方式来考察这个身体,我们也需要理解它是如何以全新的方式处理目前一些停滞不前的代数问题的。简言之,理解如何让在世界上对无数的点的处置合法化。

3. 诗的身体

当诗人克服了存在的呆滞,逃离巴门尼德式的正午的诱惑,选择"我的身体呀,砸碎思想的形式"时,这个可以拆解那个隐匿了意识和生命的大写的一的"身体"来自何方? 在这个完全肯定的运算下,"身体"将那些分散的元素聚集在一起。所有那些元素都来自海面上浮现出来的风暴:"畅饮风催的新生","咸味的魄力","飞溅的浪花","巨大的气流","蓝色的血肉","喧闹"……实际上,这一切凝聚在身体形象之中,我们拥有了一个大海的位,这个位与"宁静的屋顶"和"安如磐石的宝库"相对立,它与意识的价值中从凡俗的宁静到肯定性生命的颠覆相一致。

所以我们界定了身体:位的元素的集合。在大海的例子中,它遇到了非实存[生命和意识]的崛起,并与最大值建立了关系。表象函数尽可能地辨识出那些元素[巨大的气流,风催的新生,迸裂的波浪……],它们作为事件力量的尺度,已经成为位的中心参照物:非实存之物在瞬间升华为实存的最大值,从"我竟身处如此华美的穹宇中"的隐喻到他喊道:"不,不! ……起来! 投入不断的未来!"

前者的非实存变成了实存整体的关键所在。于是,这些元素的最大同一性是通过它们自己的实存的总体展开获得的。这是因为波浪"敢于迸裂",而与"不!不!起来!"的命令形成了肯定性的关联。正是因为风儿的"吹起",才成为其中的一部分。这是因为巨大的气流"翻开又合上"组成那具身体的书。这样,我们可以说身体的诸元素,诸如诗在它自身创造出来的东西,就是用它们自己的实存来衡量的让非实存变得实存一样的东西。

由于让非实存变得抢手的正是事件的痕迹,因此我们已经有了一个明晰的抽象公式,事件之后的身体就是由位的所有元素所建构的,而位在它与事件痕迹的同一性中创造出它自己的实存整体。

或者,用一个更富有战斗性的隐喻,身体就是可以让事件的痕迹运动起来的一切事物的集合。这样,飞溅的泡沫、波浪、风、咸味和岩石本身都是大海改变所需要的东西,那是一个风暴-事件,它的痕迹就是诗人和诗的生命爆发。

十分明显,诗的痕迹开启了一个新的当下。瓦莱里十分准确地说道:"让我们飞起来吧,那令人迷狂的书卷!"意味着旧的书写已经死亡。"我们必须尝试着去生存!"就是由位的自我表象所奠基的当下的命令。波浪、海风、泡沫和蓝色的血肉都被这些暂时性的命令所吸纳。换成我们的词语,我们可以说,这些元素让它们自己合体于事件性的当下。

身体就是拥有这些属性的元素的集合。

当然,在它们中间,变化的意识扮演着中心的角色,它从对正午宁静的迷恋变成断裂性风暴的力量。诗的解释["我的身体,去毁灭吧!""奔向海浪去吧,跑回来将是新生!"]在其最大强度下,支配了身体的所有其他成分。主体运动就是命名了所有其他部分的实存的点。

这些元素彼此分离地散布在整首诗中,这些离散的元素

Ⅶ. 什么是身体?

在身体上是并存的。在命令["吹""跑""我们必须""打破"……]的实存支配下,它们聚集在表象中,最终它们被让它们可以聚集在一起的诗之中的并存性统一为一个存在[在这里,即语言的存在],并让它们凝结起来的身体合法化。我们感觉到"大海发出新鲜的气息""咸味的魄力""太阳的成千上万的幻象""蓝色的血肉""巨大的气流"和"绝对的九头蛇"。所有这些都是位所引诱出来的身体,它们甚至在多的强度上,将那些从未实存过的元素统一为一个瞬间的天王。

4. 器官:第一次描述

我们会很自然地认为这就是诗歌中身体最终的实存:合体于事件性当下的大海之位诸元素的集合,即泡沫、海风和海浪的集合,它们的实存必然性衡量着它们与唤醒意识的命令之间的同一性。我们知道,这个命令本身就是身体的一个成分,支配着身体所有的元素,也是身体的真综合,是它在本体论上的包络。

从我们的例子延伸一下,我们可以说,身体就是合体于事件性当下的位的诸元素的总体。我们也可以称之为事件的"同期"元素,意味着这些元素在表象中,尽可能会与事件的痕迹保持同一:非实存映射为实存,非表象物在表象中熠熠生辉。让我提出另一个表象形式:身体就是由位的诸元素组成的[在这里,就是大海的诸多主题],它让这些元素本身以最大的强度值从属于那些曾一无所是,但现在变成全世界的东西。

现在我们的目标是将身体的能力与将自己在位上或者在世界上作为决定的支撑的东西关联起来。我们考察的是相对于一个确定的选择,身体去肯定一个点并坚持这个点的能力。我们知道[在第1卷中],我们找到了身体与主体形式主义的结合区域,主体形式主义充当一种支撑。要记得,在第6卷中我们对"点"的概念的分析的发展。粗俗地讲,点就是世界的超验在集合{0,1}上的"映射",而它本身也被关系0≤1架构为超验。在概念上,这意味着超验的结构,它或许是无限的,但它也是在决定[或者纯粹选择、选项]的裁决下才能表象出来,这等于是说"是"[1]和"否"[2]。点的主观隐喻可以表达如下:决定总是用大写的二来过滤无限。

瓦莱里的诗歌十分清楚地用"是"与"否"的二元性来得出结论:

不,不!……起来!投入不断的未来!

是的!赋予了谵狂天灾的大海

但在这里有一个诗的各个点整体上的基本立场,这就是由位置所阐明的纯粹二元性,这个二元性等于是一系列对事件所生产的身体的考验。例如,新的身体能够得出作为欲望决定支撑的诗人-身体吗?

那些明眸皓齿,那些湿漉漉的睫毛,
喜欢玩火的那种迷人的酥胸,
相迎的嘴唇激起的满脸红晕,
最后的礼物,用手指招架的轻盈

或者他仍然站在死者那一边?

> 悠然在这里放牧神秘的绵羊——
> 我这些宁静的坟墓,白碑如林

> 死者埋藏在坟茔里安然休息,
> 受土地重温,烤干了身上的神秘。

他会发现有能力逃离正午那令人呆滞的恒定不动的力量吗?

> 多好的酬劳啊。经过了一番深思,
> 微沫形成的钻石多到无数,
> 终得以放眼远眺神明的宁静!

或者他会展开内部和变化复杂的潜在性,让这些宝石在暗地里腐烂吗?

> 我的后悔和拘束,我的疑虑,
> 就是你宏伟的宝石发生的裂缝!……

他会站在芝诺一边["阿喀琉斯迈开大步,却纹丝未动"],还是会站在柏格森一边,体会创造性生命的旋律["其声让我生"]?

因此,大写的二的两种态度的整个谱系都在诗的各个点的语言中建立起来,在此之前只有错综复杂的世界表象出来。当其"打破了形式",最后的身体证明它自己又能在自己之中,并通过对立的器官,对抵抗着正午的海风,对抵抗着死亡的性,对抵抗着波光粼粼的宁静而迸发出来的泡沫,对抵抗着"沉醉于烟消云散"思想的当下,对抵抗着巴门尼德的柏格森说"是"。所以这就是身体的区域,它的效力就属于这个或那个点。也会有运动的区域["奔向海浪吧"],也有纯粹情欲的区域["那迷人的酥胸"],也有纯粹命令的区域["迸裂吧,海浪!"]……所有这些东西,相对于诗在进程中明确展现出来的点,是实际有效的。

纯粹意识或纯粹命令还不足以让身体占据这个区域,即克尔凯郭尔"非此即彼"的诸点的考验让它自己分裂和聚集。当然,在第1卷中,我们已经用字母 ε 来标识它,第一个宣言是在真理的主体逻辑下表达的:事件已经发生,我对之说"是",我瞬间融合于这个升华的非实存之中。"巨大的气流翻开和合上了"的就是"我的书"[诗本身]。然而,如果没有身体的实际区域,没有具体地将这些区域综合起来的器官,我们将只剩下那些原则。我们必须真的奔向海浪,让我自己敞露在海风之中,与正午决裂,在巉岩上迸裂,等等。所有这些都预设着突显出来的身体的具体组织,一个独一无二的区域的综合。总之,即身体的[自我]组织。

身体,在其总体上,就是将位的那些项聚集在一起的东西。那些项在本体论上与一个非实存的表象的关联为最大值,那个表象就是事件的痕迹。事件之后非实存的升华召唤出身体,并使之运动。它的严密一致性就是各个元素之间的并存性,而这是由它们共同从属于原始痕迹的理想所保障的。但走向结果的身体的实效性[因此也走向主体形式主义,也就是作为新的当下架构的结构的艺术]被一点一点地具体展开。身体的考验通常是一个选项。一个点让身体的各个成分走向了大写的二的召唤。为了让其发生,就必须有身体实际的区域,这些区域会对反抗旧世界的惰性的新结果说"是",那么就必须在这些光辉的痕迹之外,为其验证提供器官。这些器官就是身体在区域上的实效性的内在综合。

只有为可主体化的身体实现一个器官组织,我们才有希望"活下去",而不仅仅是试着去生存。

5. 数元的身体与器官

1832年5月29日,在给他的好友奥古斯特·谢瓦利埃的一封著名的信中,伽罗瓦如此写道:

> 有些时候,我的主要思考旨在将模糊理论应用于超验分析。

这个对模糊性,对无法辨识之物的主张,就是新身体诞生的显著标志,其内在的器官组织已经发生了一个多世纪。

随着排列理论的意义发生改变,身体围绕着其轨迹而积聚成形,并在彼此关联的运算和常量的群中得以具现化。一旦运算离开了其不变量,那么对于这个运算域来说,数学实体就是"模糊的"。实际上,如果另一个实体也同样是不变量,那么在运算域内,它无法将其与第一种实体区分开来,两者都无法用运算的结果来加以分别,而它们都保持未变。面对运算的表现,它们都是"同一",因为它们实际上都不会留下痕迹。

在柯西之后,在阿贝尔,尤其是伽罗瓦的推动下,新的身体诞生了[后来被称为"现代代数学"],这就是用运算和不变量的普通理论取代计算的线性发展的东西。伽罗瓦清楚地说明了这次转变:

> 分析家们徒劳地欺骗自己：他们并没有进行演绎运算，他们只是在组合、在合成。

简单演绎的逻辑目的在于得出单一的结果，伽罗瓦用组合逻辑对立于这种演绎逻辑［数学更近似于音乐了］。新的代数学身体，是即将来临的数学主体性的支撑。在某种意义上，它比线性计算更具有空间性：它将不同的形式聚集在一起，并在这些形式"之间"寻求新的不变量。这就是为什么相对于数学世界的点而言，我们可以提出一种关于"新代数学"的身体实际部分的简单定义：这就是看起来彼此分离的诸形式、诸结构和诸运算域之间关系的区域。主宰着这个区域，并让这些不变量具现化的伟大概念就是新身体的器官。

正是出于这个理由，布尔巴基①（Bourbaki）的里程碑式的著作，旨在详尽解释结构装置（appareillage）的整体性［代数学、拓扑学……整体性］，以及它们推理的范围［李群和李代数、代数几何、数的分析理论等等］和它们的器官［那些再现、不变量、自然同构性的伟大定理等］，非常近似于对数学身体的剖析，而不是其创造的动力学。身体的生成主宰着世界上对点的实际处置，而这些点的实在性被抹除了，也就是说，被实际的各个部分十分复杂的图系（cartographie）所抹除了。伽罗瓦的例子更为清晰透明。开创对立身体的器官组织的点是可辨识的，它适度地展现出其二元逻辑：是或否，我们是

---

① 布尔巴基是20世纪一群法国数学家的笔名。布尔巴基的目的是在集合论的基础上，用最具严格性、最一般的方式来重写整个现代高等数学。他们的工作始于1935年，在大量写作的过程中，创造了一些新的术语和概念。布尔巴基团体的正式称呼是"尼古拉·布尔巴基合作者协会"，在巴黎的高等师范学校设有办公室。布尔巴基在集合论的基础上用公理方法重新构造整个现代数学。布尔巴基认为：数学，至少纯粹数学，是研究抽象结构的理论。结构，就是从初始概念和公理出发的演绎系统。有三种基本的抽象结构：代数结构，序结构，拓扑结构。他们把全部数学看作按不同结构进行演绎的体系。

Ⅶ. 什么是身体？

否真的决定了高于四次的方程可以用根式来解?在阿贝尔的激发下,伽罗瓦回应说:"是的,我们可以决定。这些方程都不能被根式解,这个问题解决了。"而后这个点被坚持下来。

为了达到这样的决定,就必须对身体进行分层,从里面界定之前彼此分离,甚至没有得到良好界定的各种代数结构之间全新的关系:一方面是群的排列理论,另一方面是运算层面上的外延。这个关联限定了一个实际的部分,并承认了其官能上的综合。

在哲学上,值得更深入地思考一下这些问题。我们知道,从古希腊开始,有理数运算都认可所有系数为有理数的方程,但在那个层面上缺少解。古希腊之后很久,这些方程获得了一个名称——"不可约方程"。历史上最著名的问题,它涉及正方形对角线的问题,即方程 $x^2-2=0$。这就是一个不可约方程,因为 $\sqrt{2}$ 是一个无理数。

准确地讲,从 16 世纪开始诞生了字母代数学,但更为清晰的字母代数学开始于高斯。我们也知道,我们为不可约方程的解"增加"一个运算维度,让所有的可计算的组合,连同那一维度上的其他元素一起合法化,我们就获得了一个新的运算维度。最著名的添加就是为实数维度增加另一个"虚数"符号 i,将其视为不可约方程的解[无实数解]$x^2+1=0$ 的解。在这里,是一个具有重大的科学意义的数的起源,即所谓的复数(nombres complexes)。

实际上,这个程序仍然是一个普通程序。如果为有理数加上 $\sqrt{2}$,那么也就允许了所有这样的组合[如 $3\sqrt{2}-17$,等等],这将获得一个新运算维度。我们称之为有理数的代数扩张。如果给不可约方程引入另一解,你会获得这个扩张的扩张。伽罗瓦最熠熠生辉的观念是认为，可以通过不可约方程对运算维度的连续性扩张——排列群的顺序，通过正规子群的技巧，界定方程的这些解。事实上，身体的实际部分可以用决定的方式来处置点；可用根式解的方程是由如下方式组成的，即通过每一次对不可约方程的解的添加，每次对运算维度的扩张，你都可以对应这些解的排列群的一个子群，即这个子群会把"无法辨识的"和"模糊的"解汇集在一起，它不可能区分这个维度上的各种运算。最后，一个维度逐步上升扩张的系列对应于一个逐步下降的运算群的系列。正如伽罗瓦所说，这就是相对于"方程理论"的点，它界定了新身体的实际部分的数字的"组合"。为什么？因为下降的系列必然要在一个无法拆解的单纯群面前停顿下来。这反过来也让处于上升过程的扩张也停顿下来——这个停顿是无法界定的。这个停顿条件可以让我们合理地思考这个问题的普通形式，并保障了这个点[方程是否可以用根式来解？]明确地得到保存。

至于综合了实际部分的器官，是由新代数概念组成的，这些概念让我们可以思考全新的代数架构。两个算子让上升系列和下降系列的并置成为可能：代数扩张，通过加入新的代数符号[如 i 和 $\sqrt{2}$]让运算维度扩张；子群观念，它分析的是排列的结构，在不变量的展示基础上，在收缩了研究领域的架构之中，在排列结构中，区分了什么是单纯的，什么仍然是组合的。

在对这些概念及其用法的反思中，它们不过是形式预期和组成问题，而不是计算问题，伽罗瓦写下了如下这段话：

我在这里谈的仅仅是纯分析。

Ⅶ. 什么是身体？

我一头扎进计算之中,扎进运算的群之中,是从它们的难度而不是从它们的形式上来区分二者的,在我看来,这是未来几何学家的任务,在这部著作中我将走上这条道路。

"纯分析"和"运算的群"对数学新"任务"的界定:这就是对伽罗瓦的考验。他注意到,他把握的是一个新理论身体的主体-形式。对于这个身体,即一个创造性的主体的实际上的实存,我们需要清楚地认识五个前提:

1) 伽罗瓦所承袭的数学世界是一个积极而厚重的带有新问题的世界,它是迟钝世界的对立面。伽罗瓦在欧拉、拉格朗日、高斯和阿贝尔之后。在这样一个世界的超验中,存在着一些点——尤其是一个点涉及是否可用根式来解方程的认识问题。

2) 位已经形成,这个位涉及在计算上和概念上的对运算的抽象或形式研究。这个位的痕迹 ε 就是排列研究所改变的状态:从过去时代的没有一般意义的简单组合,到数学世界上群概念范式的实现。

3) 某些元素合体于这个痕迹,这样存在着一个不能还原为这个痕迹的身体[一个新的代数学思想]。我们知道,在伽罗瓦短暂的研究中,对排列群的分析让某种数字维度的下降图示成为可能。

4) 存在着这个身体的实际部分,它是由决定这个点的各个元素组成的。我们知道,这就是关联于不同类型方程的解的排列群的形式。这个形式关联于扩张,并让身体的实际部分的一般形象[即不同结构之间的对应]得以合法化。总之,对高于四次的方程来说,这些群是单纯的或不可分解的。

从这个事实出发，得出了关于点的决定：这些方程不可能用根式来解。

5) 存在着一个新概念，它包络了身体的实际部分，因此也界定了身体"现代代数学"的新器官。例如群和子群、代数扩张、不变量、单纯性等概念。

这五个前提是可主体化身体实存的前提，我们可以总结如下：世界不能是迟钝世界，必须有一个位-对象及其痕迹，我们知道，要让一个非实存以最大值成为实存；对象的诸元素以最大值，并以并存方式关联于它们自己的痕迹和群，在所有这些元素所构建的身体中，有一些子集，这些子集就是相对于这些点而言的器官。下面，我们会给出这些前提非常清晰的形式表达。

在结构关系不断扩张的创造性形式中，即在另一个结构中的某一结构的"可见性"中，新身体得到了主体化。尤其是在拓扑学结构中来解读代数结构，成为当代数学的关键。层的概念综合了这种类型的关系，并充当了它的一般器官。毫无疑问，它开启了一个新的身体历史。对此，格罗滕迪克在1950年前后扮演了伽罗瓦在1830年前后所扮演的角色。

或许如此，我们需谨记一个观念，我们在数学和诗歌中都看到了这种观念，世界-点-位-身体-实际部分-器官的系列，的确就是让某种东西成为真理的类性形式。这让唯物主义辩证法可以同意，在身体和语言之外，还存在着某些主体的真实生命。

民主唯物主义在一个强力承诺的外衣之下宣布了历史中人性的那个夜晚，就是一个无法避免的黑夜。

第2部分 拉　康

相对于许多心理学家退回到生理主义的趋势而言,我们有时会发现拉康提出了一个反身体的能指。他说道:"主体的在场是由能指,而不是由身体构建的。"或者他确定了身体就是抵抗主体的东西。这样,让我们想起了柏拉图,主体是消极地面对它的身体,而不是由身体降生了主体:"并非对于意识,而是对于身体来说,主体是受到谴责的,身体以无数的方式抵抗着主体划分的实现。"

拉康也注意到,只有彻底舍弃感知信息,我们才能获得科学真理,因而这也舍弃了让世界通过身体器官关联起来的一切东西:"科学只能抛弃某些假设,即将其称为自然是恰当的,因为它意味着身体所占据的'自然'也就是自然的。"

拉康坚持认为身体绝不是主体辨识自身的根基,它的亲密性、它的自我归属或自然自我'同一性'不过是接受大他者冲击的容器。在那个位置上,主体被构建为一个自我的外部:"大他者的位置只能占据在身体之中,它是身体肌肤上的疤痕。"或者还有一个关键的表述:"身体通过能指的运算为大他者铺平了道路。"从这里我们可以得出,身体绝不是原初给定的:身体"是次生性的,无论其是死是活"。

拉康经常将身体视为语言结构的展开,或者视为语言结构实效性的惰性中介。至于主体——对于精神分析师来说——没有因果关系让其回溯到这样的生命,会与回溯到主体身处于其中的身体一样绝对:"主体的生物学基础非常重要,在分析中,这绝不是等于说,分析所发现的因果关系不能还原为生物学的关系。"如果我们从因果关系来考察,身体就是施加于其上的效果,而不是其活生生的结果:"语言-后果将自己施加于身体。"没有任何身体的影响就是简单的肉体影响。更激进地说,"我所说的这个身体,仅仅是结构影响的身体"。

我们在这里十分谨慎地选择了"影响"(affecté)一词。对拉康来说,影响是身体性的,在某种程度上,结构在其中起作用。如果我们用拉康的术语来将[一般]人界定为寓居于语言之中的动物,影响则是这种寓居在身体上的后果。"影响发生在具有寓居于语言之中属性的身体上。"那里有言说的位置,"在血肉和骨骼中,以及我们所有的肉体和同情的情结,我们寓居在这个位置之上"。

简言之,身体从属于能指。在这个方面,对于主体来说,身体是大他者的展开,那里没有身体的活动,只有结构所赋予它的存在,而赋予的标志就是感触(affect)。看来我们尽可能从我们已经捍卫的学说出发,这些学说让身体成为积极的组成。它就是主体-形式的支撑,它是一点一点地让其器官面对这个世界。

说真的,距离没有那么遥远。

拉康十分严肃地消解身体的建构性力量,甚至消解身体的内在动力,实际上目的指向现象学,尤其是梅洛-庞蒂和萨特的现象学。他们将身体描述为在世界上的意识在场:"由于希望让自己消解在身体的在场之中,现象学……禁止自身穿越身体的领域,也禁止创造出身体所能触及之外的经验。"如果必须不断地记住,从这个结构中,身体得出了其带有症

Ⅶ. 什么是身体?

候表象的结果。如果在任何情况下都需要重复地说,"知识影响了存在物的身体,它仅仅是一个言说的存在物",那么在某种程度上,公认的现象学版本将身体分离于针对它的文字,将身体的在世存在作为原初经验的本体论。

反复指出能指相对于生物学数据的优先性,首先是一个有争议的问题,它绝没有排斥身体也是主体的名字。必须理解,在唯物主义辩证法的参量之内,是什么让身体听从于大写真实的理想的例外。

我们也认可拉康的这个说法,即身体是大他者的位置,因为对于我们来说,这就是位在事件中成为他者,它要求真理的身体成为可能。

我们进一步注意到,在这个方向上,拉康走得太远了。因为他认为身体能思考,也正是因为这种身体的思考,被分离于它的灵魂的名义误读了。当他写道"无意识主体通过为其引入思想,借助身体来触及灵魂",我们可以毫无困难地认识到我们信念的一个最初的表达形式,即身体在消失事件的痕迹之下聚集起来,一点一点地在器官上设定了尚不为人所知的永恒真理的思想-主体。

下述事实尤其是这种情况,在某种程度上,身体在痕迹的刺激下影响到它自身,这个观念绝不会与大写主人(Maître)的观念有什么不同。如果我们认为这些对动物的影响后果也就是该动物在世界中的后果,一个被能指标明的身体的命运就在于大写真实的那里,那么将欲望定义为"对能指所标明的动物的能指-后果"就不是无关紧要的。我们喜欢这样一个事实,即这个标明的后果可以理解为"剪羊毛后果"(effet de cisaille),这是一个很有力的形象。我说明如下:主体化的身体在永恒的危险中确立了当下,那不可避免的区分——"剪羊毛",我没法用更好的词了——成为反动的否定和蒙昧的遮蔽。这就是它在抹除的压力下身体飘忽不定的平衡,它抵抗着被抹除的身体和消失的身体。结果是这样,当它成为让我们转瞬即逝的动物性合体于其中的主体-身体时,我们通常试着说,要么它实存着[教条主义,忠实主体的秉性],要么它并不实存[怀疑论,反动主体的秉性]。当拉康写道"性行为的时刻……缝合了两个表达之间的裂缝。第一个表达:根本没有性关系……第二种:那里只有性关系"时,他摇摆不定地转向了性行为的优先性,这是心理真实潜在过程的精神分析形式。

相对于例外真理对身体和语言的吸纳,我们是坚定的拉康主义者,即便拉康本身会限制他自己的冲击,在它们的永恒力量的门槛上停下来。这个问题首先需要承认痕迹潜在的绝对性,事件的痕迹在延迟的和最大化的表象中吸纳了消逝的事件。这个痕迹标示出计数的唯一开端,也是包括身体在内的开端。拉康也说道:"在其结构中,最初的东西只能通过其痕迹的全部或虚无来起作用。"那么必然是这样,只有在切口(coupure)状态中,只有在新当下的突显中,而不是在生产的连续性中宣示出主体对世界的真理的理解:"唯有切口出现时,世界才会预留给一个言说的存在物。"最后,必须让我们相信,只有合体才是真实的后果。与什么东西合体?在痕迹的冲击下,与选定的新身体合体。如果像我们在第1卷末尾说的那样,的确在其影响下,人类动物认识到,通过其合体的身体,分有着真理的主体,那么在拉康那里,我们会说,"正是合体,让结构发挥影响"。更深刻点说,如果我们承认真理的身体是通过某些可及的多元的合体来实现的,其中"身体"一词就是这个词的日常意思,那么我们就会彻底弄清拉康在《无线电声波》①（*Radiophonie*）中一个前苏格拉底的神秘表达："通过合体于其中，第一个身体创造了第二个身体。"在这里，我们可以毫不犹豫地与拉康的架构连通在一起，将自然身体合体为身体就是大他者的斑迹（stigmate）。

那么我们在哪里可以找到这个引起争议（litigieux）的点？在一直赞同的点处，在对合体过程所预设的"两个身体"理论的模糊性解释之中。在他的教谕中，拉康面对着我所相信的一个序列或一个偶然生成的结构。实际上，对他来说，身体的标记来源于如下事实，我们注意到这里有点海德格尔的风格，即人类动物是"活生生的'存在物'，通过他们所寓居的语言与其他东西区别开来"。在这个公理之下，主体实际上分裂为两个身体：一个是他"拥有"的身体，一个是作为活生生的对象的客观身体，这个身体禁止接近他所使用的身体，而处在大他者位置上的身体就是让他的言辞创造他的身体。如果人拥有一个身体，"他所拥有的无非是说，就他的言说-存在（parlêtre）而言，他所处置的是其他的东西，而并未让其成为他自己的东西"。在一般意义上来说，第二个身体就是某种大他者的症候（symptôme），而不是新主体的所有物或基础。一个富有战斗力的女性例子证明了这一点：女人"就是另一个身体的症候"。

于是，从所有这些内容我们可以得出，合体于大他者位置的形式运算，以及合体于主体的分裂，在无意识的名义下，构成为人类动物的基底，而并非主体化的身体一点一点处置的真理的当下-过程的发生，这种过程的发生是极为罕见的。

---

① 《无线电声波》这篇访谈是 1970 年瑟伊出版社（Seuil）的《亦即》（*Scilicet*）为拉康做的一次访谈。

我们可以说，拉康的预见限制了他的精神分析真理[即结构的真理]的贯彻实施。治疗有时会毋庸置疑地在行为中消解了自身，这种行为的应用涉及真实，但它带有怀疑论的标记，所有取消偶然创造出来的东西的绝对性论调都用这个标记来保护自己。

当拉康说"精神分析的对象不是人，而只是他的缺乏"时，我们会注意到，他不得不将著名的精神分析分离于哲学。因为对于"永恒真理"，我们所理解的是民主唯物主义的人所缺乏的东西，我们只有让自己活生生地合体与大他者的身体中才能获得这种缺乏。正如我们已经看到的那样，拉康也是这样看的。

但是，当他继续说道"不是绝对的缺乏，而是缺乏某个对象"时，他在有限的方向上走得实在太过了，这让他远离了哲学。当然这也是他欣然自得之处，因为在绝对中，他毫不犹豫地将之称为"哲学的原初错误"。根据他的说法，这个错误忙于"缝合主体的伤口"，这样做也就"吞噬了真理"。我们的辩护将让人类动物奇点的定位更为深刻。寓居于语言之中不足以找到这个奇点，语言在身体上留下的伤口也绝不是最后的言辞。这个伤口，可以锁定在让身体变得可分割的行为中[将身体分为"我"的身体和症候的身体，或者大他者之位置的身体]，我们可以在带有小脑的动物那里看到这个伤口。如水龟，只要它看着我，用它那闪着黄绿色光芒的爬行动物的目光看着我，直到我感到惊慌失措、感到愧疚，给它一定比例的干虾为止。

只有作为超人类的身体，主体才能把握人类动物的可分的身体。那么伤口就是创造的一边，而不是症候的一边，我

Ⅶ. 什么是身体？

并不相信乔伊斯的"例子"——拉康所说的"圣兆乔伊斯"①（Joyce-le-sinthome）——足以将一个人消解为另一个人。相反，我们看到了一道裂缝，裂缝的一边是表象的先验法则，另一边则是由可主体化的身体所产生的当下，一个开创了永恒真理的当下。这也就是人类动物多之身体与其主体合体之间的裂缝。

不过，拉康最关键的教导乃是：在民主唯物主义的冲击下，一些人想说服我们，在灵魂的闹剧之后，可以证明身体就是大写的一的位置。我们反对这种动物主义的还原，我们重复一遍大师的裁定："认为总会存在着某种统一位置的想法，很难获得我们的赞同。"

---

① 这里的关键词 sinthom 是非常难翻译为中文的词，拉康在《研讨班 23》中专门讨论了这个概念，其中拉康所列举的关键例子就是乔伊斯。拉康在讲座中指出，乔伊斯出生于天主教家庭，在成长过程中，心灵与生理本能的激情饱受教义的原罪（sin）观念的折磨。历经创伤与痛苦的挣扎，充满症候，得益于托马斯·阿奎那的神学的启迪与文学的创作提升，他不仅克服了症候，而且将生命主体提升到神性的地位。拉康誉之为 sinthome，具有心向往之的正面赞赏的内涵。在这里，巴迪欧显然不赞同拉康认定的乔伊斯的彻底转变，这种转变并没有根除人之中两种身体的分裂。而在季广茂教授翻译的齐泽克《意识形态的崇高客体》中，已经将 sinthome 翻译为圣兆，在这里我跟随这个译法。

第3部分 身体的形式理论，或我们知道为什么身体实存，它可以做什么，不可以做什么

形式展开的目的是要简洁明了地说明，身体的概念是表象逻辑的创造性综合。真理主体的物质性，即身体，就是根据真理的类性命运，让世界的对象两极分化的东西。在这个方面，身体让表象本身的本体论命运表象出来。正如现在我们需要弄清楚的是，这只能通过"处置"世界上的各个点来做到。所以，可主体化身体实存的准确前提已经得到了阐明，那些极其稀缺的真理变成了合理性。

1. 第一个形式轮廓：身体的定义和实存

很明显出发点是带有超验 T 的世界 **m**，还有一个对象，即(A, Id)，它规定了与 A 的元素的差异和同一性的分配。例如，这个世界可以是瓦莱里的诗《海滨墓园》中的世界，也可以是从拉格朗日到伽罗瓦之间的代数世界。在第一个例子中，对象是塞特镇的海边公墓，诗歌是在四个元素的基础上创作的[大海、太阳、死者和意识]。在第二个例子中，有一个是否可用根式来解"普通"方程的独特问题。

很明显我们设定了大逻辑和变化理论的基本结果。尤其是所有的对象，作为一个元素，都拥有一个特有的非实存

$[x\in A$,有 $\mathbf{E}x=\mu]$。例如,思考一下诗歌中静止不动的正午所挤压的意识、合作和当伽罗瓦准备生产出自己的数元时,[柯西]对方程的根的排列群中的组合性解释。现在我们假定$(A, \mathbf{Id})$是一个位,也就是事件。于是,从第5卷的定义中我们得知:

——$\mathbf{Id}(A, A)$或 $\mathbf{E}A$ 在自己的表象函数下展开,位 A 就是$\mathbf{E}A=M$,同样,在伽罗瓦那里,用根式来解方程的突然的爆发性的位[与此同时,这个问题得到了彻底解决,也让人们丧失了兴趣]也是如此,或突然在大写的一的至关重要的本体论中降生了诗歌中的画面形象,走向了对真实的"近乎谵妄"的多重形式的肯定。

——在位业已消逝的最大值的结果中,有一个从 μ 到 M 的非实存表象的超验值变化的过程,这也是对象之前特有的非表象之物的整体实存。这就是诗人意识的情况,"苦涩、阴沉而又嘹亮的水池/震响灵魂里永远是再来的空洞",在得到释放的大海的冲击下,它变成了浪花四溅的泡沫,变成了向人生的冲刺。

我们将位-对象特有的非实存写为 ε。事件的冲击力在如下公式中得到的最大化的表现:

$$[\mathbf{E}\varepsilon=\mu]\to[\mathbf{E}\varepsilon=M]$$

现在,我们不谈例子,进一步用纯粹形式的方式来思考。设位-对象$(A, \mathbf{Id})$任意元素 x。在表象中,这个元素拥有与$(A, \mathbf{Id})$的特有非实存 ε 的同一性的值。在$(A, \mathbf{Id})$成为位之前,也就是在事件之"前",我们有 $\mathbf{E}\varepsilon=\mu$,根据 P.2 可知,$\mathbf{Id}(x, \varepsilon)\leqslant\mathbf{E}\varepsilon$,于是,$\mathbf{Id}(x, \varepsilon)\leqslant\mu$,即 $\mathbf{Id}(x, \varepsilon)=\mu$。

在位的影响下,当 $\mathbf{E}\varepsilon=M$ 时,发生了什么?

我们知道 $\mathbf{Id}(x, \varepsilon)\leqslant \mathbf{E}x\cap\mathbf{E}\varepsilon$,如果 $\mathbf{E}\varepsilon=M$,意味

着 $\mathbf{Id}(x,\varepsilon)\leqslant \mathbf{E}x$。

这样，很明显，位的元素与之前非实存的同一性值，现在是在最大值表象中来评价的，也就是说，顶多等于那个元素的实存值。

所以，我们可以说，**当且仅当 $\mathbf{Id}(x,\varepsilon)=\mathbf{E}x$ 时，x 让自己合体于事件性当下**。这意味着 $\mathbf{Id}(x,\varepsilon)$ 为尽可能最大的值。或者说，x 尽可能与事件的结果保持同一。

我们在第 3 卷中谈过的本体论上的秩序关系 < 的理论，告诉我们 $\mathbf{E}x = \mathbf{Id}(x,\varepsilon)$ 实际上等价于直接对 A 的元素的论断：$x<\varepsilon$。所以我们可以说，如果 x 合体于事件性当下，那么在本体论上，从秩序角度来看，它关联于已经变得实存的非实存。反过来说，如果一个元素 x 有 $x<\varepsilon$，则它合体于事件性当下［因为 $\mathbf{E}x = \mathbf{Id}(x,\varepsilon)$］。换句话说，关系 $x<\varepsilon$ 就是合体于事件性当下的特征。它可以充当合体的定义，尽管它没有基本定义那么清晰，基本定义说明这个元素是［基本上等同于］让自己在事件中获得了清晰实存强度值的东西。

下面这个评述十分重要：所有让自己合体于事件性当下的元素都是彼此并存的。我们记得并存性是存在中的一种关系，在多 A 的诸多元素中，真原子的中介确定了这些元素的关系，而真原子是在表象中由 A 的［在本体论意义上的］诸多元素所决定的。

为了确定这一点，我们首先要利用命题 P.3：$\mathbf{E}a \cap \mathbf{E}b \leqslant \mathbf{Id}(a,b)$ 是元素 a 和 b 之间并存的代数表达。那么，我们设位有两个元素，即 x 和 y，它们自己合体于事件性当下。根据合体的定义，我们得出：

$$\mathbf{Id}(x,\varepsilon)=\mathbf{E}x \text{ 且 } \mathbf{Id}(y,\varepsilon)=\mathbf{E}y$$

但是［第 2 部分的 2.3 中的表象函数的公理 1 和公理 2］：

$$\text{Id}(x, \varepsilon) \cap \text{Id}(y, \varepsilon) \leqslant \text{Id}(x, y)$$

因此有：

$$\text{E}x \cap \text{E}y \leqslant \text{Id}(x, y)$$

这说明了 x 和 y 是并存的。

我们通过合体的综合定义 $x < \varepsilon$ 可以步伐更快一些,根据命题 P.5:如果对于"真"秩序关系,两个元素都由同一个第三元素支配,那么它们就是并存的。现在,如果 x 和 y 都是合体于事件性当下的元素,这是因为我们有 $x < \varepsilon$ 和 $y < \varepsilon$。于是得出 $x \ddagger y$。

这让我们可以提出身体的基本定义:**一个身体 C_ε,关系到一个位(A, Id)的特有的非实存 ε,那么它就是所有自己合体于事件性当下的 A 的元素的集合。**

在这个定义的基础上,我们可以确定身体的**严密一致性原则**。我们刚刚已经看到,身体的元素是成对并存的。于是,根据重要的命题 P.7,这个身体承认一个真综合,即符合秩序关系<的包络,它并非在现象上运行,而是在存在上支撑着这些现象的多之组成上运行。我们称之为 S_c ["肉体综合"],即用来作为身体 C_ε 包络的元素的综合。元素 S_c 明显赋予身体 C_ε 一种特殊的严密一致性。它是存在上的某种统一体的保障,超越了存在,并突现在表象中[突现在世界中]。记住,根据定义,S_c 是一个规定了[真]原子 $a(x)$ 的元素,$a(x)$ 定义如下:

$$a(x) = \sum (\text{Id}(c, x) / c \in C_\varepsilon)$$

换句话说,S_c 包络了所有位的元素与身体元素同一性的值。所以,它实现了对位之中所发生差异的肉体综合。而身体的元素"过滤"了这些差异,它们与事件的结果共有一种明确的关系。实际上,身体的一个元素与事件的最大结果[让非实存变得实存]保持着最大同一性的值,在某些方面,它就是事件力量的守护者。

事实上,肉体综合 S_ε,即事件之后身体的同一性保障,不过是非实存的 ε,即事件之后在位中获得最大实存的东西。

我们知道在事件之后的事件中 $\mathbf{E}\varepsilon=M$[参看上面关于 ε 的结果的公式]。但 ε 合体于事件性的当下,因为根据 $\mathbf{E}$ 的定义,$\mathbf{Id}(\varepsilon,\varepsilon)=\mathbf{E}\varepsilon$。结果,$\varepsilon$ 是身体 C_ε 的一个元素,它聚集了在事件爆发之后,合体于事件性当下的位-对象的所有元素。我们于是得出 $\varepsilon\in C_\varepsilon$。

我们知道,对于所有的 $x\in C_\varepsilon$,我们有 $x<\varepsilon$。这仅仅意味着 ε 的超实存。它内在于身体,并大于身体中所有其他元素,这就是身体的[内在]包络。它内在地支配了所有元素。事实上,我们先前知道,$x<\varepsilon$ 是身体的元素 ε 的特征。所以,我们可以通过它的包络来界定身体:所有由 ε 支配的元素,就是身体。

我们可以做如下评价:除了痕迹 ε 之外,身体中没有其他元素等于最大实存超验值。

我们假设事实上的身体的元素 x,并设定 $\mathbf{E}x=M$。我们知道 $x<\varepsilon$。这意味着 $\mathbf{Id}(x,\varepsilon)=\mathbf{E}x$,因此 $\mathbf{Id}(x,\varepsilon)=M$。最后,$\mathbf{Id}(x,\varepsilon)=\mathbf{E}\varepsilon$,也就等价于 $\varepsilon<x$。相对于之前的结果,即 $x<\varepsilon$,根据非对称关系,这个关系让我们得出 $x=\varepsilon$。

这就是由如下描述性陈述的形式实存:"当非实存没有变成超实存,事件之后的身体不能以最大值实存于位之上。它们还在生成之中。"

这就是瓦莱里诗的结尾["我们必须试着活下去……"],因为,除了言说这种意识的绝对信念之外——而在此前的时刻,它等于零——对于由这首诗所产生的身体的诸多元素来说,必须保障其生命。"奔向海浪去吧,跑回来将是新生!"是的,但这是命令,而不是给予的东西。

我们也可以同样说说伽罗瓦的宣言:

> 分析学家在沉思中所预测(prévision)的代数学变革的时代即将来临,它不在别的时代,不在别的地方去生产它们自己。在那一点上,我们不得不满足于已经预测的那些东西。

"预测"是新代数学的结构性技艺,表明了这些新数学理论身体的成分还没有形成。

最后,相对于身体的表象,我们有了8个公式[A是代表位的集合,ε是非实存],所有这些公式都是事件之后的公式:

1) $(\mathbf{E}\varepsilon) = M$[事件结果]
2) "x 合体于事件性当下" $\leftrightarrow \mathbf{E}x = \mathrm{Id}(x, \varepsilon)$
3) "x 合体于事件性当下" $\leftrightarrow x < \varepsilon$
4) $C_\varepsilon = \{x/x \in A \text{ 且 } x \text{ 合体于事件性当下}\}$
5) $C_\varepsilon = \{x/x \in A \text{ 且 } x < \varepsilon\}$ [根据3)和4)]
6) $\varepsilon \in C_\varepsilon$
7) ε 是 C_ε 秩序关系 $<$ 的真综合或包络
8) 从陈述"x 是身体的一个元素和 x 不同于痕迹 ε"可以推出 x 的实存值严格小于最大值 M。

2. 第二个形式轮廓:点的肉体安排

重要的是,要从形式上概括,对于身体来说,**处置一个点**

意味着什么。基本上,这等于是要形式概括出对于一个确定主体来说,"决定"的实效是什么。

我们从第 6 卷的形式概括出发。

因为一个点是由大写的二来对多进行过滤,它是由函数 φ 来再现的,它将世界的超验映射为一个最低程度的古典超验,{0, 1}。

由此我们提出**如果 $φ(Ex)=1$,那么身体 $C_ε$ 的一个元素可确定一个点 φ**。

我们注意到,ε 是对身体 $C_ε$ 的真综合,它确定了所有的点。实际上,$(Eε)=M$,因为所有点都保留了最大值,对于所有的点 φ,我们都有 $φ(M)=1$,于是有 $φ(Eε)=1$,因此,ε 肯定了 φ。

ε 的普遍实际性并没有真正指明,对于确定的点 φ 来说,身体的一个严密一致的实际部分的实存。在某种意义上,这是一种晦暗不明的实际性。事实上事件痕迹 ε 就是身体实存的一般前提。在这个方面,它缺少与世界上一个明确的点的独特关联。为了在形式上概括这个关联,我们必须考虑,当它们在这个点面前表象出来时,对于这个身体,而不是 ε,发生了什么。这让我们要分离并聚集那些肯定了这个点的身体元素。[对于一个既定点来说]身体的实际部分的定义很自然是:对于点 φ,身体 $C_ε$ 的实际部分是 $C_ε$ 的肯定了 φ 的元素的子集,而不是 ε 的子集。

$$C_{εφ} = \{x/x \in C_ε \text{ 且 } x \leq ε \text{ 且 } φ(x)=1\}$$

没有任何东西可以确保相对于确定的点 φ 的 $C_{εφ}$ 的"实存"。如果在 $C_ε$ 中,只有 ε 肯定 φ,它或许是空集。如果 $C_{εφ}$ 不是空集,那么它的组成元素是成对并存的[因为它们都是身体的元素],它也认可一个真综合[秩序关系<的包络]。

我们将综合了 $C_{\varepsilon\varphi}$ 的元素写作 ε_φ。

我们注意到，或许 ε_φ 就是 ε 本身。没有任何东西实际上禁止子集 $C_{\varepsilon\varphi}$ 的包络外在于这个集合。很明显，ε 通常是 C 的元素 x 的子集包络的候选（condidat），因为我们知道对于所有的 x 而言，都有 $x<\varepsilon$。

这种情况[ε 是身体实际部分 $C_{\varepsilon\varphi}$ 的包络]让我们在内在性之外，回到了一个匿名的实际性的值。如果这个实际部分的包络实际上就是 ε，这是因为这个实际部分，在与点的独特关联中，并不能在自身中实现其自己的综合。如果 ε 是关于点 φ 的身体实际部分的包络，我们会说，这个部分是弥散的（dispersé）和无器官的（inorganique）。

对于点 φ 来说，实际部分 $C_{\varepsilon\varphi}$ 的包络 ε_φ 如果不同于 ε，那么我们将 ε_φ 叫作 C_ε 的器官。唯有当身体在点 φ 拥有一个器官时，我们才能说身体 C_ε 处置了点 φ。

在这里，我们可以做一个形式上的评价，这个评价有点走在德勒兹[或柏格森]的方向上：如果实存着一个器官 ε_φ，那么这个器官内在于对应着它的身体的实际部分 $C_{\varepsilon\varphi}$。毕竟，我们已经知道，唯有当包络仅仅是 ε 时，才会是这种情况。此外，我们还可以得出，包络 ε_φ 甚至不在身体 C_ε 之中。实际上，命题 P.7 在对应于位(A, **Id**)的集合 A 中，它确保了一个所有元素都成对并存的部分的本体论上包络的实存。但这并没有告诉我们这个包络就在这个或那个子集中。没有任何东西要求 ε_φ 在身体 C_ε 中。仅仅保证了它是 A 的一个元素。

然而，我们要证明，如果它不同于 ε，实际上 ε_φ 就是 C_ε 的元素。

有一个 $C_{\varepsilon\varphi}$ 的包络，ε_φ 是秩序关系<上的 A 支配的 $C_{\varepsilon\varphi}$

所有元素中的最小元素。尤其，它比 ε 小，它也支配着所有 C_ε 的元素，因为它支配着所有 C_ε 的元素，$C_{\varepsilon\varphi}$ 是它的一部分。于是，我们有 $\varepsilon_\varphi < \varepsilon$，我们在前面的形式轮廓中已经看到，这是属于一个身体的**基本特征**。因此有 $\varepsilon_\varphi \in C_\varepsilon$。

我们现在要证明，如果 ε_φ 不是 ε，那么必然有它不仅仅是身体 C_ε 的内部，也是它的实际部分 $C_{\varepsilon\varphi}$ 的内部。

实际上假设它不是其内部。这意味着，它并不认可点 φ，因为 $C_{\varepsilon\varphi}$ 是身体中肯定这个点的元素的子集。但这是不可能的。这是因为对于 $C_{\varepsilon\varphi}$ 的所有元素 x 来说，根据之前我们对命题 P.7 的证明，我们都有 $\mathbf{E}x \leqslant \mathbf{E}\varepsilon_\varphi$。现在所有的点 φ 都保留了超验秩序，我们也已经有了 $\varphi(\mathbf{E}x) \leqslant \varphi(\mathbf{E}\varepsilon_\varphi)$，因为 $\varphi(\mathbf{E}x)=1$ [x 内在于实际部分]，意味着 $\varphi(\mathbf{E}\varepsilon_\varphi)=1$。

于是，ε_φ 肯定了点，我们必须排除这种观念，即器官 ε_φ 外在于身体的实际部分 $C_{\varepsilon\varphi}$。

已知点 φ 和身体 C_ε，很明显存在如下三种可能：

1) 只有 ε 承认这个点。身体的实际部分 $C_{\varepsilon\varphi}$ 就是空集。点 φ 不能被这个身体所处置。

2) 部分 $C_{\varepsilon\varphi}$ 不是空集，但它是综合的，必然实存 [$C_{\varepsilon\varphi}$ 的元素是成对并存的]，它是一个外部，意味着它仅仅是 ε。那里没有器官，点 φ 也不能被身体所处置。

3) 存在着一个器官 $\varepsilon_\varphi \neq \varepsilon$：点 φ 被身体所处置。结果器官内在于身体的实际部分，意味着它也承认了这个点，它不像 ε 一样，拥有实存最大值。

这些给我们列出了如下的肉体图示 [对于一个既定的点来说]：

❶ 非实际部分。
点φ没有被处理。

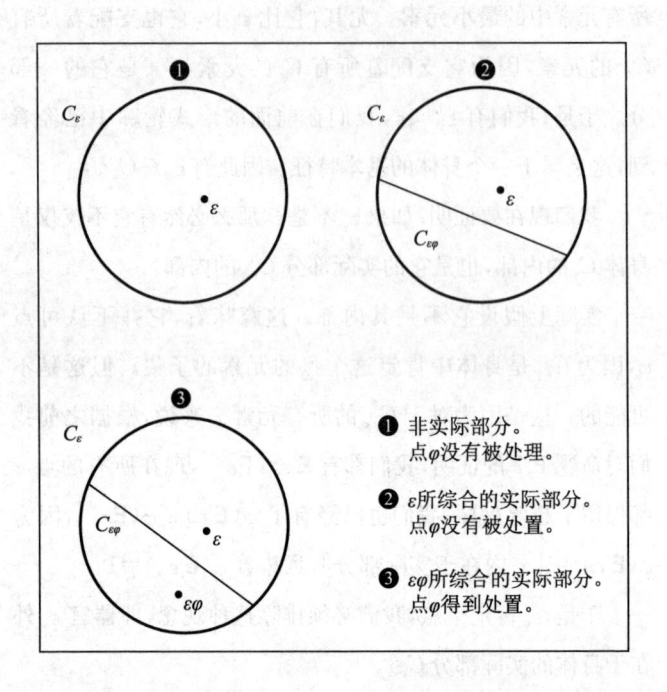

❷ ε所综合的实际部分。
点φ没有被处置。

❸ εφ所综合的实际部分。
点φ得到处置。

在什么样的机会下,即有一个事件,让一个能处置点的身体出现？我们已经看到,这个问题非常重要,因为它不能处理任何点,那么一个对应于主体形式主义的身体的实存是没有任何用的。在这种情况下,我们要么是惰性的主体形式,要么是没有结果的主体形式。因为需要事情以别样的方式出现,要处置某些点,就必须实现如下前提,这些前提在顺序上,一般性越来越弱:

1) 世界的超验上存在着点 φ。我们在第 6 卷已经看到,有些世界中没有任何点[例如,在布尔代数中超验上没有任何隔离群],这样的世界是迟钝世界。

2) 必须存在一个事件[这就是得到最大值评价的位,它的结果是一个非实存 ε 获得最大实存值]。有些世界完全没有事件发生，只有事实，或者仅有些改进——稳定世界。

3）必须存在足够多的位的元素与事件性当下合体[x 有 $\mathrm{Id}(x,\varepsilon)=\mathrm{E}x$]，在 ε 之上构建自身的严密一致的身体 C_ε。在那样的世界中，只有 ε 合体于当下，导致了事件结果几乎在一瞬间萎缩。这些世界没有身体，是一个**没有结果**的世界。

4）已知一个点 ε，必须存在 ε 之外的元素 x 决定了 φ[即 $\varphi(\mathrm{E}x)=1$]。这意味着身体 C_ε 的实际部分 $C_{\varepsilon\varphi}$，并不是空集。在某些世界上它是空集，但是在那种情况下，它的效力是籍籍无名的，没有奇点。这是一个**没有生机**的世界。

5）身体实际部分 $C_{\varepsilon\varphi}$ 的包络必须不同于 ε。这意味着在身体 C_ε 中，有一个关于点 φ 的器官，因此这个器官处置了该点。很明显，对于一个既定点 φ，也就是说对于一个决定的位置，在这些世界中，点并没有得到处置。这就是**无器官**的世界。

五个前提的体系施加了非常严格的标准。它裁定了世界不能是迟钝世界，不能是稳定世界，不能是无结果的世界，不能是没有生机的世界，也不能是无器官的世界。这解释了为什么真理的创造——至少要处置一个点——是相当稀少的。

但我们也应当注意：组成 $C_{\varepsilon\varphi}$ 的 x 都不同于 ε[我们明确将其排除出身体的实际部分 $C_{\varepsilon\varphi}$]，x 不可能具有实存最大值。于是，它们的包络并不一定需要最大值 M，若如此，会裁定它等于 ε。这样，等于点 φ，存在着一个器官的可能性为真。尽管十分稀少，身体对一个点的实际处置——身体相对于该点的官能性——绝不会不如此规定。当其成为主体形式的身体时，一些真理也具有了可能性。

结论　什么是活着？

0. 我们现在要对那个时常"令人畏惧"的问题给出一个回答——正如朱利安·格拉克的角色的问题一样——不过，这个问题有点过于宏大，也是哲学最终需要解答的问题：什么是活着？"活着"明显不是民主唯物主义意义上的活着[他们是在身体的自由潜在性中来持存下去]，而是在亚里士多德神秘莫测的表达意义上"作为一个不朽者"活着。

1. 它并不是这样一个世界，不是囊括了所有生活可能性的表象逻辑的给定物——它的对象和关系的无限。至少它并未囊括超越实存的生命。对于这样可能性的囊括依赖于在世界上，充当着降临于世的刹那间闪现出来的事物痕迹的东西，即业已消逝的事件的痕迹。在世界的表象中，这个痕迹总是具有最大强度的实存。通过将世界的过去合体于痕迹所开启的当下之中，我们有可能看到，在事件发生之前的东西，它的这种强度实存的本体论上的支撑就是世界上的非实存之物，而它不再是非实存。多在表象的闪现中诞生，而之前归属于它的方式已经不复存在，它在世界上的降生留下了痕迹，标志着走向新的生命。

对于那些常问真实生活在什么地方的人来说，首要的哲学指引是："关照所降生之物。追索那刹那间的闪现，探索它们那籍籍无名的过去。你们只能将自己的希望放在那些尚未表象出来的东西上。"

2. 我们不足以去辨识一个痕迹。我们必须让自己合体于在结果上痕迹使之正当化的东西。这一点非常关键。生命是对当下的创造，但正如笛卡尔那里面对上帝的世界一样，这种创造是一种连续性的创造。迄今为止一个不可能的身体的凝结，围绕着痕迹，围绕着在那里的世界中刹那间闪现的降生架构了自身。如果我们希望与这个身体所支撑的当下携手并进，那么仅仅接受和宣布这个身体是不够的。必须进入这个组成之中，成为这个身体中活跃的元素。与当下的真正关系就是合体：合体于世界的内在凝聚体之中，它来自事件性痕迹的生成性实存，是超越这个时代所有事实和标记的新生。

3. 关联于事件性痕迹的结果的展开，即创造了一个当下的结果，是通过对世界中各个点的处置来一点点推进的。它并不是通过身体实际后果的连续性轨迹，而是通过一个点一个点的序列来发生的。所有的当下都是一点点织就的。在世界的各个点中，在大写的二的选择中表象出来的无限就如同对当下的织造，它织就了其在世界生成中的内在纹理。如果去开启一个活生生的当下，就需要这个世界不能是迟钝世界，它要包含着保障让身体获得实际效果的各个点，也编织出它所开创的时间。

4. 生命是一个主体范畴。身体是生命所获得的物质性，但当下的生成依赖于在主体形式主义中的身体布局，无论它是被生产出来的[这种形式是忠实主体形式，即身体直接处于事件性痕迹"之下"］，还是被抹除的［其形式是反动主体，由于对痕迹的否定，身体保持了双重距离］，抑或是被遮蔽的［即身体遭到了否定］。对当下反动性的抹除，否认事件的价值，以及对事件拼命地遮蔽，都无法设定一个超越于世界的"身体"，无法实现对生命的肯定，而这种肯定就是合体，一点一点地合体于当下。

这样，活着就是在忠实主体形式下合体于当下。如果是反动主体形式所支配的合体，我们就无法谈论生命，而只能墨守成规。它的问题在于，不让自己受到新生结果的影响，不让重新产生出超越它自身的实存。如果合体是由蒙昧形式支配的，我们反而会说禁欲苦修。

最终生命是一场赌博，是一场凭借被表象出来的身体下注的赌博，我们忠实地相信这个身体带来了新的时间，与保守趋势［直观上也被错误地命名为"生命"］以及禁欲趋势［死亡本能］保持一定的距离。生命就是得到更好趋势的东西。

5. 因为它战胜了这些趋势，生命依次创造了一个当下，所以这个创造既构建又吸收了一种新型的过去。

对于民主唯物主义来说，当下绝不是被创造出来的。民主唯物主义以完全清晰的方式承认，需要在一个迟钝实在的范阈内来维持当下。这是因为它认为所有其他事物的视角都是让身体从属于意识形态的专制之下，而不是让身体在语言多样性之中自由地飞翔。民主唯物主义将纯粹表象的代数学称为"思想"。这种对当下迟钝的概念概括，导致了将过去拜物教化，变成一种可分离的"文化"。民主唯物主义对历史十分同情：它的确是唯一真正的历史唯物主义。

我已经在二十多年前的《主体理论》中写过：历史并不存

在。只有离散的当下，它们的光辉是由它们展开与之相对应的过去的能力来衡量的。

在民主唯物主义那里，语言-身体的生活是对迟钝世界各个瞬间的保守的接续。于是，过去的任务仅仅是将虚幻的地平，将文化的命运赋予这些瞬间。这也解释了为什么历史拜物教往往带有着关于新奇、关于永恒变化和现代化律令的坚定话语。有着文化深度的过去是由弥散的当下来衡量的，这种搅拌本身就缺乏任何深度。那里只有以供参观的纪念碑，只有用来寓居的废墟般的瞬间。所有东西每时每刻都在发生变化，这就是我们为什么留下来思考不会发生变化的宏伟的历史地平。

唯物辩证法则几乎与之完全对立。首先让我们感到震惊的是它们的当下几乎停滞不动，只是微微泛起波澜，并强加给世界一种迟滞性。例如，自从柏拉图以来，思想问题的本质几乎只发生很少的关键性变化。但是在展开可主体化身体的真理程序的基础上，我们可以一点一点地重构一个不同的过去，一个成就、发现、断裂的历史。它绝不是一个文化的纪念碑，而是可以识别的永恒碎片的接续。这是因为忠实主体创造了作为永恒在那里存在的当下。于是，让自己合体于这个当下等于是感知永恒本身的过去。

所以，活着也就是在过去经验到当下的永恒扩张。我们十分赞同斯宾诺莎在《伦理学》第5卷命题23中的附释中的一句名言："我们感觉到并且经验到我们是永恒的。"

6. 不过，给这种经验[实验性经验]命名仍然十分重要。它既不属于既定经验的秩序，也不属于表达。它最终不是在身体能力和语言资源之间的对应关系中获得的。它是与真理性例外的合体。如果我们所谓的"大观念"(Idée)，它既在世界之中展现了自身(设定了此在的身体),又在其超验逻辑上创造了一个例外,那么,我们可以说,在柏拉图主义的线索之下,在当下经验到永恒让这种对当下的创造合法化,这就是对大观念的经验。所以,我们必须承认,对于唯物辩证法来说,"活着"与"为大观念而活着"是同一回事。

反过来在对大写生命的意识形态性的概括归纳中,民主唯物主义看到的仅仅是一种狂想主义和死亡本能。的确,如果只有身体和语言,对于大观念来说,活着就必然意味着对一种语言的绝对化,而身体与这种语言如影随形。只有对真理的"例外"的物质性认识,才能让我们宣布,不要让身体从属于语言的权威。恰恰相反,新身体是史无前例的主体生命的当下的组织。我坚持认为,这样一种生命的真正经验,对偶然相遇的定理或力量的理解,对相遇的图绘或生命冲动的沉思,不可避免是普遍的。这意味着,对于对应于它的合体形式来说,大观念的降临就是臣服的对立面。在我们所面对的真理类型的基础上,它是快乐,是幸福,是愉悦,是满腔热血。

7. 民主唯物主义给出了一个客观给予物,它是历史经验的结果,即所谓的"意识形态的终结"。实际上,它位于一个强制性的主观律令之后,这个律令的真实内容是:"不带观念地活下去。"但这个命令是缺乏条理的。

长期以来,这个律令十分明显地让思想陷入怀疑论相对主义的怀抱。我们已经说过,为了宽容,为了尊重他者,而付出了这个代价。但每一天我们都会看到,这种宽容本身不过是另一种狂想主义,因为它只是宽容了自己的空洞。真正的怀疑论,如古希腊的怀疑论,实际上是一种绝对的例外理论:它们将真理放在高不可攀的位置上,对于人类物种十分羸弱的理智来说，几乎无法触及。于是，它与古代哲学中的主要潮流是殊途同归的。它们认为，获得大写的真实，就是要唤醒人之中永恒不朽的部分，唤醒人之中非人的溢出。当代怀疑论，即文化怀疑论、历史怀疑论和自我表达的怀疑论，并没有达到这个水准。它们仅仅妥协于片段零碎的修辞和意见的政治。于是，它们将非人消解为人，接着进一步将人消解为日常生活，然后将日常生活［或动物式的生活］消解为世界的迟钝性。从这一步步的消解中，我们看到它们那否定性的格言："不依靠大观念活下去。"它之所以是缺乏条理的，正是因为它不再拥有大观念可以成就的任何观念。

这就是为什么民主唯物主义事实上试图摧毁外在于它的一切东西。我们已经注意到，它是一种暴力性的和煽动性的意识形态。与所有禁欲的症候一样，其暴力来自一种根本的不连贯性。民主唯物主义认为自己是人本主义者［人权卫士等等］。但是他们不可能在没有面对［永恒的、理想的］非人的前提下拥有"人"的概念，这种非人在所发生事件的痕迹下，让本身合体于当下的人得到合法化。如果我们不能识别这些痕迹的后果，因为在这些痕迹中，非人要求人去超越自己的在那里存在，那么为了维持一种纯粹动物式的和实用性的人类种族的观念，必然要去消灭这些痕迹，消除这些痕迹的无限性的后果。

民主唯物主义是所有配得上这个名字的人类生命——也就是非人类——的最可怕也最无法容忍的敌人。

8. 有一种粗俗的反对意见会说，如果依赖于事件，生命仅仅是那些有幸面对事件的人们的生命。这位民主派将"幸运"视为贵族主义的标记，是一种超验上的专断，而这种类型的贵族主义仍然与圣宠（Grâce）教义有关联。的确，我有几次使用了恩宠的隐喻，为的是指明所谓的生活，需要通过所发生的[一般来说，史无前例]事件的结果来运行。

长期以来试图修复这种给予物中明显的不正义，试图恢复让非实存得以从中升华的无法计算的额外部分的，不是上帝，而是一种神圣之物。为了实现这个任务，最近在那些极富才华又被忽视的人物中，甘丹·梅亚苏提出一种"尚未"（pas encore）的神圣实存的理论，并伴随着对身体复兴的理性承诺。这就进一步说明了新身体及其诞生不可避免地就是这种情况。

9. 我十分信任永恒真理以及它们在世界的当下中的片段化创造。我在这一点上的立场与笛卡尔的立场完全一致：真理是永恒的，是因为它们是被创造出来的，而不是因为它们已经在那里永恒存在。对于笛卡尔来说，"永恒真理"——我们记得在序言中他提出了身体和观念的例外——不可能超越神圣意志。即便最形式的意志，即数学或逻辑的真理，如非矛盾律，都依赖于上帝的自由行为：

> 不可能让上帝决定，让矛盾不能为真的命题为真，所以，他完全可以做相反的事情。

当然，创造真理的过程，它的当下是由一个主体化的身体的结果建构的，这种行为不同于上帝的创世。但是，归根结底，其观念是一样的。它就是永恒存在的真理的本质，这绝不会消除它在世界中的表象，也绝不会消除先于这种表象的非实存。对于这一点，笛卡尔有个说法：

即便上帝希望某些真理是必然的,这也并不意味着他必然需要这些真理。

自在真理的永恒必然性:如自然数的无限性,肖维岩洞中画的马的美,人民战争的原则,或者爱洛依丝(Héloïse)和阿伯拉尔①(Abélard)的爱的宣言。但这个创造过程没有点,因为它依赖于世界的偶然性,依赖于位的偶然性,依赖于身体器官的实际性,也依赖于主体的连贯性。

笛卡尔义愤填膺地指出,我们可以将真理视为分离于其他造物的东西,也就是说,将它们变成上帝的命运:

你们所谓的永恒的数学真理是由上帝所设定的,这完全取决于上帝,而与他的造物没有丝毫关系。真的,说这些真理不依赖于上帝,就仿佛在说他就像朱庇特(Jupiter)和萨图努斯②(Saturne)要臣服于斯第克

---

① 阿伯拉尔(1079—1142):法国哲学家,神学家。人称高卢的苏格拉底。哲学上采取概念论,既反对极端的实在论,又反对极端的唯名论,认为共相是存在于人心之中表示事物共性的概念。在其第一部著作《神学导论》中,他针对安瑟伦的"先信仰而后理解"之说,提出信仰应建立在理性基础之上,后该书被判为异端遭焚。在《自我认识》一书中,他强调动机决定行为之善恶,上帝所考虑的是人的意图,行为本身无所谓好坏。他于1115年在巴黎圣母院的主教学校任神学教师,受到学生的热烈拥戴。巴黎圣母院主教菲尔贝尔安排阿伯拉尔担任他才貌双全的侄女爱洛依丝(1101—1164)的导师。阿伯拉尔与爱洛依丝相爱,后来一起私奔。然而,他们的关系惹怒了菲尔贝尔,他雇用了一帮恶棍袭击并阉割了阿伯拉尔。1118年,爱洛依丝被送进圣阿尔让特伊的女修道院做了修女,阿伯拉尔成为巴黎郊区圣丹尼斯修道院的修士。阿伯拉尔和爱洛依丝之间的情书幸存了下来,并且已经成为文学上的经典。

② 萨图努斯是古罗马神话中的农神,拉丁语拼法为Saturnus。萨图努斯本来是罗马最古老的神祇之一,但从公元前3世纪开始,他被与希腊神话中的克罗诺斯混同。关于克罗诺斯的一些神话,如吞食亲生子女等等,被加到有关萨图努斯的神话里。萨图努斯的儿子就是罗马神话中的主神朱庇特。神话中描写萨图努斯在被朱庇特推翻后逃到了拉丁姆,并教会了那里的人民耕种土地,这就是罗马农业的由来。

斯之水①(Styx)和命运一样。

我十分肯定,所有真理毫无例外都是通过主体,通过一点一点确立的实际性的身体"建立"起来的。但是,和笛卡尔一样,我认为它们的创造仅仅是它们永恒性的表象。

10. 和笛卡尔一样,当大写真理被降到斯第克斯之水和命运的层次上的时候,我也会义愤填膺。说真的,我已经义愤填膺两次了。而生命的价值也源于这两次争论。首先,我反对那些文化主义者、相对主义者,反对那些迷恋于用眼下的身体、用通用语言的家伙们,对于他们来说,所有事物的历史事实都排斥了永恒真理。他们看不到一种真正的创造,一种历史事实的例外,在诸多离散的世界之间,只能确定一种永恒性的证据。如果让自己抽离于具体的表象规则,所表象的东西就只能在其表象中闪耀。创造是超逻辑的,因为其存在扰乱了表象。其次,我反对那些将超验性法则当作真理普遍性的家伙,他们要求我们必须在超验法则面前卑躬屈膝,我们臣服于我们的身体,我们的世界。他们看不到所有的永恒,所有的普遍性都必须在一个世界上表象出来,并在世界中"有耐心或没有耐心地"被创造出来。因为真理是一个存在的表象,它的创造是逻辑性的。

11. 但我们既不需要上帝,也不需要神圣。我相信此时此刻我们升华并复活了我们自己,让我们自己成为不朽者。

---

① 斯第克斯是希腊罗马神话中冥界的七条冥河之一,在赫西俄德的《神谱》中,记载了如果神违背誓言,就会被惩罚喝下斯第克斯之水,喝下后神没有气力,终日昏昏沉沉,连主神朱庇特(宙斯)也不能例外。斯第克斯之水成为对诸神的诅咒,也成为诸神的命运。

人就是这种动物,他们要参与到无数的世界中去,在无数的位置上表象自己。这种对象上的独一无二,在诸多世界及其超验组织的无限性的背景下,让他很连贯地从一个世界转换到另一个世界,这本身就是正确的,不需要任何奇迹,也不需要任何恩宠:无数表象纯粹逻辑上的恩宠。所有的人类动物都可以告诉自己,他们排斥了这样的情况,即他们随时随地都可以遇到迟钝世界,遇到没有实效性的身体,或者没有任何器官就能处置各个点。在某些可以触及的世界上,总是会不停地发生一些事情。在它十分简略的实存中,所有人类动物都有很多次机会合体于真理的主观当下。为大观念而活着的魅力,就是像这样活下去,适宜于任何人,也适宜于几种类型的程序。

世界的无限性就是让我们摆脱所有有限的不幸。有限,不断述说着我们凡俗的存在,简言之,将对死亡的恐惧作为我们唯一的情感,这些就是民主唯物主义最苦涩的元素。当我们把握住不连贯的各种各样的世界,以及世界的表象上不断变化的体制下的对象的交织重合时,我们就克服了所有的有限性。

12. 我们开启了世界的无限性。活着成为可能。所以,[重新]开始生活就是唯一重要的事情。

13. 我有时会说,我在哲学中看到唯一一条反对当代那些迟钝庸碌的日常生活辩解,重建英雄主义的途径。为什么不呢?我们已经说过,古代英雄主义宣告说,只能通过牺牲来裁定生命。我的愿望是让英雄主义走出肯定性的快乐,它彻底是由如下结果普遍性地生产出来的。我们可以说,某个人史诗般的英雄主义就是由一点一点地创造生命的数学式的英雄主义来取代他的生命。

14. 在《人的命运》(*la Condition humaine*)中，马尔罗①(Malraux)对于他的人物角色给出了如下评论："英雄般的意义给予他一种纪律，而不是对生命的证成。"实际上，我将英雄主义放在纪律一边，这是真实和人民反对权力、财富，反对价值上的无足轻重和精神涣散的唯一武器。但是纪律需要被创造出来，将其作为可主体化身体的严密一致的一部分。那么它就不再与我们对活着的渴望有任何区别。

15. 相对于那些庸庸碌碌的仅仅将商品作为其生命唯一参照物的动物，如果我们愿意，我们只能在这种形势下委曲求全地活着。但是我们要用大观念来抵御这种庸碌，这就是纯粹当下的秘密所在。

---

① 安德烈·马尔罗(1901—1976)：小说家，评论家。他年轻时候曾经有过一段不为世人所知的神秘生活。中学毕业后，进过"巴黎东方语言学院"。天性能说会道，口若悬河，却从来不谈自己的出身和早年生活，终其一生要人相信他生来就是个成年人。他知道人生要靠自己创造，可用大胆的行动，也可用动人的语言。1933年，马尔罗发表小说《人的命运》。此书是他的一部杰作，获得了龚古尔文学奖，并被列入"20世纪的经典著作"，本来不大出名的马尔罗也一跃跨入"法国第一流大作家"的行列。

注释、评注和附释

上面的数字标注,参照本书的章节划分、部分和小节。P代表序言,C代表结论。

P.——题头铭文出自马尔罗的《反回忆录》(*Antimémoires*)[Paris, Gallimard, 1972年版]。

P.1.——你们可以在《天使姐妹》(*La Sœur de l'Ange*)杂志的2004年春季号的第一期上找到安东尼奥·奈格里的这封信。我所知道的对奈格里的畅销书《帝国》(*Empire*)[与迈克尔·哈特合著]中的历史-政治概念最好的批判——也是最精练的批判——是由我的阿根廷朋友劳尔·塞德拉斯(Raoul Cerdeiras)所写的文章。可以在杂志《事件》(*Acontecimiento*)的第24—25期[2003年5月号]上找到这篇文章,标题是"《帝国》的生命政治本体论的不幸遭遇"。

P.1.——阿尔都塞认为马克思主义是一种复杂的集合,因为它在一个决裂中,在一个历史断裂中包含了两种创造[科学的创造——历史唯物主义,以及一种新哲学的创造——辩证唯物主义。这就是他对斯大林主义传统的评论和修正的方式。实际上这个传统给出了其对立面。两次断裂，即一次哲学断裂[辩证唯物主义]和一次科学断裂[历史唯物主义]，都包含在同一个知识布局（dispositif）之下，这个布局采用了世界观的形式：无产阶级的意识形态——马列主义。

P.1.——正是这个"纯粹事件"的问题，将马拉美的《骰子一掷》和瓦莱里的《海滨墓园》关联起来，在何种前提下，诗歌能把握超越纯粹它所是的东西，把握纯粹发生的事情？如果这样一种事件的发生真正地敲打了思想对肉身的支持，那么思想的地位如何？

P.1.——不可否认，德国意义上的现象学始终与宗教纠缠不清。这或许源于一种失却的本真性，一种对真实生命的忘却，或一种被抹除起源的主题。这个主题贯穿整个海德格尔的写作，同时也在胡塞尔的《危机》（*Krisis*）一书中得到完全的确立。

在这个方面，如果在雅尼克（Janicaud）非常精彩的著作《法国现象学的神学转向》（*Le Tournant théologique de la phenomenology française*, Paris, de l'Éclat, 1991）中，在这些最新近的现象学趋势的发展中，他嗅出了某种圣器和修道院的味道，那么他并没有看到，早已在现象学奠基者的一些最为重要的命题中预示了这种转向。

无独有偶，我们还可以说所谓的分析趋向的民主唯物主义，在很大程度上统治着英美哲学学术圈子，在它们公开的但非常有限的科学主义的外衣下，非常糟糕地掩盖着它们精神世界中的一种虔信的架构。

认为现象学和宗教之间有密切关联最伟大的法国的代表就是保罗·利科。对于他的最后一本名著《记忆、历史、遗忘》(*La Mémoire, l'histoire, l'oubli*, Paris：Seuil, 2000), 我已经说过, 他的知识策略就是在文本的中心提出一种无法摧毁的基督教主体的潜在因子。可以参看我的《被假定为基督徒的主体：评保罗·利科的〈记忆、历史、遗忘〉》, 发表在2003年5月号的《阐释》(*Élucidation*)第6—7期上。

比起德国的起源, 利科的人本主义虔信要更为清晰、更加直白, 简言之, 更富有**政治性**。他的主要问题并不是起源上的本真性问题。相反, 他的问题是一种认识问题, 而民主法律主义的精神方向就属于这种认识。

P.4.——在肖维岩洞所代表的那令人惊异的艺术家创作空间之中, 我选择了一匹马, 而不是狮子或犀牛, 这并不是因为马在本质上具有优先性, 而是因为在模仿艺术中, 马的主题持续了几千年。然而, 毋庸置疑的是, 通过犀牛角在尺寸上的渐变来从一个角度上描绘出整群犀牛, 以及在狮子的凝视下, 有一种高度紧张和不安的氛围, 以及我已经讨论过的马群, 这证明了来自三万年前的这些艺术家们的线条力量的普遍性。

文中讨论的四幅画, 参考本书"附图"部分。

P.4.——众所周知, 在马尔罗的《地狱边缘的镜像》(*Le Miroir des limbes*, Paris：Gallimard, 1974)中, 在他与20世纪最关键的一些人物的对话的外表之下, 在很大程度上是癫狂式重构出来的独白。他和德勒兹一样激进。从很早开始, 马尔罗就练习一种自由的迂回风格, 在他认为值得一住的星球上, 他让孩子处在一切事物的背后。然而, 其结果中的张力如此之强, 以至于其真理超越了准确性维度。在《黑曜岩之首》(*La Tête d'obsidienne*, Paris：Gallimard, 1974)中, 马尔罗做梦梦到——有点变化无常——与毕加索进行了一场重要的对话，讨论的主题是从拉斯科洞穴（Lascaux）到毕加索本人艺术恒定不变的东西，这个东西始终在画家嘴边，几乎像一个寓言：在整个历史上，总会有那么个"小家伙"，是同样的创造者。他会反对实用性的艺术家的生产，反对"画家-艺术家"。他追求的是让绘画的明确性（évidence）、艺术的明确性，一段一段地浮现出来。这就是毕加索-马尔罗对话中所说的：

> 那就是前历史的雕塑家呀！不是真正的人？但他们就是如此。很明显就是如此。他们对自己的雕塑如此痴迷。他们绝不是画家-艺术家！但是他们所有人都喜欢依照他们自己的观念来雕塑和绘画……我认为总是同样的小家伙。甚至从洞岩开始。他们回来了，就像流浪在外的犹太人。

我很喜欢这种在生成中不断进步、不断重生的永恒真理与流浪在外的犹太人的对比。

P.5.——要完全理解我的哲学工作和我的政治事业之间的关系，或者更准确地说，不要让它们彼此对立，我们就必须从哲学及其外部关系准确而严密的关系概念开始。这可以让我们消除这样的看法，即在我的《世界的逻辑》中的哲学解释和与我有着35年友谊的好友席尔万·拉撒路（Sylvain Lazarus），主要在他的《命名人类学》（*Anthropologie du nom*, Paris：Seuil, 1997）中所确立的政治学和人类学，以及思想的创造之间存在着根本矛盾的看法。对我来说，外部是哲学的真理-前提的体系。现在，任何哲学前提的结果都并没有出现在哲学的公理范围之中。在这个意义上,哲学对其前提的挪用和变型,都不可能与哲学本身的行为区分开来,这就是为什么我们不可能将任何事物与哲学对立起来,而哲学是纯粹外在于那些事物的东西。反而我们必须考虑的是,哲学运算与非哲学运算之间并存的程度,而其他非哲学运算需要从概念上来把握,而这已经进入哲学运算的领域之中。这就是我们对拉撒路问题的理解,根据拉撒路的说法,哲学是一种"思想关系"。那种应被思考,并被哲学视为前提的东西,已经以这样的方式被重新思考,变成了另一种思想,即便这另一种[哲学]思想与原初作为前提的思想之间是**并存**的。

简而言之,哲学与其他类型思想的关系不可能用同一性或相矛盾来评价,也不能从哲学本身的角度或从其他类型思想的形式来评价。相反,关键在于要知道是什么——作为概念升华的结果[或思辨的形式化]——与哲学在根本上是共存的,又是什么从一开始就不同于哲学。例如,说大恐怖(Terreur)对于席尔万·拉撒路来说,构成了一种独特的政治,并依赖于承载它的身体[如他所说,从1793年开始国家就弱化了,变成了仅仅依赖于某些场所,如国民公会、俱乐部、军队等的行政机构],与他说的,从哲学上讲,正如黑格尔所直接思考的那样,这是一个平等主义的计划,这两点之间并没有什么矛盾,反而是并存的。对于哲学家来说,这就是实存和存在之间,或者真理在世界上的生成的内在约定与[一旦真理降临]它超越世界的永恒之间唯物主义辩证法的最完美的例子。此外,这一点是非常自然的,即在两者的并存性中,与政治过程紧密相关。与真理的当下紧密相关的人类学所涉及的是第一方面,让自己独立出来并成为一个独特的思考,而哲学所涉及的是第二方面,它更新了人类学的概念。

对于规定（prescription）范畴也是如此，这是拉撒路非常早，即在80年代引入的范畴［用此范畴来反对表达、再现或程式的问题］，为了可以辨识"政治组织"（Organisation Politique），规定成为其基本原则。当然，国家革命者的形象并不直接等同于由规定范畴所要求的政治与国家的分离［政治通过辨识出一种新的可能性，从而规定了外在于政治的国家，这种新的可能性就是内在于情势之中的内在性的思考与实践］。我后面会再回来谈这一点。然而，［哲学］形象则完全建立在规定性陈述之上。在《世界的逻辑》的剩余部分中，我们将会对一个核心政治范畴的概念用法进行一般化的展开。在第1卷中，证明了一个主体的绝对前提就是一个规定性陈述。在第7卷中，给出几个非常不错的例子，表明这些规定可以用来作为主体身体连贯性的内在前提。走向一个点的路径［我在第6卷中给出了点这个词的含义］完全是由一个复合物指明的，这个复合物是由陈述和承载着这种陈述的生成所组成的，如此等等。我们必须在这里谈一下对政治的中心话题根本性的**哲学性忠实**。

同样我们可以谈一下"政治的历史模式"范畴，这个范畴也很早进入拉撒路的思想之中，这让他超越之前的"马克思主义"过于饱和的表述。因为它阐明了其不连贯性和自我思考的性质，如果我们可以理解不同的政治，那么对我来说，这个范畴仍然是不可或缺的。无论如何，它都绝不会对立于真理的永恒性。如果我们想象它们存在着某种矛盾，那么我们可以用纯粹哲学之内的方式来将它视为这种永恒性与世界无法化约的多元之间的矛盾，而在世界的多元中，真理找到了它们各自的路径。但这是十分荒谬的：从唯物主义辩证法来看，真理永恒性的保障正是在于它们源于一个独特的过程，在一个世界中，这个过程与所有其他过程保持着距离。

事实上,《世界的逻辑》提出了一种所谓的模式范畴,它是哲学上的升华,毫无疑问,升华就是哲学概念和非哲学给定物之间最广泛的并存形式。而"历史模式"范畴显然是典型化政治的界限内的我重新命名的世界中真理路径的前提——因为哲学始终在[重新]命名——而这条真理路径始终伴随着对它的时代[一个新的当下]的建构。我们可以说,在新的当下序列中刻画出真理-程序,而新的当下就是世界的奇点的表象,这样,在诸世界的异质性和当下的不定性的外表下,《世界的逻辑》不仅检验了而且设定了一个政治模式的学说。

当然,升华[或普遍性的映射]引入了整套完全不同于政治学或人类学知识体系形式严格意义上的哲学武装:真理、主体、身体等等。的确,它也设定了自己的形象,而这个形象通常是贯穿性的。存在着主观上的常量[在这里是由四个谓词的合取组成的:平等、隐秘、意愿和恐怖],直接看起来,似乎与这些模式在名义上的不连贯性相矛盾。小心仔细地阅读就会发现,事情并非完全如此。绝不能将这些差异概括为矛盾。这种整体上的或前提性的差异完全来自政治学、人类学和哲学之间的差异,或者来自真实前提和概念限定之间的差异。但用其自身的方式来考察这些差异的时候,我们就有可能看到,在这里从属于对真理的思辨性考察[这样,与民主唯物主义相对立]的常量是如何在人类学模式理论的背景下以可以理解的方式出现的,而这些模式可以充当哲学的前提。

我已经说得够多了,我认为,十分明显的是,就我自身而言,将我的哲学和我的有组织的政治事业对立起来,或者与席尔万·拉撒路的政治创造和人类学创造对立起来的企图,同过去相比,在今天都没有更多机会获得成功。

P.8.——这个突兀的数学定义可以在拉康的《……或者更糟,1971—1972年研讨班纪要》(*...ou pire, compte rendu du séminaire 1971 - 1972*)一文中找到[收录于《补遗集》(*Autres écrits*, Paris: Seuil, 2001)]。它指向了弗雷格和康托尔的创造。

我和拉康的讲义中联系最紧密的莫过于他的信念,即任何思考的理想就是能普遍地穿越到意义外部去的东西。换句话说,无意义性就是大写真实的原初属性。

所谓的"柏拉图主义"就是一种信念,为了接近这个理想,就要千方百计地进行数学化的思考。这是所有意义和意思的学说的对立面,也是所有智者或解释学者的对立面,他们这些人都是亚里士多德主义者。

P.9.——让-克劳德·米尔内的《三重快乐》(*Le Triple du plasir*, Lagrasse: Verdier, 1997)。尽管当时我并没注意到这本书——尽管在柏拉图的体面且透明的封面下,将其作为一个萨德主义者——这本小书带有米尔内非常特别的"后语言学"的轨迹,我在这里不会讨论这个问题。

I.1.——1982年,我出版另一本书叫《主体理论》。这说明在很长一段时间内,主体的问题成为我的知识任务,我反对那些解构这个概念来界定[后]现代性的家伙。

通过海德格尔所合体的形而上学的虚无主义,右翼批判了"主体"范畴。而在左翼这边,是通过将主体还原为一个纯粹意识形态的算子来批判的。阿尔都塞认为大历史是一个"无主体的过程",其对立于科学明显的意识形态的特征,就像对立于象征界的想象界一样,就是"将个体询唤为主体"。

倘若没有拉康对主体概念的彻底重建的话，那么只有虔诚的现象学家或保守的萨特主义者才会捍卫主体概念，拉康的主体概念是对古典人本主义的主体概念的彻底批判。这就是为什么对于今天那些试图同宗教和科学主义的反动结合进行斗争的人们来说，彻底领悟拉康的反哲学仍然是一个不得不做的练习。

Ⅰ.1.——我想提一下布鲁诺·波斯蒂尔斯（Bruno Bosteels），多年以来，他已经捍卫了我的著作中的两个主要问题：

a) 对我来说，辩证法十分重要，即便在《存在与事件》中在这个方面有了一个转向。

b) 我的思想的进一步的发展，并不会废除《主体理论》这本书，而是恰恰相反。

在他的《巴迪欧与政治》①（*Badiou and the Political*）一书出版之前——毫无疑问，这本书非常重要——大家可以参考彼得·霍华德（Peter Hallward）编辑的文集《再思考：阿兰·巴迪欧与哲学的未来》（*Think Again：Alain Badiou and the Future of Philosophy*，New York：Continuum，2004），其中波斯蒂尔斯的论文的题目是《论辩证法的主体》（*On the Subject of the Dialectic*）。

Ⅰ.5.——法国大革命的反殖民过程在政治上和在历史上都是奠基性的。在众多历史叙事中对其讲述仅仅承认的是种族主义和殖民主义的压迫，直到阿尔及利亚战争时期，

---

① 波斯蒂尔斯的《巴迪欧与政治》英文本实际上的出版时间是 2011 年，出版社是杜克大学出版社。不论是在巴迪欧完成《世界的逻辑》的 2006 年，还是在托斯卡诺英译本《世界的逻辑》出版的 2009 年，波斯蒂尔斯的这本书均未出版。因此，在这个注释中，巴迪欧是将《巴迪欧与政治》这本书当作读者尚看不到的著作来对待的。

这些主题仍然是法兰西第三共和国的精神根基，而今天仍然有许多人十分怀念那个时代。关于杜桑-卢维杜尔的最好著作，即他领导圣多明各反奴隶制革命，并创造了第一个由前黑奴建立的国家[海地]，是一个来自美国的人在1938年写的[C. L. R. 詹姆斯(C. L. R. James)，书名叫《黑色雅各宾：杜桑-卢维杜尔和圣多明各革命》(*The Black Jacobins: Toussaint L'Ouverture and the San Domingo Revolution*, New York: Vintage Books, 1989)]。但非常明显，我们已经等到了弗洛朗斯·戈蒂耶(Florence Gauthier)的著作，他的书说明了加勒比海殖民统治的调度，以及在1794年热月9日的革命政府倒台时他们所扮演的角色。例如，参看罗伯斯庇尔研究会在2002年编辑的研究材料汇编《让殖民地死亡，而不是一个开始！》(*Périssent les colonies plutôt qu'un principe!*)[这是罗伯斯庇尔的一句名言]。

然而，从圣多明各的奴隶起义，直到德萨利内(Dessaline)和克里斯托弗(Christophe)领导反抗旨在恢复奴隶制的拿破仑军队的胜利，我们在这里拥有了最恢宏壮丽的史诗。在伟大的荷马史诗中，并不缺乏诸如公民大会这样的场景，而在这里，出现了黑人的代表。他们认为废除奴隶制是不容讨论的信条，因为所有对这一点的"讨论"都是可耻的，或者，在1796年杜桑的专政下，建立了我们所知的第一个各色人种平等共处的社会的和平组织。各种伟大人物之间的政治友谊也让我们想起了古代的叙事。例如，杜桑与两个白人革命者的友谊，即与总督拉沃和松多纳斯之间的友谊，他们是法国在圣多明各的代表。

对这些篇章最严格的文学创作——当然，除此之外，还有我们伟大的民族诗人艾梅·塞泽尔①(Aimé Césaire)的作

---

① 艾梅·塞泽尔(1913—2008)：法国殖民地马提尼克出身的黑人诗人、作家、政治家。

品[参看《杜桑-卢维杜尔》(*Toussaint-Louverture*，Paris：Présence Africaine，1960)，尤其是他的《克里斯托弗王的悲剧》(*La Tragédie du roi Christophe*，Paris：Présence Africaine，1963)]——非常奇怪，来自德国。我还想到安娜·西格斯[1](Anna Seghers)的《加勒比史话》(*Karibische Geschichten*，Berlin：Aufbau，2000)，以及德国剧作家海纳·穆勒[2](Heiner Müller)对其戏剧的改造，即《使命：革命的记忆》[*La Mission, souvenir d'une revolution*，让·茹尔多伊(Jean Jourdheuil)和海因茨·施瓦辛格(Heinz Schwarzinger)译，Paris：Minuit，1982]。对于后两个参考，读者也可以参看伊莎贝尔·傅多(Isabelle Vodoz)的文章《两封牙买加论革命的来信：西格斯的〈绞刑架上的光明〉和海纳·穆勒的〈使命〉》(«Deux lettres de Jamaïque sur la Révolution. Anna Seghers, *La Lumière sur le gibet*, Heiner Müller, *La Mission*»)，载于杂志《日耳曼尼亚》(*Germanica*)1989年第6期。

I.7.——有着后情境主义背景的青年哲学家迈赫迪·贝尔哈伊·卡桑(Mehdi Belhaj Kacem)以系统的也是"野性"的方式，在任何学术体制之外，来谈论我的著作。他致力于在对主体的事件性建构中，提升感触(affect)的重要性。因此他在筹划一部小说，史无前例地将我的数学化的本体论[他称之为"缩减主义"(soustractivisme)]与关于感触和快感(jouissance)的原创性理论综合起来，而他在德勒兹和拉康的

---

[1] 安娜·西格斯(1900—1983)：德国女作家，以描述"二战"时期道德体验而知名。著有长篇小说《第七个十字架》《死者青春常在》等。1947年成为德国统一社会党成员，1950年迁居联邦德国。1983年6月1日逝世于柏林。

[2] 海纳·穆勒(1929—1995)：德国剧作家、诗人、散文家和导演。他被誉为萨缪尔·贝克特之后"戏剧中最伟大的活着的诗人"。在布莱希特之后，海纳·穆勒成为颇具争议的最重要的德国剧作家。他的"神秘断篇"的创作对于后现代戏剧产生了重大影响。

基础上提炼并重组了感触和快感的理论。我们也可以说,他试图寻求60年代产生的结构主义和他自己这一代人的合取。正如他承认,他们这一代人,更漂浮不定,也更加无所事事。对于他们这一代人来说,他最高的目标基本上就是去创造一个新的**学科**。

有一个很忠实于他的出版社[位于欧什市(Auch)的特里斯坦出版社(Éditions Tristam)]在2004年秋天出版了两本书,分别是《事件与重复》(*Événement et repetition*)[这本书有意无意地成为我《存在与事件》的对立面]和《感触》(*L'Affect*)。

我并不怀疑第二本书在今天会很有市场——迈赫迪·贝尔哈伊·卡桑和其他生于法国及海外的人一样——都试图取代六七十年代这个哲学时代的人,而六七十年代哲学的许多代表人物已经离我们远去了。

Ⅰ. 附录.——对于可以在思想中把握的当代音乐,我向读者们推荐弗朗索瓦·尼古拉(François Nicolas)的文本。这些问题都是由强有力的概念布局来架构的[如写作/感知的对立,文本和音乐的神秘性,主题的功能,等等],并且有着毫无瑕疵的精确分析。我们可以在网络上找到尼古拉的全部文献[在谷歌上搜索"François Nicolas"]。我认为我很喜欢他的《勋伯格的独特之处》(*La Singularité Schönberg*, Paris: L'Harmattan, 1998)一书。

弗朗索瓦·尼古拉首先是一位作曲家。在他的著作中,我们在这里只谈一下他的《对打》(*Duelle*, 2001),这个曲子混合了演唱、乐器和机器演奏。他根据包含-外在化(inclusion-extenalisation)的原则,创作了这样一首如此精巧又如此怪异式抒情的曲子,以至于在第一次演出的时候,观众完全分为两拨。我想这个作品是预言式的,因为他组织了一种"走出十二音体系"[这是尼古拉自己的说法],从而避免了反动的教条主义[回归声音和旋律],而在后现代的背景下主要的危险在于:折中主义(éclectisme)。

在序列音乐上,弗朗索瓦·尼古拉已经写过一个非常透彻,也非常有深度的文章《十二音体系剖析》(«Traversée du sérialisme»),发表于《鹦鹉报告》(Conférence du Perroquet)1988年第16期。他用不同于我的方式界定了十二音体系,并对十二音体系的发展进行了分析。他认为,准确来说,十二音体系开始于第二次世界大战之后,而不是勋伯格的"十二音技法"。如果考察我们俩之间差异的原因,就跑题跑得太远了。

Ⅰ.附录.——查尔斯·罗森(Charles Rosen)《古典风格:哈代、莫扎特、贝多芬》[Le Style classique: Haydan, Mozart, Beethoven, 马克·维纳尔(Marc Vignal)译, Paris: Gallimard, 1978]。

Ⅰ.附录.——在《讲座17:精神分析的背面》(Le Séminaire ⅩⅦ, L'Envers de la pyschanalyse 1969 – 1970, Paris: Seuil, 1991)中,拉康引入了一种真理-快感的解除关系的思想,例如他指出:"对真理的爱就是对这种柔弱的爱,我们已经掀起了它的面纱,真理就隐藏在这种爱之中,我们称之为阉割。"

大逻辑前言.——在哲学思想及其历史中阐明逻辑的准确位置,一般来说,要界定"大逻辑"可能是什么,尤其是在克劳德·安贝儿①(Claude Imbert)的著作中所表达的大逻辑的意思。她在1999年的一本书《一种逻辑史:柏拉图的遗产》(*Pour une histoire de la logique: un héritage platonicien*, Paris: PUF, 1999)写得精彩绝伦。我特别欣赏安贝儿在两种历史开端,即柏拉图的开端和斯多葛的开端之间游刃有余,这是一种典型的超验研究。

我在这里还需要说的是,安贝儿的许多研究在我看来非常经典,从她为弗雷格作品写的导论,到她新近通过对绘画领域的分析,关于列维-施特劳斯的论文均是如此。

Ⅱ. 导论。——在第一次世界大战之初,列宁在读黑格尔的《逻辑学》的时候,证明了他的沉着冷静,他对距离进行微分计算的时候尤为如此。我们有他的《哲学笔记》,而《列宁全集》中出版了这些笔记。我们需要注意两点。首先,列宁认为这种阅读十分重要,对于他来说,阅读给他带来的是一种令人振奋的启示。他甚至说道,如果不懂黑格尔的《逻辑学》,马克思就是无法理解的。其次,根据这个看法,如果理解了列宁的主要方向,那么黑格尔是一个唯物主义者。我这样来解释这个观念:在辩证唯物主义中,正是辩证法,而不是其他路径维系了革命性的唯物主义的发展。的确,这就是为什么我并不会将解放性的唯物主义与一种人们心目中的资产阶级的唯心主义对立起来,我恢复"辩证"这个谓词的建构性:唯物主义辩证法反对民主唯物主义。

我还想说的是,我也非常欣赏列宁的热忱。实际上,我认为只有三个最为重要的哲学家:柏拉图、笛卡尔和黑格尔。

---

① 克劳德·安贝儿(1933—):法国逻辑学家,著名的逻辑哲学的开创者弗雷格是她的导师,她曾经在巴黎高师长期担任哲学教授,是巴迪欧多年以来的同事。

我也注意到，这些哲学家都是德勒兹不喜欢的哲学家。

Ⅱ.导论.2.——对于超验世界的展开有一种可能会引起争议的方式，这就是福柯对他所谓的经验和超验的"对偶关系"（doublet）。我们应该如何看待福柯在认识型（épistémè）的名义下，让话语布局（dispositifs discursifs）成为我们所理解的世界的超验？还有文本表层和认识型组织之间的关系，身体或实践［物］与超验之力对它们的理解［词］之间的关系，是否类似于在世界上表象的唯物主义辩证法？

塞西尔·万特（Cécile Winter）在她一篇尚未出版的关于临床医学的论文中给出了对福柯学说的一个特别原创性的考察，她一个部分一个部分地重构了福柯提炼为相对于身体的陈述的前提，即在法国大革命之后不久，伟大的"临床医学的诞生"［这也是福柯一本书的标题，或许这是福柯最好的一本书］的时代里，身体在空间中得以展开。这让我们可以有理由做出判断，并很实际地得出结论，像我得出的结论一样，在福柯那里，并没有关于超验的形式理论。在这个意义上，起主导作用的是一种经验主义，可以与笛卡尔的问题相媲美的经验主义。

Ⅱ.1.2.——《存在与事件》的开头是对集合论公理的评述，如这些公理已经逐渐摆脱了康托尔在最开始创造集合论时所产生的模糊性。为了激活我的两本"大著"，即新书和旧书之间，也是**本体**-论和本体-**论**之间，存在与表象之间的辩证关系，阅读一下《存在与事件》的开头两个部分是非常有用的。

Ⅱ.1.3.——在第 1 卷讨论 20 世纪音乐的附录中我们已经指出，这是认识真理中最难的训练，我希望大家能够体谅我的个人兴趣。在20世纪下半叶,在韦伯恩去世之后最活跃的音乐家中,我最喜欢的是奥利维耶·梅西安(Olivier Mesiaen)。我相信,这是因为他始终不渝地坚持用组合且具有原创性的技巧[也就是说,他并不像是杜蒂耶(Dutilleux)那样的新古典主义],这是一种特殊的肯定性的美德。皮耶尔·布列兹无疑更为精巧,也更为严格,他仅仅征服了一个很有限的区域,并为音乐戴上了某种批判性禁欲主义的镣铐。当然基督教帮助梅西安成名,在音乐之中,实现了音乐与世界的对应关系,是"原生态"地使用鸟鸣声作为一种象征来实现的对应。但这仍然是一种主体路径。像我这样的证实主义者(affirmationniste),我必须向某种带有征服性的感官享受致敬,梅西安结合了重叠的旋律,离散的和声模式,以及强制性的调性,我们从中找到了一种让人如痴如醉的乐观主义。

题外话:我所说的证实主义,可以参看"宣言"的第二版,收录在《乌托邦3》(*Utopia 3*)中,这是由希罗·布吕尼(Ciro Bruni)主编的文集,2002年由GERMS出版,"宣言"的第三版,收录在我的《状况2》(*Circonstances 2*)中,2004年由Seuil出版社出版。

可以说,梅西安的世界创造了它的诸多元素彼此和谐的神圣化。就像罗西里尼①(Rossellini)的电影一样,这个世界带有奇迹的现代可能性。不仅是梅西安的歌剧《阿西西的圣弗朗西斯》(*Les Onze Fioretti de François d'Assise*),还有罗

---

① 罗伯托·罗西里尼(1906—1977):意大利著名导演,1934年写了一篇灵感来自德彪西音乐《牧神午后的前奏曲》的电影故事,然后把它拍成电影。1945年的《罗马,不设防》成为新写实主义的第一炮。1948年的《德意志零年》也是一部重要的新现实主义杰作。1959年的《罗维雷将军》获得威尼斯电影节金狮奖。曾与英格丽·褒曼有过一段婚姻(1950—1958年),褒曼为他放弃了好莱坞的事业。60年代后期开始侧重电视工作,为电视台拍摄了不少历史人物的传记片。

西里尼的最著名的电影《弗朗西斯的花束》①(*Francesco, giullare di Dio*)。它们都指向了圣弗朗西斯这个圣人,他是对世界敞开胸怀并热情歌颂的捍卫者,意味着罗西里尼和梅西安的现代奇迹既没有成为支配性的力量,也没有获得胜利。相反,这个信条在实存和非实存之间发生转变。

我们不可能跟随着这位圣人的天主教形象前进,这就是我宁愿说这是一个"相当有限的行为"的原因所在。相当有限的行为就是我们所能担负的细微政治真理的不可或缺的当代形式。

Ⅱ.1.5.——我借这个机会向埃迪安尼·吉尔森② (Étienne Gilson)的名著《缪斯的合唱》(*L'École des muses*, Paris:Vrin,1951)致敬。因为他描述了葛洁特·勒布朗和梅特林克的缪斯,劳拉(Laura)和彼得拉克③(Petrarch)的缪

---

① 《弗朗西斯的花束》是罗伯托·罗西里尼在 1950 年拍摄的影片。影片根据意大利阿西斯镇上一个圣芳济修道院的壁画改编,它以 11 个片段表现了弗朗西斯传道的故事。影片开始是圣芳济会的祷告,这些苦修士正跟着弗朗西斯在大雨里去往罗马,这些故事段落包括向穷人施舍所有衣服、老修士离家、克来尔修女来访、为病中修士谋得猪蹄、路遇麻风病人、向野蛮人布道,这些段落反映了宗教和现实的关系,也充分说明了生命超越卑微和私利的艰难,最后弗朗西斯和修道士继续上路,传播福音。这部在当时商业上惨败的电影在半个世纪后却成为经典,他在银幕上第一次提出了非暴力的精神,那个去感化野蛮人的教士是令人感动的,这些苦修士自我折磨达到净化灵魂的目的在浮华的世界就像童话。导演提出了一个很尖锐的问题——施舍的相对性。

② 埃迪安尼·吉尔森(1884—1978):法国哲学家,尤其对中世纪哲学研究颇有建树。他最初的研究兴趣在笛卡尔哲学,后来转向了圣托马斯·阿奎那传统,尽管他并不认为自己是一个新经院主义和新托马斯主义者。1946 年他成为法兰西学院"终身"院士。

③ 彼得拉克(1304—1374):意大利学者、诗人和早期的人文主义者,亦被视为人文主义之父。1327 年,一位名为劳拉的女士在亚维农的教堂里出演"离散的旋律"。她的身影激发了彼得拉克旷日持久的创作冲力。后来那些沿袭他的风格的文艺复兴诗人们把这 366 首诗的合集称为《歌本》(*Canzoniere*)。劳拉本人可能只是理想化的或者假想的人物。在彼得拉克的诗中,劳拉的表现不同于大家熟知的游吟诗人和他们的高贵的恋爱。她的出现使彼得拉克体会到了不可言传的愉悦,但是他不求回报的爱恋使得这种情绪很难持久,除了说她看起来很可爱,有一头金发和谦虚高贵的气质外,在彼得拉克的作品中几乎没有关于劳拉的确定详细信息。

斯,克洛蒂尔德·德沃(Clotilde de Vaux)和奥古斯特·孔德①(Augste Comte)的缪斯,以及马蒂尔德·维森丹柯(Mathilde Wesendonk)和瓦格纳的缪斯。在这个背景下,在吉尔森的另一本书[《但丁和哲学》(Dante et Philosophie, Paris: Vrin, 1939, 修订版 1986)]中所处理的比阿特丽斯(Béatrice)代表了光明的人物形象。我们可以说,吉尔森试图在某种思想世界的谱系中,来衡量这些女性精神的超验强度:《神曲》(La Divine Comédie)、《歌本》(Canzoniere)、《特里斯坦与伊索尔德》(Tristan et Isolde)、《阿里阿德涅与蓝胡子》……至少,我们可以说比阿特丽斯、劳拉、马蒂尔德、克洛蒂尔德和葛洁特并非虚无。但并不能简单地理解这些意味着什么。在被创造出来的最后的光明世界里,她们同时是最大值和[非]实存,那么她们的位置是什么? 最后,吉尔森很正确地评价了这些缪斯的超验值——[马蒂尔德的]持重,[葛洁特的]尖锐,[克洛蒂尔德的]完全具体或者[比阿特丽斯的]难以辨识。

Ⅱ.2.1.——这里参照的是《逻辑学》,为拉巴西耶(P-J. Labarrière)和葛文多里尼·雅克兹克(Gwendoline Jarczyk)的译本(Paris: Aubier, 第一版 1972, 第三版 1981)。

我自己不会评价这本书,这本书就像乔伊斯的《芬尼根的守灵》(Finnegans Wake)一样难以阅读。1967 年的时候,我有一篇不太标准的分析文章,题目为《无穷小的颠覆》

---

① 奥古斯特·孔德(1798—1857):法国著名的哲学家,社会学、实证主义的创始人。1844 年,孔德遇到对其理论发生重大影响的克洛蒂尔德·德沃,两人保持着柏拉图式的爱情。1846 年,德沃病逝。受她影响,孔德于 1847 年创立人道教(Religion de l'Humanité),并于 1848 年二月革命后成立具有宗教色彩的实证主义学会。

(«La Subversion infinitésimale»)，发表在《分析手册》(*Cahiers pour l'analyse*)第9期上，我在对微分计算的大量"评述"[有30页]的基础上，在存在的辩证法中，发展了量的无限性。

题外话：让-杜桑·德桑蒂(Jean-Toussaint Desanti)在他的严格的科学主义著作《沉默的哲学》(*La Philosophie silencieuse*, Paris：Seuil, 1975)中对黑格尔的"评述"的研究费尽心力，入木三分且十分精到，这本书的副标题是"科学哲学批判"。这本书是黑格尔将科学和哲学错误联系起来的一种特殊类型的体现，这就是"科学与概念的合体"的类型。我借这个机会向他表示敬意，在本体论问题上，他是我的直系前辈，或者说，他已经预期了我的成果，他已经选择了转向一种更实际的哲学问题，将其变成一个体系，而他在他唯一的实体书《数学理想》(*Les Idéalités mathématiques*, Paris：Sueil, 1968)中表达了这一令人震惊的承诺。

在1970年到1980年间，我不断地尝试着提炼出辩证法的公式和阅读黑格尔。从1977年开始，我在一个小集子《黑格尔辩证法的理性内核》(*Le Noyau rationnel de la dialectique hégelienne*, Paris：La Découverte, 1968)里展现了这些劳动成果，在这本书中，我为中国学者张世英的黑格尔研究撰写了序言，还有在1982年的《主体理论》中，我提出了归位(esplace)[结构关系]和出位(horlieu)[例外的降临]的[客观]对立，就像代数学和拓扑学之间的[在方法论上或在主观上的]对立一样，这些东西都根植于黑格尔《逻辑学》一开始的解释。

当然，我们也可以参看1988年《存在与事件》中关于黑格尔的沉思，在那里，我坚决与黑格尔的"界限"和"边界"的对立搏斗，为的就是驳倒他在康托尔之间设定的真实无限与

"坏的无限"之间的对立。

Ⅱ.2.3.——对于这一点可以参看我的两个文本：第一个是《什么是爱？》(«Qu'est-ce que l'amour?»)，收录于《前提》(*Conditions*，Paris：Seuil，1992)一书中，另一个是《大二的场景》(«La scène du Deux»)，收录在1999年弗洛伊德的科斯学院(l'Ecole de la Cause Freudienne)的《论爱》(*De l'amour*)的会议文集里。对于萨缪尔·贝克特，我也用了相当的篇幅来讨论其真理-程序［参看《前提》中的《类性写作》(«L'Écriture du générique»)一文］。

当然，我还依赖于一些拉康的思考，除了反对他与那些道德悲观论者沆瀣一气的言论之外，如他认为爱不过是一种性缺乏的想象性填充，还有与让-吕克·南希的对话，他认为爱处于他者中介和肉体中介的共同的边界之上［参看他的《有限思考》(*Une pensée finie*，Paris：Galilée，1990)］。

我只能对南希表示尊敬和崇拜。我在公开场合已经宣布过这一点，在一篇题为《预留的祭品》(«L'Offrande réservée»)文章中也十分谨慎地指出我们俩之间的距离，这篇文章收录在《我们意义中的意义：论让-吕克·南希的工作》(*Sens en tous. Autour des travaux de Jean-Luc Nancy*，Paris：Galilée，2004)中。

最后，我站在精神分析的悲观主义和新宗教的复兴之间，这看起来似乎有些孤立，而坚持认为［这两个方面都认为如此］爱是一个主要任务，而不是一个困难的任务。我与第一种立场的差距在于我认为将爱作为一种失败的秩序是完全不准确的；我与第二种立场的差距在于，我靠近爱的方式，并不完全是精神性的，而是形式的。我需要创造的是爱的数学，而不能陷入傅立叶的无限的分类中，他仅仅想象了一种普遍性的**爱欲**秩序。

Ⅱ.3.3.——在这里，对逻辑形式主义的建构会检验我对表象思考的连贯性。

正如我对超验的处理一样，超验的范式就是被数学家称为海廷代数的东西，而海廷代数的基本著作是海伦娜·拉修娃(Helena Rasiowa)和罗曼·西科尔斯基(Roman Sikorski)的《元数学的数学》(The Mathematics of Meta-mathematics, Warsaw：Panstwowe Wydawnictwo Naukowe, 1962)，其中从秩序关系来谈问题，而且里面全是拓扑学的模式。

在某种程度上，这些读物对应于我后面提到的［参看Ⅲ.3.1的注释］对对象［第3卷］和关系［第3卷］的思考，很自然地会让我们想起，在我们路径展开之初，就预先给出了秩序关系结构、最小值、合取等等。

重要的是，要注意到在布尔巴基的伟大论文中，最一般性的框架区分了——在纯粹逻辑和集合论之后——三种类型的结构：代数结构、拓扑结构和秩序结构。在这里，有一个看法认为，对秩序关系的思考不能还原为代数学思考和拓扑学思考。事实上，秩序-结构将所有世界的奇点都概括为显示了它们自己在世界上的各种差异的超验，它不可能在代数计算和具现化的方式下来考察。

Ⅱ.3.8.——这个结构不仅仅是海廷代数的结构，也是完全海廷代数的结构。"完全"标志着对 T 所有部分的包络的实存，它包含了一个拥有无限值的部分，这一点至关重要。事实上，包络让超验运算无限化了。这就是为什么完全海廷代数让我们走向拓扑学。真的，它们已经以这样的方式被建构起来，以便于让一个拓扑学空间成为它们的模态。毫无疑问,这就是为什么英语世界的数学家称之为**局部**(locales):它们将位置的逻辑形式化了。我们会在第6卷再来谈这一点。所有这些问题,可以参看Ⅲ.3.1的注释中的文献。

Ⅱ.5.1.——次-协调逻辑学(Les logiques paraconsistantes)是一种承认排中律但不承认非矛盾律一般形式的逻辑学。达·科斯塔(Da Costa)及其巴西学派在20世纪60年代初期开始研究这些逻辑学,很明显他们对否定的解释明显不同于由古典逻辑学和直觉主义逻辑学所提供的解释。参看牛顿·C. A. 达·科斯塔(Newton C. A. Da Costa)的《古典逻辑学和非古典逻辑学》[*Loguiques classiques et non classiques*,让-伊夫·贝尧(Jean-Yves Béziau)译,Paris: Masson, 1997],尤其在附录1中,十分清晰地解释了类连贯性形式论:系统C1。

最后,在亚里士多德的《形而上学》Γ卷中提出的两个逻辑原则[非矛盾律和排中律]决定了三种逻辑学类型[不是两种,长期以来人们相信只有两种逻辑学]。实际上,我们可以普遍地验证两种原则[古典逻辑学],或者只承认非矛盾律[直觉主义逻辑学],或者只承认排中律[次-协调逻辑学]。

基本上古典逻辑学的正规模式就是集合论,直觉主义逻辑学的模式是拓扑理论,而次-协调逻辑学的模式是范畴论。这些模式进一步会变得更为一般化,否定逐渐在它们中间消失了。

Ⅱ.5.1.——我们在这里非常接近拉康在他的研讨班中提出的性化的著名公式[《再来》(*Encore*),让-雅克·米勒(Jean-Jacques Miller)编,Paris: Seuil, 1975;名为《眩晕》(«L'Étourdit»)的文章,收录在《选集补集》(*Autre écrits*),

让-雅克·米勒编，Paris：Seuil，2001］。这个著名的公式指明了这个事实，即女人并不存在，以及**一个**女人并非一切。在我们看来，说一个女人［半］实存[(mi-)existe]或为我而实存(m'existe)。对于女人来说，她们是超实存(sur-existe)。

Ⅲ.1.2.——如果不认可弗朗索瓦·瓦尔(François Wahl)在他的著作《画之话语导论》(*Introduction au discourse du tableau*, Paris：Seuil，1996)中做出的与我自己有关的独一无二的创作，我就不可能来谈论绘画的客观现象学。正如休伯特·罗伯特让我们展开了可见物的超验构成的逻辑，弗朗索瓦·瓦尔穿透了绘画与风景，是为了构建一种全新的作为话语的可见物的理论。即便我们俩对这个词的理解大相径庭，或者我们完全是彼此对立的，但我们都十分确定的是，世界的连贯性问题是一个逻辑问题。

瓦尔坚持站在"语言学转向"的一般要素上，这些元素要求永恒的组织需要回溯到话语范畴那里。结果，他不可能承认表象逻辑对质性的排序的强度值。对他来说，如果从话语秩序中得出了实际的结果，那么逻辑"单元"根本没有任何质性。我们可以说，瓦尔不仅非常近似于现象学，因为他坚持了一个不可化约的"人性"维度，坚持认为语言是思考可见物的入口，而且他也非常接近于拉康，因为最终他们都围绕着一个消逝的对象来思考，向我们展现出来的对象的力量是被建构的。

毫无疑问，瓦尔的大作《感知事实》(*Le Perçu*, Paris：Fayard，2007)会讨论这个问题。

Ⅲ.1.4.——不是所有的多 A 指向超验 T 的函数 f 都可以辨识一个对象成分。我们需要郑重对待超验指数所对应

注释、评注和附释

的表象组织的同质性。用专业术语来说，我们需要注意：

1) 函数是"外延性的"，意味着对于 A 的两个元素 x 和 y，$f(x)$ 和 $\mathsf{Id}(x, y)$ 的合取不可能大于 $f(y)$。对这一点的解释告诉我们 y 所属于成分的值不可能小于 x 所属于成分的值，或者小于测度 x 和 y 同一性的值。在直观上非常清楚：如果 x 在值 p 上属于某个成分，而 y 在 q 值上等于 x，那么 y 属于这个成分当然最低限度要等于或小于 p 和 q 的最大值，即 $p \cap q$ 的最大值。

2) 函数要遵守实存的规则。很明显，一个元素 x 不可能属于 A 的成分，不可能"大于"在作为整体的 A 之中实存的值。所以，x 属于该成分的值，即 $f(x)$，必须与作为整体的集合中 x 的实存紧密结合在一起，即 $\mathbf{E}x$。

这样，我们就有了两个公理，它指出了 A 指向 T 的函数事实上界定了一个对象-成分：

$$f(x) \cap \mathsf{Id}(x, y) \leqslant f(y)$$
$$f(x) \leqslant \mathbf{E}x$$

Ⅲ.1.5.——我选择了哲学上的一个关于唯物主义假说明显的形式化表达。然而，它引出了一些数学问题，因为表达"存在着辨识出原子的一个元素"迫使我们面对同一性的变型和转向［或等于、同构、等价于……］，一个非常熟悉的形式主义的难题。

让我们说得直白一些：它与概念上的自明性在一条线索上，对这个定义［本卷第 3 部分的第 5 小节］的形式处理并不是太严格。很早以前，弗朗索瓦·巴迪欧（François Badiou）就向我指出，在这个方面，可能有很大的摆动余地。

另一个《世界的逻辑》初稿的细心读者是纪尧姆·德斯蒂维尔(Guillaume Destivère)，他看出了这个演绎上的弱点，并写信告知于我，在此我非常感谢他。他发现了"错误"，并给出了唯物主义假说的一个版本，这个版本没有那么光彩夺目，但更为专业，也更为重要，它与形式上严密性的要求是一致的。

但是，有人会问，为什么你在文本中会保留这些有点差距的表达，而这些有差距的表达已经引起了我的注意？因为就像形式上的检验一样重要，在这里，出于概念上的需要，我对唯物主义假说的形式概括非常适合我。我保留了这个表述，是因为数学上的不确定性让这个争论毫无结果。形式上的歪曲——基本上，我用"规定"取代了"一一对应关系"，用"等同"取代了"同构"，事实上，这并不会影响结果。我重述了德斯蒂维尔思考中的一些关键因素[注意到他的思考与我更早的一个版本有关，这样，用词可能不完全一致，而其观念却是异常清晰的]：

你完全可以说："所有的原子都是真原子意味着它都是由 A 的一个元素所规定的。这并不会导致两个在本体论上有差异的元素规定了两个不同的原子。"

但进一步而言，你通过肯定对立一方，来证明秩序关系 $<$ 的反对称原则，即"如果 a 和 b 的部分函数是一样的，根据唯物主义公理，所有原子都是真原子，那么必然存在着 A 的一个单一元素，这个元素就是 A 本体论上的亚结构。这意味着元素 a 和 b 是相等的，或者说 $a=b$"。

如果反对称原则真的对你来说是不可或缺的，你就必须捍卫唯物主义公理，让 A 与原子成分 (A, Id) 成为**单向双射**

(bijection)。这就要求当且仅当 $\mathbf{E}a=\mathbf{E}b=\mathbf{Id}(a,b)$ 时,我们得出 $a=b$[本体论意义上的等于]。那么"哲学评论"就是适合的,因为它足以说明,对于两个存在物来说,一方与另一方彼此分不清,那么三个强度值彼此间是相等的。

除此之外,一旦你十分清楚地将部分函数 $\mathbf{Id}(a,x)$ 混同于 a,那么唯物主义公理,已经私下地且明确地被你所认可。

那么,唯物主义公理如下:对于所有的对象$(A,\mathbf{Id})$,让 A 指向 T 的函数 $\mathbf{Id}(a,x)$ 成为可能的东西是一个 A 在对象原子函数的集合基础上的单向双射。

我后面会再次提到纪尧姆·德斯蒂维尔[在第 4 卷中,谈非实存],而情景会更为激烈。

Ⅲ.2.——引文出自康德的《纯粹理性批判》(*Critique de la raison pure*),收录于康德的《哲学著作集》(*Œuvres philosophiques*,Paris:Gallimard,1980)。译者是亚历山大·德拉马尔(Alexandre J.-L. Delamarre)和弗朗索瓦·马尔蒂(François Marty),而儒勒·巴尼(Rules Barni)为之写了导言。

康德是我认为完全不可能成为我的伙伴的作者。他的所有东西都让我感到恶心,首先是他死抠条条框框,他经常问什么是正确的,或者"你逾矩了吗"? 正如在今天的美国,这种刻板与宗教虔诚结合在一起,显得太过阴郁,因为它既是无所不在的,也是模糊不清的。他所设定的批判机制长期以来毒害着哲学,却给予学院派巨大的帮助,学院派只喜欢不停地唠叨他们的浮夸的要求,例如,"你没有这种权利!"就是他们经常挂在嘴边的话。康德是我们"有限性"这个灾难性问题的发明者。他孤傲地和假装圣洁地宣布,我们没有任何知识来预知那种对不可知的圣主,即宗教及其传道者的上帝的朦胧之爱:大写存在、大写意义、大写生命……为了让柏拉图所有光辉承诺都无法实现,这就是哥尼斯堡的观察者,我们第一位教授先生的任务。

然而,一旦他谈某些特殊问题,如果你事先就关注过这些问题,你绝对会超越他。他是如此顽固,他织就一个范畴之网,他对观念的描绘是如此连贯。他的信念尽管有些庸碌,但十分强势,无论你们是否喜欢,你都不得不使用他的武器。

这就是我所理解的莫尼克·大卫-美纳尔(Monique David-Ménard)对于康德主义的心理起源的思考[《纯粹理性中的疯癫》(La Folie dans la raison pure, Paris：Vrin, 1990)]的真相。他让我相信整个批判事业是为了抵御先知斯威登堡[1](Swedenborg)所表述的诱惑性的症候,或者抵御康德所说的"头脑中的疾病"。

康德是一个悖谬的哲学家,他的意图令人感到厌恶,他的风格让人寒心,他的体制上和意识形态上的效果非常可怕,但是从他那里散发出一种阴森的伟岸。他就像一个巨大的守夜人,始终注视着我们,让我们无法逃脱。你们只能感到背后发寒,让你们不得不去"证明"你们在思辨上的罪行,证明你们在形而上学上的疯狂。这就是我为什么同意拉康

---

[1] 伊曼努尔·斯威登堡(1688—1772):瑞典科学家、神秘主义者、哲学家和神学家。1734年他在德国莱比锡出版了3卷本的《哲学和逻辑学著作集》,这部著作的第一部分论述他的成熟的自然哲学,在这方面他深受法国大哲学家笛卡尔的影响。晚年主要研究神学。他将巨大的精力用于解释《圣经》,并叙述他在幻觉中对神灵和天使世界的所见所闻。他认为上帝的存在是不可描述的,因为它本身既是实体又是形式。但是上帝的本质能从它的爱和智慧这两种基本品质中得到理解。在与自然界相一致的神灵世界里,上帝的本质是精神的太阳;它的温暖是爱,它的光明是智慧。他抛弃了那种认为基督是上帝之子和三位一体的教义,认为创造是持续进行的,宇宙中每一事物都属于一个系列,每个系列都有三个不同的度,这三个度由目的、原因和结果联系起来。每一结果都是下一较低系列的目的。创造的最后目的只能通过人来完成。他的想象力和宗教思想一直是巴尔扎克、波德莱尔、爱默生、叶芝和斯特林堡这些杰出作家灵感的源泉。

将他与萨德放在一起［参看《康德同萨德》(«Kant avec Sade»)，这篇文章收录在拉康的《选集》(*Écrits*)里］。萨德是一个十分勤劳，也带有点强迫症的作者，他将血虐式的情欲变成老套的新古典主义，将性的立场变成了唠唠叨叨的贵族的说教。不过他忍受着、观望着、衡量着。他是一个悲伤的淫逸之王，他不断地揭示出他的强制命令和危险性。

我在这里向康德的哲学上的萨德主义致敬。我总是徒劳地想从这位令人战栗的，用禁锢来威胁你的监督者那里实现柏拉图的合法化，在批判的枷锁［即大写理性的永恒的"束缚"］下找到**存活下来的出路**。

Ⅲ.2. ——事实上，还存在着另一种康德，一种戏剧化的、现代化的康德，一个在拉康思想的当代政治的方向推动下形成的康德。一个"带着马克思和拉康味道的康德"，这是斯洛文尼亚人的创造。我在这里必须向完全原创性的斯洛文尼亚哲学学派致敬，我与他们已经有过数年愉快的交流。就像所有真正的学派一样，他们遭遇了分裂和敌意。我虽然与卢布尔雅那(Ljubljana)相隔数千里，但我经常可以与拉多·里哈(Rado Riha)、杰立卡·苏米奇(Jelica Sumic)、斯拉沃热·齐泽克、阿伦卡·祖潘西奇(Alenka Zupancic)和其他朋友们打招呼。我们认为这个学派对伟大的德国唯心主义有一个全新的视角，这个视角让他们成为后马克思主义政治理论的同路人［他们自己的说法，所有斯洛文尼亚思想都关联到社会主义的南斯拉夫，他们都是阿尔都塞的读者］，这种政治理论本身依赖于阅读拉康，他们关注的重点不是语言的力量，而是真实所带来的无法忍受的震撼。

拉多·里哈和杰立卡·苏米奇的文章可以参看德文版的文集《真理的政治》(*Politik der Wahrheit*, Vienna: Turia

+Kant Verlag, 1997)。

而阿伦卡·祖潘西奇的书是《真实的伦理》(*Ethics of the Real*, New York: Verso, 2000)。

我下面会来谈斯拉沃热·齐泽克[见第7章的注释]。

Ⅲ.3.1.——从这里开始谈严肃的[逻辑]问题。在大概30年前,我就开始设计超验机制的形式主义线索。在第一部分中,我们可以看到这些机制的一些片段,在一些例子的基础上,我们通过客观现象学来过滤[我的例子是共和国广场上的抗议和休伯特·罗伯特的绘画]。

这种形式展开的关键在于两个方面。首先,这是对表象的建构运算的说明,这样就不能再以严格方式[在这些方式中,运算得出了结果]来质疑它。其次,要证明一旦我们在对逻辑可能的最现代[最近]的处理中将所有表象的前提形式化,那么等式"表象=逻辑"是不容置疑的。这种现代处理方式不再采用语言学和语法的形式。从一开始,我们就让自己处于更为一般的架构中[我甚至可以说是在最理想的架构中],这个架构属于范畴论的架构,也属于它自己的一个特殊的分支:拓扑学。因为我的目标是纯哲学的,我并不打算重建整个范畴论文本。我径直走向我所需要的东西,这实际上就是一种特殊的范畴:这个范畴是通过将集合与完全海廷代数关联起来而获得的,我们将之重新命名为超验。简言之,在哲学上,我们在这里所面对的是一个巨大且不断变动的大厦的理论片段:范畴论对逻辑的重新概括。这个片段有一个数学名字:Ω 集合论。Ω 设定了一个完全海廷代数,它被用来衡量一个集合两个元素之间的相等。它在哲学上的名字就是一般表象论。我将 Ω 变成 T[超验]。结果,这个函数将多之存在[集合]的元素与超验 T[也就是与 Ω 代数],或超验指数形成配对关系。于是，在为唯物主义假设［所有原子都是真原子］的前提下，在精确的数学形式中，数学家们称之为"完全 Ω 集合"，而这就是对我所谓的对象的形式化。这些要求完全结合起来并不能阻止其生成，从长期来看，这一点确凿无疑。此外，我坚持认为对这个数学片段的意义的哲学理解，对把握它在演绎上的透明性来说非常重要。

数学文献应该集中关注完全 Ω 集合可触及的展开。不过，与我选择的角度不同，大部分文献仍然囿于对范畴论全部工具的艰难研究。于是，在得出这个注释的简短文献中，在第 1 卷中提到过的让我们感兴趣的哲学片段之后，我只需要简要地指出它所展现出来的自主性程度，更一般地说，我指出它所设定的数学知识的幅度。

在《世界的逻辑》中，逻辑-数学工具都是自足的：所有东西都得到了定义和证明。剩下要做的是，理解哪一个才是数学中的唯一问题。

我自己一开始用的书是罗伯特·哥德布拉特（Robert Goldblatt）的《拓扑：逻辑的范畴分析》（*Topoi, the Categorial Analysis of Logic*, New York：North-Holland，第二版，1984）。在书的第 8 章中详细解释了海廷代数［或超验］。在第 11 章的末尾，用"海廷代数"［即对象理论］评价了集合论的基本原理。在第 14 章的第 7 节讨论了广义理论［完全 Ω 集合及其关系］。在书的主要部分中，我们可以毫无疑虑地跟随这些片段进入拓扑论的细节中［在这本书中有更为专业的解释，毫无疑问这是因为人们不断地将集合论的模式作为概念上和教学上的引导］。

在本卷中，我仍然沉浸于阅读弗朗西斯·波尔索（Francis Borceux）的著作《范畴代数学手册》（*Handbook of Categorical Algebra*, Cambridge：Cambridge University

Press，1994)的那些时光。这本书由3卷组成，3卷的副标题分别是"基础范畴论""范畴与结构""层的范畴"。对我来说，最感兴趣的就是第3卷的前2章："局部"[海廷代数]和"层"。完全 Ω 集合是在第2章的2.8和2.9部分谈到的。这个片段的独立性是可变的。实际上，这本书在对第1卷所展现出来的范畴工具[函子、自然转换等等]的使用上非常平庸，但并非无足轻重。虽然这是一本教学手册，尽管是高层次的教学[在它的一些专门的章节中，有着令人敬畏的复杂性]，但其内在的清晰性几乎是白璧无瑕的。

有一本中级读物，是奥斯瓦尔德·怀勒(Oswald Wyler)的《拓扑和类拓扑讲座笔记》(*Lecture Notes on Topoi and Quasitopoi*, Singapore：World Scientific，1991)。在第0章中集中展现了范畴的词汇。海廷代数主要是在第2章的第1节引入的。这种代数学基础上集合的指数，在这本书里采用了 H 集合的名称，他将之完全放在了第8章里，这是一个"或然性"的版本[这个概念就是"模糊集"(ensembles flous)]。所有这些东西都异常清楚，但有时需要做出不必要或强行的概括。

一本有趣但有些过于省略的著作是贝尔(J. L. Bell)的《拓扑和局部集合论》(*Toposes and Local Set Theory*, Oxford：Oxford University Press，1988)。第1章专门谈海廷代数[太快了！]，标题是"范畴论原理"，正如在偏序秩序结构基础上架构的封闭笛卡尔范畴的例子一样。我们在哲学上感兴趣的部分是第6章["赋值局部集合"]。问题在于，其处理方法几乎总是基于其内部逻辑的拓扑学考察[特殊范畴]，或与这种逻辑相一致，这导致了一种形式主义，而我们需要先了解这种形式主义[参见第3章]。

对于这个数学片段，即 Ω 集合下的层的处理[在哲学上，这就是超验函子或者说纯存在指向在那里存在的回溯函子的建构]的奠基性论文出现在1979年。参看福尔曼(P. Fourman)和丹娜·司各特(Dana S. Scott)的论文《层与逻辑》(«Sheaves and Logic»),收录于福尔曼、穆尔维(C. J. Mulvey)和丹娜·司各特的著作《层的应用》(*Application of Sheaves*, Berlin: Springer Verlag, 1979)。

Ⅲ.3.7.——事实上,存在着超验结构与拓扑空间的封闭关系。完全海廷代数的概念[局部]目的在于让拓扑学的开放属性、有限交集[合取]和无限并集[包络]一般化。此外,我们可以从更为拓扑学的概念,并跟随着在局部和 Ω 集合的方向上[即在表象逻辑的方向上]的一般化运动来谈论表象问题[在那里存在的问题]。

所有这些问题,我们会在第4卷中再来处理,我并不想用数元的米诺陶①(Minotaure)来迂回进入。最重要的原理确定了超验上点的集合可以被看成一个拓扑学空间。

Ⅲ.附录.2.——高加米拉战役,在这里是我的一个核心例子,大量古代史和军事战略的论文已经在古希腊时期的历史学家所提供的不协调的,但毫无疑问有些近似的材料文献

---

① 米诺陶是古希腊神话中的牛头怪,被困在迷宫之中,米诺陶的故事又与阿里阿德涅之线的神话相关联。它是克里特岛上的半人半牛怪,是克里特岛国王弥诺斯(宙斯和欧罗巴之子,死后成为地府的三个法官之一)之妻帕西法厄与波塞冬派来的牛的产物,拥有人的身体和牛的头,弥诺斯在克里特岛为它修建了一个迷宫。弥诺斯攻打希腊的城邦,为了求和,雅典人同意向其进贡童男童女。弥诺斯将进贡的童男童女送进迷宫,喂养米诺陶。到了第三次进贡的时间,雅典国王的私生子忒修斯十分心痛,决定杀掉米诺陶,解救自己的祖国。作为童男之一,忒修斯到了克里特岛。被带到国王弥诺斯面前时,这位充满青春活力的美男子深得国王妩媚动人的女儿阿里阿德涅的青睐,她偷偷地向忒修斯吐露了爱慕之意,并交给他一人线团,教他把线团的一端拴在迷宫的入口,然后跟着滚动的线团一直往前走,直到丑陋的米诺陶居处。另外,她又交给忒修斯一把用来斩杀米诺陶的利剑。他用两件宝物战胜了米诺陶,并带着童男童女顺着线团又幸运地钻出了迷宫。他们出来以后,阿里阿德涅跟他们一起出逃。

基础上做出了大量的研究，如约翰·瓦力（John Warry）的《古代战争史》[*Histoire des guerres de l'Antiquité*，吉拉尔·科尔森（Gérard Colson）译，Paris：Bordas，1981]。

Ⅲ.附录.3.——格罗滕迪克曾是一个十分重要的数学家，也就是说，他的地位或许与黎曼一样重要。我说"曾是"，是因为他在几十年前退休了——这有点像青年象棋天才鲍比·费舍尔①（Bobby Fischer）。无论如何，他退出了公共数学活动。罗伊科·德布雷（Loïc Debray）告诉了我一个非常有吸引力的故事。50年代初期，在格罗滕迪克人生最初的生涯中，人们认为他准备创造出另一种数学的方式，说得更好些，创造一种不同于古希腊以来的另一种数学。那么在他蹒跚而行的创造[一种全新的代数几何学版本]中，他得出结论说，不，这并非同一种数学继续下去的方式。他宁可让自己与牧羊人和反核运动站在一起。

"另一个兰波"的传奇？交际与孤独，因为"科学太过缓慢"？我不知道。还有，当它们真正的意思被理解之时，"格罗滕迪克拓扑"名字下的观念以及与之相关的层观念，将会在纯粹思想的天空中熠熠生辉，就像天狼星（Sirius）或毕宿五（Aldébaran）一样。

Ⅳ.导论.——维特根斯坦和拉康是20世纪两位最伟大的反哲学家，而克尔凯郭尔和尼采则是19世纪的反哲学家。在我看来，维特根斯坦只有《逻辑哲学论》是这样的情况。他

---

① 鲍比·费舍尔（1943—2008）：美国国际象棋手，国际象棋世界冠军。其一生充满传奇和争议。他是个国际象棋天才，在冷战时期击败苏联对手登上世界棋王宝座，成为美国"国家英雄"，但违反禁令参加比赛使他沦为通缉犯，后来甚至被斥为美国公敌，被迫展开漫长的流亡生涯。2008年于冰岛病逝。

的进一步的著作，并不是真实的著作，因为维特根斯坦不太爱出版和完成自己的著作，后来他从反哲学滑向了智者。所有的反哲学都有一个风险：为了赋予纯粹说明[这真的就是我说的]，最终也为了赋予它自身的实存[我将历史一分为二，而不是将世界一分为二，至少不是我面对的这个世界]无上的特权地位。反哲学通常需要一种修辞，让这个时代的智者无法认识这种修辞的力量。尼采专断的格言，福音书的拼凑，克尔凯郭尔的自传性角色，拉康的俏皮话的确都是如此。"第二个维特根斯坦"沉迷于迫切的和反常性的问题，仿佛他十分顽固地寻找一种令人眩晕的震撼。这些问题的爆发有时候标志着令人震惊的创造，这些创造让人们十分乐意不走寻常路，而在另一些时候，成为老生常谈的杂耍。他们在学术圈子积累起来的这个带有伤害性的方面，或许并不会让他高兴[他似乎并不那么容易高兴]，但会引出他的贵族式反讽，将自己讽刺为一个木乃伊式的英雄。

《逻辑哲学论》是以反哲学家所喜欢的傲娇式的形式刻板的话语写成的[看看帕斯卡]，反而成为一部毋庸置疑的名著，即便它宗教式[或神秘式]的结局十分令人疑惑。如果我们做一个无法回避的比较，即维特根斯坦与奥古斯丁之间的比较，那么这种疑惑就会烟消云散了。我已经在一篇关于维特根斯坦的长文里进行了这个比较研究，这篇文章发表在《巴卡！》(*Barca!*)杂志1994年第3期上，题目是《沉默、唯我论、圣洁：维特根斯坦的反哲学》(«Silience, solipsisme, sainteté: L'antiphilosophie de Wittgenstein»)。

Ⅳ. 导论.——在我1992年的《前提》一书和一本关于尼采反哲学的小册子[《将世界历史一分为二？》(«Casser en deux l'histoire du mond?»)，发表于1992年的《鹦鹉报告》

（*Conférence du Perroquet*）上]中，以及我之前提到的那篇论维特根斯坦的论文中已经谈过智术与哲学的差异。

对于智术，很明显必须注意芭芭拉·卡桑（Barbara Cassin）所赋予它的角色，她谈到的智术与我赋予智术的地位完全对立。可以参看她的著作《智术的后果》（*L'Effet sophistique*, Paris：Gallimard, 1995）。我们相信哲学的开端受到一种特殊修辞的约束[在《形而上学》第1卷中，亚里士多德将谓词性修辞变成了普通逻辑学或本体论]，卡桑让高尔吉亚及其学生成为另一条哲学路径的带路人，在这条哲学路径上，"存在"和"说出的东西"是可以互换的，非存在[亦即沉默]的功能是建构性的，它可以用来取代存在的地位。她也用一种文辞学（logologie）取代了哲学。我们可以说，卡桑综合了海德格尔[的确存在着一种古希腊的发源，决定了我们的命运，并始终贯穿着我们]和语言学转向[一切都是语言，最接近于真实的哲学是普通修辞学]。作为这种综合的英雄，高尔吉亚挑战了巴门尼德的权威。我们知道，这也是尼采的观点，在我看来，我认为还要更早一些：所有的反哲学家都是智者潜在的同路人。与所有其他东西一样，柏拉图早已洞悉了这种合谋，在《泰阿泰德篇》（*Théétète*）中，他提到了智者和赫拉克利特在"本体论"上是一丘之貉。赫拉克利特毫无疑问是反哲学的始祖，正如巴门尼德是哲学的始祖一样。在反哲学的拉康的《再来》中，也完全理解了这一点："存在就是去思考，也就是说，哲学传统开始于巴门尼德。巴门尼德是错误的，而赫拉克利特是正确的。在《断篇集》93条中，赫拉克利特曾指出：'他既不宣示，也不隐藏，他只是在意指。'"被认为是对的那位，在这里用意指关系的诡计取代了宣示/隐藏，或者存在和非存在，拉康此前宣称这个选择太过"愚蠢"。因此，拉康澄清了为什么柏拉图认为赫拉克利特是他的对手，而巴门尼德是他的"父辈"。我认为这些理由非常精到，我从柏拉图所说的也得出了同样的结论。

Ⅳ.1.1.——1968年的整个秋天［注意这个时间！］我都待在蒙特利尔，拜访了我的好友罗格·拉尔芒（Roger Lallemand）。他是一位杰出的比利时知识分子，也是一位顶尖的律师。他作为人权联盟（Ligue des droits de l'homme）的代表为两位魁北克独立运动成员瓦里耶（Vallières）和加农（Gagnon）做辩护。瓦里耶写了本书，代表着法裔加拿大人的呼声，《美国的白种黑人》（*Nègres blancs d'Amérique*, Montréal：Parti Pris, 1968）。我很喜欢魁北克，这个神奇而偏僻的美洲之地，那里讲着古老的法语。在那里，在那个时代的左翼旗帜下，我遇到了一些热心肠的朋友，富有智慧和活力的战士。审判中，一个戴假发的法官，一个讲话很下流的证人，对我来说，这是一种神秘的方式［最后，还有种深沉而抑扬顿挫的法语！］，整个审判就像一部忧郁的小说，是那种很恐怖的小说！裁决没有丝毫宽恕。在那个秋高气爽的印第安的秋天里，在那里巴黎人5月掷出的石头与魁北克人的解放斗争融合在一起，就像那个时代的森林一样清澈透亮。或许我的这次加拿大的神奇之旅预测了如下事实，即我的最富韬略，也是最真挚的解释者和批评者是加拿大人，即彼得·霍华德，他既是英语世界的学者，也是法语世界的学者。他在美国受教育，但在英国长期生活，他像我一样喜欢魁北克。我这些段落是写给他的。人们并不会不去阅读他专门讨论我的一本书，这本书——我认为，长期来看——是一部经典：《巴迪欧：臣服于真理》（*Badiou：A Subject to Truth*, Minneapolis：Minnesota University Press, 2003）。

Ⅳ.2.——莱布尼茨！多才多艺的莱布尼茨！为我们带来无尽快乐的莱布尼茨！有着良好知识品位和快乐的莱布尼茨！莱布尼茨激发出我们对他如此多的爱，就像他那酸腐的对手伏尔泰所激发出来的恶心一样。除此之外，他还是一位伟大的数学家，在我心目中，还略多一点。但他也有他的阿喀琉斯之踵：他喜欢调和与他最具冲突的学说，试图来获得普遍的认可。他告诉我莫里哀的《安菲特律翁》(*Amphitryon*)中的角色索齐(Sosie)面临夜的威胁，他大声喊道："先生们，我是整个世界的朋友！"此外，我们很难严肃地以南德意志的巴洛克式教堂为例子，那里看起来像一个散漫女人的巨大闺房，我不可能完全严肃地对待莱布尼茨。顺便说一下，我们不要忘记，德勒兹1988年所写的著作《褶子》(*Le Pli*)的副标题——"莱布尼茨与巴洛克"。在那里有全部的问题。我已经说过，我在一篇长篇评论里谈过德勒兹的这个文本，文章收录于《哲学年鉴：1988—1989》(*L'Annuaire phiosophie：1988 - 1989*, Paris：Seuil, 1989)。

说真的，莱布尼茨有点像亚里士多德：有着全方面的好奇心，希望在一个新综合中来囊括他的前辈们的各种观点，确信宇宙存在着一种架构，目的胜过了机制，政治上温和的保守主义，但是尤其是这一点：一种内在的生命论或有机论。存在[实体，单子]像一个动物被有机组织起来。所有东西都活着，"所有东西都富有灵魂"，正如维克多·雨果所说的那样。这些思想家都有一个主要敌人，他们都需要十分苦涩地向这个敌人致意，他们都源自这个敌人，但总想将他从王座上拉下来。对于亚里士多德来说，这个敌人是柏拉图；对于莱布尼茨来说，这个敌人是笛卡尔。在这个经典的大写主人背后，是那些卑躬屈膝的、巴洛克式的门徒。这些门徒不得不背叛，他们忍不住要背叛。我们已经说过，这些背叛带着某种温顺，当我重读这些人的著作时，和我自己一样，都实现着一种"形而上学的数学"。至于文献，可以参看莱布尼茨的《哲学著作集》(*Leibniz, Œuvres*, Prais：Aubier-Montaigne，1972)。

Ⅳ.2.——居伊·拉德罗在这个关键点上是一个莱布尼茨主义者：他认为将思想应用于次要的任意对象上就是哲学的任务。这必然意味着这些微观视野的对象"表达"了一种普遍意义。对于这个亲缘关系，可以参看居伊·拉德罗的《哲学小说和科幻小说》(*Fictions philosophiques et science-fictions*, Arles：Actes Sud, 1988)。

Ⅳ.2.——对于大写的一，我们可以在克里斯蒂安·让贝(Christian Jambet)那里找到印象最深刻的当代思考。在精练的阿拉伯和波斯哲学研究知识的基础上，尤其是根据什叶派的资料，让贝提出了悖谬性的大写的一的概念，在本质上，存在应该被视为非存在。造就这部神奇著作的特征的一个深刻的动机是他要超越亨利·科尔班(Henry Corbin)——让贝的老师——对海德格尔的依赖：科尔班将大写的一的不存在解释为存在的命运。通过意识形态上的"革命"，让贝认为存在并非存在者，反而需要从大写的一来理解，或者从大写的一开始理解。

对他的详细讨论，可以参看他的著作《阿拉木图大起义》(*La Grand Résurrection d'Alamût*, Lagrasse：Verdier，1990)。

Ⅳ.3.3.——在这个部分，我以非常简单和不正规的方式使用了范畴论中的一些专业术语［图示、可交替性、锥体、普遍位置等]。如果有谁想进一步了解这些专业知识,可以进一步参考我在注释Ⅲ.3.1中提到的那些书的原始章节。

Ⅳ.3.4.——我们相信,在雅克·德里达绕圈子的方法中,对非实存形式化的思考非常重要。从他最早的文本开始,并且进一步在被学院圈子里的人命名为"解构"[尽管这不是他概括的]的名义之下,他的思辨上的企图旨在说明,无论我们面对什么样的话语组成结构形式,都必然存在着一个逃离了这种组成结构的点,即一个逃逸点(point de fuite)。他整个冗长的著作就在于具现化出这个点,而这个点也是一个不可能的点,因为这个点的特征是在那个位置上的脱位的存在。为了限定逃逸的空间,就必须将话语组织构成的能指,对立于那些宏大的形而上学的对立[存在/存在者、心灵/物质,还有民主/极权主义、法律秩序/野蛮状态],还需要发明一种离心化的语言,或者一种无厘头的写作布局。然后,不仅最明显的文学散文和最粗糙的哲学概念之间存在着摩擦,其标志就是德里达在《丧钟》(Glas)一书中提到的热内(Genet)和黑格尔的配对,还有对话所发挥的功能[包括与埃伦娜·西苏(Hélène Cixous)、伊丽莎白·鲁迪内斯库(Élisabeth Roudinesco)、哈贝马斯、南希等人的对话……],正如在青年柏拉图那里,也提出了对这些难题的界分。

所有围绕着这个问题的焦点都来自非实存。我们可以说,如果A是任意的话语组织结构,而$\emptyset_A$是德里达所渴望的漂浮不定的对象。它属于A的方式——由虚无(即μ)所衡量——并不是它存在的方式,或者说对它来说是非实存的。除此之外,可以简单地说它是非实存,这样将它与虚无混同起来[即与存在混同],我们忽略了如下事实,即$\emptyset_A$指明了在其他地方完全实存的可能性。这些不断改变的滑动成为德里达的"触摸"(toucher),即他关于思考和感性之间新关系的命题,悄悄避开我们的东西,也就是让我们不同于在这里思考的东西。在专门讨论让-吕克·南希的书中,他相信谈到了这一点,即《触摸:论让-吕克·南希》(*Le Toucher: Jean-Luc Nancy*, Paris: Galilée, 2000)。这本书得出的结论很清楚地展现了我所说的意思:"没有拯救的问候(un salut sans salvation)。"这就是真正的 Ø:虚无的存在物,它绝不是某些存在物。

为了向德里达致敬,我在这里所写的"非实存"(inexistence),正如他在很久以前创造的一个新词"延异"(différance)一样。我们是否可以说 $Ø_A$ =非实存=延异呢?为什么不能呢?

Ⅳ.3.4.——在之前的注释提到了他的作品之后,德里达就去世了。

大概两三年前,在长时期带有半敌意的态度和各种各样的事情之后,我与他之间有一次匆匆偶遇,其中我们最重要的相遇是 1990 年的"哲学家的拉康"学术研讨会上的相遇。关于这次争论的文献,你们可以在 1991 年阿尔本·米歇尔(Albin Michel)出版的著作的末尾找到。

在我们俩关系的新阶段开始的时候,德里达告诉我,"无论怎样,我们都有一个共同的敌人"。我们都看到了那些敌人,尤其是在美国的敌人,在他去世后匆匆地跑出他们的老鼠洞。关键在于,死亡来得太快。这是一种令人恐惧的逻辑力量所采用的形式:一种积淀为结果的力量。我再次向雅克·德里达致敬,在这个标签下重读他的著作:对非实存的爱。

Ⅳ.3.4.——在这里,之前我谈过的对我的唯物主义假设提出过形式化建议的纪尧姆·德斯蒂维尔再次出现在我写作《世界的逻辑》的舞台上,这一次我认为他的出现意义重大。2005年1月19日凌晨1:50[完全没有任何先兆,很明显这十分迫切!],他发给我如下信息,标题是"本体论的世界真的是唯物主义的吗?":

请原谅我在这里冒昧地谈一点,这一点或许是可笑的,但是十分关键,它向我提出了问题,而不是你的手稿向我展开的恢宏壮丽的前景。

可以用一对词语来说这个问题。这是本体论世界的问题,超验T拥有两个元素,0和1。如果我理解正确的话,你并没有在任何地方给出详细说明,对于既定的集合A,我们看到会有一个超验指数的函数作为本体论世界的对象,但是很难想象它是某种不同于A之上的克罗内克[①](Kronecker)符号,我们写为k,如果$x=y$,$k(x,y)=1$界定$A \cdot A$,而$k(x,y)=0$则是另一种情况。

但是在那种情况下,似乎一般来说,本体论世界中的对象(A,k)并不拥有其特有的非实存。事实上,我们认为,在T中,A的h函数总是等于0,我们认为它是(A,k)的原子成分。但对于A中的一个元素a,我们绝

---

① 利奥波德·克罗内克(1823—1891):德国数学家。对代数和代数数论,特别是椭圆函数理论有突出贡献。1823年12月7日生于德国布雷斯劳附近的利格尼茨(现属波兰的莱格尼察),1891年12月29日卒于柏林。他1841年入柏林大学,1845年获博士学位。1861年经E. E. 库默尔推荐,成为柏林科学院正式成员,并以此身份在柏林大学授课。1868年当选为巴黎科学院通讯院士。1880年任著名的《克雷尔杂志》的主编。1883年接替库默尔成为柏林大学教授,时年60岁。1884年成为伦敦皇家学会国外成员。

不能用$h=k(a,x)$的形式来将其写为真原子成分,因为那么我们必有$h(a)=1$。换句话说,在本体论世界中,克罗内克符号并不能验证唯物主义公理。

博士,这不是很严重的问题吗?我想这是一个很迫切的问题,所以这样做了!

我承认,在阅读了这个信息之后,经过了一段很艰难的过程。不仅仅是因为他质疑了我的唯物主义假设的一般性,而且质疑了我整个事件理论!毕竟在第5卷中,事件是通过对象的非实存的"升华"来界定的。我开始思考弗雷格的情形,他将数学还原为逻辑学,他花了数年时间建立起来的理论大厦,瞬间被罗素的一个小证据弄得灰飞烟灭[我在第2卷开头暗示了这一点]。在19日到20日之间的黑夜里,我不得不重新审视这些笔记和相关的文字。最后在1月20日早上6:29,我给纪尧姆做出了如下闪电般的回复:

如果符合如下条件,我可以将A称为"规范古典展开":$A^{*}=[\emptyset\{\{x\}/x\in A\}]$,也就是说这个集合一方面是由空集构建的,另一方面也是由A的元素的单元集构建的。

那么如果符合如下条件,我们可以将A^{*}的函数称为"A^{*}的规范超验指数"。A^{*}在$T_0=(0,1)$上定义如下:当且仅当多x和y共有一个元素:$\exists z[(z\in x)$且$(z\in y)]$。

我们很容易认识到(A^{*},Id)是一个对象。所有的非空原子都是真原子,因为它是由其特有的单元集所规定的,而空原子是由$\emptyset$规定的。

对象特有的非实存当然就是$\emptyset$。我们实际上已经有对于任意x来说,都有$\text{Id}(\emptyset,x)$,因此也有$\text{E}\emptyset=0$。

因此我们可以说,如果有人绝对地希望表达一个作为对象的纯粹多元 A,我们将之称为"本体论上的对象化",那么这个对象就是真的 A^*。或者换一种说法:在本体论上可以将之视为一个世界[数学并不要求我们这么去做,因为它处理的是"没有表象"的存在,或者非具现化的存在],从规范古典展开层次上对纯粹多元的对象化,反过来它也是由规范指数所标识的。这个十分玄妙的方面涉及在不由唯物主义假设所指示的集合空间[拓扑]与由唯物主义假设所指示的空间[拓扑]之间同构关系的实存。这种同构关系的线索都包含在我上面的演算中。

球不会滚得太远。

V. 题头铭文.——这个铭文出自《终局》(*Fin de partie*, Paris:Minuit, 1957)。在 20 世纪的作家中,萨缪尔·贝克特是我最亲密的哲学伙伴。我的意思是"在贝克特的前提下",在散文之下进行思考,这就如同我长期以来"在马拉美的前提下",在诗歌之下思考一样。马拉美十分敏锐地理解了一种缩减的本体论是什么,即在这种本体论中,事件性的溢出制造了匮乏,这样让大观念得以产生。而我认为,在我对类性真理的思考中,贝克特有着与之媲美的敏锐,在大写真实生成的过程中,剥除了所有的谓词和所有的知识的样态。马拉美讲述的是一艘船只的残骸,由于已经被波涛吞噬的船长在风浪的表面镌刻上匮乏的标记,让人们联想到深渊迫在眉睫。然后,在天空里,星丛涌现。贝克特告诉我们一个幼虫形态的生物,用它的腹部在黑暗中踽踽而行,与他者相搏斗,偶然中遭遇让它可以活下去的无名的故事。那么一起来分享贝克特的"蓝色的幸福日子"吧。或许我们哲学的目标就是完全理解这两个故事。

1995年,我出过一本小书,《贝克特：难以置信的欲望》(Beckett, l'increvable désir, Paris: Hachette),在那本书里,我很严肃地宣称我受惠于贝克特。但是我与他的文字的关系的最好的研究,是由妮娜·鲍威尔(Nina Bower)和阿尔贝托·托斯卡诺(Alberto Toscano)编辑的英文版的《论贝克特》(On Beckett, Machester: Clinamen Press, 2004)。两个编者翻译了我所有关于贝克特的文本,都收录在这本书里面,书里还有一些非常不错的研究,最著名的有安德鲁·吉布森(Andrew Gibson)的研究。他详细地描绘出了文学和哲学之间的共鸣,以及这些共鸣的伦理上的结果。

V.导论.1.——让我们回想一下《存在与事件》中最重要的数学范式的基本参数。1940年,哥德尔证明了这些陈述的集合论公理的严密性。根据这些陈述,如果无限集合拥有基数κ[它拥有κ个元素],而它各部分的集合的基数是κ^+,κ^+是κ的延续。多的诸部分集合相对于该多的溢出可能是最小值[从κ紧跟在κ之后的量]。1963年,保罗·科恩证明了这个集合论公理的严密性,即无限集合的诸部分的集合或多或少有一个任意基数,这个基数我们认为有多大,它就有多大。诸部分相对于诸元素的溢出最终是**无法衡量的**。

关于所有这些问题,现在有一个法文版的十分清楚也很容易理解的书,让-路易·克里维尼(Jean-Louis Krivine)的《集合论》(Théorie des ensembles: Paris: Cassini, 1998.)

V.1.1.——巴黎公社的例子就是我一次谈话所谈到的对象,但对巴黎公社简单而十分震撼的政治序列解释的整个迷宫式的叙述,远远比我这里谈的要复杂得多。这次谈话的文本收录在一本会议论文集里:《巴黎公社:关于政治的政治宣言》(*La Commune de Paris : une déclaration politique sur la politique*, Paris: Conférence du Rouge-Gorge, 2003)。

V.1.2.——"回到"卢梭几乎是当代法国哲学家不得不做的一个练习。至少有四个理由,我们会看到,一并通过这四个理由来思考,对于我们当下十分重要。

1) 卢梭通过坚定不移的反哲学与我们时代形成了关联[我说的是尼采之后的时代]。那些18世纪被称为哲学家的人谴责他。他与这些人针锋相对,在与[莱布尼茨]概念架构,以及[伏尔泰]的抽象反讽的对立中占尽上风。他在情欲上的明晰和政治上的苛求,让他更近乎大众意识和一些有机知识分子,在1792年到1794年间,这一点极其明显。

2) 通过使用对立于语言的方法,他与我们非常接近,他主张一种完全反专业化的知识。在《社会契约论》中的突兀、抽象和刻板,《新爱洛依丝》中的戏剧性和哀伤,《漫步遐思录》中的令人痴迷的柔韧,《忏悔录》中那创造者的雄辩,以及《爱弥儿》中的坚持不懈和教诲,让他的写作跟随着不同的思想痕迹,因此也在这个阶段展现出多种观念。

3) 在道德的外表下,卢梭开创了对再现的现代批判。我们必须严肃对待他在《给达朗贝的信:论戏剧》(*Lettre à D'Alembert sur les spectacles*)中反对戏剧的争论——正如菲利普·拉库-拉巴特(Philippe Lacoue-Labarthe)在他的《历史诗学》(*Poétique de histoire*, Paris: Galilée, 2002)中分析的那样。按照拉库-拉巴特用自己的话[即模仿的历史]来说,这个文本的力度就在于推进了政治腐败和戏剧景观[在这个方面，德波并没有什么创新］之间密不可分的关联。但是拉库-拉巴特极其深刻地重塑了卢梭思考戏剧的意义。他在其中解析了让海德格尔诽谤性地低估卢梭意义的真实原因。他说明了为什么对这位天才的传统理解"本身会走向误读、走向不同的层次，那就造就了卢梭思想的绝对原创性，而这就是他的起源的思想"。

4）卢梭预测了公与私的现代辩证法。他理解说，一种自我展开，一个宣言，是关系任何人，而不是某个特殊阶层［如贵族或政客］的政治不可避免的元素。公意的一般特征，即它的无名性，预先设定了所有人承诺了公意内容。那么在卢梭的《社会契约论》——《社会契约论》是他的政治思想的框架——与在巴黎街头散发传单为自己辩护，以反对迫害"哲学家"的卢梭之间并不存在"矛盾"。

拉库-拉巴特将所有这些主题囊括在一起。正如精巧细致而富有革新精神的海德格尔一样，他让这些主题指向了卢梭所裁定政治和再现之间关联在历史上的功能，以及指向了卢梭所梦想的"自发性"戏剧［公民节］，那几乎不再是戏剧。拉库-拉巴特谈了这个"几乎"，通过这个词，他继续通过卢梭，长期以来在西方神秘的"戏剧式"的命运下走出了一条漫长的旅程。

相反，我们转向一位戏剧理论家［也是一位戏剧从业者］，他长期以来从事自由地"再现批判"，这也是卢梭和海德格尔式［以及拉库-拉巴特式］的自由。我们最近读到了弗朗索瓦·雷诺（François Regnault）的作品，在我的一个研讨班上，我曾与他公开地讨论这些作品。他内容丰富的2卷本将戏剧人［演员、导演、剧作家、作者］的经验和拉康的穿透力结合在一起，其知识的范围带有着风格上隐约透出的明亮。它们表达了一个不连贯的、星丛般的最近几十年的戏剧史。可以参看弗朗索瓦·雷诺的《论戏剧》(*Écrits sur le theater*, Arles：Actes Sud，2002)，第 1 卷是《春分、秋分》(*Équinoxes*)，第 2 卷是《夏至、冬至》(*Solstices*)。

V.2.——所有的引文都出自德勒兹的《意义的逻辑》(*Logique du sens*, Paris：Minuit，1976)。

在我的《德勒兹：存在的喧嚣》(*Deleuze：la clameur de l'être*, Paris：Hachette，1997)的第 1 章中，我叙述了德勒兹与我之间缺乏什么联系的彼此敌意、友善、挑衅、回避的本质。而那本书剩下的部分则一点一点地说明了我们两个人形而上学设定上的近似性和间距。大家可以进一步阅读我的书《过渡本体论的短篇专论》(*Court traité d'ontologie transitoire*, Paris：Seuil，1999)中"作为存在之名的生命"一文。当然，大家还有可能找到我参加会议的其他转述的版本——如在伦敦和布宜诺斯艾利斯举办的会议——这个会议谈到了"德勒兹的政治学"这个话题，或者谈论了德勒兹在电影基础上书写的令人难以置信的悖谬性的哲学著作。

再说一遍，我们需要首先对弗朗索瓦·瓦尔致敬，在 1992 年他为《前提》所撰写的前言中，他提出了德勒兹与巴迪欧的平行关系。

V.2.——在德勒兹去世 10 年之后，新一代思想家从他那里获得了灵感。我自己也在多个方面与这一代人产生了关联。尤其是我有一大堆英语圈子里的朋友。我们英文杂志《褶子》(*Pli*)的组织者就表达了这一事实，即在沃维克(Warwikc)大学里，他们从德勒兹的公理中得出了潜在的结果：阿尔贝托·托斯卡诺和雷伊布拉西耶，后来都成为我的著作的翻译者和阐释者，他们并没有僵化为某种依赖性的姿态。

尤其是他们为我编辑出版了一本文集，之前有一些文章是从未出版过的，这些文章都写于1990年之后。这本文集就是《理论著作集》(*Theoretical Writings*, London: Continuum, 2004)，这是将我们的著作引入英语世界最有效的方式。

碰巧，法语中对我著作最好的间接导论[由几位作者合作写成]是夏尔·雷蒙(Charles Ramond)在波尔多的一次学术会议的基础上，以《阿兰·巴迪欧：对多的思考》(*Alain Badiou: Penser le multiple*, Paris: L'Harmattan, 2002)为书名出版的文集。在这本书里，你们可以找到各种各样的文本，尤其是巴里巴尔(Balibar)、拉撒路、马舍雷(Macherey)、梅亚苏、朗西埃、萨兰斯基(Salanskis)和雷蒙本人的文章。

我还要谈谈西蒙·克里奇雷(Simon Critchley)，他几次邀请我到埃塞克斯大学(University of Essex)去，他后来去了纽约。在他的几个非常精彩的研究中，他试图建构一个我与列维纳斯不谐的联盟或带有张力的联盟。这个企图让他与其他解释者产生了激烈的争论，其他解释者即我在英语世界中的阐释者和"内行"中旗帜性的人物，也就是我前面提到过的彼得·霍华德。

我也谈谈山姆·吉尔斯皮(Sam Gillespie)，他来自美国，并成为我在英国的朋友。他是一位非常敏锐，但有时会极为刻薄的分析师[参看他的文章《超越存在：巴迪欧的真理学说》，这篇文章发表在《传播与认知》(*Communication et cognition*)杂志上，Gand, 2003]，因为他的不幸离世研究中断了。

我再来谈谈贾斯丁·克莱门斯(Justin Clemens)和奥利弗·费尔坦(Oliver Feltham)，他们编辑了我的一本文集《无限思想》(*Infinite Thought*，London：Continuum，2003)。前者告诉我，在他的文章《阿兰·巴迪欧诸前提的前提的依据》[发表在《传播与认知》杂志上，同上]中关于我自己的一些事情，而后者承担了一个巨大的任务，他是我的《存在与事件》的英译者。

我还有一些其他朋友，如斯蒂夫·麦罗（Steve Mailloux）、肯·莱茵哈德（Ken Reinhard）等人。他们应当知道，无论我是否列举了他们的名字，他们都改变了我对肇始于古老的大英帝国的一切事物的印象。长期以来在对英国保持距离上，在对英国的抽象认识上，我都太法国了。

V.2.——《异识》(*La Différend*，Paris：Minuit，1984)向我展现出让-弗朗索瓦·利奥塔事业的成熟与稳重。长期以来，我们之间的关系并不友好。有一天，大概在80年代初吧，我们从巴黎八大哲学系的一次会议出来，在从弗朗索瓦·夏特雷（François Châtelet）的家回到蒙巴纳斯（Montparnasse）的路上突然间下起了暴雨，于是我们靠人行道停车。在这个狭小逼仄的车子里，我们突然开始了一场漫长的对话。后来利奥塔将这次对话比作《伊利亚特》中武士帐篷下的对话。

1983年，萨拉·考夫曼（Sarah Kofman）、拉库-拉巴特、利奥塔、南希和其他一些人在巴黎高师举行了一学期"政治的退却"的研讨班，他们也很礼貌地邀请我参加[我的两次讲座成为我1985年的一本小书——《我们能思考政治吗?》(*Peut-on penser la politique*? Paris：Seuil)]。利奥塔告诉我他出版了"他"唯一一本哲学书，即《异识》，他等待着我给他的书做书评。我没有片刻犹豫就答应了，读了这本书，并写出了书评。书评题为《巡夜人，夜已到何时?》(*Custos,* quid noctis?)，发表在《批判》(Critique)杂志 1984 年 11 月号上。

利奥塔的去世对我影响巨大。我认为我解释了为什么在哲学国际学院的场合里，我向他表示敬意，后来这些讨论于 2001 年出版，书名为《让-弗朗索瓦·利奥塔：异识的实践》(Jean-François Lyotard, l'exercice du différend, Paris: PUF)。我收录于其中的论文题目为《清晨的巡夜人》(«Le Gardiennage du matin»)。

V.2.——我所引述的"宗教＝意义"这个等式的拉康的文本仅仅是他说过的 1980 年 1 月的一封信，他创建并持续了 16 年之久的法国精神分析学校(École française de Psychanalyse)解散了。拉康那浓郁的主观风格包含在两个奠基和解散的文本的字里行间。1964 年，"由于我一个人坚持着精神分析的事业，所以我在这里建立了法国精神分析学校，即使到今天，没有任何东西阻止我回答办学的方向问题，我需要在今后四年里来确定这个问题"。随后在 1980 年，"我没有丝毫希望地在这里讲话，尤其是讲点我自己可以理解的话。我知道这样做，在那里掺杂了一些无意识的东西"。圣-琼·佩斯(Saint-John Perse)写道："孤独！我们那些桀骜的门徒在那里夸夸其谈，但我们的思想早已被他们马放南山！"[出自《远征》(Anabase)]。拉康的这两个文本都收录在他的《选集补集》中，两篇文本分别是"奠基演讲"和"解散信"。

V.2.——德勒兹的事件范畴非常难解释清楚——这是一种值得钦佩的激进的斯宾诺莎主义，尽管这是绝对现代的斯宾诺莎主义——可以参看弗朗索瓦·祖拉比希维利

(François Zourabichvili)的《德勒兹：事件哲学》(*Deleuze, une philosophie de l'événement*, Paris：PUF，1996)。

V.3.——奠基公理是集合论中的一个"特别"公理，它就像所有的多之中对异质性因素[或大他者]的需求一样。这个公理实际上需要在一个多的诸多元素之中，这些元素本身也是多，至少有一个元素，包含着一个不是组成该多的元素。即至少有一个元素，不同于该多的"架构"，这个元素是由异质性标示的。

用专业术语来说，我们设一个多 A，总会存在着 $a \in A$，这样 a 的一个元素 x 不属于 A：

$$(\exists a)[a \in A 且 (\exists x)(x \in a) 且 \neg (x \in A)]$$

这个异质性的元素 x 就是 A 的**奠基**。这意味着，一个多，唯有当它依赖于大他者的一个点，即依赖于一个不属于它的点时，它才能得到奠基。

奠基公理的结构就是自我归属的不可能性。实际上，如果 $A \in A$，A 的单元集[即 $\{A\}$，这个集合的唯一元素是 A]得不到奠基：$\{A\}$ 的唯一元素是 A，如果 $A \in A$，因为我们也有 $A \in \{A\}$，那么就没有异质性元素出现。

VI. 题头铭文.——出自娜塔莎·米歇尔的《时间等待它自己时刻的时光》(*Le Jour où le temps a attendu son heure*, Paris：Seuil，1990)。这是一篇非常优美的小说，其中描写和隐喻的力量织就了一个充满魅力的事实[这本小书将散文的意识流变成了某种类似于夏天的纯粹观念之类的东西]，我们可以说这本小说就是点的小说。因为这本小说的主题就是要知道，一方面，人是否可以彻底在政治上加上"否"的信念[造反、罢工……]与"是"的信念[新政治观念的介入]，叠加在一起；另一方面，也可以加上爱的信念［通过爱的宣告，将刺耳和永恒的"不"变成一个痴狂的"是"］。所以在大写的二的审判之前，出现了两个无限表象的关键例子——让步与同意——它们在夜晚的诗歌中，或者在阳台上交织在一起，在那里，海平线标示出在湛蓝色的夏日中实现了实存的人。

值得注意的是，在她由九篇中篇小说组成的小说集《欺诈与别离》(*Imposture et separation*, Paris：Seuil, 1986)中，其中一篇的标题就是《夏尔·塞潘特的"不"》(«Le "non" de Charles Scépante»)。在娜塔莎·米歇尔的写作中，她用镶嵌着钻石的磨刀石磨砺了"是与否"的刀锋。

Ⅵ.1.1.——在我整个早年岁月中，萨特绝对是一位哲学大师。最早点亮我心中火光的当代文本就是他的《情感理论概要》(*Esquisse d'une théorie des emotions*, Paris：Hermann, 1939)。我还在准备巴黎高师的文科预科班的时候，我的老师埃迪安尼·伯尔尼(Étienne Borne)认为我很有天赋，但他一直对我纵情于模仿《存在与虚无》表示遗憾。在我就读于巴黎高师的日子里，在一个派对上，我与两位皈依的萨特主义者进行了争论，他们是伊曼努尔·特雷(Emmanuel Terray)和皮耶尔·菲斯特拉登(Pierre Verstraeten)。后者还是一位萨特主义者，他是一位"专家"，他十分准确地革新了他老师的思想。他论萨特戏剧的著作——《暴力与伦理》(*Violence et éthique*, Paris：Gallimard, 1972)，仍然保持着这种风格。而前者，已经成为一位人类学家。他将对非洲的研究［他写作了大量关于阿布隆(Abron)王国的研究论文］以及反映我们之间共同政治情感的文章结合起来。而反映出他这个秘密的写作，谈到文学和诗歌的强烈的关系,以及很难感知到神灵的"外部"感觉。我们需要阅读他的两本讨论德国的书,《柏林人的阴影》(*Ombres berlinoises*, Paris: Odile Jacob, 1996)和《德国激情》(*Une passion allemande*, Paris: Seuil, 1994)。

我问过我自己,我们三个是否还忠实于那个炽热而艰辛的岁月[那时发生了阿尔及利亚战争],在那个时候我们一行一行地读着萨特1960年出版的《辩证理性批判》(*Critique de la raison dialectique*, Paris: Gallimard),那时候我们刚刚读完了《阿尔托纳的隐居者》(*Les séquestres d'Altona*)。特雷总是说,他坚持像读《辩证理性批判》一样逐字逐句地读我的《存在与事件》。而菲斯特拉登则十分惋惜我从很早开始就受到了"坏"的结构主义和数学形式主义的诱惑。对我来说,尤其是在政治上,我反对他们俩的态度。菲斯特拉登后来站到民主秩序的旗帜之下。尤其让我愤怒的是,他竟然同意北约的美国飞机轰炸贝尔格莱德。对于特雷,我发现他执着于实在论,最终他似乎已经放弃了早年他那种带有英雄气概的共产主义意志论,而正是这种共产主义激发了60年代的萨特。他就像那些温和的进步派一样,紧紧抓住几个问题,但仍然内在于统治地位的政治逻辑之中[资本主义代议制,左与右,"运动",等等]。例如,我认为他和埃迪安尼·巴里巴尔一样,他最近告诉我,唯一重要的哲学问题就是权力问题,或者与伊夫·杜罗一样,而这两个人都是反萨特主义的。参看《洞穴中的政治》(*La politique dans la caverne*, Paris Seuil, 1990)。在这本书里,特雷在民主的内在性反专制的超验的名义下,十分明确地站在了智者一边反对柏拉图。这就说明了我们五十余年的同志、友谊、疏远、联合,这些东西都源于我们都十分喜欢萨特,现在我们在立场上分道扬镳,至少在哲学上,我们之间是对立阵营。但这丝毫不影响我们之间的友谊,这个友谊并不需要大写的一。

Ⅵ.1.3.——2004年,已经97岁高龄的两位巴西利亚的缔造者之一奥斯卡·尼迈耶[但他并不是那位创造了鸟儿形式的规划的大师,那是卢西奥·科斯塔的梦想]宣布:"一旦为共产主义者,终身为共产主义者",我非常喜欢这一点。在巴西利亚的规划中,其中绝大多数都是尼迈耶的计划,有一个潜在的符号标记,用来测量大地与天空。古希腊的神庙已经让我们嗟叹不已,因为试图让地平、海拔、空气与风平齐,首先是万神殿,它的选址,即它地理上的精确性,就让人激动不已。尼迈耶是一个古希腊的共产主义者,和柏拉图一样。

这让我折回到我开始的地方。尼迈耶的建筑,将平等主义作为其主要原则,就像他的老师柯布西耶①(Corbusier)一样,这个原则完全不同于民主唯物主义的原则,它需要得到正面肯定。这让我们想起了美国哲学家理查德·罗蒂宣布"民主先于哲学"。他宣布其对立面,即柏拉图,超越了赫拉克利特和巴门尼德的诗性言辞,超越了智者的修辞上的相对主义,奠定了哲学的独特性。在《理想国》第8章中,柏拉图对雅典民主范式毫不留情的批判,并不是一个添头,而是某种反对的爆发。它预期了第一种哲学要素的建构。是的,哲学远比所有历史上的权力形式都更为重要,因此,也比既定的"民主制"更为重要。今天,它远比资本主义代议制民主更为重要,这是我们"西方"资本主义现象中的必要

---

① 勒·柯布西耶(1887—1965):法国建筑师、都市计划家、作家、画家,是20世纪最重要的建筑师之一,是现代建筑运动的激进分子和主将,被称为"现代建筑的旗手"。与路德维格·密斯·凡·德·罗、弗兰克·洛依德·赖特以及格罗皮乌斯并称为四大现代建筑大师,是现代建筑派或国际形式建筑派的主要代表。

形式。这就是为什么自从柏拉图之后,哲学注定是共产主义的哲学。什么是共产主义?这就是真理的平等主义原则的政治名称。

Ⅵ.2.——克尔凯郭尔是所有反哲学家中话最多的,但他们均是如此,因为他们都需要将生存的每一个细节都变成摧毁他们所依赖的宏大的哲学大厦的武器。看看卢梭的《忏悔录》和《让-雅克审判卢梭》,他反对一切哲学家的陈词滥调,在尼采那里,在他晚期的《瓦格纳案件》和《看,这个人》中,他反对瓦格纳。为了好好对付黑格尔,克尔凯郭尔将他与雷吉娜(Regine)订婚的痛苦经历变成了生存上的片段。在他那最怪异的倾诉中,即在他的名著《非此即彼》中,"引诱者日记"和"婚姻在审美上的正确性",有三百多页厚度,这就是微观视野中波澜起伏在思辨上的投射。但是当克尔凯郭尔面对选择、焦虑、重复和无限时,他仍然是一位无法超越的大师。所有引文都出自《非此即彼》(*Ou bien...ou bien*, Paris:Gallimard,1943)和《哲学片段附录》(*Post-scriptum aux miette philosophiques*, Paris:Galliamrd,1941)。

Ⅵ.3.2.——内部的范畴让我们可以直接以直观的方式来理解**开集**范畴,这个范畴在范畴论中应用较多。设范畴论上一个参照集 E,如果 A 等于它的内部,那么 E 的部分 A 是开集[对于该拓扑学]。换句话说,A 是开集,是因为没有东西可以将它的外部同内部分开。它是一个没有边界的部分。

在哲学上,当然,从柏格森,经由海德格尔,再到德勒兹,敞开(ouvert)是本体论上的主要范畴。我并不打算在这里讨论这个问题，它仅仅讨论的是隐喻上的用法，如果在数学的限定条件下，这样的讨论不会有太大意义。在我看来，需要通过对柏格森的《道德和宗教的两个起源》(*Les Deux Sources de la morale et de la religion*, Paris：PUF, 1932)中形容词的"敞开"和海德格尔对里尔克的《杜伊诺哀歌》(*Élégies de Duino*)的第八首歌中的"敞开"(das Offene)的名词用法的批判性讨论进行小心谨慎的比较，来编纂对这个问题进行讨论的当代文献。参看海德格尔1946年的《诗人何为？》(*Pourquoi des poètes?*)，法文版收录于《无头之路》(*Chemins qui ne mènent nulle part*, Paris：Gallimard, 1986)。

相当有趣的一点是，"敞开"(ouverture)毫无疑问具有了最不容置疑的规范性价值。在今天，谁胆敢——像许多古希腊和古典学者一样——公开夸耀封闭的美德？有谁胆敢不宣称敞开，即使不是向所有的风向敞开，也是向绝大多数风向敞开，至少向大他者，向各类种族，向不同的性取向，向年轻人，向海风，向堕胎，和向牧师结婚敞开？小资们会说："敢比我更敞开，你死定了。"他们都是玻璃心，养尊处优惯坏了，当他们面对第一个"他者"时就被吓坏了。有些人的封闭态度，恰恰喜欢采用这种普及型的敞开。吉奥乔·阿甘本曾在他的《敞开：人与动物》(*L'Ouvert. De l'homme et de l'animal*, Paris：Rivages, 2002)中十分严肃地讨论过敞开的问题。阿甘本在此书中一如既往地，在用词上十分谨慎，最后小心翼翼地走向他反复提到的主题：羸弱的存在，在表现上十分贫乏的存在，从其行为的荣光所留存下来的力量的存在。他那隐秘的基督教特质产生了一种现代诗学，在那里，敞开是向没有实体的生成的纯粹展现。同样，在政治上，英雄就是重新回到其作为临时性的活物(vivant)的纯粹存在的人，一个未经审判就被杀死的人，即罗马人的神圣人①（homo sacer）。人类特有的共同体，即共产主义，或许会降临，但绝不是在那里降临。圣保罗，尽管他具有奠基性的地位，但他的保障，他的奋斗——通过《罗马书》中的一句模糊不清的话——被带回到弥赛亚的震撼之中，这与瓦尔特·本雅明有着某种悖谬式的相近关系。毫无疑问，没有什么东西会比我们俩各自关于使徒问题的不同看法更能将我们区分开来[尽管我们俩关系很好]。不同的书名已经充分揭示出这一点：他的书是《剩余的时间》(*Le Temps qui reste*, Paris：Rivages，2000)，而我的书是《圣保罗：普世主义的奠基》(*Saint Paul：La foundation de l'universalisme*, Paris：PUF, 1998)。阿甘本，这个本体论上的圣方济各会式的信徒，喜欢十分巧妙地恪守生命的秘密。对于那些不再拥有任何东西的人来说，他们仍然保留着这个秘密。他们是永恒被牺牲的"赤裸生命"，他们既是微不足道的，也是至关重要的，他们传递出来的是我们可以从意义上来把握的一切东西，而各种权力用它们粗野的喧嚣之声湮没了这些东西。

---

① 阿甘本所使用的 homo sacer 是拉丁语词汇，最早出现在罗马法体系中。与现代法律体系不同，homo sacer 甚至不是一个概念上和意义上明确的用词（或者正是 homo sacer 一词的模棱两可性质，才让阿甘本钟情于此），根本原因在于，这个词同时具有两个完全不同的意思。所以，在翻译成现代语言的过程中，面对 homo sacer 这样的词汇一定会遇到麻烦。事实上，正如阿甘本指出的那样，这个词对应于现代英语的两个意思：一个是被诅咒之人（accused man），另一个是神圣之人（the sacred man）。前者意味着这样的人的不纯洁性，在法理意义上，被诅咒之人也是可以被任何人杀死而不受法律制裁的人。另一个意义涉及宗教，即这种人不能作为牺牲献祭于诸神。国内 homo sacer 的译法大致有两种意见。一种将之翻译为牲人，与阿甘本在书中提到的"赤裸生命"相对应。但实际上，由于阿甘本反复强调，homo sacer 不能作为牺牲献祭于神灵，那么 homo sacer 就不可能是作为献祭用的牲人。华东师范大学的吴冠军教授将这个词翻译为"神圣人"是比较贴近这个词的原意的，但是，从中文角度来说，"神圣人"的概念，仍然无法完全表达 homo sacer 一词的词义。

Ⅵ.3.2.——一般来说,公理界定了拓扑学结构,这些公理直接涉及开的部分,或者更简洁地说,涉及开。从内部这个观念开始讨论的好处在于,内部的公理化思考非常有启发意义。从内部观念出发,正如我们在之前的一个注释中看到的那样,"开集"就是一个自然结果:开集是一个没有任何东西——任何"边界"——将其内部与外部区分开的集合。这意味着,开集等同于自己的内部。如果我们反过来从开的观念开始,我们就会发现我们自己处在一个没有直接明晰性的运算范围之中。A 的内部[包含于 A 的开集的并集]也就失去了自明性。这就是我为什么在这里延续了拉修娃和西科尔斯基的教科书中的例证[参看注释Ⅱ.3.3]。

Ⅶ. 题铭.——这句诗出自佩索阿的《海之颂》(«L'Ode maritime»),由阿尔芒·圭贝尔(Armand Guibert)翻译[1943 年翻译,1955 年修订,初版 Paris:Segehers,1955,再版 Montpellier:Fata Morgana,1995]。对于费尔南多·佩索阿,以及对于他的发现者、赞助者、翻译者阿尔芒·圭贝尔的研究,最权威的参考是朱迪斯·巴尔索(Judith Balso)。我认为就是巴尔索发现了——有点太迟了!——这位 20 世纪最伟大的诗人。巴尔索也说明了佩索阿的诗歌写作升华了一种失败的形而上学,即语言的断裂,几个著名诗人之间的撕裂[冈波斯、卡埃罗、雷斯①],旨在说明诗歌的宣言与漂浮不定的存在多元性之间的紧密关系。巴尔索在他的著作《佩索阿:形而上学的摆渡人》(Pessoa, le passeur métaphysique,

---

① 除自己的真实姓名外,佩索阿使用三个不同的笔名,即阿尔贝托·卡埃罗、阿尔瓦罗·德·冈波斯和里卡尔多·雷斯。一个作家使用几个不同的笔名本不足为奇,出奇的是佩索阿使用不同笔名写出的作品,竟各成体系,所体现的思想和风格彼此迥然相异。他甚至还为这三个笔名所代表的虚拟作者编造了身世,似乎他们确有其人。

Paris：Seuil，2006)中论证了这一点。

对于阿尔芒·圭贝尔，也可以参看巴尔索的论文《译者的悖谬：向阿尔芒·圭贝尔致敬》(« Le Paradoxe du traduteur：un hommage à Armand Guibert »)，发表在《象限》(*Quadrant*)杂志的 1999 年第 16 期上。

Ⅶ.1.2.——为了能了解这种抽象的真实的意蕴，我们心中必须有那个时代的形象，即青年埃瓦里斯特·伽罗瓦所处的时代。经常有人会谈论这个时代，但是这种谈论会有损于我们真正理解他的数学天赋。可以将伽罗瓦比作数学上的兰波，在此并没有准确评价在 1820—1840 年浪漫主义潮流涌动，与 1870—1872 年巴黎公社起义及其遭到镇压的英雄史诗般的绝望之间的绝对差异。

的确，在伽罗瓦的天才创造的那个岁月里，1830 年 7 月有三个光辉的日子，共和派的盛筵，被高师开除，遭到审判并被囚禁，决斗致死……他做这些事情都不到 20 岁。

然而，这位青年真正的历史根基是一个极其深刻的社会变革，不仅像巴尔扎克的小说，而且像由最早的"无产阶级"写作，乌托邦共产主义和秘密团体的作品所描绘的那样，整个社会结构都天翻地覆了。这些令人惊异的发展——马克思在 1843 年到 1850 年间对这个社会变革给出了最炫目的综述性评价——已经融入雅克·朗西埃的哲学之中。可以参看他的《无产阶级之夜》(*La Nuit des porlétaires*，Paris：Fayard，1981)。更好的令人震惊的一本书是《无知的老师：知识解放五讲》(*Le Maître ignorant：cinq leçons sur l'émancipation intellectuelle*，Paris：Fayard，1987)。在那本书中，朗西埃认为从雅各脱(Jacotot)的奇异的教育学观念考察中得出了他的平等概念。朗西埃的平等概念启发了我，至今仍然如此，因为这个平等概念具有公理性的力量：平等从来就不是目标，而是一种原则。我们不是去获得平等，而是宣布平等。在历史的世界中，我们将其宣布的结果称为"政治"。

当然，我并不赞同朗西埃的考察方式，对于我来说，他考察这些结果的逻辑，即考察政治的方式太过历史主义了。在我的《元政治学概述》(*Abrégé de métapolitique*, Paris：Seuil, 1998)中，对于这一点，我曾十分尖锐地批判了他。但这一点没有错：就是在这个非常真实的相近关系中，我们之间发生了无休止的争论。毕竟，在这一代哲学家中，除了他还有谁值得一提，还有谁用其全部的思辨和历史的热情提出了解放政治的奠基性范畴？对于朗西埃谈论文学和电影作品，我也同样有如此看法。仿佛我是在梦境中阅读了这些作品，它们对我来说是如此熟悉，也如此遥远。例如，对他 1996 年的《马拉美》(*Mallarmé*)的小册子，我没有任何反对意见。同时，也正是这个文本里的文字，在解释上言之凿凿，又使用了精准而富有魅力的韵律来写作——朗西埃的写作一向如此——仿佛一篇来自 18 世纪的文章。我已经说过，"我"的马拉美［在《主体理论》《前提》《存在与事件》《非美学手册》……中］与他并不一样。差异就在于朗西埃为他的书选择的副标题"塞壬政治学"上。我当然会写成"塞壬本体论"，因为我在"拖动的长发如此苍白"中没有看到政治，在"焦躁的最末端的鳞片"中也没有看到什么政治。但朗西埃在一大段慷慨激昂的讲话中证明说，我在两个彼此矛盾的马拉美之间被撕裂了，我今时今日的马拉美完全不同于我在二十多年前的马拉美……

我想，有两个非常简单的事情主宰着我们之间复杂的交集。首先我们在 1965 年到 1980 年之间，在哲学上忠实于

"红色"道路,尽管我们俩所参照的对象完全不同。朗西埃仍然相信这条道路[他批评的是对"红色"当下的用法],我则不那么相信了。就像雷纳·夏尔(Réne Char)一样,我可以说"对历史漠不关心"是"我整个曲线的顶点"。

我们是否跑题了,远离了伽罗瓦的主题?不完全是。将伽罗瓦和兰波[他决定不再停止写作,来终结他的"愚行之一"]区分开的东西就是他大无畏的乐观主义,坚持他的信念,直到那场将会取走他性命的决斗来临之前,他还在说万事俱备,数学需要重新奠基,而且说他自己就能做到这一点。因此,他引领着那个时代中宏大的普罗米修斯式的意识形态。所以,必须——或许朗西埃是对的?——让伽罗瓦合体于历史,在法国的浪漫主义版本中来揭秘伽罗瓦,这就是进步党的理性激进主义。

我们已经说过,对于埃瓦里斯特·伽罗瓦的讨论,就不能不提到儒勒·魏依曼(Jules Vuillemin)专门讨论的伽罗瓦的研究《伽罗瓦理论》(«La théorie de Galois»),收录于《代数哲学》(*Philosophie de l' algebra*, Paris: PUF, 1962)第1卷的第222—330页。该书的第1卷有着宏大的哲学风格,但第2卷没有持续这个风格。

《代数哲学》十分完整地解释了这个独一无二也有点令人遗憾的哲学家的优点与不足:模糊不清的专业表述,强制性思辨上的类比,突然出现的公式,最终会付出代价的顽固风格。魏依曼的基本观念是,伽罗瓦为我们提供了思考"一般运算观念"的范式。这犹如第 n 次回到康德及其承袭者们的抽象理论上,但每一次都无功而返。

我们来看一下两个非常典型的段落。第一个段落,论伽罗瓦的发现[通过"排列",我们应当理解用一个字母取代另一个且变化的字面上的结果,而通过"变换",这些变化本身可以被识别为一个变化]：

> [在伽罗瓦的方法中]运算仿佛是从其结果中抽离出来的：正如伽罗瓦所说，排列决定了变换，但我可以将任何排列与其他排列进行组合，而这种自由组合说明，实际上我是在用变换进行运算，而不是用排列本身进行运算。换句话说，这意味着该群的元素总是一些运算，即便这些运算可以由它们的结果来决定。

其次，是将这个发现应用到哲学体系的思考上。

> 如果知识的能力可以产生一个群结构的思考，首先就是它们可以严格地被视为一种运算的思考。

Ⅶ.2.——所有的引文都来自拉康的《补遗集》。

Ⅶ.2.——毫无疑问，将拉康主义主人观念注入最多变的"身体"之中这个观念的当代代表人物就是斯拉沃热·齐泽克。他并不隶属于任何精神分析组织，这也赋予了他某种自由，即他可以滥用一些东西，如笑话、重复、对垃圾烂片的热情洋溢的解读、充满智慧的色情描写、概念式的新闻报道、预先算计过的感情暴露、双关……在他的思想中总是有某种很戏剧化的东西，而他那种对低级趣味的欲望激活了这些东西，在这一点上，他与拉康很像。在他自己进行了一个十分深刻的自我批评之后，我们俩组成了一个二人政治局，决定谁先出击干掉其他人。

但齐泽克与拉康一样认为，在语言的婴儿期背后，就矗立着思想的母体，这种无拘束的模板已经被移植到电影中，如他的《荒诞崇高的艺术：大卫·林奇迷失的高速公路》（*The Art of the Ridiculous Sublime：On Daivid Lynch's Lost Highway*，2000），也被移植到音乐剧中，如他与穆拉登·朵拉（Mladen Dolar）合写的《歌剧的第二次死亡》（*Opera's Second Death*），也可以被移植到政治事件中［他关于南斯拉夫冲突的文章，以及讨论"9·11"和伊拉克战争的文章……］，或者被移植到其本质之中，参看他的《脆弱的主体：政治本体论缺失的内核》（*The Ticklish Subject：The Absent Centre of Political Ontology*，1999）。在所有这些东西下面，有一个支撑着整个景观的水泥平台：让拉康合体于德国唯心主义，或者说借助拉康，重塑这种唯心主义的现代版本，为的就是用他那娴熟精湛的技艺来展现出我们这个人造宇宙中所有可以性化的症候。可以参看他的一本不错的书《不可分的残余物》（*The Indivisible Remainder*，London：Verso，1996）。

我与齐泽克的争论关系真实。他跟随着拉康，也提出了一个真实的概念。这个真实概念非常容易失却，也十分精准，我们不可能去坚持其结果。在其狂暴的爆发中，真实主宰着我们症候的戏剧，而这种爆发的后果，对于那些怀疑论来说是无法辨识的。

我已经说过，在面对流行于今天学术圈里的阴险狡诈的时候，我们俩在本质上是联合为一体的。和那些在这些段落中提到的许多人一起，我们都属于反人道主义的最后派别，也是渴望冒着大写律法风险的派别。未来在我们手中。

C.0.——在朱利安·格拉克的《流沙海岸》（*Le Rivage des Syrtes*，Paris：José Corti，1951）中，同样是我们在Ⅵ.1.1中谈过的老丹尼埃洛，在一个城市的层面上以他自己的方式讨论了"什么是活着"的问题。

C.8.——甘丹·梅亚苏的书,起笔于几年前,他不断地重新起草和修改,或许如我所期望的那样,能很快面世。书的标题当然就是《神圣的非实存》(*L'Inexistence divine*)。但梅亚苏已经出版了一本小书来作为他自己思想的导论,即《有限之后》(*Après la finitude*)。我们不要误解他的标题:这本书当然不是什么先知式的幻想。梅亚苏是一种全新的和无法抗拒的理性主义倡导者,这种理性主义就是偶然性的理性主义。他的标准就是如下这个陈述:一切事物都是可以证明的。一切事物都可以从一个单一原则中推理得出,这个原则就是实事性(factualité)原则:世界的实存和规律必定都是偶然的。

C.9.——笛卡尔的引文出自两封著名的信,当他谈到"永恒真理的创造"的学说时,这些信件表明了他思考的连贯一致性——他与他的几位朋友陷入了非常激烈的争论,并被他的论敌尖酸地嘲笑,我们知道这个人就是莱布尼茨。可以参看1630年4月15日笛卡尔写给梅尔塞尼(Mersenne)神父的信,以及1644年5月2日写给梅思兰(Mesland)神父的信。

C.10.——"有耐心或没有耐心地让自己成为最不可替代的存在物",我们可以在纪德的《人间食粮》(*Nourriture terrestres*)的结尾找到这句格言。这句用法语写作的后尼采式的名句,让青年时代的我为之倾倒,这完全是因为我的母亲对这句话很有共鸣。通过这种类型的文本,我追溯出一条贯穿五十多岁的人和二十多岁的人,两个战后时代之间,以及1945—1950年的青年爵士迷和1920—1925年的疯狂年代之间的线索。我的青年时代与父母有着某种共鸣,我们都喜欢查尔斯顿,喜欢默片,喜欢敞篷车,喜欢时髦女郎,喜欢新情欲主义,喜欢超现实主义……从30年代往后,发生了席尔万·拉撒路所谓的"本世纪的三种体制"之间的碰撞,相对于1914年之后支配着这个世纪的创造来说,这些现象几乎没有怎么掀起真实的幕帘,而支配着20世纪的是:总体战争,内战与对外战争。

陈述、辞典、文献、索引和插图

《世界的逻辑》的66个陈述

在每一个陈述中,第一次出现的专业术语,我都会标上一个小星号,表明这个术语可以在紧随其后的"概念辞典"中找到。

序言 民主唯物主义和唯物辩证法

陈述1——唯物辩证法的公理:"除了存在着真理*之外,还存在着身体*与语言。"

这个公理区别于民主唯物主义的公理:"只存在着身体与语言。"

陈述2——真理*的生产与对当下*的主观生产是同一回事。

陈述3——作为纯粹当下*被生产出来,真理*是永恒的。

Ⅰ.主体的形式理论(形-上学)

陈述4——主体*理论只能是形式的。

陈述5——主体*是由身体*所产生的形式主义。

陈述6——主体形式主义*是由事件*的痕迹*所限定的,我们将其写作ε,而在这个世界*上受到该事件影响的新身体*的实存,我们写作 C。

陈述7——主体形式主义*就是从五种可能的运算集合中得出的运算的结合:从属(写作—)、删除(写作/)、推论(写作⇒)、消灭(写作＝)、否定(写作¬),这些运算都占据了一个身体*。

陈述8——主体*行为的结果[或者形式化身体*的结果]涉及一个新的当下*,我们写作 π。

陈述9——存在着三种主体*:忠实主体*、反动主体*、蒙昧主体*。它们的数元表达如下。

忠实主体:

$$\frac{\varepsilon}{\cancel{C}} \Rightarrow \pi$$

反动主体:

$$\frac{\neg\varepsilon}{\frac{\varepsilon}{\cancel{C}} \Rightarrow \pi} \Rightarrow \cancel{\pi}$$

蒙昧主体:

$$\frac{C \Rightarrow (\neg\varepsilon \Rightarrow \neg \cancel{C})}{\pi}$$

陈述10——有四种主观意图:生产、否定、遮蔽、复苏。在每一种意图中,我们都面对一种当下*π。或者由忠实主体*生产,或者由反动主体*否定,或者由蒙昧主体*遮蔽,或者由第二个忠实主体合体于新的当下之中。

陈述11——我们可以贯穿三种主体、四种意图,以及四种类性程序*——爱、政治、艺术和科学——以及对应于它们的感触。所以我们获得了真理*现象学所需要的20个概念的图表。

	政治	艺术	爱	科学
感触	热忱	快感	幸福	愉悦
当下的名称	序列	构型	魅力	理论
否定	反动	学院派	婚姻	卖弄学识
遮蔽	法西斯主义	圣像破坏运动	占有性结合	蒙昧主义
复苏	共产主义的常量	新-古典主义	第二次邂逅	文艺复兴

II. 大逻辑 1：超验之物

陈述 12——大全并非存在。或者说，宇宙的概念是不连贯的。

陈述 13——除了空集之外，如果不依赖于之前对[至少]另一个多的思考，那么在存在的奇点上，我们不能思考任何多。

陈述 14——除非一个多在世界*上被刻画出来，这个多在其表象的奇点上才是可以思考的。

陈述 15——思考一个在世界*上被刻画出来的多，或者说思考一个多的此在，就要设定表象*逻辑*的形式表达，这个形式表达不同于纯多的[数学]本体论上的表达。

陈述 16——表象*的逻辑*，即世界*的逻辑，等于是[内在的、无主体的]衡量同一性和差异的统一尺度，是在衡量基础上运算的统一尺度。必须有一个秩序-结构*来理解"或多或少等同于"这样的表达，在更一般的意义上来说，来理解强度值的比较。我们将这种秩序，以及与之相关的运算称为情势[或世界]的超验*。超验的符号是 T，T 的秩序结构使用的是传统符号 $\leq$。对于多而言，"表象"意味着用世界的逻辑来理解的存在,这是一个带有该世界上超验指数*的存在。

陈述17——一个既定世界*的超验*组织让思考在世界中的多的非表象成为可能。这意味着,在超验的秩序结构中,存在着一个最小值*,我们写作 μ。

陈述18——一个既定世界*的超验*组织让共同在世界上表象出来的两个多的此在的共性计算成为可能。这意味着,在超验中,已知的两个强度值*,有第三个值同时"最接近于"这两个值。我们可以将这个值称为这两个在那里存在*的合取*。我们写作 $\cap$。

陈述19——一个既定世界*的超验*组织保证了该世界任意部分的此在*的严密一致性。这意味着,对于构成世界上这个部分的多的表象值*而言,有一个对应的值,它同时支配着该部分中的所有值,并是符合这一点的最小值。这个值,尽可能最恰当地综合了世界该区域中的表象,我们称之为该区域的包络。如果这个区域为 B,B 的包络可以写作 $\sum B$。

陈述20——在表象*秩序中,综合优先于分析,综合是整全的,也能达到无限[包络*],而分析是具体的和有限的[合取*]。结果,独特表象物和一个包络的合取,本身就是一个包络。

陈述21——在表象*秩序中,存在着两个存在物*之间的必然关联的值的超验*尺度。我们将这个尺度称为存在物对另一存在物的依赖*,或者更准确地说,一个表象的超验值相对于另一超验值的依赖关系,我们可以写作 $p \Rightarrow q$。

陈述22——已知一个世界*和该世界上的一个表象物*,世界相应地赋予它一个表象值*,那么总会存在着另一个表象物,其表象值是在表象中,与前一个表象物毫无共性的所有表象值中的最大值[即它与第一个值的合取*等于最小值*]。

换句话说,在世界的超验*中,所有值都有一个逆值*。

陈述 23——一个值*和其逆值*的合取*等于最小值*。而一个值逆值的逆值通常大于等于该值本身。对于前一种属性,我们可以写为 $p \cap \neg p = \mu$。而第二个属性我们可以写为 $p \leqslant \neg \neg p$。

陈述 24——在任意世界*的超验*中总存在着一个表象上的最大值*。最大值是最小值*的逆值*。我们写作 M,有 $M = \neg \mu$。

陈述 25——最小值*逆值*的逆值等于该最小值。也就是说,$\neg \neg \mu = \mu$。同样,最大值*的逆值的逆值也等于最大值。即 $\neg \neg M = M$。在这些特殊情况下,双重否定等于肯定。对于双重否定,最小值和最大值符合古典逻辑。

陈述 26——已知一个既定世界*,普通逻辑*,即形式命题和谓词的计算,只能从该世界的超验中获得其真值和算子的意义。于是,普通逻辑,或者更小的逻辑,仅仅是超验逻辑或大逻辑*的结果。

陈述 27——本体论*世界*,即历史性架构出来的纯多的数学,是一个古典*世界。

Ⅲ. 大逻辑 2:对象

陈述 28——在一个既定世界*上,超验*值*衡量着一个表象物*与另一表象物之间的同一性,也衡量着其他表象物与第一个表象物之间的同一性——超验指数*的函数是对称的。

陈述29——在一个既定世界*上,一个表象物*与另一表象物同一性,以及另一表象物与第三个表象物之间同一性的共同表象的强度,或合取*,不可能大于第一个表象物与第三个表象物同一性的值*。在合取上,超验指数*遵循着三角不平等关系。

陈述30——一个世界*上的一个表象物*,在该世界上的实存*,不可能小于它与其他表象物的同一性的值。

陈述31——如果多的某一元素在一个世界*上并不实存*,这仅仅是因为它与同一个多的其他元素之间同一性的值取最小值。

陈述32——设一个世界*和该世界上的某个表象物*。设构成该表象物的多的一个确定元素。对于该多所有元素而言,某一函数决定了它们与之前确定元素的同一性的超验值*,那么这个函数就是表象的原子*。由该确定元素所规定的原子,我们称为真原子*。

陈述33——唯物主义假设:"对于任何确定世界而言",这个世界所有原子都是真原子。

陈述34——一个原子在某个超验值*上的具现化*也是一个原子。

陈述35——由一个对象在本体论上完全不同的两个元素所规定的表象的原子*,当且仅当两个元素的超验*上的同一性的值等于它们的实存*值时[对于二者来说都是一样的],这两个元素是一样的。或者说,当且仅当在它们彼此等同的程度上,它们实存是一样的。

陈述36——当且仅当某个对象*的两个元素的同一性的值等于他们实存*的合取*时,我们可以说这两个元素是并存的*。

陈述 37——如果我们将一个对象*的支撑集合*的诸元素等同于它们所规定的原子*，那么所有对象存在着一种秩序关系，即所谓的本体-逻辑上的秩序关系，我们写为＜。这个秩序关系可以有三种不同的定义。

——代数学定义：两个元素是并存*的，且第一个元素的实存*小于或等于第二个元素的实存。

——超验定义：第一个元素的实存等于它在超验*上等于第二个元素的同一性的值。

——拓扑学定义：第一个元素等于第二个元素在第一个元素实存上的具现化*。

陈述 38a——原子逻辑*基本定理。在一个世界*上表象*为一个对象*，反过来影响了支撑这个对象的多之存在。实际上，这个对象所有的同质性区域都承认对该多的元素在本体论*上秩序的综合。

设 B 是一个客观区域*。如果该区域中所有元素都是成对并存*的，也就是陈述 37 中的本体-逻辑*的秩序关系，那么必定存在 B 的一个包络，即对该客观区域的真综合*。

陈述 38b——世界*本体论*的完整形式：设 A 为本体论上概括超验为 T 的世界 **m** 上对象 $(A, \mathbf{Id})$ 的一个集合。我们写作 FA，称之为"A 的超验函子"，它将 T［或超验*值］的所有元素关联于实存值为 p 的所有元素组成的 A 的子集，即 F$A(p)=\{x/\mathbf{E}x=p\}$。我们称之为 p 的阈，写为 Θ，以 p 为包络的 T 的所有子集，有 $p=\Sigma\Theta$。最后，我们所谓的 Θ 的严密一致的映射再现是一种关联，它将 Θ 的所有元素 q，与 F$A(q)$ 所有元素 x_q［我们明显有 **E**$x_q=q$］关联起来，它拥有如下属性：对于 $q\in\Theta$ 和 $q'\in\Theta$ 来说，其对应的元素，即

$FA(q)$ 和 $FA(q')$ 中的元素 x_q 和 $x_q{}'$，是彼此并存的，即有 $x_q \updownarrow x_q{}'$。在这些前提下，存在且仅存在 $FA(p)$ 的一个元素 ε，p 是 Θ 的包络*，这样，对于 $q \in \Theta$，ε 在 q 上的具现化完全等于元素 x_q 的严密一致的再现，即 $\varepsilon \lceil q = x_q$。这个元素 ε 就是由 x_q 构成的子集的真综合，在这个意义上，它是本体论上的秩序关系[写为<]的包络。

陈述 39——死亡*是一个逻辑*范畴[或表象*范畴]，而不是一个本体论*范畴[或存在范畴]。

Ⅳ. 大逻辑3: 关系

陈述 40——在本体论上，任何世界*的维度，都是由该世界之中表象出来的诸多的数量来衡量的，这个数量是一个不可达基数*。于是，所有世界都是闭包*的，但从这个世界的内部来看，这个闭包对于任何类型的运算来说都是不可达的。

陈述 41——我们将对象*之间的关系*界定为涉及某一关系的两个对象的支撑集合*之间的函数。如果该函数创造的既不是实存*，也不是存在，关系保留了一个元素的实存值*，但并没有消灭两个元素之间的同一性的值，那么它进一步保留的是整个原子逻辑*，尤其是具现化*、并存*和本体-逻辑秩序*。如果产生关系的两个对象分别为(A, α)和(B, β)，如果关系为 ρ，且有 $a \in A$ 且 $b \in A$，那么可以表达如下：

$E\rho(a) = Ea$	实存的保留
$\alpha(a, b) \leqslant \beta[\rho(a), \rho(b)]$	并未产生差异
$(a \updownarrow b) \rightarrow [\rho(a) \updownarrow \rho(b)]$	并存关系的保留

$(a<b) \rightarrow [\rho(a)<\rho(b)]$ 本体-逻辑秩序关系的保留

陈述 42——唯物主义的第二基本主题[第一基本命题参看陈述 33]：所有世界*在本体论上都是一个不可达的闭包，在这个基础上，我们可以得出所有世界在逻辑上都是完备*的。换句话说，世界在本体-逻辑上的闭包确保了逻辑的完备性。或者说得更专业点，世界的基数是一个不可达基数，在此基础上，我们可以推出所有的关系*是被普遍展现的。

陈述 43——一个世界*所有对象*都承认一个且仅承认一个本体论上的真元素，它在那个世界上的超验*值是最小值*。或者说，所有在世界上表象出来的对象都承认在那个世界上非实存*的元素。我们将这个元素称为该对象特有的非实存。如果(A, α)是一个对象，那么其特有的非实存可以写为$\emptyset_A$。

V. 变化的四种形式

陈述 44——位*可以发生，但它并不存在。位的表象*也是它的消失。

陈述 45——真变化*[事实*，弱奇点*，事件*]不同于单纯的改进*，它们是本体论上的例外，是位*的表象/消失。

陈述 46——为了进一步对真变化*做出区分，一边是事实*，另一边是[弱]奇点*和事件*[或者强奇点]，我们就必须考察超验*赋予位*的转瞬即逝的实存*强度值，为了成为一个确定世界*上的一个对象*，它必须与超验相关联。如果其强度值小于最大值*，它就是事实。如果等于最大值，它要么是一个弱奇点，要么是一个事件。

陈述47——为了将弱奇点*与强奇点[即事件*]区分开来,我们就必须考察它们的结果。事件让某个对象*特有的非实存*从超验上的最小值*直接变成最大值*。弱奇点则不能做到这一点。我们可以说,事件让某个位置特有的非实存绝对化了。事件的痕迹*,我们写作 ε,让之前的非实存获得最大值[或者称为相对于该世界*的绝对化]。

陈述48——所有的事件*,即对非实存*的绝对化,代价都是毁灭[死亡*]。这是因为某个实存物必须被升华的非实存所取代。

陈述49——事件*逐步重新设定了世界*的超验*。

Ⅵ. 点的理论

陈述50——超验*的各个点*的集合拥有一个拓扑学空间*的结构。

陈述51——可能存在着没有点*的世界*[迟钝*世界]。

陈述52——可能存在着这样的世界*,即它拥有点*,如其超验值*一样多[张力*世界]。

Ⅶ. 什么是身体?

陈述53——位*的一个元素最大程度地等于事件*的痕迹*,意味着它与该痕迹的同一性的值*等于它自己的实存*强度值。

陈述54——身体*的元素是彼此并存的。

陈述55——对于本体-逻辑秩序关系<来说，所有身体*都认可一个包络*［真综合*］，它等同于事件痕迹*本身。

陈述56——身体被用来肯定一个点，这设定了相对于这个点的实际部分*架构了一个器官*，即不同于痕迹*的真综合*。

陈述57——如果存在着一个器官*，让身体*肯定了一个点*，这个器官就是一个元素，不仅仅是身体的元素，也是对应于该点的实际部分*的元素。

结论　什么是活着？

陈述58——活着意味着给出了一个事件的痕迹*。

陈述59——活着意味着一些人合体*于事件性的当下*。

陈述60——活着意味着身体被用来支撑*某些点*。

陈述61——活着意味着被用来支撑*某些点*的身体就是忠实于主体的形式主义*的承担者。

陈述62——活着意味着一些人的忠实产生了一个永恒真理*的当下*。

陈述63——对于唯物辩证法而言，"活着"与"为大观念而活着"是同一回事。

陈述64——民主唯物主义的格言是"不要为大观念而活着"，这个格言是不严格的。

陈述65——所有人在生命中总有那么几次为了几种大观念有可能而活着。

陈述66——由于为某个大观念活着是可能的，那么开始活着或重新开始活着就是唯一的律令。

概念辞典

在每个定义中,对于同样在这个辞典中出现的词汇,第一次出现时我都会标上星号。

一般来说,我尽可能从概念上给出定义,并给出更形式化的说明。

肯定[一个点*](Affimer)——身体的一个可主体化的元素,可以用来肯定世界*的超验*中的一个点,在这个世界上,一旦用来衡量这个点在世界上实存*的值*是最大值*,那么身体就会出现。

换句话说,如果 φ 是一个点,而 x 是一个元素,如果 $\varphi(\mathbf{E}x)=1$,那么 x 肯定了该点。

布尔代数(Algèbre de Boole)——对于任意值* p 来说,一个超验验证了双重否定的法则,那么这个超验*就是布尔代数:一个值的逆值的逆值等于这个值本身($\neg\neg p=p$)。可以用排中律来表达一个等价的属性:一个值与其逆值的并集*等于最大值*($p \cup \neg p = M$)。

表象(Apparaître)——多的层面并不是[本体论*所涵盖的]存在之所为存在,而是在世界*中的表象,或者它们[在那里存在*]的具现化。

原子[表象的原子](Atome)——在表象*中,大写的一的情况,也就是在对象*中被计数为一的情况。

设超验*为 T 的世界*,以及该世界上的一个对象*,我们写为$(A, \mathbf{Id})$。我们所谓的"原子"是一个集合 A 相对于[有序]集合 T 的函数,这样,在 A 之中最多只有一个元素可以在 T 之中取最大值 M。换句话说,一个原子就是对象的一个成分,可以最多还原为一个确定元素[即属于关系的值为最大值的元素]。于是,原子就是对象中"仅仅为一"的情况。

真原子(Atome réel)——如果表象*中大写的一是由存在中大写的一来决定的,那么这个原子就是真原子:表象*的原子是由表象出来的多[在本体论意义上]的一个元素来规定的。

设 a 为对象*的支撑集合 A 的一个确定元素。那么有一个函数,让该集合的元素 x 对应于一个超验值 $\mathbf{Id}(a, x)$,它衡量着 x 在那里存在*与 a 的存在之间的同一性。我们有可能证明,这个函数是一个原子,它是由 a 规定的真原子。

在原子逻辑*中,由对象的支撑集合的一个元素所规定的原子,一般来说,就等于该元素本身。

不可达基数(Cardinal inaccessible)——我们知道基数是衡量一个既定的多的元素绝对数量的尺度。这样,写为"5"的基数,衡量的是所有由 5 个元素组成的有限的多的元素数量。康托尔通过一个程序界定了无限基数,我们在这里不重复这个过程。他也在承认选择公理的条件下界定了一个无限基数的序列。在所有的无限基数中,我们使那些不可能在更小基数的基础上通过两个基本集合论架构来获得的基数成为"不可达"基数:一个是并集,它允许 A 变成 $\bigcup A$,即考察了 A 所有元素的元素[散布],而这些部分的汇集,允许我们从 A 变成 $\mathbf{P}A$,它汇集了 A 所有部分[总体化]。我们有可能说,一个不可达基数对于散布和总体化计算来说是内在封闭的:如果我们在一个小于不可达基数的基数上进行这些运算,我们也只能得到小于不可达基数的基数。我们注意到无限基数 $\aleph_0$,它是最小的无限基数,这个基数也是不可达的[因为运算 $\bigcup$ 和 $\mathbf{P}$,只能应用到有限基数上,很明显,它只能产生有限基数]。大于 $\aleph_0$ 的不可达基数十分巨大,其实存是无法证明的:只能用一个特殊的公理来规定它。

真变化(Changement réel)——真变化就是在拥有一个位*的世界*上的变化。因此,它绝不是一种改进*。

古典[世界](Classqiue)——古典世界*是超验*为布尔代数*的世界。这个世界上的逻辑也是古典的[它验证了排中律和肯定与双重否定之间的等值关系]。

闭包[本体论*上的](Clos, clôture)——如果我们多次都无法将元素的散布和诸部分的总体化运算应用到某个集合的元素上,那么在本体论上我们说这个集合是闭包的。参看**不可达基数**。

并存性,并存(Compatibilité, compatibles)——一个对象*的支撑集合*的两个元素,如果它们实存*的"共性"是同一个东西,且成为衡量它们同一性的尺度,那么这两个元素就是并存的。

设某一世界*的一个对象,即(A，Id),该对象的支撑集合,即 A 有两个元素 a 和 b。如果 a 和 b 的实存*值的合取*[这是最简单的定义形式,但不是最"普通"的形式]等于它们同一性的值,那么可以说,a 和 b 是并存的,我们写作 a‡b[参看超验指数]。

完备性[逻辑上的]、**逻辑上的完备世界**(Complétude, monde logiquement complet)——如果一个世界*所有关系*都被普遍地展现*,那么这个世界在逻辑上就是完备的。这个属性也成为[逻辑上的]世界的完备性。唯物主义第二个基本定义说明,所有世界在逻辑上都是完备的[这个命题是在所有世界在逻辑上都是闭包*的前提上推理得出的]。

成分[对象的](Composante)——对象的成分是这个对象的一部分,"部分"一词所指的是表象*,而不是支撑集合*在本体论上的组成。这意味着集合的元素"或多或少"属于该成分:这种属于关系有一个超验值*。

设对象(A，Id)。如果 $x \in A$,A 相对于 T 的函数 $\kappa(x)$ 以如下方式界定了一个成分:如果 $\kappa(x)=p$,我们就可以说在属于关系的"p 值上"x 属于该成分。尤其是当 $\kappa(x)=M$ 时,p 值上的属于成分 κ 的关系是十分确定的[即绝对的]。如果 $\kappa(x)=\mu$,x 属于该成分的值是零。

合取(Conjonction)——已知集合 T 的一个秩序关系*,对于该集合的两个元素 x 和 y 来说,如果所有元素的集合,都小于或等于 x 和 y 都认可的值的最大值*,那么我们说 x 和 y 存在着一个合取。

用更精准的语言来讲，我们可以说，x 和 y 的合取是同时小于 x 和 y 的元素的最大值[这里的大于和小于关系都包含等于关系]。

如果存在合取，我们可以写为 $x \cap y$。

身体（Corps）——一般来说，事件前提下的多之存在，会提出一种主体形式主义*，并让它可以在世界*上表象出来。

更准确地说，身体是由位*的合体*于事件性当下*的所有元素组成的。

值[超验的]（Degré）——一般来说，超验*的元素被称为值，因为它们会被用来衡量一个确定世界上的诸实存*的同一性和差异。

依赖[一个超验值*同另一超验值的依赖关系]（Dépendence）——综合一切东西的超验尺度，与一个值的合取，小于另一个值。换句话说，值的依赖关系就是一种包络与它所依赖的值的有着非零关系的所有东西的能力。

在形式上，q 对 p 的依赖，我们写为 $p \Rightarrow q$，即所有与 p 值合取小于 q 的 t 值的包络：

$$(p \Rightarrow q) = \sum \{t / p \cap t \leqslant q\}$$

一种不太严格的说法是，如果一个元素的实存相对于另一个元素的实存的依赖的超验值为 p，那么，我们习惯上会说，这个世界上的元素 y 对同一个世界上的元素 x 的依赖"达到了 p 值"的程度。换句话说，即

$$(\mathbf{E}x \Rightarrow \mathbf{E}y) = p$$

分配[相对于包络的合取的分配]（Distributivité）——如

果元素 x 和一个子集 B 的包络之间的合取等于 x 与 B 的所有元素的合取的包络,那么我们可以说合取就是相对于包络的分配关系[这些项是依照结合 T 的秩序关系*来定义的]。

换句话说,我们有:
$$x \cap \Sigma B = \Sigma\{x \cap b / x \in B\}$$

支撑集合[**对象*的**](Ensemnble-support)——对象的支撑集合是它的本体论*维度。换句话说,在支撑集合中,存在物或表象出来的东西,就是纯多。另一个层面就是它与超验*之间的同一性函数*,即逻辑维度。

已知一个世界* **m** 上的对象 (A, Id),我们将与对象具有同一性关系的多 A 称为该对象的"支撑集合",它的超验指数为同一性函数 **Id**。

包络(Enveloppe)——设集合 T 所界定的秩序关系*。设 B 为 T 的一个子集。如果元素的子集大于等于 B 所有元素所认可的最大值*,那么我们说 B 存在一个[秩序关系上的]包络。

用更准确的语言来讲,我们可以说包络是大于 B 所有元素的元素的最小值["大于"和"小于"都包含等于]。

B 的包络,我们写为 ΣB。

逆值[**一个超验值*的逆值,或世界*上一个元素的逆值**](Envers)——古典否定在超验上的一般化。逆值就是最大程度"不同于"给定值的东西,是对该给定物整个外部的综合。

已知超验 T 和 T 的一个值 p,我们得出在超验 T 上与 p

概念辞典
691

的合取*等于最小值的所有值的包络*，就是 p 的逆值。所以，p 的逆值就是与 p 的合取在超验上为零的所有东西的综合。P 的逆值写为 $\neg p$。

在形式上，我们有：

$$\neg p = \sum \{q/(p \cap q) = \mu\}$$

一种不太严格的说法是，如果一个值的实存是另一个值的逆值，那么我们可以说世界上一个存在物的元素是另一元素的逆值［甚至是其否定］。

拓扑学空间（Espace topologique）——一个旨在严格思考存在物的"位置"、它的环境［或相邻］、它的边界等的数学概念。

拓扑学空间是集合 E 和函数 **Int**［意味着"内部"］的合取。"内部"函数相对于 E 的所有部分 A，关联于符合四个基本公理的部分［我们称之为"A 的内部"］：A 的内部包含于 A，A 的内部的内部就是 A 的内部，E 的内部就是 E 本身，最后两个部分 A 和 B 的交集的内部也就是它们各自内部的交集。

此在（Être-là）——从在世界*上的表象，或将之作为在世界上的具现化来考察一个多，这个多被认为"在那里"，而不是按照其本体论*上的组成来思考这个多。所以它是"表象物"的同义词，或者用海德格尔的话来说，即存在物，甚至可以说是支撑集合*。然而，从专业角度来讲，我们一般用"支撑集合"来指一个符合对象$(A, \textbf{Id})$定义的多 A。"此在"更多用来设定 A 的**元素**在世界上表象的模式。换句话说，"此在"是原子逻辑*的范畴。

事件［或强奇点］（Événement）——事件是真变化*，其位*转瞬即逝的实存*达到最大强度值*，这样在这个位的诸多结果中，存在着专属于这个位的非实存*的最大的实存强度的生成。我们也可以说，事件是对非实存的绝对化。事件不是［弱］奇点*，也不是一个事实*，更不是一个改进*。

实存着，实存（Exister，Existence）——存在的实存值*就是它自我同一性的超验指数*。这个值也就是该存在的［在一个世界*上表象出来的］存在物的"实存"。所以，实存［与死亡*一样］，是一个表象范畴，而不是存在范畴。在形式上，我们设世界上的对象（A，**Id**），以及 A 的一个元素 a。a 的实存就是 **Id**(a, a)。一般来说，我们写为 $\mathbf{E}a$。

展现［关系］，**被展现的关系，展示素**（Exposition, relation exposée, exposant）——如果世界*上存在着两个对象*，有一个第三项与前两个对象都有关系，且它们的"关系三角形"是可交替的，那么这两个对象的关系*［在世界上］展现出来。换句话说，如果 A 和 B 是两个对象［我们简化了写法］，如果 ρ 是 A 和 B 之间的关系，如果一个对象 C，即 C 与 A 的关系 f，C 与 B 的关系 g，这些关系符合，ρ 和 f 的组合等价于 g，那么我们说 ρ 被展现出来。或者说如果从 C 到 B 经过了 A，连接了 f 和 ρ，我们同样可以通过 g 直接从 C 走向 B。

那么我们可以说 C 是关系 ρ 的展示素。

普遍展现［关系］（Exposition universelle）——设世界*上的一个被展现*的关系。如果存在着一个展示素*，对于任何其他的展示素而言，从后者到前者，都会存在着一个单一的关系，构成一个可交替的关系三角形，那么我们可以说它被普遍地展现出来。

形式上,如果 A 和 B 就是符合关系 ρ 的对象[ρ 从 A 走到 B],如果 U 是一个展示素,那么对于所有其他的展示素 C 来说,三角形 UAB 和 CAB 自然是可以交替的[因为 U 和 A 都是 ρ 的展示素],但三角形 UCA 和 UCB 也都是可以交替的,我们会说 U 就是 ρ 的普遍展示素。

事实(Fait)——事实是一种真变化*,位*被赋予了一个实存*强度,但这个实存强度小于最大值*。

表象函数,或同一性函数(Fonction d'apparaître, ou function d'identité)——参看超验指数。

主体形式主义(Formalisme subjectif)——我们所谓的"主体形式主义"是某些不同的组成形式,通过这些形式,一个身体*与当下*形成关系[还有事件之后的真理*阶段]。这些组合采用了从属、否定、抹除和结果。有三种主体形式主义:忠实*、反动*和蒙昧*。

合体,自身合体[与事件性当下*合体](Incorporation, s'incorporer)——如果位*的一个元素与事件痕迹*同一性的值为最大值,那么这个元素将自身合体于一个事件性的当下。

在形式上,很明显,如果 x 自身合体于事件的当下,而事件的痕迹为 ε,这是因为 x 的实存等于它与 ε 的同一性的值。我们于是有:

$$\mathbf{E}x = \mathbf{Id}(\varepsilon, x)$$

超验指数，表象函数，同一性函数（Indexation transcendantale, fonction d'apparaître, fonction d'identité）——一个多相对于一个既定世界*的超验指数就是在那个世界上确立起来的该多的两个元素的表象强度之间的同一性和差异的尺度。换句话说，它提供了组成纯多的东西的表象模式。

超验指数也是一个让超验值*对应于所考察的多的配对元素的函数。我们说，这个值衡量着它们表象的那个世界上两个元素的同一性。

在形式上，设 A 为在某个世界上表象出来的集合。如果超验指数 **Id** 以如下方式将其与世界的超验关联起来，那么它就在世界上表象出来：对于 A 的任意配对元素 a 和 b 而言，我们都有 **Id**$(a, b) = p$，p 是 T 的一个元素。那么我们可以说，对于这个世界而言，a 和 b "在 p 值上"是相等的。例如，如果 p 是 T 的最小值* μ，那么 a 和 b "尽可能不太相等"。这意味着在世界上 a 的在那里存在*绝对不同于 b 的在那里存在。

所以，理由非常明显，我们可以将函数 **Id** 称为表象函数，或者同一性函数。

非实存，非实存项（Inexister, inexistence, inexistant）——非实存是多的一个元素在世界*上表象的一种模式，我们知道这就是"零值"模式：该元素在这个世界上"以最小可能"实存。

已知世界上的对象*(A, Id)，如果 A 的一个元素 a 的实存值是最小值*，那么这个元素就非实存。换句话说，如果 $\text{E}a = \mu$，则 a 不实存。我们也可以说，a 是该对象的非实存项。所有对象都认可一个非实存项[只有一个]，我们一般写为 $\emptyset_A$。

具现化[在超验值上的具现化](Localisation)——设由表象物 A 的元素 a 所规定的真原子*。我们所谓的原子在函数的超验值上的具现化,是函数将 A 的所有元素关联于真原子的值和超验值的合取*。很明显,这个函数就是对象的一个成分*,A 是它的支撑集合*。我们有可能证明这个成分也是一个原子。

在值 p 上的元素 a 规定的原子的具现化,一般来说,可以写作:$a \restriction p$。但是,要记住,$a \restriction p$ 是一个[原子]函数,它不过是 $\text{Id}(a, x) \cap p$。

逻辑,或大逻辑(Logique, ou Grande Logique)——我们所谓的"逻辑"是表象*或此在*的一般理论,即世界*理论或什么东西会实存*[或非实存*]的严密性理论。

原子逻辑(Logique atomique)——原子逻辑是这样一种逻辑,即它将对一个存在物的[在本体论意义上的]元素和由这些元素所规定的真原子*的辨识作为其出发点。于是,原子逻辑是在本体论*和逻辑*之间"循环流通"的。原子逻辑最重要的定理就是一个对象所有完全"同质性"区域的真综合的辨识。

原子逻辑的基本关系就是两个元素[等同于它们所规定的原子]之间的并存关系*,以及本体-逻辑上的秩序关系*。通过两种关系的结合,我们证明了大逻辑的基本定理,这个涉及超验函子的基本特征[参见陈述 37]。

普通逻辑[小逻辑](Logique ordinaire)——普通逻辑是带有演绎理论和解释系统论的正确陈述的语法。今天,一般来说，它被当作符号的展开，以及符号[句法]实现的规则，并作为解释层面上的数学[语义学，模态理论]。我们可以说明，当用这种方式来思考时，逻辑不过是大逻辑*，或者表象理论的一小部分，它是从中演绎出来的。

最大值（Maximum，maximal）——已知集合 T 的秩序关系*，如果在 T 中存在一个元素大于等于 T 的其他所有元素，那么我们说，它认可一个最大值，或者一个最大元素。这个元素我们写作 M，如果它实存，我们可以写出，对于所有的 $x \in T$ 来说，都有 $x \leqslant M$。

最小值（Minimum，minimal）——已知集合 T 的秩序关系*，如果在 T 中存在一个元素小于等于 T 的其他所有元素，那么我们说，它认可一个最小值，或者一个最小元素。这个元素我们写作 μ，如果它实存，我们可以写出，对于所有的 $x \in T$ 来说，都有 $\mu \leqslant x$。

改进（Modification）——我们所谓的改进，是那些并不需要位*的世界*上的所有的变化。因此，改进并不是真变化*。它仅仅是客观连续过程的临时中断，而这个连续过程是一个超验指数的集合，这个集合构成了一个临时化的对象*。对于它们的强度值有不同评价，这些临时的差异并不拥有让它们与空间差异区分开来的独一无二的特征。

世界（Monde）——借助"世界"，我们理解一个在本体论上闭包*的集合，这也是一个以不可达基数*来衡量的集合，它包含了一个超验* T 和所有多在这个超验上的超验指数*。于是，我们可以说，这个世界就是对象*表象的场所。

或者说，"世界"设定了一个表象*的逻辑*。

迟钝世界（Monde atone）——一旦世界的超验*没有点*，则我们说这个世界是一个迟钝世界。

张力世界（Monde tendu）——如果一个世界在超验值*上有许多的点*，那么这个世界就是张力世界。

死亡（Mort）——我们所谓之"死亡"，即在某个特殊世界*上的一个表象物，从实存*的实值[或许会非常弱]变成最小值*，因此，也就变得不实存*。换句话说，"死亡"决定了$(\mathbf{E}x=p) \supset (\mathbf{E}x=\mu)$。要记住实存的定义[即自我同一性的值]，我们可以界定一个明确世界上的既定表象物的死亡，就是在总体上完全等于自身。

对象（Objet）——"对象"是一个确定的多的一般表象形式的名称。因此，在"世界"之后，它是大逻辑*最基本的概念。

我们可以说，成为这样世界*上的一个表象物，对于一个多而言，等于是让它在其中自己对象化。因为从世界中的让诸元素具现化的法则角度来说，在很大程度上，世界是由超验*界定的，很容易理解一个对象就是一个多的超验指数*。所以毫无疑问，"对象"是一个表象范畴[逻辑*范畴]，而不是一个存在范畴[本体论*范畴]。它是一个世界上此在*的结构。

我们在这一点上必须小心谨慎，避免陷入唯心主义或对对象观念的批判性解释。一方面，我们必须重新肯定《存在与事件》中的结论，即表象的东西[纯多]完全是可知的[用本体论科学来认识,也就是所指的"数学")。另一方面,我们必须假定,在表象中被计数为一的,即它的原子*,最终就是由多之存在的真实组成所规定的。

设超验为 T 的确定世界。对象首先是一个集合[我们通常称之为对象的"支撑集合*"]和该对象在 T 上的超验指数结合的产物。这就是对象要写为 (A, Id) 或者 (A, α), (B, β) 的原因所在。此外,对象让这个给定符合唯物主义假设,即所有的原子都是真原子*。在这些前提下,我们可以说,对象 (A, Id) 就是多 A [在该世界上]此在的形式。

本体论(Ontologie)——存在之所为存在的科学。也是作为纯粹多元的多元的科学,或者说"无一"之多的科学。这种科学,不同于对诸多的任意具现化,最终也不同于它们的表象*或此在*,在历史上,它就是数学。它不同于基本逻辑*或者大逻辑,大逻辑是对表象的思考,或者此在的科学。如果本体论的基本概念就是多[集合的数学],那么逻辑的基本概念就是世界*[世界的逻辑]和对象*[原子逻辑*]。

器官[身体的](Organe)——已知一个身体和一个点,我们所谓的相对于该点的身体器官,即如果它不同于事件痕迹* ε,那么身体对应于该点的实际部分*在本体-逻辑上的秩序关系*的包络*。如果存在着器官,我们写作 ε_φ。

实际部分[身体*相对于一个确定的点的实际部分](Partie efficace)——肯定*了一个点的身体元素的结合[对于事件性痕迹*的例外,它就是所有身体的当下*,并肯定了所有的点]。

设事件位*上的身体,设点 φ 为该世界的超验上的点。

我们所谓相对于点 φ 而言的身体的实际部分，就是由符合 φ($\mathbf{E}x$)＝1 的身体所有元素 x 组成的身体部分。

现象(Phénomène)——在一个确定世界*上表象出来的多的元素的现象，是由超验值的集合所构成的。多的同一性函数将这些超验值赋予那些由这些元素和所有与它共同表象出来的元素的所有的配对。

已知 A 的一个确定元素，即 $a \in A$，我们说[在世界 **m** 上]，我们所谓的"a 相对于 A 的现象"就是对于所有在集合 A 之中与 a 共同表象出来的 x，表象函数 **Id**(a, x) 的值的集合。

点[**超验*****上的**](Point)——世界*[实际上，是世界的超验]的一个点就是[所有值*的总体性]世界的无限总体性的表象，在做出决定之前，即"是"和"否"的二元范式。"支撑*一个点"意味着在面对该世界的时候，去坚持这种样态。或者说，在主观上[即身体的和形式的]，将情势交付给大写的二的决定的力量[我说"是"或我说"否"，我找到了，并宣布了情势的点]。

点的观念"过滤"通过"非此即彼"[由 0 与 1 的配对来代表]的强硬决定和宣言来"过滤"超验上的细微差异[有无限多的可能的值]。这个配对是最古典*的超验。也正是这个配对解释了普通逻辑*，即集合论数学的逻辑[一个元素属于集合 E，或者不属于它，并没有其他的超验上的可能性]。点是一个整体性的关联，它需要在超验和支撑二元逻辑的基础性的古典超验之间进行运算。

我们可以用形式化的方式来说：设超验 T，我们所谓的超验的"点"是一个 T 指向集合 $\{0,1\}$ 的超验函数[一旦它具有了一个秩序关系*$0 \leqslant 1$,它本身可以视为一个超验],在这个层次上,这个函数保留了超验运算,并从集合$\{0, 1\}$的总体性中得出它的值。这意味着,如果 φ 是[点的]函数,如果 B 是 T 的子集,如果 $\bigcap'$ 和 $\sum'$ 是可以作为超验的$\{0, 1\}$上的合取和包络,我们可以得出:

——$\varphi(p \bigcap q) = \varphi(p) \bigcap' \varphi(q)$

——$\varphi(\sum B) = \sum' \{\varphi(p) / p \in B\}$

——在 T 中至少存在一个 p,有 $\varphi(p) = 1$,至少存在一个 q,有 $\varphi(q) = 0$。

也存在某些超验根本没有任何的点。

当下,事件性当下(Présent, présent événementiel)——当下是在世界*上事件性痕迹*的结果的集合。唯有当一个身体*能够支撑*某些点*时,这些结果才能展开。此外,身体必须接受忠实主体的形式主义*。

当下写作 π。

类性程序(Procédure générique)——我们所谓的类性程序是本体论上的真理建构过程,即由身体*所诞生的"忠实"型主体形式主义所生产的当下*。"类性"一词来自我在《存在与事件》中所确立的事实,即有这种生产的集合,或事件性痕迹*的结果的集合所建构的世界*的对象*。在数学家保罗·科恩所使用的意义上,这个集合是类性的:一个尽可能不明确的集合,这样,我们无法用谓词来辨识它。

人类知道四种类性程序:爱、政治、艺术和科学。

客观区域(Région objectif)——已知对象$(A, \mathbf{Id})$，我们称 A 的所有子集 B 为客观区域。

关系[世界* 上两个对象* 之间的关系](Relation)——同一个世界中两个对象之间的关系，是保留了表象* 结构的对象之间的形式关联。尤其是关系并不是对实存的创造，它也没有彻底改变对象的"场所"。

已知同一个世界中的两个对象，设为(A, α)、(B, β)。如果该函数保留了实存* 和超验* 值* 上原子* 的具现化，那么我们说 A 和 B 之间在世界上存在关系ρ。

换句话说：

$$\mathbf{E}\rho(x) = \mathbf{E}x$$
$$\rho(x \restriction p) = \rho(x) \restriction p$$

那么，我们说明了关系事实上保留了整个原子逻辑*。

秩序关系(Relation d'ordre)——如果符合如下条件，集合 T "带有秩序关系"：

1) 我们可以界定关系$\leqslant$，它提出集合 T 中的配对元素，有关系 $x \leqslant y$，一般来说，我们可以读为"x 小于等于 y"，或者"y 大于等于 x"。

2) 关系遵循如下三个公理：

——可递性：如果 x 小于或等于 y 且 y 小于等于 z，那么 x 小于等于 z。

——自反性：x 小于或等于 x。

——反对称性：如果 x 小于或等于 y，那么如果 y 也小于等于x,那么x等于y。

尤其重要的是要看到,在这个定义中,没有任何东西需要[或排斥]T的所有成对元素的关系。如果不是这样,秩序关系是部分关系。如果是这种情况,秩序关系就是整体关系。

本体-逻辑秩序关系(Relation d'ordre onto-logique)——我们有可能界定一个对象*(A,**Id**)的支撑集合A的两个元素之间的秩序关系*。如果这个关系是本体-逻辑的,或真实关系,可写为<。最简单的定义是,如果衡量a和b之间同一性的超验值*就是衡量a的实存*的超验值,那么a小于等于b。换句话说,我们有:

$$(a<b) \leftrightarrow (\mathbf{E}a = \mathbf{Id}(a,b))$$

奇点[弱奇点、强奇点](Singularité)——奇点是一个真改变*,它的位*被分配了实存*上的最大值*强度。它不是事实。如果结果并不蕴含着让位的非实存*获得最大值,那么这个奇点就是弱奇点。相反,如果存在这个结果,我们说这个奇点就是强奇点。我们也称之为事件*。

位(Site)——位是一个对象,在存在中,它属于它自身,在表象*中,它符合自己的超验指数*,这样,可以分配给它自己的存在一个实存*的值。位见证了一个存在进入表象之中。

设世界**m**上的对象(A,**Id**)。一旦它受到本体论上的$A \in A$关系[自属关系]的影响,它就是一个位,结果,通过**Id**(A,A)类型的超验上的实存*评价,即$\mathbf{E}A = p$。

主体(Sujet)——根据主体的样态,根据对当下*的生产,身体成为不同的主体形式主义*。于是,作为主体实际前提的,不仅仅是事件*[首先是一个位*],也是一个身体*,在这个身体中,相对于某些点*,存在着器官*。

忠实主体(Sujet fidèle)——这种主体形式主义*的运算是直接对当下*的生产,即它支撑*着某些点*。

反动主体(Sujet réactif)——这种主体形式主义*的运算是通过强制性地否定了将忠实主体*的身体合体于事件性痕迹*,从而拒绝当下*。

蒙昧主体(Sujet obscur)——这种主体形式主义*的运算是通过强制性地对忠实主体*的身体*以及对事件性痕迹*的暴力式的否定来遮蔽当下*,从点出发裁定了一个假定出来的纯粹超越的身体。

真综合(Synthèse réelle)——真综合的观念对于思考从表象*向存在,从逻辑*向本体论*的思考来说至关重要。实际上,对于某些客观区域*而言,它决定了直接由一个秩序来规制的可能性,这个秩序是在超验指数*的基础上,对表象出来的多的诸元素直接定义。此外,在某些前提下,这个秩序承认某些关键点,这些点概括了在该区域中它们站在哪一边。

在世界*上表象出来的存在物 A 的部分 B 的真综合就是本体-逻辑的秩序观*＜上 B 的包络*。我们可以证明,所有的部分 B 的元素都是成对并存的,并认可一个真综合。

支撑[点*](Tenir)——说的是一个主体化的身体*,如果在那个身体中存在着关于某个点的器官*,那么该身体就支撑了这点。

痕迹[事件或事件性的痕迹](Trace)——我们所谓的事件的痕迹,一般写为 ε,之前的非实存*,在位*的效果之下,获得了最大值*。在事件之后的世界*中,我们得出 $\mathbf{E}\varepsilon = M$。

超验[世界的](Transscendantal)——"超验"概念毫无疑问是整个大逻辑*或表象*理论中最为重要的运算概念。它决定了每一个世界的架构能力,它赋予了在那个世界上的此在与另一个此在之间同一性的不同强度值。简言之,"超验"决定在一个世界上,纯粹多元以对象*的外表被表象出来。它是一个关系所表象出来的东西的诸多元素的同一性和差异的网络。那么我们有可能理解,为什么超验的基本结构值秩序结构,它的一般形式裁定的是"大"或"小"。

最后,所有的"大"或"小"关系的是表象或实存*。如果存在着一个本体-逻辑的秩序*结构,那么这个结构存在于从表象在世界上的前提向多之存在的回溯之中。

用形式语言来说,已知一个世界 m,世界的超验是那个世界的一个子集 T,并拥有如下属性:
1) 在 T 之上定义了一个秩序关系*。
2) 秩序关系承认了一个最小值* μ。
3) 它认可 T 的所有配对 $\{x, y\}$ 的合取*的实存。
4) 它认可 T 的子集 B 的包络*的实存。
5) 合取是相对于包络的分配*。

并集(Union)——已知一个集合 T 的秩序关系*以及 T

的两个元素 x 和 y，我们可以说，如果所有同时小于等于 x 和 y 的值的集合认可一个最大值*，那么存在着 x 和 y 的并集。

说得更浅显点，我们也可以认为，x 和 y 的并集是所有同时小于 x 和 y 的值的最大值。但"最大"和"小于"都包含"等于"的情况。

并集我们一般写作 ∪。

我们可以证明，如果 T 是一个超验*，那么两个值*的并集是存在的。

真理（Vérité）——被认定为完备的，所有忠实主体化身体*的生产的集合［由忠实*类型的主体形式主义所掌控的身体］。在本体论上，这个集合源自一个类性程序*。在逻辑上，它通过支撑*一系列的点*在世界*上展开了一个当下*。

符号辞典

我们在这里提供了《世界的逻辑》中使用的逻辑和数学符号的单目，以出现的先后顺序为顺序，并给出了这些符号的通常意义和一个"口头上"近似的说法，这个说法就是我们可以称呼这个符号的方式[单纯的读解]。古希腊字母可以按照标准读音来读[如阿尔法、贝塔等等]。对于准确的符号化的观念，可以参看前面的"概念辞典"。

$\neg$ 逆值，也叫否定。我们可以将 $\neg p$ 读作"p 的逆值"，或者"非 p"。

$\in$ 属于一个集合。我们可以将 $a \in E$ 读作"a 属于 E"，或者"a 是 E 的一个元素"。

$\leftrightarrow$ 逻辑等价。我们可以将 $P \leftrightarrow Q$ 读作"命题 P 与命题 Q 是等价的"。

$\exists$ 存在量词。我们将 $(\exists x)P$ 读作"存在着一个 x 符合命题 P"。

$\forall$ 全称量词。我们将 $(\forall x)P$ 读作"所有的元素 x 都符合命题 P"。

$\leqslant$ 不等。我们可以将 $p \leqslant q$ 读作"p 小于等于 q"或"q 大于等于 p"。或者用不太严格的说法"p 小于 q"或"q 大于 p"。

→ 逻辑蕴含。我们可以将 $P→Q$ 读作"命题 P 蕴含着命题 Q"。

∩ 合取。我们可以将 $p∩q$ 读作"p 和 q 的合取"。

Σ 包络。我们可以将 $ΣB$ 读作"集合 B 的包络"。

⇒ 依赖。我们可以将 $p⇒q$ 读作"q 依赖于 p"。

∪ 并集。我们可以将 $p∪q$ 读作"p 和 q 的并集"。

Id 表象函数,超验指数。我们可以将 $\mathbf{Id}(x,y)=p$ 读作"x 和 y 在值 p 上相等"。

E 实存,实存的值。我们将 $\mathbf{E}x$ 读作"x 的实存"。

⌈ 具现化。我们将 $a⌈p$ 读作"a 在值 p 上的具现化"。

‡ 并存性。我们将 $a‡b$ 读作"a 与 b 并存"。

< 本体论不等。我们将 $a<b$ 读作"a 真小于 b"。

∅ 空集。我们将 ∅ 读作"空集"。

$∅_A$ 多的非实存。我们将 $∅_A$ 读作"A 的特有非实存"。

参考文献

BADIOU, Alain, *Théorie du sujet*, Paris, Seuil, 1982.

— *L'Être et l'événement*, Paris, Seuil, 1988.

— *Conditions*, Paris, Seuil, 1992.

— et BELLASSEN, Joël, *Le Noyau rationnel de la dialectique hégélienne*, Paris, Maspero, 1977.

BELHAJ KACEM, Mehdi, *Événement et répétition*, Auch, Tristram, 2004.

— *L'Affect*, Auch, Tristram, 2004.

CASSIN, Barbara, *L'Effet sophistique*, Paris, Gallimard, 1995.

CHAR, René, *Feuillets d'hypnos*, in *Œuvres complètes*, Paris, Gallimard, coll. «Bibliothèque de la Pléiade», 1995.

DA COSTA, Newton C. A., *Logiques classiques et non classiques*, trad. du portugais et complété par Jean-Yves Béziau, Issy-les-Moulineaux, Masson, 1997.

DAVID-MÉNARD, Monique, *La Folie dans la raison pure*, Paris, Vrin, 1990.

DELEUZE, Gilles, *Logique du sens*, Paris, Minuit, 1967.

DESANTI, Jean-Toussaint, *Les Idéalités mathématiques*, Paris, Seuil, 1968.

— *La Philosophie silencieuse*, Paris, Seuil, 1975.

Dispute sur le sel et le fer (le «Yantie lun»), prés. Georges Walter, trad. Delphine Baudry, Jean Levi et Pierre Baudry, Paris, Seghers, 1978, 1991.

EUCLIDE, *Éléments*, Paris, PUF, 1990-1998.

GILSON, Étienne, *L'École des muses*, Paris, Vrin, 1951.

— *Dante et la philosophie*, Paris, Vrin, 1972.

623 GRACQ, Julien, *Le Rivage des Syrtes*, Paris, Corti, 1951, 1991.

HALLWARD, Peter, *Think Again : Alain Badiou and the Future of Philosophy*, New York, Continuum, 2004.

HEGEL, G. W. F., *Science de la logique*, éd. et trad. P.-J. Labarrière et Gwendoline Jarczyk, Paris, Aubier, 3 vol., 1972-1981.

JANICAUD, Dominique, *Le Tournant théologique de la phénoménologie française*, Paris, Éd. de l'Éclat, 2001.

JOYCE, James, *Finnegans Wake*, Paris, Gallimard, 1997.

KANT, Emmanuel, *Critique de la raison pure*, in t. 1 des *Œuvres philosophiques*, trad. A. J.-L. Delamarre, F. Marty et J. Barni, éd. par F. Alquié, Paris, Gallimard, coll. «Bibliothèque de la Pléiade», 1980.

KIERKEGAARD, Sören, *Ou bien... ou bien*, trad. F. et O. Prior et M.-H. Guignot, Paris, Gallimard, 1943, 1988.

— *Traité du désespoir*, trad. K. Ferlov et J.-J. Gateau, Paris, Gallimard, 1990.

— *Post-scriptum aux Miettes philosophiques*, trad. P. Petit, Paris, Gallimard, 1941, 2002.

LACAN, Jacques, *Séminaire livre XVII : L'Envers de la psychanalyse (1969-1970)*, éd. par Jacques-Alain Miller, Paris, Seuil, 1991.

— *Séminaire livre XX : Encore (1972-1973)*, éd. par Jacques-Alain Miller, 1975, 1999.

— *Autres écrits*, Paris, Seuil, 2001.

LAZARUS, Sylvain, *Anthropologie du nom*, Paris, Seuil, 1996.

LEIBNIZ, Gottfried W., *Œuvres choisies*, éd. par Lucy Prenant, Paris, Aubier-Montaigne, 1972.

LYOTARD, François, *Le Différend*, Paris, Minuit, 1984.

MALRAUX, André, *La Condition humaine*, Paris, Gallimard, 1972.

— *Antimémoires*, Paris, Gallimard, 1967.

— *Le Miroir des limbes*, Paris, Gallimard, coll. «Bibliothèque de la Pléiade», 1976.

— *La Tête d'obsidienne*, Paris, Gallimard, 1974.

MEILLASSOUX, Quentin, *Après la finitude*, Paris, Seuil, 2006.

MILNER, Jean-Claude, *Le Triple du plaisir*, Lagrasse, Verdier, 1997.

NICOLAS, François, *La Singularité Schönberg*, Paris, L'Harmattan, 1998.

PESSOA, Fernando, *Ode maritime*, trad. A. Guibert, Paris, Seghers, 1955, rééd. Montpellier, Fata Morgana, 1995.

PLATON, *Le Sophiste*, Paris, Flammarion, 1969.

— *Timée*, Paris, Flammarion, 1992.

RASIOWA, Helena, et SIKORSKI, Roman, *The Mathematics of Metamathematics*, Varsovie, Panstwowe Wydawn Naukowe, 1963.

RICŒUR, Paul, *La Mémoire, l'histoire, l'oubli*, Paris, Seuil, 2000.

ROSEN, Charles, *Le Style classique*, trad. Marc Vignal et Jean-Pierre Cerquant, Paris, Gallimard, 1978, 2000.

ROUSSEAU, Jean-Jacques, *Julie ou la Nouvelle Héloïse*, Paris, LGF, 2002.

SARTRE, Jean-Paul, *Les Mains sales*, Paris, Gallimard, 1948.

— *Le Diable et le bon Dieu*, Paris, Gallimard, 1951.

— *L'Être et le néant*, Paris, Gallimard, 1976.

SPINOZA, Baruch, *Éthique*, trad. et prés. B. Pautrat, Paris, Seuil, 1988.

VALÉRY, Paul, *Le Cimetière marin*, Perros-Guirec, La Tilv, 2000.

VIRGILE, *Énéide*, trad. M. Lefaure, Paris, LGF, 2004.

WAHL, François, *Introduction au discours du tableau*, Paris, Seuil, 1996.

索 引

（索引中的页码为原著页码，检索时请查本书边码）

A

Abd el-Krim, 阿卜杜·克里姆 54
Abel, 阿贝尔 482, 487, 488, 493, 494, 496
Abélard, 阿伯拉尔 533
Agamben, 阿甘本 583, 584
d'Alembert, 达朗贝 250, 575
Alexandre, 亚历山大 296-298, 300-302, 304, 432, 439, 440
Alquié, 阿里齐 623
Althusser, 阿尔都塞 11, 16, 56, 531, 541, 547, 562
Archimède, 阿基米德 22, 74, 75
Aristophane, 阿里斯托芬 37
Aristote, 亚里士多德 74, 103, 110, 144, 250, 255, 284, 316, 448, 463, 529, 567-569
Augustin (saint), 奥古斯丁 567
Aurelle de Paladines, 道雷尔·德帕拉迪内 385

B

Badiou (Françoise), 巴迪欧 7, 559
Bakounine, 巴枯宁（弗朗索瓦）211
Balibar (É.), 巴里巴尔 577, 581
Balso (Judith), 巴尔索 585
Balzac, 巴尔扎克 585
Barni, 巴尼 560, 623
Bartok, 巴托克 92, 125
Baudry (P.), 皮耶尔·包德利 544, 622
Baudry (Delphine), 德菲尔尼·包德利 544, 622
Béatrice, 贝阿特丽斯 554
Beauvoir (Simone de), 波伏娃（西蒙娜）444
Beckett, 贝克特 99, 377, 555, 573, 574
Beethoven, 贝多芬 82, 94
Belhaj Kacem, 贝尔哈伊·卡桑 550, 622
Bell, 贝尔 564
Bellassen, 贝拉森 622
Benjamin, 边沁 584
Berg, 贝尔格 93, 94, 97
Bergson, 柏格森 16, 283, 382, 404, 491, 492, 511, 583
Berlioz, 柏辽兹 37, 38, 40, 41, 85

Bessos，拜苏 296

Béziau，贝尧 557，622

Bismarck，俾斯麦 383

Boole，布尔 358，459，466，513，603，605

Borceux，波尔索 564

Borne，伯尔尼 580

Bosteels，波斯蒂尔斯 548，549

Boulez，步列兹 91，92，95-98，553

Bourbaki，布尔巴基 99，494，556

Brassier，布拉西耶 577

Brockmeier，布洛克梅耶 583

Bruckner，布鲁克纳 89

Bruni，布吕尼 553

Brunschwicg，布隆舍维奇 16

Bush，布什 63

C

Canguilhem，康吉莱姆 16

Cantor，康托尔 19，21，47，121，325，345，350-352，547，604

Caravage，卡拉瓦乔 82

Cardan，卡当 482

Cartan，嘉当 98

Cartier，卡蒂亚 319，320，337

Cassin (Barbara)，卡桑 567，622

Cauchy，柯西 105，483，484，486-488，493，505

Cavaillès，卡瓦耶斯 16

Cavell，加维尔 85

Cerdeiras，塞德拉斯 541

Cerquant，塞尔坎 624

Césaire，塞泽尔 549

Champlain，尚普兰 337

Char，夏尔 445，470，586，622

Châtelet (F.)，夏特莱 578

Chevalier，谢瓦利埃 485，493

Chikamatsu，近松 37

Christophe，克里斯托弗 549，550

Cixous (Hélène)，西苏 570

Claudel，克洛岱尔 22

Clemens，克莱门斯 577

Cohen (P.)，科恩 45，110，251，377，574，615

Colson，科尔森 565

Comte，孔德 554

Confucius，孔子 29

Corbin，科尔班 570

Costa，科斯塔 434，446，581

Crassus，克拉苏 64，74

Critchley，克利奇雷 577

D

Da Costa，达·科斯塔 557，622

Dante，但丁 554，622

Darius，大流士 296-298，301，302，304，310，432，439

David，大卫 85

David-Ménard (Monique)，莫尼克·大卫-美纳尔 561，622

Debord，德波 11，575

Debray (L.)，德布雷 566

Debussy，德彪西 92，135

Delamarre，德拉马尔 560，623

Deleuze，德勒兹 10，15，16，41，44，50，283，284，347，381，382，403-410，511，543，550，552，569，576，577，579，583，622

Démocrite，德谟克利特 316

Derrida，德里达 570，571

Desanti，德桑蒂 16，381，555，622

Descartes，笛卡尔 13，14，56，111，206，250－253，447，481，530，534，535，552，569，589

Dessalines，德萨利内 549

Destivère，德斯蒂维尔 559，560，571

Dieudonné，迪奥多内 98

Dolar，朵拉 588

Dominguin，多明吉恩 135

Douglas，道格拉斯 74

Dukas，杜卡 102，125，130，135，138，149，152，178，181

Duroux，杜罗 581

Dutilleux，杜蒂耶 97，98，553

E

Einstein，爱因斯坦 379

Eisenstein，爱森斯坦 82

Eschyle，埃斯库罗斯 22

Euclide，欧基里德 20，22，23，622

Eulenberg，爱伦伯格 47

Euler，欧拉 250，482，484，496

F

Fast，法斯特 74，79

Favre，法夫尔 385，393

Feltham，费尔坦 577

Ferlov，费洛夫 623

Fermat，费马 75

Fischer（B.），费舍尔 566

Foucault，福柯 10，16，44，552，553

Fourier，博立叶 556

Fourman，福尔曼 565

François Ier，弗朗索瓦一世 319

François（saint），圣弗朗西斯 554

Frege，弗雷格 165，547，552，572

Freud，弗洛伊德 56，148

Furet，弗雷 65－67

G

Gagnon，加农 568

Galilée，伽利略 74，379

Galois，伽罗瓦 99，105，481－488，493－497，505，506，509，585－587

Gardner（Ava），艾娃·加德纳 134，135

Gateau，加图 623

Gaulle（de），戴高乐 543

Gauss，高斯 21，99，250，495，496

Gauthier（Florence），戈蒂耶 549

Gayraud，盖洛 583

Genet，热内 570

Gershwin，格什温 40

Gibson（A.），吉布森 574

Gide，纪德 590

Gillespie，吉尔斯皮 577

Gilson，吉尔森 554，622

Gluck，格鲁克 85

Glucksmann，格鲁克斯曼 63，66，73

Gödel，哥德尔 110，251，377，574

Goldblatt，哥德布拉特 564

Gorgias，高尔吉亚 111，567

Gracq，格拉克 105，430，529，623

Greco，格列柯 82

Griffith，格里菲斯 82

Grisey, 格里塞 92

Grothendieck, 格罗腾迪克 47, 312, 411, 497, 565, 566

Guibert (A.), 圭贝尔 584, 585, 623

Guignot (M.-H.), 奎浩 582, 623

Guyotat, 居约塔 85

H

Habermas, 哈贝马斯 570

Hallward, 霍华德 549, 568, 577, 623

Hannibal, 汉尼拔 304

Hardt, 哈特 541

Haydn, 海顿 82, 84, 96

Hegel, 黑格尔 12, 16, 34, 50, 104, 110, 111, 153 - 164, 250, 251, 284, 447 - 450, 456, 457, 545, 552, 555, 570, 582, 623

Heidegger, 海德格尔 15, 220, 403, 450, 542, 567, 570, 575, 576, 583

Héloïse, 赫西俄德 535

Héraclite, 赫拉克利特 567, 568, 582

Heyting, 海廷 180, 411, 557, 563 - 565

Homère, 荷马 549

Hu Chi-hsi, 胡绩溪 544, 623

Hugo, 雨果 569

Hume, 休谟 46, 206, 447

Husserl, 胡塞尔 46, 48, 185, 186, 252, 253, 283, 284, 542

I

Imbert (Claude), 安贝尔 551, 552

J

Jacottot, 雅各脱 585

Jambet, 让贝 570

James (C. L. R.), 詹姆斯 549

Janicaud, 雅尼克 542, 623

Jarczyk (Gwendoline), 雅克兹克 554, 623

Jean (saint), 圣约翰 126

Jourdheuil, 茹尔多伊 550

Joyce, 乔伊斯 503, 555, 623

K

Kant, 康德 46, 50, 56, 111, 112, 114 - 116, 130 - 132, 144, 205 - 207, 239, 240, 245 -255, 257, 354, 437, 560 - 562, 587, 623

Kierkegaard, 克尔凯郭尔 50, 220, 422, 423, 428, 447 - 457, 492, 566, 582, 623

Koestler, 库斯勒 73

Kofman (Sarah), 考夫曼 578

Korngold, 科恩戈尔德 89

Koyré, 柯瓦雷 120, 121

Krivine (J. -L.), 克里维尼 574

Kronecker, 克罗内克 572

Kubitschek, 库比契克 446

Kubrick, 库布里克 74

L

Labarrière, 拉巴西耶 554, 623

Lacan, 拉康 16, 48, 50, 56, 59, 61, 82, 92, 96, 231, 408, 409, 411, 412, 476, 499 - 503, 547, 548, 550, 551, 556,

558，561，562，566，568，571，
578，579，587，588，623
Lacoue-Labarthe，拉库-拉巴特
575，576，578
Lagrange，拉格朗日 250，481-
483，486-488，496，505
Lallemand，拉尔芒 568
Laporte，拉波特 320
Lardreau，拉德罗 347，569
Laure，劳拉 554
Lautman，劳特曼 16
Laveaux，拉沃 73，549
Lavoisier，拉瓦锡 328
Lawyere，罗耶尔 47
Lazarus，拉撒路 35，36，81，
544-547，577，590，623
Leblanc（Georgette），勒布朗
135，554
Le Corbusier，柯布西耶 582
Lefaure，勒福尔 624
Leibniz，莱布尼茨 50，104，250，
251，284，343-348，568，569，
575，589，623
Levesque，勒维克 319
Levi（J.），让·列维 544，622
Levi（P.），普利莫·列维 584
Levinas（E.），列维纳斯 577
Levinas（M.），米夏埃尔·列维纳斯 92
Lévi-Strauss，列维-施特劳斯 552
Lie，李 99，485，494
Liebknecht，李卜克内西 73
Liouville，刘维尔 485
Lissagaray，利萨加雷 385，386，
392，395，400
Lucrèce，卢克莱修 85，316
Luxemburg（Rosa），卢森堡 73，

79
Lynch，林奇 588
Lyotard，利奥塔 381，408，578，
623

M

Macherey，马舍雷 577
Mac Lane，马克·莱恩 47
Maeterlinck，梅特林克 125，130，
135，138，178，554
Mailloux，麦罗 578
Malebranche，马勒布朗士 250
Mallarmé，马拉美 12，97，423，
541，573，586
Malraux，马尔罗 9，28，536，
541，543，623
Mankiewicz，曼凯维奇 135
Mann，曼 41
Marty（F.），弗朗索瓦·马蒂
560，623
Marx，马克思 396，552，562，
585
Meillassoux（Q.），梅亚苏 129，
534，577，589，624
Melville，梅尔维尔 422
Merleau-Ponty，梅洛-庞蒂 500
Mersenne，梅尔森尼 589
Mesland，梅思兰 589
Messiaen，梅西安 92，125，126，
553，554
Michel（Natacha），米歇尔 421，
579，580
Miller（J.-A.），米勒 558，587，
623
Milner，米尔内 546，624
Molière，莫里哀 569
Moreau，摩罗 386

Müller, 穆勒 550
Münzer, 闵采尔 33, 36
Murail, 缪拉伊 92
Murasaki (Dame), 紫式部 37
Mumau, 茂瑙 82

N

Nancy, 南希 383, 556, 570, 571, 578
Napoléon, 拿破仑 304, 549
Negri, 奈格尔 10, 541
Nehru, 尼赫鲁 543
Newton, 牛顿 112, 121, 345, 437
Nicolas（F.），尼古拉斯 550, 551, 624
Niemeyer, 尼迈耶 434, 436, 446, 581, 582
Nietzsche, 尼采 11, 283, 284, 407, 566, 567, 575, 582
Nono, 诺诺 73
Noske, 诺斯克 73
Nottale, 诺塔尔 379

P

Pamineau, 帕米诺人 319
Parménide, 巴门尼德 109, 116, 131, 253, 377, 378, 382, 478-480, 492, 567, 568, 582
Parmenion, 帕米尼奥 296
Pascal, 帕斯卡 75, 220, 447, 567
Paul (saint), 圣保罗 448, 584
Pautrat, 鲍特拉 624
Peano, 皮亚诺 250
Perrault, 佩罗 125
Pessoa, 佩索阿 473, 585, 624
Pétain, 贝当 65, 383

Petit（P.），贝蒂特 582, 623
Pétrarque, 彼得拉克 554
Peyrard, 贝拉尔 20
Picasso, 毕加索 25-29, 543
Pindare, 品达 57
Platon, 柏拉图 17, 25, 27, 29, 37, 45, 80, 116, 117, 131, 132, 252, 253, 284, 317, 350, 351, 407, 499, 532, 548, 552, 561, 567-570, 581, 582, 624
Poisson, 泊松 484
Pompée, 庞培 74
Power (Nina), 鲍威尔 574
Prenant (Lucy), 普列南 569, 623
Prévost, 普列沃斯特 550
Prior, 布里奥 582

R

Ramond, 雷蒙 577
Rancière, 朗西埃 577, 585, 586
Rasiowa (Helena), 拉修娃 556, 584, 624
Ravel (Judith), 拉威尔（朱迪斯）584
Ravel (M.), 莫里斯·拉威尔 85
Regnault, 雷诺 576
Reinhard, 莱茵哈德 578
Ricœur, 利科 542, 624
Riemann, 黎曼 99, 565
Riha, 里哈 562
Rilke, 里尔克 583
Rimbaud, 兰波 566, 585, 586
Robert（H.），休伯特·罗伯特 105, 216-219, 222, 227, 229, 232, 233, 235, 262, 264, 274, 293, 379, 558, 562
Robespierre, 罗伯斯庇尔 33-36,

66,547,549
Rorty,罗蒂 582
Rosen,罗森 94,550,624
Rossellini,罗西里尼 554
Roudinesco (Élisabeth),鲁迪内斯库 570
Rougemont,鲁日蒙 37
Rousseau,卢梭 66,105,387,388,390,391,394,396,447,574-576,582,624
Russell,罗素 165,166,572

S

Sade,萨德 561
Saint-John Perse,圣-琼·佩斯 579
Saint-Just,圣-茹斯特 34,66,98,445
Salanskis,萨兰斯基 577
Sanchez,桑切斯 10
Sapho,萨福 37
Sartre,萨特 59,105,117,220,284,403,426,427,429,439,444,445,456,500,580,581,624
Schelling,谢林 154,588
Schönberg,勋伯格 54,89-92,94,95,551,624
Schwarzinger,施瓦辛格 550
Scott (D. S.),司各特 565
Seghers (Anna),西格斯 550
Sikorski,西科尔斯基 556,584,624
Simondon,西蒙东 16
Socrate,苏格拉底 144,184
Sonthonax,松纳多斯 73,549
Spartacus,斯巴达克斯 36,59,60,62,64,65,68,72-74,76-79,81,421
Spinoza,斯宾诺莎 80,154,210,250,284,285,409,532,624
Stockhausen,斯托克豪森 95
Strauss (R.),施特劳斯 89
Stravinsky,斯特拉文斯基 97
Stroheim,斯特罗海姆 82
Sumic (Jelica),苏米奇 562
Swedenborg,斯威登堡 561

T

Tarski,塔斯基 110
Terray,特雷 580,581
Thiers,梯也尔 383,385,394
Tintoret,丁托列托 82
Toscano,托斯卡诺 574,577
Toussaint-Louverture,杜桑-卢维杜尔 72,73,549
Tupac Amaru,图帕克·阿马鲁 36

V

Valéry,瓦莱里 105,477,483,489,491,505,509,541,624
Vallières,瓦里耶 568
Varèse,瓦雷兹 92
Vaux (Clotilde de),德沃 554
Verstraeten (P.),菲斯特拉登 580,581
Viète,韦达 481
Vignal,维纳尔 551,624
Virgile,维吉尔 37-41,624
Vodoz (Isabelle),傅多 550
Voltaire,伏尔泰 569,575
Vuillemin,魏依曼 587

W

Wagner,瓦格纳 40,83,89,554,582

Wahl(F.),瓦尔 558,576,624

Walter,沃尔特 544,622

Warry,瓦力 565

Webern,韦伯恩 54,82,92-94,96-98,553

Weil,韦伊 98

Welles,威尔斯 82

Wesendonk(Mathilde),维森丹柯 554

Winter(Cécile),万特 552

Wittgenstein,维特根斯坦 15,317,378,403,566,567

Wyler(O.),怀勒 564

Z

Zénon,芝诺 382,479,491

Zermelo,策梅洛 166

Zizek,齐泽克 562,587,588

Zourabichvili,祖拉比希维利 579

Zupancic(Alenka),祖潘西奇(阿兰卡)561,562

Zupancic,祖潘西奇 562

1. 阿尔岱雪地区肖维岩洞中的马的壁画:照片来自法国文化与交流部,罗讷-阿尔卑斯大区文化事务处,考古科。

2. 阿尔岱雪地区肖维岩洞中的巨型蚀刻的壁画:照片来自法国文化与交流部,罗讷-阿尔卑斯大区文化事务处,考古科。

3. 毕加索《两匹马拖拽一匹被杀的马》。毕加索博物馆藏。

4. 毕加索《牵着两匹马的人》。路德维希博物馆藏。

5. 休伯特·罗伯特《浴场》。纽约大都会博物馆藏。

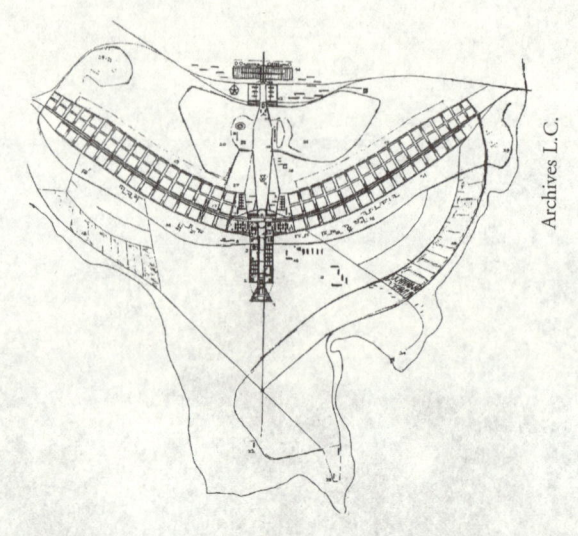

a. 卢西奥·科斯塔的草图。

b. 施工图。

6. 巴西利亚设计图